中国少数民族非物质文化遗产研究系列

中央民族大学“985工程”中国少数民族语言文化教育与边疆史地研究创新基地文库

中国少数民族非物质文化遗产研究系列

主编◎文日焕

中国少数民族重大节日调查研究

ZHONGGUO SHAOSHUMINZU ZHONGDA JIERI DIAOCHA YANJIU

邢　莉◎编著

民族出版社

目录

附 录

彝族火把节调研报告
——以云南省宁蒗彝族自治县沙力坪村2006年火把节为个案

维吾尔族古尔邦节调研报告
——以喀什地区维吾尔族2006年古尔邦节为个案

蒙古族那达慕调研报告
——以2006年“东乌珠穆沁旗建旗50周年”那达慕大会为个案

附　录

湘西苗族“四月八”节日调研报告
——以凤凰县山江镇2007年“四月八”节日为个案

绪　言

民间节日：我们智慧和创造力的源泉

邢　莉

世界各民族的文化丛林中，中国古老的节日文化异彩纷呈。从纵向来说，每个月份都有节日，甚至在同一月份内就有几个节日。从横向来说，中国大地容纳了56个民族，每个民族都有其独特的节日文化。各民族的节日文化既互相传播、互相影响，又在漫长的历史演变中保持了其独有的色彩。中国节日文化的数量、内涵及繁复程度构成了其博大精深的特色，这是一份宝贵的口头和非物质文化遗产，并且历来被学术界所重视。

少数民族节日文化遗产是各民族文化复兴的基因，是国家和民族持续发展的精神动力。历史证明，一个国家与民族持续发展的动力，需要的不仅仅是物质财富的创造，更重要的是文化核心价值体系的建立，而文化体系的建立并不只是靠精英集团的超前意识，而是要形成群体普遍认同的群体力量。① 全球化与文化是当前国内外学术界普遍关注的话题。著名学者罗兰·罗伯逊认为，全球化是一场社会文化体系。它是文明与文化、民族社会、跨国运动组织、亚社会和种族团体、跨社会的准团体、个人等压缩的结果。他认为，文化多元主义是当今全球情境必须具备的特征，包括对全球化象征的反映和解释世界体系概念，这些本身是决定全球化轨迹的重要因素。② 少数民族节日是多

---

① 参见贾磊磊：《聚合无形文化的隐性力量》，载《人大复印报刊资料·文化研究》，2008（3）。

② 参见沈洪波：《全球文化方法与国际关系领域的文化研究》，载《人大复印报刊资料·文化研究》，2008（9）。

元文化的表征，他所体现的核心价值是我国现代化建设的原动力，也是在全球化的语境中，建立多元化的文化对话机制的象征资源。

一、知识的源泉

什么是知识？以往人们对知识的理性认识，往往停留在精英文化的认知层面上，在人类的历史上和现实的实践中，这类知识的积累和传播的确使人类获得了文明的更替。但是，赢得人类文明更替的还要依赖另一个知识框架——地方性知识，也就是民众的知识结构和知识体系。有学者将民众知识定义为“人类在成长过程中所经历的、习得的和实践所获得的知识积累，这种民间的和传统的知识与所谓科学知识存在着差别。”① 这种差别表现在与科学的知识系统相比较，它属于实践经验的知识积累，这就是胡塞尔所说的生活世界的知识：“作为唯一存在的、通过知觉实际被给予的，被经验到并能被经验到的世界，即我们日常的生活世界。”②

中国少数民族节日给我们展示了一个民众知识体系。首先在节日时间的选择上包容着各个族群的历法知识。节日是一个特殊的日子，其本质属性之一是它的时间属性：“时间标志法取决于不同的工作条件及其与自然节奏的关系。”③ 在这里节日民俗时间不仅是自然时间，它更明显的意义是它的文化意义与社会意义。

少数民族节期的确定是其历法知识的总结。探究节日的起源与节气有关，但是节气并不等于节日。节气是反映我国物候的变化、气候的特点、时令顺序与农事的标志。而节日则包含着一定的风俗活动和某种纪念意义，是一种民俗文化现象。有的民族沿袭汉族的历法，也

---

① Leach, Maria and Fried, Jerome ed. Standard Dictionary of Folklore, Mythology and Legend. Harper & Row, Publishers, Inc. 1972. Leach & Fried, 1972.

② ［苏］鲍戈罗莫夫主编：《现代资产阶级哲学》，娄自良、郑开琪译，191 页，上海，上海译文出版，1985。

③ ［英］爱德华·汤普森：《共有的习惯》，沈汉、王加丰译，387 页，上海，上海人民出版社，2002。

有的少数民族各自拥有自己的历法。火把节的时间，各地一般都定在每年的农历六月二十四日，对此，凉山彝族有关火把节的古谚语说："猪月朔九夜，日子不用选"，意为每年的猪月也就是农历六月，朔九夜就是十五日后的第九个晚上。彝族算日子一般是以十二生肖（属相）来推算，即一个月的第一天以鼠日为首以此类推，这一套记日方法与初一至三十日记夜方法是配套的，如初一是鼠，那三十日的一天为蛇，所以一个月不管大月小月皆为30天，上个月的月尾一天为蛇的话，下个月的初一应为马，以此类推下去。①

岁时节日的节期的选择是根据自然界的征候，人们根据自然界的征候而决定自己的行为方式。所以节期的选定不仅仅包括天文历法知识，还包括其生产经验，特别是农业生产的经验。我们调查的云南宁蒗地区位于川滇交界处的滇西北地区，俗称"小凉山"。处于高海拔地区的粮食作物主要有马铃薯（洋芋）、荞麦、燕麦，部分地区有玉米、青稞、四季豆等，村民吃的蔬菜非常少。在历史传说中，彝族火把节的起源与驱逐虫害有关。这正是荞麦要熟未熟的季节。许实《禄劝县志·风土志》记载："六月二十四日为火把节，亦为星回节，夷人以此为度岁之日，犹汉人之春宴相聚也。儿童执火把，屑松枝杂煤燎之，火焰满身，谓之送福。……男女齐会，四面绕坐，脍豕肉，饮酒，歌舞杂沓，以趋盛节。"人对气候的观察相应选择了节日时间，节日的日历与农耕文化存在着直接的联系。牧业的收获时间与农业的收获时间不同，虽然存在着一定的不确定性，但是其时间也是夏末秋初，牲畜长膘的季节，这是蒙古族的那达慕确认的大致时间。"节日及其习俗是几千年文化累积的结果，民众习惯用它们来表现自己心中的价值，走过有意义的人生历程。这种价值与文化形式契合是很难被改变的。"②

节日时间的确立包含农耕知识和牧业的知识体系。节日的产生与

---

① 参见本书的《彝族火把节的调研报告——以云南省宁蒗彝族自治县沙力坪村2006年火把节为个案》一文。

② 高丙中：《作为一个过渡仪式的两个庆典》，载《中国人民大学学报》，2007（1）。

自然生态环境以及生产方式存在着密切的关系。每个民族都生活在一定的自然生态环境中，特殊的生态环境决定人们特殊的生计方式。因生态环境、生计方式的不同，所形成的节日也不同。例如，以牧业为主要生计方式的蒙古族、藏族、哈萨克族形成了兴畜节、牧羊节、马驹节、马奶节及多姿多彩的赛马节等节日。而从事稻作生产的侗族、苗族、白族、仫佬族、纳西族等民族形成了尝新节等。这些节期的选择和节日活动中民俗文化的象征符号，是民众在社会生活中认知时间感的过程，而农业劳动和牧业劳动又起到对其传承的作用。在这里，节日时间是一种社会劳动节奏的秩序，个人行为实际上也是一种民众集体行为与自然协同，一方面表现为民众的生产行为受其制约，另一方面表现在特定的生态环境和文化场合中，社会的生产得以实现，人类的生存得以保证。节日时间的确立，为农业生产和牧业生产提供了认知和行动方便的系统。时间的象征是一种“类科学”的认知。目前学术界普遍用范·哲耐普的“过渡仪礼”来分析节日。“他证明，人类社会形形色色的仪式中有这样一个普遍类型，帮助个人和群体在心理上、文化上和社会关系上从一种状态过渡到另一种状态，并且其中的过渡是一个多阶段的过程。用今天的概念来说，过渡礼仪是一种阶段性的社会再生产的仪式活动。”①

少数民族节日为我们提供了生态知识体系。工业化的实现是以机械世界观为指导的。现代生态学的理论要求建立生态学的世界观。其要旨是：“人类的价值和意义包含在自然整体的组织进化的过程中。”“人类的肉体组织和精神结构都是在与自然界的相互作用的过程中形成的。人类的健康生存和持续发展都有赖于对自然的有机整体的维护以及与自然和平共处。”② 用现代生态学的理论反观少数民族的民间节日，少数民族民间节日时间的选择、少数民族节日的各项仪式的展演都把人纳入了自然的整体之中。人将作为自然界的内在参与者促进自然的创造性进化。

---

① 高丙中：《作为一个过渡仪式的两个庆典》，载《中国人民大学学报》，2007（1）。
② 徐恒醇：《生态美学》，44页，西安，陕西人民教育出版社，2000。

例如将传统的草原那达慕与敖包祭祀联系在一起："敖包是保护自然环境、生活条件所需的情况下产生的。游牧民族必须依靠草原、牧场。这些从哪里来？就是从祭祀敖包来的。不祭祀没有风调雨顺。没有树不能吸引雨水。所以在这样保护自然的前提下祭祀敖包。如果每个人有信仰，就不会乱砍伐树木。只要有与生活相结合的自然就有蒙古人。没有自然就没有蒙古人，就没有游牧文化。所以在保护自然的前提下产生了敖包祭祀。"①

敖包祭祀存在着诸种禁忌，如不许破坏敖包周围的自然环境（包括不许挖土、不许污染水源），不许在敖包周围乱扔污物，不许大声喧哗和说不敬的词语等。祭祀敖包有一系列行为规范，如供品的摆放和拜祭的方式等。杜尔干把仪式分为属于禁忌的消极礼仪和属于祭祀的积极礼仪。这两种礼仪主要体现在两点：一是蒙古族及其先民对自然环境、对山水、对草原的认知；二是蒙古族在草原生态环境中对人的进化的思考，并创造了人与自然对话的机制。

可见，人类的生命的价值不仅体现在社会之中，也处于同自然整体进化的关系之中。"民众知识也是地方性知识，即针对自然环境、生态资源建立起来的专属性和应用体系的民间传统知识。"② 这些民间生态保护知识不仅保护了人类的生态环境，而且为现代生态保护提供了启示。

中国少数民族节日还为我们提供了完整的宗教知识体系。宗教经典中所包含的教理、教义，是其创造者和信仰者在历史长河的互动过程中形成的完备的知识系统。我国有11个民族信仰伊斯兰教，这些民族都有过古尔邦节的习俗。在对喀什古尔邦节节日习俗的调查中我们发现，明代建筑的尕提尔清真寺前积聚了6万人，这是一个盛大的公共场合，人们共同遵循着伊斯兰节日的规范，用同样的肢体语言表达对真主的尊敬、朝拜以及对宗教基本的思想信念和教义学说的认可。节日具有公共性，"民俗的集体性又表现在人们互相监视民俗的实施

① 资料来源于白丽丽等与东乌珠穆沁旗道特庙僧人瑟德瓦的访谈记录。

② 杨庭硕：《论地方性知识的生态价值》，载《吉首大学学报》，2004（3）。

情况，每一个人的民俗行为都是处在别人的监视之下。任何一个人，只要他违背了当地的风俗习惯，大家都要将他拽回到民俗的轨道上”①。我们看到，古尔邦节是伊斯兰教宗教信仰者共同的社会心理、生活感情的表达，也是对伊斯兰教的知识体系的认知和传播。我们研究节日民俗的时候，要把节日的研究置于民俗知识空间，这样才可解读符号背后的意义。

少数民族节日还包括少数民族的哲学观。蒙古族的敖包是由树枝和石头组成的。“敖包祭坛上的土石与木和其对天与地的崇拜形成对应的关系。在蒙古族的民间信仰里，对天的崇拜与对地的崇拜联系在一起，他们称天神为‘父天’或‘天父’，称地神为‘地母’，天父与地母具有双重性的关系。”② 至于彝族为什么要选择二十四日即朔九夜过火把节，可能与彝族人的哲学观念有关。彝族的哲学认为，一是天数，二是地数，即奇数为阳，偶数为阴，九又为奇数即阳数之极，九九归一，所以“九”表示男性之数。而火把节之后，太阳就从北南归，此后的气温开始下降，由阳转阴，故火把节也叫“星回节”。③ 在这里我们发现了民间的两仪对应的思维，天与地、奇与偶等对应关系即对立统一的哲学观早就蛰伏在民间知识系统之中。不过其叙事的方式与哲学家文本的叙事方式不同，民间叙事的特征是通过民众制作的物化形式和肢体语言做哲学观的表述。

节日习俗的形成过程是一个历史积淀化的过程，约定俗成的节日文化一旦形成，就积累了节日文化特殊的文化因子。在此意义上，节日是展示民间知识的体系，是民间知识的储藏库。节日为人们提供了一个相互沟通和理解的公共世界，并传达出这个民族共享的文化知识

---

① 万建中：《民俗的力量与政府的权利》，载《人大复印报刊资料·文化研究》，2004（3）。

② 邢莉：《敖包祭祀与民间信仰》，载《内蒙古社会科学》，1994（1）。

③ 参见本书的《彝族火把节的调研报告——以云南省宁蒗彝族自治县沙力坪村2006年火把节为个案》一文。

和对世界的认知，这些都充分显现着一个民族文化的价值意识和原型。①

二、人文精神的源泉

民族传统节日以特定族群内在的时间意识确认了自己的民族身份，而且它还是人们的生活得以依托的“社会的和精神的日历”。少数民族节日往往为人们提供共同遵循的社会观念和行为模式，是透视传统社会的一面多棱镜。在传统社会中，传统节日的内容不仅仅是民众的狂欢，学术界在研究的时候，也不应该仅仅把民众的狂欢作为研究角度。在节日民俗中，我们看到在丰富多彩的节日狂欢背后的祈愿。

第一，祈年的文化因子。各民族的节日时间的选择都是他们对应本民族的天文历法而决定农事活动的生活节奏。在《说文解字》中对年的最初解释是“谷熟也”。《谷梁传》记载：“五谷皆熟为有年，五谷皆大熟为大有年。”“有年”指的是农业丰收。云南小凉山的彝族称火把节为“年”，当地民众过火把节称为“过年”，可见火把节是与其农事相对应的节日。湘西苗族四月八有接龙的习俗，接龙就是为了求得雨水、求得丰收。

第二，求婚求育的文化因子。在传统社会里，由于科技不发达，人力成为发展生产力的重要手段，也是发家致富的重要的唯一的条件。在这种观念的支配下，渴望得到子嗣的愿望也往往通过节日表达出来。苗族“四月八”的传说起源于爱情的较为普遍。苗族青年男女之间自由婚恋，踏歌为戏。据《皇清职贡图》卷八记载：“花苗本西南夷，亦苗之一种。向无土司，自明时隶之贵阳、大定、遵义等府。民苗杂居，与编户一体输粮……俗以六月为岁首，每岁孟春，择平地为月场，男吹芦笙，女摇铃，盘旋歌舞，谓之跳月。相悦则相处，生子乃归夫家……”至今，在湘西山江镇的苗族还有对歌婚爱的习俗。

---

① 参见孟慧英：《从多元文化视角看民族传统节日》，载《民间文化论坛》，2006（1）。

第三，祈求摒弃一切灾祸、获得福祉的文化因子。在云南宁蒗沙力坪村过火把节的第一天，要在家庭内举行“杜则仪式”，该仪式包括：房屋除秽，目的是请房屋的福神；到荞麦地里举行祭祀五谷仪式；“转头”仪式是以牲畜为替身，祈祷把一切灾难、污秽都统统带走，保佑人丁安康，六畜兴旺，五谷丰登。[①] 其祈祷词为：

哦——今天——这里，凶事牲带走，灾难牲带走，不祥牲带走，祸祟牲带走，千变万化之妖精牲带走，腰酸背痛疾牲带走，主家老少身上的一切瘟疫，一切病痛牲带走，凶兆灾兆牲带走，主家的老少，烦魂扰灵鬼牲带走。

节日是在特定的文化时间和文化场域举行的公共活动，少数民族节日都具有悠久的历史。这表现在虔诚的仪式、纵情的歌舞、琳琅满目的服饰及各种各样的艺术符号上。民众的节日活动或仪式中的各种行为建立并展示了一个民族文化的整体系统。民众的节日活动或仪式中的各种行为建立并展示了一个民族文化的整体系统。吉尔兹认为，阐释学的目的即从高层次的普通化和人类学的细节的往还中借助社会话语而臻至对复杂扭结在一起的符号形式的“理解”。[②] 我们的研究不能只停留在民俗文化符号上，虽然民俗文化符号具有多重层面的、具体的象征意义，表明了每个民族的节日文化结构和文化品格，但是我们要寻求的是不同民族的节日文化符号系统存在着的、共通的文化精神。

首先，少数民族节日体现出和谐的文化精神。和谐的文化精神，一是人与自然的和谐，二是人与人的和谐。人是什么？人的活动是一种自然的生命的活动，其生命活动和生活需要的全部物质都依赖于自然界。英国著名的历史学家汤因比认为，自然通常是指大地，即地球生物圈，有时也包括宇宙在内的整个物质世界，生物圈是人类的诞生

---

① 参见本书的《彝族火把节的调研报告——以云南省宁蒗彝族自治县沙力坪村2006年火把节为个案》一文。

② 参见［美］克利福德·吉尔兹：《对阐释人类学的阐释》，见［美］克利福德·吉尔兹：《地方性知识——阐释人类学论文集》，王海龙、张家瑄译，5页，北京，中央编译出版社，2000。

之地和生存的环境。人类也和生物圈中的其他物种一样，其生存环境依赖于同生物圈血肉相关的联系，也必须服从不可抗拒的自然法则。[①]因此构成了人对自然界的对象性关系，这种对象化的活动方式就是生产活动。而传统的生产活动完全服从岁时的安排，这样逐渐形成了对自然变化、适应社会生活的岁时节日习俗。岁时节日体现的就是人与自然和谐的精神，岁时节日活动是在人们对岁时感应的象征符号。

少数民族的传统节日对应着一种持续的传统社会基础。在传统社会里，为了维持人与自然的有机组成关系，人们创造了神灵观念。创造神灵的目的是通过神灵与自然沟通，也就是说，神灵是人类与自然沟通的媒介。笔者于2006年8月参加了流行于青海省民和县三川地区的土族的纳顿节。三川地区的纳顿节于每年的农历七月十二日由下川的宋家开始，一直延续到中川的各个村落，为时长达两个月，被称为“世界上最长的狂欢节”。其中的二郎神是该地区顶礼膜拜的最高神灵，其他各个村落都有祭拜的神。在土族的纳顿节的节日场域，民众竖起的高约七八米的幡杆上面挂有“钱粮宝盖”[②]，高高的幡杆是祭祀天地众神的表征。场域内有近百名六七十岁的老人在太阳下进行“谢恩”、“喜讯”等各种仪式。其中唱道：

有喜有喜都有喜，
二郎爷八九神功显威灵，
保佑万民国安宁，
五谷丰登享太平。
头缸头酒头素盘[③]，
无数宝盖钱粮谢神恩。[④]

人们在仪式的过程中构建了脱离日常社会的秩序，构建了新的秩序。其秩序是：一为神的境界是由二郎神、龙神等神灵组成，二为人

① 参见余正荣：《生态智慧论》，63～65页，北京，中国社会科学出版社，1996。

② 钱粮宝盖，土族的一种剪纸，是谢神、酬神的象征物。

③ 素盘，一种用面制作的祭品。

④ 参见本书的《土族纳顿节调研报告——以青海省民和县三川地区2006年纳顿节为个案》一文。

的境界是所有参会的民众组成，这里的民众又分为仪式的表演者、仪式的观众（包括商业者）以及人神之间的中介者——法拉。人们的行为在这些程式中享受着一种新的状态和身份。在彝族宁蒗火把节上有多个驱邪求吉的仪式，其中有这样的祷词："哦——今天迎新纳祥时，万物成熟时，日归星回时，年饭美酒最先祭献你，祭品献神灵，祭牲赎人魂。"人们通过岁时仪式表示对神秘自然的感应，对自然节律的顺应。

在汉族经典里，把"天道"与"人道"对应，如"天道亏盈而益谦，地道变盈而流谦，鬼神害盈而福谦，人道恶盈而好谦"①。在这里，天道与地道、鬼神与人道并举，但是由于"天道远，人道迩"②，天地鬼神之道不可知，只有通过人的躬行践履，使得自己的德行、行动符合天的标准。

少数民族节日体现出的和谐精神还表现在人与人的关系上。在民众的大型群体活动中，群体传播具有公共的性质。这里除了时间的公共性、空间的公共性之外，由于仪式被场域、氛围、规矩所规定，也就附加上了情境符号的特殊意义。纳顿节的公共性在于：（1）在现代从事农耕文化的土族村落，民族或国家为权利话语机构。但是在仪式的过程中却表现出对现代农村权利话语的"脱离"，人们淡化了原来的社会身份，即特纳在仪式分析中的"社会结构中的状态"，这种社会状态指的是公理、官方、地位等；（2）固定仪式的展演。其中包括祭祀的神灵装脏仪式、手舞的展演、傩戏的展演，如"庄稼其"、"三将舞"、"五将舞"、"关王舞"、"五官舞"、"杀过将"的展演；（3）法拉（巫师）的"发神"仪式。该仪式所用的服饰、锣鼓、幡杆、面具等道具也是相对固定的。无论是70岁的跳手舞的老翁，还是戴面具的展演，都具有狂欢的性质。正是通过具有狂欢性质的展演，达到了村落内部与村落之间的和谐以及人与人之间的协调。"人类学家和民俗学家把节日庆典的研究归于仪式。所谓仪式，从功能方面来说，可

---

① 《周易·谦》。

② 《左传·昭公十八年》。

被看作一个社会特定的‘公共空间’的浓缩。这个公共空间既指一个确认的时间、地点、器具、规章、程序等，还指称由一个特定的人群所网络的人际关系。”① 在喀什的古尔邦节上，人与人之间的和谐与关爱表现在家庭之间、亲友之间、素不相识的陌生人之间。因此，在节日期间进行施舍、化解各种矛盾是古尔邦节的特点。古尔邦节不仅周期性地展示了自身的传统和坚持民族拥有的文化身份，提高人们的精神境界，而且还把整个社会引向一个更科学、更幸福的理想境界。

节气时令往往代表一种神秘的宇宙力量。在这样神秘、特殊的日子里，人们与主宰着人的旦夕祸福的神灵沟通，与赐予人类幸福的冥冥之中的祖先沟通。祭祀祖先的仪式成为节日的发端并成为节日的有机组成部分，祖灵信仰的发展基础首先是氏族的祖灵信仰，即对本氏族集团共有的祖先信仰，氏族祖先发展成为氏族联合体的祖先，另一方面随着家族不断个别化的发展，又形成了家庭祖先的信仰和供奉，使很多民族节日的行为与祖先信仰紧密地联系在一起。古尔邦节的一个重要的文化因素是拜墓，届时人们与祖先沟通，与亡人沟通。《说文》曰：“仁，亲也，从人，从二。”这种两仪思维，是一种道德人性和人类之爱的道德体现。传统节日对应着一种持续的传统社会的基础，它是维护社会和谐、推动传统社会前进的动力。在节日习俗和科学现代化之间，节日成为民族文化自我设想和建构的空间。

其次，生生不息的文化精神。一个民族、一个国家从遥远的历史走到今天靠的是民族文化精神的凝结，一个民族和国家要在全球化的语境下具有话语权也需要文化精神的张扬。对于什么是民族的文化精神，至今缺乏统一而科学的解说和全民认同。目前学界出现的一些对中华文化精神的表述，虽然众说纷纭、莫衷一是，但是基本上把儒家思想遗产中的“和合”或“中庸”当成中华民族的文化精神。一个国家、一个民族的文化基因不仅仅通过精英文化、典籍文化表现出来，也通过优秀的民俗文化表现出来。归根结底，少数民族节日要显扬的是一种人文精神。在东乌珠穆沁旗旗庆那达慕大会上，显示的是著名

① 彭兆荣：《人类学研究仪式述评》，载《民族研究》，2002（2）。

的男儿三艺——骑马、摔跤、射箭。那达慕文化中的“男儿三艺”归根结底显示的是一个族群的民族精神。对此作者在15年前有这样的归纳：“跻身于世界之林的蒙古民族在追求一种壮美，一种阳刚之气，一种生命的博大与永恒。”① 一方面，那达慕承载着民众生活制度和行为规范的内涵，是这些“内涵”上下传承的基本载体；另一方面，一个特定民族（社群）的民俗文化，体现着民族的性格，因而与那里的民众有着深深的情感纽结，又凝铸着她的民族精神。苗族的“四月八”有登刀梯的习俗，甚至年轻的妇女也在5米高的刀梯上一展风采。“它们在表演艺术中，或作为策划基础，或作为艺术展示模式，内涵着一种内部语义。”② 民间节日中到处洋溢着的生生不息的意识，这就是其内涵的内部语义。文化的多元化显示了各个族群节日文化的特色，但是各个族群节日文化的人文精神已经融入了中华民族的整体的民族精神之中。中华民族的文化在差异性中显示一体，在一体中看到差异，但是在文化内核——民族精神的体现上，是美美与共的自强不息。

人们把奥林匹克运动定位于出类拔萃、参与、奋进、诚信、和平、激励、友谊、荣誉、尊重、团结、活力等一些词汇，这些词汇同样可以概括出少数民族节日的文化精神。“天行健，君子以生生不息。”生生不息、拼搏竞争、勇于进取、百折不挠是中华民族的文化性格，这其中包括爱国主义。而马克思·韦伯所说的“大众化的苦行意识”则是一种推动社会前行的文化力量。

少数民族节日在张扬民族精神的同时表现了各个族群的文化认同。联合国教科文组织的《保护非物质文化遗产公约》十分明确地指出，文化认同是保护非物质文化遗产的一个关键。个体、群体或团体之所以把某种文化视作自己的遗产加以传承与保护，最根本的出发点就是它能满足身份确认的需求。在对非物质文化遗产调查和保护中，我们经常可以感受到非物质文化遗产对其拥有者或传承者所表述的本体意义。要实现文化认同必须有文化自觉：“文化自觉只是指一定生活中

① 邢莉：《游牧文化》，448页，北京，北京燕山出版社，1995。

② 孟慧英：《西方民俗学史》，291页，北京，中国社会科学出版社，2006。

的人对其文化有‘自知之明’，明白它的来历、形成过程、所具有的特色和它发展的趋向，不带任何‘文化回归’意思，不是要‘复旧’，同时也不主张‘全盘西化’或‘全盘他化’……”① 通过口头非物质文化遗产的保护和传承确认自己的文化身份，张扬本民族文化的个性，这正是世界可持续发展所需——可持续发展是多元文化的发展。

这种累积、继承并周期性地展示自己民族文化传统的节日往往负载着丰富多彩的民间传说。由于民间节日的展演，传说呈现了活形态，由于传说的传承、节日在民间生活中传递，使少数民族的节日传说中常常承载着一个哲学悲剧母题——生死母题，哈尼族的姑娘节起源于姑娘抗拒不合理婚姻而殉身的传说；白族的“蝴蝶会”起源于一对熟悉的少男少女双双化蝶；满族的“年息花节”源于满族美貌姑娘被火神烧为灰烬后撒在田野上变成了年息花。生与死是人生的必然规律，但是对个体生命意识高涨的心理能量却使人追求“不死”、追求“再生”，这除了表现对生命追求的理想之外，还表现各族妇女对现实的超脱，蕴含着抗议，显示了巨大的伦理力量和道德力量，与节日相得益彰的传说同样是生生不息的文化精神的显扬。就世界文化交流的源流看，“死而复生”的母题最早出现在东方，东方文化和西方文化有着很大的不同，中国文化是乐感文化，西方文化是罪感文化。少数民族节日文化所承载的民族精神为东方文化增添了光彩。

最后，少数民族节日体现了中华民族的巨大凝聚力。人是文化的产物。“人的遗传所持有的方式不是生物的，而是社会的。”② 在少数民族的节日生活中，反映的是一种集体意识。法国人类学家杜尔干认为，集体观念在双重意义上超过了感官生活。一方面，它们在我们所经验的疾驰而过的感官上加诸了一层固定性和稳定性；另一方面，它们对环绕着我们的事物和事件投射了价值。③ 少数民族节日就是集体

① 费孝通：《反思·对话·文化自觉》，载《北京大学学报（哲学社会科学版）》，1997（3）。

② 王铭铭：《西方人类学思潮十讲》，7页，桂林，广西师范大学出版社，2005。

③ 参见［美］E. 哈奇：《人与文化的理论》，黄应贵、郑美能编译，176页，哈尔滨，黑龙江教育出版社，1988。

意识的呈现。节日是特定族群的具有特定文化时间和文化空间的周期性文化行为，其产生依附于特定的历史传说之中。口承文化是一种具有特殊机制的民俗事象，一方面，其本身就是一种民俗，另一方面，它百科全书式的全信息储存库的记录和本身的创作与流传，又促成并维系着民俗事项的产生和流传，如二郎神带来雨水的传说、“四月八”的系列传说、火把节产生的系列传说等等。在“四月八”的系列传说里，有的与农业丰产有关，有的与纪念民族英雄有关，有的与婚姻爱情有关。这些传说反映了不同历史时期苗族的生产和生活，这些传说又共同传播着节日，人类学家认识到族群的意义不是关于社会生活或人类个性的某种基本事实，而是一种社会建构物，是社会构拟于某一人群的边界制度。族群是一个共同体，内部成员坚信他们共享的历史文化，而这种共享的载体并非历史本身，而是他们拥有的共同记忆。节日与传说构成了一种互诠互构的关系，这都是集体意识的表征。

人类是社会活动的活跃力量。但是社会生活与个人的心智功能有区别。“社会生活在两方面是超然的。知识上，它提供了人类集体的表征，此构成知觉上与思想表现的媒介。道德上，集体生活供给人类调节他的行为和约束其个人利益的一套规则。”① 作者参与了调查报告中所描述的节日，在那达慕、火把节、纳顿节和古尔邦节上，无论是庄重的仪式，还是歌舞的展演，无论是尽情地娱乐，还是巫师的祈祷，人们都沉浸在共同的诉求中，沉浸在共同的精神分享中，沉浸在一种亲和力中。

民族传统节日是民族意识、民族个性、民族爱好与审美等深层次的民族文化的载体，是一个民族对自己的历史、文化的无比深刻的历史记忆，是一个族群在历史长河中智慧的结晶。周期性的节日增强了一个地域、一个族群的内聚力，加深了他们对自己族群的文化认同，内聚性就是对中华民族精神的体现。

所谓内聚性，它包括两个方面：一是每一个族群内部的节日构成

---

① ［美］E. 哈奇：《人与文化的理论》，黄应贵、郑美能编译，173页，哈尔滨，黑龙江教育出版社，1988。

了每一个民族节日的系列，每一个民族节日都在强化每一个民族的凝聚力。“我们看到，许多民族文化身份的保护者为了实现需要，往往利用节日宣扬或强调自己的思想体系，提供了一个关于民族身份的象征系统，提供了一个民族伦理观念和民族政治的观念。”① 所以节日是族群实现自我认同的标志。二是中华各民族的节日构成了独具色彩的节日的画廊，但在共同的地域与共同的政治统一体中，在大传统的规范和制约中，在历史流变中，也往往容纳和融合其他族群的文化。例如，我国多个民族节日中都有耍龙的习俗，虽然其自成象征体系并有不同的起源，但是又共同组成了中华民族的龙文化。节日文化是一个流动的长河，互相影响、互相交融、互相吸收，各具特色。我们既看到了各民族节日鲜明的文化内涵和文化特色，又看到了中华各民族节日所凝聚的民族精神，它们汇入中华民族整体精神的长河中，并代代传承，历久弥新，共同熔铸了中华民族的凝聚力和创造力。这种无坚不摧的凝聚力不仅可以确立自己民族的文化品格，还实现了各个民族对中华文化的集体认同。

三、审美创造的源泉

中国少数民族节日是民众心智的表述。节日文化的起源与各民族的文化心理有关，对岁时的观察，对宗教的信仰与禁忌，对生产规律的遵循，对口头传说的创造，归根结底都是一个民族文化心理的透视和折射，节日文化是民族服饰、民族饮食、民族艺术、民族祭祀集体行为组成的整体象征体系，也是民族文化心理和特有的审美情感的阐释，所以说民族节日是审美创造的源泉。

美的创造常常被当成艺术家的事业，被封闭在雅文化领域，似乎美与人的生存毫不相干。但是当江河被污染、草原大面积沙化、浑浊的空气遮蔽天空的时候，我们会感悟到，美是生活的一部分，美的存在与生活密切相关，美是支持生命的重要前提。

---

① 孟慧英：《从多元文化视角看民族传统节日》，载《民间文化论坛》，2006（1）。

在少数民族节日里，我们看到了充沛的生命与其生存环境的协调所展现的美，如彝族火把节上年轻妇女的舞龙、蒙古族那达慕大会上摔跤手蓝天白云下的摔跤，尤其是土族纳顿节的“会手”舞，鄂家“会手”参加“跳会”要穿戴传统的服装，当老年“会手”身穿白色斜襟长衫，手持扇子、刀、剑、鞭、戟、笛子、小型彩旗等器物，在打麦场上，在烈日下，以列队摆出如“一字长蛇”、“二龙戏珠”等舞姿的时候，他们是以群体的文化记忆在与自然对话，他们认为丰收是与自然协调的结果。

生态美的一个突出特征就是它的和谐性。和谐是生命之间相互支持、互惠共生以及与环境融为一体展现出来的美的特性。“通过这种形式，生物与环境之间互相融合，协同合作关系透露出来的神性，焕发出美的光辉。”①

民间的审美制度进入民间的领域，进入日常生活的经验领域，并且内化为一种主体性的力量。直接参与到日常生活中，直接与日常生活相关联。只有当我们在意识形态与现实之间感受不到任何对立时，即在一种意识形态成功地决定我们在日常生活中以何种方式体验现实时，这种意识形态才会真正地“掌握我们”。② 它依靠的恰恰是与其同根生的约定俗成的习俗（惯例）的力量，审美制度和习俗于此形成两个互相指涉。同构的概念，只有当这两种力量形成对流时，审美制度的进入才会是和谐的。老子提出“人法地、地法天、天法道、道法自然”的美学理想，他追求的是对天地和谐境界的感性的心理体验，即“体道”，开拓了生态美学的道路。

少数民族节日是一个民族文化的整体呈现，它不仅为人们提供了某种共同遵循的社会观念和行为模式，而且是琳琅满目的审美画廊。民俗节日往往包括各种各样的民间工艺，尤其是各个民族的民间服饰更呈现出生态美的特色。苗族“四月八”服饰是其族群审美观的展

---

① 余正荣：《生态智慧论》，259～262页，北京，中国社会科学出版社，1996。

② 参见［斯洛文］斯拉沃热·齐泽克：《意识形态的崇高客体》，季广茂译，69页，北京，中央编译出版社，2002。

演，从头到脚，展示了全套银饰。妇女的银凤冠上饰有多枝方孔古钱、莲花纹、梅花点、梅花朵等，其两端为对称的蝴蝶和半圆。银皮上悬有造型生动的二龙抢宝、双凤对菊和各种花草。银皮下端有九只展翅欲飞的凤凰。银花银蝶多组合或散钉于衣裤、围裙、胸兜上，图案有八宝、花卉、麒麟、虫、鸟、龙等。在苗族的银饰上我们看到，银饰所展现的图案是自然的动物或植物的纹饰，也就是说，展演的是生态的一部分，是对人所生存的环境的折射。民众佩戴这些图案的银饰是对自我生命的和谐状态以及与普遍的生命关联和交融的感悟和体认，体现了一个相互推挽相互沟通的生命连续性。老子提出“道法自然”的美学理想，强调对天地和谐境界大化生机的参悟，其审美体验建立在“贵在法真”的基础上，银饰所表达的意念是一种自然的、真实的美。

蒙古族那达慕大会所展现的服饰，同样可以让我们感受到这种生态美。蒙古族的摔跤手穿“陶秀”或“陶胡”即套裤，配套在白色摔跤裙上作为护腿之用。套裤用颜色鲜艳的缎子做料，用各色锦线、金银线绣出边，再用刺绣和粘贴工艺描出龙、凤、狮、虎四雄以及蝙蝠、万字符、八宝等各种图案。双膝部位绣有圣火、祥云等吉祥纹样。“【】”图案表达了摔跤手求吉的心理，意味着像火一样旺盛，像四雄一样力大无比。蒙古族的摔跤比赛，规模大的可以达到五百多人甚至一千多人，每个摔跤手的套裤都有不同的纹饰。民间审美与其说是诉诸于视觉形式的审美，不如说是发生在精神领域的意念性的象征活动。从中我们可以看出：其一，摔跤手在比赛前的自我超越。在调查中，不管是什么图案，都是摔跤手自己设计的，即使是别人设计的，也饱含摔跤手的心愿。摔跤裤的各种图案都表现了确立一个以人的合理愿望为基础的理想社会和人生的价值目标。“因为只有暂时脱离现实生活的连续性、否定日常经验的逻辑性、超越客观事物的常态性，一种理想的价值目标才能获得应有的高度和深度，才能构成对芸芸众生的召唤和鼓舞，也才能成为其审美理想。”① 其二，这种自我超越与生态

① 吕品田：《中国民间美术观念》，283页，长沙，湖南美术出版社，2007。

美存在着密切的关联。与农耕民族不同，摔跤手的套裤上显示的是凶猛的动物的图案，摔跤手通过动物形象来加强自己的力量。“如果说生命是本体论意义上的‘存在’，那么这种生命关联和生命共感便是生态美的本体特征，它反映出整个地球生态系统是一个活生生的有机整体。”① 这是他们在体悟其他生命的同时体悟自己的生命，在体悟自己生命的同时以其他生命作为参照物。早在18世纪末，德国美学家席勒就指出：“美是形式，我们可以观照它，同时美又是生命，因为我们可以感知它。总之，美既是我们的状态，也是我们的作为。”② 在这里需要说明的是，生态美不等于自然美，自然美是自然本身的美，生态美是人与自然共生命，自然作为人的生态过程的参与者所表现的审美价值。苗族银饰的植物纹饰、蒙古族摔跤套裤的动物纹饰在民众看来都是吉祥的，“对他们来说，凡是‘吉祥’的东西，不管其具体意义如何，其定性都是肯定性的，都是利于人类的”③。植物纹饰和动物纹饰来源于自然，但是已经超脱了自然，化成了作为体验者“我”的一部分：“我与生物圈的整个生命相连，我与所有的生命浩然同流，我沉浸于自然之中并充实着振奋的生命力，欣然享受生命创造之美的无穷喜乐。”④

21世纪的文化，一方面，物质生产力和高科技能力的发展达到了惊人的程度，如宇宙飞船可以飞向太空，人类可以开掘海底资源；另一方面，人类又遇到了与人类息息相关的生存困境，如人口的增长、空气的污染、资源的枯竭等。而我们所面临的人类应如何寻求发展和怎样发展的问题，对少数民族节日体现的生态美进行反思具有重要的意义。

---

① 徐恒醇：《生态美学》，137页，西安，陕西人民教育出版社，2000。

② ［德］席勒：《美育书简》，徐恒醇译，130～131页，北京，中国文联出版公司，1984。

③ 吕品田：《中国民间美术观念》，287页，长沙，湖南美术出版社，2007。

④ 余正荣：《生态智慧论》，266页，北京，中国社会科学出版社，1996。

四、在全球化语境下保护少数民族传统节日

马歇尔·麦克卢汉提出了地球村的概念，其核心是全球化的大众传媒把整个世界连在一起。全球化打破了各民族的文化封闭状况，全球化使人们树立"全球意识"、"世界意识"、"人类意识"，这又是一种文化意识。一方面，"普世性的文明所占的比重正在逐渐提高而且定将越来越高，而不是相反，科学技术的跨地区、跨民族的普及，市场经济和机制的超越国界、区界的传播，对人际关系之间的距离（差别）逐渐地、明显地缩小"①。传统的文化包括观念、思想、制度等层面，也包括宗教信仰、民族心理，它们都发生了很大的变迁。另一方面，在全球化的语境下，人类在反观其所在传统的农业和牧业的生产和生活中所创造的文明的全部价值，包括物质文化遗产和非物质文化遗产的价值。经过不断地探索，现在人们达到了共识：非物质文化遗产是知识的源泉、人文精神的源泉和审美的源泉，它所包含的哲学理念、道德理念、信仰理念及价值取向并非只是"回忆"，而是镌刻在人们脑海中的"记忆"。因此，在全球化的语境下，它不仅属于某个社区、某个族群、某个国家，还属于"人类的遗产"。人类文化意识的变迁，一方面，引起了包括少数民族节日在内的口头非物质文化遗产的消失和变迁；另一方面，对保护口头非物质文化遗产达成了共识。在《保护传统和民间文化遗产的建议书》（1989年）、《世界文化多样化宣言》（2002年）和《伊斯坦布尔宣言》（2002年）的基础上明确阐释了"非物质文化遗产"的定义，提出：我们用"非物质文化遗产"一词来指被各共同体、团体、有时或为个人当作其文化遗产之一部分的各种实践、表演、表达方式、知识和技能以及与之相关的工具、实物、工艺品和文化空间。各个共同体和团体随着其所处的环境、与自然界的相互关系和历史条件的变化，不断使这种代代相传的非物质

---

① 沈洪波：《全球文化方法与国际关系领域的文化研究》，载《人大复印报刊资料·文化研究》，2008（9）。

文化遗产得到更新，并使他们自己得到一种认同感和历史连续感，从而促进了文化多样性和人类的创造力。

在全球化的语境中，我们寻求文化多样化发展的同时，为了社会和谐发展，就要寻找具有普遍认同的群体力量，建构一种核心价值体系。少数民族节日文化存在着公众普遍奉行的价值观念和身体力行的行为模式。但是少数民族节日目前状况如何呢?

第一，在不少地域和族群中，节日文化的整体象征符号已经不完整，甚至可以说支离破碎，如青海土族三川地区的二十多个村落，基本保持了节日的“本生态”，保留了土族纳顿节的整体文化元素的少数民族节日在迅速减少。在面临全球化的时候，我们感到一个人口较少、工业技术不发达的民族的文化传统在世界经济一体化潮流的冲击下，寻求平等对话的机制还是困难的，特别是弱势民族相对缺乏文化自尊和文化自信。

第二，中国少数民族节日正在急剧向市场化、商业化转型。如南宁的“民歌节”走“政府办节、公司经营、社会参与”的路子。随着原生态民歌产生的原生土壤的消失、城市大众化审美趣味的兴起、传统民歌用爵士乐演唱，使我们感到了传统与现代不是对接，而是对立。①“当审美幻象已经变成像货币一样不仅是欲望的一般对象，而且成为一般的欲望对象时，美进入了一般性文化交流，甚至商品流通的领域，美和审美变形也会发生异化。”②“由于保护的理论并未从根本上解决，因‘保护’而造成的破坏已经成为一些节日类文化遗产步入濒危境地的主要原因。”③

第三，少数民族的传统节日正在进入旅游业，变成节日的展演。文化进入了经济领域，变成了一种“资本”。这样的展演不可能是

① 参见向丽：《南宁国际民歌节审美意识形态的建构与解构之维》，载《民族艺术》，2003（2）。

② 王杰：《审美幻象研究——现代美学导论》，227页，桂林，广西师范大学出版社，1995。

③ 苑利、顾军：《传统节日遗产保护的价值和原则》，载《中国人民大学学报》，2007（1）。

“原生态”整体面貌的展现，具有文化意义的符号会在展演中消失。伪造的民俗旅游景观在践踏着民间节日文化的精华。特别是旅游中造就了两种观者的产生，一种是旅游的观众，另一种是为旅游观众进行表演的表演者，在对于民间节日的打造中，观者和表演者由于所承担的角色不同，他们各自产生的审美想像无法进行等同的对话与交流，因此无法造就民间节日中民众的狂欢。

《联合国教科文组织文化的多样性宣言》中指出：“目前世界上文化物品的流通和交换所存在的失衡现象是对文化多样性的一种威胁。”随着经济的全球一体化，文化的趋同越来越突出，富国、强国的文化正主宰着文化多样化的世界，而发展中国家和弱势民族正在失去文化的话语权。另外，在现代经济、文化的变迁下，传统节日已经与产生它的传统社会相剥离，文化记忆的形式及其在文化机制中所发挥的作用，都随着时代的变化而有所改变，承载着一个民族的文化血脉和思想成果的少数民族民俗节日在发生迅速的裂变。一方面，在强调文化多元化时，我们却面临着失去少数民族节日人文价值和人文精神的危机。而这样的人文精神恰恰是国家持续发展、民族复兴的基因和自立于世界民族之林的需要。

1995年，世界文化与发展委员会经过数年的调查、积累，推出了《我们创造的多样性》的报告，该报告论述了文化在人类发展过程中的重要作用，报告指出：“当文化被理解为发展的基础……文化政策的概念就必须相应的扩大。任何针对发展的政策都必须对文化本身表示敏感，并受到文化的激发……这种文化政策的定义和运用意味着，通过更好地利用多元文化的现实和机会，发现那些能够将多元伦理（multi - ethnic）社会结合在一起的内在因素。它预示着提高政治和管理、技术、工商业、教育、社会与社区发展方面的创造性——当然还有艺术……它预示着在社会变化过程中文化遗产观念的彻底多样化。在自然环境，它意味着更好地理解环境管理之文化遗产维度，并建立促进此种理解的结构。”

文化多样性作为世界性的国际标准，应该激励各民族、各国之间进行广泛的交流和对话。在这样的态势下，应如何保护少数民族节日呢？

首先，强化少数民族对自己“遗产”的文化自觉。由于生产方式、交换方式等社会基础的变迁，少数民族的节日文化符号正在发生并且必将发生很大的变迁。虽然我国政府在短时期内进行了卓有成效的保护工作，文化精英的努力更是卓有成效，但是我们再一次考虑遗产的定义：根据罗马法，这个词的意思是：“所有这类家庭财产的总和，他们不是按照钱财，而是根据是否值得传承的价值来理解的。”[①]这里的“他们”不是指政府及文化精英，而是指这些财富的拥有者——民众。小而言之，是指一个家庭，大而言之，是指一个群体。在传统社会里，民众对口头非物质文化遗产的认知价值体现在保护、传承与挚爱中。与文化精英的认识相比较，它可能是一种更感性的认识，在特定的文化群体中，它又是共同创造、享有、传承并且深深嵌刻在其生活中。但是，由于“五四”运动对传统文化的激烈冲击以及新中国成立后的反“迷信”、“文化大革命”时期的“大扫荡”，使民众对非物质文化遗产的认知和解释在逐渐消失，所以提高民众对非物质文化遗产的认知和解释，是保护少数民族节日的关键。

我们应该考虑“文化自觉”。“它指的是生活在一定文化中的人对其文化有‘自知之明’，并且对其发展历程和未来具有充分的认识。同时‘文化自觉’指的又是生活在不同文化中的人，在对自身文化有‘自知之明’的基础上，了解其他文化与自身文化的关系。”[②] 通过民众、政府及文化精英的努力，达到对少数民族节日社会公共价值的共识。

其次，保护少数民族节日的核心价值体系。少数民族是整体文化价值的核心符号，少数民族节日是人们的精神信仰、哲学理念、道德观念、价值取向、审美意识的折射以及人生经验、人生哲理的结晶。这种观点得到了西方民俗学家普遍的认同。但是据考察，少数民族节

---

① 李军：《什么是文化遗产——对一个当代观念的知识考古》，载《文艺研究》，2005（4）。

② 费孝通：《文化自觉和而不同——在“二十一世纪人类学生存与发展国际人类学学术研讨会”上的演讲》，载《民俗研究》，2000（3）。

日可以纳入中华民族的礼乐传统中："睿智的古人发现，加强道德建设的最佳方式用礼来节制欲望，用乐来调和性情。由乐而和，由合而亲，由亲而爱，由爱而化；由礼而节，由节而序，由序而敬。由敬而顺，内和外顺，则民不予争。"① 少数民族节日内容用"民众的狂欢"来概括并不十分准确，每个节日由娱神到娱人都是一个有序的过程，通过严格的道德自律，达到理想人格的自我完善，然后推己及人，化成民俗。其目的是"为天地立心，为生民立命"，调和天地人心，利于人的生存和发展，这就是少数民族节日的核心价值。今天，在"全球公民社会"的范围内，节日文化所体现的作为一种生活方式的民主原则仍旧是当今社会求同存异的重要渠道。

当今少数民族传统节日有的被政府征用为文化符号，"国家与社会的关系对于当前的学术界以及我们所生活的共同体来说都是最基本也是最复杂的关系"。在市场经济下，"国家与人民的关系出现了新的模式，其基本原则是国家和社会通过交换来界定相互关系"②。另外，少数民族节日也被纳入了旅游文化。在旅游文化中，少数民族节日如何呈现不真实的"真实"，也是一个十分棘手的问题。当然对于上述两类情况是否可以称为"保护"，学术界的不同观点正在展开博弈。

再次，保护少数民族的节日文化要保护少数民族节日的文化空间。"文化空间"或曰"文化场所"（culture place）是联合国教科文组织在保护非物质文化遗产时使用的一个专有名词。在联合国教科文组织的《宣布人类口头和非物质遗产代表作条例》之中，"文化空间或文化场所的本原意义指一个具有文化意义或性质的物理空间、场所、地点"。该条例进一步界定了"文化空间"的意义："在进行这种宣布的范围内，'文化场所'的人类学概念被确定为一个集中了民间和传统文化活动的地点，但也被确定为一般以某一周期（周期、季节、日程表等）或是以一时间为特点的一段时间。这段时间和这一地点的存在

① 杨淦：《中华文化复兴的理性思考》，载《新华文摘》，2008（11）。

② 高丙中：《民间的仪式与国家的在场》，见郭于华主编：《仪式与社会变迁》，310页，北京，社会文献出版社，2000。

取决于按传统方式进行的文化活动本身的存在。”① 不同的节日有不同的文化空间。清真寺的建筑是古尔邦节的文化空间，彝族特定的村落文化是彝族火把节的文化空间。如从广义来说，草原的生态环境是蒙古族那达慕所依附的文化空间。在这个自然场、文化场中，有人类的行为、时间观念、岁时传统或者人类本身的“在场”。1983 年开始实行“草场共有承包、牲畜私有护养”的改革，牧民把分到的草场用铁丝网围起来，生态的变化，草原的缩小，传统的直线赛马活动就很难进行，必然会削弱那达慕的文化空间。文化空间的保护是节日文化的前提。我们认为，生态保护与文化保护不仅存在着共同的理念，而且存在互相依存的关系。如果忽视了生态保护，忽视了少数民族节日产生的文化空间，少数民族节日就失去了其存在的“本生态”。

最后，保护少数民族节日的传承人。保护非物质文化遗产的目的在于不要失去前工业化时代人们的智慧和创造，特别是非物质文化遗产是当前民族凝聚力和创造力的源泉。

少数民族节日的传承并不只在于对丰富多彩的民俗事项的保护，核心问题在于对传承人的保护。民间节日的传承人是民间节日的倡导者和组织者。民间节日的传承人首先应具有“民间”的身份，他是某个群体、某个村落的普通劳动者，而其他社会角色的人，如学者、旅游者、新闻工作者、政府官员都不能成为节日的传承人；节日的传承人应掌握关于民间节日的各项知识，对于民间节日具有解释权和话语权；节日的传承人应操作民间节日的全套组织工作并具有民众公认的组织能力和威望，具备公正平等的素质和协调能力等。

节日文化记忆的传承方式有两种，一种是诉诸于文字的，另一种是活形态的仪式表演，美国社会学家贝格森把仪式划分为微型、中型、大型三个层次，最后一个层次的大型仪式（Macro - rites）便是需与日常生活区别开来的集体的庆典仪式。② 在这里我们更注重保护民间节

① 向云驹：《论文化空间》，载《中央民族大学学报》，2008（3）。

② 王霄冰：《文化记忆、传统创新与节日遗产的保护》，载《中国人民大学学报》，2007（1）。

日的活形态，传承人在节日庆典中是节日文化的发起人，是节日文化的承转的枢纽。离开了传承人的组织和倡导，少数民族节日的保护就失去了原本的生态。

少数民族的民俗节日，是世代相传的一种文化现象，因此，在发展过程中有相对稳定性。好的习俗以其合理性赢得广泛的承认，代代相传，不断地继承下来；这种传承活动的特点正是民俗的传承性标志。保护非物质文化遗产在很短的时间内得到国人的瞩目，在政府的努力下也取得了相当的成就。但是在我国现代化的语境中，在世界保护非物质文化遗产的语境下，其存在着正负两方面的影响："在这里，我们清晰地辨认出了'文化遗产'具有两个方面：它的特殊性和普遍性的维度。也就是说，它在小共同体（家庭）和大共同体（首先是国家，然后是世界）中分别扮演的角色以及由此向彼依次扩展的痕迹。在这个扩展过程中，从正的方面来说，'文化遗产'的普遍性和公共性在增加；从负的方面来说，它的特殊性和私人性在减少"①。如何在加强其正面影响的同时克服其负面影响，仍旧有待于我们的努力。保护少数民族节日的传承刻不容缓，因为"在社会主义和谐社会的构建过程中，在继承和弘扬民族优秀传统文化的过程中，将这些具有历史价值和现实价值的文化理念能够转化为符合传统美德与时代精神的道德规范和行为规范，使其成为实现民族伟大复兴的文化基因。"②

① 李军：《什么是文化遗产——对一个当代观念的知识考古》，载《文艺研究》，2005（4）。

② 贾磊磊：《聚合无形文化的隐性力量》，载《人大复印报刊资料·文化研究》，2008（3）。

土族纳顿节调研报告

——以青海省民和县三川地区2006年纳顿节为个案

课题组负责人：赵宗福
课题组成员：文忠祥　贺喜焱　唐仲山
胡　芳　商文娇　多智合

第一章

纳顿节的地理环境和人文空间

青海省民和县三川地区的纳顿节，是在三川地区的自然地理区域内，以各土族村庄为单位分别举办的规模最大、场面最隆重、历时最长的民族传统节日，也是当地土族特有的酬神祈福、庆祝丰收的节日。“纳顿”是土语，本意为“玩耍、耍高兴、开玩笑”，作为节日名称，它还具有“庙会”、“庆祝丰收的狂欢活动”的意思。每年从农历七月十二日开始，一直延续到农历九月十五日结束，历时两个多月，被誉为“世界上最长的狂欢节”。纳顿节是三川地区的土族民众集体参与、集体传承、集体享用的大型民俗活动，包含祭祀仪式、民间舞蹈、面具舞表演以及经济活动等内容，与当地土族人的生活密切相关，是土族文化中少有的、至今仍保持着鲜活生命力的文化事象，呈现着十分独特的节日特色。

任何一种文化事象的产生、形成和发展，与这种文化事象衍生的自然地理环境和人文社会环境有着十分密切的联系。纳顿节就是在三川这个特殊的地理和人文空间中孕育出来的文化事象，其生成和发展与三川地区的自然、历史、经济、文化密切相关。

第一节　三川地区的自然地理环境

三川地区是民和县土族的主要聚居区，自古就有“巴暖三川”的美誉。该地区位于青海省东部黄河北岸，三面环山，一面临水，因其境内有三条从北向南流入黄河的季节河而得名。这三条季节河自东向西依次是前河（下游也叫桑布拉河）、大马家河（下游也叫朱家河）和杏儿河（下游也叫赵木川河）。三川地区面积达400多平方公里，域内有官亭、中川、杏儿、甘沟、满坪、前河6个乡镇，辖80多个行政村，近300个自然村，居住着土、汉、回、藏、东乡、撒拉等民族的8.7万人，土族是该地区的主体民族，约有4万人。

三川地区位于北纬35.8°，东经102.8°之间。东面与甘肃永靖县毗邻，南面与甘肃省临夏回族自治州积石山保安族、东乡族、撒拉族自治县隔河相望，西面与青海省循化撒拉族自治县接壤，西南与化隆回族自治县相接。海拔1720~2000米，地势北高南低，南边谷地沿河地区土地平坦，耕地成片，属川水地区，北边山峦起伏，沟壑纵横，大部分属浅山地区。其东边有接官岭、魏家山、头堆岭、八达山，西有香忠山、日芒口像山、杏儿山、朱家岭、大红山，北有陈家山、关地岭、黄土山、喇家寺山、洼地沟岭、庙儿庄山、邵儿岱山、敖包山等山峰，南面边缘就是九曲黄河。

三川地区属温带高原大陆性气候，气候温和宜人，春夏短，秋冬长，四季不分明，光照充足，太阳辐射大，降水较少且四季分配不均，年降水量350~400毫米，多集中在7、8、9三个月，夏季最高气温32℃，冬季最低气温零下25℃，无霜期180~200天。自然灾害中干旱较为严重，有“十年九旱”之说，一般三年一小旱，五年一大旱，且多为春旱和伏旱，雹灾也较为常见。土壤以灰钙土、栗钙土为主，有少量沼泽土、新积土、盐碱地分布，土地肥沃，有“金田”、“美田”的美称。

第二节　三川地区的经济生产状况

三川地区地处青海省东部农业区，经济生产以农业为主。该地的农业生产历史十分悠久。据考古发现，远在四五千年前，这一地区已有原始农业生产。历史文献记载，西汉时期，赵充国在黄河、湟水流域屯田，民和地区即为其屯区之一。据《秦边纪略》记载，三川在明嘉靖时就已是园林成片的膏腴之地，“水溉田畴”，“枣梨成林，膏腴相望，其地水草大善”①。清代，三川的园林业进一步发展，每到春暖花开烂漫之时，落红如雨，随风翻卷，流动如泉，千家门巷，一片锦绣，平川园林，烟云笼罩，美景如画。清代诗人吴栻在看到三川地区春天桃红梨白、柳绿水碧的美景后，即兴赋诗，写下了《三川杏雨》：“曾将烂漫照三川，活色生香谁与怜？柳外青帘堪问酒，水旁红雨白成泉。千家门巷皆铺锦，十里园林尽罩烟。岂是中州文杏好，移来还待探怀贤。”② 民国时，三川地区的经济生产已完全以农业为主，畜牧业为辅。目前，三川地区的生产仍以农业为主，并且是民和县粮食作物和蔬菜瓜果的主要产地。

三川地区虽临近黄河，但因黄河水位低，在历史上沿岸农田很少灌溉，多为旱田，有“黄河岸上渴死人”的说法。因此，三川地区修人工渠的历史比较久远，早在明弘治初年（公元1488年），三川地区从大山下阎门起到咸水沟筑有“浚边濠”，分水岭“东南之水，经美都沟而溉三川”③。清乾隆时，三川地区筑有撒麻渠、朱家渠、吕家渠、德化渠、赵木川渠等，这些渠只有三五里或二三里长，灌溉农田不过百余亩。三川地区的水利事业真正发展是在新中国成立后，从1950年至1980年，先后修建了中川红崖渠、中川美家渠、官亭赵木川渠、官亭泵站动力渠、官亭泵站一支渠和三支渠等大渠，这些大渠均能灌溉千亩以上的农田。20世纪60年代后，三川地区修建了寨子、沙窝、鲍家、胡李家、赵木川、向阳、军区农场等十几座电灌站，灌溉条件大为改善，农田有效灌溉面积也进一步扩大。1969年官亭水泵站建成，黄河水被引上了一百多米的旱台，灌溉农田三万余亩。至此，

① （清）梁份：《秦边纪略》，卷一，59页，西宁，青海人民出版社，1987。
② （清）邓承伟修，来维礼等纂：《西宁府续志·志余》，卷十，651页，西宁，青海人民出版社，1985。
③ （清）梁份：《秦边纪略》，卷一，59页，西宁，青海人民出版社，1987。

三川地区的农业生产改变了“靠天吃饭”的历史。

三川地区物产丰富，是民和县有名的瓜果之乡，素有青海高原“小江南”之称。其粮食作物以春小麦为主，其次为青稞、玉米、豆类、洋芋、油菜、胡麻等，亦适宜种植核桃、花椒、大蒜、辣椒、烟叶、瓜、苹果等经济作物。三川地区过去是粗放耕作，一年一熟，极少种植二茬。新中国成立后，三川地区被定为一级复种区，复种指数不断扩大，复种作物以洋芋、豌豆、油菜籽、蔬菜为主，并大力发展间作套种技术、地膜覆盖种植技术，改良粮食和瓜果品种，引进和推广拖拉机、播种机、脱粒机、收割机、磨面机、榨油机和电动机等新式农机。如今，三川地区粮食连年丰收，瓜果繁多，人们早已告别了食不果腹的时代，三川地区成了名副其实的富饶之地。

第三节　三川地区的人文历史演进

三川地区自古以来就是人类繁衍生息的地方，是黄河流域人类活动最早的地区之一。据考古调查和发掘，三川地区蕴藏着十分丰富的古文化遗存，考古工作者曾在中川胡李家、前河的白崖、官亭的胡热等地发现了距今约六七千年前母系氏族公社时期的仰韶文化遗址，在中川、官亭、峡口、前河、杏儿等地发现了距今约四五千年前的马家窑文化遗址，在满坪、甘沟、杏儿、官亭、中川等地发现了距今约三千五百年前的齐家文化遗址，青铜时代的卡约文化和辛店文化在三川地区也均有发现。1998 年，考古工作者在官亭镇喇家村发掘了一处距今约四千年前的史前灾难遗址，出土了被誉为“黄河磬王”的石磬和大量的陶器、玉器及生活用具，其文化类型属齐家文化，被评为 2000 年中国十大考古发现之一。

三川地区的历史文化也十分悠久。汉代安帝时，在今中川设立了白土县；南凉秃发乌孤在白土县设立了三河郡；明永乐时，明朝政府在巴暖三川设宗水监，豢养官马。由于三川地处黄河之滨，扼积山天险之峡口，自古以来也是兵家相争之地，南凉、北魏、西魏、隋、唐时的统治范围都曾延及这里。宋代为河湟唃厮啰地方政权辖地，后隶属于西夏达百年之久。元时，为蒙古汗国势力占据。明属河州卫积石州千户所管辖，清代属循化厅管辖。1930 年，设立民和县。1985 年，成立民和县回族土族自治县。

三川地区是丝绸南路和唐蕃古道必经的要道。丝绸南路和唐蕃古道在民和境内的路线主要有两条：一是从风岭渡过黄河，走塔城、转导、马营、古鄯一线；二是从临津渡渡过黄河，走官亭、甘沟、满坪、古鄯一线，两条线在古鄯汇为一路，或经隆治走甘肃，或经乐都往西。著名的临津古渡在汉代时就已设立使用。东晋时期的高僧法显、慧景、道整，南朝宋武帝时的僧人法勇（昙尤劫），北魏明帝时的僧人宋云等去印度取经求法，都经过了三川地区。北朝明帝时，犍陀罗国人那崛多东来中国，也经过了三川地区。隋大业五年（公元 609 年），隋炀帝西巡攻打吐谷浑，亲率大军从古渡临津渡过黄河经三川西去。唐文成公主、金城公主远嫁吐蕃都经过了三川地区。明代时，从西宁卫至河州卫之间有 7 个驿站，设在民和的驿站就有巴州驿和古鄯驿，其主要驿道经过三川地区。官亭是从临津渡过黄河进入青海的首站，过去设有“接官厅”，专门用来招待入境使者与官员，“官亭”之名就是由“接官厅”演化而来。

三川地区位于青藏高原的东北边缘，地处黄土高原西部边缘与青藏高原东部边缘的过渡地带，自古以来就是多民族繁衍生息的地区。秦汉时期，在这里生活着羌人部落。两晋和南北朝时期，鲜卑族的吐谷浑、秃发氏、乞伏氏曾经是这里的主人。唐、宋时期，又有吐蕃人、党项人活动。元明时期有蒙古人、回回人和撒拉人进入。而汉人早在汉代赵充国屯田时就陆续来到这里。现今，这里居住着土、汉、回、藏、东乡、撒拉等众多民族。因此，千百年来这里一直是多民族文化交汇、融合的地区，深受汉文化和藏文化的影响，也由此在长期的历史发展过程中形成了区域性的包容多元文化成分的独特而丰厚的以土族文化为主流的文化体系。

第二章

土族的历史与现状

纳顿节是土族人民在长期的生产和生活实践中创造出来的文化事象，集中展现着土族人民的非物质文化。纳顿节是在土族人民丰富而独特的民族文化土壤中生成的，与土族的形成、历史发展、文化形态和宗教信仰等有着千丝万缕的联系。

第一节　土族概况

土族主要居住在青海省东部河湟流域和祁连山以南大通河两岸及与之相毗邻的地方。其中，互助、民和、大通是土族的三大聚居区，在青海省的西宁、乐都、同仁、门源、都兰、乌兰、贵德、共和和甘肃省的积石山、天祝、卓尼、永登、肃南等地也有零星分布。

土族自称各地不一，互助、大通、天祝一带自称“蒙古尔”（mongol）、“蒙古尔孔”（mongol kun）、“察汗蒙古尔”（qagan mongol，意为白蒙古）。民和三川地区则自称“土昆”。甘肃卓尼地区则多自称“土户家”。藏族称土族为“霍尔”（hor）、“白鞑番”、“朵朵”。蒙古人称土族为“察汗蒙古”、“朵尔朵”。汉、回等族则称土族为“土人”、“土民”。汉文史书称土族为“西宁州土人”、“土民”。在一些国外学者的著述中称土族为“甘肃土人”、“蒙古尔”、“达拉特”。新中国成立后，党和政府经过民族识别，根据土族人民的意愿，于1952

年统一称为土族。

从有关调查资料看，1933 年，青海省土族人口约 3 万余人。到 1949 年，互助、民和、大通等地的土族也仅四万人左右。① 同一时期，甘肃土族人口不足 0.5 万人。② 新中国成立后，土族人口繁衍发展很快，1953 年为 5.33 万人，1964 年为 7.73 万人，1982 年为 15.96 万人，1999 年第四次全国人口普查时为 19.61 万人，到 2000 年第五次全国人口普查时为 24.12 万人，其中，青海省西宁市为 5.20 万人，互助县为 6.47 万人，民和县为 4.32 万人，大通县为 4.38 万人，乐都县为 1.09 万人，同仁县为 0.82 万人，等等。

土族有自己的民族语言，属阿尔泰语系蒙古语族河湟语群，主要分互助、民和、同仁三大方言区，各方言之间既有一定联系，又在语音、词汇方面存在较大差异。由于土族长期同汉、藏等民族杂居相处，交往频繁，其语言深受汉语、藏语影响，吸收了不少汉语、藏语的词汇。由于民族间交往的需要和居住地区民族的不同，青海互助、同仁和甘肃天祝、卓尼的土族一般都能讲汉语、藏语；大通土族一般通用汉语；民和三川地区的土族除使用本民族语言外，也通用汉语。土族历史上没有文字，长期使用汉文和藏文。1979 年创制了以拉丁字母为基础、汉语拼音为字母的土族文字，后在互助地区试行过，尚未全面推广。

第二节　土族的族源与民族形成

关于土族的历史来源，众说纷纭。20 世纪 80 年代初，史学界有代表性的看法主要有五种：吐谷浑说、阴山鞑靼说、蒙古人与霍尔人

---

① 参见青海省地方志编纂委员会：《青海省志·民族志》，261 页，北京，民族出版社，2008。

② 参见甘肃省地方志编纂委员会：《甘肃省志·民族志》，644 页，兰州，甘肃人民出版社，2003。

融合说、沙陀突厥说、阻卜说。之后，随着土族研究的进一步深入，土族族源问题逐步趋向统一，虽然学术界尚存争论，但是吐谷浑说占据主导地位。目前学术界较为认可的观点是：土族是以西晋末从辽东辗转迁居甘青一带的吐谷浑人后裔为主体，经过长期的历史演变，融合羌、吐蕃、蒙古、汉等民族成分，在元末明初时形成的民族。

吐谷浑最初是辽东慕容鲜卑的一支。《晋书·吐谷浑传》载："吐谷浑，慕容廆之庶长兄也，其父涉归分部落一千七百家以隶之。及涉归卒，廆嗣位，而二部马斗。廆怒曰：'先公分建有别，奈何不相远离，而令马斗！'吐谷浑曰：'马为畜耳，斗其常性，何怒于人！乖别甚易，当去汝于万里之外矣！'于是遂行。"① 涉归死于晋太康四年（公元283年），根据这个记载，吐谷浑的迁徙当在太康四年之后。吐谷浑西迁，"西附阴山"，在今内蒙古河套北的阴山游牧了二十多年后，于晋建兴元年（公元313年）"度陇而西"，到了今甘肃南部的枹罕（今甘肃临夏州）。不久，吐谷浑部又向南、向西扩展，在羌、氐故地建立了一个时间长达350年之久的"吐谷浑"王国。在青藏高原纵横驰骋的三百多年中，吐谷浑人与被其统治的羌、氐等各民族共同生活，逐渐融合成为吐谷浑族。而土族之名也正是由"吐谷浑"一词演变而来。

唐龙朔三年（公元663年），吐谷浑为吐蕃所灭，一部分吐谷浑人内徙，经过三个多世纪，逐渐融合于汉族、契丹和近塞住牧的室韦等部落中。而留居于原地，降服于吐蕃的吐谷浑人，仍然活动了很长时间。从唐咸亨三年（公元672年）至唐元宝十四年（公元755年），在吐蕃统治下的青海各地的吐谷浑部落不断降唐，被安置在河西凉、瓜、沙、肃等州之南的祁连山一带。唐王朝还专门在凉州武威南大通河一带设了一个吐谷浑羁縻州，此地正是今天土族聚居的地区。北宋时，史书上还有吐谷浑人在青海湖北大通河一带存在的记载。11世纪后，吐谷浑这个词不再见于史书。但是到了元末明初，史籍上突然出

① （唐）房玄龄：《晋书》，卷九十七，《四夷·吐谷浑》，2537页，北京，中华书局，1976。

现了“西宁州土人”、“土人”的记载。这个“土人”居住的地方正是今日土族居住的地方，也是吐谷浑人长期活动过的地方。“许多历史研究工作者认为，这时所出现的‘土人’，就是以留居原地的吐谷浑人为主体，在发展中与藏族、蒙古族、汉族等民族融合而逐渐形成的一个新的民族共同体，这个民族共同体即今日的土族。”① 至今，在今互助和民和三川土族中，还有“霍尔”人是他们祖先的传说。今互助地区的合尔郡、合尔屯、合尔吉、贺尔川等地名，据说是因为住过霍尔人而得名。藏族也称土族为“霍尔”。霍尔，原是藏族对黄河以北游牧民族的通称。吐蕃人早期称吐谷浑人为“阿柴”，但明代以后的一些藏文书籍则称吐谷浑为霍尔，不再称其为阿柴了。如成书于清同治四年（公元1865年）的《安多政教史》称吐谷浑为霍尔，成书于清乾隆年间的《佑宁寺志》则称互助土族人为霍尔人。有些地区的土族人自称为霍尔，大概是由于吐谷浑政权瓦解后，处于吐蕃的统治下，长期受吐蕃影响，故自称为霍尔人，他们的住地也就有了合尔郡、合尔江等名称。土族还有自称“土昆”、“土户家”的，这应是“吐浑”的转音。今互助、大通等土族聚居之地还存在有十几个名叫“吐浑”的村庄。从这些族称、地名中，我们可以看出土族、霍尔、吐谷浑三者之间的一些历史渊源。青海省民委编写的《土族简史》就认为霍尔人包括吐谷浑人，后来则系指吐谷浑。吕建福先生的《土族史》更是明确地论证了吐谷浑人就是土族的先民。

综上所述，土族的形成经过了漫长的历史过程。吐谷浑人从辽东西迁至甘青地区之后，吸收融合羌、氐等民族的成分，逐渐形成吐谷浑的民族共同体。吐谷浑亡国后，这个民族共同体中留居甘、青的部分成为今日土族的主要族源。由于受藏族、蒙古族的影响，有的又自称“蒙古尔”、“察汗蒙古”，同时仍有“霍尔”、“土昆”等称谓。元末明初时，土族的民族特征已经很明显地显现出来，并形成了一个新的、稳定的民族共同体。

---

① 郭璟：《土族》，8~9页，北京，民族出版社，1990。

第三节　土族的政治、经济和文化

元朝时，土族所在地区属甘肃等处行中书省，元王朝对土族首领分别授以官职，令其统治土族。明王朝建立后，继承了元朝的政治制度，“封土司民”，以本族豪酋统治本民族，父子世袭，不编户籍，不给薪俸，称为土司。土族地区的土司制度从此形成。实行土司制度后，大部分土族地区由土司管辖，另有一部分土族地区由封建王朝系统的地方政府管辖，还有一部分土族地区由宗教寺院管辖。青海土族地区的土司制度一直维持到1929年青海建省设县时，才完全取消，土族地区在民国时推行保甲制。新中国成立后，土族地区普遍成立了人民公社。20世纪80年代初，人民公社又改为乡。当前，乡政府实施着行政管理职能，各土族乡政府中的干部以土族为主，书记和行政首长必有一位是土族，村一级的干部绝大部分是土族。

土族居住的地区自古以来就是“可耕可牧”、“五谷俱产”的地方。这种自然条件决定了土族人民的经济生活，大体上经历了以畜牧业为主和以农业为主两个阶段。土族在早期主要从事畜牧业生产。史书记载，明朝初年，土族人主要“以孳牧为业”。明初，土族逐步由畜牧业转向以农业为主。清代时，土族的农业经济已有了相当发展，其生产状况与附近汉族地区一样。目前，土族地区的经济生产以农业为主，以畜牧业为辅，而工商业所占比重较低，总体产业构成和经济发展水平都保持着浓厚的传统色彩，传统的小农经济仍占绝对优势。但随着市场经济的发展，土族人重农轻商的观念已有了很大变化。以三川土族地区为例，很多土族人搞起了养殖业、特色作物种植，有的农户开起了小商店、饭馆、木材加工厂、砖厂、加油站等，有的搞起了运输，更多的人则出外打工，其经济收入开始呈现出多元化的格局。

土族是一个广容博纳的民族，在长期的历史发展中形成了自己独特的文化传统。近世的土族文化是复合型的文化，即由传统文化、汉文化、藏文化融合而成的多元文化。其中，土族的传统文化是以萨满教、蒙古语为思想核心的牧业文化，藏文化主要体现在对藏传佛教的信仰上，而汉文化对土族的世俗文化影响很大。这三种文化在土族文化中不是孤立存在的，而是相互渗透、相互影响、融为一体的。具体地说，现在的土族文化是“以萨满教、藏传佛教、汉族民间宗教等融合而成的宗教信仰作为意识形态，由蒙古语吸收藏语和汉语的大量成分而形成的语言作为共同的土族语”①，由传统文化、汉文化和藏文化融为一体而创造出来的颇具特色的风俗习惯和生活方式，是一种典型的开放式的、兼收并蓄的多元文化。

第四节　土族的宗教信仰及节日体系

土族的文化集中体现在宗教信仰上，并通过节日活动表现出来。土族在历史上曾信仰萨满教，相信万物有灵，崇拜长生天。大约在5世纪中叶，土族的先民吐谷浑人开始接受佛教和道教。7世纪中叶，藏传佛教及苯教在土族地区广为传播，对土族的影响十分明显。明朝以后，土族几乎全民信奉藏传佛教格鲁派，并延续至今，道教的信仰也一直延续了下来。因此，土族的信仰体系比较复杂，相对而言，三川地区土族的宗教信仰比互助土族更为复杂。在三川地区土族的宗教信仰中，“除了藏传佛教的释迦牟尼、宗喀巴、班禅和达赖以及修来世的信仰之外，主要还有萨满教的天神信仰、白石信仰、法拉和法师信仰以及汉族的地方保护神信仰（龙王、二郎、娘娘）、阴阳和风水信仰、祖先崇拜”②。可以说，藏传佛教、萨满教和汉传民间信仰在土族人的精神生活中各司其职，从而使土族人在精神上既不同于汉族人，

---

① 高丙中：《文化影响与文化重构》，转引自［比利时］许让神父：《甘肃土人的婚姻》，费孝通、王同惠译，282页，沈阳，辽宁教育出版社，1998。

② 同上书，266页。

又与藏族人区别开来。

在三川土族人的宗教信仰中，藏传佛教、汉传民间信仰、萨满教占据着极其重要的地位，它们在功能上各有侧重点。其中，藏传佛教主要服务于土族人的人生观，与土族人的终极关怀、精神寄托有更多的关联，“如老人修来世、超度亡灵等，要跟着喇嘛教走”①；汉传民间信仰主要服务于土族人的生活，与土族人生活中的现实问题、人生各种仪式等联系得更紧一些，如对二郎神、四郎神、龙王爷、九天玄女等的信仰是为了保庄稼丰收，对阴阳先生的接纳是为了在一些重大事务上（婚姻、建房、丧葬等）做决定。“萨满教系列的信仰在土族的宗教信仰中所占的成分比较少，只是以残余形式遗留在土族人的生活中之中，不成其为独立、完整的形态。”② 例如法拉和法师的宗教活动、腾格然（土语，意为长生天）崇拜、白石信仰等，都依附于藏传佛教信仰和汉传民间信仰而存在。

土族通行汉族农历，也使用公元纪年，其本民族的节日和庙会主要有农历正月十四的互助佑宁寺观经会，二月初二、三月初三、四月初八的互助东沟大庄、姚马等地庙会，二月初二的互助威远镇擂台会，六月初六的互助县威远镇的朝山会、姚马庄马家寺的无良神会，六月十一的互助丹麻戏会，六月十三、二十九互助松番寺和吐浑村的少年会，七月十二至九月民和三川地区的纳顿节等。在节日和庙会期间进行物资交流和赛马、摔跤、唱花儿、打秋千、玩武术等活动。

土族沿用汉族节日体系，他们的岁时节日基本上是汉式的，其节日期间的活动和习俗虽大体上与汉族一样，但也保留着一些与汉族习俗不一样的本民族传统信仰与节日习俗。如三川土族最热闹的节日也是过春节，他们从腊月后半月起就停止了一切生产活动，集中精力办年货，宰猪杀羊、炸“普适佐”③。腊月三十那天天刚一擦黑，各家就在大门及房门上贴上对联和用黄表纸印的钱马，然后吃年夜饭，家里

① 高丙中主编：《现代化与民族生活方式的变迁》，137页，天津，天津人民出版社，1997。

② 同上书，137～138页。

③ 普适佐，土语，指传统的油炸食品。

老人给大家讲故事，大家通宵唱歌。正月初一鸡叫头遍后，人们先在院中燃一堆麦草火，在花坛上的煨桑台燃起柏枝，在各个神位前点上清油灯。家里的儿女们先向神佛叩头，然后向父母长辈磕头拜年，接着带上“普适佐”到“家务”和同庄邻家去拜年。正月初二到十五期间，拿馍馍到外庄及远处的亲友家拜年。春节其间，各村庄还轮流举办“阳郭”（即社火）。值得一提的是，互助有些地方的土族在除夕夜有打醋坛的习俗，他们把火口大小的三个白石头烧红，在开水中放进大葱、柏枝、醋、麦子，最后将白石头放进开水中，全家人蘸水点脸，抚全身（象征洗），主人拿菜刀蘸水满屋洒，一边洒一边念念有词，“不干不净，一起除净”，“牛鬼蛇神，一起除净”。有些村庄在正月十五也进行类似的活动。

与当地汉族人一样，土族人也有二月二吃炒豆子、清明节上坟祭祀先人、五月五过端午节、八月十五过中秋节、腊月初八吃腊八粥、腊月二十三送灶神的习俗，节日期间的活动与当地汉族的活动大体相同。

土族虽然采用了汉式的节日框架，但并不是机械地照搬，而是按照自己的社会文化基础进行了一些调整。一方面，他们对重点节日做了一些取舍，如汉族重视春节、端午节、中秋节，民和土族重视春节和“纳顿”节，互助土族重视春节和“花儿会”等；另一方面，他们对汉族的节日习俗作了一些改造。如贴春联是汉族春节习俗的一项重要活动，对汉族来说，不贴春联，就不能叫过春节，但互助土族完全没有这个意识，春节不贴春联。又如中秋节是汉族人十分重视的传统节日，但由于受“八月十五杀鞑子”传说的影响，互助地区的索胡家、达霍家土族忌讳过中秋节，他们不但不过中秋节，而且还在中秋之夜从灶膛抓一把灰向月亮打去。

第三章

纳顿节概述

三川地区的土族又称纳顿节为“七月纳顿”、“纳顿会”。节日的活动内容包括迎神、供献、许愿、还愿、会手、答头、谢恩、颂喜讯、打杠子、面具戏表演、法拉发神、送神等一系列仪式，其主旨是通过祭祀二郎神和本村保护神，以祈求风调雨顺、五谷丰登。

第一节　传说和起源

关于纳顿节的来历，三川地区流传着不少传说，概况起来，大致有三种说法：

一是很早以前，白塔寺（今甘肃境内，与三川邻近）有一个木匠，手艺高超，远近闻名。皇帝要修皇宫，便召他去主持设计修建。竣工后皇帝一看，顿时被木匠的精湛技艺所折服，便想让木匠永留皇宫，为己所用。木匠不肯答应，皇帝便想暗害木匠。木匠看出皇帝的险恶用心，连夜逃走。逃到三川，看到这里的民众的生活困苦，便义愤填膺，振臂一呼，举行起义，老百姓纷纷响应，迅速组成一支起义队伍。皇帝听说三川起义，就派人打探，木匠得到这个消息，随即吩咐士兵把武器收藏起来换上长袍，手擎扇子、彩旗跳起“会手”舞来。那些探听军情的人都糊涂了，一问当地人，回答说：“我们这是过纳顿，跳会手。”木匠起义是否成功不得而知，但纳顿节从此就流传了下来。[①]

敲起锣鼓过纳顿节

二是元代初期，成吉思汗的军队征战西北，经过三川时，大队人马因长途行军作战，人困马乏，就在黄河边驻扎休息。正当大军酣睡之际，突然命令大军开拔。一小部分军队因劳累过度，没有听见出发的号令。留下来的这一部分队伍一无粮草，二无向导，只好留在三川。他们在三川开荒地，种庄稼，打算筹足粮草再去找大部队。谁知到了第二年秋后，蒙古军队征服了整个中原，成吉思汗的后代也当上了皇帝，上面传令叫他们留在当地，把守黄河。于是，这些军队平时种庄稼，闲时练兵。慢慢地，练兵习武成了一种娱乐活动。以后，这种活动变成了庄稼收获季节举行的庆典仪式，当地的土著人也参加了进来，形成了现在的“纳顿”。[②]

① 参见鄂崇荣：《浅论土族“纳顿”节》，载《中国土族》，1999（8）。

② 参见马光星等：《人神狂欢：黄河上游民间傩》，3页，西宁，青海人民出版社，2003。

三是传说三川地区过去十年九旱，百姓为了有个好收成，请文家寺（中川乡文家沟的寺院）的喇嘛背着《甘珠尔经》转山诵经求雨，没有效果。后来有人从四川灌县著名的二郎庙背来了木雕的二郎神像，为其修建寺庙，虔诚供奉。说来也巧，那一年风调雨顺，五谷丰登。于是人们抬着二郎神像逐村转悠。一路上锣鼓喧天，颂歌声声，载歌载舞。从此，这一活动便流传下来，演变成了今天的纳顿节。①

纳顿节历史悠久，但究其起源与形成年代，至今仍无定论。据中川乡辛家村93岁的辛怀仁老人说："纳顿有二三百年了，我们小时候跳的'纳顿'跟现在像，我们辛家也跳五官，现在辛家不跳五官了，以前正规，现在松泛。"土族民间艺人徐秀福认为："'纳顿'是古代军队打了胜仗，庆祝胜利的庆典活动演化而来的庆祝丰收的庆典活动。它源于元代中叶，完善于明代初期的说法是可以成立的。为庆祝蒙古人统一中国，纪念先民功绩而办的说法也是可行的。"② 土族学者马光星认为"它的形成，从时间上推测，大约在明初以后"③。而另一位土族学者秦永章追溯得更早，他认为"'纳顿'出现于土族先民从事畜牧业生产的时期"④。

土族是个小民族，其历史在文献中记载极少，纳顿更是不见于地方文献。虽然民间和学界有各种说法，但其起源至今仍悬而未决，尚处在探讨之中。即使这样，纳顿节有上百年的历史是人们的共识，它自产生之后就一直沿袭、传承了下来，成为三川土族人民最为隆重的民族节日。1958年，纳顿节中断了一段时间。改革开放后，随着党的民族宗教政策的落实，土族群众自发地组织起来，于1980年恢复了这一民族传统节日。近年，随着国家对民间文化的重视和保护工作的加强，土族的纳顿节呈现出了兴盛的局面。

---

① 参见鄂崇荣：《浅论土族"纳顿"节》，载《中国土族》，1999（8）。

② 徐秀福：《三川"纳顿"渊源》，见青海省文学艺术研究所编：《创作与研究资料集》第二集（内部铅印本）。

③ 马光星等：《人神狂欢：黄河上游民间傩》，177页，西宁，青海人民出版社，2003。

④ 秦永章：《青海民和土族地区"纳顿"述略》，载《西北民族研究》，1991（2）。

第二节 举行时间与分布地点

在三川地区，大部分村庄每年都要举办纳顿节，但也有个别村庄因各种原因不再举办。纳顿节一般在丰年举行，庄稼歉收的年份则不举行。由于三川地区的村庄都是以姓氏来命名，因此各村的纳顿节也以姓氏命名，如“宋家纳顿”、“鄂家纳顿”、“辛家纳顿”、“鲍家纳顿”等。

三川地区的土族各村庄举办纳顿节基本上是依据庄稼收割的顺序轮流进行，其时间均按农历排列。据说以前各村举行纳顿节的时间较混乱，20 世纪 30 年代初期，时任班禅驻南京办事处处长的土族一代先贤朱海山先生为了农忙时节各村举办纳顿会互不冲突，便利用自身的威望，按夏收早晚不同的村庄重新排列了纳顿会的会期。从此，各村的会期就固定下来了，并一直沿袭至今。

三川地区的土族纳顿节每年从农历七月十二日开始，一直延续到农历九月十五日结束，历时两个多月。其举办地点是从下川的宋家村开始，经鄂家村、桑布拉村到中川的杨家、祁家、王家、辛家等村一带，然后再到上川赵木川、杏儿和官亭地区，最后在朱家村结束。

现将三川地区各个土族村庄举办纳顿节的时间、名称、参与客队会手情况列表如下。

三川地区土族村庄举办纳顿节的时间表

时间（农历）	名称	举办村庄	客队会手
七月十二	宋家纳顿	中川宋家村	鄂家
七月十三	鄂家纳顿	中川鄂家村、宋家村	桑布拉
七月十四	桑布拉纳顿	峡口铁弓、怀塔、蒋马家、老庄、大庄等村联合举办	鄂家

续表

时间（农历）	名称	举办村庄	客队会手
七月十五	杨家纳顿	中川文家沟村、杨家村联合举办	互为主客队
七月十六	祁家纳顿	中川草滩祁家村	王家
七月十八	王家纳顿	中川王家村	草滩祁家
七月二十	辛家纳顿	中川辛家村	朱家
七月二十一	马家纳顿	中川上、下马家村联合举办，各轮流一年	互为主客队
七月二十六	台子纳顿	赵木川台子村	下赵家、山赵家
七月二十八	赵家纳顿	赵木川下赵家村	台子、山赵家
八月初一	余家纳顿	赵木川余家村	安家、窦家
八月初三	安家纳顿	赵木川安家村	山赵家、余家
八月初六	山赵家纳顿	赵木川山赵家村	余家
八月初八	窦家纳顿	赵木川窦家村	安家
八月十二	郭家纳顿	赵木川郭家村	余家
八月十一	民主沟纳顿	峡口民主沟上红庄村	赵家、魏家山
八月十二	民主沟纳顿	峡口民主沟赵家村、魏家山村	上红庄
八月十三至十五	寨子纳顿	官亭寨子、寨子山两村联合举办	
八月十六	陈家纳顿	峡口陈家、白家、张家、司家、昂家、鄂光塘联合举办	
八月十六	巷道祁家纳顿	巷道祁家、洒他拉王家、树过拉王家、虎木盖李家、西灭拉等村庄都举办	
八月十七	徐家山纳顿	官亭徐家山村、喇家湾子村联合举办	
八月十八	虎狼城纳顿	中川虎狼城村	中川巷道祁家
八月十九	乱石头村纳顿	杏儿乱石头村	
八月二十一	协拉纳顿	杏儿协拉村	只举行祭祀活动
八月二十三	土木其纳顿	杏儿土木其村	只举行祭祀活动
八月二十五	大庄纳顿	杏儿大庄村	只举行祭祀活动

续表

时间（农历）	名称	举办村庄	客队会手
八月二十六	尕马卡纳顿	杏儿尕马卡村、金巴拉村联合过会	只举行祭祀活动
八月二十八	陈家山纳顿	杏儿陈家山村	寺教拉、乱石头
九月初一至初五	梧释沟纳顿	官亭的龙布、何家、桑任家、石扬家、邓家、牙酒、鲍家湾子等小村庄联合举办	
九月初六	库巴沟纳顿	官亭的上下库巴沟、恩多日、怕日、先什、红台、白家等小村庄联合举办	
九月初八	鲍家纳顿	官亭鲍家村	喇家、官亭四村
九月初十	喇家纳顿	官亭喇家村	鲍家、官亭四村
九月十二	官亭纳顿	官亭秦家、张家、吕家、何家4村联合举办	喇家、鲍家
九月十五	朱家纳顿	中川朱家村	辛家

以上村庄中，有些村庄不跳会，只在规定跳纳顿会的日子举行简单的祭祀村落神的仪式。群众依据纳顿节走亲戚的惯例，也照样访亲拜友。村里人也炸油饼，准备一些酒肉，款待前来走亲戚的亲友。

第三节　祭祀神祇及装脏仪式

土族的纳顿节实际是各个村庄举行的庙会，其目的主要是酬神祈福、庆祝丰收，因此，普遍受到土族人信仰的二郎神和各个土族村庄村庙里的村落神在纳顿节中扮演着十分神圣而又重要的角色。可以说，祭祀神祇是纳顿节各项仪式的象征意义上的受祀者，是纳顿节至高无上的主宰。纳顿节是以丰收之年酬谢二郎神的名义举行的，二郎神是纳顿节中人们顶礼膜拜的最高神灵，是纳顿节的主神。二郎神，当地土族人又称为“河州帝帝”①，是三川地区地方神中地位最高的神，其神像分为坐神和走神两尊。坐神被供奉在中川乡朱家村村庙中，不出游，被当成是朱家的村落神。走神是专门在青苗会和纳顿节巡游之神，被供奉在中川乡吴张家村的二郎宗庙中，当地百姓公认其是三川地区的总神。二郎神走神塑像白脸有须，盘膝坐在神桥中，头戴王冠，高二尺左右，身上裹着好几层彩绸衣服，胸前挂着铜质护心镜，神态威严。

村民祭祀二郎神

纳顿节期间，二郎神要巡游大多数举办纳顿会的土族村庄。各村迎接二郎神的仪式比较复杂，一般都在本村纳顿会的前一天将二郎神迎来。一个村的纳顿会结束后，下一个要接着举办纳顿会的村庄的人高举着二郎神的黄色龙旗，点着香，敲着锣鼓，将二郎神的神轿抬到本村的纳顿会场上。二郎神的神轿到达村口时，要燃放鞭炮，村里有病的人捧香迎接，也有人摆香案迎接，有病的人跪在路中间，从神轿底下跪伏过去。有不少人牵着羊，抱着鸡，来向二郎神许愿。二郎神的神轿被供奉在纳顿会场中的神帐内，而村庙中的村落神早就被抬出来，供奉在二郎神旁，一起接受信徒的膜拜。第二天纳顿会结束后，二郎神又被下一个举办纳顿会的村庄抬走，继续长达两个月之久的巡

① 帝帝，土族语，爷爷之意。民和土族对神灵的称呼多在名后缀以“帝帝”。

游，接受各村土族群众的膜拜。

除了二郎神外，各村村庙中的村落神也是土族民众在纳顿节中要酬谢的神祇，只是其地位比二郎神低一些。三川地区的土族村庄基本上是由家族村发展而来的单姓村，大多数村庄都修有一个共同的村庙，有些村庄还另建有藏传佛教寺院。村庙里供奉着村落神，这些村落神大多是道教的神。每村的村落神数目不一，但其中必须有一尊本村村庙中所特有、其他村庄所没有的神。如九天圣母娘娘、黑池龙王、显圣大王、摩劫龙王、四郎爷、大王爷、锁劫大帝、阿姑娘娘、黑虎大神、变化二郎、黑马祖师、豆娃娘娘、文昌爷、寺主爷、五郎爷、坐神爷、青马督司、土神爷等。其中，九天圣母娘娘、摩劫龙王、黑池龙王、锁劫大帝等神灵是被若干村庄共同供奉和信仰的。各村村庙的村落神一般又被本村的村民尊称为“老爷”。各村的纳顿会临近后，小会那天的早上，人们就会将本村村庙里的村落神抬到纳顿会场，供奉在神帐中，称之为“老爷下庙”。直到纳顿会结束后，才被抬进村庙供奉。

二郎神神位

为了保持二郎神和众村神的神性与灵力，三川地区的土族村庄按照各自的年限旧例，为本村的村神定期举行“装脏”仪式。“所谓‘装脏’就是土族群众按照一定的年限旧例，将本村庙中的村神旧的脏腑去掉装上新的，所装的东西多为喜鹊、麻雀、蛇等。”① 各个村庙

① 鄂崇荣：《浅释民和土族村庙中的“装脏”仪式》，载《青海民族研究》，2004（2）。

为村神举行装脏的时间都不一样，官亭四郎庙的四郎爷每 5 年装脏一次，鄂家村的村神摩劫龙王每 12 年装脏一次，桑布拉的村神娘娘爷每 3 年装脏一次，草滩祁家的锁劫大帝每 13 年装脏一次，朱家村二郎神坐像每 5 年装脏一次。各个村神装脏用的物品并不一致，主要分“香脏”和“臭脏”两种，臭脏指用动物装脏，主要用马蜂、喜鹊、蛇、麻雀等动物；香脏指素脏，主要用佛经、香油、五谷等物品。在地方神装脏中，二郎神、四郎爷、摩劫龙王等是臭脏，黑池龙王、娘娘爷则是香脏。

二郎神与各村神的装脏时间虽不一样，但仪式大致相似。装脏仪式在村庙内举行，由法师、法拉和画匠配合完成。先由专门邀请的画匠将神像开膛，取出上一次的装脏物品，将事先准备好的马蜂、蛇、喜鹊、麻雀等动物装入神像内。装脏仪式中用的动物都必须是活物，马蜂装在头部，喜鹊和蛇装在腹部，这些动物分别代表着神像的各种身体器官。装完后，画匠需重新给神像上彩。在画匠装脏的过程中，法师在一边敲着神鼓，演唱“三教明主歌”、“三光四带五苗”、“二十八宿”等土族传统古歌，村民们在一边陪唱。然后将装脏好的神像抬到庙外的场地，法师演唱“请神歌”，请神娱神。请完神后，法师手执单面羊皮鼓，与画匠一起给神像开光点珠。他们一问一答，依次用毛笔点神像的眼睛，用自己制作的小弓箭射神像的耳朵，用针扎神像的口舌，用木梳梳神像的身子，用镜子照神像的丹田，用活公鸡给神像的手、脚入气。开光点珠仪式结束后，善男信女开始念麻尼经，人们向神像叩拜祭奠。

装脏后的地方神还需“坐洞”修炼，主持纳顿各项事务的大牌头和侍奉神的庙倌趁夜深人静之时来到村庙里，在村神神像前烧香点烛，磕头烧黄裱纸。然后背起神像，到附近深山隐蔽处挖一个洞，将神像藏进去。各村神的坐洞时间长短不一，二郎神、摩劫龙王、锁劫大帝的坐洞期均为 21 天，娘娘爷坐洞期为 7 天。坐洞期满后，村民们请来法师、法拉，在村庙前竖起幡杆。午时，法师敲响羊皮鼓，边唱边跳，赞美神的威力，阴阳先生也开始念经。祈祷结束后，作为人神中介的法拉开始发神，他身穿法衣，手持法器，又舞又跳，跑向藏神像的山上寻找神像。据说法拉一般都能准确地找到藏神像的地方。找到神像后，村民们敲锣打鼓，虔诚地用神轿将神像请回，供在神庙外事先准备好的香案上。神像被请回后，村民们磕头点香，放鞭炮，烧黄裱纸，供献蒸饼、清水、鲜花等物品。然后，法师又开始表演神鼓舞，颂神娱神，阴阳先生也继续念经。村民们举行献牲仪式，将事先选好的白羯羊牵到神像前，向神献牲，并用木卦占卜。献牲的白羯羊立时被宰杀，煮熟后敬天地和村神。至此，装脏仪式全部结束。

第四节　土族的节日体系

纳顿节是土族人民的丰收节，其主旨是庆祝庄稼丰收、答谢地方神灵。纳顿节期间所举行的一切活动都是围绕“庄稼平安顺利地丰收”这样一个主题而展开的，甚至其组织者的职能和前期的一些准备活动都与农业生产活动有关。

纳顿节是土族民众自发组织起来的，届时各个村都要推选几个组织者主持和安排纳顿的各项活动。这些组织者在各地叫法不一，如官亭四村和鲍家的组织者叫“水牌”，水牌只有一个，是主持本村纳顿各项事务的管理者，下面有几个“水头”，又叫“七绕其”[①]，他们共同协助“水牌”组织和管理纳顿节的各项事务。中川乡辛家村纳顿的主事者叫“宗家”，另外几个辅助的叫“小解”。宋家、鄂家和桑布拉纳顿的主事叫“大牌头”，协助者叫“小牌头”。“水牌”由村民们推选产生。纳顿节举行的前几天，村民们就选出下一届纳顿会的“水牌”，新选出的“水牌”协助上一年选出的旧“水牌”组织好纳顿节的活动。纳顿会结束后，老“水牌”卸任，新“水牌”正式上任。“水牌”不仅是纳顿节的组织者，也是村里生产活动和其他宗教活动的民间管理者。新“水牌”上任后，就承担起了管护青苗、树林、祈

---

① 七绕其，土语，锯子之意，指纳顿会期间被来回使唤的人。

雨及民事纠纷调解等诸多事宜。

各村的纳顿会场一般都是固定的，是祖辈们沿留下来的，绝大部分村庄的纳顿会场就设在村庙附近的开阔地带。会场上搭一顶坐北朝南、可容纳百人的白布神帐，帐房内用桌子支起香案，供奉着二郎神和村庙中的方神。神帐对面竖着五根十几米高的幡杆，按金、木、水、火、土分开。中间一根为土。幡杆呈“十”字型，两边各挂一个七八米长的黄色纸长幡。幡杆后还立两根木棍，拉一条长绳，悬挂着黄白两色的“宝盖”、“钱粮”。除神帐外，有些村还另搭一个小帐房，存放各家送来的供品及跳面具舞所需的衣服和道具。

五根幡杆分别代表金木水火土

各村的纳顿节一般举行两天，第一天是小会，第二天才是正会。小会的仪式主要有献供、许愿与还愿。献供指村里的每户人家到纳顿会场向神敬献供品，供品一般包括一个用刚收获的麦子所磨的面做成的直径四五十厘米的大蒸饼、少许用新油菜或胡麻榨的清油、一瓶酒、宝盖和钱粮。许愿或还愿的祭品是大公鸡或羯羊。许愿或还愿时，“水牌”要在鸡或羊的头上倒酒，如祭品摇头，就表示神喜纳，如多次倒酒仍不摇头，就需另换一只。小会这天还要举行彩排活动。“牌头”们敲响锣鼓，召集会手和演面具戏的表演者前来练习。

跳会首舞的民众

纳顿节正会举行的仪式主要有会手舞、面具舞和法拉发神等。会手舞是正会这天的第一个仪式，原则上每家出一个会手，户数多的村庄会手队伍多达数百人。会手队伍分主客队，主队指本村的会手，客队指前来祝贺的邻近村庄的会手。无论主客队，均由老者、锣手、鼓手、旗手组成，按老中青的顺序排列。客队到来时，主队要前去迎接。汇合后到神帐前一边按一字长蛇阵或龙门阵的阵法跳会手舞，一边高喊“大好哟好”。有些村庄此时要依次颂搭头词、报喜、唱喜讯、打杠子，有些村庄则紧接着表演面具舞。面具舞包括《庄稼其》、《三将》、《五将》、《关王》和《杀过将》（又叫《杀虎将》）。其中，《庄稼其》表演的是老农教子种田的故事；《三将》、《五将》、《关王》均以颂扬关公为主题，主要表现关、刘、张三人与吕布之间的争战；《杀过将》的主角是山王爷，他降伏了危害百姓的老虎，为民除害。另外，在鄂家、桑布拉的纳顿会中还表演《五官》，五个身穿长袍、头戴清朝红缨帽的男子表演朝拜、对拜、走太极等动作。大多数土族村庄没有《五官》的节目。面具舞结束后，就是法拉发神。法拉是神与人之间的中介，他发神时要向人们传达神的意旨，用焚烧的方式替神收取村民们供奉的宝盖和钱粮。各村过去大都有自己的法拉。法拉发神时要插钢钎，扔卦宣示神喻。人们往往通过是否插过钢钎以及钢钎数目的多少来评定法拉功力的高低。如民主沟鞑子庄的赵家法拉因插过 12 根钢钎以功力出奇而闻名于三川，此人现已去世。随着人们观念的改变，老一代法拉去世后，后继乏人，法拉的数目急剧减少，其传承出现中断的趋势。2006 年夏天，我们在调查峡口和中川的纳顿节时得知，只有鲍家法拉曾在纳顿会中发过神，其他村因没有法拉均以庙倌替代法拉发神。法拉发完神后，“牌头”们要将一些大蒸饼掰开，向人群抛撒，让众人分享神食。

纳顿节的面具舞《三将》

纳顿节的仪式程序大致如上，凡跳纳顿的村庄大都按这个程序进行，中间虽然存在一些差异，如在节目的删减、表演人员的年龄和服装以及表演动作和内容规范方面要求严格外，其他程序基本一致，形成了一套固定的模式化的仪式程序。正如有些学者所言：“纳顿并非

供品之——大蒸饼，当地人称酥盘

一个独立的节日，而是一个节日体系，至今仍保持着完整的形态。"①在土族的纳顿节中，水牌推选、会场布置、献供、许愿、会手舞、面具戏和法拉发神等各项仪式，构成了一个具有稳定性和系统性的节日体系，纳顿节就按这个体系每年重演，周而复始，一直沿袭了下来，并继续在土族社会中传承着。

① 文忠祥：《民和三川土族"纳顿"体系的农事色彩》，载《青海民族学院学报》，2005（4）。

第四章

鄂家纳顿节的文化背景与相关问题

纳顿节是三川土族节日体系中最为重要的一个民族节日，并巨具有举办时间长、规模大、活动内容极其丰富等特点。面对如此大型的民间节日，如果全程调查，难免顾此失彼，要选择将纳顿节日的风格保持的最完整、最古朴的村庄作为调查地点，对于我们完成田野调查尤为重要。

据调查，当地人认为中川鄂家村、峡口桑布拉村的纳顿比较正规。鄂家村为单一姓的自然村，而桑布拉纳顿为铁弓、怀塔、蒋马家、老庄、大庄等自然村合办。因此，2006 年 7 月，我们赶赴三川地区进行纳顿田野调查时初步拟定以鄂家纳顿为重点，并将其前的宋家纳顿与其后的桑布拉纳顿也纳入调查视野内进行比照。当地人称参加纳顿表演活动为“跳会”，鄂家纳顿共“跳会”三天，其前的宋家纳顿为其小会，而在其后的桑布拉纳顿中，鄂家则作为客队参加。虽然鄂家村是一个居民人数相对较少的自然村落，但对其小会、正会以及客队的表演进行相对全面的记录，有利于我们了解纳顿节在三川地区举办的整体概貌。另外，从某种程度上来说，对鄂家纳顿节日习俗进行深入、全面地调查，不仅可以保证调查村落与所调查民族社会文化整体之间具有一定的关联性，也有利于我们对整个民和三川土族的纳顿节的传统文化有一个较为深入、完整地认识。

第一节　鄂家纳顿节的村落背景

鄂家纳顿共“跳会”三天，小会在宋家村，正会在本村，作为客队去桑布拉村，这样，在纳顿节期间，鄂家村与宋家村、桑布拉村之间的关系自然也就密不可分。鄂家村、宋家村属于三川地区中川乡美一行政村；桑布拉为铁弓、怀塔、蒋马家、老庄、大庄等自然村合称的地名，属于中川乡的美二行政村和峡口行政村。这三个地方的民族构成均为土族。宋家村位于鄂家村西北部，两村相连，桑布拉村位于鄂家村东部，两村之间有甘家村相隔。中川乡土族占总人口的72%，还有回族、汉族、藏族等民族聚居，鄂家村、宋村家和桑布拉村的民族构成基本为土族。三个村落都以农业为主要生产方式。

鄂家村位于县境东南部，距民和县城99公里，距古代丝绸之路南道中的古镇官亭镇只有10公里。鄂家村是一个单姓自然村，属于中川乡美一行政村（包括鄂家、文家、宋家三个自然村和9个社），从乡政府2005年的统计数据来看，美一行政村共有309户，人口数为1522人，均为土族；鄂家村现共有220户，约1000人，均为土族，鄂家村的户数占美一行政村总户数的71%，是美一行政村的人口大户。

鄂家村靠黄河北岸，地势较平坦，气候温和，适宜农作物生长。鄂家村过去以自给自足的小农经济为主，主要依靠种植业、养殖业和家庭手工业提供消费品。1969年，位于中川乡的泵站建成后，水利灌溉条件大为改善，现在大部分耕地已变为水浇地，并且有了拖拉机、脱谷机和大型半自动磨面机等现代化劳动工具，现在年人均收入约为2800元。鄂家村现在的劳动力大部分在家务农，有部分青壮年外出打工，一些年轻人在外地读书、工作，村中年轻人的文化程度基本是初中以上水平。

第二节　鄂家纳顿节的人文背景

一、鄂家纳顿节中祭祀的神灵

纳顿节是人们为了庆祝丰收而举办的，酬神、娱神是纳顿节的主题，纳顿节期间举行的各项活动充满了祭祀意味和祈福消灾的色彩，因而神灵也就成为纳顿会场上必不可少的主角。鄂家纳顿中祭祀的神灵除了三川地区的地方总神“二郎神”外，还有自己村庄的村落神。鄂家纳顿中供奉的村落神是“红石宝山摩劫龙王”（又称“龙王爷”），“龙王爷”被供奉在神轿之内，呈坐状，戴有冠帽，穿着红袍，胸前有一面铜镜，红脸，神态安详。现今，已经无人能说清摩劫龙王的具体来历，据鄂家村的庙倌讲是从河州请来的，其宗庙在河州。民间也曾流传这样一个传说：很早以前，摩劫龙王管辖的地方遭到大旱，河水断流，泉井干枯，摩劫龙王为了挽救百姓，上天庭求玉皇大帝下雨，玉皇不允，摩劫龙王气急之下搬倒了南天门上的大水缸，结果倾盆大雨从天而降，一方百姓生灵得救，但摩劫龙王的腿却被砸伤了。自此以后，摩劫龙王落下了个瘸腿的毛病。①

“龙王爷”平时被供奉在鄂家村的村庙内，村庙位于村中东北部的小山上，村民们称为“庙台子”。村庙大殿中除了供奉“龙王爷”外，还有“白菩萨”和“二郎神”的神位，其后还有山神和土地神的壁画，大殿禁止女性进入。平日，“龙王爷”的供奉及管理主要由庙倌来负责，庙倌的经济来源主要是一些香火钱以及村中各户每年自愿提供的少量粮食和清油；另外，每年纳顿会结束后剩下的一些清油也均由庙倌保存在庙内，作为供奉神灵之用。

---

① 参见贺喜焱：《青海民和土族“纳顿”节的田野调查》，载《民俗研究》，2005（3）。

纳顿节供奉的神位

宋家纳顿中所祭祀的村落神也是“摩劫龙王”。据了解，宋家村的“摩劫龙王”与鄂家村村落神本属同一尊神。过去，宋家村户数较少，没有专门的村庙，一直都跟随鄂家村供奉“摩劫龙王”。后来，由于宋家村户数逐渐增多，就修建了本村村庙，并另外塑了一尊摩劫龙王的神像进行供奉。桑布拉纳顿中祭祀的神灵是“九天圣母娘娘”和“水草大王”。“九天圣母娘娘”被三川许多村落供奉，其宗庙在桑布拉村。据说“九天圣母娘娘”并非是三川本土的神，而是从甘肃省请来的。桑布拉村的“九天圣母娘娘”庙对于女性也有禁忌，不许妇女和身上不洁的人进入。

鄂家纳顿小会（即宋家纳顿正会）当天，会场上供奉有“二郎神”（居中）、鄂家村村落神“龙王爷”（居右）、宋家村村落神“龙王爷”（居左）；鄂家纳顿正会当天，会场上供奉有“二郎神”（居中）、桑布拉村村落神“水草大王”和“九天圣母娘娘”（各位于“二郎神”的左右两侧）、宋家村村落神“龙王爷”（位于“水草大王”左侧）、鄂家村村落神“龙王爷”（位于“九天圣母娘娘”右侧)；在鄂家村作为客队参加的桑布拉纳顿当天，会场上则只供奉“二郎神”（居中)、鄂家村村落神“龙王爷”（位于“二郎神”左侧)、桑布拉村村落神“水草大王”（位于“龙王爷”左侧)、“九天圣母娘娘”(位于“二郎神”右侧)。

鄂家纳顿当天，中间为二郎神神位，鄂家村落神龙王爷居右，宋家村落神龙王爷居左。

二、鄂家纳顿节中的神职人员

纳顿节酬神、娱神的神圣主题，使人与神之间的沟通显得格外重要。因此，就有了与纳顿节密切相关的神职人员，即法拉、法师、阴阳。他们有的直接参与纳顿节的活动，有的与纳顿节的正常举行有着密切关系。另外，需要特别说明的是，在前文中提到的管理村庙的庙倌，原本不应该算作严格意义上的神职人员，但是由于近年来法拉的传承人逐年减少，甚至消失，在有些村落的纳顿会中，庙倌被当成了法拉的替代者。因此，我们应对庙倌进行必要的介绍。

（一）法拉

法拉，一般为男性，属于巫的一种，作为人与神之间的媒介，是当地地方神的替身和代言人。法拉通神的方式一般为请神附体，当地称之为“发神”，他以神的身份说话行事，代表神的旨意来为人解决问题。据当地人说，法拉的通神能力均为神授，并无其他常态的传承方式。之前，充当法拉的人通过得一场大病或做梦等，就拥有了通神的能力。法拉在平日像常人一样劳动，只有在被请到神庙或被人家要求“发神”时才会神灵附体，替人祈福消灾。法拉与纳顿节的关系十分密切，他直接参与节日活动，节日最后的发神仪式就由他来完成，法拉代表神意来为人们占卜、祈福消灾。如今，鄂家村早已没有法拉，一些仪式活动请桑布拉村的老法拉来举行，前些年鄂家纳顿的发神仪式就是由桑布拉村的法拉来完成的。

（二）法师

法师，一般为男性，是宗教性的民间歌舞艺人式的神职人员，信仰佛教和道教，在民间信仰仪式上进行宗教性的表演，兼有唱、舞、乐等形式，当地人称为“跳法师”。法师的传承方式一般为祖传世授。法师平日的生活来源也是务农，只有在信仰仪式中才会出现，并非专职神职人员。法师并不直接参与纳顿节的活动，但与节日当中所供奉的神灵关系密切。除去一般的祭祀活动外，法师主要参加确保神灵灵性增强的“装脏”仪式。按照当地人的观念，神灵灵性的增

跳法师

强对于确保当地一方平安、庄稼丰收都有重要的意义。据说，“装脏”仪式十分庄严、神秘，按照传统的做法，一般要用马蜂、蜈蚣、红雀、喜鹊等动物填装于神像的头、胸、肚部位。三川地区的区域神“二郎神”每年农历五月都要举行“装脏”仪式，鄂家村的村落神“龙王爷”每12年“装脏”一次。鄂家村在20世纪50年代就已经没有法师，许多祭祀活动都是邀请桑布拉怀塔村的法师来进行，当地人称之为“安家法师”。现今，在中川地区只有这一位法师，其他村落的法师都没有传承人。

（三）阴阳

阴阳，均为男性，作为神职人员，他的职能是帮人择日、择地、卜卦等。阴阳的传承方式是祖传世授或带徒授业。与法拉、法师一样，阴阳平时也以务农为主，不直接参与纳顿节的活动，在整个“装脏”仪式过程中，阴阳都要在神殿内念诵经文。如今，鄂家有一个年纪较轻的阴阳，参与一些村中的祭祀活动。

（四）庙倌

庙倌，一般为男性，作为村庙的管理者，他的职能是专门管理村庙，负责平日神灵的供奉，如上香烧裱、清洁打扫等。庙倌都是自愿担任，一般由有信仰的丧偶或无子的男性老人来担任。庙倌的生活花销较少，不参加劳动，主要经济来源如前文所说由村民提供。在纳顿节中，庙倌与其他组织者一样，做些烧茶、上香烧裱、组织协调等事宜。但是，由于法拉传承人的中断，如今许多村庄纳顿会中的发神仪式均由庙倌来替代。如此一来，在三川地区土族各村落的纳顿节中，庙倌发挥了非常重要的作用。对于鄂家村来说，现在也面临法拉传承中断这样一个问题，于是庙倌成为了鄂家纳顿节中的重要角色之一。

三、鄂家纳顿节的民间组织

纳顿节的活动之所以进行得井然有序，是因为有专门的民间组织者来负责协调、安排，当地人称之为“牌头”。“牌头”有大小之分，大“牌头”一般由一人担任，小“牌头”有多名。其中，大“牌头”

的地位较高，可以说他是纳顿节日活动的总指挥。据说，过去鄂家村的大“牌头”由村中有一定地位和经济势力的大户人家的老者担任，如今的大“牌头”由村民推选产生，由村中有威望、办事公正、能力强的老人来担任。小“牌头”一般每年按照村中的“社”为单位轮流分派，由村中比较干练的青壮年男子来担任。大小“牌头”任期均为一年，一般都是在纳顿节的前两天选出下一年的大小“牌头”。大小“牌头”在平日也组织、参与一些祭祀活动，纳顿节中的一切活动均由他们管理、组织、安排，这些工作都是义务的，“牌头”们不从中获取任何利益。

在纳顿节期间，首先，牌头们要向村民们征集举办纳顿会所需的资金。这些资金主要用于待客的烟、酒、茶的花销，祭祀用的香裱，道具的维修，会场中供奉神灵的神帐的维修等。纳顿节所需的资金一般由村民根据各自的经济状况自愿捐献，有一些外出发迹的人则会捐助更多。但在过去由于户数较少，参加人数不够，再加上资金匮乏，“牌头”们要求每家必须至少有一名男子参加，如果某户未能出人则要多交一份属于罚款性质的钱，这样纳顿会的举办就有了经济保障。其次，纳顿节前的准备工作和节日当天的活动都由“牌头”来负责。一般来说，“牌头”的职责小到给参加活动的村民烧茶敬酒、安排休息，大到请神下庙、具体督促安排每一项具体活动的行进过程以及协调与客队纳顿会手的合作关系等。

鄂家村共有四个社，分别是六社、七社、八社和九社。在 2006 年的鄂家纳顿中，这四个社推选了鄂积全老人担任大“牌头”，并以每社两人选出了 8 个小“牌头”。“牌头”向每户人家征集了 7 元钱，另外，还有 14 人额外捐助了现金和物资，捐助金额最高为 1200 元，最低为 100 元。捐助人的名单被“牌头”写在一张大红纸上，贴在鄂家纳顿会场上的神帐内公示。鄂家纳顿大“牌头”说，今年已经不再像以前那样强制每户出人手参加纳顿的“跳会”，也没有进行所谓的“罚款”，主要原因是现在人手比较多，而且观念也有些改变，全凭自觉参加。据了解，鄂家纳顿下一年的“牌头”是在农历七月初十左右推选出来的，推选时没有举行特别的仪式，下一年的“牌头”协助当年的“牌头”进行纳顿节日的组织安排。新旧“牌头”的交接一般是在农历七月十五左右，主要是将账目交代清楚，也无特别仪式。

四、鄂家纳顿节的传承人

鄂家纳顿节中会手和面具戏的表演者均为男性，村子里年龄在十六七岁至七十多岁的村民，都可以代表家里参加“跳会”。他们中不论是普通的“会手”（当地人称“跳会”的人为“会手”），还是锣鼓手，或是表演面具舞的人，其传承方式都是在公共的文化场合进行的，并没有具体的师徒关系，更无拜师仪式。据了解，“跳会”者学习表演的途径有两种：一是从小在纳顿节日的氛围下耳濡目染；二是依据个人的兴趣爱好，有意识的在每次观看纳顿节日表演时用心观察，到了本村举行纳顿会之时，就在布置好的会场上操练一番，一些对“跳会”颇有经验的老人会前来指导。这样，参与的次数多了，自然也就跳得十分流畅。相关的具体详情将在后文中叙述。

鄂家纳顿节的面具舞

第五章

鄂家纳顿节的仪式

鄂家村村民参加本村纳顿节的“跳会”共有三天时间（参看“鄂家纳顿节日活动日程表”），本文以时间为主轴，以农历七月十三日鄂家“正会”的活动为主要调查对象，并简要介绍其他时间的“跳会”情况，对鄂家纳顿节日习俗进行梳理。

鄂家纳顿节日活动日程表

会称	时间（农历）	地点	参与者
宋家纳顿（即鄂家“小会”）	七月十二日	宋家会场	宋家村及鄂家村男性村民
鄂家纳顿（即鄂家“正会”）	七月十三日	鄂家会场	鄂家村、宋家村、桑布拉村男性村民
桑布拉纳顿（鄂家为客队参加）	七月十四日	桑布拉会场	鄂家村、宋家村、桑布拉村男性村民

第一节　宋家纳顿

一、“二郎神”的“下庙”仪式

农历七月十二日为鄂家纳顿的小会，即宋家纳顿。这天凌晨 3 点

30分，鄂家大小“牌头”前往“二郎神”宗庙吴张家村，他们同宋家大小“牌头”一起进行“二郎神”的“下庙”仪式，在宗庙的大殿内点燃佛灯，上香烧纸，请求神灵“下庙”，与老百姓共享丰收的喜悦。之后，由鄂家村、宋家村两村的大“牌头”引领并指挥，由两村小“牌头”轮流抬着神轿步行前往宋家纳顿会场。神轿由4个人来抬，其余人则在左右两侧簇拥而行，以便随时轮换，抬轿人一路左右摇晃，据说这是因为神力非凡所致。一路上凡是遇到村口、桥头都要燃放鞭炮，还有一些虔诚的人会在路边迎候，面对神轿磕头作揖，焚香化裱。大约六点左右，“二郎神”到达宋家纳顿会场。

迎神龛

二、鄂家“会手”前往宋家会场

早上9点左右，鄂家参加“跳会”的“会手”们开始陆续赶到鄂家纳顿会场，准备集合去宋家“跳会”。此时，大小“牌头”负责给大家分发“跳会”时使用的道具，有刀、剑、笛、小型彩旗、大型彩旗、锣、鼓等，大家根据各自的角色需要，整理衣帽，扎绑腿，严肃、认真地准备着。10点左右，一切准备就绪，鄂家“会手”基本到齐，大家从鄂家会场出发前往宋家纳顿会场，大小“牌头”则负责抬着“龙王爷”的神轿一同前往。此时，“跳会”已经开始，“会手”们排列整齐，呈两行纵队，一路上“会手”们有节奏地踏着锣鼓点，挥舞着各自手中的器物，按照规律喊着“大好哟好”行进。“会手”队伍路过村口、桥头时要燃放鞭炮。

宋家“会手”也呈两行纵队从宋家会场走出，走到会场外的公路上前来迎接鄂家“会手”。大约11点，两村“会手”相遇，两村排在队伍前的长者代表本村“会手”相互跪地而拜，焚烧“钱粮宝盖”，并且将“龙王爷”的神轿交给宋家“牌头”抬往会场的神帐内安置，安置的位置及顺序参见前文所述。

三、宋家纳顿的仪式

（一）“会手”舞

鄂家“会手”与宋家“会手”正式进入会场后，在东西两侧各自绕场。绕场之后，两村“会手”在神帐前汇合，排成两列纵队，一队为宋家“会手”，一队为鄂家“会手”。由于是小会，规模并不很大，从参加的人数来看，大约有一百人左右参加。休息一会儿后，就开始诵“谢恩”、“搭头词”、“唱喜讯”、“打杠子”等活动，这些活动的参与者分别来自鄂家村和宋家村，“谢恩”词由两名十几岁的少年来念诵，“搭头词”和“唱喜讯”则由“会手”队伍中年长者来诵唱，“打杠子”则年龄不限。

会首舞

（二）面具舞

宋家纳顿节日中表演的面具舞主要有四出，按照顺序分别是：《庄稼其》、《五将》、《三将》、《杀过将》。表演的人员主要来自宋家村和鄂家村，一般由会手中的善舞者来表演，年龄不限。

面具舞

（三）法拉“发神”

由于宋家村、鄂家村两村都没有法拉，因此，这项仪式就由宋家村的庙倌替代，由他来替神授意，但庙倌并不像法拉一样“发神”，只是象征性的表演。最后庙倌要将“蒸饼”（也叫“素盘”，是一种面食，作为贡献神灵之用）与神和村民共享。之后，宋家村、鄂家村两村的大小“牌头”将“二郎神”神轿、宋鄂两家的两顶“龙王爷”神轿抬往鄂家会场，准备参加第二天的鄂家正会。鄂家“会手”也陆续离开回到本村。至此，宋家纳顿结束。

第二节　鄂家纳顿

一、“龙王爷”的“下庙”仪式（农历七月十日）

鄂家纳顿正会的会场位于村子北面的开阔地，鄂家大小“牌头”在会场上已经安排好供神所用的大帐篷，即神帐，还有供桌等物品。农历七月十日，在村庙举行“龙王爷”的“下庙”仪式。“龙王爷”在“下庙”前，大小“牌头”以及庙倌等人要进行一定的仪式。首先，在村庙的大殿内点燃数盏佛灯，并在神轿前上香烧纸，告知神灵

大小牌头举行仪式

纳顿会即将开始，请求神灵“下庙”，享受村民的供奉祭祀，与村民共享丰收的喜悦。之后，由四个“牌头”分别用两根长木杆架起“龙王爷”的神轿走出大殿，一路上，大家敲锣打鼓，一直将神轿抬到会场的神帐内安置。

二、村民的节前准备

除了春节之外，纳顿节是三川土族最为热闹的节日，大家都十分重视，身在他乡的人一般都要尽量赶回来举家团圆。鄂家村的村民们早在纳顿节的前一个星期就已经将自家庭院打扫一新，准备节日物品。节日中待客的油饼等食物也都是提前两天就开始准备，一般由各家的主妇用当年新打的粮食来做，用清油煎炸，式样多而精美，呈金黄色，十分诱人。孩子们在节日当天都要穿戴新衣、新裤，妇女们也要精心打扮一番，有些老年妇女要穿戴传统的黑衫、黑头巾，参加“跳会”的男子则要穿戴专门的服饰。

村民的祈祷

作为纳顿节日中的特殊食品，“蒸饼”主要用于祭祀神灵以及与家人、邻里和亲友分享，因而，“蒸饼”的制作也格外讲究。天刚刚亮，鄂家村各户的主妇们就开始忙着做“蒸饼”。“蒸饼”一般是用当年新打的粮食来做，尺寸很大，过去的蒸饼直径约有70厘米，现在的有50厘米左右，要用几斤白面来做。在做“蒸饼”的前三天，夫妻二人不能同房，主妇必须沐浴，做“蒸饼”时其他人不能随便出入厨房。据了解，现在有很多人家的做法已经没有这么严格。手巧的主妇大都在“蒸饼”上用面做些花朵、动物等来装饰，再加上黄色、红色等食用色素的颜色搭配，样式十分精美。在主妇做“蒸饼”的同时，男主人在自家正堂、院内和厨房分别上香、燃酥油灯，以示敬神。

敬神的蒸饼

吃过早饭后，每户参加“跳会”的男子就陆续赶往会场，去时要带上贡献给神灵的“蒸饼”、一瓶白酒、一瓶清油和一些“钱粮宝盖”，有些人家还要带上一块“砖茶”（即茯茶）。这些供品拿到会场后，由专门负责的“牌头”来统一管理、存放，并从中挑选几个制作较为精美的“蒸饼”直接放在安置神轿的供桌上来献供。另外，妇女和孩子则在“跳会”正式开始后前去观看。

三、会场布置

（一）神帐

鄂家纳顿会场的主要标志性的物体是两顶帐篷，一顶是早已由大小“牌头”于农历七月初十那天安置的供奉神灵的神帐，位于会场北面，坐北朝南，神帐前有一个香炉台。神帐中央设有一个供桌，供桌上供奉有五顶神灵的神轿，其安置的位置及顺序参见前文所述。另外，还有油灯、酒、“蒸饼”、鲜花等，法拉“发神”时的“月牙刀”也被供奉在神轿前。供桌周围地上摆放有小长凳和麦草，供老年“会手”休息之用。另一顶帐篷在会场东南角，由大小“牌头”来布置并看管，是专门用来存放村民贡献的供品以及“跳会”时用的器物，如大小旗子、各种武器等，帐篷内还有一个很大的储物箱子，是用来装表演面具舞所穿戴的服装、面具等物品的。

装饰过的神帐

（二）幡杆

幡杆也是纳顿会场标志性物体之一，呈“十”字型，由木杆制成，上面挂有不同形状的“钱粮宝盖”，以示敬神。幡杆立于会场南侧，与神帐遥遥相对。据了解，过去立幡杆只有村中的头户人家才能立，现在只要有这个心愿的人，或者是前一年向神灵许过愿的人就可以立幡杆。今年鄂家纳顿共立了 9 根，中间最矮的一根约一人多高，人们称之为“观杆”，上面挂有代表众人的“钱粮宝盖”，表达了众人敬神的心意；其余 8 根分别由村中不同的人家立起，均高于“观杆”，约有两人多高。

敬天神的钱粮宝盖

（三）表演服饰、锣鼓、面具等道具的保存及制作

纳顿节中的服饰以及道具主要分三类：一是“会手”的服饰及道具；二是锣鼓手的服饰及道具；三是表演面具舞的服饰及道具。它们的保存和制作各有不同。

“会手”的服饰均为自备，材质为缎子及棉布等，由家中妇女制作而成，所以可以说“会手”的服饰属于私人财产，由个人保管，这套服饰的放置并没有什么特别的讲究和仪式。“会手”“跳会”时手持的器物，如刀、剑、笛子、大小旗子及旗杆等都是供纳顿节专用，属于公共财产，平日都存放在村庙中，由庙倌来保管，节日结束后就又封存起来。启用和封存时并没有什么特别的仪式。

纳顿节的各种旗帜

锣鼓手一直站在“会手”队伍中，并且与其他“会手”一起列队、行进。但是由于他们的角色较为特殊，所以单独列出说明。锣鼓手的服

饰均为村中共有财物，是由大家捐资，由村中妇女制作。其中锣鼓手所用的铜锣也是由大家捐资购买，鼓则是鄂家本村的木匠于20世纪80年代制作，材质为柳木，鼓面是牛皮。鼓呈圆柱形状，体积较大，直径约40厘米，高约60厘米。鼓身为红色，鼓面绘太极图，鼓帮绘二龙戏珠、云、水等图案。鼓槌长约40厘米，槌头用毡裹住，外包红绸布。铜锣是用黄铜锻制而成的一种平面、直角锣边的高边锣，锣面直径30厘米，锣边高约5厘米，上有穿孔，用于系绳悬提。锣槌长约30厘米，槌头用橡皮裹住。锣鼓手的服饰及道具也均为村中共有财产，平日都存放在村庙内，由庙倌保管，启用和封存时也没有什么特别的仪式。

表演面具舞所用的服饰，材质为缎子及棉布，一般从纳顿会中征集的资金中拨款购买布料，请村中妇女来缝制，有的则是村中妇女自愿捐助出资并制作。据了解，鄂家纳顿中面具戏表演时所用的面具都是由本村画匠于20世纪80年代制作的，其中几个由于损坏，于20世纪90年代重新制作。现在，制作这些面具的老画匠已经过世。有懂得制作方法的老人说，① 制作这些面具十分复杂，需要先塑模子，模子一般用泥来做，泥模干透后，用布、纸以及一些能够黏合的材料裱糊，布料和纸均为白色，这样容易着色。绘制的颜料也是特殊制成的，都是一些独特的矿物质，这样可以使面具的色彩持久并且颜色鲜亮。人物的胡须用牛尾修剪制成并粘贴在面具上。为了不影响演员的视线，便于呼吸，面具上的眼睛、鼻子、嘴巴部位都要雕空。表演面具舞中运用的武器，如刀、剑、鞭、戟等都是鄂家村的木匠于20世纪80年代制作，材质均为柳木，因为柳木软而轻，且很耐用。面具舞表演时用到的服饰、面具及武器也均为村中共有财产，保存于村庙内，由庙倌保管。同样，启用和封存时也没有什么特别的仪式。

四、鄂家纳顿节正会仪式

农历七月十三日的早上8点30分左右，鄂家男性村民开始陆续赶

① 资料来源于笔者对鄂德福老人的访谈。

往鄂家会场准备参加“跳会”。鄂家纳顿正会由鄂家村民主办，宋家依然以主队的身份参与，桑布拉则以客队身份参与。9 点 30 分左右，宋家“会手”来到鄂家会场，鄂家“会手”在会场列队相迎，宋家“会手”集体到神帐前跪拜，烧香裱后，两村“会手”各自在会场绕场，等待桑布拉“会手”的到来。同宋家纳顿一样，当客队“会手”列队前来的时候，主队都要到路上相迎。大约 10 点 30 分，桑布拉的“会手”列队前来，鄂、宋两家的“会手”呈两行纵队到会场外的路上前来迎接桑布拉“会手”。主客“会手”相遇，排在队伍前的长者代表本村“会手”相互跪地而拜，焚烧“钱粮宝盖”，并且将桑布拉村供奉的神灵“九天圣母娘娘”、“水草大王”的神轿交给鄂、宋两家的“牌头”抬往鄂家会场。今年参加鄂家正会“跳会”的人数有 250 人左右。

（一）“会手”舞

有关“会手”舞的来历，鄂家村民没有确切的说法，只说是以前保留下来的，现在一年一度的纳顿节依然在传承。

身着土族传统服饰的“会手”

1. “会手”的列队

“会手”队伍跳“会手”舞时，呈两列纵队，前后顺序很有讲究，一般以年龄为序，队伍的构成大概有三部分，队前是老人，队中部分是锣鼓手，队尾为大旗手，从他们各自的服装和手中器物就可以一目了然。鄂家“会手”参加“跳会”要穿戴传统的服装，手持传统“跳会”器物，并因为年龄、角色的不同而有所区别。“会手”的基本穿戴为：头戴草帽，衣衫上都别有扇套用以装饰，都要扎绑腿，裤子均为深色，脚穿黑色布鞋。除了锣鼓手，“会手”队伍中其他人都是右手持扇，左手持其他器物。

队伍前的老年“会手”身穿白色斜襟长衫，年龄更长者则要在白色长衫外套一件黑色缎面对襟褂子。老年“会手”们手持的器物有扇子、刀、剑、鞭、戟、笛子、小型彩旗等，这些器物上都系有纸穗。刀、剑、鞭、戟则是表演面具舞中的武器。小型彩旗的旗杆则是人们现场用新鲜的柳枝制作而成。“会手”列队的次序基本是按照年龄的长幼排列的，年长者站在队列的最前面，依次而站。

狂欢的土族民众

锣鼓手的装扮比其他“会手”要特别。锣手的装扮是头戴红缨帽，身穿青色长衫，腰间扎有彩色绸带，扎绑腿，穿深色裤子，脚穿黑色布鞋，右手持锣槌，左手持锣。鼓手头戴草帽，草帽上系有纸穗，身穿深色对襟坎肩（为使打鼓方便，将右肩掖在腋下），腰系红色绸带，裤子上套有专门的套裤，扎绑腿，脚穿黑色布鞋。鼓手一般右手持鼓槌，左肩挎鼓。今年鄂家纳顿正会中，主队有8锣6鼓，客队有4锣4鼓，队伍较为庞大。大旗手为青壮年，身穿青色长衫，手持扇子和大型彩旗，旗子上写有“国泰民安”“五谷丰登”、“保佑黎民”、“政通人和”等话语。

2. “会手”舞

大约10点50分，鄂、宋家“会手”与桑布拉“会手”正式进入会场，在东西两侧各自绕场，一般是三分三合，边走边舞。期间，众人间断有序的高呼“大好哟好”，并列队摆出各种阵法，如“一字长蛇”、“二龙戏珠”等。就整体来看，“会手”舞列队整齐，舞蹈统一，气势壮观，整体队形富于变化。就个人舞蹈动作来看，主要是手与脚动作的配合，随着锣鼓节奏，双脚或前迈或起落，双臂挥动，头部轻缓摆动，身体也随之一起一俯，并且伴有旋转的动作，舞姿轻盈，有如飞鸟一般。锣鼓手的动作幅度较大，或抬脚或屈膝，身体时而前俯，时而上扬，特别是“旋槌击鼓（锣）”的动作尤为醒目，鼓（锣）槌在头顶旋转一圈后向下用力击打，鼓（锣）声响亮，气势高昂。

绕场之后，约中午12点，主客队的“会手”在神帐前汇合，依然排成两列纵队，此时锣鼓手还要再表演一番。稍作休息，就开始诵“谢恩”、“搭头词”、“唱喜讯”、“打杠子”等活动。

（1）谢恩。约中午12点15分举行“谢恩”仪式，这个仪式的主要内容是念诵一些感谢神恩的话语，表达众人对神灵的感激和谢意。其时，有两名桑布拉村的十二三岁的男孩手提铜锣，跪拜在神帐前，念诵向神灵“谢恩”的诵词，在“谢恩”开始和结束时，两名男孩都要敲击几下铜锣。据了解，“谢恩”的诵词是由长者口耳传授习得，对念诵的男孩也无特殊要求，一般都是每户轮流分派，但这两名男孩

手舞足蹈的民众

已经有两三年的念诵经验了。诵词的具体内容如下：

神灵、神灵，上方诸境的神灵，碾伯二京诸境的神灵，今祭祀大清国，大清国坐落皇帝中国之地，陕西省封城地方，灵云二道，智道贤道头领智百事河州。地方之道河州徐立爷、列智爷便下留。会青苗的时候到黄河以西，西宁地方该管铮灵寺，打上往下，下吾三川，散马堡、鄂家堡庙滩占不瓦之地。

神噢，上方见了九天神母娘娘、王母娘娘、大系娘娘、金花姐娘娘、雷公雷母、闪电的娘娘。

神噢，上方见了变化二郎、传花二郎、甘州二郎、赶庙的二郎。

神噢，上方见了没脚二郎、锁脚大帝、水草大王。

神噢，东海见了花果宝山金龙大王，南海见了普托宝山山神大王，西海见了须弥宝山白马大王，北海见了俄弥宝山该国大王，中海见了五龙宝川，是五山的大王。

年历排在2006年，月历排在7月内，日历排在13、14日，上八户、下五户，两庙如一庙，两姓同一姓，同姓者可以庙倌对庙倌，锣

谢恩仪式

头对锣头，旗头对旗头，众人打保旗，鼓锣响哉。到那九月九、十月一，恶风暴雨远离消散，青草结子，黄草上场，五谷包收，是两庙着会手谢恩着搭头不已。

念诵完毕后，众人齐呼“大好哟好”，主客两队又分别绕场，之后又列队集中于神帐前准备下一个仪式。

（2）搭头词。约12点30分举行诵“搭头词”仪式，这个仪式的具体内容与“谢恩”相仿，念诵的主角由孩子转换为老者，鄂家正会的“搭头词”由两位桑布拉的老者来诵，这两位老者就是站在桑布拉“会手”列队中最前排的年龄最大的老人。一般来说，“搭头词”均由“会手”列队中年龄最大的老者来念诵。

（3）唱喜讯。约下午1点开始“唱喜讯”仪式，这个仪式的基本内容是以唱的形式来歌颂四位神灵，感谢、赞颂它们保一方平安的恩德。“喜讯”的唱词与曲调的传承也是口耳相传习得。鄂家纳顿中共唱了四次喜讯，由四位老者来唱，其中两位代表主队，一位来自鄂家，一位来自宋家，这两位老人是鄂家“会手”列队中年龄最大的老者；另外两位代表客队，依然是桑布拉诵“搭头词”的那两位老者。第一次唱“二郎神”，由客队来唱；第二次唱“九天圣母娘娘”，由主队来唱；第三次唱“龙王爷”，由客队来唱；第四次唱“水草大王”，由主队来唱。在演唱时，老者依然穿着跳“会手”舞时的服饰，手持扇子和兵器，二人在神帐前相对而立，在一锣一鼓的伴奏下，仪态庄严地唱着“喜讯”。四首的歌词内容与曲调基本一致，只是由于演唱主角的不同，唱词的内容也略有不同，都以请神开头，而后赞美神灵的服饰、坐骑等，最后以感谢神恩结束。为了明晰起见，下面引述其中一首歌唱“二郎神”的“喜讯”唱词，其他的唱词可以参见本调查报告的附录。

“二郎神”之“喜讯”

喜讯，喜讯，远来的喜讯，
叫了喜讯开天门，
开了天门开神门，
开了神门请万神，
请了万神请二郎。
二郎爷头戴三山帽，
身穿黄袍八卦九条龙，
腰系蓝天白玉带，
二郎爷脚穿登云鞋，
二郎爷骑的是白龙马，
白龙马吃的是凤凰山上的灵芝草，
白龙马喝的是五江的水。
二郎爷骑上龙马下会坛，
下了会坛点会手，
两庙的会手来会合，
有喜有喜都有喜。
二郎爷八九神功显威灵，
保佑万民国安宁，

五谷丰登享太平。
头缸头酒头素盘，
无数宝盖钱粮谢神恩。
四个将军来伺候，
过来过去打一个顶带吧！

（4）打杠子。每唱完一个神的“喜讯”后，就要举行一次“打杠子”仪式。因此，鄂家纳顿唱四次“喜讯”，就要打四次杠子。四位穿白长衫的“会手”上场，手握杯口粗、约一人高的杠子互相敲击对打一番，意为练武。

打杠子仪式

下午2点左右，主客两队“会手”合为一列，绕神帐顺时针一圈，而后各自分开，面向神帐倒退着边舞边行，到达场地中央，众“会手”集体跪拜于神帐前，焚香化裱，鞭炮齐鸣，“会手”舞仪式结束。

（二）面具舞

约下午2点30分，鄂家纳顿节的第二项活动面具舞表演开始，表演者均为参加“跳会”的“会手”。由于面具舞的表演项目和人数有限，再加之表演色彩较为浓厚，舞蹈动作相对复杂，所以并不是每一个“会手”都能参与，一般由“会手”队伍中善舞者来表演，角色的分配是主客队轮流，并且提前定好。据了解，参与面具戏表演的“会手”都是普通的村民，并没有经过专业的训练，也没有专门拜师学艺，他们是在非常自然的状态中习得表演技能的。这些村民从小受纳顿节日活动的熏陶，耳濡目染，边看边学，表演者在学习的同时也经常参与纳顿节日的实际表演，技能自然也就提高了。

鄂家纳顿节中表演了五出面具舞，即《庄稼其》、《五官》、《五将》、《三将》、《杀过将》。

1. 《庄稼其》

《庄稼其》主要是以农耕生活为背景，体现当地土族重视农业生产、以农为本的思想。其表演者主要有老农、儿子、母亲、儿媳四个角色，表演者分别戴着符合角色性格和性别特征的面具，并身穿相应的服饰。从面具表情来看，父母都慈眉善目，略显苍老；儿子、儿媳则眉清目秀，略显稚嫩。四人角色分明，惟妙惟肖。父亲与儿子的表演者身穿短衣，腰系彩色绸带，穿深色裤子，两条裤腿卷起。母亲与儿媳的表演者则身穿色彩艳丽的长衫，腰系彩色绸带。据了解，过去父亲与儿子的装扮十分严格，父亲头戴一个柳枝编成柳环，必须是赤脚，手腕、脚踝上也都套有用柳枝编的柳环，儿子也必须赤脚，农民劳作的气息十分浓郁。近两年则对此已经不很讲究。舞蹈表演的道具有扇子、彩色绸带、犁铧等。根据情节的需要，在表演时还会有两个男孩戴牛头面具上场，作为耕牛出现。

上场时，父亲右手持扇领头，母亲手持彩色绸带随后，儿子扛着犁铧，儿媳手持彩色绸带随后，四人在一锣一鼓的伴奏中出场。四人集体绕场舞蹈，表演中，儿子表示对耕田不感兴趣，要去做买卖，要赌博。父亲便到神帐内请来老者教育，儿子向每位老者敬酒，一位老者起身说道：“古语说，七十二行务农为本，赌博伙里出盗贼，买卖伙里出奸心，千买卖，万买卖，不如土里翻土块，庄稼人务农才是本分。”其他几位老者也纷纷劝说，经过教导，儿子回心转意，并开始学习怎样驾犁耕田，此时，有两位老者留下在场上指导，父亲教儿子

跳《庄稼其》

架犁的方法，儿子一番摆弄后，把犁铧的方向弄反了，父亲十分生气，上前用柳条抽打儿子，并踢了儿子一脚，又经过一番教导，儿子终于学会了架犁，父子协作，一起架犁耕田，婆媳则播撒种子，最后在会场内用犁在地上划一“田”字，烧黄表纸后结束表演。《庄稼其》的内容引人入胜，舞蹈动作完全配合故事情节进行，父子俩以跳步为主，婆媳则步伐小，且动作轻柔。

据老人介绍，《庄稼其》被视为纳顿的根本，如果不务农就无所谓庆祝丰收，纳顿节也就没有存在的意义了。因此《庄稼其》一直都是纳顿节日中的重头戏。但由于年代久远，有关《庄稼其》的来历，鄂家村民都说不出什么。有些研究纳顿的学者在其论著中引述了相关的来历传说：“很早以前，土族的先民们过着逐水草而居的游牧生活。后来，成吉思汗的军队西征到了三川，留下了一部分军队把守黄河。时间长了，他们就和当地的诺尔羌女人婚配，定居三川。军队中有很多中原汉人士兵，汉兵中一老头见三川气候暖和，土地肥沃，是种庄稼的好地方，就同妻子商量开荒种田。但是，妻子愿意放羊放牛，对种庄稼不感兴趣。儿子呢，也不想种庄稼，闹着要出门做买卖。老兵怎么劝也说服不了妻子和儿子，只好请来几位有威望的老者和孩子的舅舅，一起劝道：‘千买卖，万买卖，不如地里翻土块。’‘种一穗，变百穗；种一升，打一石。’说了许多种庄稼的道理后，妻子和儿子终于想通了，表示要学习种田的技术。老兵于是手把手地给他们教农活。到了秋后，他们打下了很多粮食，这比放牧为生强多了。邻居们看到这一情景，也跟着他们学，都开始种庄稼了。人们为了纪念这位汉族老兵，就把种庄稼的事编成舞蹈，一直跳到现在。”①

2.《五官》

从《五官》的表演内容来看，并不能直接体现其反映的主题。会场上，五个头戴草帽，戴不同形象面具的男子在锣鼓声的伴奏下上场，最前者身穿白色长衫，后四位身穿黑褂白衫，五人均右手持扇。舞蹈的基本动作是摇摆身体，右手挥舞纸扇，随着鼓点起舞行进，时而相互对拜、作揖，时而四人向一人作揖、朝拜，还有一些走太极的舞蹈动作。穿着白衫的人位置总是在前或者居中，其他人以他为中心配合起舞。

跳《五官》

① 马光星、赵清阳、徐秀福：《人神狂欢：黄河上游民间傩》，30页，西宁，青海人民出版社，2003。

从舞蹈的表演中很难判断其意义，关于这个舞蹈的来历，据老人回忆，五官代表天官、地官、人官、火官、水官；也有一种说法是这个舞蹈与土族先民中有蒙古人的成分有关，这个舞蹈是为了纪念蒙古族统一中原、西征胜利的丰功伟绩而举行。五官中领头的是皇帝，其余四位是大臣。①

3. 《五将》

《五将》主要以歌颂关羽为主题，用舞蹈的形式体现关公的忠义形象，表达人们对这位忠君爱国英雄的爱戴，以刘备、关羽、张飞与曹操、吕布之间的战争为表演内容。故事表演者主要有五人，分别戴有象征关羽、刘备、张飞、曹操、吕布形象的面具，身穿无袖对襟长褂，腰系红色绸带，褂角向上卷起掖在腰带里，褂子的右肩掖在腋下。关羽右手持青龙刀，刘备右手持剑，张飞右手持鞭，曹操右手持刀，吕布右手持戟。

面具舞《五将》

① 资料来源于笔者对鄂积英老人的访谈记录。

五人在锣鼓声的伴奏中上场，上场动作整齐划一，均右手持武器斜背于身后，左手叉腰。在场上表演时变换不同的队形，先要转场，然后并排向前后行进，三个来回后，五人照面向场中心呈圆形，并向中心集中，又三次，然后五人分别朝不同方向散去。在以不同的队形表现刘、关、张与曹、吕的打斗场面的同时，伴随着各种舞蹈动作，如挥舞武器，时而做出推、砍、刺等动作；脚的动作更是复杂多变，以蹉步、跑跳配合，时而屈膝，时而抬胯踢腿，马步退跳等。整个舞蹈始终以关羽为中心，其他人居于关羽左右两边配合起舞，整体跳跃感很强，动作干练，十分精彩。

4.《三将》

《三将》主要内容是刘备、关羽、张飞与吕布之间的战争故事，虽然出场的人物、内容与《五将》不尽相同，但是表达了歌颂关羽的主题。

面具舞《三将》

首先是刘备、关羽与张飞穿着长衫在锣鼓声的伴奏下上场，三人并没有拿武器，空手上场，关羽的蟒袍十分醒目，以黄色和绿色相间，上面有黄色的龙形刺绣。开场时，三人也先转场，之后，三人蹲在地上呈三角形，此时吕布上场，并分别在三人身边、前后转绕，以示挑衅，最后吕布来到关羽面前下战书（以一小片黄裱纸象征战书）。吕布三下战书，前两次关羽都表现出不肯相信的样子，摇头摆手，不肯接下战书，第三次终于接了战书，并一怒之下将战书撕碎，踩在脚下，此时场下的老者上场为关羽送刀，并为其脱下长衫，露出短衣战袍。此时，刘备、张飞也已手持剑、鞭准备战斗。会场中间摆放一只鼓，上边放有一块"蒸饼"（代表磨石），关羽手拿一碗酒，象征性的在"磨石"上磨刀。随后，刘备和张飞也上前磨刀。之后，吕布前来挑战，刘、关、张三人与吕布开始对打，几个回合后，最终以吕布战败，其面具象征头颅被砍下置于地上而收场。《三将》与《五将》一样，也以关羽为核心，其他人配合舞蹈，其舞蹈动作基本相似，同样也有推、砍、刺等多种变化，尤其是表现打斗场面，武打动作干练，对打娴熟。

关于《五将》与《三将》的来历，许多村民都认为是受汉族崇敬关羽观念的影响以及儒家忠义思想的熏染，土族人民也特别敬佩关羽，关于他的故事在三川地区广为流传，民和县官亭镇曾经修建过关帝庙，而人们在纳顿中一直保留了以颂扬关羽忠义为主的面具舞《三将》和《五将》。至于这些舞蹈到底是什么时候开始的，当地人只说是从祖辈就传下来，具体时期谁也无法确切说明。在这里转引一则有关其来历的传说："清朝年间，雍正皇帝有一晚上梦见皇宫大院里突然落下一只大脚，他抬头一看，是个红脸大汉。皇帝问：'你是何人？'红脸大汉回答：'我是你的关二弟。'雍正又问：'你有什么事？'大汉颇有感慨地说：'大哥呀，你身居九五之尊，享尽荣华富贵，怎么把桃园三结义的兄弟都忘了呢？'雍正一听心里明白了，自己原来是刘备转世，今夜是关公显灵了。大汉又问道：'我被玉皇大帝封为关圣帝君，在天宫享福，还享受百姓香火，只是苦了三弟呀。'雍正问道：'三弟在哪里？'关公道：'三弟在西门外当屠家，名叫张三。'第二天，雍正差人到西门外去找，果然有个屠家叫张三，就把他招来给他封了个官。从此，雍正以刘备转世自居，下旨全国各地修庙供奉关羽。据说，官亭的关帝庙也是从那时开始修建的，三国故事也是从那时开始在纳顿这一天表演了。”①

5.《杀过将》

《杀过将》是面具舞的压轴戏，表现的是老虎下山残害百姓，“杀虎将”为民除害的故事。从表演的现场来看，其情节十分紧张激烈，内容紧凑，而且因为场外的观众可以参与表演，还增添了不少热闹。表演的主角有戴着牛头面具的“杀过将”，手持双剑，身穿无袖对襟长褂，腰系红色绸带，褂角向上卷起掖在腰带里；两个头戴女性形象面具的人，身穿女子服饰，系腰带；两只虎，一般是由青年来表演，分别戴着虎面具，身穿短衣，系腰带；两头牛，头戴牛的面具，身穿短衣，系腰带；两只猴子，头戴猴子面具，身穿短衣，系腰带。

开场时，头戴牛头面具的“杀过将”在前，身后两个女子及小牛、猴子一行在鞭炮和锣鼓声中上场。随着锣鼓声，老虎开始与两头牛摔跤、搏杀，很快牛就被虎打败。此时，在场外众人簇拥下，观众中的一个壮年男子上场与老虎搏斗，厮打成一团，很快一只老虎被他压倒在地，但是另外一只老虎突然飞扑过来，继续与他摔跤，结果这人被老虎压倒在地。这时，场外有老者向“杀过将”作揖，请求降服老虎，“杀过将”在猴子的簇拥下上场与两只老虎进行厮杀，经过几个回合的战斗，最终将老虎杀死，“杀过将”大获全胜。整个《杀过将》的舞蹈动作较为粗犷，尤其是摔跤场面虽然带有表演性质，但是具有一定的真实性，特别是场外观众的参与，与老虎的搏斗可以称得上是真打实斗，确实是两个人力量的角逐，引起场外其他观众的不断叫好和掌声。

据说，《杀过将》是土族先民从游牧转向农耕、与自然抗争的反映。土族先民从畜牧业逐渐向农业过渡时，经常会遭到狼、豺、虎、豹的袭击，后来神灵派了牛面人身的杀虎英雄下凡，最终为民除害。在土族民间曾经有这样一个传说：很久以前，土族先民以游牧为生。

① 马光星、赵清阳、徐秀福：《人神狂欢：黄河上游民间傩》，33页，西宁，青海人民出版社，2003。

有一年，有一群猴子从山上跑到庄稼地来觅食，人们一开始并未在意，后来竟然有两只老虎跟随猴子下山，并且袭击牛群和羊群，猴子见状就跳到虎背上想要制止，但是猴子毕竟不是老虎的对手，老虎伤害了牲畜跑回山上。从此以后，老虎就经常跑下山来伤害牲畜和村民。人们也想了很多办法想要降服老虎，但一直都没有好办法。后来人们听说只有请山上的神灵才能制服老虎，便有人壮胆上山，经历千辛万苦最终感动山神，山神答应帮助他们杀死老虎。两人按照吩咐，以两头牛为诱饵，老虎果然跑来，这时有一个手持双剑的牛面人身的人出现，经过几个回合就把老虎刺死。自此以后，老虎就再也不敢来危害村民和牲畜了。人们为了感激神灵，便编了这个舞蹈来纪念杀虎的英雄。《杀过将》这个舞蹈充分体现了土族先民与邪恶势力、天灾人祸顽强斗争的精神。①

（三）法拉“发神”

约下午 5 点半，面具舞表演完毕后，纳顿的最后一项仪式开始。这一仪式原本是由法拉来完成，因为鄂家村早已没有法拉，鄂家纳顿节中的“发神”仪式一直都是由桑布拉村的法拉来完成的。但近年来，由于桑布拉村的法拉年事已高，已经不能再进行“发神”活动，所以鄂家纳顿中法拉“发神”活动就由鄂家村村庙的庙倌来代替完成。

庙倌身穿长衫，头戴草帽，手持法拉的法器“月牙刀”。开始时，由两位村民手握碗口粗的杠子，他们站在神帐的香台前，庙倌在众人的簇拥下，双手握住杠子，来回晃动身体，似“发神”状，人们为之披上一条红色绸带。之后，庙倌就在神帐与幡杆之间来回奔跑数回，并用“月牙刀”敲打幡杆，他先敲打“观杆”，之后再敲打其他的几根幡杆，每敲打完，众人就把幡杆放倒。庙倌就一手持“月牙刀”，一手抱着一些从幡杆上取下的“钱粮宝盖”跑到神帐前焚烧。然后庙倌进行占卜，以观神是否接受人们的敬献，并预测明年是否风调雨顺。占卜工具是剖成两半的木制锥体，当正负两半各落在地上，说

① 资料来源于笔者对鄂积全老人的记录访谈。

明神已接受。庙倌首先要在神帐前进行占卜，然后在东、西、南、北四个方向进行占卜。每一次占卜都要看到正负两半落于地上才算结束。此时，会前村民献供的“蒸饼”已被小“牌头”用大被单装好抬到会场，由大“牌头”拿起一个“蒸饼”交给庙倌，庙倌用“月牙刀”挑起一块“蒸饼”向众人抛撒，代表神灵示意大家共享。此时，小“牌头”就开始将被单中的“蒸饼”向周围的人们抛撒，围观的村民也纷纷索要。村民认为，谁能得到这样的“蒸饼”就是福气，吃了献供的“蒸饼”能够祛病、驱邪、吉祥如意。另几个“牌头”则在一旁给庙倌敬酒，帮助庙倌拆去红绸带。在锣鼓声中，发神仪式结束。

法拉“发神”是纳顿节中带有神秘色彩的一项关键活动，是法拉代表神灵接受人们献供、预测来年庄稼丰收与否的重要仪式。据了解，人们认为桑布拉村的法拉法力高强，他在“发神”时，口吐白沫，进入亢奋状态，可以将两支十余厘米长的铁钎插入双腮，并不见一滴血迹。

（四）结束

法拉“发神”仪式结束后，宋家“牌头”将宋家“龙王爷”抬回本村，其他神轿由桑布拉“牌头”抬往桑布拉会场。鄂家“牌头”收拾会场，鄂家正会结束。

第三节　桑布拉纳顿

一、鄂家村、宋家村“会手”前往桑布拉会场

大约早上 8 点，鄂家村和宋家村参加“跳会”的“会手”开始陆续赶到鄂家会场，准备作为客队去桑布拉“跳会”。大约 9 点，鄂、宋两家“会手”从鄂家会场出发前往桑布拉，“会手”排列整齐，呈

两行纵队，一路上“会手”依然有节奏地踏着锣鼓点，挥舞着手中的器物，按照规律喊着“大好哟好”行进。“会手”队伍路过村口、桥头时要燃放鞭炮。

大约10点40分，在峡口村彩门处，桑布拉“会手”列两行纵队前来迎接鄂、宋两村“会手”。主客队会手相遇后，排在队伍前的长者代表本村“会手”相互跪地而拜，焚烧“钱粮宝盖”。

二、桑布拉纳顿仪式

（一）“会手”舞

鄂家村、宋家村两村的“会手”正式进入桑布拉会场后，依然要在东西两侧各自绕场。在绕场之后，两村“会手”在神帐前汇合，排成两列纵队，一队为桑布拉“会手”，一队为鄂家村、宋家村两村“会手”。桑布拉的纳顿节规模与鄂家正会差不多，参加人数也基本相同。“会手”休息一会儿后，就开始举行诵“搭头词”、“谢恩”、“唱喜讯”、“打杠子”等仪式。这几项仪式由桑布拉村、鄂家村和宋家村的“会手”联合举行。“谢恩”依然由前两场“纳顿”会的男孩念诵，“搭头词”和“唱喜讯”则由“会手”队伍中年龄最长者来诵唱，“打杠子”人员的年龄不限。

（二）面具舞

桑布拉纳顿中表演的面具舞与鄂家正会时一样，按照顺序分别是：《庄稼其》、《五官》、《五将》、《三将》、《杀过将》。表演的人员分别来自桑布拉村、宋家村和鄂家村。同样也都是由善舞者来表演，年龄不限。

（三）法拉“发神”

由于桑布拉村的法拉年事已高，因此，这个仪式依然由桑布拉村的庙倌代替，由他来替神授意，宣示神喻，并将“蒸饼”分给观众，与村民共享神食。

桑布拉纳顿结束后，“九天圣母娘娘”和“水草大王”被桑布拉“牌头”抬回本村村庙，宋家村、鄂家村两村的大小“牌头”将鄂家

前往会场的民众

“龙王爷”抬回鄂家村庙，“二郎神”神轿则由农历七月十五日举行纳顿的文杨家抬走。“会手”也慢慢散去，鄂家村的“会手”陆续离开回到本村，大小“牌头”将表演的各种道具、服饰全部收好，放置在本村村庙内，继续由庙倌来看管，等到来年纳顿节继续使用。

自此，鄂家纳顿节的三天“跳会”正式结束。

第六章

鄂家纳顿节中的其他文化现象

第一节　商贸往来

纳顿节的面具舞《庄稼其》，被视为纳顿的根本，它的表演内容反映了土族以农为本、重农抑商的思想。从这些表现中我们不仅看到了农业在土族生产、生活以及传统观念中的重要性，而且也看到了随着经济的发展，人们的思想观念的改变。在纳顿节，除了酬神、娱神的仪式外，还有一些商业贸易往来活动，这些活动虽然规模不大，但是从商品的种类和数量来看，可以算作乡村的小型集市，这些商品与人们的日常生活息息相关，并带有现代城市的休闲意味。

从鄂家纳顿节举行的三天时间来看，商业性程度并不均衡。首先是鄂家小会，在会场周围摆摊设点的摊位大概有25个左右，规模不等。这些摊位按照其主要经营品种来划分：食品类主要有小食品，也有西瓜、雪糕、酿皮、啤酒以及矿泉水等饮料；杂货类主要有香裱，儿童鞋袜、帽子等；其他生活用品类主要有绢花和儿童玩具。除此之外，还有几个供人们游戏休闲的摊位，如台球、射气球以及套圈游戏推位。另外还有从外省赶来摆摊设点，如从河南来的专门卖小饰物的货郎，他们的摊位就是一个“十”字型的货价，上面挂满了琳琅满目的小物品；另一个是专门写艺术字画的摊位，摊主来自山西临汾，据了解，他参加三川纳顿节已经三年了，基本上是随着每一场纳顿会召开而前来摆摊写字画，因而他几乎走遍了所有举行纳顿节的村落。

鄂家正会和桑布拉纳顿的规模比较庞大，这样在两天的节日活动当中，商业往来的规模是小会的三四倍，货品的种类也更加繁多，有些摊位的摊主本身就是在官亭镇等地开小商店的店主，他们都是因为纳顿节人流量较大，特地赶来设点做生意。一些酿皮摊位、卤肉摊位也都是官亭镇或其他村落一些开小饭馆的老板，如在桑布拉会场就有一个酿皮摊位是官亭镇的“马虎虎”家酿皮，这家酿皮小吃店在当地特别有名气，所以在会场上自然生意也就十分红火。

第二节 娱乐休闲

纳顿节日活动本身就具有娱乐休闲的性质，场上表演者在娱神的同时也在自娱，场外观众也得到了快乐。除此之外，纳顿节日还提供给大家许多其他方面的游戏和娱乐。

首先，从会场本身来看，会场周边就有一些台球、套圈、射气球的游戏摊位，他们的生意十分红火，前去玩耍的人络绎不绝，尤其是年轻人。虽然这些游戏活动在城镇十分普遍，但是在农村却并不多见。据了解，台球这种游戏在个别村落有，而射气球、套圈游戏很少见到，所以深受年轻人的喜爱。如今它们也走进了三川土族纳顿节会场，在这样一个喜庆的节日里，为人们提供了一种新型的休闲娱乐方式。

其次，从节日安排的时间来看，由于正处于庄稼收割完毕的农闲日子里，人们三五成群，相邀前去看会，或立于场外，或坐在树阴下，几个人喝点酒，吃点小吃，叙叙家常，在这样一个喜庆的节日里，农忙了一夏的身心得到了很好的放松。

第三节　走亲访友

除春节之外，纳顿节是三川地区土族最受重视的节日。一方面人们十分重视参加“跳会”，另一方面，人们也特别重视看会。往往有村落举行纳顿节时，这个村落外嫁的妇女，居住在其他村落的亲朋好友都要走村串户地前来看会。人们带上茶、酒等礼品，扶老携幼，到举办纳顿节的村庄里走亲访友。人们白天去观看节日的“会手”表演，夜晚聚在亲友家中。村中每一户的主妇都要准备大量的节日食品，以备招待客人，主客一起品着美食和美酒，猜拳行令，叙旧聊天，其乐融融。如果平日里亲友之间偶尔有矛盾，在纳顿节这个特殊的时日里，大家会相互包容、谅解，不再彼此计较，人们会借此机会，相互往来，通过串门拜访的形式消除误会，增进彼此之间的感情。在纳顿节期间，很多亲朋好友都有留宿的习俗，村民们把自家空闲的房屋提前打扫干净，以供亲友留宿之用。

另外，三川土族也有在纳顿节日中认亲的习俗，如果哪家青年男女已经订婚，男方必须要到举行纳顿节的村落中的女方家去认亲，一般是跟随长辈带上茶、酒等礼品前去拜访，这样才会得到女方家长的认可。同时，纳顿节日也是青年男女说媒、定亲的好日子。虽然现在许多土族青年都是自由恋爱，但是为了表示慎重，并尊重女方的长辈，一般还会请人在吉祥、喜庆的日子里说媒，以促成二人的婚事，纳顿节日喜庆丰收、举家团圆的欢乐气氛正好符合这样的需求。因而纳顿节日也为不少男女喜结良缘提供了大好机会。

第七章

纳顿节的文化内涵

纳顿节作为民和三川土族岁时节庆中一项隆重的酬神庆祝仪式，其中蕴涵着丰富的文化意义。

自从土族先民的生产方式由游牧开始转向农耕以后，他们借鉴汉族历法，并按照本地区气候变化，紧紧围绕农耕这一核心，总结实践经验，把重要的生产节气确定下来，产生了具有自身特色的农事活动链环，并与农事祭祀相结合，形成了链环式的农事祭祀节日体系。纳顿节的仪式就是以青海三川地区的农事活动为积淀，而形成的一种独具地方特色和民族特色的隆重的节庆仪式。

第一节　纳顿节的信仰体系

纳顿节中，土族人普遍供奉“清源妙道护国崇宁真君川蜀大帝威灵显化天尊”。当地人普遍称其为“二郎爷”，年长者多称“河州帝帝”。在三川土族人的心目中，二郎神是三川最高级的神，其神威无比。故有些人称二郎神为“三川的总神”。目前，二郎神供奉在中川乡吴张家村的二郎神庙中。在尚未重建二郎神庙时，二郎神被供奉在以二郎神为村落神的中川朱家村庙。这样，为了区分，将巡游三川的总神称之为“走神”，将朱家村落神称之为“坐神”。

关于二郎神的来历，三川土族普遍传说它是从河州偷来的。我们在调查时听到了两种说法：一是据74岁的鲍登金老人说："二郎爷来自河州，回民闹反时，是朱土司、赵土司的先人从河州偷来的，因此，朱家和赵木川是二郎神的娘家。"二是据84岁的安家老法师说："二郎神原来在河州的齐家河（甘肃大河家附近），民国十八年，回民反了，河州人把二郎神神像藏在朱家，后来，齐家河的二郎庙被回民烧掉了，那里的人就没再过来取，二郎神就留下在了三川。当时，朱家人怕他们过来取，就又造了一个一模一样的神像，结果没来取，二郎神就变成了两个，一个成了'坐神'，一个成了'走神'。以前赵木川人给二郎爷装脏，用的蛇还必须专门到齐家河去寻。说来也怪，抓蛇的人拿着神旗，到齐家山河滩敲两下锣，蛇就会自动出现，就用旗裹回来，灵验得很。"他还说："民国十八年之前，三川人不知道二郎神，不知道河州帝帝。"

无论二郎神是偷来的，还是寄存的，二郎神信仰不是本土原有信仰，而是从河州传来并被三川土族一致认同的神。

在汉族的民间信仰中有多个二郎，如灌口李冰二郎、赵昱赵二郎、变化通神的杨戬二郎等。关于二郎神的身份，从纳顿会"唱喜讯"中的唱词"担山赶日定太平，青面红发显威灵，花果山上降猴精"，"八九神功七十二变"等词句，胡李家二郎庙、鲍家庙中的壁画上骑白龙马、带哮天犬的形象看，他是《封神演义》和《西游记》中的二郎神杨戬。而从牌位上的封号看，他应是赵昱的化身。二郎神的牌位上写着"清源妙道护国崇宁真君川蜀大帝"。据道教传说，隋炀帝时，赵昱在嘉州做官，为官清廉，曾入水斩杀蛟龙，消除水患，为民除害，然后在青城山修行得道，白昼升天。后人在灌口为其建庙供奉，被称为"灌口二郎神"，他曾被宋真宗封为"清源妙道真君"。[①] "从土民的传说，我们推测二郎神或即是李冰"[②]（现在四川灌县尚供有二郎庙）。秦代，李冰为蜀郡太守，在治水患和灌溉方面颇有建树，相传二郎是其次子，曾帮助李冰擒孽龙，镇水怪，治水害，父子俩深受四

---

① 参见马光星、赵清阳、徐香福：《人神狂欢：黄河上游民间傩》，14页，西宁，青海人民出版社，2003。

② 国家民委《民族问题五种丛书》编辑委员会青海省编辑组：《青海土族社会历史调查》，40页，西宁，青海人民出版社，1985。

川灌口百姓的拥护和崇敬，死后在灌口建寺庙供奉。从“二郎神”保佑庄稼丰收的神格功能，他似乎又是治水英雄李冰父子的化身。总之，结合这三种迹象，土族纳顿节的主神“二郎神”不再是汉族民间传说中的某一个“二郎神”，它身上融合了杨戬二郎、赵昱二郎和李冰次子二郎三个神的神格，是土族人根据民间传说和自己的生产实践、生活需要而重新塑造出来的神祇。

在三川地区，除普遍信仰“二郎神”外，每个村落又有自己的村落神。当地称为“庙神”、“方神”、“福神”等。庙神多为洪石宝山摩劫龙王、黑池龙王、九天威方太乙圣母元君、积石岷山显圣通雨大王等。各村供奉的庙神威力在二郎神之下，有的一庙一神，有的一庙多神，有的庙中还供奉嘛呢老爷（即观世音菩萨）。庙中壁画上普遍彩绘山神、土地神形象，但地位又没有庙神高。有些神由若干个村庄共同信仰，是对这些村庄之间过去关系的一种历史记忆。比如，前河涉代沟、聂家庙从喇家庙分出，王家庙又从聂家庙分出，故视喇家庙为老庙。在过去，三个村共有一庙，随着村庄规模扩大，出现了分庙，但仍然供奉老庙神。再如，杨家、文家、祁家三村过去共有一个庙，共同供奉一座神，共同举办一个纳顿，在纳顿恢复两年以后，由于三村合起来规模过大，产生矛盾导致了分庙，目前两个纳顿分过而供奉同一庙神。

纳顿节中供奉的神灵，都有一个共同职能，即都掌管天上风雨、庄稼丰歉。这应是土族先民从牧业向农业转型后，为解决农业缺水而祈求神灵护佑的直接反映。千百年来，在中原各地的民间传说中，均把龙视为神圣的、超自然的力量，认为龙具有操纵水火、决定旱涝、镇宅除祟、消灾免难的种种神力，因而人们便把祈求风调雨顺、五谷丰登、祛病避邪、四季平安的种种愿望虔诚地寄托在龙的身上。随着中原文化传入三川，龙的信仰亦随之进入三川并被发扬光大。“二郎神”的传说亦反映出他是治水、抗旱的能手。这种信仰，是三川群众精神和物质实际需要的真实反映。在连年干旱、庄稼歉收的情况下，人们自身无力与自然抗争，将全部希望寄托在神灵身上，神灵成为他们化解自然灾害造成的心理失衡的唯一精神支柱。据说，“二郎神”最初供奉在三川名士朱海山的家族里，后来三川群众公认供奉“二郎神”极其灵验以后，产生了供奉并崇拜的主观愿望，而朱海山也顺应大家的要求，将“二郎神”推行到三川大部分区域，并利用自身威望，在中川吴张家修建二郎宗庙，调整各村纳顿节的举办时间，安排“二郎神”在各村的巡游顺序。

第二节　纳顿节中浓重的农事色彩

将纳顿节放置在一个生产年中进行考察时，纳顿体系显现出了浓重的农事色彩。

一、纳顿节的时序性——与区域庄稼成熟时间相吻合

如果将各村纳顿节举行的时间与其村庄位置联系起来考察，我们就会发现，纳顿节从三川地区海拔最低的地方开始，并自东向西逐村向上川推进，再从周边山区回到官亭地区，最后宣告结束。这是因为海拔低的地方，如宋家村、鄂家村等村庄水分充足，春播时土壤墒情好，所以播种最早，相应的，其庄稼的成熟亦先于其他地方。前河沟地区的纳顿节最早从隆布、芒拉开始，时间为八月初一，比中川地区晚 18 天，而他们的庄稼播种时间刚好也比中川晚半个月左右，收获时间相应也晚半个月左右。纳顿节的举办时间与庄稼成熟时间之间存在着明显的相关性。

二、纳顿节前奏的各种祭祀活动——与农时相和谐

在纳顿节的前奏过程中，各种祭祀活动的日期选择与农时直接对应。如中川王家村，在开种前将庙内神轿请至庙外，集中嘛呢其（念嘛呢的老人）、喇嘛念经，并跳与“纳顿”一样的《庄稼其》舞，意在祈求顺利播种；出麦穗之际，抬庙神“龙王神”巡游王家地界，以

明确地界，开始“罚香”①；稍后庙倌与大“牌头”祭祀俄博，献牲公鸡一只，祈求神灵阻挡冰雹；夏至嘛呢18天，正值小麦邻近成熟，最怕冰雹之类的天灾，“牌头”安排众人轮流在庙中念诵嘛呢；小暑、大暑期间正值开镰收割，祭祀羯羊一只，祈求顺利收获庄稼。多数村庄举行的九月九安神活动，意在神灵已经看护庄稼一年，此时“青草结籽，黄草上场”，农田无活，暂不需要神灵的看护，请神灵歇息。由此可以说明，纳顿体系是以农时为节奏的。综观纳顿祭祀体系，每一次祭祀活动的时间、地点都是固定的。细察之下可以发现，每次活动的时间均处于“临界期”，即农事的关键期或一种状态向另一种状态转化的过渡期，大多为春播、出苗、抽穗、临镰、收获的时间。这种时空观念，不仅反映了三川土族根据当地农时变化而产生的农耕文化，而且也反映了他们顺应天时而求丰收的心理状态以及长期观察天气变化而得到的防灾经验。

三、酬神、谢神、娱神——感谢保佑庄稼丰收、祈求来年丰收的功利目的

整个纳顿节的酬神谢神娱神活动，是农耕生活的写照。大家以“头缸头酒头酥盘”答报神恩，在庄稼获得丰收以后，以当年新粮制作的酩醯酒、蒸饼献祭崇敬的神灵。在制作过程中有许多讲究，比如，制作蒸饼前须用柏香熏蒸笼、熏手、熏全身，三日前起不得同房，以表示对神灵的敬重。蒸饼使用的面粉原则上须是当年新麦面。在大家的心目中，只有用当年的新面酬神、谢神，才能表达自己对神灵诚挚的谢意，神灵也才会接受酬谢。在纳顿节当天，人们以“会手”舞、面具舞、神舞等酬神、谢神、娱神。“会手”舞间演唱的“喜讯”，运用对神灵着装、坐骑等极度美化的词汇，期望神灵满意。纳顿节当天及前两天的“小会”上全村人纷纷在神轿前虔诚地叩拜神灵，对神灵致以真挚的谢意。

---

① 罚香，是民间自发的田间管理活动开始后，对违反规定的人员所罚的款物。

四、面具舞《庄稼其》——典型重农轻商思想的表现

庄稼其，意为种庄稼的人。庄稼其，是唯一一出戴着面具在中间穿插语言对白的面具舞，其对白词反映出典型的重农轻商思想。情节中，父亲看到儿子的心思不在种庄稼上，请老者帮忙说服儿子。这种做法，反映的是土族社会中有些家庭问题或邻里纠纷得不到圆满解决时，要么家长请村内有威望、有说服力的老人当“老者”，要么村中热心人组织“老者”主动上门说服、协调处理家庭问题或邻里纠纷的一种习惯方式。老者们劝道：“万民百姓，以食为天，守本务农，富国养人。你们要安心务农，传授子孙。但愿春种一斗，秋收万石，种一升，打一斗，种一斗，打一石。祈告神灵，风调雨顺，五谷丰登，收获千石万石的收成，在龙堂宝会上，头缸头酒头酥盘，答报神恩。”在众老者的劝说下，儿子表示回心转意。老者退场后，儿子表演种田，父母旁观。结果儿子“不学无术”，倒架牛轭反挂犁，父亲一顿教训之后又手把手的示范。父亲把犁，焚化香裱，祷告神灵后，四人作犁地播种状绕一圈，中间划上横竖两道，成“田”字，演出结束。整个节目在欢快的锣鼓伴奏下，用诙谐、幽默的表演向人们强烈的传达着“务农为本”的信息。

跳《庄稼其》

第三节　古代军事生活的记忆

纳顿节作为庆祝丰收、酬谢神灵的民间活动，在具体表演中隐含着军事活动的成分。

面具舞《三将》

“会手”舞是古代军事生活的典型写照。综观一支“会手”队伍，俨然一支古代军队：锣鼓为伴奏乐器，这在古代军队中是必不可少的发令器具，击鼓冲锋，鸣金收兵。彩色大旗形制就是古代军旗，只是古代上书统帅姓氏而现在改书“普济众生、神恩浩荡、风调雨顺、国泰民安、恩泽普被、威灵显化”之类的词语了。在队伍人员的构成中，手中持箫、笛的老人是随军文官，持三角斜旗的为中军传令官，持兵器的为将帅。而整个“会手”队伍的行进更讲究，有“一字长蛇阵”、“二龙戏珠阵”、“四门兜地阵”、“八卦阵”、“龙门阵”、“蛇蜕皮阵”、“龙退骨阵”等阵法，这其实是古代军队演练阵法的保留。

在“唱喜讯”时，表演的“打杠子”实际就是练武过程的简约化和象征性的重现。“四个将军过来过去打个正（煞、撂、架）刀”，反映的是军职人员演练某种战法，就像解放军战士打一套军体拳或武术队员打一套器械套路。因而有学者直称纳顿是“一种古代军事部族时期的风俗祭仪”，“从整个会首队伍组成来看，就像一支古代军队，以上这些祭仪似乎可以称其为一种军傩”①。据林河的说法，军傩是由军队吸收民间傩发展的军事傩。② 对于纳顿，如果非要与傩相联系，与其说是军傩，还不如说它是乡傩（保留传统较多的民间农业傩）与军傩的有机结合，以军傩为外在形式，以乡傩为核心内容。这种傩舞方式，事实上是对土族先民迁徙到这里从事军屯，后转化为民屯的历史记忆。

第四节　纳顿节供品的信仰内涵

在纳顿节中，为了表达对神灵的诚挚谢意，众人在纳顿节小会那天供献酒奠、蒸饼、香裱、清油、钱粮宝盖，有的家庭要竖立幡杆，并缴纳数量不等的香钱。这些事物构成了土族人民在纳顿节中奉献给神灵的供品。另外，许愿的人在纳顿节中进行还愿活动，所许物品也可归入供品之列，多为羯羊和公鸡。

酒奠是向神进行祭奠的酒。每家每户将纳顿节前自酿的酩醯酒拿到神帐前，在焚烧钱粮的火堆上倾倒少许，表示已经奉献给神，祭奠

① 马达学：《青海民俗与巫傩文化考释》，载《青海民族研究》，1999（1）。
② 参见林河：《中国巫傩史》，478页，广州，花城出版社，2001。

致意，正如“唱喜讯”中唱到的“头缸头酒答报神恩”。以己度神，认为神灵也是喜酒的。每家每户或一瓶，或半瓶，酒奠后剩余的酒交给“牌头”统一管理，供大家在纳顿节中饮用。

蒸饼是专门供献给神灵的、用新麦面制成的巨大馒头。一般来说，蒸饼直径约50厘米，最厚处15厘米，中间厚，四周较薄。在表面上还缀以面制的鱼、花、蛇等物。蒸饼的制作十分讲究，在制作前三日，制作妇女要沐浴以柏香熏身，不能同房。蒸笼在制作前也要用柏香熏。在制作时，灶内不能焚烧不净之物。如果违犯以上要求，则认为是对神灵的不敬。

香裱和青油是每次敬神的必需之物。香裱与汉族的相同。土族人不论是敬神还是敬佛，一般都要焚化香裱，敬上青油灯。在纳顿节期间，甚至日常在庙中、神轿前都要燃供长明灯。

节日的神龛

钱粮宝盖是用白纸、黄纸剪制的祭品。钱粮，一般用黄裱纸或白纸折叠后剪成的错落条状的祭品。宝盖，用整张纸折叠后在其上剪裁出天门、地门、天窗等形状的一种较大，而且被认为是规格较高的祭品。每家每户在纳顿小会上迎请“二郎神”及本庙庙神时，都会在神轿前焚化钱粮或少量宝盖。在正会上，每户都要献上宝盖、钱粮。在清晨送蒸饼、酒奠时焚化钱粮，而将宝盖供献在集体制作的大型幡杆下，直到纳顿节结束，由法拉统一焚化。

幡杆，不是每家每户都要立的，是过去许愿给庙神供献的家庭常年敬献宝盖而遗留下来的。由于目前这种许愿形式的绝迹，故幡杆多由过去许过愿的家庭来竖立。但作为家族共同的事情，立幡杆时都有义务共同立起，并要照看一天。幡杆的制作，是在六七米高的幡杆主干顶端，先固定事先挑选来的柳枝，在柳枝上从中段向下依次粘贴象征太阳的折叠的环形扇状制品（称达热热，意为风轮，上画北斗七星），白色的较长的斜三角形纸和称小天旗的三角形黄纸（长垂及地面，两侧剪成锯齿形，故亦称莫盖，即蛇）。幡杆顶端固定能升降横杆的木环或铁环，两侧悬挂同样规格的大型宝盖。将剪裁宝盖时所剩余的材料及条香、柏香、棉花等物做成纸包夹在绳结处，到最后一同焚化。

打杠子仪式

关于向神许愿所供献的羯羊和公鸡，在《青海土族社会历史调查》中有明确记载："在解放前，这种还愿的羊鸡非常多，如官亭村每年差不多都有二十只羊、四五十只鸡。当二郎神来到时，便要在这些羊和鸡的头上倒酒，倒酒时如果羊和鸡摇一摇头，便证明这个祭物已被二郎神悦纳，否则，便认为不被神悦纳，而要另换一只。……献羊、鸡的人将羊、鸡牵回家宰了，煮好以后要将羊蹄、肝、肺端去两盘，另有一盘端着黄裱香烛献给二郎神。将一些肉汤倒在二郎神前的地下，肉倒在木桶中散给全村众人。全村的人每人都分得一碗汤和一些羊杂碎。"① 目前，这种还愿现象仍旧比较普遍，但不再散给全村众人而只在家族内部分享。

第五节　酬神娱神的舞蹈

土族纳顿节中的舞蹈，是土族人民在长期历史进程中集体创造、传承并不断积累发展形成的。它是土族人民劳动与生活的缩影，是土族社会历史发展的文化积淀。

参与"会手"舞的人数众多，"会手"们在锣鼓伴奏下脚踩太极，俯仰有致，舞动场面气势恢弘，刚劲豪迈，被认为是土族大型广场舞蹈。它是古代屯田军士在转为农户以后，或者土司、土兵在亦兵亦农的生活状态下，在庆祝丰收时采用的日常最为熟悉、又有观赏性的阵法为表现形式而产生的舞蹈。"会手"舞中的各种阵法，属于"阵图类"舞蹈，是在古代军事活动影响下形成的，并由此形成行进中"会手"队伍的图案美。

---

① 国家民委《民族问题五种丛书》编辑委员会青海省编辑组：《青海土族社会历史调查》，40页，西宁，青海人民出版社，1985。

两村落的相迎

面具舞是戴面具表演的舞蹈，除《庄稼其》中间穿插部分对白外均为哑剧。各个节目都有故事情节，只是有的完整，有的粗略。它们均从不同侧面、不同程度反映土族心理素质、历史发展等信息。《庄稼其》反映游牧转向农耕的情况；《杀过将》反映早期生活状况，残留有图腾崇拜的遗迹，作为最古朴的舞蹈，它保留了拟兽舞的形态，是原始狩猎舞蹈的遗存，同时蕴含人们崇拜自然力、把自然力神秘化的“万物有灵”的自然观；《三将》、《五将》、《关王舞》等三国故事反映土族人民崇尚忠义的心理情结，并将历史英雄逐步加以神化；《五官》反映的可能是明清时期土司得到朝廷册封的状况。

土族纳顿节中祭祀神灵的习俗与舞蹈互为载体。作为维系群体社会意识的祭祀活动，借助于舞蹈的表现形式，把人们对生活最真实、最质朴的情感，倾注于祭祀活动中，以应对不可控制的自然灾害。为了缓解恐惧、痛苦和沉重压抑的心理负荷，通过信仰偶像，在舞蹈的激烈氛围里，祈盼大自然的客观世界和迷茫中的精神意识相互沟通，获得迷惘失望中的一种虚拟征服感，从而给人以生存的希望和信心。

而舞蹈借助祭祀仪式得到不断的传授和发展。在与大自然交流时，客观上也促进了人与人之间思想情感的交流。纳顿舞蹈，是以集体意识的主导思维方式为本质特征，自始至终总是以群体统一的步调形式，呈现出自己所处的那个社会所特有的心理意识，从而使得个体自身主观精神和感情上获得、享有集体主义人格。只有在全民性的纳顿节中，这种舞蹈形式才会一直延续下来，并长久地保存在土族社会生活中。

在纳顿节中，存在两个世界，即尘世和神灵的世界。纳顿节中所有的舞蹈、祈祷仪式均是沟通这两个世界的方式。任何形式的祭品、供品，都是交换的实施。人们在获得丰收后，得到了精神和物质的满足，就有义务酬报神的需要。所以说，纳顿节中的酬神舞蹈与其他仪式等共同构成了纳顿节明确的功利性。

纳顿节中的舞蹈负载着价值体验。面具舞表演者戴上面具，与不戴面具在心理上、生理上有显著差异。戴上面具后表演者的视野受到极大的限制，并由此影响到舞蹈水平的发挥；为固定面具在头上缠绕的多层垫布使其呼吸受到阻滞；剧烈舞动之后，大汗淋漓而又不能有效去汗。所以，在炎热的季节能够戴上厚实的面具持续舞蹈一个小时左右，实在是一件不容易的事情。而“会手”舞表演者在炎炎烈日下穿戴长袍马褂不知疲倦地舞蹈长达几个小时，更不是一件轻松的事情。尤其是年过花甲的老人，在平日走路都感觉不畅，而在这一天亦按部就班的手舞足蹈。神舞的法拉有时要上口钎，多的被称为“十二钢钎”①，纳顿的舞蹈表演是一种强烈的负载着价值的文化缩影。纳顿节中的舞蹈到底是为谁而舞？一般可选择的答案是：为了他们自己，为了一般观众，为了上天的威力。在调查中发现，这个问题在不同时代有不同的答案。纳顿节的舞蹈，过去是跳给神灵看的，舞者惧于上天神灵的威力，怀着敬畏、虔诚而又讨好的心情，希望得到神灵的保佑，目前舞者已经轻松多了，舞蹈对象基本已转向人，成为民间自娱、娱人的舞蹈。纳顿节舞蹈的发展历程，正循着通神——敬神——娱

① 十二钢钎，即在两腮、两耳垂、两肩胛、双乳、舌及喉部各插一根长15厘米、宽约0.5厘米的薄铁钎，加上手中钢鞭、钺刀的合称。

神——自娱——娱人的总体规律演化。

纳顿节舞蹈中程式化的动作体系是长期积淀的结果，具有相当程度的稳定性。因为纳顿节中的舞蹈作为一种大型集体舞蹈，反映土族社会集团的心理特征。所以，每次舞蹈，作为演员来说，其表演在整个非开放性的集团心理环境中受到集团心理的制约，限制甚至扼杀创作个性，这是导致纳顿舞蹈程式化的一大原因。另外，作为一种民俗活动，它也需要稳定的规范性、模式性。目前，随着社会的发展，在宽松的社会环境下，个人有了创新的欲望，但均未付诸实施，所以近一个世纪来，纳顿节的舞蹈动作没有发生质的变化。

纳顿节中的伴奏乐器只有锣鼓，音乐的表现方式只有节奏，没有旋律，可以说相当原始。“鼓，诞生于人类童年，且被视为神物，是人与自然、人与神、人与鬼的媒介，有‘通天之器’之称。……鼓与舞自古以来就密不可分。”① 但在震撼人心的锣鼓声中，舞蹈的人们增加了一份情绪力量，尽情宣泄着生命的情感。在纳顿节中，鼓亦被视为神圣之物。在“会手”歇息过程中，禁止坐在鼓上，在纳顿节期间及结束回家后，均不得随意敲鼓，要静静的背回家后悬挂在高处。

第六节　沟通人神的法拉

土族群众在纳顿节中试图实现人与自然、人与神灵的沟通，而其中介就是法拉。法拉在纳顿中的装束，不戴帽子，多穿猩红色滚黑边坎肩，腰系绫条，裤腿扎起。大多法拉右手拿一把钺刀，部分还同时左手拿钢鞭。法拉跳神之姿态、步法随所请之神的性质而不同。每个不同的神，都各有不同的跳法，所以从法拉跳神的姿势，即可分辨出他请的是哪一位神。如请的是“九天圣母娘娘”，则必然要做女人的步态；请的是“龙王爷”，必定要频频点头；请的是“黑池爷”，便要

① 肖兮：《非洲舞鼓文化漫谈》，载《新疆艺术》，1993（6）。

向后摆头；请的是“摩劫龙王”，则要跛着走跳等。

法拉由正常状态进入神灵附体状态的过程被称为“发神”。首先，法拉的“发神”，实际上是法拉本身宗教信仰意识与集体宗教信仰意识的极度契合。法拉均说在“发神”之前有预感，要“发神”而有意不发时，心中十分难受，犹如撕心裂肺，一旦发完之后则十分舒畅。法拉在年事已高时可以提前几个月向神提出卸任，并会提任新的法拉，而在临近纳顿节时才去推辞一般是不允许的。从中我们可以看出，时间长短是一个关键因素，提前几个月，新法拉在心理上有足够的缓冲、消解已经形成的意识的时间，而时间太短，不足以缓冲、消解既成定式的思维模式。成为新法拉，是个人心理意识在整个民族信仰意识大背景下极端表现的结果。其次，法拉对心理暗示作用特别敏感。他在“发神”前的祈祷实际上是在进行自我心理暗示——自己就是神的代言人——法拉，而且在暗示下能够立即进入神灵附体的状态。自我心理暗示起着至关重要的作用。据说，如果不愿“发神”时，将视为不洁之物的女人腰带等带在身上就可以达成，其实这就是通过心理暗示来完成的。法拉通过上签子的超常能力来维系他在土族社会中的威望，保持人们对他的信任和尊敬。松散的农村社会在某些层面上至今仍然通过法拉替代笃信的神灵来统一组织。

随着物质文明的发展和科学技术的进步，法拉或法师的活动在许多方面相应削弱，甚至有些不合时宜的观念和行为遭到淘汰而灭绝。目前，在川水地区只剩下几位老法拉，而在周边山区仍有较多的年轻法拉。

第七节　生计方式的转变与文化变迁

关于纳顿节的起源问题，大多数的人认为是在明末清初，也有人主张在元末明初，我们倾向于明末清初的说法。从纳顿的展演来看，我们可以获得土族历史上生计方式转变的历史信息，即土族在明清时期完成了从牧业向农业转变的生计方式，并由此导致了文化的变迁，其原因是：

第一，在元代，作为土族先民重要组成之一的蒙古人因为是统治民族，在政治待遇或心理上具有无可比拟的优越感。而元亡明兴以后，这里的蒙古人很大一部分归顺明朝，失去了原来的优越感。明朝作为汉族政权，自然是汉文化的代表。归顺的蒙古人为了生存，自然就有了主动学习汉文化的动力。到明、清两代，国家行政权力深入土族地区，学汉语、习汉俗已成为土族社会的风气。另一方面，以土司等为代表的上层人士为了自身利益也主动认同中原文化。

第二，已经成为明清国家权力管辖之下的土族人，在比较自身的民族文化与汉文化时，汉文化明显处于强势文化的地位。而在文化同化中，一般都是强势文化同化弱势文化，弱势文化向强势文化学习。

第三，明清之前的元代弃农还牧较为普遍。明初在今民和、乐都、互助和西宁的优良农耕区还广设牧马苑监，这一带仍然以牧业为主。经过一代人的屯垦，湟水两岸广布农田，马场逐渐迁移于河西走廊东端。到了明代前期，土族退居在山谷地区农牧兼营。[①] 由于土族一直从事牧业生产，农业生产则处于弱势地位。要想提高农耕技术就必须学习汉文化，这在土族纳顿的面具舞《庄稼其》中表现得非常形象。

土族社会从畜牧业向农业过渡并形成以农业为主的经济结构，是一个缓慢而渐进的过程，也是土族社会性质进一步向封建社会过渡的重大转折。随着生产关系的变更和社会结构的重新调整，意识形态领域也相应地发生着一系列变化。在稳定的村落居住环境和农耕生产条件下，土族群众的宗教观念得以转型。在生产、生活方面的许多重大问题上，出于实际的需要，村落之间共建一座庙，同供一尊或几尊地方神，以庙会的形式将民众聚集起来，借神的威严来调解民事纠纷，裁决和安排浇水、祈雨、田间管理等与民众相关的各项农事活动。在这种状况下，土族的宗族思想得到进一步的强化。

---

① 参见芈一之：《青海汉族的来源、变化和发展（下）》，载《青海民族研究》，1996(3)。

畜牧生活向农耕方式的变迁，即生计类型的改变导致文化类型的改变。历史上，土族从事畜牧业，属于草原型文化，具有流动型和外向型。随着土族转向农业，土族文化中产生了河谷型农耕文化，凝聚力和容纳性加强。成型的土族生态文化应该概括为河谷型—草原型文化，是一种混合型文化。土族的经济类型已兼具农业和畜牧业了。一方面，它的文化系统是对外开放的（草原型文化特型）；另一方面，它又积极吸纳其他文化系统的信仰模式（河谷型文化特征）。可见，土族的宗教信仰在对外开放的前提下又积极吸纳其他民族的信仰，而呈现多种信仰模式并存的局面。民族的经济与生产方式在一定程度上影响民族文化心理。发展成熟的土族经济是农业与畜牧业并存，土族的畜牧业已不是逐水草而居，而是固定在某一地区。这样，土族采用的主要是劳动力与大地、牧场这种自然力相结合的生产方式，这种生产方式使得老百姓要求风调雨顺、吉祥如意。

从形成与发展历史来看，土族是在漫长的社会历史变迁过程中逐步融合多种民族成分而形成的一个民族，其活动区域，从地理位置看，处在黄土高原、内蒙古高原、青藏高原三大高原之间的过渡地带，为这些高原的民族进入这个区域提供了一定的便利条件。从历史交通条件来看，处于三大高原接壤处所形成的河流、沟谷的汇合处，而古代常以河流和沟谷为交通道路，促使该区域成为东西、南北交通的枢纽，同时也遗留一些文化元素。从文化圈的角度观照，其活动区域又处于藏文化、汉文化、蒙古文化圈的连接地带，甚至受到西域文化的辐射。因此，土族在历史过程中，以宽容的心态吸纳了各种文化成分，并加以改造、整合，形成了独具特色的土族文化，即“以萨满教为底子，以蒙古语为共同的基础，以三教结合（藏传佛教、汉族民间宗教、萨满教）而构成宗教信仰，以汉族文化为重要的世俗文化”①。其中，民和三川土族受汉文化的影响更深。

① 高丙中：《文化影响与文化重构》，见［比利时］许让神父：《甘肃土人的婚姻》，费孝通、王同惠译，263 页，沈阳，辽宁教育出版社，1998。

第八章

纳顿节的社会功能

纳顿节是三川土族文化特色的浓缩，也是对民族文化的积淀、继承与弘扬，对民族凝聚力的增强以及民族自信心的提高都具有客观效用，进而使整个土族形成强大的向心力和凝聚力。“凝聚力是某种关系模式，模式愈密集，关系就愈牢固，我们所期望的群体内凝聚也就愈紧密。”① “少数民族的仪式行为大多伴有民俗舞蹈，特别在宗教祭祀仪式、岁时节日仪式、人生仪礼仪式等仪式活动中，仪式的自始至终往往是通过民俗舞蹈来表现的，人们通过人体的规律性动作和思想情感来体现仪式行为的目的和意图，来表现仪式所意味着的一切，使自己的情感得到抒发、宣泄和寄托，可见民俗舞蹈是仪式行为的重要组成部分。民俗舞蹈仪式是人类具有一定形式的、持久的、高度重复的社会行为。仪式舞蹈行为重要的功能是社会化功能。仪式舞蹈将正常的生活秩序截断，在特定的时空范围内，将社区的大多数成员带进一个单一的社会文化空间，共同的参与意识，使众人融合成象征性的亲属大家庭。仪式舞蹈过程使社会空间个人化了，而个人空间被社会化了。从而仪式舞蹈行为不仅强化了血亲家族群体的血缘纽带关系，甚至以地缘关系为纽带的整个民族集团的关系，起到凝聚向心的作用，增强了民族群体的凝聚力和认同感。”② 土族社会把纳顿节以及体系中

---

① ［美］巴克主编：《社会心理学》，南开大学社会学系译，124 页，天津，南开大学出版社，1984。

② 纪兰慰：《论民俗舞蹈的仪式》，载《民族艺术研究》，1999（3）。

各种系列活动作为关系模式，使得社会凝聚力得到加强，而且提供一种群体成员间的沟通网络和情境，使得社会大家能够和谐相处。比如，有些过去有矛盾的人，在纳顿中互道一声“阿门儿是门贤”（问好语）即可以冰释前嫌。纳顿节，在某种程度上，将土族人民共有的一种行为方式肯定为一种标准的行为模式，在公共场合下，统一大家的行动，让土族人民对自己的族群定位更加明确。在经历着传统文化洗礼的同时，更进一步维系着土族这个群体的心理，使人们在这一公开的、集体的大型活动中，从同一类型或同一模式的文化环境中得到教化，从而形成相同的思维方式和价值观念。纳顿节对三川土族来说是一个通过各种祭仪为媒介来强化民族意识的过程，使得群体成员之间相互和谐，民族认同感加强。对于他们来说，纳顿节具有明显的文化维系功能。

纳顿节对三川土族社会间接地起到和谐作用。纳顿节中大型的集体舞蹈过程对于参与者乃至旁观者的心理上都会产生欢悦、平和等良好影响，并在友善的相互传达中，和睦个体之间相互感情，为社会的安定营造了一种和谐的氛围。在纳顿节中，各项活动或多或少地表现出了人与神、人与人之间的和谐。事实上，纳顿与“和人神”、“合和父子君臣”、“附案万民”等观念并无实际联系，那只不过是以一种愿望的表达形式而已。纳顿节通过各种方式，间接地散发出土族人民内心深处的价值观、民族心理等文化底蕴。“牌头”们实施的田间管理，实际上向人们宣扬爱护庄稼、互相监督的思想，更深层次上是对人心的潜移默化的熏陶、改善，提高人们的社会公德。而在三国戏中渲染的忠义思想、尊君思想，实际上是对大众心理的劝导，从一定意义上说，这就是纳顿舞蹈具有的间接的社会功利性质。纳顿中的观众常被面具形象所表达的人物及其人格魅力所征服，典型的是三国戏，各村的情节、招式雷同，但每个纳顿会中仍有许多观众，就是因为舞者与观众对于面具形象的共同的心理认可，关羽、刘备、张飞在土族群众的心目中具有崇高地位，尤其是关羽。所以在具体舞蹈过程中，人们一次次地将深藏于心中的那种情感得到重温，得到升华。

纳顿节对社会个体有明显的教化功能。露丝·本尼迪克特在《文化模式》中指出："个体生活历史首先是适应由他的社区代代相传下来的生活模式和标准。从他出生之时起，他生于其中的风俗就在塑造着他的经验与行为，到他能说话时，他就成了自己文化的小小创造物，而当他长大成人并能参与这种文化的活动时，其文化的习惯就是他的习惯，其文化的信仰就是他的信仰，其文化的不可能就是他的不可能。"① 作为盛大民族节日的纳顿，它荟萃了民间艺术、民族舞蹈、民族仪礼等诸多方面的民族文化的精华，并蕴含了一定的民族价值观、民族心理和审美情趣等，使置身于其中的土族人民耳濡目染，在潜移默化之中深受民族文化的教育与熏陶。如纳顿的准备、组织，在节日中穿的衣服，拿的器物，跳的"会手"舞、面具舞、神舞，欢庆中的祈祷、祝愿等，这一系列的活动内容都是靠参加者的亲身体验，由一代又一代的人们对前辈人的文化行为不断地继承、创新而沿袭的。正是纳顿节这种潜移默化的作用，才使得土族人民的许多文化积累并传承至今。纳顿节的教化作用尤为突出地表现在《庄稼其》这一反映农业生产的哑剧舞中，土族人民也视此舞蹈为"纳顿的根本"。其中"千买卖，万买卖，不如地里翻土块"成了土族的俗谚。《庄稼其》通过表演，充分传达和强烈体现了"以农为本"的意识，反映了崇尚务农的思想。

闻一多在《说舞》中曾引用了一位西方人类学家的话："在跳舞的白热中，许多参与者都混成一体，好像被一种感情所激动而动作的单一体。……他们是在完全统一的社会态度之下……原始跳舞的社会意义全在于统一社会的感应力。他们领导并训练一群人，使他们在一种动机，一种感情之下，为一种目的而活动（在他们组织散漫和不安定的生活状态中，他们的行为常被各个不同的需要和欲望所驱使）。"② 这是对原始舞蹈能调和、统一原始人类群体情感、意识的很好说明。原始人虽然自己不能在这方面对舞蹈加以如此的理解、说明，但是他

---

① ［美］露丝·本尼迪克特：《文化模式》，何锡章、黄欢译，2 页，北京，华夏出版社，1987。

② 转引自陆初：《舞蹈女神》，135 页，上海，学林出版社，1987。

们能深深地感受到这一点。因此他们不但热心于此道并推衍开去，以己度神，认为在热烈的乐舞中，神与人的感情也能因之和睦，由此神可降福于人。这种状况对于目前的土族纳顿节也是基本适应的。纳顿节表现出对土族社会的强有力的调和作用，而且在面对神灵的舞蹈中，认为通过这种舞蹈可以使神灵高兴，并能保佑平安，因此在自己所不能控制的自然灾害等降临时，通过这种方式也能达到一种心理上的自我调节、自我平衡。

纳顿节表现出了强烈的经济功能。每个村庄的纳顿会中，周边的生意人蜂拥而至，连回族生意人都赶到会场做生意。虽然他们的信仰不同，但是他们都遵循当时的风俗习惯，和谐地进行交易。经营的品种从五金百货到特色饮食、地产瓜果，各色齐全。纳顿节期间，可以说天天都是物资交流会。目前有些地方还借此机会，进行计划生育政策的宣传。

纳顿节还有明确的社群联系功能。纳顿节正会这一日，亲戚们都会到家中相聚。届时，除东家以酒菜招待之外，还有新面制作的油饼等。大家畅叙友情，评说今年收成。有些平日或因生计、或因路途遥远而难以相见的亲友们，也会尽力回家相聚。分散的亲情在纳顿节中凸显温暖。

另外，作为独特的民族文化事项，纳顿节同样具备了发展地方经济、开展旅游项目的巨大潜力，是不可多得的民族人文资源，这些都需要我们深入调研，并提出科学合理的开发措施。

第九章

纳顿节现状与发展趋势

通过调查发现，纳顿节这一庆祝丰收的民间活动，至今在人们心中具有很高的地位。20 世纪 80 年代，纳顿节自恢复以来，仍以较为强劲的势头在向新的高潮攀升，纳顿节日仍然处在上升期。

辛苦了一年的庄稼人，在喜获丰收后，以纳顿节作为一种表现形式，传达喜悦的心情。在欢悦平和的相互传达过程中，融洽人与人之间的感情，为社会安定营造了和谐的氛围。自从人崇拜了神，便把一切美好的东西都向神奉献，其中包括舞蹈形式。古人向神奉献是为了希冀自然力与人意不相违背。当人神关系和睦时，人用舞蹈娱神，那舞蹈是欢快的、优美的。在生产力水平大大提高的今天，纳顿节中人神关系是和睦的、融洽的，而且人与人之间的关系，在物质生活得到极大丰富、精神生活日益充实后，也表现得日益宽容、和睦。纳顿节中人们敬神、谢神、娱神，而人们表演时身心放松，个个神采奕奕，激情飞扬，在同一动作、同一鼓点中与心灵产生共鸣，达到极致。在灾难来临时，人与自然关系不睦，人神关系矛盾冲突，这时的人们在宗教活动中是怀着崇敬的心情，表达对神的敬畏，心情自然是紧张的。闻一多先生在《说舞》中总结了舞蹈的诸种功能："1. 以综合性的形态动员生命，即指舞蹈是门综合艺术，它的实现过程中在动、视、听、触觉等各方面刺激了生命机能；2. 以律动性的本质表现生命，意即在有节律的狂热紧张的舞蹈中最高限度的生命情调得到体现；3. 以实用性的意义强调生命，在高度的律动中，舞者自身得到一种生命的真实感（一种觉得自己是活着的感觉），那是一种满足。另一方面，观者从感染作用，也得到同样的生命真实感，那也是一种满足，舞的实用意义便在这里；4. 以社会性的功能保障生命，舞蹈最高的满足，是感到自己和大家一同活着，各人以彼此的‘活’互相印证，互相支持，使各人自己的‘活’更加真实，更加稳固，这样，满足才是完整的，绝对的。”① 舞蹈之所以能具有这些功能，就是因为它将人类的情感表现得最直截了当，并因之使人与人之间的反映生命本质的种种情感能相互传导、深切体验。纳顿“会手”舞正是在互相印证中得到身心巨大的满足和快感。面具舞通过舞者与观者共同的心理过程的共振，舞者以一招一式来表现面具的内涵，而观者通过观看，在内心中对面具的内涵进行复现。纳顿节特别有益于唤醒人们种种深藏的潜意识，并把它导向人的自我认识和人与人之间的相互了解。目前，纳顿节正以一种勃发的状态，发挥着维系功能、教化功能、联系社群功能以及经济功能，影响着土族社会。

20 世纪 80 年代，三川地区土族各村庄的神庙建设以及宗教器具的置备均与社会生活水平的发展同步。起初，各村村庙十分简陋，多以土墙围绕，内建三间简易平房供奉神灵，而且神灵没有神轿及塑身。后来，有些村的村庙设施得到改善，庙堂改建成尖脊砖木结构仿古形式，围墙改成了砖墙，塑制神像、神轿，置备锣鼓、大旗、帐房、服装等纳顿用具。目前，大部分村庙已经或正在实施改建工程。纳顿节中的舞蹈逐步走向正规，走向全面。村庙刚恢复时，由于受到经济条件的限制未能一起恢复的舞蹈正处于恢复阶段，有些村已经上演《五官》、《五官五娘》、《三官三娘》等节目。对于纳顿节的现状，一般人士持纳顿节已经下滑的悲观态度，主要是看到人们精神生活丰富了以后，不再关注纳顿节，认为纳顿节也将在冷落中衰落。其实，从纳顿节前几天安排角色起，一直到纳顿当天的“会手”舞、面具舞的表演中，始终活跃着年轻人的身影。有些人主动争取喜欢的角色，提前演练。在对这些年轻人的调查中，他们坦言不相信这些神灵，但作为舞蹈形式，他们极愿在这里表现自己的舞蹈才能，就是为了热闹的场面。

① 转引自陆初：《舞蹈女神》，86 页，上海，学林出版社，1987。

虽然不再笃信神灵，但是对纳顿节的娱乐功能更为关注了。在刚恢复时期，纳顿节对于年轻人来说不知为何物，而只是老人们在推动、扶持，组织看、扮演者均为上了年纪的老人，年轻人很少参与，并且也不想参与。但随着纳顿节的逐步恢复，纳顿节得到了广大青年人的认可，他们有选择的吸收，为我所用。所以，纳顿节的形式似乎没有多大变化，只是人的观念在变。

目前，在现代文化的冲击下，存在诸如法拉等神职人员传承人中断、信仰意识淡薄等现象。法拉等作为沟通人神的中介，在过去的纳顿节中充当着至关重要的角色。但是，随着认识水平的不断提高，人们不再沉迷于与神灵的交往，更多地倾向于自主，所以法拉等神职人员在老一辈退出后，不再有年轻人继承而出现了传承人中断的现象。同样，一般群众也不再沉迷于民间信仰之中，信仰意识逐渐淡化。

这样，纳顿节开始从娱神向娱人过渡，但其仍然是一种独具特色的、大众广泛参与的社会活动形式。当然，不可否认，其形式、功能会发生改变，新的形式和新的功能将会添加进来，一些不合时宜的仪式和内容也将会被逐渐更新和淘汰。

纳顿节在表演的时间和空间上有严格的控制。长期以来，以年为周期，周而复始。虽然国外很多民族地区已经把民族节日同旅游业联结，时空固定的表演节目现在可以随时反复，原来的时空发生了巨大变化，其内容也脱离了原有的含义，成为旅游观赏文化的组成部分，但是三川土族纳顿节目前还未受到这样的影响，它是以过去为样本来恢复的，尚不存在现代化冲击的问题。但也毋庸讳言，年轻一代的观念已经发生改变，他们崇尚科学，不信鬼神。因此，在现代文化的冲击下，纳顿节将会从目前的娱神、娱人向未来的娱人方向发展，从而形成纯粹的狂欢节。

纳顿节植根于土族传统文化，不断传承、发展着。只要土族仍然保留适合纳顿生存的民俗活动空间，它还将会存在下去。只是在不远的将来，它的变异是不可避免的。因为无视外部多元文化的大环境，不顾当前纵横交错的各方面因素的主动作用，而欲求在封闭的小空间中虚构、营造未受任何影响的原汁原味的纳顿，将会陷入文化孤立的境地，将自身推向消亡的边缘。

需要思考的是，在民间信仰制度的建立过程中，民间运用三种结合方式，即超验性与具体的经验形式相结合，脱俗性与世俗性的表达形式结合，来世的关系和现世的社会形式、观念形式、仪式形式相结合，逐步完成了民间信仰的制度化。在这些制度下，“由于人们的态度具有共同的仪式表达形式，所以人们不但凭此形式来表示自己的态度，而且还转而强化这些态度。仪式可以使态度上升到一种高度自觉的状态，还会进一步通过这些态度来强化这个精神共同体”①。这样一来，群体自身的团结就得到了相应的强化，群体自身的价值观念也得到了再次的肯定。在民间信仰的制度化中，包含一套稳定的社会身份和角色系统。这些身份和角色是根据其功能而确定的，在此基础上，形成了与角色相应的权利和义务。民间通过这些制度来调动民众的情绪，让特定的角色行为所决定的各种动机等集中起来，一同展示。在这种机制下，民间的社会公众仪式和各种活动得以进行和完成。

① ［美］塔尔科特·帕森斯：《社会行动的结构》，张明德等译，485页，南京，译林出版社，2003。

附录一

土族纳顿节分布示意图

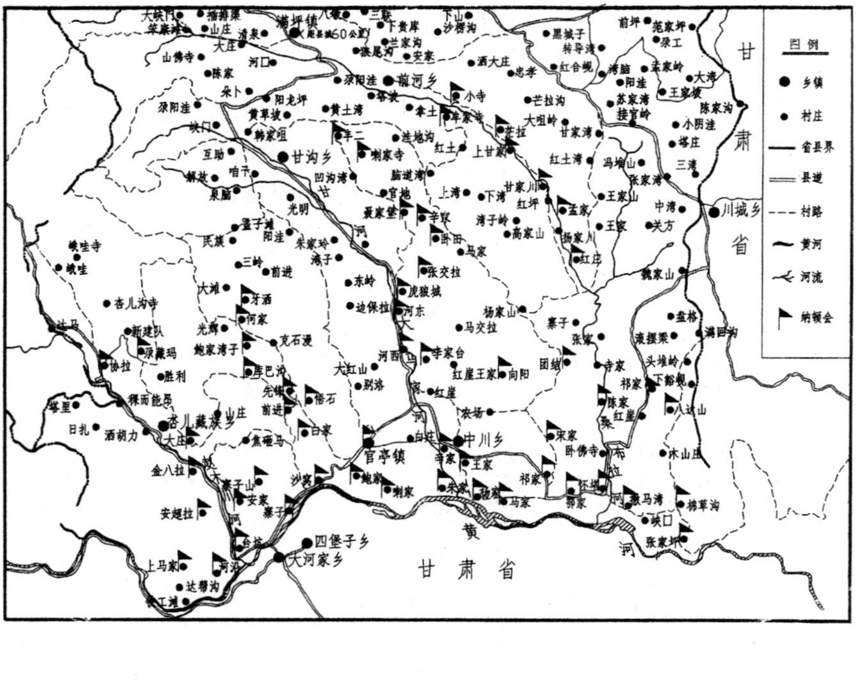

附录二

纳顿节仪式的锣鼓点节奏

一、迎神下庙时锣的节奏

（一）$\frac{4}{4}$ 中速稍慢　肃穆地

×— — — | ×— — — | ×— — — | ……

每三小节为一组，每次击锣三声，中间隔六七步之后，又重复这个节奏型，以彰显二郎神的神威。

（二）$\frac{2}{4}$ 中速稍快

×— | ×— | ×— | ……

这是二郎神轿进入主会场时击锣的节奏，仍是每次击锣三声，三小节一组，并且燃放爆竹，但击打的速度明显要比前面快得多，用于召唤众人做好迎神的准备。

二、《会手舞》中各种锣鼓点节奏型

（一）$\frac{2}{4}$ 中速

×　○ | ×　○ | ×　— | ×　○ | ×　○ |

×　— | ×　○ | ×　— | ×　— | ……

三小节为一组。主队的“会手”表演队伍在自家会场上做绕圈表演，舞姿优美，从容不迫，边舞边等待客队的来临。

（二）$\frac{2}{4}$ 慢速沉稳的

× —｜× —｜× —｜× —｜× —｜……

基本是一个锣鼓点表演两个动作，使舞蹈的动作显得很飘逸。

（三）$\frac{2}{4}$ 稍快

×× ××｜×× ××｜×× ××｜……

迎接客队来到，锣鼓节奏加快，气氛热烈。

（四）$\frac{2}{4}$ 紧凑地

× ×｜× ×｜× ×｜o o｜o ×｜× ×｜

大 好哎 大 好哎！哈！

× ×｜× ×｜……

在“会手”舞的绕行表演过程中，有时会加入锣鼓手和旗手的呼喊声，这时舞队会暂时停止动作的表演，只是摇动手中的扇子，呼声一落动作随即开始。

（五）$\frac{4}{4}$ 稍慢（配合老者们的舞蹈）

× × × ○｜× × × ○｜× × × ○｜……

在这个节奏点的伴奏下，老者们一个鼓点一个动作，两手分别持扇子和笛、箫、刀、剑或各色旗子，双臂在胸前合拢，随即又向空中打开，舞姿潇洒、刚健。

三、锣鼓竞技时的锣鼓点节奏型

（一）$\frac{2}{4}$ 稍慢

× ○｜× ○｜× ○｜……

锣鼓队随节奏点慢慢展开，主客队面对面站成两排队形，双方的锣鼓竞技就要开始了。

（二）$\frac{2}{4}$ 稍快的

×× ×× | ×× ×× | ×× ×× | ……

（三）$\frac{6}{8}$ 热烈欢快的

××× ××× | ××× ××× | ××× ××× | ……

这是锣鼓竞技中最为热烈的时刻了，锣鼓手们合着这欢快的节奏腾挪跨越，身姿矫健，一派生气勃勃龙腾虎跃之势。围观的人们也是群情激昂，大声为锣鼓队加油助威，整个会场热闹非凡。

（四）$\frac{3}{8}$ 较快地

××× | ××× | ××× | ……

竞技中不断变换各种节奏型，但此时的锣鼓击打速度已经明显减慢下来了。

（五）$\frac{2}{4}$ 中速

鼓 × ○ | × ○ | × ○ |
锣 ○ × | ○ × | ○ × |

这里锣和鼓的伴奏在节拍上一先一后击响，造成此起彼伏、交相辉映的音响效果。

（六）$\frac{3}{4}$ 中速

鼓 × × × | × × × | × × × | × × × |
锣 × × ○ | × × ○ | × × ○ | × × ○ |

（七）$\frac{3}{4}$ 中速

鼓 ××× ××× | ××× ××× | ……
锣 ×○○ ×○○ | ××× ××× |

锣和鼓在击打表演方面，不但经常变换节奏，并且在合奏的形式上也是丰富多彩、变幻无穷，相互间的配合非常默契。

四、面具舞《庄稼其》的锣鼓点节奏型

（一）$\frac{5}{4}$ 轻快的

鼓	××○×○	××○×○	××○×○	……演员在场地上
锣	××○×○	××○×○	××○×○	

前行、后退做跳步和颠步表演，动作轻巧灵活。

（二）$\frac{5}{4}$ 连续的

鼓	×××××	×××××	只演奏两小节，又开始反复
锣	×××××	×××××	

［（一）］的节奏型，主要是结合演员连续的后退转身动作表演。

五、面具戏《五将》的锣鼓点节奏型

（一）《五将》开场锣鼓的节奏型 ♩=100

××○ | ××○ | ××○ | ……

演员入场绕圈表演，动作比较稳健，同时挥舞手中的刀、剑等兵器，作出一些舞蹈造型。

（二）$\frac{3}{8}$

鼓	××○	××○	××○	……
锣	××○	××○	××○	

锣和鼓加重伴奏的力度，舞者的动作表演也趋向于奔放，刚健有力。

（三）$\frac{2}{4}$ 稍快

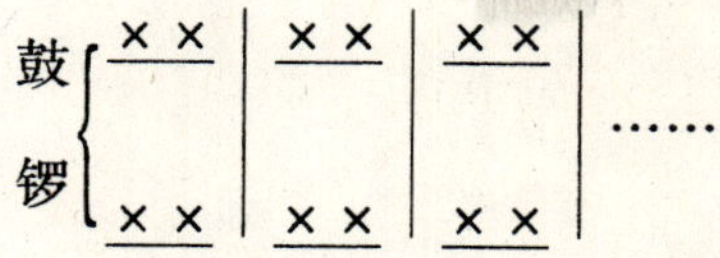

（四）$\frac{2}{4}$ 稍快

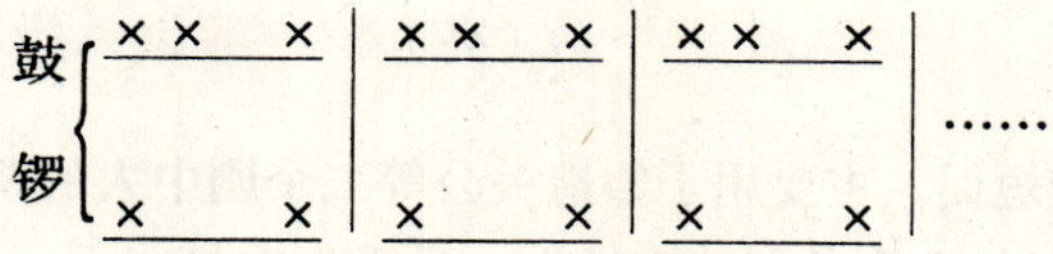

（五）$\frac{2}{4}$ 快速 激烈的

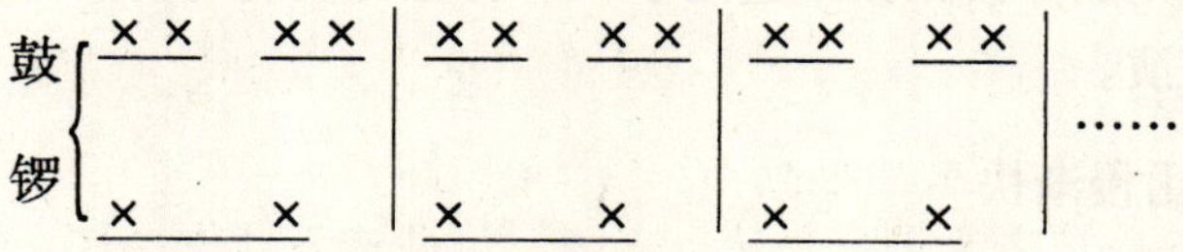

（三）、（四）、（五）的节奏点均是演员在做练武、激战表演时为配合剧情而进行的频繁变化。跳跃感较强，舞蹈步伐以跑、跳及蹉步为主，手中兵器砍、绕、刺变化多端，锣鼓的伴奏在速度、力度等方面密切配合着表演者的动作。

（六）$\frac{2}{4}$ 慢

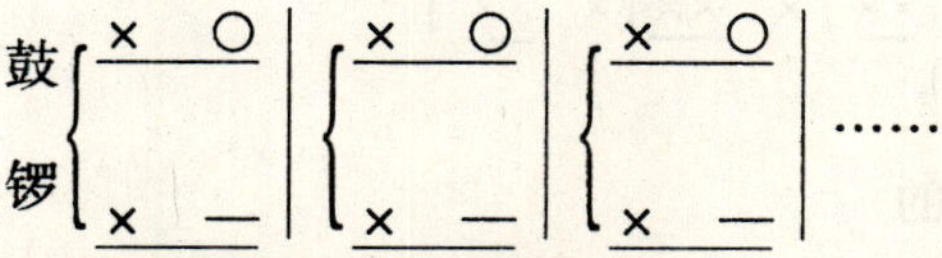

演员在做绕圈走场表演。

六、面具舞《三将》锣鼓点节奏型

（一）$\frac{2}{4}$

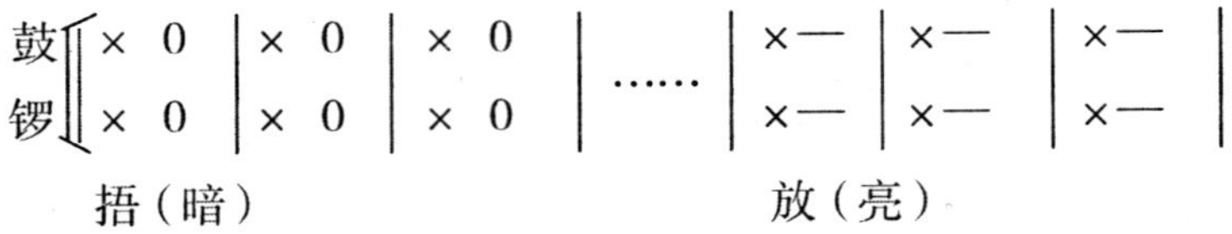

锣鼓的击打声比较短促，主要用于塑造关公等三个剧中人的蹉步、摆袖动作表演。鼓和锣呈 45 度角斜放在地上，乐手每击打一下，马上就用手捂住锣和鼓的边部，使声音比较暗哑。当演员大力往左右肩上方甩袖时，乐手则放开按压锣鼓边的手，声音显得明亮有力，密切配合着演员们的表演。

（二）$\frac{2}{4}$ 由慢渐快

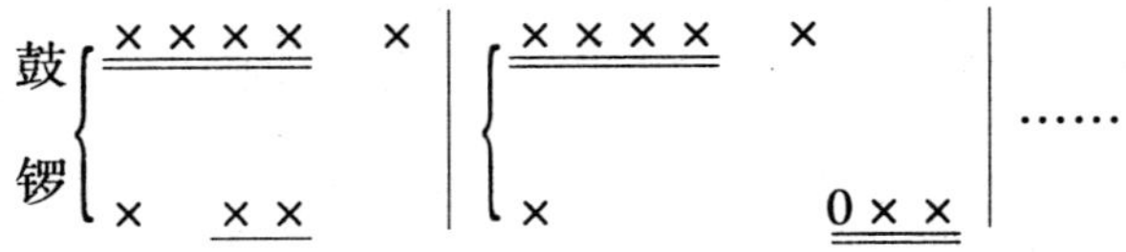

（三）$\frac{2}{4}$ 快速

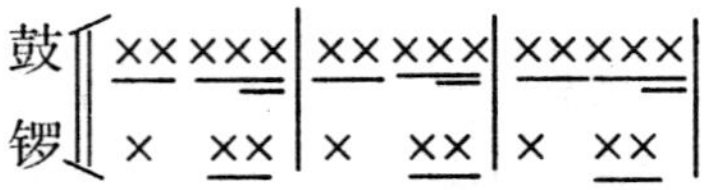

（四）$\frac{2}{4}$ 较快 激烈的

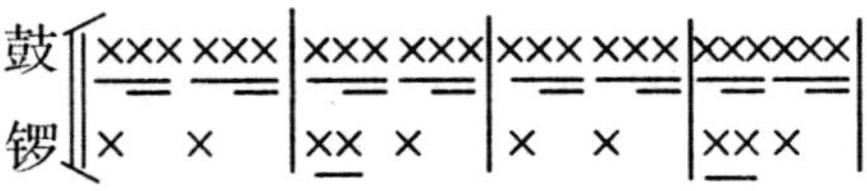

（五）$\frac{2}{4}$ 中速

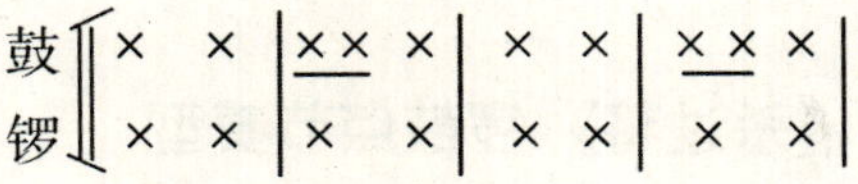

（六）$\frac{2}{4}$ 中速 稍快

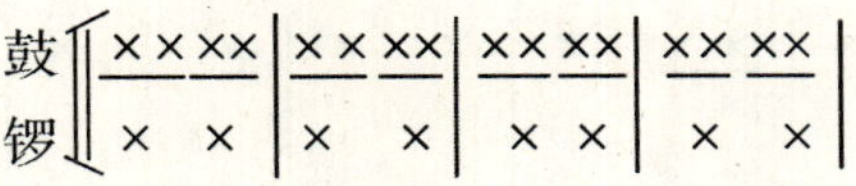

（七）$\frac{3}{8}$ 迅急的

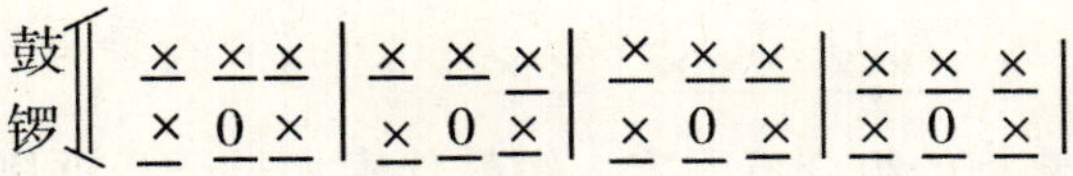

（八）$\frac{2}{4}$ 稍快

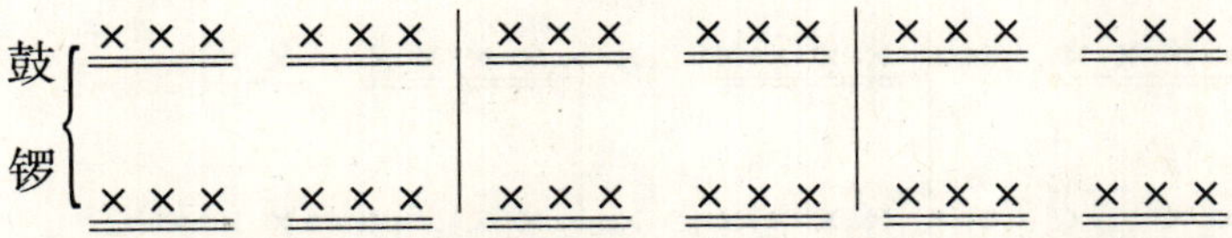

面具舞《三将》锣鼓点节奏的变化非常丰富，同时也是纳顿中舞蹈性较强的一个节目，时而表现关公独舞时庄严威武的王者气派，时而表现练武和激烈打斗场面。锣鼓在这里极好的塑造了各个角色的形象，烘托了现场气氛。

七、面具舞《五官》锣鼓点节奏型

$\frac{5}{4}$中速 沉稳的

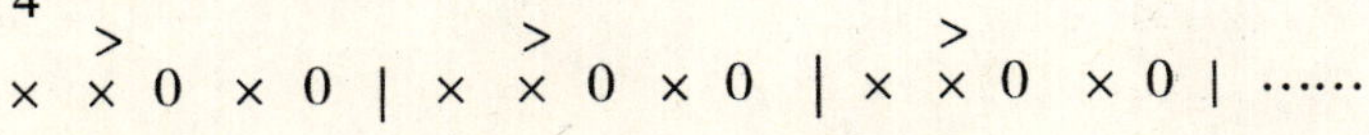

五位官员整冠提袍，做着朝拜、对拜的重复动作，还加入一些甩袖动作。但整场节奏的变化不是很多，比较固定平稳。

八、面具舞《杀过将》锣鼓点节奏型

（一）$\frac{2}{4}$中速　稍快

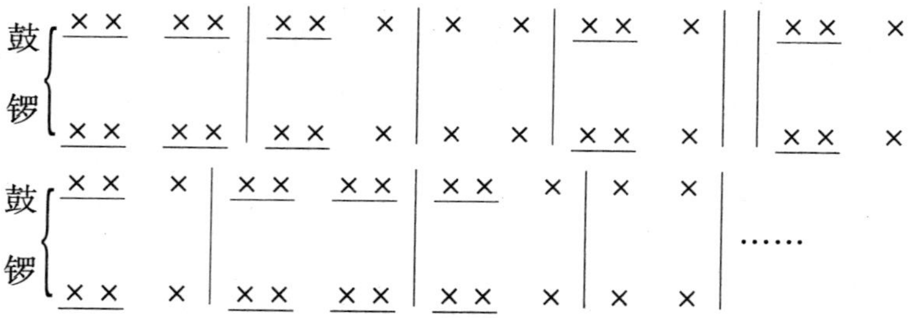

这几种节奏型的组合不固定，锣鼓伴奏人员会根据剧情的变化随即调整，并且还在力度速度上加以及时变化。

（二）$\frac{2}{4}$中速　稍显自由的

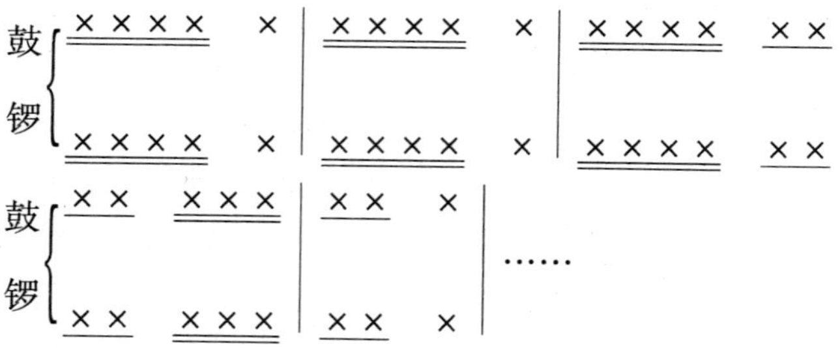

场上各个角色（虎、牛、豹及猴子等）在即兴表演追逐扑打的动作，主要表现的是牛和虎的激烈搏斗，虎将牛摔倒了，场外观众们群情激动吼声大起，锣鼓的伴奏速度在这里相应加快，突出此刻表演场上紧张、激昂的气氛。这段伴奏也用于山王（杀虎将）手持双剑，踏着急促的舞步，同老虎搏斗的场面。

谱例一

《喜讯》——赞二郎神

1 = bE $\frac{5}{4}$ 慢速 自由地 记谱：商文娇

各段歌词如下：

喜讯呦，喜讯，远来的喜讯，叫了喜讯着开天门，开了天门着开神门，开了神门着请万神，请了万神开庙门，开了庙门请二郎。二郎神头戴三山帽，二郎神身上穿的是黄袍衣，腰里系的是金丝玉带，二郎神脚上穿的是登云靴，二郎神骑的呦白龙马呀。白龙马吃的呦（乌）山的草呀，白龙马喝的是玉泉大海的水，二郎神右手拿的是马鞭子呀，二郎神骑上龙马下会坛，下了会坛点呦会手，两方的会手齐上前，五谷丰登呦保平安。头缸的美酒头素盘，无数的钱粮宝盖谢神恩，谢天谢地谢万神。四个将军来伺候，过来过去打一个顶带吧。

《喜讯》——赞摩劫龙王

喜讯呦，远来的喜讯，唱了喜讯（者）开天门，开了天门（者）开神门，开了神门（者）请万神，请了万神（者）请龙王：请了龙王爷下会坛，下了会坛（者）点会手，两庙的会手来会合。龙王爷头戴的金银冠，身穿红袍（者）显威灵，腰系一条花绫带，脚穿乌皮的登云靴；龙王爷手拿了金银剑，骑了黑龙马下会坛；龙王爷红石宝山显威灵，龙王爷掌了风雨救万民。两庙的会手来谢恩，报答神恩（者）来会合，上有八户下五户，两庙的会手都有喜。头缸美酒头素盘，钱粮宝盖（啦）谢神恩。国泰民安保太平，风调雨顺五谷成。和风细雨降下来，恶风暴雨不见影，四个将军来伺候，过来过去打个撒刀吧。

喜讯是在“纳顿”会上对神灵所唱的颂歌，这首乐曲节奏非常自由、悠长，旋律优美抒情。由主客队双方推选出德高望重并且善唱的老者来唱“喜讯”，旁边是一锣一鼓在做伴奏。歌词内容主要是赞颂所供奉的神灵，如赞二郎神、赞九天圣母娘娘、赞摩劫龙王和水草大王等。每首唱词并无固定格律，为长短句，但每句旋律都相同，唱到句尾众人便高呼“大好”，并击打锣鼓伴奏。

谱例二

《大好》

$1=D\ \frac{4}{4}$　自由的　充满激情的　　　　　　　　　　　　记谱：商文娇

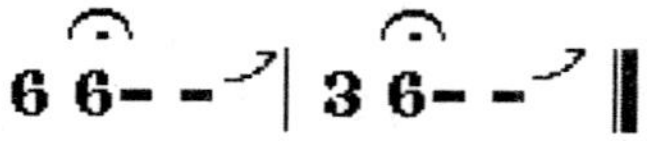

大　好　　哎，大 好　　哎，哈！

“大好”的呼喊声响彻会场、村头巷尾。除锣鼓手、旗手外，周围的群众也会齐声呼喊，以宣泄自己的喜悦之情和为现场的表演呐喊助威。

附录三

主要访谈对象简介

1. 鄂积全，男，土族，69岁，鄂家大“牌头”。
2. 鄂德寿，男，土族，42岁，鄂家小“牌头”之一。
3. 鄂保福，男，土族，71岁，鄂家庙倌，文盲。
4. 安永清，男，土族，48岁，安家法师，初中。
5. 鄂德福，男，土族，61岁，务农，小学。
6. 鲍延寿梅，女，土族，57岁，务农，文盲。
7. 鄂双宝，男，土族，76岁，农民。
8. 鄂积英，男，土族，76岁，原清泉乡小学校长。
9. 鄂积义，男，土族，68岁，务农。
10. 鄂福海，男，土族，72岁，务农。
11. 鄂文海，男，土族，72岁，务农。
12. 鄂德功，男，土族，25岁，锣鼓手。
13. 鄂小福，男，土族，22岁，学生。
14. 鄂德世，男，土族，13岁，学生。
15. 徐秀福，男，汉族，51岁，原官亭文化馆干部。
16. 朱易德，男，土族，34岁，中川乡乡长。
17. 鄂积明，男，土族，48岁，乡干部。
18. 苏某某，男，汉族，54岁，摆摊的字画先生。

附录四

参考文献

一、学术专著

1. 崔永红，张德祖，杜常顺主编．青海通史．西宁：青海人民出版社，1999

2. 吕建福．土族史．北京：中国社会科学出版社，2002

3. 赵宗福．青海史纲．青海教育学院函授部，1992

4. 秦永章．甘青地区多民族格局形成史研究．北京：民族出版社，2005

5. 国家民委《民族问题五种丛书》编辑委员会青海省编辑组编．青海土族社会历史调查．西宁：青海人民出版社，1985

6. 《土族简史》编写组编．土族简史．西宁：青海人民出版社，1982

7. 民和回族土族自治县志编纂委员会编．民和县志．西安：陕西人民出版社，1993

8. 《民和回族土族自治县概况》编写组编．民和回族土族自治县概况．西宁：青海人民出版社，1986

9. 马光星，赵清阳，徐秀福．人神狂欢：黄河上游民间傩．西宁：青海人民出版社，2003

10. 曹娅丽主编．土族文化艺术．北京：中国戏剧出版社，2004

11. 青海省艺术研究所编．青海民族民间文化．西安：陕西旅游

出版社，2004

12. 中国民族民间舞蹈集成编辑部编辑．中国民族民间舞蹈集成（青海卷）．新华书店北京发行所发行，2001

13. 严正德，王毅武主编．青海百科大辞典．北京：中国财政治经济出版社，1994

14. 青海民族学院民族研究所编．西海风情．西宁：青海人民出版社，1995

15. 赵存禄主编．民和歌谣集（上、下）．民和回族土族自治县民间文学集成编委会编印，1994

16. 高永久主编．西北少数民族文化专题研究．北京：民族出版社，2004

17. 郭璟．土族．北京：民族出版社，1990

18. ［比利时］许让神父著，费孝通、王同惠译．甘肃土人的婚姻．沈阳：辽宁教育出版社，1998

二、学术论文

1. 马光星．民和官亭地区土族的“七月会”．青海社会科学，1981（2）

2. 秦永章．青海民和土族地区“纳顿”述略．西北民族研究，1991（2）

3. 鄂崇荣．浅论土族“纳顿”节．中国土族，1999（8）

4. 刘凯．青海民和三川地区土族“纳顿”新识．青海社会科学，2000（2）

5. 胡廷．民和土族“纳顿”面具艺术述略．青海民族学院学报，2001（1）

6. 林修平．青海土族“纳顿”傩戏初探．王承喜主编．昆仑文化论集．西宁：青海人民出版社，2002

7. 蔡欣欣．村田蓑笠野——记青海民和三川“纳顿节”的狂欢盛会．王承喜主编．昆仑文化论集．西宁：青海人民出版社，2002

8. 郑俊秀．青海黄南同仁农区与民和三川的夏季民间傩祭．王承喜主编．昆仑文化论集．西宁：青海人民出版社，2002

9. 徐秀福．三川“纳顿”渊源．青海省文学艺术研究所编．创作与研究资料集，第二集（内部铅印本）

10. 贺喜焱．民和土族“纳顿”节的文化功能刍议．西北第二民族学院学报，2002（2）

11. 贺喜焱．青海民和土族“纳顿”节的田野调查．民俗研究，2005（3）

12. 文忠祥．仪式的整合与升华——民和三川土族“纳顿”的前期准备活动．青海民族研究，2004（3）

13. 文忠祥．民和三川土族“纳顿”体系的农事色彩．青海民族学院学报，2005（4）

14. 马达学．纳顿——土族的精神家园．大连民族学院学报，2004（6）

15. 马达学．青海土族“纳顿”文化现象解读．青海师范大学学报，2005（1）

16. 李晶，鄂崇荣．浅论土族“纳顿节”．青海社会科学，2003（2）

17. 李莺．土族“纳顿”舞蹈中的人文内涵．中央民族大学学报，2004（1）

彝族火把节调研报告

——以云南省宁蒗彝族自治县沙力坪村2006年火把节为个案

课题组负责人：杨洪林　邢　莉
课题组成员：卢志发　莫色布杜
完 成 单 位：中央民族大学　云南大学

第一章

火把节综述

作为彝语支民族的共同节日，火把节承载着这些民族的记忆、历史和文化，人们通过各种不同形式的民间叙事传承着他们的民族历史与民族精神。随着时代的变迁，依然存在于彝族生活中的火把节不断丰富着他们对社会、对文化的哲理思考和期待。彝族人对火的崇拜和理解无疑是厚重和丰满的，所以彝族火把节集中展现着火把节深厚的文化内涵和象征意义。

支系众多历来是研究彝族社会和文化面临的难题，这至少让我们面临着语言的分殊和习俗的多样，但正是这样一种丰富的多样性让我们感受到了历史塑造文化时的灵巧和典雅，使一山之外的人们对火把节有着另一种解释，所以火把节对于所有的彝族人意味着深厚而凝重的民族认同和价值强化，他们拥有一个共同的火把节，同时也拥有不同的节日体验。众多的支系使彝族拥有多样化的火把节实践，每个地方的火把节都有各自不同的特点。但这种差异仅仅意味着各地人们对火把节拥有地方化的解释和想像，火把节作为一个传统节日，在不同民族、不同支系间有着基本相同的结构和功能。本着这样的目的，我们选择了云南省宁蒗彝族自治县作为我们的调查点，其原因，这个地方是川滇交界的区域。据汉文文献记载，在秦汉时期，包括青衣羌、牦牛羌在内的笮人在今川滇交界一带活动。又据凉山彝文古籍《公史传》关于古侯、曲涅两系迁徙凉山的记载，小凉山彝族的直系祖先古侯、曲涅进入凉山约在东汉时，距今约两千多年。唐宋以后，彝族在这些地方的活动更为频繁，并逐渐定居下来。宁蒗彝族的历史古老而悠久，其文化既有元明以前的“水田罗罗”或“沙田罗罗”的文化影子，又有四川大凉山迁徙而来的诺苏彝族文化色彩，长期以来，宁蒗彝族将自己的传统文化保留得比较好，近年也逐渐接受了外来的文化，在他们的生活中，传统和现代和谐、融洽地统一在一起。宁蒗彝族火把节是除了彝族十月年之外最为重大的节日，同时也是最有影响力的节日。宁蒗彝族火把节也是火把节民间仪式最完整、文艺娱乐形式最丰富的节日，是彝族宗教、社会、文化、经济、审美、艺术等最重要的载体，具有较强的代表性和典型性。

在这个报告中，我们用深入访谈的方式对宁蒗彝族火把节作了较为深入的描述，对火把节中的政府行为也做了简单分析，我们想说明的是，随着社会的变化，人们重新建构着火把节的结构和功能，火把节中宗教化、家庭化的仪式内容有着弱化的趋势，但它仍然强有力地维系和解释着彝族历史以及彝族人与自然、社会、宇宙的关系。同时，火把节中的娱乐和交流功能得到空前的释放和强化，这与政府的组织和管理是分不开的。从某种意义上说，我们在宁蒗彝族火把节中，既能看到延续上千年的传统，也能体验到现代的气息，传统和现代在不同的层次、不同的领域都在发挥着各自不同的作用。

第一节　田野调查点概况

一、宁蒗彝族自治县概况

宁蒗彝族自治县，俗称云南“小凉山”，位于川滇交界处滇西北地区，县境在东经100°22′~101°16′、北纬26°35′~27°56′，东西距离90公里，南北距离250公里，总面积6025平方公里。县境内居住有彝、汉、普米、傈僳、纳西、壮、白、藏、苗、傣、回11个民族及纳西族摩梭人。全县16个乡镇，89个行政村，1009个自然村。全县人口有 244 359 人，其中彝族人口 153 894 万（2005 年县统计局统计数字），约占全县总人口的 63%。彝族主要居住在宁蒗彝族自治县南部的烂泥箐、蝉战河、战河、跑马坪、西布河、西川、永宁坪、新营盘等乡，县北部的红桥、宁利、大兴、永宁等乡镇也有零星分布。

云南省地图

从彝族先民的名称“邛都”、“劳浸”、“靡莫”、“滇”、“昆明”、“笮”、“叟”以及“乌蛮”看来，今四川安宁河、云南洱海周围及以东广大地区，是彝族最早分布的地区，金沙江两岸则是彝族先民的发祥地。彝族历史上有很多不同的自称和他称。汉文文献记载，彝族先民在秦汉时期称“昆明”；魏晋时期称“叟”；南北朝至唐初称“爨”；唐宋时期称“乌蛮”或“东爨乌蛮”；元明清时期称“罗罗”。宁蒗彝族自称“诺苏”、“妮苏”、“塔谷”、“塔尔”，他称“黑彝”、“盘夷”、“倮倮”、“他留”、“他谷”等。新中国成立后，以鼎彝的“彝”作为彝族的统称。

彝语属于汉藏语系藏缅语族彝语支。宁蒗彝语属于彝语六大方言中北部方言中的“什扎”土语。宁蒗彝族多数的直系祖先为古侯、曲涅两个原始部落。据说，古侯、曲涅两系最长的家谱有七十余代；据凉山彝族创世史诗《勒俄特依》记载，公元前6世纪前彝族祖先石勒俄特因“生子不知父”发愁，为寻父而千里跋涉，途径宁蒗境内的万格火普。又据汉文文献记载，秦汉时期，包括青衣羌、牦牛羌在内的筰人在今川滇交界一带活动。唐宋以后，彝族在这些地方的活动更为频繁，并逐渐定居下来。又凉山彝文古籍《公史传》关于古侯、曲涅两系迁徙凉山的记载，小凉山彝族的直系祖先古侯、曲涅进入凉山约当东汉时，距今约两千多年。《元史·地理志》载：“蒗蕖州治罗共赕，在丽江之东，北胜、永宁南北之间，罗落、么些三种蛮世居之……”现在的宁蒗彝族多数是在清道光年间从四川大凉山迁徙而来。他们多数都有关于从大凉山迁来的家谱，一般在十代左右、两百五十多年。此外，据有关方志记载以及从当地山川河谷的名称上考察，元明以前，当地亦有彝族居住，他们不属于古侯、曲涅系统，当地人称他们的后裔为“水田罗罗”或“沙田罗罗”，居住在县城的西北、西南山区，元明以后，他们多数迁徙到永胜、华坪和丽江等县。

宁蒗的黑彝主要有补余家（汉称余家）、瓦渣家（汉称张家）、罗洪家（汉称胡家）、倮姆家（汉称米家）、热柯家（汉称刘家）五大黑彝家族。他们都是曲涅的后代。在宁蒗居住的古侯系统子孙，最出名的是马家，此外还有且吉、别戛等家。据说这些人迁居宁蒗的时间比曲涅系统家支早，而且占据优势，但在后来与曲涅系统的家支斗争中逐渐居于劣势，最终败退到四川盐边、盐源，所以现在的宁蒗彝族中，古侯系统的家支已很少。

宁蒗彝族地区的粮食作物主要有马铃薯（洋芋）、荞麦、燕麦，部分地区有玉米、青稞、四季豆等，蔬菜作物主要有圆根、萝卜、青菜、白菜，部分人家有大蒜、葱和辣椒等。还种植花椒、核桃、桃树、梨树等，山林里还产冬虫夏草、灵芝、茴香等名贵药材。主要禽畜有羊、猪、马、鸡、驴、骡等。手工业主要有毛麻纺织、竹木器编制、擀制披毡、酿酒、铸造、缝纫等。宁蒗彝族的装饰品以金、银、铜、玉、骨、贝等为原料制成，品种繁多。青年女子喜戴饰物，男子有穿左耳戴珠的习俗。当地人以酒为贵，习惯饮“寡酒”。好茶，凡成年男女均有饮茶习惯。喜欢吸自种的兰花烟，且有吸烟不能断代之说。彝族的谚语说：“烟为子孙烟，吸烟子孙旺。”

彝族传统宗教信仰为“毕”。以自然崇拜、祖先崇拜为主，相信万物有灵。“毕摩”是彝族传统宗教仪式的主持者，他们既是祭司，也是彝族文化的主要传播者。所以，学术界将彝族的宗教文化也称为毕摩文化。毕摩文化是彝族人民在历史长河中创造的精神财富，浓缩了彝族人民对哲学、医学、宗教、文学、历史、地理和天文的体认精华。毕摩拥有卷帙浩繁的彝文经书，经书包罗万象、种类繁多，是彝文古籍中数量最多、体系最为庞大的部分。这些丰富的毕摩经书是祖国宝贵文化遗产的重要组成部分，是我们了解和研究彝族历史和社会的珍贵资料。

二、沙力坪村概况

沙力坪村属宁蒗彝族自治县跑马坪乡，在县城（大村街）的东南部，距宁蒗县城46公里，距跑马坪乡政府15公里。

沙力坪村地势北高南低，以山地和丘陵为主，平均海拔为2800米，最高山——万格山高山区，全年霜期达五个月左右。当地的经济文化类型是以农业为主、畜牧业为辅的山地耕牧型经济。该地的农作物因气候条件所致，种类不很丰富，以洋芋、荞麦、燕麦为主，加上少量的花椒、大麻、白云豆以及其他作物。山地和丘陵一般用来发展林业和牧业，坡度低缓的地方也种植一些农作物，但主要在坝子的平地内发展农业，其发展水平属于精耕农业，耕作使用的主要畜力是牛和马，灌溉水源引自附近的河流。每家的养殖以猪、鸡和羊为主，主要用于节日仪式的牺牲。由于当地湿度较大，雨季一般集中在七八月份。村中有水泥修建的蓄水池，水引自山上的山泉，相邻的几户人家可以自接自来水管，共同使用一个水池。该地的矿产资源有煤矿，埋藏不深，易开采，一般载质量 12 吨的一卡车煤，可卖 1600 元 ~ 1800 元，但是由于地质结构的问题，这些煤矿不能深挖，否则会坍塌。该地的植被多为落叶阔叶林和针叶林，主要树种有松树、栎树（俗称青㭎树）、杉树、白杨树等。

该地由于受气温、海拔、雨水等条件的限制，农作物的种类十分有限，主要粮食作物有洋芋、荞麦、燕麦和玉米等。洋芋一般 2 月种，7、8 月收，栽种的程序是：先犁地，然后把按芽口切成小丁的洋芋块点种进去，施上肥料，等到 8 月叶子发黄就成熟了。荞麦是清明节之前栽种，7、8 月收获。割荞麦一般要在下雨天，不然荞麦子容易落在田里，造成浪费。燕麦生长在 5—8 月。以上这些农作物在海拔 3000 多米的地带也可以种植，但由于该地带雨水多、日照时间少，种植出来的洋芋水分比较多，荞麦的籽粒发黑且不饱满。

农业工具有犁头、板锄、镰刀、挖锄和钉耙等。当地土地的耕作方式是轮作，如第一年种洋芋，第二年就种荞麦，第三年种燕麦，燕麦种完再种洋芋；但是种完洋芋的地不适宜种燕麦，因为洋芋地肥而燕麦不需要太多肥力，否则燕麦会长得太高，易倒，影响产量。洋芋地里可以间种白云豆、四季豆之类的作物。在这里种玉米要覆盖地膜才能长得好，人们一般用玉米来酿酒。由于当地不种植水稻，人们用洋芋直接换大米，500 公斤洋芋只能换 100 公斤大米。当地人在房子的周围种植花椒，花椒的收购价是 3 元/公斤左右，这些花椒除销售外，剩余部分用来炼油。在房子的周围他们还种植大麻，大麻籽可以食用，大麻皮可以用来做成麻绳。野生菌一般在 7、8 月比较多，有菌贩子在跑马坪集市上收购，一般为 8 元/公斤左右。

无论是日常的烧柴、盖房子，还是经济来源，当地人对树木和林地的依赖是非常大的。树种主要有松树、栎树（青㭎树）、杜鹃花、红豆杉、白杨树等。松树的主干一般用来盖房子，松子可卖，松树枝用来火化亡人，而不能用别的树枝代替。青㭎树用来烧柴。另外，在当地还有一种被人们称为“杨柳”的树，一般用于民间仪式上。当地还有一种林地保护的思想，在宗教人类学里，这被称为“自然崇拜的生态观”。在当地人的观念里，每个家族几乎都有一个属于自己的“神山”，这“神山”上的树是不能砍的。在当地“加日”家族的观念里，谁砍了他们“神山”上的树，是会疯掉的。由于这个原因，至今那座山上的树都没被砍过。在退耕还林、还牧以及抛荒地的利用上，当地人也发展了小规模的畜牧业，在离村子很远的“万格”山区，也有一些小型的牧场，并有专门的放牧人。牧群有马、牛和羊，马和牛主要用作畜力，羊则用于出产羊毛，彝族人有“向牛要粮吃，向羊要衣穿”的谚语。影响当地畜牧业的一个重要因素就是气候，由于全年霜期太长，冬季饲料不足是一个严重的问题；另一个因素就是当地牧场的承载量不高。所以，尽管有畜牧业，但也只能停留在小规模上，没有成为当地人的主要经济来源。

当地拥有许多传统的技艺，如赶毡、打铁等。他们有自己的铁匠，如镰刀一类的铁制工具都是自己打制的。当地羊毛的用途十分广泛，人们用羊毛擀成不同的羊毛毡，用于各种场合。羊毛毡有黑、白两色，一般人家都使用羊毛毡，有的人家将它铺在火塘边，人可以坐在上面，据说这样可以防风湿，这样的羊毛毡制作得比较粗糙；还有的人家作披风，平时可以保暖防雨，休息时可以垫着坐。制作精致、柔软的羊毛毡可以在重要的日子和场合穿，还有一种羊毛毡是在葬礼上使用的，上有褶皱，用来包裹尸体。现在擀 2 斤羊毛要 3 元钱，过去可以用羊毛代替现钱，一般是擀 7 斤给 1 斤羊毛。

关于当地的住房，一般每家都有院落，一个院落中有几座土木结构房，布局并不规则。房子一般是两边和后边用土打成土墙，前墙用木头搭建，也有全部用木头搭建成的木椤房，也有个别的木板房，房顶一般是瓦面屋。主房进门是一个火塘，火塘两边分别坐主人和客人。主房的门一般是单扇，以火塘为界，门轴对应的方向为主人的座位，开门的方向为客人的座位，主人和客人一般不坐在一起。主人身后的一间屋子是卧室，客人身后的屋子摆放一些工具等日常用品，也兼作卧室使用（见下图）。

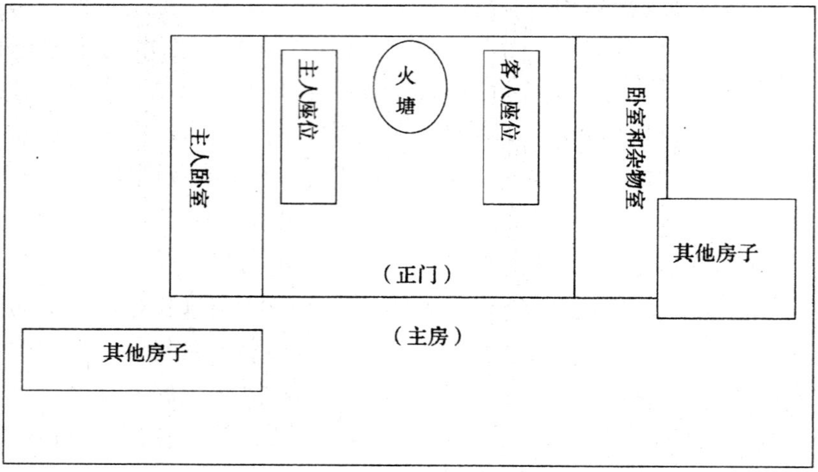

住房布局图

当地人的生活一般来说是比较悠闲的，他们每天忙于农活上的时间不很多，而且地里的活，大部分由女性操持，男性的主要工作是放羊、砍柴、背煤等。家里有电视的人家不很多，当地人的文化生活是相对单调的。老一辈安于这样的生活，但年轻人往往觉得无法满足，因此有许多人外出打工。还有一些年轻人拥有上学的机会，但这一般是男孩可以享受的权利，而女孩一般还是在家里安分守己地操持家务、干农活。在当地人的观念里，女孩总有一天要嫁出去，因此，让她们接受太多的教育是不必要的。

当地人的饮食习俗是每日两餐，早上 10 点之前吃早餐，下午四五点钟吃晚餐，劳动的时间是从早上 10 点到下午 1 点左右。中午没正餐，但一般会以烤土豆和煮土豆充饥，吃剩下的土豆用来喂猪。晚餐一般用荞面和水做成荞粑粑，再烧几个青辣椒或土豆。有客人的话，主人都会杀羊、猪、鸡待客，当地人食用蔬菜的量很少。

彝族妇女做荞粑粑

三、宁蒗彝族的节日

宁蒗彝族的节日主要有火把节、过年节（彝族十月年）、二月八、三月三和过十五节，其中最重要的节庆活动是火把节和彝族十月年。

（一）彝族十月年

“年”彝语把它叫做“库”，其义为转、回、回转、回归。彝族十月年，彝语称“库什”，即“过年”，相当于汉族的春节。在彝族的时空观念中一般把最北的端点为起始点，太阳冬天日落点南移到最南端后，不再南移，在此停留几天后又往北移。此端点称之为“布古”，意为“太阳转回点”。然后到夏季时太阳落点又移到最北的端点，就不再北移而回归南移，此端点称之为“布久”，意为“太阳回归点”。此后日渐南移，到最南的端点，从最北的端点到最南的端点一个往返周期就是一年。这一时间就在冬至——夏至——冬至的前后。彝族十月年一般就在冬至“布久”的这个时候过。彝族十月年一般在秋收后的彝历兔月（农历 10 月）内由当地懂历法的长者或毕摩推算、选择而定。按传统彝历，选择猴日和虎日最佳，忌猪日和龙日。有一首歌是这样描述彝族十月年的：

山上的树叶黄了，地里的庄稼收完了，仓里粮食堆得如山如岳，圈里的年猪肥头大耳，又是一个喜获丰收的大好年……年轻的生命将变得更加成熟，健康的老人将更加长寿……愿来年的彝乡风调雨顺、人民安居乐业，愿来年彝乡又多一个好汉……

据彝文古书记载，“库什”是由彝族先人瓦布库什最早兴起的。瓦布库什形象高大、智慧过人。传说他因思念去世的父母而守在火塘边日不食、夜不寐。为了纪念父母，感谢父母的养育之恩，他为父母做灵牌挂在家中房子的上方招魂。从此以后，每到父母去世纪念日的月份，瓦布库什都要杀猪、宰羊祭祀 3 天，所以彝族十月年取名为“库什”就是缘于瓦布库什的名字。彝族十月年的起源还有不同的说法，相传远古时候，有凶猛的蟒蛇专食人和动物，彝族英雄支甘鲁带上一只雄鹰和一条铜绳，经过九天九夜异常惨烈的搏斗，终于制服了蟒蛇，从此蟒蛇见人就跑。为了庆祝支甘鲁的胜利，人们欢天喜地地杀猪、宰羊，久而久之就成了今天的彝族十月年。

“库什”前一天，家人“就木基”（团聚），家家准备杀猪、杀鸡、煮豆腐，辞旧迎新，迎祖灵。彝族十月年一般为 3 天，家中的火塘也要连续烧上三天三夜。第一天叫“库什”，即正式过年。清晨，全寨各户在自家门前烧起熊熊大火，让浓烟代表全家上天祈求来年五谷丰登，敬请祖先的灵魂回来与子孙后代共度佳节。旧时还要比谁起得早，谁的火堆烧得旺。男女老少穿上节日的盛装，妇女们忙着煮饭、做荞粑粑，男人们则集中起来，簇拥着“翁色尔古”（杀猪能手），从寨中辈分最高的长辈家开始，一家一家逐户宰杀年猪。经过特定的祭祀仪式后，一家人才开始吃年饭。第二天是“多博”（尽情欢乐），这是彝族十月年的高潮。“阿依”（孩子）带上自家的坨坨肉、荞粑粑等食物到野外进行“威什那古”（集体野餐）活动；青年男女身着节日盛装欢聚一堂，姑娘们吹起动人的口弦、奏响悦耳的月琴、唱着欢乐的歌谣，人们手拉手跳起欢快的“锅庄”，进行各种体育、娱乐活动；男人们成群结队挨家串门，大块吃肉、大碗喝酒，向主人祝贺新年。第三天是“阿甫博基”（送祖归天）。彝族传统观念认为，祖灵与家人团聚后，就要在这一天启程归天了。人们凌晨起床后，煮好祭品、做好炒面、敬上食盐，家中的篾巴里摆满各种佳肴，男主人念着送别的祭词：“祖神在上，保佑全家幸福安康，保佑来年五谷丰登、六畜兴旺。人们怀着最虔诚的心，用最丰盛的美食举行欢送祖先灵魂仪式。”鸡鸣后的欢送仪式越早越好，以便让祖先的灵魂早上路、早平安。宁蒗彝族在送祖先灵魂的时候，在鸡鸣前将神案移置堂下，并用酒肉敬献祖神。之后，打开门，在门槛外放一个猪槽、一根猪绳及一副马鞍，马鞍两边分别挂一袋兰花烟、一袋炒面、一壶酒和一锭银子等物。男主人随即身披披毡，手持酒杯，立于门侧作送行状，念诵送祖送神经，并将酒泼于地下。①

彝家谚语说：“‘都宰’（火把节）是眼睛的节日，‘库什’（彝族十月年）是嘴巴的节日。”过年时，宁蒗彝族特殊的肉食为“坨坨肉”。杀完年猪，人们便忙着在篾席上把猪肉砍成3寸见方的坨坨，待锅中水沸腾后放入，开锅20分钟左右捞起，在簸箕中上下簸动，晾干水气后，加入适量的盐、花椒面、海椒面、木姜子②等，撒匀就成了香嫩可口、风味独特的坨坨肉，这是待客和自食的美食佳肴。彝族是豪爽的民族，素有“无酒不成席”之说，彝族十月年享用的酒有米酒、玉米酒、荞麦酒、燕麦酒、泡水酒等。

（二）二月八、三月三

在宁蒗彝族自治县，只有部分彝族过二月八、三月三两个节日，可能受周边纳西族、汉族等民族的影响。由于这两个节日在春耕之前过，所以多数彝人在节日的当天将燕麦粒与大麻籽混在一起炒熟食用。据分析，这样做的目的是想通过混杂食物来模拟交尾，达到阴阳合和，以祈祷来年粮食丰收，具有象征意义。

---

① 参见《宁蒗彝族自治县志》编纂委员会编纂：《宁蒗彝族自治县志》，150页，昆明，云南民族出版社，1993。

② 当地彝族善用的一种香料，相当于现代的味精，具有调味的作用。

（三）过十五

过十五实为汉族的元宵节，彝族人对汉族的元宵节有着自己的理解并衍生出一套独特的仪式。彝族人从来不过春节，但是必须过十五。在彝族人的观念里，每到十五，每个家庭必须举行一个叫“瓦西”的咒鬼仪式，仪式的牺牲品是一只黑色或黄色的公鸡，外加半个过年猪的猪头。只要你不觉得麻烦，“瓦西”的仪式可以在任何时间举行，这是一个最具有普遍意义的仪式。但是在十五这一天，这个仪式实际上是彝族人几乎同时对“鬼”的咒骂，时间是太阳落山之后。随着历史的演进，此仪式已经演变为节日。

第二节　火把节的时间

彝族过火把节的时间，一般都定在每年的农历六月二十四日，对此，凉山彝族就有“猪月朔九夜，日子不用选”的古谚语，意为每年的猪月也就是农历六月，朔九夜就是十五后的第九个晚上，这一天的日子不管属什么，也不管日子好不好都要过火把节。彝族推算日子一般以十二生肖（属相）来推算，即一个月的第一天以鼠日为首，以此类推，这一套记日方法与初一至三十记夜方法是配套的，如果初一是鼠，那么三十日那天为蛇，所以每个月不管大月、小月皆为30天，如果上个月的月尾为蛇的话，那么下个月的初一应为马，以此类推。

关于十二生肖（属相）月名称，由于历史原因，各地彝族地区推算月次并不一致。由于凉山彝族地区没有一月、二月、十二月之说法，所以一般以十二生肖名称作为时间词“月”来计算月的先后次序。月份生肖名称一般的排列次序是“鼠、牛、虎、兔、龙、蛇、马、羊、猴、鸡、狗、猪”。

但是不知何故，凉山彝族的圣乍地区通常以位于第七位的“马”为首月（即正月），如马月（正月）、绵羊月（二月）、猴月（三月）、鸡月（四月）、狗月（五月）、猪月（六月）、鼠月（七月）、牛月（八月）、虎月（九月）、兔月（十月）、龙月（十一月）、蛇月（十二月）。

而宁蒗彝族则与之稍有不同，是以位于第六位的“羊”为首月，如绵羊月（正月）、猴月（二月）、鸡月（三月）、狗月（四月）、猪月（五月）、鼠月（六月）、牛月（七月）、虎月（八月）、兔月（九月）、龙月（十月）、蛇月（十一月）、马月（十二月）。

凉山彝族三大支系间的“首月”即“正月”生肖的排列次序也不一样。毛筠如在《大小凉山之夷族》（四川省建设厅 1947 年版）一书中说：

夷人记算历法，既如此简单，故不论国女老幼，均能详记和推算。唯因无历书记载，至年代久远，难免各地发生差错，刻下以各地夷人计算之历法比较，记处完全相同，记月则差错有三种，如宁属夷人之马月，则挨云南边境之夷人，已为羊月，而雷（雷波）、马（马边）、屏（屏山）、峨（峨边）之夷人又已为猴月矣。至在凉山亦不统一，或与宁属相同，或与雷、马、屏、峨一样，各记各月不相纠正也。

以上所说的宁属夷人即圣乍支系地区，临近云南边境之夷人即所地支系地区，雷、马、屏、峨之夷人即依诺支系地区。现列表比较如下：

次方言地区名称	农历正月名称	所属地
圣乍	马	喜德县、越西县部分地区、甘洛县部分地区、冕宁县、昭觉县部分地区、盐源县、石棉县、九龙县、木里县、泸定县、云南宁蒗县、丽江县、华坪县、永胜县
义诺（一）	猴	雷波县部分地区，峨边县部分地区、马边县部分地区、屏山县、云南昭通永善县、绥江县
义诺（二）	羊	美姑县、昭觉县部分地区、越西县部分地区、甘洛县部分地区、峨边县及马边县部分地区
所地	猴	布拖县、普格县、金阳县、昭觉县部分地区、宁南县、西昌县、会理县、全东县、德昌县部分地区、米易县、盐源县部分地区

首月即“正月”的生肖称谓排列次序在四川、云南、贵州彝族地区也很不一致。从正月至十二月的彝语方言来看，有的地方直接借用汉语说法，有的地方仅保留个别月的彝族说法，还有的地方把“腊月”说成“正月”，而把“正月”说成为“新年月”。试比较如下：

四川凉山　马、羊、猴、鸡、狗、猪、鼠、牛、虎、兔、龙、蛇
贵州赫章　虎、兔、龙、蛇、马、羊、猴、鸡、狗、猪、鼠、牛
云南武定　虎、二、三、四、五、六、七、八、九、十、十一、十二
云南路南　虎、兔、龙、蛇、马、羊、猴、鸡、狗、猪、鼠、牛
云南弥勒　新年、二、三、四、五、六、七、八、九、十、十一、正月
云南墨江　新年、牛、三、四、五、六、七、八、九、十、冬月、腊月
云南巍山　新年、二、三、四、五、六、七、八、九、十、十一、十二
云南大姚　新年、二、三、四、五、六、七、八、九、十、十一、正月

从以上比较看出，凉山彝族地区使用的月次排列顺序与汉族完全不同，而其他方言地区的月次排列顺序可能或多或少受到汉族历法的影响而相同或相近。

一年十二个月是一般变通的年，有重月的年即闰年才多一个月，为十三个月。“闰年”彝语叫“勒迭”，意为“月重叠”，也有叫“勒者”，意为“月增”。这个重月的名称重在什么月就叫什么，如重狗月就有两个狗月。

凉山彝族地区以“马月”为正月，则农历六月刚好是“猪月”，这与彝语古谚语所说“猪月”为火把节月相吻合，也与汉文史志所载的六月二十四日为火把节相吻合。

彝族历史上曾实行过十月太阳历，后来又转行十二月阴历，所以各地的月次排列顺序才如此不一致，以致“正月”有的为“马”，有的为“虎”，有的为“猴”，有的为“羊”，有的叫“新年月”。因目前还保留彝语月次称谓的云南、贵州彝族地区的“猪月”为“十月”，

故此，有些汉文史志不详内情便将火把节记载为“岁首”、“过岁”之节，如《续云南通志·南蛮志》中所载“以六月二十四日为年，十二月二十四日为岁首”，陆次云的《峒溪纤志》“僰人六月二十四日，祭天过岁”。不管“猪月”为农历六月，还是农历十月或十二月，六月二十四日为火把节则是大部分地方人们的共识，只是汉文史志有些误载而已。

至于彝族为什么要选择二十四日即朔九夜过火把节，可能与彝族人的哲学观有关。彝族的哲学认为，一是天数，二是地数，即奇数为阳，偶数为阴，九又为奇数即阳数之极，九九归一。所以，“九”表示男性之数。而火把节之后，太阳就从北南归，此后的气温开始下降，由阳转阴，故火把节也叫“星回节”。

第三节　火把节的历史与传说

民族共同体首先是个历史的范畴，任何一个民族的形成都经历了非常长的历史时期。彝语支民族作为我国西南少数民族的主体，从唐朝始分为乌蛮和白蛮两个部分，其中乌蛮就是今天的彝族、哈尼族、傈僳族、纳西族、拉祜族等民族的祖先，白蛮则是今天白族人的先祖。从今天这些民族共同过火把节的事实来看，火把节至少在这些民族划分之前很长一段时期就已经形成。所以，火把节作为这些民族的共同节日，至少已经有一千五百多年的历史。另外，据《西南彝志》等彝文文献记载，分布在云南、四川、贵州和广西等地的彝族人民都来源于共同的始祖，即都穆的 6 个儿子，各地的彝族尽管由于各种原因在语言、习俗等方面有较大的差异，然而他们的宗教、文字和火把节是共同的，这就说明，火把节至少在彝族“六祖分支”的历史事件之前就已经风行成熟。据许多学者推断，“六祖分支”的时间相当于四川盆地的古蜀国时代，因此，我们可以大胆推断，火把节至今至少已经有两千五百年左右的历史。

民国《西昌县志·夷族志》载："倮俗每岁冬年夏节各一。以阴历建子月为岁首，庆贺新年，谓之过年，又不自月朔起，唯于是月冬至节之前后十余日内，黑夷自择吉期过年，各支虽先后不齐，而一支之中，自黑夷至娃子（奴隶和百姓），则皆划一也。夏节则在阴历二十四日。阴历季夏六月二十四日，为倮族火把节。火把者，松柴细竹野蒿所制之火炬也。大者数围，长数尺，或及丈，植地上。小者可以手执之。倮夷于此节每村共醵金购老牛一，于先一日夜半椎时每家出小火把一环围呼吼。至过节日烹其牛，合村聚宴，吹箫管，弹月琴，唱歌跳舞为乐，谓之跳锅庄。日夕每家出大火把一，植门外燃之，另执较小者，行绕所耕种之田地间，且行且舞，以祈丰年。至第三日，则扫集火把之炭渣，以酒肉远送之。太祈过年则一家自宴，过节则一村合宴焉。"

清《冕宁县志·夷族志》载："倮猡每岁六月二十四日宰牛羊祭之。夜燃炬聚饮。"

许实的《禄劝县志·风土志》载："六月二十四日为火把节，亦为星回节，夷人以此为度岁之日，犹汉人之春宴相聚也。儿童执火把，屑松枝杂煤燎之，火焰满身，谓之送福。……男女齐会，四面绕坐，脍豕肉，饮酒，歌舞杂沓，以趋盛节。"

清张伦至纂修的《南安州志》载："六月二十四日束松为燎朵，草花高丈余燃之，杀牲祭祖，老少围坐火塘食肉饮酒。自官署以及乡间田野皆燃，谓之火把节，又谓星回节。"

明范承勋在《云南通志》中载："焚人夷在镇南者，六月二十四日，集众燃炬，哗而赛神。"

明杨慎撰的《南诏野史》倮猡风俗："每岁六月二十四，名火把节，燃松炬，照村砦田庐。"

火把节主要盛行在彝语支民族分布的区域，在这些地区，许多原先不过火把节的兄弟民族也开始过上了火把节，比如宁蒗彝族自治县境内的许多汉族同胞在火把节期间都纷纷点上火把，有些家庭甚至请彝族人做起了祭祖仪式。据估计，如果加上火把节期间到云南、四川、贵州、广西等地过火把节的游客，每年过火把节的人数至少在两千万人以上。所以，火把节可以说是我国西南地区最为隆重的节日之一，无论在文化上、经济上，还是在政治上，它的影响都是巨大的。

由于彝族支系众多，地方差异较大，因此，每个地方都有人们对火把节的传说和解释，是火把节节日文化不可缺少的重要组成部分。宁蒗彝族有着自己的火把节传说。

大力士与火把节①

相传，从前天上有一个大力士叫格补理伙，地上有一个大力士叫嚷夸迪叽，嚷夸迪叽力大无比，天下无敌的消息传到了天上格补理伙的耳里，于是他决定从天上下来同嚷夸迪叽比试一番。

格补理伙找到嚷夸迪叽的家时，恰巧嚷夸迪叽外出不在家，其目以铁饼和铁砂找到格补理伙，并告之是嚷夸迪叽常爱吃的粑粑。格补理伙暗吃一惊，心想："常吃铁饼的人力气肯定在我之上。"于是自知敌不过，便溜之大吉。

当嚷夸迪叽回家后，母亲告诉他："天上有个叫格补理伙的人自称是大力士，要同你比武，因等不及便走了。"于是嚷夸迪叽就朝着格补理伙离去的方向紧追而去。正当嚷夸迪叽快要追上格补理伙时，格补理伙见躲避不及，就顺便在路边变成一棵大树，这时嚷夸迪叽已追到了路旁，看看已不见了人影，一气之下，便把路边的这棵大树连根拔起抛向空中狠狠地摔在地上，结果把格补理伙摔死了。

死讯传到了天神恩梯古兹的耳里，他非常气愤，一怒之下便派了九十九万九千九百九十九只蝗虫下来，到人间讨还命价，结果庄稼被糟蹋光了，人们面临着饥饿和死亡的威胁。于是人们便派三千三百三十名壮汉举着火把去烧赶蝗虫，结果越烧越多，又派去六千六百六十六名骑士，驮着松明火把去驱赶蝗虫，还是不见效，只好先后派了布谷鸟、锦鸡、黄雀去说合，才达成协议，并定在六月二十四日这天给天上的恩梯古兹赔偿命价，而且说好兹（土司）莫要用牛来赔；苏嘎

① 朱文旭：《彝族火把节》，218～219页，成都，四川民族出版社，1999。

（富有者）要用阉羊来赔；苏山（穷百姓）要用鸡来赔；寡妇要用一碗蘸水来赔；鳏夫要用鸡蛋来赔。白天要借阳光照着赔；夜间要点着火把赔，一年赔一次不得有误。如此年复一年，每年的农历六月二十四日这天便成了凉山彝族人民约定俗成的火把节。①

另有一异文：

很早以前，天上有一个勇士叫格布力火，人间有一个叫穰阔迪基的无敌勇士，一天格布力火来到人间咆哮着：人间是否有我的对手？如果有就站出来和我较量摔跤。这话被穰阔迪基的母亲听到后说：我儿是人间无敌的勇士，你俩较量一下如何？于是叫来自己的儿子和格布力火摔起跤来，穰阔迪基明显占上风，第一次穰阔迪基只轻轻地摔他，第二次也没有摔重。他的母亲对他说：孩子，你要摔就狠狠地摔。第三次摔跤，格布力火被摔死了。

天上就向人间索赔人命，派了很多害虫，日夜危害庄稼，没办法人间就请了云雀做信使，说你家的人命我们一定偿还，但须等到农历六月二十四日夜，因为是命债而不是一天一夜之债，人间定会：兹莫赔骟牛，富家赔羯羊，穷人赔公鸡……有什么赔什么，就是现在你们玩火把时所唱的这些。从此以后，彝族人民就在这一天过火把节，祭祀赎魂，烧害虫。因为天上派了很多害虫，人们点起火把，就是烧害虫的。年年如此。这就是火把节的来源。②

---

① 陈红光采录于小凉山地区。

② 讲述者：嘉日万格；记录整理者：杨洪林；地点：宁蒗彝族自治县沙力坪村；时间：2006年7月19日。

第二章

火把节祭祀仪式个案分析

第一节　火把节祭祀仪式个案

彝族火把节为期三天，第一天的活动是祭祀和祈祷，第二天的活动就是集体性的娱乐，第三天有个简单的送火仪式。由于各种原因，各地火把节期间所举行的活动均有差异，有些地方侧重于宗教仪式，而有些地方则侧重于娱乐。但对于凉山彝族而言，火把节的宗教功能可能是最为重要的，火把节的娱乐功能则是宗教功能的强化或者延伸。由此可见，火把节是一个融祭祀、祈祷、娱乐为一体的节日。祭祀主要包括祭祖和祭五谷神；祈祷主要祈求五谷丰登、六畜兴旺和家和人安。祭祀和祈祷基本上是以个体家庭为单位，而娱乐则是集体性的活动，方圆几公里范围内的人不分年龄都会参加。

个体家庭是彝族火把节最为重要的场所。我们之所以选择跑马坪乡沙力坪村作为我们拍摄和调查的田野点，原因在于沙力坪是火把节项目负责人嘉日姆几的老家，彝族人在举行火把节的各种仪式时不可能让外人参加家庭仪式。

2006 年 8 月 10 日，在嘉日姆几的安排下，拍摄组和调研组开始进入沙力坪村。我们要拍摄的家庭共有 6 位成员，男主人嘉日体古，女主人嘉日瓦洛[①]，大女儿尼洛在深圳打工，二女儿惹洛上小学六年级，小儿子常旺读小学四年级，家里还有一位七十多岁老奶奶，是嘉日体古的母亲。

受访的嘉日体古一家

火把节正好是农忙时节，早熟的土豆正好成熟，人们要在大雨到来之前把土豆挖出，一来可以补充家里的粮食或用为饲0料，更重要的是要将土豆地平整出来撒下蔓菁，在11月收获后用来补充冬天人畜共用的蔬菜和饲料。由于火把节期间彝族人忌讳到田里活动，所以人们都在火把节之前挖好土豆，割好喂猪用的野草。火把节的前一天，嘉日体古有事去村委会，女儿惹洛和几个小女孩去集市上购买火把节用的烟酒之类的物品，母亲则留在家里挖土豆。当天下午，嘉日体古的弟弟家正好生了一个男孩，女人们放下自己的农活集中在嘉日体古的弟弟家，这个男孩的到来为这个家族在节日之前添加了许多喜气，

① 女主人原姓沙玛，按彝族的习俗，嫁到嘉日家后随夫家姓，故叫嘉日瓦洛。

所有人的脸上都挂满了笑容，这恰好稍微冲淡了因为我们的打扰而不知所措的尴尬。

一、第一天：杜则仪式

火把节的第一天最为忙碌，一大早，主人家就开始对房屋进行除秽。嘉日体古先找几个鸡蛋般大小的干净石头放入火塘里烧，烧得通红后取出，用木瓢舀一点干净的水，将烧红的石头放入水中冒出蒸气，然后从火塘下方沿顺时针方向为屋里的各个角落除秽，口中念到：

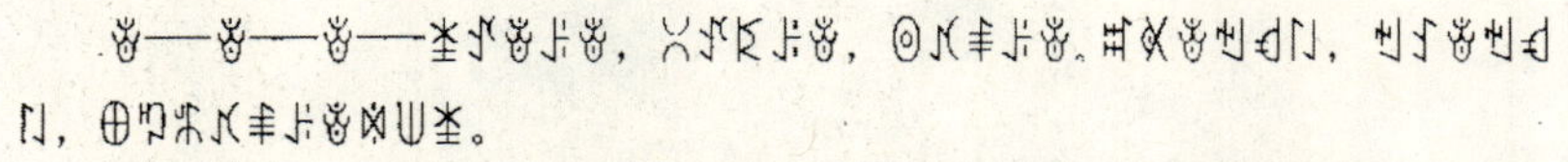

除呀除污秽。污物祛除，污秽祛除。家神除污请进家，福神除秽请入家，屋中污秽全祛除。

最后绕过火塘将除过秽的水倒出屋外。

在火把节前几个月，人们就开始准备火把节期间祭祀用的鸡、羊、猪等动物。一般来说，祭五谷神仪式用的鸡必须是黄色或白色的仔母鸡（没下过蛋的），这只鸡通常在一个月前就准备好。

为房屋除完秽之后，女主人开始为祭祀用的母鸡除秽（方法与房屋除秽相同），然后准备好一小袋上年的荞麦面，来到自己家长得最好的一块荞麦地里举行祭五谷神仪式。女主人一边用鸡不断地在荞麦地里晃动，一边将准备好的荞麦面撒向荞麦地，并念道：

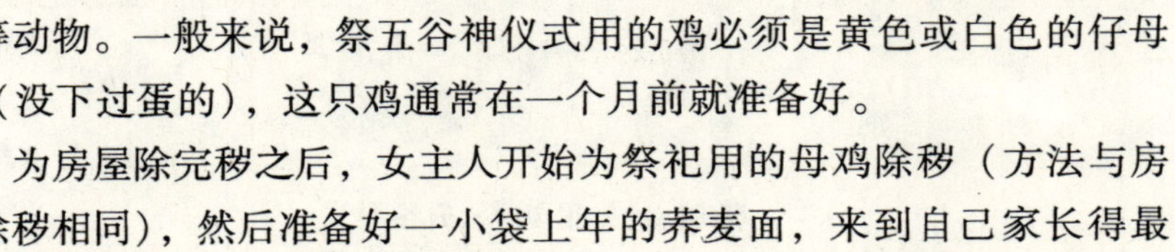

万物成熟时，日归星回时，吉祥月美时，祈愿果实累累，荞秆粗如棒，荞叶大如笠，荞粒大如拳。割时收时磨时都能成倍增。害虫能防除，风调又雨顺。吉年祥月迎新年，人丁安康，六畜兴旺，五谷丰登。

女主人非常仔细地在荞麦地里转，尽量将经文念得生动，将荞麦面撒得很厚，为下年的好收成祈祷。

彝族妇女用鸡祭五谷神

大约中午，女主人将祭祀用的鸡带回家让男主人宰杀。这只鸡的宰杀方式比较特别，不能用刀，必须用水闷死。具体方法是：在鸡的嘴里放上一点儿荞麦面，然后将鸡头按在盛满水的木碗里，让鸡窒息而死，之后用火象征性地烧掉鸡翅膀上的部分毛，最后进行拔毛处理。宰杀后，切下鸡的双翅、鸡胸、鸡肝、鸡翘和鸡头，在火塘里烤熟后分成两份，分别由男主人和女主人向内外两方祭祀，内方象征父系祖先，外方象征姻亲祖先。祭祀念的经文的内容几乎一致：

[illegible]

哦——今天，万物成熟时，日归星回时，祈求人丁安康，风调雨顺，五谷丰登，六畜兴旺；祈祷世人幸福安康，祈求人间和平美好。哦——今天嘉日体古一家，狗年之初，火把节以后人丁安康，肥猪祭献你，壮羊祭献你，美酒香茗祭献你祖灵，祈求嘉日体古一家吉祥安康！

祭祀完之后，主人家将祭祀用的肉分享（在分享食物时，要男女主人先品尝才能分给其他人食用）。据嘉日体古介绍，祭祖并不是一个单独的仪式，在凉山彝族的生活中非常普遍，人们已经将其视为生活的一个部分而将这一仪式理解为行为规范。祭祖实际上就是向祖先献上人们将要食用的食品。这个仪式非常普遍，只要宰杀牲畜基本上都要举行，内容也基本一致。在祭祀的时候，分烧祭和煮祭两种，也就是用烧肉和煮熟的肉分两次祭祀。

下午四点左右，等放牲畜的儿子回来之后，全家人开始准备最为隆重和严肃的“转头”仪式了，“转”实际上就是祈祷的意思。这个仪式可以单独举行，当人们觉得身边有不吉利的事情发生，彝族人都会举行这个仪式。而一般情况下，这个仪式也贯穿在多数宗教仪式里，几乎是彝族人宗教仪式的基本程序。仪式的主持者既可以是毕摩，也可以是普通人，除非这个仪式是其他宗教仪式的部分内容，如果是单独举行的仪式，主持人一般就是个体家庭的男主人。所以寨子里能举行这个仪式的人非常多，几乎每个男人都可以独立主持。

在仪式举行之前，嘉日体古让来帮忙的表弟去割把野生的叫“扑日”的草和叫“古”的柳树枝，用草编一根五六十厘米长的有套的绳；用柳树枝做成三支十厘米左右的“古瓦”，将三支“古瓦”的根部削尖，其中一支削掉皮成白色，一支削掉部分皮成花色，另外一支不削皮为褐色。嘉日体古说它们分别象征程度不同的罪恶，其中白色最轻，花色严重，褐色最邪恶。由于这个仪式比较复杂，主人家又不能亲自动手，所以，邻居们经常互相帮忙。彝族人多数都是聚族而居，所以来帮忙的几乎是自己的亲戚。

制作祭祀用的草绳和“古瓦”

准备完草绳和“古瓦”后，嘉日体古的侄子在堂屋前烧起一堆小火，并将制作完“古瓦”的草和柳枝放在火堆上，冒出很大的烟火，然后将祈祷用的牲畜、草绳和“古瓦”沿逆时针方向从烟火上绕过进入堂屋。全家人按照男先女后的次序披上披毡面朝正门坐好，仪式主持人的助手抓着牲畜坐在主人前，另外一个则从火塘中取出一个早已准备好的烧红的石头，放入装有少量水的木碗里，从火塘的下方用冒出的蒸汽沿逆时针方向绕火塘一圈后，顺着主人的身边穿牲畜的胯下而过，最后将水和石头一起倒出屋外。与此同时，仪式的主持人则坐在堂屋的右上侧为主人家念道：

[illegible]

除呀除，污秽污物祛除，污秽祛除。祭牲不洁要祛除，屋上不洁要祛除，屋下污秽要祛除。人籍人魂除污请进家，生神孕神除秽请入家，福神佑神除秽后，灵魂朗朗进家来。

此仪式的含义就是将可能附着在仪式用的物品上、房间里和主人家身上的一切可能的肮脏、邪恶的东西通过烟火和蒸汽除去，为接下来的仪式准备。

紧接着，仪式的助手将牲畜抱起，从主人的右边开始，沿着顺时针方向从主人的头上绕九圈，然后换到主人的左边，沿着逆时针方向在主人的头上绕七圈。其后，另外一个助手用原先做好的草绳套上三支“古瓦”，按照同样的方法，分别从左右两边在主人的头上绕上七圈和九圈。

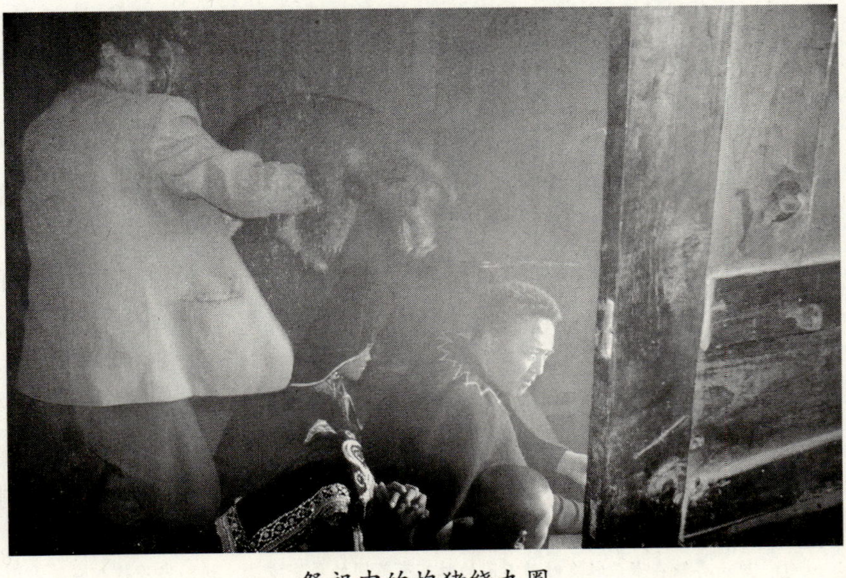

祭祀中的抱猪绕九圈

与此同时，仪式的主持人念道：

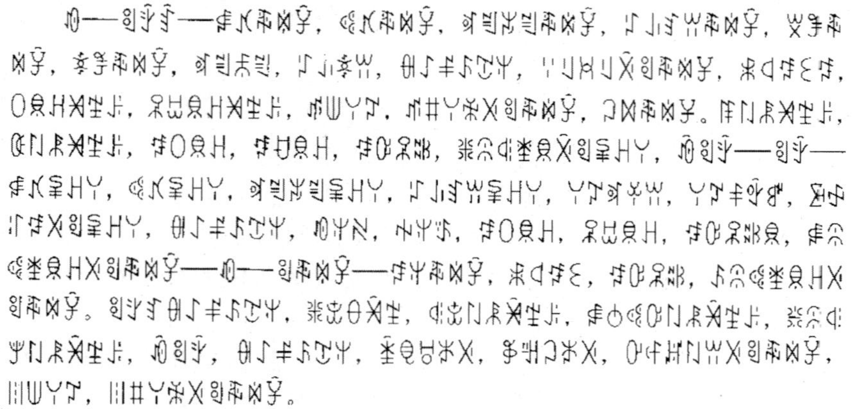

哦——今天，凶事转给牲，灾难转给牲，不祥转给牲，祸祟转给牲，凶灾异兆转给牲，主人这一家，邪恶咒语转给牲，一切瘟疫，一切病痛，东怪西邪，南灾北祸转给牲。要来扰事鬼，无事找事鬼转给牲。病痛、瘟疫、烦魂扰灵魔转给牲。哦——今天——这里，凶事牲带走，灾难牲带走，不祥牲带走，祸祟牲带走，千变万化之妖精牲带走，腰酸背痛疾牲带走，主家老少身上的一切瘟疫，一切病痛牲带走，凶兆灾兆牲带走。主家的老少，烦魂扰灵鬼牲带走。

这段仪式的主要目的就是转嫁，将所有的妖魔鬼怪以及有可能导致主人家各种麻烦的东西转嫁到牺牲品身上，由牺牲品来代主人家赎罪。

接下来，仪式的助手将草绳套在牲畜的脖子上，让牲畜头朝正门左侧着地，然后用刀将它杀死。①

① 凉山彝族在宰杀牲畜时对不同的牲畜有不同的屠宰方法，猪用尖刀插入心脏，山羊用尖刀切断喉咙，绵羊先用木头打晕后按着喉咙让它窒息而死，牛则先用斧头打晕后用刀切断喉咙。

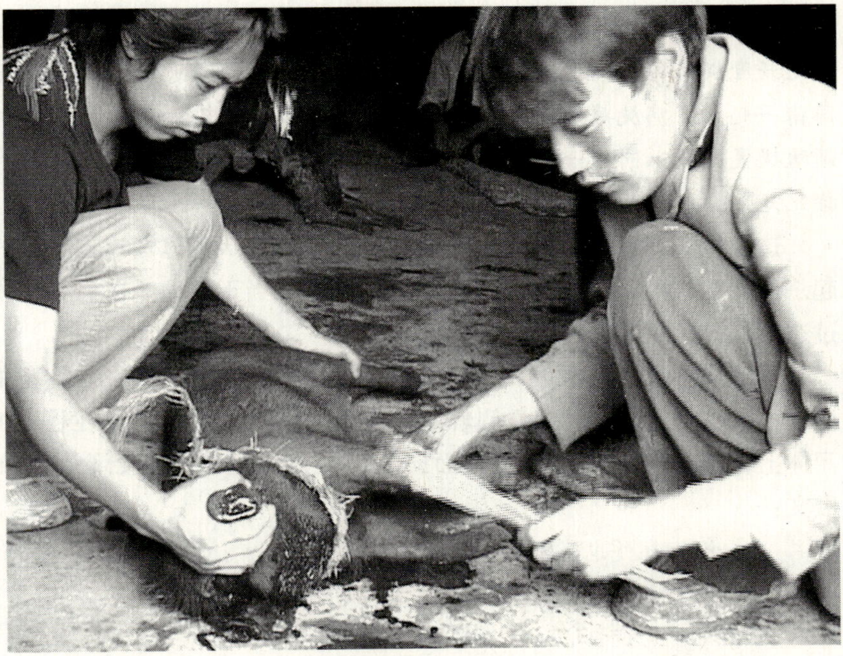

宰杀祭祀的牲畜

主持人念道：

[illegible]

[illegible]

哦——今天捉住恶魔凶妖同猪一起杀；捉住东怪西邪同猪一起杀；捉住南灾北祸同猪一起杀。捉住害人鬼攫魂魔同猪一起杀；捉住扰人搅事同猪一起杀；捉住无事生非妖魔同猪一起杀。哦——主人这家中，妖魔鬼怪一日三变，两日六变，三日九变者捉来同猪一起杀；变化多端之妖魔捉来同猪一起杀；灾祸凶事捉来同猪一起杀；异兆凶梦捉来同猪一起杀；病魔瘟疫捉来同猪一起杀。主人这家中，病灾鬼吵闹精，烦魂扰灵魔捉来同猪一起杀；灾难祸事捉来同猪一起杀。鬼和猪同命，猪死鬼怪亡。

这段经文的意思是将转嫁在牲畜身上的各种妖魔鬼怪连同牲畜一起杀掉，在这里，经过转嫁后的妖魔鬼怪就相当于被宰杀的牲畜．经过这个仪式，主人家将得到安宁和幸福。

等确定牲畜已经死亡后，仪式助手将三支“古瓦”沾上牲畜的血，将牲畜的尸体翻转为右侧着地，然后把三支“古瓦”放在牲畜的尸体上，削尖的部分连同猪头面向大门放好，主持人开始念下面的经文：

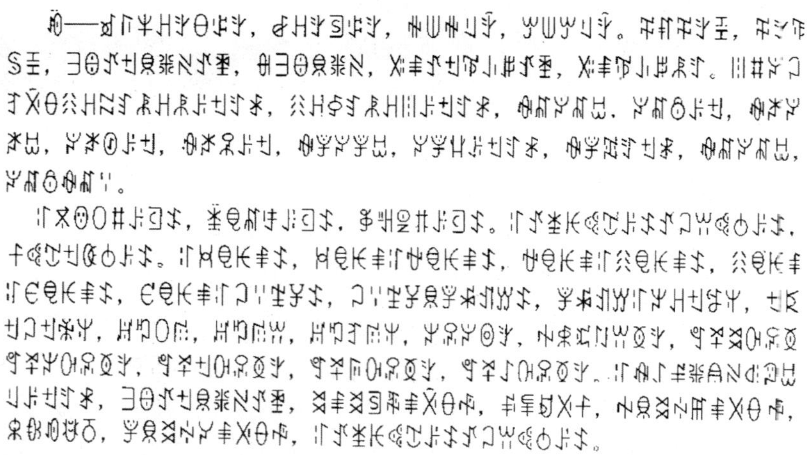

哦——今天迎新纳祥时，万物成熟时，日归星回时，年饭美酒最先祭献你，祭品献神灵，祭牲赎人魂。祭献这肥猪，身高入云天，叫声传九霄，肥猪祭献神灵赎人魂，猪魂赎人魂，猪肉赎人肉．猪肉香人肉苦，猪皮赎人皮，猪皮暖人皮寒，猪腿赎人腿，猪腿肥人腿瘦。

所献之祭品，别让妖魔抢，别让瘦鬼劫，别让瞎妖夺。祭牲献给祖妣和神灵，瓦责使者接祭品，瓦责使者传给乌责使者，乌责使者传给姿责使者，姿责使者传给勇责使者，勇责使者传给天臣迪基，天臣迪基传给无影使者，无影使者送到上界天庭五君五臣处，送到各色天牢九王司法处，七王司法处，五王司法处，三王司法处，一王司法处，赎回一家老少之魂灵。寻找九天九夜才得这祭品，主家已费心，主人已费力，祭品诚心献给祖妣和神灵。

这段仪式的意思是将牺牲送到天庭，用牺牲的灵魂换回由于没还债而被天堂拘禁的人的灵魂。

送完牺牲之后就是将人的灵魂赎或者换回来，主持人会念到：

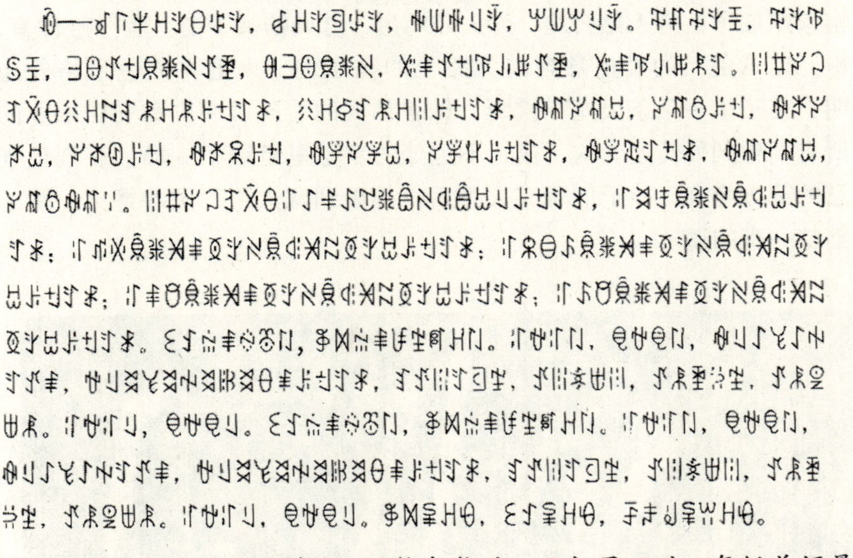

哦——今天迎新纳祥时，万物成熟时，日归星回时，年饭美酒最先祭献你，祭品献神灵，祭牲赎人魂。祭献这肥猪，身高入云天，叫声传九霄，肥猪祭献神灵赎人魂，猪魂赎人魂，猪肉赎人肉，猪肉香人肉苦，猪皮赎人皮，猪皮暖人皮寒，猪腿赎人腿，猪腿肥人腿瘦。肥猪祭献神灵赎人魂，赎回主人一家老少之魂灵，先赎父亲体古之魂灵，再赎母亲补青之魂灵，再赎儿子长旺之魂灵，也赎长女妮洛之魂灵，也赎次惹洛之魂灵。主家魂灵挣断铁链归，挣断枷锁归。各路神灵来飨祭，人无二两肉，猪有九斤九两九钱九克肉，别说没听到，别说没看到，神灵快快来飨祭。挣断绳索、挣断铁链、挣断枷锁来开路。

念完经文之后，主持人的助手用尖刀把套在牺牲品的脖子上的草绳割断，然后用草绳将三只“古瓦”绕好后走出门外，避开家畜、家禽后扔向东方。到此，整个“转头”仪式结束。

整个仪式前后差不多用了两个小时，等所有的仪式程序结束，天已擦黑，孩子们的火把开始点燃，儿童们的火把歌此起彼伏。惹洛和常旺早已按捺不住，他们拿出节前专门准备好的火把，在堂屋里的火塘里点燃，然后顺着顺时针方向绕堂屋一圈后，唱着“兹莫赔骟牛，富家赔羯羊，穷人赔公鸡，鳏夫赔鸡蛋，寡妇赔辣子汤，熊仔赔竹笋，猴儿赔黄菌”的火把歌奔向大路上的孩子们，火把在夜色里格外通明，寨子里一条条火龙在蜿蜒，带着彝人的希望、期待和安居乐业的所有期望到处传递。这一夜，不远处的乡镇里组织了一场具有现代气息的篝火晚会，孩子们玩完火把后，都聚到篝火边，围着篝火，跳了整整一夜的舞。

彝族儿童点燃火把

二、第二天：杜格仪式

火把节的第二天，嘉日体古的爱人要去自己的娘家拜年。一大早，她就准备好了大量的酒和肉，十点左右她赶到跑马坪乡，搭乘从宁蒗开往永胜的班车，去 80 公里以外的娘家看望自己的父母和亲戚。

孩子们在村里的十字路口集合，他们准备到 10 公里以外的牦牛坪去参加火把会，去看各种精彩的娱乐活动。这一天，由县里组织的大规模的活动吸引着孩子们好奇心，届时，斗牛、斗羊、赛马、歌舞都会在牦牛坪举行。对孩子们来说，这一天将是眼睛的节日，大人们则聚在一起喝酒、聊天。

三、第三天：杜沙仪式

这个仪式要在火把节最后一天的傍晚举行。主人家先用木头做四五个木槽的模型，象征着给牲畜和家禽喂食；同时也模拟一个锅庄，象征着主人家的生活。仪式开始时，人们从家里点上火把，带上盐、荞麦面和用来祭祀五谷神的鸡毛，来到做好的锅庄和模拟的木槽前，找一棵小树，用火把将鸡毛烧尽，并念道：

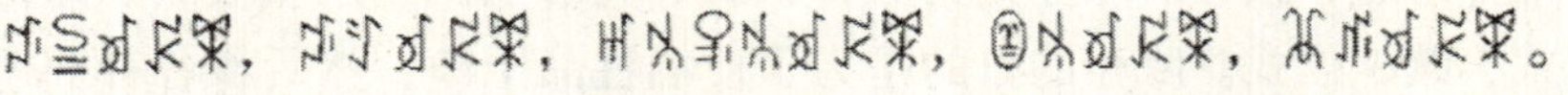

烧掉害虫，烧掉害蛾，烧掉贫穷，烧掉饥寒，烧掉饥荒。

然后将盐和荞麦面分别放入各个槽里，呼唤各种牲畜和家禽，最后将剩下的盐和荞麦面带回家里，并在祭祀台上祭上一杯酒。

这个仪式意味着人们已经将天庭的各种债务还清，希望牺牲品的灵魂不要带上牲畜、家禽和人的灵魂，并祈祷世间没有饥饿、没有寒冷、没有灾难、没有死亡，祈愿世间幸福、平安。

上面所描述的就是火把节期间要举行的全部仪式，这些仪式在不同地区有着不同的侧重点。但是，这些仪式作为凉山彝族火把节最为核心的组成部分传承、展演至今，其宗教仪式具有深邃的文化内涵。

实际上，所有的火把节传说都是围绕着格布力火和禳阔迪基之间的争斗开始的，无论他们的争斗原因是什么，结果都是人间虽然战胜了粗暴的天庭，但是人间在每年火把节期间必须偿还上天的债务。点火把时传唱了几千年的火把歌的内容就可以说明这一点，世间的万物必须还债务，也包括动物在内。

由此看来，火把节对于彝族人而言，其实是个赎罪的节日，人们将这个节日理解为还天庭的债。

第二节　仪式分析

火把节期间一共出现了五个仪式，即除秽仪式、祭五谷神仪式、祭祖仪式、转头仪式和送火仪式。除秽仪式和祭祖仪式是辅助仪式，也就是说这两个仪式不是单独举行的，它们是其他几个仪式的辅助仪式或者过渡仪式。所以，我们认为，祭五谷神仪式、转头仪式和送火仪式应该是火把节期间最为重要的宗教活动。祭五谷神仪式的功能就是祈祷粮食丰收，属于生产活动的范围。转头仪式由五个相互连贯的部分组成，按先后顺序则为除秽仪式、转邪仪式、杀魔仪式、送牺仪式、赎魂仪式。除秽的目的是为了使牺牲品干净，然后将各种邪恶的力量转移到它的身上，接下来将这些邪恶的力量连同牺牲品一起杀死，然后将牺牲品送到天庭赎回人们被拘禁在天庭的灵魂。送火仪式的本质是也是祈祷仪式，它将饥饿、贫穷、战争、灾难等扫尽，为人间的万物唤魂，祈祷人间的幸福、和平和吉祥。这个仪式将祭五谷神仪式和转头仪式有机地结合起来，人们用祭五谷神的鸡毛象征各种害虫，用模拟的锅庄和木槽象征人类和他们的牲畜、家禽，在烧掉害虫、祈祷丰收的同时，也祈祷人类的健康和家畜的安宁。

在火把节期间举行的各种各样的文体活动，其功能自然是娱乐，但是，从火把节的传说和各种宗教仪式来看，这些活动的最初目的可能是增进不同群体间的友谊和交流，向敌人显示自己的意志和勇气，以此来保证民族的生存和发展。在今天看来，这些活动的娱乐性对于彝族人民来说，同样也是促进交流和增强民族自尊心和凝聚力的盛会。

第三章

火把节体育文娱

火把节是融祭祀、娱乐、祈祷为一体的节日，由于各地历史上形成的差异，许多地方的火把节都有自己的侧重点。也就是说，有的地方注重祭祀，有的地方则侧重于娱乐，不过今天看来，人们似乎已将火把节构建成了一个综合性的舞台，祭祀成了家庭性的宗教活动，而娱乐逐渐成为火把节的主题。当然，政府也更加愿意将火把节改造成为一个文化展示和寻找商机的时机。所以今日的火把节是传统在现代的呈现。

第一节　歌舞叙事

一、火把歌

火把节期间的传统歌曲主要是儿童火把歌，这在大小凉山基本一致。虽然歌曲的调子稍有差别，但是内容完全一样。人们将火把节理解为向天庭还债的行为，所以玩火把时都会唱“兹莫赔骟牛，富家赔羯羊，穷人赔公鸡，鳏夫赔鸡蛋，寡妇赔辣子汤，熊仔赔竹笋，猴儿赔黄菌”这样的歌词。另外，在部分地方，还有人们为了纪念为人间与天庭化解矛盾的云雀而歌唱的“云雀之歌”。除此之外，火把节期间的仪式中的祈祷经文的唱词和调子，也是彝族人最为古老的歌曲形式。近年来，由于现代流行音乐的发展，火把节期间，政府组织的各种歌舞比赛，为各种唱法的歌手提供了展示自己的舞台，人们也为听到各种各样的歌舞而感到高兴。所以，现代流行歌舞在彝族地区表现出惊人的发展速度。

二、火把舞

清《越巂厅志·夷俗志》载："倮猡每岁六月二十四日为过小年，杀牲以杵击其脑，饮酒欢庆。夜燃炬跳舞，满山星火，名火把会。十月朔日为大过年，必打牛羊跳锅庄，极贫者亦多买豆腐庆贺。"在祭祀祖先后，人们围着火塘吃完晚饭后，便点燃篙枝扎成的火把，先在家中各处照耀，接着以手舞动火把挨家挨户串走，口中呼喊"都洛火"聚集队伍。当聚集的队伍达到一定的规模时，人们手持火把，舞动着巡游田间并跳起了火把舞。① 传统的火把舞现在已经基本消失了。《宁蒗彝族自治县县志》里有简单的介绍："火把节之夜，彝寨男女老少聚于村外广场，围着篝火，伴有乐曲，挽手舞蹈，多则数百人，少则数十人。舞蹈时，人们以脚、手、身的动作相结合，主要作踏步、靠步、碎步跑场、单手画弧、双手分掌画弧、前俯、后仰等动作。"② 火把舞的动作主要在手腕上，但动作幅度很小。起初，人们用双手握着火把舞动而欢跳，当火把越燃越短时，则以单手握着舞动。舞动火把时，走着碎步，配合着"都洛火"的呼喊声，舞成倒"8"字形。跳火把舞时，人数的多少不限，以"S"形鱼贯而行，远看犹如一条跳跃的火龙，十分壮观。不一会儿，一支支火把队伍就汇聚在寨中心

---

① 参见罗曲：《凉山彝族传统民间歌舞》，载《西南民族学院学报》（哲学社会科学版），2001（10）。

② 云南省宁蒗彝族自治县志编纂委员会编纂：《宁蒗彝族自治县志》，170页，昆明，云南民族出版社，1993。

的敞坝上，开始举行第一个火把夜的欢庆活动。①

第二节　赛马、斗牛及其他

火把节期间的各种体育竞技，如赛马、斗牛、斗羊、斗鸡等，是火把节重要的组成部分，也是火把节最吸引人的活动内容。

一、赛马

彝族自古就有重马的习俗，驯马、相马之术早有流传。凉山彝族从小会骑马，练得一身好骑技，如果能在大规模的比赛中获胜，不仅是自己的荣耀，也是全寨和家支的光荣，故而备受敬重。凉山彝族爱马如命，俗有“一个人只值一匹骏马”之说，因而不论贫富，均有养马之习，并在长期的养马实践中，精心选育出了著名的优良马种——建昌马。建昌马在汉代又称“榨马”。《史记》载：“巴蜀民或窃出商贾，取其笮马、僰僮、牦牛，以此巴蜀殷富。”“笮”当时指凉山东北部的甘洛、汉源一带。唐《蛮书》载：“乌蛮……邑落相望，牛马被于野。”“土多牛马，无布帛，男女悉披牛羊皮。”由此可见，彝族养马、赛马的历史由来已久。建昌马躯体短小精悍、体质结实、机警灵敏、性情温驯、易调教、负载能力强，行走于崎岖山路之间竟如履平地，因而成为凉山彝族驮载和乘骑的主要工具。许多彝族人以拥有一匹上好的建昌马而自豪，常将自己精心饲养、调教出来的骏马炫耀示众，寻找对手比高低。彝族向来喜欢善跑“小踪”的中等个子的马。多山多谷的彝族地区不同于茫茫的大草原，山间的羊肠小道相当险恶，一不小心失足则跌下万丈深渊。建昌马小巧玲珑，行动敏捷，跑起山

① 参见韩勇、苏高：《论彝族火把节中的传统体育活动》，载《西昌学院学报》（自然科学版），2007（9）。

路来又快又稳。所以历代文献中对“建昌马”有所称颂。《小方壶舆地丛钞》载：“南中民俗以牧畜为富，故马独多。”“黔马小而习险，其行步收敛，不敢放蹄，故蹀峻驰危，稳骤不蹶，水西乌蒙马最良。”《滇行纪程》载：“滇中多良骑，质小而蹄健，登危蹬若平地，故水西之骏，滇黔多之贵。”《黔书》载：“水西之马状甚美，前视鸡鸣，后瞩犬蹲，隔阔膊厚，腰平背圆，体卑而力劲，质小而德全，登山越岭，逐电尔云，有马如此，不可谓不良也。”凉山彝族各地都流传有古代和近代各种名贵骏马的故事，这些骏马都有雅名。例如，凉山喜德地区传说的“都都拉呷”骏马，传说它跑起来时能够踩死草坪上来不及飞走的云雀，可见其速度之快。彝族对骑手的要求相当苛刻，特别是大赛时人们对骑手的选择非常慎重。一般要求骑手身轻如燕、骑马姿势好看，并且要胆大心细。如果马获胜，骑手将获得不薄的礼品。很多骑手从小善骑马，不怕苦，不怕累，还要不怕死，也就是不怕发生意外事故。同时，很多骑手也是驯马师。

彝族“相马”有其独特的一套理论和方法。什么样的马才是好马，这有一定的标准，好的马匹其身体的各个部位都非常讲究。马的头要大，耳朵要向上且有力，眼睛要大而鼓，马的鼻孔也要大，这样才好喘气，马的嘴也要大，在赛跑时必须张开大嘴，跑时应该是埋头和嘴，以快触到地面者为佳。马的颌颊要大，这样才能够多吃东西。马鬃不能太厚，马腰肢不能太长，马肚不能大，马后腿不能太直，马蹄不能大，马旋不能长在马脖子和马嘴上，一般认为长在脖子上是上吊旋，长在嘴上是吃人旋。马的鬃毛最好是纯黑色或纯绛红色。白斑点长在背两侧者被喻为翅膀很好，白斑点长在两前肢或两后肢者也很好，额头上的白斑点也很好，但白斑点从额头长到嘴角上的却不好。彝族将马分为几等，如骏马、跑马、骑马、驮马等。

彝文古籍《西南彝志》中详细记载了古代彝族赛马运动的盛况：“骑士到来，如天上流星。戴斗笠的汉，着披毡的彝，云集看跑马，大家都夸奖，彝给汉增荣，汉与彝增威。”① 各地都有固定的赛马跑道，彝语叫“九甘”，“九”意为“转”、“跑”，“甘”意为“路”、“道”。“九甘”一般不设在平地上，而是在各自的房前屋后寻一圆形小山包，先用锄头绕着山腰开一条便道，并将两头的路连接起来形成一个大圆圈，然后将马匹用绳牵着绕道行走数圈，当马熟悉便道并会主动绕道而行时，便飞身上马，扬鞭催马，绕着山包飞驰。如此旦晚各一次，长此以往，骏马便会训练有素，并能在大规模的比赛中稳操胜券。

彝族赛马

火把节的赛马方法是在草坪上修一个圆形的大跑圈，让参赛的骑手骑上各自的马匹，站在起跑线上，等待哨令，听到哨声后策马直追，以第一个到达终点者为胜。比赛规则同样是赛胜者，败者被淘汰。赛马，从村、乡、片区、县，逐级举行淘汰赛，参加全县比赛的都是各

① 贵州省民族研究所、毕节地区彝文翻译组编译：《西南彝志选》，贵阳，贵州人民出版社，1982。

地的优胜者。赛马不仅是赛马力、跑速，而且也是骑技、姿势、技巧等综合性的竞技项目。比赛时，一般两匹马为一组，分甲、乙双方比赛，马多则分为若干组，进行淘汰赛。赛马的方法有两种：一是赛跑速，以最先到达终点者为胜，此种赛法称为“大踪”赛。赛前两匹马齐站于同一起跑线上，闻令举蹄，像箭一般冲出，骑手倾俯马背，手持缰绳，轻轻抖动，不断为马鼓劲，马得到主人的鼓励后，更加扬蹄奔驰，直奔终点。比赛方法无特殊规定，不论用何种骑术，第一个到达终点者为胜。二是“小踪”赛。这是凉山彝族最为传统的赛法，被称为真正的彝族赛马。它主要是赛骑术、姿势和基本功，难度较大，因而骑手的骑术达不到一定水平者不能取胜。比赛要求骏马起跑时不能扬蹄狂奔，而是用碎步有节奏地缓缓前行，观者只见马蹄频频翻飞而不见马身有大幅度摆动，骑手稳坐马背而不受颠簸，有些骑手手端酒杯稳稳当当地坐在马背上却滴酒不洒，其跑速则保持在一定的水准上，被视为高水平、高层次的比赛，故在此项目中获胜者备受敬重。获胜的骏马也会名扬四方，前来议买者络绎不绝，马价也猛增数倍。这大大鼓励和促进了养马、赛马的积极性。

二、斗牛

斗牛，凉山彝语为“牛顶”，它与西班牙斗牛有本质的区别。众所周知，西班牙是人跟牛斗，而彝族地区的斗牛是牛跟牛斗。彝族地区的斗牛一般分两种情况：一是平时将村与村之间较有名的公黄牛赶到一起比高低；二是火把节期间则将方圆几百里较有名的公黄牛赶到斗牛场来决出高低。一般民间有一种约定俗成的斗牛习惯，那就是斗牛中任何一方的牛被顶伤或死亡，另一方不负任何责任。但也有例外，假如有人在牛主人不在场且斗牛场环境恶劣的情况下，擅自进行斗牛，将主人的牛斗伤亡，将视其情况加以赔偿。

斗牛一般无严格规定，找一平整的场地，将两头斗牛与一条小母牛一起赶至斗牛场，然后用披毡将斗牛的头蒙住，并悄悄将小母牛拉出场外隐蔽起来，待揭开披毡，两条公牛同时发现小母牛不见了时，会怒气冲天，吼叫着用前蹄用力刨土，或瞪眼对视，如此以试探对方的虚实，继而冲向对方，用锋利的牛角不断碰顶对方，直至一方体力不支夺路而逃。胜者高昂着头，不断地吼叫示威，牛的主人则喜之不尽，赶紧将牛牵至领奖台，为牛披红挂彩，接受观众的注目礼。

斗牛现场

斗牛前，各村寨要选出代表参加斗牛大会，并选出各自村中膘肥体壮的牛中之王，即冠军之牛。斗牛的种类，大小凉山彝族地区都是黄牛，云南和贵州的彝族地区除黄牛外还有水牛。大会开始时，由一位有威望的人宣布斗牛开始，顿时锣鼓喧天，长号齐鸣，鞭炮震耳，青年男女在场边弹起大三弦月琴，跳起欢乐的舞蹈。在场边的标杆上，挂着球形的“彩红包”，这是给获胜牛的主人准备的。在万众欢腾的热浪中，放牛人将一头头体大角尖的公牛牵入场内，接受裁判员的审视。一声令下，按照事先选好的对手，按淘汰制的比赛程序，将赛牛放出，任其角斗。凶猛的公牛扬蹄翘尾，勇猛地向对方冲去，角对角地顶碰，直到将对方斗败逃窜为止。斗牛也可以说是一种选择优良牛种的形式，对畜牧业和农业有着积极的意义，谁的牛获胜，就意味着放牛青年是勤劳的畜牧能手。火把节的斗牛方法是：胜者斗胜者，败者被淘汰。斗牛的前后十几天的时间，村里、乡里、县上层层淘汰。有的公牛不愿进场子，人们便会牵进一头正值发情期的母牛相诱，于是，两头将要对阵的公牛就会因“争风吃醋”而引起搏斗。大的火把节上，参加斗牛的黄公牛多达几百头，可以斗几天，让人大饱眼福。参加比赛的牛都是专人饲养，受训练过的，十分听从主人的话。优秀的斗牛还会使用扑、撞、闪、让等技能。斗牛互不相让，人们屏息观看，希望自家村里的那头牛早点获胜，为村寨赢得荣誉。在云南有些地方的彝族火把节斗牛中，输的一方还会把带来的酒交给获胜的一方，由获胜者自由支配。

三、斗羊

斗羊的规则与方法同斗牛基本一致，在羊的选择上，彝族人一般用绵羊而不用山羊。羊的主人在节日来临之前就精心喂养将要参赛的公羊（山羊、绵羊均可参赛）。参赛的公羊一般都选羊角粗且尖而长的，而且要力大。斗羊开始，双方各从两头相向而驰，猛烈撞击对方的一角，然后又小步退回，又猛冲过去撞击一角，这样往复撞击许久。直到一只羊不敢冲过来碰撞，另一只羊即获胜。

公山羊与公绵羊的斗法则不同，绵羊后退加助跑，利用惯性冲撞对手，而山羊则就地站立往下猛敲。这样，绵羊的体力消耗大，且山羊角尖，经常是绵羊吃亏，有的羊斗完后伤情较重，头皮破烂。获胜的公羊要给予奖励，挂彩色布条，还要给予羊的主人以布匹、钱的奖励。

四、斗鸡

斗鸡是火把节中饶有情趣的活动，参斗的鸡采用淘汰赛的办法产生“冠军”。两只大公鸡一相见，就竖起颈部的毛，头抬得高高的，眼睛睁得圆圆的，不时地转动眼珠，全神贯注地盯住对方的每一个动作。斗鸡的主攻点是对手的眼睛，有的鸡被啄得头破血流，眼珠吊在眼眶外还不认输。公鸡认输的方式是极为有趣的，也是特别的，它会把头伸进对方的腹下，赢了的一方也就善罢甘休，不再“乘人之危”。

第三节 摔跤

彝族火把节传说中的人间力士与天上力士摔跤的母题，寓意彝族先民由依赖自然向摆脱自然的转变。火把节前的摔跤仪式是纪念彝族祖先与自然物、自然力斗争的英雄业绩，更是彝族英雄崇拜情结的集中诠释。“最早的摔跤仪式，从属于宗教活动的需要，由于摔跤可以表现和激励彝族人民的勇武精神，因而摔跤的胜利者可以得到人们的赞誉，摔跤仪式也因之逐渐发展为含有自娱成分和表演成分的民俗活动。”①

明《寻甸府志》“风俗”篇载：“黑猡罗头戴黑毡笠，遇尊长则去其笠，露顶为礼，男入女家为倒劄门，交易则刻木为信，死无棺椁，以火麻缚死者坐而化之，此尤暴露之甚也。白猡罗大抵与黑猡罗同。六月二十四日杀牲祭祖，夜以高竿缚火炬，以明暗占岁亩丰。男子以力相搏者谓之跌四把腰。”摔跤是火把节中的一项重要内容，也是小伙子们大显身手的机会。火把节摔跤完全是“彝族式”的摔法，一般采用“三打两胜”制，摔跤手要系上不同颜色的腰带，一般以红色和黄色为多。双方摔跤时互相拥抱而从对方的后背的腰带上抓紧对方，摔跤时把对方抬起并用脚绊对方的脚，谁的上身先着地谁为败者。摔跤为双人对抗赛，双方一开始互相搂抱着，由一方先发起进攻后，另一方拼命相搏，当一方将对手高高抱起并旋转起来时，观众开始哗然，

① 杨知勇：《火把节习俗的三种存在形式及其演化轨迹》，见中国民俗学会编：《中国民俗学研究（第一辑）》，167 页，北京，中央民族大学出版社，1994。

彝族摔跤

人们的目光盯住被旋转起来的赛手，“啪”的一声，落地后，观众才松一口气。这样连摔三次，赢两次为胜，输了一个，又上另一个，像擂台赛。最后的战无不胜者为本年的摔跤英雄，他因此会闻名遐迩，成为姑娘们敬佩的传奇人物。

第四章

火把节的文化内涵

纵观与火把节有关的文献记载和民间口头传说，火把节期间的敬天祭祖、烧虫逐疫、叫魂赎魂等仪式均具有深厚的文化内涵，正是这些文化内涵才使得火把节传承千年而不衰。

第一节　敬天祭祖

在中国各民族的民间信仰中，认为祖灵能凭借法力保佑其子孙后代繁荣昌盛、永传不替，后代子孙要想得到祖灵的保佑，就必须奉行祭祀。彝族是祖灵崇拜最厚重的民族，就像彝谚云：“人作斋则荣，人祭祖则盛。”彝族人认为，祭祀祖先神灵，可以得到祖先神灵神秘力量的庇佑，因此，彝族的祖灵崇拜在他们的节日仪式中得到集中的体现。祭祀，也就是祈求吉利，充满人伦色彩，民族节日，便成了祭祀者与被祭祀者保持密切联系的最重要的时机。用有规律的、令人印象深刻的节日仪式祭祀祖先，便能够在整个族群内心沉淀出厚重的历史责任。祖灵的祭祀，实际上是人类社群对生计压力的一种适应，由此而转化为祖先崇拜，并在节日之中集中体现出来。①

祭祖是火把节的一个重要文化内涵，而且代代相传沿袭至今。关

---

① 参见金毅：《民族节日与民族心理》，载《黑龙江民族丛刊》，1994（4）。

于火把节敬天祭祖，各种文献、方志的说法大体一致。《南诏野史》说："谕以是日（6 月 24 日）祭祖，不赴者罪。"（景泰）《云南图经志书》说："每岁六月二十五日，杀牲祭祖。"《云南通志 · 临安》说："敬天祭祖，长幼皆严肃，无敢哗者。"《续云南通志》引《临安府志》："爨蛮俗或以六月二十四日为节，十二月二十四日为年，至期，搭棚以敬天祭祖。"光绪《普洱志稿》说："每岁 6 月 25 日，祭田祖，以照田占岁。"《云南通志 · 易门》说："祀祖于门首，拜坟祭祖。"《赵州志》云："祭祖设尸，或凭古树，事必决于火头。"民国《元江志稿》说："祭天地祖先。"《贵州通志 · 普安府风俗》："州志，夷人每岁以冬夏二季月二十四日为火把节，属豕宰牛，以祭其先，小儿各持火炬喧戏于市，如上元，除岁然。"陆次云《峒溪纤志》载："六月二十四日，名火把节，苗相聚啖牛豕，爨人六月二十四日祭天过岁。"

火把节的搭棚敬天是对神秘自然力的一种崇拜的象征，这源于火把节口头传说中的天虫、蝗虫是天神怒而派降人间毁坏庄稼，人们认为这一切都是因为人摔死、打死了天神的爱将，隐喻着人与自然的冲突与不和谐。于是，如果人要获得农业丰收、安居乐业，就必须敬祀天神，向大自然表示敬意，与大自然和谐相处。祭祀祖先，与其说是请祖先回来享祭新收的荞麦以及牛、羊、猪、鸡等牺牲，不如说是为了请祖先保佑农作物的丰收以及对后人幸福安康福祉的护佑。宁蒗彝族在婚丧嫁娶等人生礼仪以及重大节日活动中，也经常祭祀祖先，在火把节的第一天也要行祭祀祖先仪式，将荞粑粑、鸡以及酒茶等祭品摆放在神龛上，然后男主人念诵"今日火把节，肥猪祭献你，壮羊祭献你，美酒香茗祭献你祖灵，希望祖先赐予我一家人丁安康，六畜兴旺，五谷丰登"的诵词。彝族在火把节期间敬天祭祖，是为了敬请天神自然之力和祖灵的神秘之力能够保佑人们获得农业丰收，从此生活安康、幸福。

第二节　占田祈丰

彝族火把节所要达到的首要目的是风调雨顺、五谷丰登，这是节日的最终目的，也是欢度这个节日的民族的心理愿望。有关“照岁祈年”的各种记载，明《楚雄县志》载：“六月二十四日为星回节，燃松炬照室及田间，每田水口每荞地一处各磔一鸡以祈丰收。”乾隆《云南通志》载：“照田祈年。”乾隆《石屏州志》载：“四野松炬烛天，亏岁之一丰凶。”乾隆《陆凉州志》和民国《建水州志》载：“设牲醛祈岁。”乾隆《新兴州志》载：“照田占岁。”道光《昆明州志》载：“照田占岁。”道光《大姚县志》载：“束松为炬高丈余，入夜争先燃之，村落用以照田，占岁之丰歉。”光绪《鹤庆州志》载：“立火树，或曰照岁，或曰照穗。”光绪《普洱府志稿》、民国《景东县志稿》、民国《姚安县志》载：“照田占岁。”光绪《续修顺宁府志稿》载：“或持炬照田禾，视火色可占岁事。”民国《禄劝县志》载：“照岁祈年。”《牟定县志·风俗志》载：“六月二十四日星回节谓之火把节，斫松为燎，高丈余，入夜燃之村落，用于照田，以炬之明暗占岁之丰歉，街市儿童扬松脂末，互相烧撒为戏，以户杀牲饮酒。”民国《赵州志》载：“或持炬照田园占岁。”民国《昆明县志》载：“以炬之明暗占岁丰歉。”《江州县志》载：“照禾占丰歉。”许瓒曾《东还纪程》载：“云南马龙州六月二十四日为年节，是晚，妇女俱艳妆，燃炬照屋谓之照岁。”袁嘉谷《石屏县志》载：“六月二十五日，四野松炬烛天，占岁之丰凶，明则稔，暗则灾。幼者各燃松炬相斗，以胜负卜村之丰凶。”清道光《昆阳州志》载：“六月初一至六日礼南斗，二十五日为星回节，醵饮啖生，夜燃松炬于街衢，村落照田占风。”清《弥勒州志》载：“六月朔日至六日礼南斗禅年。星回节俗谓之火把会，在六月二十四五两日，斫松为燎，高丈余，入夜争先燃之，村落用以照田祈年，以炬之明暗占岁之丰歉，街市童儿捣松脂末，互相烧撒为戏，比户剁牲饮酒。汉夷同之。”郑顺《云南图经志书》说：“每岁以高竿缚火炬烛天，以占岁之卜凶，明则稔，暗则灾。”

据彝族老人说，火把节是彝族历法的岁首之节，和汉族的春节一样有除旧迎新的习惯。在火把节盛行的武定、禄劝，彝家有“过火把节是要引谷穗出来看火把”，“不玩火把庄稼就会被火烧焦，要要火把将地下的火种引出来”，“要火把是为扑灭秧苗的病虫害”等说法。这些说法中有民间信仰的成分，说明了火把节与农业丰收的关系。再从节日期间祭神、祭“田公地母”与“送祟”来看，火把节应当是一个祈求丰年的节日。它是由于早期彝族社会生产力低下，人们对自然力量的屈服、依赖而产生的。[①] 缪鸾和先生在《武定禄劝民族调查报告》中也说：“我们也曾问过火把节的来由。太平乡明朗人李朝义说：‘是引谷穗出来看火花。’”人们在火把节，一是从心理出发，敬天祭祖，希望天神与祖先护佑自己获得农业丰收，二是从直接、具体的照田烧虫、驱逐灾疫实践出发，以保证农业收成不受虫灾、旱灾等影响，从而获得丰收。所以，火把节的第一文化要义就是祈求农业丰收，它是协调人与自然之间关系的一个仪式性节日。

第三节　烧虫逐疫

中国以农为本，蝗虫一向是敌害，并受害最深。《诗经》云：“去其螟螣，及其蟊贼，无害我田稚，田祖有神，秉畀炎火。”据徐光启《农政全书》统计，早在春秋至战国的四百多年间，受蝗害就有110次之多。早在殷商时代就已有“烧祭”蝗虫的记载，殷人腹地是蝗灾的高发地带，蝗灾不断而烧祭频频。甲骨文中就有烧祭蝗虫的记载。[②]

---

① 参见何耀华：《中国西南历史民族学论集》，531～532页，昆明，云南人民出版社，1988。

② 参见丁山：《中国古代宗教与神话考》，475页，上海，上海文艺出版社，1988。

丁山先生考证的“所竞之神有先王……有昆虫与凶神”，道破了南诏“烧人”意象的深蕴，并再次说明祭天、日、旱、蝗神的内在统一，这正是举着火把祭田祖、烧螟蝗的含义。李京《云南志略》爨人风俗：“腊月二十四日祀祖，如中州上冢之礼。六月二十四日，通夕以高杆缚火炬照天，小儿各持松明火相烧为戏，谓之驱禳。”许印芳在《五塘杂俎》中说：“火把节之日既夕，在所人户，同时燃树，入室遍照幽隐，口中喃喃作逐疫送穷语。而农人持火照田以祈年，樵牧渔猎各照所适，求利益大光明中。”《中华风俗志》说：建水县，“街燃松炬，醵饮村落，以炬插田，设醛致祷，即诗‘田祖有神，秉畀炎火’之意。”

驱禳逐疫是火把节又一个重要的内容，各种记载无一不漏地记述这个内容。元李京《云南志略》“谓之驱禳”；《云南通志》“一曰焚虫，一曰逐疫，未知孰是”；道光《大姚县志稿》“谓之烧霉气”；民国《大理县志稿》曰“又有熏田驱螟螣者”；咸丰《邓川州志》曰“驰马并鸣锣逐疫……曰烧霉气”；民国《顺宁县志初稿》曰“各村寨立火把以扑害虫，俗称火把节”；民国《元江志稿》曰“乡人持炬行田塍，以驱害虫”；光绪《云南县志》曰“村中举火照田，谓能避蝗”。谢肇淛在《滇略》中也云：“六月二十五日入夜，家家束松明为庭燎，杂以草花，高丈余，燃之。杀牲祭祖，老少围坐火下，饮酒达旦。自官署郡邑以及乡村田野无不皆然。谓之火把节，又谓星回节。又云为火炬照田苗，以火色占农，一曰焚虫，一曰逐疫。”《大理县志稿》：“六月二十五日星回节，又曰保苗会。用柴竹剖束为火炬，燃之以熏田驱螣。”吴应枚《滇南杂志》：“六月二十四日燃炬，携照田地，云可避虫。”宁蒗彝族驱禳逐疫的方式以举火把、给烧红的石头洒水的方式在房前屋后、房内门首、田间地头边念诵：“除呀除，污秽污物祛除，污秽祛除。祭牲不洁要祛除，屋上不洁要祛除，屋下污秽要祛除。人籍人魂除污请进家，生神孕神除秽请入家，福神佑神除秽后，灵魂朗朗进家来。”他们一边口诵，一边做驱逐的动作。

火把节中举着火把跑到田间，插在田埂上的意象正是清除疫鬼，并连同火把一起“处死”。缪莺和先生在《禄劝调查报告》中“把所有的火把都送进村外石板盖着的大坑中”也是“闷死”火（旱魃）的象征，也可作为佐证。台湾学者陈正祥查阅了三千多种方志，绘成中国蝗虫庙分布图，得出中国古代蝗灾的分布范围和特点四条结论。其中第四条说：“云南省虽在南方，但因为是一个高原，该高原中部的湿度和雨量与东南各省不同，而和太湖流域相似，所以蝗灾的发生地较普遍。”[①] 从蝗虫庙的分布图看到，云南有八蜡庙（祠）39 座，大致分布是：大理 10 座，楚雄 9 座，昆明及其附近 6 座，曲靖 1 座，红河文山 2 座，昭通 3 座。令人惊讶的是，八蜡庙的分布，正好与火把节的发生地区和主要流行地带相吻合。由此我们说，火把节“烧天虫”并不只是“传说”，有其存在的生态背景。人们祈求丰收，“照岁祈年”的愿望，是火把节历久流传的生命力。[②]

第四节 叫魂赎魂

各地彝族普遍认为人有三个灵魂，而且灵魂永远不会死，人死是他的三个灵魂离开他的身体的表现。他们认为身体只不过是灵魂存在的一个实体，没有灵魂的存在，体内的血、气就不会产生，因此身体也就不复存在。彝文经典《说文·论人道》说：“始祖希母遮，昭穆二先人，他是自然造，身体赋灵魂，血与气攸分。”[③] 凉山彝族传说：“古时世上只有‘按遮’、‘瓦沙’这两户人，由于灵魂不会离开身体，他们的子孙越来越多，以至于出现了人吃人的现象。天神恩梯古兹为了拯救人类，用铁棍从天上打下来，每户有一人的灵魂被打掉，即每家有一人被打死，死者的灵魂——鬼，能够使活人的灵魂永远离开身

① 陈正祥：《中国文化地理》，52 页，北京，生活·读书·新知三联书店，1983。
② 参见谢沫华：《火把节的文化含义研究》，载《云南学术探索》，1998（2）。
③ 引自丁文江编：《爨文丛刻》（甲编），第三章。

体，人间因此才出现了死人的现象。”在彝族祖先崇拜者看来，人生时，灵魂附于身体之内，人死后则独立存在，或栖附于他物，或往来于阴阳世界，或游离于死者的村寨、住所附近。他们称这种游离存在的灵魂为“鬼”。[①] 所以，彝族是一个特别强调灵魂观念的民族，为了不使灵魂离开自己的身体，彝族便产生和传承了各种各样的叫魂习俗。在万物有灵观的影响下，他们不仅为人叫魂，也为农作物和牲畜叫魂。火把节作为一个重大的民族节日，有着各种叫魂、赎魂仪式。

民国《新平县志》载：“六月二十四日火把节家家皆剁生为食，以鸡头当门叫魂。儿童各执火把相照，是夕行人路过者，群以火把随之。”杨履乾《昭通县志稿》载：“八月初间为旧时火把节，夜中燃松竹之炬，与滇中各处相同，至乡间则以为照田祈年，以火明暗占岁之丰歉。虽属迷信，然亦有验者，至有置火把当门为小儿叫魂，则不可解也。”宁蒗彝族在火把节转头仪式上用祭牲赎回人魂：

哦——今天迎新纳祥时，万物成熟时，日归星回时，年饭美酒最先祭献你，祭品献神灵，祭牲赎人魂。祭献这肥猪，身高入云天，叫声传九霄，肥猪祭献神灵赎人魂，猪魂赎人魂，猪肉赎人肉，猪肉香人肉苦，猪皮赎人皮，猪皮暖人皮寒，猪腿赎人腿，猪腿肥人腿瘦。肥猪祭献神灵赎人魂，赎回主人一家老少之魂灵……

云南永仁县的彝族在六月二十四日火把节期间还有为即将收割的荞麦叫魂的习俗，他们念诵的叫魂辞为：“……年岁月岁转，北斗七星转，太阳月亮转，今天年腰上，六月二十四又到，来到荞麦地，召你荞子魂，召你回家去，召你上楼去，回家上楼坐神位……”[②] 为即将收成的荞麦叫魂归家，本身也是祈丰的另一个手段，目的指向依然是农业的丰产丰收。

---

① 参见吕大吉、何耀华主编：《中国各民族原始宗教资料集成（彝族卷·白族卷·基诺族卷）》，109页，北京，中国社会科学出版社，1996。

② 云南省民间文学集成编辑办公室编：《云南彝族歌谣集成》，141页，昆明，云南民族出版社，1986。

第五章

社会文化功能解析及当代变迁

民族节日是民族文化的重要载体，民族价值观是民族节日文化深层结构的一个重要方面。民族节日文化是指某一民族所创造和实践的在一定文化时空所展演出来的各种文化特质的综合体，它包括物质、精神、伦理道德、气质性格、思维方式、风尚习俗、艺术等。

第一节 农业生产

火把节是一个集祈丰、祭祖以及娱乐为一体的传统节日，其中，农业祈丰是其最为重要的核心内涵，它主观上采用敬天祭祖、转田、照岁、送火把等仪式，在客观上起到一个促进农业生产的作用。

首先，火把节通过一个以一年为周期生产时序象征，来强化人们的农业生产和生活时间观念。云南元谋县的彝族在火把节期间必须唱掌火歌，歌的开头即是："十二月一轮火把节，火把节一年过一回，今年火把节已过去，来年再来过火把节。"[1] 他们以动物作年号，十二月个中由动物轮流来掌火，其中鸟类六种，兽类六种。[2] 火把节期间，

---

① 云南省民间文学集成编辑办公室编：《云南彝族歌谣集成》，169 页，昆明，云南民族出版社，1986。

② 六种鸟类是乌鸦、喜鹊、野鸡、箐鸡、画眉、鹞鹰；六种兽类是豪猪、麂子、狐狸、小牛、毛羊、小猫。

每村每寨都要竖立高两三丈的大火把，按平年扎十二台，闰年扎十三台，象征一年的周期，这是一年时间的聚合符号，而且用火燃烧的象征手法表现出来，十二台火把燃尽表示一年十二个月的结束。漾濞彝族自治县鸡街乡过路巴村过火把节，“燃火把即以村寨为单位或是三五户人家相约，在村前村后的路口上竖起火把。火把高一两丈，扎成数台，平年扎十二台，闰年扎十三台，在火把尖端插上纸做的升斗和彩旗，升斗四面写上‘五谷丰登’、‘六畜兴旺’、‘年丰人寿’、‘四季发财’等字样，火把上挂满了包有硬币的小包子和各种水果……除扎大火把外，各家各户还扎小火把，人少的扎一把，人多的扎数把，有的家庭一人扎一把。扎小火把分丫数，同样是遇平年扎十二丫，遇闰年扎十三丫……念到：‘烧一烧，烧死蚊虫跳蚤；烧一烧，烧去灾星秽气；烧一烧，百病俱除；烧一烧，五谷丰登’”①。

其次，举行各种火把节的祭祀仪式，在心理上采取一种主观的自我提示和丰收祈祷。宁蒗沙力坪村彝族火把节祭五谷神、祭祖以及转头仪式上念诵的祭祀词中均有“哦——今天，万物成熟时，日归星回时”的内容，旨在说明火把节是万物成熟、日归星回的重要时刻，这个时刻是一年耕种即将收成的关键时节，一定不能轻易耽误最后的农作工作，更不能耽误灭虫害、准备收割并最后及时收割等具体环节，否则将会歉收甚至颗粒无收，直接影响人们的生存和生活。如在祭五谷神仪式上念诵：“万物成熟时，日归星回时，吉祥月美时，祈愿果实累累，荞秆粗如棒，荞叶大如笠，荞粒大如拳。割时收时磨时都能成倍增。害虫能防除，风调后雨顺。吉年祥月迎新年，人丁安康，六畜兴旺，五谷丰登。”

最后，人们到田间地头耍火把、舞火把以及最后一天的送火把的仪式，象征了人们在田间积极烧灭害虫的具体实践，通过送走、埋掉火神（旱魃）的劳作行为，以保证获得农作物的丰收。清《东川府

---

① 王丽珠（彝族）：《大理州彝族原始宗教调查》，未刊稿，转引自吕大吉、何耀华主编：《中国各民族原始宗教资料集成（彝族卷·白族卷·基诺族卷）》，373～374页，北京，中国社会科学出版社，1996。

志》载："诸蛮年遵大统，在雍正年间犹以建子月为岁首。六月二十四日为星回节。一作心，一作腥脍。至夕，燃炬照田禾，烧屋宇果树上刺毛虫，互相称贺，视火色浓淡辨年岁丰啬。六月二十四日为星回节，燃炬于街衢醵饮，村落照田占岁。"宁蒗县沙力坪村彝族在送火仪式上念诵到："烧掉害虫，烧掉害蛾，烧掉贫穷，烧掉饥寒，烧掉饥荒。"该祭祀仪式及祭祀词寓意着烧掉了害虫、害蛾，就可以烧掉贫穷和饥寒，就会获得农业丰收。

第二节　文化传承

露丝·本尼迪克特在其《文化模式》中指出："个体生活历史首先是适应由他的社区代代相传下来的生活模式和标准。从他出生之时起，他生于其中的风俗就在塑造着他的经验与行为，到他能说话时，他就成了自己文化的小小创造物，而当他长大成人并能参与这种文化的活动时，其文化的习惯就是他的习惯，其文化的信仰就是他的信仰，其文化的不可能就是他的不可能。"①

彝族民间节日的教育活动，是通过节日宗教活动进行的，其教育功能往往和民族审美意识联系在一起。许多节日宗教活动，都贯穿着继承民族优秀文化、发扬传统美德、维护群体生存这一主题。在民间节日的行为传承中，大都附着一个节日的民间传说，传说具有强烈的思想性和可信性。节日期间，长辈向小辈讲述节日传说，寓教于乐，起潜移默化的作用，使人们从小受到传统文化的熏陶。火把节的传说异文很多，从深层次看，都贯穿着同一个主题，即为群体的生存而敢于赴汤蹈火。年复一年的火把节，一次又一次地叙说着这些传说，培养着人们高尚的道德和精神气质，增强人们对生

① ［美］露丝·本尼迪克特：《文化模式》，何锡章、黄欢译，2页，北京，华夏出版社，1987。

活的勇气，加强群体的自信和凝聚力。火把节上许多外显的民俗活动都有一个共同的导向。如宁蒗彝族火把节的“冲门”活动，人们手拉着手，冲破土司家的四道门，是团结一致争取胜利的象征；禄丰高峰彝族火把节送火仪式上的大刀舞，是培养人们勇于拼搏、勇于进取的精神；许多节日都由德高望重的长者主持，火把节的火把要请有威望的人来点燃，传递人们尊老爱老的良好美德；火把节上的点火祀田，它的潜在意愿是适时耕种，精耕细作，精心管理，防止病虫害，确保丰收。向人们传递的信号是中耕已毕，谷子扬花之时，是病虫害发生之日，群体要注意防治。

第三节　社会整合

社会整合（social integration）是社会学术语，指社会将无数单个的人组织起来，形成一股合力，调整种种矛盾、冲突与对立，并将其控制在一定范围内，维护统一的局面。① 在传统民间节日期间，青年人是最具生气、最活跃的群体，他们希望通过这些集会，能够结交朋友，找到知心的伴侣。民间节日是各民族内部以及各民族之间互相往来的载体，是各民族精神气质、审美价值以及生活方式的集中展现。民间节日是民众聚集心理所产生的结果，它客观上显示了民族的整体精神与群体力量，人们自觉地把自己纳入社会整体之中，共享群体的氛围，共述历史的记忆，共表群体的愿望。

彝族有“星星是天上的灯，火把是彝家的灯”，“风把白石吹拢，弓把羊毛弹拢，火把使亲人聚拢”的谚语。彝族人将火把节称为“过小年”，这与彝族人的历法相关。不过，在彝族人的生活中已经发展出了一整套的火把节礼仪，这直接影响着人与人、个体家庭间和姻亲间的关系。一般情况下，火把节的第二天，人们就会把自己家的肉送

---

① 参见郑杭生主编：《社会学概论新修》，54页，北京，中国人民大学出版社，2003。

火把节的歌舞

给寨子里年纪较大的老人，特别是孤寡户，人们以此来表达对老人的尊重和敬爱，同时，这也成为评价某个人、某个家庭的道德标准。出嫁的女儿，无论年纪多大，只要父母还健在，她们必须在火把节的第二天回到父母的身边小住，并带上祭祀的肉，表达自己的孝心和思念。另外，刚结婚但是没有圆房的小媳妇，在火把节期间，丈夫就会将她接回去参加最为重要的转头仪式，从仪式中将他们的命运紧紧联系在一起，希望并祝福他们永远相亲相爱。彝族青年男女尽情地用火来表达感情，用火来寻找爱情，他们唱歌跳舞，尽情狂欢之后，泉边、树下、岩旁、花丛中，到处是双双对对的恋人，他们弹着月琴或吹着口弦，直到翌日清晨，人们还能听到不绝于耳的歌声。

这样，个人之间、夫妻之间、家庭之间、姻亲之间在节日的礼节性交往中与节日融为一体，从而强化了节日在礼教中的功能和作用，使所有的人、家庭紧紧联系在一起，强化了节日的内聚力和人们对道德的持有和实践，这自然也就成了火把节赋予彝族人超越宗教和娱乐的象征和行为实践。

第四节　火把节的当代变迁

火把节的仪式传承至今，让每个彝族都对人与神、人与人、人与自然的关系进行思考，并用自己的虔诚为其他的人祈祷，从这个意义上来说，传统的火把节是一个融祭祀、祈祷、娱乐为一体的节日。而今天，人们对火把节有了新的理解，人们将火把节当作展现自己的舞台，他们希望被“他者”所接受和理解。火把节成为彝族族群文化的重要标志。火把节作为彝族人生活中最重要的节日越来越受到了政府的重视，政府除了从政策上给予民间大量的支持外，开始将火把节视为弘扬民族文化和发展经济的最好时机。所以，政府开始对火把节各方面的活动进行规划和管理。除了宗教色彩很浓的各种仪式外，其他各种文娱活动基本上受到了政府的统一规划和管理，致使火把节的娱乐功能和经济功能越来越强。

一、实行火把节放假制度

宁蒗彝族自治县的彝族人口占全县总人口的63%，加上普米族、傈僳族、纳西族以及纳西族摩梭人等过火把节的人口，全县过火把节的人口超过80%以上。在这些民族的影响下，居住在宁蒗彝族自治县境内的汉族也开始过火把节，因此，火把节成为全县人民共同的节日。所以，自治县人大通过火把节放假制度。一般情况下，政府、企事业单位放假7天，学校放假3天。这样，这一制度的实施为人们参加火把节的各种文体活动提供了充裕的时间。

二、展开全县范围内的各种文体活动

从2003年开始，政府在每年的5月成立火把节筹备办公室，对每年火把节所要展开的各种活动进行统筹规划和部署。届时，政府都会拿出专项资金支持火把节的各项筹备活动，并将相关工作的落实情况列为政府政绩的重要内容。

（一）组织选美赛及民族服饰展

政府每年都会举办具有彝族特色的选美和服饰展示，如2003年就从46位选手中选出16位参加了最后的决赛，评出了以摩梭姑娘云东娜姆为第一名的金奖1名、银奖2名、铜奖3名、优秀奖10名。在民族剧院举行的民族服饰展演大赛中，从个人参赛的33套服饰里（彝族服装22套，普米族、摩梭人服装7套，傈僳族服装2套、汉族服装1套，苗族服装1套）服饰里，选出一套一等奖，两套二等奖，三套三等奖，四套鼓励奖。

（二）评比“火把节火把”，并在县城举行万人“火把游行”

这项活动中各种各样的“创意”火把，将人们对生活的希望、态度浓缩在火把的造型里，展现各民族火一样的热情和火一样的生活。①在火把节第一天晚上，由县、乡各级政府组织近两万人在县城的公路上开展“万人火把游行”活动，上万把火把点燃了所有人的热情，将整个县城变成了火的海洋。

（三）组织各种与民族文化发展有关的学术研讨会

2003年，县政府邀请云南省社会科学院制定了《宁蒗彝族自治县民族文化特色县发展纲要》，并特邀了140多位领导、专家、学者、干部、群众参与讨论，并对该纲要的制订和实施提出了各种意见。

（四）狂欢之夜联欢晚会

组织开展千人“达体舞”活动，邀请各界明星和专业演员参加联欢晚会，观众人数上万，并在县城内对晚会进行直播，尽量将火把节

① 比如有“苹果”火把、“广告”火把、“山鹰”火把等。

的文化功能释放出来。

（五）传统体育、民族歌舞比赛

火把节中举行摔跤、斗牛、斗羊、赛马、舞蹈、声乐、器乐等比赛，并对优胜者授予“小凉山大力士”、“大灵阿纵”、“冷舍伏伊”、“约格哈佳”等具有各种文化韵味的荣誉称号。[①]

从上面的描述中可以看出，火把节的各种功能在不断的变化。一方面，火把节中的娱乐功能得到前所未有的释放，规模空前扩大，政府有意拓展了火把节的内涵和外延，并动用行政资源对火把节的节日形态重新进行管理和规划，试图将火把节变成“文化搭台，经济唱戏”新舞台，为地方社会和经济的建设注入新的力量；另一方面，火把节作为民族性、地方性很强的节日，对彝族地方性文化的传承和创新有着重要的影响。

在调查中发现，政府对火把节的管理和组织，无形中改变着传统火把节的内容和功能，原来以家庭祭祀和村寨娱乐为主的火把节慢慢变成了全县性的盛会，打破了原来以村寨为主的活动界限，人员的流动性更大，节日所承载的功能也变得更加的丰富。火把节已经不再是一个单纯以祭祀、祈祷和娱乐为主的节日，火把节正在演变为全县文艺汇演的舞台，变成政府的“文化资本”。就火把节的“原生态”来说，其民间信仰成分在弱化，娱乐性、表演性和展示性在加强。

① “大灵阿纵”、“冷舍伏伊”、“约格哈佳”分别为彝族传说中最有名的骏马、斗牛和斗羊的雅称或名号。

附录一

火把节民间传说

彝族火把节的传说（一）

列索子哈　讲述

在远古的时候，天上和地上相通，天上的神和地上的人之间可以相互往来。天上有一个至高无上的神，名叫恩梯古兹。这个天神能开天辟地，改造地球，修整天形，还会呼风唤雨。他不仅主宰天上的一切，而且还掌管地上的一切，经常派人到人间来收租逼债。有一天，天神恩梯古兹听说人间有一个名叫轰挺拉巴的大力士很能摔跤，人间没有他的对手。恩梯古兹就派天上的摔跤能手斯惹阿比，来人间寻找轰挺拉巴摔跤。于是斯惹阿比就开始寻找轰挺拉巴，当他路过山脚时，见到路边有一个正在冒烟的小竹笆屋，进去一看，屋里只有一个老妈妈正在忙着烧火煮饭。斯惹阿比想在老妈妈家吃过饭后再去寻找轰挺拉巴，就问老妈妈能否在她家做客，老妈妈答应了他。斯惹阿比等了很长时间都不见开饭，只见老妈妈一直不停地往火里加柴火。一锅饭用大火煮了那么长时间怎么还没煮熟？斯惹阿比觉得有些奇怪，于是就起身把锅盖揭开，他往锅里一看，大吃一惊，锅里哪里有饭，煮的却是一大锅拳头般大小的鹅卵石。他赶忙问老妈妈煮这些石头干什么用，老妈妈告诉他说："这是我儿子吃的早餐"，并指着堆放在屋角的一大堆铜饼似的东西说："这是要煮给我儿子吃的晚饭。"听老妈妈这么一说，斯惹阿比感到很害怕，于是就立即起身往外走，老妈妈问他为什么不等到吃完饭再走时，他不仅不敢回答，而且连头都不敢回，看都不敢再看老妈妈一眼，慌慌张张地往回走。当他走到半路时，遇到了一个左肩扛着一棵大杉树，右手提着一只大老虎，嘴上打着口哨行走的年轻人。斯惹阿比暗暗地猜想：这人一定就是那个老妈妈的儿子，吃铁饼、石头之人了。的确，此人正是摔跤能手轰挺拉巴。

斯惹阿比怕被轰挺拉巴认出他是从天上来的人，就主动让路加快脚步拼命地往天边跑去……轰挺拉巴回到家时，他的老妈妈给他说："刚才有一个说自己是从天上来的年轻人，先是说要做客吃饭，后来饭也不吃就走了。"轰挺拉巴听妈妈说后大怒："嘿！刚才我也在路上遇到一个年轻人，他看到我就主动让路而走，此人肯定是恩梯古兹家的那个摔跤能手斯惹阿比，他可能是找我摔跤的。"还说："多年来我一直想找他摔跤，以决高下，但一直没有机会，今天他主动找上门来，很可惜我不在家。现在绝不能让他跑掉，非抓到他决一胜负不可。"轰挺拉巴连饭也顾不上吃就去追赶斯惹阿比了。斯惹阿比在前面跑，轰挺拉巴在后面追，一直追到吉勒格俄（彝族民间传说中的"阴阳界"）附近时，斯惹阿比眼看要被轰挺拉巴追上，就连跑带爬地往一棵大树后面跑去。当轰挺拉巴追到那棵大树跟前时，突然不见了人，轰挺拉巴认为是那棵大树挡住了他的视线，斯惹阿比才跑脱的，就往那大树上发气；他一咬牙双手抱住那大树的腰部猛地一扭，只听"吧咕"一声巨响，那棵大树被他拦腰扭断在地，轰挺拉巴怒气冲冲地转身回家去了。

那棵大树被轰挺拉巴扭断后，有一天一只小花鸟（彝语称孜孜瓦占扣）看到许多蛆虫从那棵倒卧的树里爬出来，去捡来吃时觉得很好吃。小花鸟自从发现这些虫后，每天只要饿了就去那里捡蛆虫吃，吃饱了就到附近的一个水塘里去饮水，天天如此。这个水塘里住着一只大青蛙，小花鸟天天跑来喝水引起了大青蛙的怀疑。有一天当小花鸟再次跑来饮水时，大青蛙把它抓起来进行查问。大青蛙问道："小表弟，过去我从来没有看到你到我的塘里来饮水，近来为什么天天要来这里饮水?”小花鸟先是不说实话。大青蛙再三审问它时，它才重复回答这么几句话：“安尔玛东肯委，依斯依东，安尔玛东肯委，依斯依东。”意思是说：“我吃了一些石头后消化不了，口很渴，所以，只好天天来吃水。”小花鸟吞吞吐吐地这么一说，大青蛙便哈哈大笑，指着小花鸟的嗉子说道：“既然小表弟不愿意说实话，那就不要怪我蛙大哥心肠不好，我只好打开你的嗉子看看了?”大青蛙这么一说，小花鸟真的害怕了，于是把事情的真相如实地告诉了大青蛙。小花鸟对大青蛙讲道：“有一天，天神恩梯古兹家的那位摔跤能手斯惹阿比被轰挺拉巴追赶，眼看要跑不脱时，他便一头钻到了一棵大空心树里躲藏了起来。当轰挺拉巴追来时不见了斯惹阿比，一怒之下便把那棵大树扭断了，正巧斯惹阿比就被挟死在里面了。后来日子一长，尸体腐烂生蛆，我就天天跑来吃这些蛆虫，吃得又饱又腻时，便口渴得很，于是就到你这里来饮水解渴。这件事只有你知道就行了，千万不要告诉其他朋友，以免惹出大祸来，特别是不能告诉我的邻居叫天鸟，它知道了会很不高兴的；因为它最近发现我每天都吃得饱饱的，并经常到你这里来饮水，于是它就怀疑我藏着什么好吃的东西。那天它跑来问我：‘老表，最近没见你出去劳动，反而吃得红光满面，我每天早出晚归都很难找到吃的，你肯定存有好东西，能否分一点来共同享受?’我听它这么一说，就谎称因为懒得出去找东西吃，所以饿了，只好到青蛙哥那里去饮水，以水来充饥，我的嗉子里装的全是一些水，没有别的什么好东西，至于我红光满面的问题，那是因为水喝多了的原因。叫天鸟听我这么一说，才半信半疑地走了。”

没想到大青蛙和小花鸟之间的谈话被叫天鸟偷听到了。正当它们坐在水塘边摆谈时，刚好被路过此地的叫天鸟看见，于是它便悄悄地隐藏在附近的草丛里偷听。叫天鸟越听越气愤，它火冒三丈，边听边自言自语道：“嘿！小花鸟你这个小家伙，你不仅不给我说实话，反而还在背后说我的坏话，今天我非告你不可。”大青蛙和小花鸟的谈话刚一完，只听“扑”地一声，叫天鸟立即高叫着“我知道了，我知道了”往天上飞去。叫天鸟飞到天神恩梯古兹家，把偷听到的话向天神恩梯古兹告了密，特别是轰挺拉巴摔死斯惹阿比的情况一一报告了恩梯古兹。恩梯古兹听完后大发雷霆，立即派了一群天兵下来抓轰挺拉巴。当天兵到人间时，老百姓已把轰挺拉巴保护起来了，并且奋力反抗，赶走了天兵。

天神抓不到轰挺拉巴，又派了一个名叫格圣阿伟的征粮天使下来收缴老百姓的粮食。征粮天使下来征收粮食时，和老百姓发生冲突而被打死。天神恩梯古兹听到他的征粮天使又被地上的人打死了，恼羞成怒，于是他就打开天水门发下洪水淹没人类，但洪水很快就被人们战胜了。天神恩梯古兹看到自己屡屡遭到失败，就开始施放害虫，想放害虫来吃光地上的所有庄稼，让人饿死。打开天虫门，向人间的庄稼地里放各种各样的害虫，害虫铺天盖地压来。在害虫中，有一种叫补子的害虫最厉害，这种害虫在空中成千上万只粘在一起，成团成饼地猛扑下来，一到地面立即散开落到田里猛吃庄稼。

当天神恩梯古兹大量撒下害虫危害人间时，地上的人们立即组织起来商量对抗救灾的办法，最后决定用火灭害虫。每家每户点起火把，日夜不停地到庄稼地里去捕烧害虫，在夜间，所有的害虫见到火光便纷纷自投落网，扑火自焚。

在人们的艰苦奋战下，灭掉了天虫，保护了庄稼，取得了胜利。为了庆祝和纪念这次以火把灭天虫的胜利，庆贺五谷丰收，每年的农历六月二十四日，老百姓就点起火把举行游行，以示威风，并举行各种各样的纪念活动。在火把表演时口里常念叨“怪虫滚出去，害虫滚出去，天上飞的用火烧，地上爬的用脚踩，不准你回生，无你藏身地……”等，这是火把节游行时，民间常咒害虫的歌词。

人们热爱火，崇拜火，天长日久，约定俗成，农历六月二十四的火把节就这样世代传了下来，成为彝族劳动人民最为隆重的节日。

彝族火把节的传说（二）

李　乔　讲述

从前，天上有一个大力士叫斯热阿比，地上有一个大力士叫阿提拉巴，两人都有拔山的气力，没有人能摔倒他们。斯热阿比知道阿提拉巴是地上的大力士，就从天上下来找他比武。那天，阿提拉巴得到了这个消息，但他有急事要外出，临行时对母亲说："天上的大力士斯热阿比要是来找我，请您老人家抬一盘铁饼招待他，就说这是我平时吃的东西，请他尝一尝，让他在家里等着我，我一会儿就回来同他摔跤。"

说完，阿提拉巴就出门去了。一会儿，斯热阿比真的到他家里来了。阿提拉巴的母亲就照着阿提拉巴的吩咐，抬出了一盘铁饼给斯热阿比吃，并照着阿提拉巴交代的话给斯热阿比说了。斯热阿比拿起铁饼用劲咬了一口，哪里咬得动呢！他想：阿提拉巴既然能吃铁饼，气力肯定比我大。这样一想，他连等也不等一下，就赶紧走了。

阿提拉巴回到家里，他母亲把斯热阿比来找他的经过说了一遍。阿提拉巴听说斯热阿比不能咬碎铁饼，知道气力一定不会比他大，便跑去追赶斯热阿比。斯热阿比刚要上天就被阿提拉巴追到了，阿提拉巴说："不要走，斯热阿比，你既然来找我摔跤，我们就来比个高低吧！"

斯热阿比听了他的话，就张开两臂，猛然一下抱住了他，两个就摔起跤来了。他们的力气真是巨大，大地被他们震动得"格格"响，那些山岳、树木，也在剧烈地抖动。斯热阿比抱住阿提拉巴一摔，阿提拉巴踉跄了一下，被斯热阿比趁势压在地上，但在他的背脊还没着地的时候，阿提拉巴一个鹞子翻身，一下子从斯热阿比的头上翻过来压在他的身上。斯热阿比挣扎不起来，背脊落了地，可是他不服输，还要求再摔一次。这一次，阿提拉巴站成一个骑马的姿势，斯热阿比用力摔他，他的两只脚就像生了根一样，一动不动。阿提拉巴趁斯热阿比只顾摔对方，自己不防备的时候，一把抓住他的一只胳膊用力一摔，斯热阿比被摔出了两丈多远，扑在地上一声不响了。阿提拉巴走过去一看，斯热阿比的鼻孔、嘴角，流出了不少鲜血，已经躺在地上死去了。

阿提拉巴回到了家里。不料，天菩萨知道斯热阿比被摔死的消息后大为震怒，但又没有办法对付阿提拉巴，便派了大批蝗虫、螟蛾来吃地上的庄稼，作为报复。阿提拉巴便在农历六月二十四日那一天夜晚，砍了许多松树枝，扎成火把，领着人们点着火把到田野烧害虫，把天菩萨派来的那些蝗虫、螟蛾全部烧死，保护了庄稼。从此，彝族人民便把农历六月二十四日定为火把节。

彝族火把节的传说（三）

王昌富　讲述

远古的时候，天上住着恩梯古兹，地上住着“居木”（居牟由）的子孙。天地的事都由恩梯古兹主宰。有一年，恩梯古兹特派帝伟拉意来到地上搜刮彝族地区的财物。他无所不搜，无所不刮，逼得彝族百姓民不聊生，无可奈何。帝伟拉意强迫上缴的有：孤寡交出一对鸡蛋，布襟麻裙不交逼要；大户交出一对阉牛，粮油食物全交来；中户交出一对阉羊，麻线不交三十斤不放过；穷户交出一对公鸡，羊皮被盖不交不行。帝伟拉意的贪婪掠夺，使百姓们满腔怒火，但又不敢违抗。这时，英雄的“居木”后代“狠梯南八”挺身而出，痛打帝伟拉意，把他打死了。他的死尸被雪掩埋了，次年冰雪融化时，帝伟拉意的尸体露出来，尸体还是好好的，一眼就被天上的差使认出来了。恩梯古兹得此禀报后大怒，说：“下界人竟敢违抗天神圣旨，抗租不交，杀我使者。现投放害虫，吃尽人间绿庄稼。”绿油油的庄稼被害虫吃得光秃秃。人们第一天派了300个小伙子，赶了300匹骏马，刀剑用9

捆，除灭害虫，结果无济于事。第二天，派了300个姑娘，赶了300只山羊，松明带9背，拿来烧害虫，结果同样不见效。第三天，男女老少全出动，把所有的牲畜都赶去踩，所有的人都点上火把去烧害虫。这一天，结果把所有的害虫都烧死了。人们大获全胜，都情不自禁地欢呼胜利。于是，为欢庆这天的胜利，“大户杀牛，中户杀羊，穷家杀鸡，孤汉煮鸡蛋，寡妇做荞粑海椒汤”。这段话，现在每年过节点火把时都要大声喊唱，载歌载舞，狂欢暴饮。为了永远记住这一天，每年到了这一天，即六月二十四日，就按第一年“大户杀牛，中户杀羊，穷户杀鸡，孤汉煮蛋，寡妇做荞粑海椒汤”（实意为各尽所能）来庆贺。每到天黑，人们就点着火把，在山顶上排成一条条“火龙”，到地里驱虫除灾，向天示威，火把节就这样沿袭了下来。

彝族火把节的传说（四）

王昌富　讲述

远古的时候，天有九重，住着恩梯古兹，并掌管着一切，地上住着五个神，其中以斯惹夫铁最有名。斯惹夫铁名扬四方，威震天上九层，天上的神听了他的名字就吓得胆战心惊。这事被恩梯古兹的长子知道了，他极不高兴，也不相信，于是选派“空中骄子”斯惹尔意专程下凡找到了斯惹夫铁家，询问夫铁母亲：“你的儿子摔跤厉害当真吗?”斯惹夫铁的母亲回答：“这不假。”她边说边捡着一堆铁饼。斯惹尔意不解地问她：“你这铁有何用?”斯惹夫铁的母亲说：“这是我儿子的晚餐。”斯惹尔意被吓坏了。他正要回头逃走时，太阳已经偏西了。斯惹夫铁砍了一捆竹子回家来，竹子放在地上，地也动三动。斯惹夫铁的母亲告诉了斯惹尔意的来意后，他就喊住斯惹尔意说：“尊敬的表兄弟，公羊无事找打架，公牛无事找斗角。今日贵客临门来，必为摔跤一事来。今日肯也摔一跤，不肯也得摔一跤。”斯惹尔意恼羞成怒，扑将上来，狠狠地抱住斯惹夫铁，斯惹夫铁却站得稳稳当当的。先由斯惹尔意摔，斯惹夫铁犹如铁塔般，一动不动。后由斯惹夫铁摔，斯惹尔意被抛向了天空落回地上来，“空中骄子”一声不叫地死去了。这一消息传到了天上，天神恩梯古兹的长子气急败坏，说是要与地下凡人讨命债，先派了天上的“德古”到地下来说，说了三天三夜，没有最后结果。后来又请地上的“德古”——云雀来调解，一天说到黑，一夜说到亮，结果说成了“兹莫赔阉牛，富家赔阉羊，穷人赔公鸡，孤汉赔鸡蛋，寡妇赔荞粑海椒汤”。凉山彝族说，现在的云雀仍然是这样叫的。如是，天地一案虽然说成了，但天神恩梯古兹的长子不相信，说：“话虽这样说定了，但我怎能知你等赔与否?”云雀又说了一个办法：“白天太阳照着你能看见，人间打牛打羊烧鸡给你看；夜晚家家户户点出火把在地边、坡上给你看。”从那以后，每年斯惹尔意被摔死的这一天，所有的人“都责”。（彝语，“都”有“凑合”、“合拢”之意，“责”是“赔偿”之意，合起来就是“大家合力赔偿”的意思。）

彝族火把节的传说（五）

杨正江　讲述　杨光明　采录

在四川美丽的大凉山，每年的夏历六月二十四这天，火把遍野，照亮了天空和大地，这就是彝族人民一年一度的火把节。传说，在很久很久以前，一天，玉皇大帝出巡来到南天门，无意中往下一看，简直出乎想像：只见人间春光明媚，鸟语花香，人们男耕女织，和睦相处。玉皇大帝嫉妒人间比天庭还好，便命令大火神去把人间烧掉。大火神领命而去。当他来到人间，看到人间果然比天庭好，人们幸福地生活着。他不忍心把凡间烧掉，转了一圈便回天庭向玉皇大帝谎报人间已经被烧掉了。

又过了几天，玉皇大帝派二火神去人间视察。二火神看到人间的情形，马上回天庭向玉皇大帝报告说：“人间还是原样。”玉帝大怒，当场斩了大火神，并让二火神去把人间烧掉。

第二天，二火神来到人间一看，到处都是那样美好，也不忍心烧毁，但玉帝之命又不可违，于是就叫人们自己放火烧。人们怎能自己动手烧自己双手建立起来的家园呢？有个聪明人想了个办法，他让大家点起火把。霎时，火把连成了片，大地成了一片火海。玉帝在天宫看见了，以为凡间已被烧毁，也就放心了。

二火神来到人间时正是六月二十四日这天晚上，从此每年夏历的这天晚上，大小凉山都点燃火把以示纪念，这就是火把节的来历。

彝族火把节的传说（六）

冯宗贵　讲述

在四川省一个彝族村庄里，住着许多彝族百姓。村庄的主子叫布拉布克，他的庄稼种得很好，什么勤翻地呀，早播种呀，都安排得当，整个村庄的人听他的话，年年都得到丰收，家家的粮食都装得满满的。

有一年庄稼成熟的时候，他看见今年的庄稼比往年长得好，很是高兴，就给媳木（彝语，妻子的意思）说：“摆酒摆肉，让全村人欢喜欢喜。”

酒肉摆好了，全村的人也来了，大家就欢天喜地地吃啊，说啊，跳啊，一直到三更众人才散去。布拉布克也吃得烂醉，回屋便睡，而且睡得很香。

半夜，布拉布克做了一个梦：在一个仙境般的山洞里，有个很漂亮的阿妹子（彝语，小姑娘的意思）笑眯眯地走来，对布拉布克说：“不要丰收了就吃酒吃肉，收成不好的年头咋个办？”布拉布克听了很吃惊，拉着阿妹子说：“那咋个才对呢？”阿妹子说：“有个老妖魔很气你们，它要把全山的蝗虫派下山，吃光你们的庄稼。”说完，转身就走了。布拉布克惊醒了，回想起来，要信，是个梦；要不信，又活灵活现。

没过几天，一个老木苏（彝语，老年人的总称）说：“不好了，庄稼被蝗虫吃光了。”布拉布克说：“我们大家去打。”走到田中一看，密密麻麻，越打越多，田头、地上、树上、禾苗上，到处满天飞舞。它们吃着快成熟的庄稼，不管你咋个打也打不完。庄稼吃完，就吃树叶、小草，当年就没收成了。

第二年禾苗长起来后，蝗虫又到处飞舞，刚长成的禾苗又被吃光了。布拉布克请来和尚，杀一只大公鸡、一头猪来断口嘴（据说彝族断口嘴就是布拉布克遗留下来的）。和尚念了咒语，做了法事，还是没有把蝗虫控制住。一天夜里，布拉布克合上眼，又见到那个美丽的阿妹子，她说：“聪明的主人，你怎么一时糊涂啦！火有什么用?”说完后转身走了。

布拉布克惊醒后，回忆阿妹子的话：“火有什么用?”第二天，他喊老木苏召集全村人商量，大家准备干草、干柴、干箭竹堆放在蝗虫经常出没的地方，又用干箭竹扎成很大的火把，火把里再放一些炒得很香的干粮。晚上，一些人点火堆，一些人点着火把在田间、地里舞动，蝗虫闻着香气，飞来就投在火上烧死了。这样无数的火堆、大火把，把所有的蝗虫都烧死了。

火烧蝗虫的日子，恰好是农历六月二十四日，以后一代一代地相传下来，就形成了每年六月二十四的火把节。

彝族火把节的传说（七）

张大全　讲述

在很古很古的时候，勤劳勇敢的彝族人民迎来了一个金色的秋天，眼看要丰收了，人人欢欣鼓舞。可是，天王恩梯古兹不愿让彝族人民过上好日子，就派了个十大力来彝山，把所有的庄稼都踏坏。

彝族人民看了个个满腔愤怒。这时，从人群中走出一个名叫包聪的小伙子，要跟十大力比个高低。包聪与十大力，就像一只小牛犊和一只大象，大家都为包聪捏一把汗。然而，包聪脱下羊皮褂亮出钢筋铁臂，大步冲过去，一把抓住十大力的脖子不放。

顿时，人们从四面八方跑来观看。只见他们两个紧紧地相互扭住，手和手扭在一起，就像两条钢筋；头和头顶在一起，就像两座大山。脚踏过的地方，就变成一个陷阱；膝盖跪过的地方，就变成一个山凹。太阳落了又升起，月亮升起又落下。摔跤连续进行了三天三夜，十大力的力气用完了，包聪趁势一脚把他绊倒在地。当十大力的脊背倒地上的时候，大山乐得拍手起舞，江河喜得放声歌唱，大风把包聪胜利的消息到处传送，十大力灰溜溜的低下头，变成了一座秃山。

天王恩梯古兹又羞又恼，撒下一把香灰面，霎时变成数不清的害虫，像乌云把太阳遮住，纷纷落在彝山，要把所存的庄稼吃掉，彝族人民眼看一年的辛苦要落空了，一人举起一把火把，千万个人民千万把火把，像金龙一样，绕过了辽阔的田野，绕过巍峨的大山，把所有的害虫一烧而光，夺得了丰收。从此，每年的农历六月二十四这天，就成为彝族点火把、除恶灭害，共庆丰收的盛大传统节日。

彝族火把节的传说（八）

昭乌初札　讲述

农历六月二十四日，是彝族阿细人民的传统节日——火把节。每年到了这一天，远近的青年男子都要到摔跤场上比武，姑娘们来跤场上跳月，老人和孩子也纷纷到跳场上去看摔跤，人声、炮声、歌舞声交织在一起。二十五日晚上，小伙子高举着明亮的火把，从村东头游了过去；姑娘们也举起火炬由村南头游过去。当两条火龙游到公房门前的时候，广场上火龙飞舞，时而成一队，时而两队并列，你出我进，好像火龙在翻腾。老年人也点燃火把，在屋内绕来绕去，驱魔除灾，火炬熊熊，户户通明，一派奇观。

这个传统节日究竟是怎么来的呢？

相传，在那召那个时代，阿细人的祖先还住在拖登来若。这里气候暖和，古木参天，一年四季鲜花开放，鸟儿歌唱。森林里有鹿、麂子和箐鸡。江河中有鱼、虾和蛙。住在这里的人们，不愁吃，不愁穿，老人活上99，小孩一生下来就有十多斤。

离这儿很远很远的地方，有个名叫那迢迢的奴隶主，他们家有钱有势，从外地来做官的人都要先求他。他们家的奴隶，比天上的星星还要多；他们家的牛羊，像地上的草，数都数不清；他们家的田地，骑上马跑上十天半月也跑不到边。可是，他还不满足，想把奴隶一个接一个地排列起来，一直排到京都和皇帝比个高低。有一天，他叫管家拿来登记奴隶的簿子，按上面的数字，一个挨一个地排了一下，要排到京都还差好大一截。他很失望，后来听说四川成都人很多，他的口水就淌下一尺多长，想把那里的人抢来当奴隶。于是他把手下的头目都找来，商量到成都去抢奴隶的办法。有的说，从贵州去，由沙衣回来，沿路的老老少少被裹在一起抢来。有的讲，从沙衣去，由贵州回来，只抓壮实的不要老太婆和小孩。人多话多，争论不休。那迢迢想：我要的是个数，只要人头在，脚跛眼瞎，老人小孩都要。这样，他叫一个头目带领一帮人马从贵州去成都，把男女老少，只要是活人，都统统抢来当奴隶。那些头目们不敢怠慢，敲锣打鼓，打起黑旗，带上兵马，浩浩荡荡地出发了。

五月端午那天，沙衣附近各村各寨的人都来沙衣边玩。男的跳进江里摸鱼，女的在江边洗衣服，娃娃们沿着江边跑着玩，老头儿坐在树阴下聊天。正在这时，有个小伙子急急忙忙地跑来说：“那边来了好多人，前面黑旗飘飘，后面锣声阵阵，中间的人一个拉一个，两边的人举着长杆子。”有经验的老人听了着急地说：“不好！这一定是抢人的，快跑！”刹那间，江边上的热闹景象不见了，妇女们跑回家去，拿木扛顶住门，悄悄地躲在里面，连气都不敢喘。青年小伙子没进村，都躲在村外了。

长长的队伍越来越近，看得越来越清楚了。原来两边是拿着长矛的兵，中间是用绳子拴着的奴隶，男的拴着左手，女的拴着右手，两人一对儿拴在一起。队伍来到村边，少数兵丁留下看守奴隶，大部分窜进村里，把村子里的男人、女人、老人和小孩一个不剩地抓走了。躲在村外的小伙子们实在忍不住了，就跑出来跟他们拼，可是，人家有刀枪、有长矛，人多势众，鸡蛋碰石头，只有自己倒霉，小伙子们也全部被抓。兵丁拿绳子把这些新抓来的奴隶的手拴起来和原来抓的奴隶一起带走了。据说，现在阿细人每到五月端午这天就要用黑线或花线拴在手上，男的拴左手，女的拴右手，就是为了纪念当初被抓去当奴隶的祖先。

抢来的奴隶最后都赶到了冷衣（阿细语译音，据传指洱海）边。那迢迢见抓来这么多的奴隶，喜欢得三天三夜合不上嘴，睡不着觉，原以为这么多的奴隶可以排到京都去了，哪料想没排出湖南又没有人了。这时，有个黑心的管家向那迢迢说："大老爷，你这样做没有用啊！你把奴隶排到京都，皇上也不会赏你钱，还不如把奴隶卖了，凑上些钱，建一个塔，把你的名字刻在上面，让后代人知道你那迢迢有多少庄子、多少奴隶、多少牛羊。"那迢迢一听，心里像放进一块冰糖，便想在冷衣边建一座很高很高的塔。于是，叫人把老人、小孩、妇女统统拉到昆明城里去卖掉，用卖人的钱买砖、买瓦、买石头，留下青壮年男子，赶到工地上去劳动。

塔要修几十丈高，用的砖瓦千千万，一块石头好几百斤重，都要用两只手来搬，这不知累死了多少奴隶。可那迢迢一点也不在乎，死一个，添上两个，不干活就打，谁歇下就揍，逼得奴隶们实在活不下去了。不知哪个人说了一声："那迢迢迢是人，我们也是人，为什么要逼我们这样干？我们不干了，伙计们，跑啊！"大家早就不愿意干了，听了这句话，奴隶们四处奔逃，一会儿就跑了许多人。监工眼睁睁地看着没有办法，只好禀报那迢迢。那迢迢听说奴隶暴动，就派兵来镇压。一夜之间抓回来两三千奴隶。第二天，那迢迢站在一个高高的台子上，对着奴隶们大声地说："你们是我的奴隶，活着是我的人，死了也是我的鬼。我要你们今天死，你们就不能活到明天；我要吃你们的心，你们也得高高兴兴地给我送来。现在我要你们修塔，你们得老老实实给我干活。今天抓来的先杀五百，剩下的关在牢里，等建好塔再杀了祭神。谁想死就逃，谁要活就乖乖地干活。"那迢迢的话没有吓住奴隶，却在奴隶们的心中埋下了更深的仇恨，大家在下面悄悄地议论要跟那迢迢大干一场。有的说："跑也是死，不跑也是死，得有个法子呀！"有的讲："干脆跟那迢迢拼了。"大家你一言我一语，想不出好的办法来，于是一起去找阿真。

阿真心肠好，办法多。他说的话，没有一个人不听，他做的事，没有一个人不佩服。这天奴隶们都来求他想办法，要他领大伙去跟那迢迢拼。阿真说："鸟要合群，人要齐心，只要大家心齐，那就好办了。拼一定要拼，关在牢里的人，也一定要救出来，不过我们也得准备准备，不能眼睁睁地去送死，大家先准备，哪天动手，到时候告诉大家。"听了阿真的话，奴隶们暗暗地做着准备。

时间一天天地过去，等准备停当的时候，已经到六月二十三了。早上，阿真告诉大家："现在我们去打那迢迢，把关着的弟兄救出来。"阿真一发话，奴隶们有的拿棍棒，有的捡石块，有的提镰刀，有的扛锄头，成群结队地往那迢迢家冲去。那迢迢看了，心惊胆战，急忙派兵镇压，同时叫羊倌把羊群从圈里赶上山去，免得被奴隶们抢走。

兵丁有刀枪，奴隶赤手空拳，攻了一天也没有攻进那迢迢的家。聪明的阿真，看见那迢迢把羊群赶到山上去了，赶快派人到山上把羊群圈进石窝里，让它们饿着。二十四日傍晚，阿真让人在每只羊的角上捆上一束火把，等天黑透了，他叫大家点燃羊角上的火把，让羊走在前面，奴隶们举着火把跟在羊群后头，羊本来就饿慌了，再加点上火，便一个挨着一个拼命地向那迢迢家跑去。士兵见那么多的火光，分不清羊和人，乱砍乱射，不一会儿，羊倒了一地，那迢迢见了心疼起来，叫官兵们不要砍，不要射，先让羊群进去。阿真趁机带着奴隶跟着羊群冲进那迢迢家，用火烧死了那迢迢，救出了被抓的奴隶，那迢迢的家也被熊熊大火吞没了。

天亮了，太阳出来了，阿真和奴隶们聚集在冷衣边上。这时，冷衣边上蝴蝶飞舞，冷衣里鱼儿在跳跃，奴隶们弹起三弦，吹起笛子，尽情地唱歌跳舞，跳得太阳落西坡，唱得月儿从东来。

从那以后，每年农历六月二十四日，各村各寨都杀猪、宰牛纪念这个日子。二十五日晚上举着火把游行，并且把五月端午那天拴上的黑线或杂花线剪断丢进火里烧掉。彝族阿细人把六月二十四日这天叫做火把节。

彝族火把节传说（九）

彝族撒尼人火把节的传说①

每年的农历六月二十四日，凡是彝族聚居的村寨，都要欢庆火节。关于火把节的传说很多，在彝族撒尼人居住的圭山二十四寨里，流传着这样一个传说。

相传，很古很古的时候，大地上的人过着穿树叶、吃野果的生活。天上有位阿番神，看到人们的生活太凄惨，于是背着天王，偷偷地推开天门，把天上的五谷种子，撒到地上。

人们虽然得到了五谷种子，但是不会栽种。于是人们就去请勤劳的蜜蜂教人们怎样耕耘，怎样栽种，怎样收打粮食，怎样绩麻做衣服。由于种子来自天上，得到神力的帮助，长出的庄稼茎秆粗壮，籽粒饱满。每到扬花季节，远远看去，就像成群的绵羊，白花花的，铺满了山坡，盖满了平坝。花谢结出的一吊吊谷穗，就像松毛扭成节。到了收割时节，场上一对对连枷舞双蝶，一堆堆粮食装进仓。从此以后，人们过上了丰衣足食的生活。

这事后来被天王知道了，眼看人间的生活就要超过天上，他一怒之下，召来大力神，命他到人间，把人们种的庄稼全部毁掉，让人们重新穿树叶、吃野果。

---

① 搜集整理：罗希吾戈，见吉星编：《中国民俗传说故事》，113～115页，北京，中国民间文艺出版社，1985。

这个大力神，趁着月色来到人间，他来到地里，亲手破坏刚扬过花的庄稼。

大力神正卖力地执行着天王的命令，人们从四面八方围拢过来，纷纷质问大力神："凭什么要破坏我们人间的幸福生活?"大力神依仗着浑身的力气，蛮横地说："我是天上的大力神，浑身都是力气，在天上用不完，来到地上出出气。你们这些可怜的人呀！谁敢来和我比摔跤？要是你们摔倒了我，我就转回天上，再也不管人间的事。要是不敢出来比，就趁早快些闪开，我今天要拔光所有从地上长出来的东西。"

大力神为显一显浑身的力气，他看见山边正放牧着牛群，便走过去，首先选了一条腰圆、肩高的黄牯牛，双手一托，将牛丢到山脚下。随后，他又找到一条排角的大水牛，双手抓住牛角，用力一扭，就一把把水牛扭翻在地上（正因为有过这样一件事，所以，以后过节时，首先要斗牛）。

大力神有些洋洋得意，他对着围观的人群，双手叉着腰，迈着步子边走边说："谁敢出来比一比，我好再出出气；若不敢就快些让开，我好……"

"慢着！别逞凶。"这时，从人群里走出英雄朵阿惹惉。只见他裸露着上身，浑身上下黑油油的，腰上紧紧地扎着一条黑布，"要摔跤，我们找块宽敞的地方去斗一斗，别在这里踏坏了庄稼"。

说完话，朵阿惹惉头也不回地走向老圭山。接着，大力神和众人也跟着来到老圭山山头上。

大力神与朵阿惹惉，在山上你抓着我，我扯着你，展开了一场恶斗。他们整整摔了三天三夜，分不出胜负。这时，山头上的小伙子们弹响了三弦，吹响了短笛；姑娘们拍红了手，跺痛了脚，都在为朵阿惹惉助威。突然，朵阿惹惉一下失了手，膝盖落了地。大力神拼命压下来，想把朵阿惹惉压倒在地。朵阿惹惉单腿跪在地下，直压得地上出了个深窝窝，后来，深窝窝积满了水，天长日久，就变成了今天的圆湖。

眼看大力神就要取胜了，只见朵阿惹惉一收腰，吸口气，双手卡住大力神的腰和腿，猛一用力，站了起来，趁势将大力神甩出去，直落到十多里外的独石山边，掼在地上，把平平的地撞出了一条长长的深沟来。大力神的头，撞通了跃宝山，山中的水淌到长长的深沟里，就成了今天的长湖。

这一下，大力神再也不敢要威风了，他悄悄地回到了天上。从此，每到这一天，人们都要以摔跤的方式庆祝胜利。

人们看到朵阿惹慈斗败了天神，更起劲地弹响了大三弦，短笛吹得四周回响。姑娘们随着乐曲，不停地拍手跺脚，这就是今天跳三弦的来由。

天王听到人们斗败了大力神，看见人们欢歌起舞，气得眼冒火、嘴生烟。他亲自抓起案前的香炉灰，顺手撒向人间。这些香灰面，在空中飘飘扬扬，后来就变成了各种害虫，渐渐飞落到大地上，爬到地里，嚼食着刚刚灌浆的庄稼。眼看庄稼就要被毁坏了，聪明的人们很快找来了松树枝，点燃了一束束熊熊的火把，抓起松香面，撒向火把，喷出一股股火龙来，直烧得天王放出来的害虫，焦头烂翅，再也难逞凶了。

自此以后，每年到了月黑星回的六月间，即朵阿惹慈斗败大力神的二十四日这一天，人们都要穿上节日的盛装，杀牛、宰羊来庆祝。节日里都要举行斗牛、摔跤、打火把活动，以此纪念人们斗败天王，迎来新的丰收年。①

白族火把节的传说②

六月里来火把节，
慈善妇人贞节烈。
松明楼上一把火，

---

① 以上的传说除了《彝族火把节传说（九）》外，其余资料均来自 www. yizuren. com，在这里特别感谢这些传说的讲述者、搜集整理者和汉文翻译者。

② 吉星编：《中国民俗传说故事》，125～133 页，北京，中国民间文艺出版社，1985。

千年万载不熄灭。

这首歌说的就是火把节的事。它一代一代流传下来，如今还在白族人民中传诵着。

老人们说，大约是在一千多年以前，在洱海周围分布着六个国家：蒙舍诏、浪穹诏、施浪诏、邆赕诏、越析诏、蒙嶲诏。这就是历史上有名的六诏。这六诏，说得远点，还是同一个祖先的后代。六诏当中，数蒙舍势力最强。蒙舍因地处五诏之南，所以又叫南诏。

南诏的国王，名叫皮罗阁，此人阴险、毒辣，有野心。他仗着自己势力强，一心想吞并其他五诏。

有一天，他把手下的文臣武将召集起来，密谋吞并五诏的办法，大家都想在他面前表现自己，纷纷献计献策。有的主张武力吞并，有的主张劝诱归顺，有的主张先礼后兵。但都不合南诏王的心意。其实南诏王早已想出了吞并五诏的办法。他对大家说："你们的办法不能不说好，但不是派兵打仗，就是派使臣去游说，有点劳民伤财。我的办法是，一不动腿，二不动嘴，不用一兵一卒，就可以吞并五诏。"

他说完，在手心里大大地写了一个"火"字，然后把他的计策告诉群臣。大家听了，都称赞南诏王的计策高明。

南诏王得意极了，他当下就传下令来，说要在六月二十四日，在蒙舍川隆重举行祭祖大典；同时命令手下召来许多匠役，让他们立即开工，用松明建造一座松明楼，限期完成。

南诏王一声令下，谁敢怠慢。匠役们日夜不停，用心建造。松明楼于祭祖前几天落成。南诏王高兴极了，马上派出五路使臣，分头去邀请各诏王来蒙舍川参加大典。

五诏接到请柬，都先后启程来到南诏。

这五诏中，邆赕诏和南诏是邻国，距离较近。邆赕诏王皮罗邆，为人忠厚耿直，性格勇猛刚强。他的妻子慈善夫人，长得美丽，又很聪明，是位才貌双全的女子。夫妻俩遇事商量，互相体贴，相敬如宾。

皮罗邆临行前与夫人计议。

慈善劝道："依阿侬看来，南诏早有吞并五诏之心，这次突然邀请五诏参加祭祖大典，怕有暗算。俗话说，'害人之心不可有，防人之心不可无’。皮罗阁这个人阴险得很，依我看大王还是不去为好!”

皮罗邆说：“夫人说得有道理，只是我身为一国之主，先人有言，‘国家大事，在祀与戎’，这样祭祀祖先的大典，我怎能不去呢!”

慈善说：“大王千万不能去，皮罗阁是什么都干得出来的，万一……”

“皮罗阁人虽奸诈，但这次聚会，有五诏王同在，谅他也不敢轻举妄动。孤王去意已定，夫人不必多说了。”

慈善见丈夫一定要去，便取出自己的一只铁手镯，戴在丈夫手腕上，给丈夫送别。

六月二十四日这天，五诏王都齐集送命楼上。皮罗阁也来了。他亲自主持了祭祖大典。最后，还在送命楼上设宴，食生①、饮酒，招待五诏王。直到深夜，五诏王尽醉。皮罗阁独自一人下楼，佯装焚烧纸钱，在大楼四周点起了火。松明楼一着火，马上就燃烧起来。火势越烧越旺，不一会儿，整座松明楼都烧塌了。五诏王和他们的随从，全都葬身火海之中。

五诏王被烧死后，阴险的皮罗阁，猫哭耗子假慈悲，一面下令在全国举哀，一面派出五路使者到各诏，假报焚钱失火，五诏王不幸烧死，让各诏来收骨。

慈善听到丈夫惨死，悲痛欲绝。她马上召集部族，挑选出几十名勇士，骑上快马，打着火把，连夜赶去蒙舍川。

慈善赶到松明楼的时候，只见楼前已烧成一片焦炭。人都被埋在灰堆里边，烟气熏得令人窒息。她顾不得余火未灭急匆匆地用双手在焦炭里刨呀，挖呀，刨开一堆又一堆炭火，刨出一具又一具尸骨，十个手指头都挖烂了，鲜血淋漓，她忍着疼痛，还在不停地挖。周围的人看到这种情景，很受感动，都来帮她刨，好不容易才把遇难者的尸骨从灰堆里刨了出来。

这时，其他各诏的亲属也赶到了，大家一看，傻了，死者一个个

---

① 食生，白族习惯，即将鲜肉切细，再用各种佐料，如炖梅、辣椒、芝麻、香菜等调成渍水，蘸着吃，味道鲜美。

都烧得焦头烂额，面目全非，哪具是自己的亲人呢？谁也无法辨认出来。只有慈善夫人凭着铁镯，找到了自己丈夫的尸骨。

善事传千里。慈善夫人凭镯认尸的事，很快在人们中传开了。也传到了南诏王皮罗阁的耳朵里。南诏王平时就听人说慈善夫人才貌双全，这下更加仰慕了。但耳听是虚，眼见是实，他要亲自去见识见识这位夫人。他立即叫人备好马匹，借口要去慰问死者家属，带着随从，前呼后拥，一溜风地赶到松明楼。

只见各诏家属正在收尸，到处一片哭声。南诏王先假惺惺地问了问其他各诏夫人，然后走到慈善夫人面前。仔细一瞧，果然是一个漂亮的女子。心想，人人都说山茶花艳丽，可慈善夫人比山茶花艳丽十倍；人人都说观音漂亮，可慈善夫人比观音漂亮十倍。他立刻起了坏心，想霸占慈善夫人为妃子。

他对慈善夫人说："夫人呀，自古说，树枯不会再活，人死不能复生。事到如今，再悲伤也没有用。夫人这么年轻，往后的日子还长，你要好好地盘算盘算才好。嗯，不说这些了，过去的事就让它过去吧！孤王今天是特意来接夫人，到宫中小住数日，好为夫人分忧解愁。"

仇人相见，分外眼红。慈善看见这个害死丈夫的皮罗阁，又听他说了这些不怀好意的话，早就火冒三丈，真想上去一口把他咬死，以解心头之恨，但又想，自己现在身在敌国，眼前又是刀枪林立，而自己则手无寸铁，这样莽撞行事，岂不是白白送死吗？还不如将计就计，暂时跟她周旋，慢慢再图报仇大事。她便对皮罗阁说："多谢大王关心！如今丈夫已死，弄得国破家亡，侬悲痛已极，万念俱灰，哪有心思想今后的日子。侬把这里的事情料理完毕，就回邆赕。唉，如今诏王已经先死，侬一人活着还有什么用，恐怕今后只有一死罢了。"

南诏王说："夫人说到哪里去了，苍山的山茶花谢了又开，朵朵都为你开放；洱海的月亮缺了又圆，月也是为你才圆的呀。南诏国有九万九千户，只要你答应做我的妻子，所有人都是你的臣民，怎么能说是一个人呢？夫人不要想得太多了。"

慈善夫人听了皮罗阁这番话，又恨又气，但为了求得脱身，便只好压住心中的怒火，敷衍着说："大王的话，侬明白了，只是诏王刚死，尸骨未寒，就议婚事，有违祖先遗训，于礼不合，况且这样做对大王的声誉也不好。依特把丈夫尸骨运回遼赕，举行安葬，居丧之后，再议婚事也不迟。请大王三思。”

南诏王虽不大愿意，但听慈善夫人说的还有道理，同时也为了顾及体面，就答应了，便说：“那也好，望夫人早去早回，以免孤王挂念。”

慈善夫人回到遼赕，举行完葬礼之后，立即召集臣属议事，商讨御敌大计。大家积极筹办粮草，加紧训练士兵，加固城池，日夜巡逻，严防敌人侵犯。

南诏王自慈善夫人回遼赕后，如同魂魄被人勾去一样，整天坐卧不安。他天天扳着手指计算时日，“一七”、“二七”、“三七”二十一天过去了，不见慈善回来，心急如焚。于是，立刻派出使者，到遼赕去催逼婚事，并探听虚实。

慈善夫人不见南诏使者，使者回南诏把情况向皮罗阁如实禀报。南诏王大怒，立刻率领兵马，向遼赕进发。很快到了遼赕城下，只见城门紧闭，城上不时射下箭来。

南诏王下令攻城，亲自督阵。慈善夫人沉着应战。遼赕士兵在慈善夫人的统率下，士气旺盛；城内百姓也自愿出动，齐心合力，协助守城。军民同仇敌忾，打退了南诏王一次又一次的进攻。战争相持了一个多月。最后因南诏王切断水源，城内矢尽粮绝，终于被南诏攻破。南诏吞并了遼赕，慈善夫人也不幸做了俘虏。

南诏王见到慈善夫人，真是喜出望外，原来的满腔怒火，一下子都烟消云散了。他立刻传下命令，要大摆筵席三天，庆祝胜利。犒劳士兵；同时叫手下准备花烛，要与慈善夫人成亲。

慈善夫人见到皮罗阁，新仇旧恨，一齐涌上心头。她决心以身殉国，绝不让仇人玷污自己的清白。但她一定要在死之前，想尽办法揭露皮罗阁谋害五诏王的罪恶，让白子白女[1]都知道皮罗阁是个大混蛋。她主意已定，便装着无可奈何的样子，对皮罗阁说：“唉，事情到了

① 白族人喜欢称自己为白子白女。

这个地步，看来也是天意，天意不可违呀！我也只好顺应天意了。”

南诏王说：“这就对了！夫人早就应该这样想了。”

慈善夫人说：“不过，要依侬三个条件，办得到就成亲，否则，侬宁愿一死。”

南诏王说：“哪三个条件？夫人请讲。”

“第一件，侬丈夫不明不白死去，他冤魂不散，须得在洱海边上设立祭台，举行祭奠，超度亡魂，这样，我们成亲之后，才能顺顺利利，白头到老。”

“依你，第二件呢？”

“第二件，那天，大王要亲自披麻戴孝，到海边参加祭奠。”

“也依你，快说第三件吧。”

“第三件，侬丈夫在世时，常陪侬去游海，如今侬丈夫已死，往后侬就是大王的人了。侬想在和大王成亲之前，再去游一次海。一来表示侬对丈夫的怀念，二来好让海风吹去侬心头的忧伤，让海水洗去侬身上的丧气，日后好与大王欢欢乐乐地过日子。”

南诏王听了，心里一阵高兴，连忙点头说：“都依你，件件照办。”

这事办得可快了，没几天，洱海边上就搭起了祭台。

八月八日这天，远近的人们闻讯而来，洱海边，人山人海，像赶街子①一样。一会儿，南诏王率领南诏文武官员，身穿孝服，手拿哭丧棒，来到祭台上。这时慈善夫人早已在祭台上了。南诏王看到慈善夫人穿着一身白纸做的衣服，感到非常奇怪，便问：“夫人呀，人家的丧服不是用素绫做的，就是用白布做的，夫人为什么用白纸做丧服？”

慈善夫人回答说：“大王呀，今天祭奠之后，晚上侬就要和大王成亲，这套丧服就要烧掉，如用绫罗来做丧服，不是太浪费财帛了吗？”

几句话说得南诏王心悦诚服，连忙点头称赞道：“人们都说夫人

① 赶街子，即赶集。

聪明、贤德，真是名不虚传，名不虚传。”

祭奠开始了。慈善夫人看见人来得很多，便借着哭灵，指桑骂槐，揭露南诏王的阴谋以及他火烧松明楼、杀害五诏王的罪行。这时台上台下，一片哭声。南诏王在一旁坐不住了，知道慈善夫人明明是在骂自己，但又不敢发作，只好催着让祭奠仪式赶快结束。

祭奠后，南诏王履行第三个条件，陪着慈善夫人，乘坐彩船，到洱海游海。船到海心，狂风大作。慈善夫人趁皮罗阁不留心，一纵身向海里跳去。皮罗阁见慈善跳海，慌忙一把抓去，但只抓到了一把纸，慈善夫人早被海水吞没了。

海边的人们看到这个情景，都很同情和敬佩这位不畏强暴、忠于爱情、为国捐躯的女英雄，纷纷下海打捞她的尸体。第一天，大家在龙首关海面打捞，第二天，到太和附近的海面打捞，第三天到龙尾关①海面打捞，一连打捞了三天，都没有打捞到。

慈善夫人的尸体虽然没有找到，但是，她那美丽、聪慧、勇敢、高洁的形象，却永远活在白族人民的心中。人们对慈善夫人的气节和品德十分敬重，把她比喻为苍山顶上敖霜顶雪的青松，因而大家都称她为柏洁夫人。

白族人民为了纪念这位女英雄以及在火烧松明楼事件中的遇难者，于是就把农历六月二十五这一天定为火把节，一直相沿至今。

火把节是白族隆重、盛大的节日。在这一天，白族地区的村村寨寨，都要用松明扎成一个大火把，高高地竖立在村寨中心，各家各户的小火把，则竖立在自家门口或田埂上。这火把，象征着人们对遇难者的怀念以及对反动统治者的反抗。

火把节的晚上，有些地方的青年还举行赛马，他们手中高擎火把，在村寨周围的道路上来回奔跑。据说，这是表示古代白族人民为反抗南诏王阴谋吞并五诏，星夜起兵，奔赴松明楼救火。

在节日之前，白族妇女还要去采集凤仙花，把花捣碎，包在十个指甲上，把指甲染得通红，以此纪念慈善夫人在松明楼灰堆上寻找丈

---

① 龙首关，即今上关；太和，即今大理；龙尾关，即今下关。

夫尸骨而磨破的十指。

同时，在每年农历八月初八，洱海沿岸各村寨的白族群众，还要扎彩船下海，举行象征捞尸的游海会，表示对慈善夫人的崇敬和纪念。

这就是白族火把节的来历。①

纳西族火把节的传说②

居住在云南、四川等地的纳西族，每年的农历六月二十五日要举行火把节，唱歌跳舞，欢庆胜利。说起它的来历，有个神话故事。

传说，很早很早以前，在蓝天覆盖的大地上，人们过着安居乐业的生活。山坡上长着蓊郁苍翠的树林，箐谷里流淌着清亮亮的泉水，绿茵茵的草坪上放牧着牦牛和羊群，宽阔的坝子里栽种着庄稼。

在高高的天上，有一位叫做子劳阿普的大神。有一天，他领着一群天兵天将，来到银河边上游玩。他们正玩得高兴，一阵悠扬的歌声从远方飘来，子劳阿普忙问："是谁在那里唱歌?"

一位年老的天将指着脚下说："阿普，那是下界人间在欢歌起舞。"

子劳阿普低头一看，气得一张脸变青了。他万万没想到，人间是这样的美丽，人类的生活竟是如此美好，致使他常常夸耀的"天国"也望尘莫及。他再也没有兴致游玩，立刻带着天兵天将返回天宫。

这天夜里，子劳阿普秘密招来那个年老的天将，吩咐他立即到人间去，把大地烧成一片火海。

那年老的天将心存善良，不肯一下子就把人间毁掉，他装扮成一个白发苍苍的老者，手里拄着一根龙头拐杖，一瘸一拐地来到寨子里。这时，迎面来了一个头戴羊毛毡帽，身穿麻布衣裤的汉子，背上背着个大男孩，手里牵着个小男孩。天将见了，奇怪地问："大哥，你怎

---

① 白族火把节的来历，还有很多种说法，这只是其中的一种。

② 讲述者：杨作堂；采录者：王川蓉、牛相奎、和仲华。转引自朱文旭：《彝族火把节》，228～229页，成都，四川民族出版社，1999。

么背着大的？让小的跟着走，是大孩子生病了吗？”

“老人家，托神灵保佑，两个孩子都壮实呵！”汉子见老人不解，又解释说：“大男孩是我哥哥的孩子，小男孩是我的孩子。哥哥、嫂嫂都去世了，就剩下这个独根根，我应该格外疼爱他。”

天将听了深受感动，他想，人们的心地这样善良、高尚，为什么子劳阿普却如此嫉恨人间呢？他走近汉子身边，悄声说：“大哥，你记住我的话，赶快回寨子扎支火把。后天就是六月二十五日，天神要来人间放火，你事先点支火把竖在门口，就能免遭这场灾难，保住你的房屋、牲畜和全家人的性命。”

汉子听了，大吃一惊，他不敢耽搁，急急忙忙跑回寨子里，逢人便把老人的话说了一遍。一传十、十传百，很快就传遍了九十九个村寨，家家户户都在门口竖起了火把。

到了农历六月二十五日，天近黄昏，九十九个村寨的千家万户的纳西人，都点燃了火把，熊熊的火光把天地照得一片通红。天将一看这遍地的火把，知道是那汉子走漏了消息，无奈，只好回天庭禀告：“阿普啊，你出去看看吧，人间大地已经烧成一片火海啦！”

子劳阿普一看，人间大地到处是红彤彤的火光，拍手大笑道：“谁说人间比天堂好？让他们在火海里灭亡吧！”说罢，倒在床上，心满意足地“呼呼”睡去。从此，子劳阿普高枕无忧，再也没有醒来。

从这以后，每年的农历六月二十五日，就定为纳西族的火把节，每年的这一天，村村寨寨、各家各户每到黄昏就点燃火把，人们在熊熊的火光下又唱又跳，欢庆人类的胜利，祝愿人间更加美丽，更加繁荣昌盛。

拉祜族火把节的传说[①]

从前，勐糯山上有两个人，一个是恶人，长得相貌怪异，像魔鬼

① 讲述者：李札莫；整理者：杨铜。原载《山茶》1981年第2期。转引自吉星编：《中国民俗传说故事》，120～121页，北京，中国民间文艺出版社，1985。

一样难看，心比魔鬼还要狠毒，专吃人的眼睛。人的眼睛被他吃了，就不能下地生产、上山砍柴了，这样活着真是受罪。另一个是善人，生得相貌端正，性情善良、纯厚，又聪明，又肯帮助别人。这位善人知道了恶人吃人眼睛的事，便跑去对恶人说："人的眼睛是生来看东西的，你不能吃！你来吃田螺吧！"从此，善人每天都去找田螺来给恶人吃，使他不再吃人的眼睛。可是找田螺不是一件容易的事，而且恶人每天要吃三顿，这就更难找了。六月二十四日这一天，善人左找右找都没有找到田螺，只好到街上买了一只山羊，想叫恶人养起来，万一没有田螺的时候，就吃羊肉，千万不要吃人的眼睛。

这只山羊没有角，善人给它安了一对蜂蜡做的角。晚上，善人点燃了山羊的两只角，让它到山上去找恶人。羊朝着山上跑去。恶人远远地看见火光，惊慌地想："这火把是用来点火药枪的，一定是人们抬着火药枪来啦！"羊在山上跑来跑去，到处找恶人，把山都照亮了，恶人更惊慌了："呀！到处都是火，到处都是人，人们抬着火药枪来了，怎么办？怎么办？"恶人怕得要死，在山上找到了一个岩洞，很快钻了进去，并抬了一块大石板把洞口堵起来，只留一道小缝悄悄地向外偷看。

山羊仍在山上到处乱跑，寻找恶人，越找不到就越乱跑，蜂蜡烧得越旺，山也照得越亮。山羊跑到东边，东边亮得像白天，山羊跑到西边，西边亮得像有太阳照。恶人在岩洞里见了吓得发抖，嘴里不停地说："绝不能出去，绝不能出去，一出去就完了……"日子一天天过去，恶人饿得没有力气搬掉堵在洞口的石板，后来被岩洞里冒出的水淹死了。人们不再担心恶人来吃眼睛了，可以安安稳稳地搞生产了。

从此，每年的六月二十四日这一天，人们都在自己的家门前点起火把，有的举着火把到高高的山上转，有的到平平的坝子里去转，到田边地角去转。每当这天晚上，拉祜族男女青年吃过新米饭，穿上新衣裳，就在火把的照耀下跳着欢乐的芦笙舞。

普米族火把节的传说[1]

云南许多民族都过火把节和有关火把节的传说，不过，普米族火把节的传说是个神话。

每年的六月二十四日这一天，老人们忙着杀猪、杀羊、杀鸡祈求天神赐福，保佑全寨人畜平安、粮食丰收。寨门前栽上一棵大树干，上面捆许许多多火把，黄昏后点燃，火把映照村寨，显得格外壮观。男女青年手擎小火把，在村寨、田野转悠嬉闹，见面后互撒一把松香，燃起火光。老奶奶则在小竹管里装上炒豆、瓜子，逢人撒上一把，这就是火把节。关于它的由来，有这样一个生动的传说。

远古的时候，天上属天官家管辖，地上属于不惹里窝家管。

有一次，天官派两个差人到地上收租。临行时，他对两个差人吩咐道："百姓如果没有粮食，只要他们有其他好东西，也可以拿来抵租。"

差人来到地上，看到两头毛光水滑的大肥猪，十分眼馋，想把猪弄走。不惹里窝心里很矛盾：不给，怕天官降罪；给，又实在舍不得。他一狠心，终于没有让差人把猪带走。

差人恼羞成怒，就去请天菩萨出主意，天菩萨与不惹里窝不和，正好乘此泄恨。他索性把两个差人打死，丢在路上，还特意下了一场大雪，将他们的身体掩埋了。

天官等了许久，不见两个差人回来，就派一个能干的天将到地上寻找。寻遍了高山密林，山川平坝，都不见两个差人的踪影。

一天，天将来到岔路口，正好不惹里窝派了两个姑娘去守路，姐姐名叫土阿木，妹妹名叫瑟阿木。天将问她们："你们看见两个差人过去吗?""只看见两个差人过去，就是不见他们回来。"两姊妹老老实实地回答。天将十分生气，大声喝道："两个差人的下落你们俩一定知道，如果不说实话，我就把你们俩杀了!"两姊妹委屈地哭起来：

① 吉星编：《中国民俗传说故事》，122~124页，北京，中国民间文艺出版社，1985。

“天哪，我们实在不知道啊，我们说的全是实话呀!”天将大怒，揪住两姊妹的头发拳打脚踢，打得她们遍体伤痕。她俩哭着向天发誓：“老天爷在上，我们两姊妹如知道差人的下落不说，我们死后，让这里的草木、石头、山川都是黑的；如果我们含冤而死，那么，就让这里的一草一木、一石一岩全变成白的。”

凶恶的天将把两个清白无辜的姑娘杀死了。说也奇怪，刹那间，玉龙雪山以它的清光、纯洁、一尘不染，诉说了土阿木、瑟阿木两姊妹的冤屈。

后来，不惹里窝从天菩萨的家人中弄清了事情真相，便向天官申诉道：“差人是天菩萨杀死的，他还下了一场大雪把尸体掩埋了。等大雪融化，就真相大白啦!”

春天到了，冰消雪融，两个差人的尸体找到了。可是，天官听信谎言，不但不向天菩萨问罪，反而到不惹里窝家逼他赔两个与已死的差人一模一样的人。

“这哪办得到啊，山中难找同龄树，世上难寻同面人。还是赔钱吧!”不惹里窝多次恳求天官，天官不肯要钱，整天追着要人。

不惹里窝请了老鹰、野鸡、箐鸡、喜鹊等一切会飞的鸟去调解。

天官愈加发怒地吼道：“如果赔不出‘原人’，我就要虫子来吃荞子，下雪弹子来打庄稼，还要派大象来糟蹋粮食。”

后来，请了办法最多的鹌鹑去才调解好了，条件是：每年的六月二十四日，地上所有的动物都要帮助不惹里窝家向天官赔罪，最有钱的土司，要杀牛来敬祭天官；中等人家，要杀猪、杀羊、杀鸡来敬祭天官；穷人家也得杀只鸡来敬祭天官；就连吃泥巴的石蚌，也得做个泥粑粑来敬祭……

因此，人们为了粮食丰收，每年的六月二十四日，家家都忙着杀牛、杀猪、杀羊、杀鸡敬祭天官，又怕天不知道，所以地面都点燃火把。从此，天官把它订成天规：每年的六月二十四日，年年要祭祀，户户要火把。不然，虫子就要来吃荞子，老天爷就要下雪弹子来打庄稼，大象就要来糟蹋粮食。这种风俗沿袭下来，就成了今天的火把节。

傈僳族火把节的传说①

很古很古的时候，云南维西地区有三多，即石头多、树多、野兽多，还有三少，即人少、地少、粮食少。住在这里的人主要靠打猎、捕鱼为生，另外也种一些火烧地，在乱草锞子里点起一把火，烧出一片空地，不耕也不锄，用梭镖拨弄拨弄就下种。种玉米，也种麻，就是不会种水稻。后来他们是怎样开水田、种水稻的呢？这有一段故事：

有一年天大旱，太阳像一团大火，把山上石头都烧红了，天热得连野兽都躲在岩洞里不出来，打猎也打不着；种下的玉米刚长到齐腰高，就全枯死了。人们饿得前胸贴后背，家家户户都牵着饿得精瘦的小猪到森林里去找野菜，因为小猪知道野菜当中哪种有毒哪种没有毒，只要它能拱吃，人就能吃。就这样，大鬼主②还一个劲地要粮、要兽皮和各种各样的东西。人们生活苦得像黄连秆上的虫儿，嚼不完的苦渣，喝不完的苦水。村村祭天祭地，哭喊着祈雨，盼天神救星。就在这时，蜀汉的丞相诸葛亮带着四川兵马，翻山越岭沿着澜沧江来到了云南维西。

老辈人传说，诸葛亮的兵像天兵天将，个个都穿着铁背心，就像穿山甲一样，刀砍不进，箭射不透。兵多得像蚂蚁搬家，马多得像树叶上的红蜘蛛，密密麻麻，一层又一层。他们刚一下山，可把当地的人吓坏了，藏没处藏，躲没处躲，有的整村往深山里逃。当时逃到贡山那边去的大多数是藏族，没逃去的大多数是纳西族和傈僳族。

诸葛亮和大鬼主在澜沧江边上打了一次大仗。大鬼主的兵躲在荆棘锞子灌木丛里向外放毒弩箭，诸葛亮的兵拉了个大包围，往荆棘锞子灌木丛里放火箭，箭头上点上火，把乱树锞子全引着了。大鬼主的兵往外一跑，诸葛亮的兵马奋勇冲杀，这一下，大鬼主吃了败仗，他

---

① 讲述者：和会计；采录者：周樵。转引自朱文旭：《彝族火把节》，233～237页，成都，四川民族出版社，1999。

② 大鬼主，指古代彝族的奴隶主。

的兵死的死伤的伤。最后大鬼主跪在村寨外面的路口投降了。

老百姓听说诸葛亮打败了大鬼主可高兴了，敲着木鼓，吹着木叶，跳着舞，唱着调子，从森林里涌出来迎接。各村各寨的头人带了几个猎人去见诸葛亮。他们没带长刀，没带毒弩箭，只带去了一些麝香、熊胆。另外还带去几张兽皮，也有老辈人说，还带去了一些野蜂蜜和黄蜡。

诸葛亮亲自到寨门口来迎接。头人们来的时候，还有点提心吊胆，惶恐不安，可一见到诸葛亮和蔼可亲的样子，就不再害怕了。诸葛亮摆上酒给大家喝，摆上煮羊腿给大家吃，还给大家蒸了热气腾腾的大米饭，大伙儿吃得可香啦。

这里的人们很难吃到大米饭，一是没有种子，二是没有种水稻的田地，也不会耕种，要想吃大米饭只有拿兽皮到丽江，或者到剑川去换，由于山高路险，野兽又多，所以没有几家人去换。

诸葛亮了解到这个情况，就和头人商量，决定派人向四川调兵往这里运稻谷，同时又派出很多汉兵教大家开辟水田。开辟水田可不是一件容易的事。先要放火烧掉山上乱木、乱草锞子，赶跑野兽，然后再动手搬掉石头。石头太多，大块的搬不动，小块的搬不完。从那时起，这里就流传下来这样两句谚语：猎取香獐就别怕跑断了腿，开辟水田就别怕砸断了腿。因为香獐跑得最快，猎人用弩射中了它，还必须穷追不舍，直到它力竭倒地，才能捕获。开水田就得刨土搬石头，从山坡往下滚石头砸伤人的事经常发生。开着开着，就会有石头滚下来，近处干活儿的人躲闪不及就会把腿砸断；远处干活儿的人，有的连脑袋都砸成九月的番木瓜①，因为离得越远石头跳得越高，而且越往下滚，带动的石头越多，就像一只山鸟惊飞了，一群鸟儿也跟着飞起来一样。

干活儿的人有当地的各族各部落的，也有诸葛亮带来的四川兵。大家都小心翼翼地躲着石头刨地，可是还有不少人被砸死、砸伤。有人把这件事禀告了诸葛亮，诸葛亮骑着马到山坡一看，可着了急，死

① 指熟透了的番木瓜，又软又烂。

伤不少人，田地也没有开出多少，他皱起眉头想出了办法。他传下号令：把大伙儿召集到山上，排成一个横排，一齐动手，搬的搬，推的推，满山满坡大小石头一齐往下滚。就这样像赶牛似的，从山上往山下赶石头，一直赶到澜沧江边。据说今天江边上的石头，都是那时诸葛亮带领大家从山上赶下来的。经过江水冲洗，显得又白又光滑。

遇上特大块儿的石头，诸葛亮就叫大伙儿架起大火来烧，把石头烧酥了，然后再往上泼冷水，石头就一块一块地自己破碎了。这种搬大块石头的办法，在当地一直沿用了许多年。

有些较小的石块没有滚到江边，半路就停下来，于是就按照诸葛亮的办法，在哪儿停下来就在哪儿垒起一道道石埂，接着就平土修渠，把山上流下来的泉水引到田里。

经过汉兵和当地百姓共同努力，荒山坡终于开出了第一块水田。

有一天夜里，一个探马来给诸葛亮报信，说去四川运稻种的大队人马快到了，现在正停留在森林里，路又黑，野兽又多，另外还有瘴气。不少人坐在地上休息，一坐下去就再也站不起来了，这样死了不少人。

诸葛亮连夜请了一些当地的老年人和有经验的人，向他们打听瘴气是怎么回事。大家你一言我一语，向诸葛亮做了详细介绍："瘴气是一片一片的，看也看不见，摸也摸不着。当人们走进森林沼泽地的时候，就觉得腿发软，眼发黑，头皮发胀，胸口憋得慌，张着嘴'呵哧'、'呵哧'地喘气，好像有无数的妖魔鬼怪，龇牙咧嘴地在眼前晃来晃去，这就是遇上了瘴气。"也有的老人说："遇上瘴气就是遇上了沼泽地的游荡鬼了。"也有的人说："那不是游荡鬼，而是一种恶气。"

大家议论纷纷，在诸葛亮面前争论不休。诸葛亮就问："遇上瘴气你们怎么办呢?"

一个老人回答说："咳！没关系，遇上瘴气，一别害怕，二别发慌，就拼着命一个劲地往前走，不到一袋烟的工夫就能冲出去，千万不能蹲下来，更不能坐下来休息，一蹲下来就再也站不起来了。死了以后，身体缩成一团，张着嘴，瞪着眼，那样子很可怕！"

诸葛亮皱起眉头在想办法，然后又和头人们仔细商量，决定让附近各村各寨的男女老少，每人点起一束火把，到森林沼泽地去迎接运送稻种的汉族士兵。

各村各寨的男女老少，每人举着一束火把出发了，从远处看，山坡上就像有一条弯弯曲曲的火龙在游荡，把满山满坡照得通红。

原来瘴气遇上火把就像毒蛇遇上獴子一样，不是你死就是我活，要么瘴气把火把熄灭，要么火把把瘴气驱散。人多，火把也多，一下子把瘴气全赶跑了，连附近的毒蛇猛兽也赶跑了。于是人们把一袋袋的稻谷和棉籽迎接回了村寨。各村各寨的男女老少，高高兴兴，他们举起火把，一面纵情地跳舞，一面唱起了欢乐的调子。

这天正是农历六月二十四日。从那时起，维西、巨甸一带就开始种水稻、栽棉花了。诸葛亮留下一大批四川兵在这里屯田戍边，同时教大家插秧种稻。诸葛亮把事情安排妥当以后，又带着士兵南下打仗去了。他临走的时候，当地的老百姓夹道欢送，几百里的山坡上都撒满了桂花、金银花的花瓣。老百姓替他们牵马、背东西，一直送到剑川坝。

留下来的那些四川兵，有的一直没有回去，娶了当地的姑娘，生儿育女直到如今，这就是现在的“四外族”，即四川来的外族人。他们至今仍住在山上，那是他们屯田时建立起来的村寨。

以后的世世代代，每到农历六月二十四日，他们就点上火把，唱歌跳舞，把迎来幸福生活、驱逐虫兽、消除瘴气和瘟疫的日子，称为“火把节”。

附录二

火把节相关文献记载

李亦人《西康综览》说："届期燃之以火，秉以夜游，各队分行，其中各执一巨者，长盈二丈，十余人抬之，络绎于途，婉如火龙，火映数里。如是者三晚，而打火把者则诵经咒而行，至两队相遇，则将大火把（俗呼火把王）隔河投掷，互相交换，各自接之。倘因不慎，致使倒地，侧有纠纷矣。至于源起相传虽久，究难详考。询诸乡民，又有古蟒食童，烧犁除害之神话，举行斯会以志不忘也。"

李元阳万历年间《云南通志》卷十所记："阿南，酋长曼阿奴之妻。其夫为汉将郭世忠所杀，欲妻之，赠以衣饰。阿南恐慌其逼已，给之曰：'妾欲从君，君能从我三事乎？'曰：'从。'曰：'一，须作幕次，祭故夫；二，须焚故夫时衣，易君新衣；三，须令国人遍知礼嫁。'明日，如其言，聚国人，张松幕，置火其下。阿南抽刀出，令为火炽盛，乃焚夫衣，告曰：'妾忍以身事仇？'遂引刀自断，身扑火中。国人哀之，每岁以是日燃炬聚会以吊之。后人名为星回节。及南诏灭五诏，亦以是日举火。或以星回节为灭六诏遗事，非是。"

《南诏野史》上卷载："皮罗阁唐玄宗开元十六年即位，年三十一岁，开元十八年灭五诏，自称南诏王。先是蒙氏恐慌三十七蛮部不服，选亲族为五诏。未久，五诏抗命，赂剑南节度王王昱，求和六诏为一。朝命，许之。罗阁乃豫建松明大楼，祭祖于上，使人谕五诏曰：六月二十四日乃星回节，当祭祖，不赴者罪。四诏听命，唯越析诏波冲之兄于赠，远不赴会。而邆赕诏丰咩孙皮罗之妻慈善者，止罗邆勿赴。邆不听。慈善不得已，以铁钏穿于邆臂而行。二十四日，罗邆及施浪诏施望尔弟施望千、浪穹诏丰时孙铎罗望、蒙巂诏嵩铺子罗原皆至罗阁所，逻阁偕登楼祭祖，祭后高胙食生饮酒，迨晚，四诏尽醉，罗阁独下楼，焚钱遽纵火，发兵围之，四诏皆焚死。罗阁遣使至四诏所，报焚钱失火，四诏被焚状，令各诏收骨。四诏妻至，莫辨其骨。独慈善因铁钏得焉，携归葬之。罗阁既灭四诏，取名诏宫人；念慈善慧而甚美，遣兵围其城，迫取之。慈善曰：'吾岂忘夫事仇者，闭城坚守半月，城中食尽。慈善度不能支，即自杀。'时七月二十三日。罗阁嘉其节，乃封赠为宁北妃，并旌其城曰德源城。"

《滇略》："阿南者酋长曼阿奴之妻也。夫为汉将郭世忠所杀，欲妻之。赠以衣饰。阿南恐逼己，给之曰：'妾欲从君，君能从我三事乎?'曰：'从。'一须作幕以焚故夫，二须焚故夫衣，三须令国人遍知礼嫁。明日如其言聚国人张松幕置火其下，阿南抽刀出令火炽盛乃焚夫衣。告曰：'妾忍以身事仇!'遂身跃火中，以刀自断，时六月二十五日也。国人哀之。每岁以是日焚炬聚会吊之，后人名为星回节。"

清师范《滇系·杂载》："火把节即星回节，六月二十五日，农民持炬照耀田间以祈年。通省皆然。其说有三：一、武侯征南，于是日擒孟获侵夜入城，城中父老设庭燎以迎之。一、曼阿奴之妻阿南，时阿奴为汉将郭某所杀，欲妻之，阿南恐慌逼己给之曰：妾欲从君，君能从我三事乎？曰：从。曰一须作幕以焚故夫，二须焚故夫衣，三须令国人遍知礼嫁。明日如其言聚国人张松幕置火其下，阿南抽刀出令火炽盛乃焚夫衣。告曰妾忍以身事似乎，遂身跃火中，以刀自断，时六月二十五日也。国人哀之。一、邆赕诏慈善开元中，南诏于星回节召五诏燕会，慈善知其谋，止夫无往，夫不可，乃作铁钏约其臂去，既而南诏果焚。五诏，佯以醉失火焚死，各诏骸骨无从辨认，独慈善舁尸而去。南诏闻其贤欲娶之，慈善闭城自守。发兵围之，三月，食尽，乃盛衣装西向自缚于座，竟以饿死。临卒曰：吾或往诉夫冤于上帝，南诏闻之，悔曰：误逼此贞节妇。乃旌其城曰德源城。三说均有所本。今则农人卜丰年，相率为欢宴而已。"

《广志绎》记载："云南一省以六月二十四日为正火把节……或云梁王擒杀段功之日，命其属举火以禳之。"

据《雪涛谈丛》记载："滇省风俗每年六月二十八日各家俱用生肉切为脍，调以醢蒜，不加烹饪，名曰契生，总称曰火节。问其故，谓吊忠臣王袆垩此祀，益袆受命入滇说梁王降，王反杀袆，醢其肉。"

清《大理府志》："汉元封间，叶榆妇阿南者为酋长曼阿娜之妻，夫为汉将郭世忠所杀，忠欲妻南，南曰：能从我三事乎。一作幕次祭故夫；一焚故夫衣，易启新衣；一令国人因知礼嫁。忠如其言。明日，聚国人，张松幕显火其下。南抽刀出，令火炽乃焚，大衣引刀自断什火中。时为六月二十五日。阿国人哀之，故每岁以是日燃炬聚会吊之，遂名为星回节。"

缪鸾和《禄劝调查报告》说："民族节日方面，除了山傈外，其他几个族系（指黑、白彝、凉山、明朗、密贫、罗缅、白傈、傣族）都过六月二十四日的火把节。当中罗缅族过得最认真，他们把这个节日叫做'过大年'。全村杀猪宰牛祭神树，祭后分肉回家，要采松毛垫家堂。六月二十五日才是正式的火把节，青年男女成队燃着火把，用松香挨户撒，每过一家，主人都要送点酒款待。然后又到田地周围去巡游，这叫做送祟。从二十四日起，到二十六日，要休息三天。密岔也是杀猪祭神树，每家还要抱只公鸡到田地里去祭拜'田公地母'，这一点和黑、白彝、明朗都相同。羊槽箐凉山族过火把节，也要玩三个晚上，第三晚送火把，事先在郊外挖个大灶，上面盖着石板，把所有的火把都送进去。"

《续云南通志》："苦葱，鬓蛮之别种，其在三猛者，以六月二十四日为年，十二月二十四日为岁首。至期，烹年豕祀先，醉饱歌舞。"

民国《西昌县志·艺术志》所载何成瑜《火把记》："宁俗每年六月二十四日傍晚城市乡村各户外，悉树火炬，明耀如白日。世俗讹传，以为土主为神，乡人迎之，遂成习俗。其说不径。闻之故老，又为武侯平蛮回撤过此，土人喜之，日夕昏暗，以火把迎送，皆无根据。按越损之火把树注，火把节又名星回节。汉元封间，叶榆曼阿奴，为汉将郭世忠所害，并欲得其妻阿南。南约以三事。一设幕祭夫；二焚故夫衣，易新衣；三大会国人，俾遍知以礼娶。郭如其言，于六月二十五日，聚会国人，大张松幕，置火其下，阿南祭夫毕，俟火炽，焚故衣，遂跃入死焉。国主哀之。线岁于是日燃之炬，谓之吊阿南。其后唐开元间，有邆赕诏者，六诏一也。南诏欲并五诏。建松明楼，因星回节，召五诏会饮，邆赕妻慈善，止夫勿行。不听，乃以铁钏约夫臂而别。比至南诏，酒酣，王火其楼。五诏王死。后诏人寻尸，皆不可识。独慈善以铁钏故，得其夫骸以归。南诏异其慧，以币聘之。善以夫未葬为辞，即葬，得其夫骸以归。即葬，乃闭城自守，南诏以兵围之三月，食尽。善盛服端坐饿死。南诏既有其地，旌其城曰德源。二事尚有书传可稽，皆吊节妇，今滇俗六月二十四五日，比户扎松为燎，高丈余，入夜争燃。用以照田祈年。以炬之明暗，卜岁丰歉。戚友会聚，杀牲饮酒，夷汉同之。"

许印芳《五塘杂俎·星回节考》："武侯南征，孟获既服，是日入滇池，薄暮，夷众设庭燎以迎，后遂因时纪胜，相沿成俗。"

清《石屏州志》："细奴逻遣子罗盛炎入朝封魏州刺史，麟德元年置姚州都督府，明皇开元未蒙舍诏皮罗阁贿剑南节度使王昱，请合六诏为一。朝命许之。蒙氏建松明楼。六月二十五日诱五诏同至祭祖，举火焚之，遂并五诏。开元二十六年南诏皮罗阁入朝策授云南王。赐名归义，遂筑太和城徙居之。"

民国《路南县志》："星回节，俗曰火把节，当六月二十四五两日，斫松为燎，高丈余，入夜争燃之，村落用以照田，以炬之明暗，占岁丰歉，廛市群儿，并杵松脂作粉，互相烧撒为戏。究其缘始云，汉之时有夷妇阿南，其夫为人所杀，南誓不从贼，即以是日赴火死，国人哀之，因为此会。一云南诏皮罗阁会五诏于松明楼，将诱而焚杀之，一并其地，邓赕诏妻慈善谏夫勿往，夫不从，乃以铁钏约夫臂，既往果被焚。慈善辨钏得夫尸以归，皮罗阁闻其贤委禽焉。慈善闭城死，滇人以是日燃炬吊之。谨案阿南事在省城系二十四日，故附省一带以二十四日为节。"

附录三

火把节起源传说分析

在彝族社会发展的历史长河中，从彝族公认的父系始祖希慕遮传至31世孙笃慕后，彝族开始以父子连名的方式按血统关系记载谱系。彝族在父系氏族社会时期，彝文文献记载曾有三次大的祭祖大典“耐姆”分支。第一、第二次分支是发生在“洪荒”前时期，第三次分支是在“洪荒”后：第一次是希慕遮14世孙道孟尼，道孟尼有9个弟兄，8个兄长分别到各地开拓发展，变为其他支系或彝语支民族；第二次分支是希慕遮29世孙武洛撮时代，武洛撮有12个兄弟，11个兄长渡河变成崇拜虎、狮、熊、猴、蛇、蟒、马、树、蜂、鸡等图腾的部族，即凉山彝文文献《勒俄特依》中记载的“武之十二支”，只有武洛撮不变。① 第三次大分支是“洪荒”后笃慕的六个儿子分为六个部（即彝族史书所记载的六祖分支），即老大慕阿切（武部）、老二慕阿枯（乍部）向南部发展；老三慕阿热（糯部）、老四慕阿额（恒部）向四川雷波以北方向发展；老五慕阿克（布部）、老六阿齐（默部）向金沙江两岸发展。② 所以，火把节首先应该是在彝族内部产生并流传的，后来随着三次大的分支后，形成了后来的彝语支其他民族和各个彝族支系，火把节也就在彝语支民族中，特别是彝族各个支系内部传承了下来，成为他们共同的民族节日。

---

① 根据贵州乌撒彝文书《彝族创世志》载，这十二支有具体名字，即武啥、武色吐、武古寺、武德本、武璞所、武陀尼、鲁朵武、阿武吐、洛举、鄂莫、堵狈德、武洛摄。实际上这十二支是12个部落主的名字。

② 参见普忠良：《彝族自称与彝语民族地名》，载《贵州民族研究》，2003（1）。

关于“火把节”起源的传说，大体可分三类，一是征服类，二是反抗类，三是祭祀类。以上三类，各类又细分出两类，即征服类再分为消灭害虫和征服恶魔；反抗类细分为反抗天上权势和反抗人世权势；而祭祀类则分为祭祀神灵和追悼死者两种，祭祀神灵类则又分成三类，即祭祀农业神、祭祀始祖神说、祭祀文化英雄神说；追悼死者类可以再分成追悼贞妇 A 说、追悼贞妇 B 说、追悼情死者说三类。[①] 胡绍华先生则将火把节传说简单分为三大类，即涉及统治者的历史传说；涉及人民反抗强暴的传说；反映人们同大自然斗争的传说。胡先生通过史料辨析，认为汉、晋、隋、唐、宋、元时期的有关文献中没有火把节是纪念阿南、武侯入滇和慈善夫人的记载，它们都是对火把节来源的附会和臆造之说。指出火把节的真实来源乃是对火的崇拜以及对火的运用的不断发展，因此而逐渐形成的一种与人们日常生活、生产相结合的群众性节日。[②] 不论是文献记载中的火把节起源传说，还是民间口头传说，都由一个共同的母题——反抗与斗争。口头传说中的是人与天神或人间的统治者相斗，文献传说中基本上是反抗各类人间的统治者。它们表面上的叙述呈现出各种地方性和民族性（支系性），深层次地表达了各族、各支系人民不畏神权、王权，敢于反抗，勇于斗争的民族精神。这一点在火把节中的摔跤、赛马、斗牛、斗羊等各类体育文娱活动中也表现得淋漓尽致。

---

① 参见［日］伊藤清司：《传说与社会习俗——“火把节”故事研究》，载《日本研究》，1993（1）。

② 参见胡绍华：《中国南方民族史研究》，77～86 页，北京，民族出版社，2004。

附录四

主要访谈对象简介

由于火把节是彝族人最为重要的节日，本研究对受访人员采用了随机访谈的方式，他们的年龄、性别、文化程度也比较随意，目的是更加突出火把节的民俗价值。受访人员的基本情况如下：

1. 嘉日万格，男，55 岁，退休干部。
2. 嘉日体古，男，40 岁，农民。
3. 嘉日常旺，男，11 岁，学生。
4. 嘉日惹洛，女，13 岁，学生。
5. 嘉日伍合，男，41 岁，农民。
6. 嘉日达普，男，56 岁，农民。
7. 嘉日阿几，女，72 岁，农民。
8. 阿鲁务支，男，38 岁，研究员。
9. 莫色布都，男，34 岁，彝文编辑。
10. 吉克木呷，男，28 岁，摄影师。
11. 嘉日日诺，男，48 岁，教师。

附录五

参考文献

1. （明）余承勋纂修.（嘉靖）马湖府志

2. （明）王尚用修，（明）陈梓、（明）张腾纂.（嘉靖）寻甸府志

3. （明）倪辂辑，（清）胡蔚增订，（清）王崧校理. 南诏野史

4. （明）高廷愉纂修. 普安州志

5. （清）蒋旭修，（清）陈金玉纂.（康熙）蒙化府志

6. （清）秦仁、王纬修，（清）伍士琄纂，（清）傅腾蛟等增订.（乾隆）弥勒州志

7. （清）张毓瑞纂修.（康熙）石屏州志

8. （清）李英粲修，（清）李昭纂.（咸丰）冕宁县志

9. （清）邓仁垣等修，（清）吴钟仑等纂.（同治）会理州志

10. （清）佚名纂修.（嘉庆）宁远府志

11. （清）王梦庚等纂修.（嘉庆）犍为县志

12. （清）王麟祥修，（清）邱晋成等纂.（光绪）叙州府志

13. （清）马忠良纂，（清）孙锵增修.（光绪）越嶲厅志

14. （清）王文韶等修，（清）唐炯等纂.（光绪）续云南通志稿

15. （清）刘垲、（清）席庆年修，（清）吴蒲等纂.（乾隆）续修蒙化直隶厅志

16. （清）方桂修，（清）胡蔚纂.（乾隆）东川府志

17. （清）王正玺等修，（清）周范纂.（同治）毕节县志稿

18. （清）常恩总纂.（咸丰）安顺府志

19. （清）平翰等修，（清）郑珍等纂.（道光）遵义府志

20. （清）徐怀璋纂修.（宣统）昭觉县志稿
21. 相学溥、熊邦才修，田昌文纂.（民民）普安县志
22. 王志高修，马太元纂.（民国）新平县志
23. 郑少成等修，杨肇基等纂.（民国）西昌县志
24. 王懋明修辑.（民国）续马龙县志
25. 赖佐唐等修，宋曙等纂.（民国）叙永县志
26. 袁嘉谷纂修.（民国）石屏县志
27. 卢金锡修，杨履乾、包鸣泉纂.（民国）昭通县志稿
28. 马标修，杨中润纂.（民国）路南县志
29. 陆崇仁修，汤祚纂.（民国）巧家县志稿
30. 杨松年纂.（民国）盐边厅乡土志
31. 黄元直修，刘达武等纂.（民国）元江志稿
32. 许印芳．星回节考．五塘杂俎（清朝）
33. 罗家修．古今彝历考．成都：四川民族出版社，1993
34.《宁蒗彝族自治县概况》编写组．宁蒗彝族自治县概况．昆明：云南民族出版社，1985
35. 云南省《宁蒗彝族自治县志》编纂委员会编纂．宁蒗彝族自治县志．昆明：云南民族出版社，2000
36. 胡绍华．中国南方民族史研究．北京：民族出版社，2004
37. 游国恩．游国恩学术论文集．北京：中华书局，1989
38. 朱文旭．彝族火把节．成都：四川民族出版社，1999
39. 中国民间文艺研究会理论研究部编．中国民间传说论文集．北京：中国民间文艺出版社，1986
40. 中国民俗学会编．中国民俗学研究（第一辑）．北京：中央民族大学出版社，1994
41. 何耀华，杜玉亭，詹承绪编．中国各民族原始宗教资料集成（彝族卷·白族卷·基诺族卷）．北京：中国社会科学出版社，1996
42. 云南省民间文学集成编辑编辑办公室编．云南彝族歌谣集成．昆明，云南民族出版社，1986

维吾尔族古尔邦节调研报告

——以喀什地区维吾尔族2006年古尔邦节为个案

课题组成员：安尼瓦尔·阿不力米提·阿斯塔尼
姑丽娜尔·吾甫力
完成单位：中央民族大学　新疆大学　喀什师范学院

第一章

古尔邦节的渊源与传承

伊斯兰教与佛教、基督教并称为世界三大宗教①，伊斯兰是阿拉伯文 al－Islām 的音意合译。“伊斯兰”的原意是“顺从”、“和平”，指顺从唯一的主宰安拉的旨意以及顺从旨意将获得和平与安宁。其信徒统称为穆斯林，意即“安拉意志的顺从者”。世界各地信仰伊斯兰教的群体，虽然民族不同，语言各异，历史和文化也存在很大的差异，但是古尔邦节是他们共同的节日。

我国信仰伊斯兰教的民族有维吾尔族、哈萨克族、柯尔克孜族、乌孜别克族、塔塔尔族、塔吉克族、回族、保安族、东乡族和撒拉族 10 个民族。据 1996 年不完全统计，我国信仰伊斯兰教的各民族人口约为 1700 万。② 这 10 个信仰伊斯兰教的少数民族，都是中华民族大家庭中的成员，他们把伊斯兰教与本民族的传统文化结合在一起，形成了各自不同的特点。古尔邦节是信仰伊斯兰教各民族的历史、文化的深厚积淀，是信仰伊斯兰教各民族传统文化的重要组成部分。

---

① 参见金宜久主编：《伊斯兰教小辞典》，1 页，上海，上海辞书出版社，2006。

② 参见上书，绪论。

第一节　古尔邦节的起源

古尔邦节在阿拉伯语中，称作 Id al – Qurban（尔德·古尔邦），亦称 Id al – Adha 或 Id al – Azha（尔德·艾祖哈），“尔德”为阿拉伯语的汉语音译，有“节日”之意，“古尔邦”和“艾祖哈”都是阿拉伯语的音译，含有牺牲、献身之意，合称即“宰牲节”或“献牲节”。节日的时间为伊斯兰教历每年的 12 月 10 日，即朝觐期的最后一天。它与开斋节、圣纪节合称伊斯兰教的三大节日。在我国，古尔邦节还被译作“库尔班节”。

古尔邦节的宰牲习俗，起源于古代先知易卜拉欣的神话传说。伊斯兰教的古代先知之一易卜拉欣，在他快满五十岁时，膝下仍无一子，他忧心忡忡，祈求安拉赐他一个儿子。过了不久，他果然得了一个聪明伶俐的儿子，起名叫伊斯玛仪。易卜拉欣欣喜若狂。当伊斯玛仪不到一岁时，易卜拉欣受真主的暗示，要求他把伊斯玛仪母子送到一个非常荒凉的地方，安排在一间茅屋里住下。伊斯玛仪母子俩在荒郊野外既无粮食，又常常缺水，饥肠辘辘，口干舌燥。伊斯玛仪号啕大哭，母亲伤心落泪，到处奔波，寻找饮食。一天，伊斯玛仪的母亲到山里去挖野菜，找水喝，不知翻了多少坡，越了多少沟，仍然没有找到吃喝，她四肢无力，眼冒金星。就在绝望中，忽然，她的眼前出现了一股清泉。她高兴得要发疯了，一种醉人的快乐，浸透了她那温柔的心。她双手捧起晶莹的甜水，尽情地喝了起来，之后用罐子给伊斯玛仪提了一些回家了。从这以后，他们母子俩就在这块土地上艰苦地生活着。伊斯玛仪这时已经长成 13 岁的英俊少年了。故事讲述者告诉我们，伊斯玛仪和他母亲经受考验并得到泉水相助的地方，就是伊斯兰圣地麦加的圣泉。

有一天晚上，易卜拉欣梦见真主命令他宰杀自己的爱子伊斯玛仪作祭物，以考验他对安拉的忠诚。易卜拉欣惊醒后，心急如焚，汗水如雨。他已年到花甲之年，但他又一想，应该听真主的命令。他把真主的命令和昨晚的梦告诉了伊斯玛仪。伊斯玛仪听了父亲的话后答应道："我的父亲啊，请你执行你所奉的命令吧！至于我自己，是绝对能够忍耐的。"伊斯玛仪对父亲表现出了无法形容的孝心。他说完就仰卧在地上，两眼紧闭，等待着父亲。易卜拉欣拿起刀子，看了看伊斯玛仪，心"咚咚咚"地直跳，手颤抖着，两只胳膊都软了，脸色也发白了。

伊斯玛仪睁眼一看，父亲呆呆地站着还没动手。为了减轻父亲丧子的痛苦，他说："我的父亲啊，请你找根绳子，把我的四肢捆得紧紧的，免得我一动，你心里难受不敢下手。"又说："父亲啊，你在宰我的时候，请把我的衣服脱掉吧！当我母亲知道我不在世时，她会非常痛苦的。在她看不见我的时候，就把这件衣服留给她，她在白天想念，夜晚梦见我的时候，可以作为安慰。"

伊斯玛仪说完后，父子俩抱头痛哭了一场。易卜拉欣脱掉了儿子的衣服，缚住了他的四肢，正准备下手，伊斯玛仪又说："我的父亲啊，请你把刀磨得锋利些，我侧卧后你宰吧。"父亲伤心痛哭，泪如涌泉。第一刀下去只在儿子的脖子上留下了一个白印，第二刀下去刮破了一点皮。伊斯玛仪说："我的父亲啊，你把我翻个身，让我匍匐而卧，这样你就下决心吧，顺从真主的命令。"易卜拉欣听了儿子的劝告，把他翻了个身，然后解下刀子使劲宰时，真主受到感动，派天仙哲伯勒依背来一只黑头羝羊作为祭献，代替了伊斯玛仪。这时易卜拉欣拿起刀子，按住羊的喉头一宰，羊便倒了。《古兰经》写道："易卜拉欣啊！你确已证实那个梦了。我必定要这样报酬行善的人们。这确是明显的考验。"（《古兰经》37：104～106）

为纪念这一事件和感谢真主，先知穆罕默德继承了这一传统，将宰牲列为朝觐功课礼仪之一。教法规定：凡经济条件宽裕的穆斯林，每年都要奉行宰牲礼仪。朝觐者在12月10日举行宰牲，其他各地的穆斯林则在10日至12日举行，期限为3天。逾期宰牲无效。穆罕默德在麦加传播伊斯兰教时，真主降示："我确已赐你多福，故你应当为你的主而礼拜，并宰牺牲。"（《古兰经》108：1－2）穆罕默德效仿易卜拉欣宰牲献祭，于伊斯兰教历二年（633年）十二月十日定制会礼，即今日的宰牲节。宰牲与朝觐同义，目的为求接近真主。穆斯林认为，举行虔诚的宰牲仪式也同样能被真主接受。因此，古尔邦节即宰牲节中的礼仪规范，是《古兰经》中规定的程式化礼仪，每个穆斯林必须遵守且不得随意改变。

在我们的调查中，关于古尔邦节的口头传说也有变异。喀什疏附县栏杆乡一位老人讲的稍有不同：[①] 相传真主非常喜爱易卜拉欣，认为他为人厚道，对真主十分虔诚，但是魔鬼（kupur）则对他说其实易卜拉欣这些人类并不是那样虔诚，他要真主用"献子"的计谋试探易卜拉欣。故事的其他部分与前一个故事是一致的。在维吾尔族普通民众的生活中，《古兰经》中的经典故事是由上代人口述习得，因此在这种口传中一些细节会产生变异，但故事的主要元素是固定不变的。

关于古尔邦节的文字记载主要来自于《古兰经》第37章99～110节的内容：（99）他说："我果然要迁移到我的主所启示我的地方去，他将指导我。（100）我的主呀！求你赏赐我一个善良的儿子。"（101）我就以一个宽厚的儿童向他报喜。（102）当他长到能帮着他操作的时候，他说："我的小子啊！我确已梦见我宰你为牺牲。你考虑一下！你究竟有什么意见？"他说："我的父亲啊！请你执行你所奉的命令吧！如果真主意欲，你将发现我是坚忍的。"（103）他们俩既已顺服真主，而他使他的儿子侧卧着。（104）我喊叫说："易卜拉欣啊！（105）你确已证实那个梦了。"我必定要报酬行善的人们。（106）这确是明显的考验。（107）我以一个伟大的牺牲赎了他。（108）我使他的令名，永存于后代。（109）"祝易卜拉欣平安！"（110）我要这样报酬行善者。[②]

喀什的宗教权威祖侬·卡里阿吉说，随着伊斯兰教及其古尔邦节流传到各地，历经数代，不断被世界各信仰伊斯兰教民族地方化，传

---

① 这一段文字根据喀什疏附县郊栏杆乡的农民依明老人的讲述录音整理写成。——笔者。

② 《古兰经》汉译本。

说的内容便有了不同的变体。①

第二节 伊斯兰教希吉拉历（回历）与古尔邦节

宗教节日存在着特定的文化时间观念。上述传说故事以及《古兰经》的规定都说明古尔邦节从它被确立之日起，就与伊斯兰教文化密不可分。

伊斯兰教使用的历法，分太阳历和太阴历，太阳历用于农耕，一年 365 天或者 366 天，与公历基本相同。伊斯兰教太阴历，阿拉伯语为希吉拉历（yijriye），汉语称回历。希吉拉在阿拉伯语里意为“迁徙”、“徙志”，指公元 622 年先知穆罕默德率部分信徒从麦加迁往麦地那。公元 639 年，伊斯兰教第二任哈里发欧麦尔，为纪念“徙志”这一重要历史事件，决定把该年定为伊斯兰教历纪元，并将伊斯兰教太阴历命名为“希吉拉”（阿拉伯语“迁徙”之意）。以阿拉伯太阳年岁首（即儒略历公元 622 年 7 月 16 日）为希吉拉历元年元旦。希吉拉历以月亮圆缺一周为一月，历时 29 日 12 小时 44 分 2.8 秒，月亮圆缺十二周为一年，历时 354 日 8 小时 48 分 33.6 秒。单数月份，即 1、3、5、7、9、11 月为“大建”即大月，30 天；双数月份，即 2、4、6、8、10 月为“小建”即小月，29 天；12 月平年为“小建”，即 29 天，闰年为“大建”，即 30 天。这样，平年 354 天，闰年 355 天。希吉拉历以 30 年为一周期，每一周期的第 2、5、7、10、13、16、18、21、24、26、29 年，共 11 年为闰年，另 19 年为平年，平均每年为 354 日 8 小时 48 分，阳历年平均天数为 365 日 5 小时 49 分，比阳历少 10 日 21 小时 1 分，每 2.7 个阳历年，希吉拉历就少 1 个月，每 32.6 个阳历年，希吉拉历就少 1 年。②

---

① 根据祖依·卡里阿吉的口述记录及《辞海》整理写成。

② 参见金宜久主编：《伊斯兰教小辞典》，236 页，上海，上海辞书出版社，2006。

从伊斯兰教希吉拉历来看，每年古尔邦节的时间是固定的。由于这个固定的时间有其固定的内涵（纪念穆罕默德朝觐的完成）和固定的发生场所（清真寺、墓地、广场、家庭），并在信仰伊斯兰教各民族节日文化系统中具有标志性意义，因此民众把这个节日看得十分重要，成为民众关于古尔邦节记忆的主要内容。

第三节　我国信仰伊斯兰教民族的古尔邦节概述

伊斯兰教自公元651年传入中国，先后有维吾尔族、回族、哈萨克族、柯尔克孜族、乌孜别克族、塔塔尔族、塔吉克族、保安族、东乡族和撒拉族信仰此教，新疆、宁夏、甘肃、北京等地则成为古尔邦节的主要分布地区。由于各民族的历史文化背景、生活地域、信仰先后以及民族文化心理各有不同，因此，各民族的古尔邦节在相同的程式背景下还显现出各自的民族文化传统特征和差异，这就使得中国信仰伊斯兰教民族的古尔邦节既有共性，又有差异。

一、回族的古尔邦节

回族是我国少数民族中人口较多，分布最广的民族。人口约860余万，全国多数省、市、自治区都有回族居住，西北地区的宁夏、青海、甘肃、新疆、陕西和西南地区的云南以及河北、河南、山东、内蒙古等省区，都有大小不等的聚居区。全国有1个回族自治区、2个回族自治州、11个回族自治县。地处祖国大西北的宁夏，是全国最集中的一个回族聚居区，有“回族之乡”之称。回族的先民是唐宋年间来华经商的中亚、西亚的穆斯林，13世纪初，蒙古军西征，他们征服了中亚、西亚的穆斯林国家之后，回师时迁移了大量的穆斯林人口。他们或以驻军的形式，或以工匠、商人、学者的身份散居全国各地，被当时社会称为“回回人”。他们与唐宋时期来的阿拉伯人、波斯人的后裔共同成为回族的先民。到了元末明初，在多种民族成分融合的情况下形成了回族。

回族信仰伊斯兰教。这是来自西亚和中亚的文化现象，它不仅被认为是一种宗教信仰，一种意识形态，而且被认为是一种生活方式。在饮食上，回族人普遍吃牛肉、羊肉，禁食猪肉；衣着上，回族群众普遍戴白色或黑色无檐小圆帽，亦称礼拜帽。全国穆斯林地区约有清真寺二万多座，其中不少分别被列为国家、省、直辖市和市县级重点文物保护单位。广州怀圣寺、泉州圣友寺、杭州真教寺、扬州仙鹤寺被称为东南沿海“四大古寺”。北京的牛街礼拜寺、东四清真寺、法明寺、普寿寺历史上被称为“四大官寺”。宁夏同心清真大寺，其整体建筑将伊斯兰文化艺术与中国传统的建筑风格巧妙地融为一体，典雅别致，朴素大方。著名的回族伊斯兰教圣地还有拉萨“卡基林卡”清真寺、济宁东西大寺、兰州西关清真寺、乌鲁木齐市陕西大寺、西宁东关清真寺等。

现在，我国回族人民都按照各地不同的习惯欢度古尔邦节，其规模一般较大，多以村、乡、镇、巷等为单位进行，由于地域不同，节日也有差异。有的地方按照传统习惯要过三天，有的地方只过一天。节前打扫室内外卫生，制作节日食品，炸油香、馓子、花花等。节日拂晓，沐浴净身、燃香，男子换上整洁的衣服赴清真寺参加会礼。回族古尔邦节的会礼和开斋节一样，非常隆重。大家欢聚一堂，由阿訇带领全体回民向西鞠躬、叩拜。在聚礼中，阿訇要宣讲“瓦尔兹”（即教义）和需要大家遵守的事项等，最后大家互道“色俩目”。会礼结束后，还要举行一个隆重的典礼，这就是宰牛、羊、骆驼。一般经济条件较好的，每人要宰一只羊，七人合宰一头牛或一峰骆驼。宰牲时有许多讲究，不允许宰不满两岁的小羊羔和不满三岁的小牛犊、骆驼，不宰眼瞎、腿瘸、缺耳、少尾的牲畜，要挑选体壮健美的宰。所宰的肉要分成三份，一份自食，一份送亲友邻居，一份济贫施舍。宰牲典礼举行后，家家户户又开始热闹起来，老人们一边煮肉，一边吩咐孩子吃完肉，骨头不能扔给狗嚼，要用黄土覆盖。而后访亲问友，馈赠油香、菜，相互登门贺节。有的还要请阿訇到家念经，吃油香，同时，还要去游坟，缅怀先人。在甘肃、宁夏、青海等地，回族青年在节日里唱“花儿”。

二、维吾尔族的古尔邦节

维吾尔族是我国人口较多的少数民族之一。据 1990 年统计，有 7214 431 人，主要分布在新疆维吾尔自治区，少量居住在湖南桃源、常德等县，还有的散居在全国各地。维吾尔族主要聚居的新疆维吾尔自治区，位于祖国西北部，面积为 165 万平方公里，约占全国面积的六分之一，是我国面积最大的一个省区。

10 世纪伊斯兰教传入新疆，至今伊斯兰教在维吾尔族的传播、发展已有一千多年的历史。喀什的艾提尕尔清真寺、阿帕克和卓麻扎、哈密回王墓和吐鲁番苏公塔清真寺都是早期的伊斯兰建筑。伊斯兰教文化是维吾尔族文化基本组成部分之一，由于历史的原因，维吾尔族的文化带有中亚伊斯兰文化类型的某些特点。维吾尔族地区的伊斯兰教寺院主要有艾提卡、加曼、罕尼卡、麻札寺、艾提尕尔清真寺、库车大寺、沙吉买德里斯、苏公塔等等。

就整体而言，维吾尔族信仰伊斯兰教及过古尔邦节的历史，要早于中国其他信仰伊斯兰教的民族，这样也就较完整地保留了古尔邦节初始时期的特征。作为伊斯兰教文化重要内容的古尔邦节，它不仅是维吾尔族的信仰习俗、服饰习俗、饮食习俗、娱乐习俗等复合文化的全方位的展现，而且是维吾尔族的文化和心理的积淀，在其传承的过程中，成为体现维吾尔族民族文化特征的载体。

三、哈萨克族的古尔邦节

我国的哈萨克族主要分布在新疆的伊犁哈萨克族自治州木垒哈萨克自治县和巴里坤哈萨克自治县，少数分布于甘肃省阿克塞哈萨克自治县和青海省海西蒙古族藏族哈萨克族自治州，人口约 120 万，其中

99%集中在新疆维吾尔自治区。哈萨克族的民间文字十分丰富，著名的叙事诗有《阿勒帕米斯》、《阔布兰德》、《萨里哈与萨曼》等，哈萨克族的主要代表乐器是二弦弹拔琴“冬不拉”。他们以经营畜牧业为主，兼营农业，也有的从事工业和商业。

伊斯兰教传入哈萨克草原较早，11世纪得到广泛传播，历史上曾出现过一批通晓伊斯兰教和阿拉伯语的哈萨克族学者。18—19世纪，在伊斯兰教的影响下，哈萨克文学中宗教性叙事长诗盛行一时，其主要内容来源于阿拉伯、波斯宗教经典和文学著作，同时还出版发行了大量的宗教经典。这一时期，哈萨克族中出现了穆夫提（伊斯兰教教法说明官）、伊玛目（清真寺教长），并修建了一部分清真寺和宗教学校。目前，随着我国宗教政策在哈萨克草原的具体贯彻，哈萨克族穆斯林获得广泛的宗教信仰自由，草原建起清真寺，各种宗教活动均正常进行。同时，为适应哈萨克族文化发展，伊斯兰教经典、《古兰经》故事和其他书籍、资料相继问世。

哈萨克族过古尔邦节时，节前家家户户把家里家外打扫得干干净净，赶制各种糕点，炸馓子，烤馕，做新衣裳，为节日做好充分准备。按照传统的规矩，在节日这天，男人们清晨沐浴更衣，到清真寺做礼拜、诵经、上坟、缅怀先人。回到家立即洗手，宰杀牲畜。宰羊时，根据传统习惯不绑羊腿。据哈萨克族传说，宰的这只羊是上天堂乘骑的牲畜，绑了腿就不能行走，也就上不了天堂（别的民族似乎没有这种说法）。宰后切成大块煮，煮熟后放在大盘子内，客人来后，主人便当着客人的面用刀子削成片，热情地请客人吃肉、喝一碗肉汤。在节日期间，男女老幼都穿上节日盛装，走亲串邻，祝贺节日。身着节日盛装的哈萨克族要相互拜节，互相问候，过去有成见的人，在节日里见面时也要互相问候，并消除隔阂，从此言归于好。哈萨克族人民在古尔邦节还要举行赛马、叼羊、姑娘追、摔跤等传统娱乐活动，使整个节日洋溢着欢乐的气氛。

四、柯尔克孜族的古尔邦节

柯尔克孜族也是生活在新疆境内的一个古老民族，人口 14 万，主要居住在克孜勒苏柯尔克孜自治州，其余的分布在伊犁、塔城、阿克苏和喀什等地区。另外，在黑龙江省富裕县满族达斡尔族柯尔克孜族友谊乡、五家子柯尔克孜族村及富裕牧场七家子村三区大五家子屯，也有柯尔克孜族居住。他们主要经营畜牧业，兼营农业。

大部分柯尔克孜人信仰伊斯兰教，并按照伊斯兰教的规定进行宗教活动和节假日活动（如一日做五次礼拜、一年过两个大节——“古尔邦节”、“肉孜节”等）。不过，柯尔克孜族穆斯林的宗教活动有自己的特点，阿訇只宣传动员人们去做礼拜，至于人们是否去则是自由的。礼拜寺很少，一般牧民多在原野上做礼拜。

“柯尔克孜”是突厥语，意为“四十个姑娘”、“四十个部落”或“赤红色”。作为游牧民族，柯尔克孜的古尔邦节在礼仪上更多的带有游牧的特点，古尔邦节这一天清晨的礼拜，是一年中规模最大的一次礼拜，所有的成年男人都去礼拜寺参加聚礼，场面蔚为壮观。柯尔克孜族每年从接羔时起就准备这个节日，选定宰畜，对宰畜不能打骂，不能出售，不能随意屠宰。节日必须宰杀一只本年出生的黑色公羊。节前，家家户户打扫得干干净净，制作各种糕点，炸油馓子，烤馕，做新衣服。节日这天，人们先沐浴更衣，穿上节日盛装，到清真寺做礼拜。礼毕回家后，开始杀牛羊，煮肉做饭，招待来客，并走亲访友，相互贺节。节日期间，举行叼羊、赛马、摔跤等文体活动。

五、乌孜别克族的古尔邦节

乌孜别克族是我国北方少数民族之一，主要居住在新疆维吾尔自治区的伊宁、塔城、喀什、莎车、叶城及乌鲁木齐等县、市，有少量乌孜别克人散居于天津、哈尔滨、上海、兰州等地。人口约 15 万。他们大部分从事商业，南疆的乌孜别克人的丝织技术很娴熟，北疆的乌孜别克人主要从事畜牧业和农业。

乌孜别克族属于游牧民族，约于15世纪前后在新疆地区定居。乌孜别克语是以阿拉伯语字母为基础的拼音文字，由于语言相通，他们更易于接受伊斯兰教。自从18世纪之后，喀什、莎车、伊犁、奇台等地的乌孜别克人自发地捐款建造了一些规模较大、气势宏伟的清真寺。乌孜别克族过古尔邦节与维吾尔族有相似之处，节日期间杀羊或骆驼，到清真寺去作聚礼，唱歌跳舞，并举行赛马、叼羊和摔跤等活动。

六、塔塔尔族的古尔邦节

"塔塔尔"一词为"Tatar"的汉语译音，是本民族的自称，这一族称最早见于突厥如尼文阙特勤碑文中，汉文译名则最早见于9世纪40年代，音译作"达怛"。塔塔尔族的祖先是中国古代北方游牧的突厥汗国统治下的"塔塔儿"部落，即后来的"鞑靼"本部。我国新疆境内的塔塔尔族主要是16世纪末以后陆续从伏尔加河和马河一带迁人的，到20世纪初基本上形成今天新疆境内的塔塔尔族。1950年，我国新疆境内的鞑靼人正式被命名为"塔塔尔族"。塔塔尔族是我国唐代北方突厥汗国统治下使用突厥语的游牧部落的后裔，约于19世纪20—30年代陆续从中俄边境地区迁到新疆，主要散居在新疆维吾尔自治区，比较集中的是在伊宁、塔城、乌鲁木齐等地。另外，奇台、吉木萨尔县和阿勒泰等县的农牧区也有少数的塔塔尔族。塔塔尔族居住分散，多居于城镇，人口约五六千人。在城市里的塔塔尔人多经商或从事医务和文化教育工作，居住在农牧区的则经营农牧业，他们喜欢养蜂。塔塔尔人的文化素质较高，知识分子按人口比例在全国各族中居于前列。

塔塔尔族信仰伊斯兰教，和其他信仰伊斯兰教的民族一样，其文化、生活、习俗诸方面均受到伊斯兰教的深刻影响。塔塔尔人中多数是商人，也有一些是宗教人士，他们还在伊宁、塔城等地开办伊斯兰教育。塔塔尔人在新疆的乌鲁木齐、伊宁、塔城和阿勒泰等地都建有自己的礼拜寺，人们称之为"塔塔尔礼拜寺"。塔塔尔人的礼拜寺和其他穆斯林的礼拜寺相比，较为朴实，其宣礼塔与其他礼拜寺的区别较大，尖顶，上有星月标记，塔塔尔人视礼拜寺为圣洁的场所。

塔塔尔人过古尔邦节也是在希吉拉历的十二月十日，即“肉孜节”之后的第70天。从此之后，每年的这一天，信仰伊斯兰教的穆斯林要杀羊、宰牛。因此，古尔邦节又称“宰牲节”。节日的前几天，塔塔尔族的家家户户都要把房屋、院落打扫得干干净净，并制作各种糕点和食品，为过节做准备。节日当天，18岁以上的穆斯林男子拂晓便起床，沐浴更衣去清真寺做礼拜，到清真寺作完会礼之后，各家各户开始杀羊，举行宰牲仪式。男女老少身穿新衣，走亲串友。同时举行各种节庆活动。

七、塔吉克族的古尔邦节

我国的塔吉克族，人口约3.3万人，主要分布在新疆维吾尔自治区西南部的喀什库尔干塔吉克自治县，少数散居在该县以东的莎车、泽普、叶城、皮山等塔里木盆地西部边缘地区。塔吉克人主要从事畜牧业和农业。塔吉克族信仰伊斯兰教是比较早的，普遍信仰伊斯兰教伊斯玛仪派，这与11世纪伊斯玛仪派著名哲学家和诗人纳赛尔·霍斯拉吾来帕米尔地区传播伊斯玛仪派教义有直接关系。同其他信仰伊斯兰教民族相比，塔吉克族宗教活动较少，清真寺也很少，教徒不封斋、不朝觐，除部分老人每天在家做两次礼拜之外，一般人仅在节日举行礼拜。

古尔邦节时，塔吉克人把家里打扫得干干净净，屋内、墙边撒一些白面粉，还要准备各种各样的节日食物。节日当天早晨，塔吉克族的成年男子都要用山泉水沐浴，然后穿上节日盛装，参加一年一度的盛大“会礼”，并相互拜节。节日期间，家境稍好一点的家庭，都要宰一只羊，有的还宰牛、宰骆驼，招待前来拜节的亲朋好友和街坊邻居。节日这一天，塔吉克人都要相互拜年，一般情况下，第一天男子相互拜年，第二天妇女们聚集在一起，串门拜年。

八、东乡族的古尔邦节

东乡族主要分布在甘肃省临夏州东乡族自治县，其余散居在甘肃广河、和政等县及新疆伊犁地区，现有人口 37 万人。东乡族族源的主体是元朝时的色目人，也有回族、蒙古族和汉族的成分。他们主要从事农业。东乡族的民间文学很丰富，有长篇叙事诗《米拉尕黑与马芝璐姑娘》、《葡萄蛾儿》等。他们和回族一样喜欢演唱“花儿”。

东乡族穆斯林的教派派系较多，各派的主张和习惯渗透于东乡族人的日常生活中。中国伊斯兰教的派系中，东乡族信仰各派的都有，其中信仰老教的人数最多。这个教派在东乡族中又分为九个小派系（通称“门宦”）：胡门、白庄、华寺、大拱门、张门、穆夫提、沙沟、海门和风门。清真寺是伊斯兰教进行宗教活动的主要场所，如达板红柳滩村 500 多户就分属 4 个门宦，4 个清真寺。据有关资料统计，东乡地区共有清真寺 600 多座，其中大部分属于伊赫瓦尼教派（新派）的清真寺，最著名的有大礼拜寺和锁南大寺。

古尔邦节也是东乡族的传统节日。节日早晨，东乡族人清扫庭院，制作油香、馓子等，男子沐浴大净，严整衣冠，到清真寺参加会礼，礼毕，举行宰牲仪式。凡经济宽裕的人家，都要宰一只羊，有的还宰牛。所宰牲畜，必须头角端正、体窍完整、健壮，没有任何缺陷。宰牲时其主人必须在场，并由阿訇念经。所宰之肉分三份，一份自己食用，一份送亲友、邻居和招待客人，一份送清真寺或济贫施舍，不许独自享用或出售。所宰牛、羊之血液、粪便以及食后的骨头等残渣须深埋地下。宰牲仪式后，主人请来众乡亲，按照传统的礼节，摆出丰盛的宴席与客人同食所宰之牛羊肉。

九、撒拉族的古尔邦节

撒拉族是我国西北青藏高原的一个少数民族，人口约 9 万人。主要居住在青海省循化撒拉族自治县，其余分布在毗邻的化隆回族自治县甘都乡以及甘肃省积石山保安族东乡族撒拉族自治县。此外，在青海省西宁市和其他州县以及甘肃夏河、新疆乌鲁木齐等地，也有零星分布。他们的祖先是13世纪居住在中亚撒马尔汗的西突厥乌古斯马部落萨鲁克人的一支。撒拉族穆斯林保存了许多美好的民间传说，如《对伊委纳》（骆驼戏）是表现撒拉族先民从中亚迁到循化这一历程的传统戏，在群众中广为流传。撒拉族主要从事农业生产，兼营畜牧业和园艺业。

撒拉族人信仰伊斯兰教，并形成了一种独特的宗教组织形式——尕最制。“尕最”开始由众人推举，后来变为世袭，是最高的宗教权威，其下设立“三长制”和“三级寺院组织”。

撒拉族最大的传统节日为古尔邦节，每当节日来临，撒拉族广大教众身着盛装，高举彩旗，同赴野外举行会礼。节日的当天，男性要在拂晓前沐浴净身，穿戴整洁，然后去清真寺参加会礼，礼毕回家要宴请宾客，煮手抓羊肉，炖鸡肉，做糖包，炸蛋糕、馓子，做比利买海（油搅团）、木丝日（一种以油、熟面等为馅的包子）和各种烩菜。

十、保安族的古尔邦节

保安族主要聚居在甘肃省临夏回族自治州积石山保安族东乡族撒拉族自治县内，人口约15万人，约占保安族总人口的93%，其余散居与临夏回族自治州各县及青海省的循化县。在自治县内，保安族主要聚居于大河家、刘集一带的大墩、甘河滩、梅坡和高李等村庄，习惯上称为“保安三庄”。他们的祖先是信仰伊斯兰教的蒙古人和中亚的穆斯林，大约在元末明初来青海定居。他们的生活习惯与回族、东乡族、撒拉族基本相同。保安族主要经营农业、手工业，以打制“保安刀”为主。他们的服饰与西北回族的服饰相似。

在保安族伊斯兰教发展过程中，形成了两大教派，即嘎底林耶教派（老教）和伊合瓦尼教派（新派）。在保安族人民的文化生活中，伊斯兰教的作用和影响更是随处可见。保安族人的结婚、丧葬、疾病、小孩割礼和节日，都必须按伊斯兰教的教规行事。保安人的丧葬具有浓厚的伊斯兰教色彩，保安人死后，一般要请阿訇念经，用净水为死者“洗身”，称为“抓水”，然后用白布包裹，称“穿卡凡”，再将尸体移入尸匣，称“塔卜”。

保安族的节日同许多信奉伊斯兰教的民族相同，如开斋节、古尔邦节、圣祀日等，家家都要炸馓子、油馃、蜜圈圈和油香。保安族的古尔邦节也称为“宰牲节”、“赎身节”或“小尔德”。节前，人们要收拾房屋，打扫庭院，制作富有民族特色的各种风味食品。节日的当天男性要在拂晓前沐浴净身，穿戴整洁去清真寺参加会礼。在阿訇的主持下，面向圣地麦加方向鞠躬叩拜。礼毕，家家户户举行宰牲仪式，一般要宰羊或牛，有的人家则根据自己的经济条件宰鸡、兔。保安族的节日食品以炸馓子和油香最为普遍。保安族宴请宾客以全羊席最为隆重。保安族全羊席的做法是：把整只羊加上调料煮熟，按肋条、脊背、前后腿、髋、脖子、尾巴分部位切割开，然后带骨剁成一指厚、手掌大的肉块，每个部位装一盘上桌，供就餐者选用，羊的头、蹄、杂碎加麦仁煮汤，也是一种美食。除了整羊之外，一般做鸡、鸭也都要加好调料整只煮，熟后再按骨骼衔接处分割成14块。节日期间，还要走亲访友，馈赠油香，互道问候。有的还专程祭扫坟墓，凭吊先祖，缅怀先人。

第二章

维吾尔族的古尔邦节

在维吾尔族的节日体系中，古尔邦节居于重要的地位，与其他民族相比，维吾尔族的古尔邦节具有鲜明的民族特色。

第一节　维吾尔族宗教信仰概况

维吾尔族为中国信仰伊斯兰教的少数民族之一。“维吾尔”（Uygur）是该民族的自称，意为“团结”、“联合”等。维吾尔族主要分布在新疆维吾尔自治区，另有少数居于北京市、湖南省桃源县以及河南省的渑池县和郑州市等地，人口近 900 万人（2004 年）。其语言维吾尔语属阿尔泰语系突厥语族，历史上曾先后使用过古突厥文、回鹘文、察合台文等。10 世纪伊斯兰教传入后，逐步使用以阿拉伯字母为基础的维吾尔文。中华人民共和国成立后，曾创制以拉丁字母为基础的新文字，20 世纪 80 年代初，又恢复使用以阿拉伯字母为基础的维吾尔文（也称老文字）。

维吾尔族古代信仰过萨满教、摩尼教、景教、祆教和佛教。到了 15 世纪时，伊斯兰教逐渐排除其他宗教，在维吾尔族地区占据主要地位，成为全民信仰的宗教。伊斯兰教对维吾尔族的政治、经济、文化和生活习俗方面的影响，十分深远。①

伊斯兰教有不同的教派，维吾尔族大多数人信仰逊尼派的教法学派之一哈乃斐派，也有一部分人信仰神秘主义派别的苏非派，在新疆称为依禅派，还有少部分人信仰瓦哈比派。② 礼拜寺是逊尼派教徒进行宗教活动的场所，礼拜寺和麻札都有“瓦克夫”③ 地和财产。礼拜寺的种类不同，有居民礼拜寺、主麻礼拜寺和行人礼拜寺等多种。

礼拜寺内有专门的宗教人员担任不同的职务。

卡孜：宗教法庭负责人；

艾兰木：专管规定、仪式和习俗；

木甫提：负责宗教事务、遗产处理；

伊玛目：集体礼拜的领拜人；

哈提甫：主持主麻礼拜；

木合台斯甫：宗教检察官，惩处违反教规者；

海里排提：经文教员。④

第二节　维吾尔族的节日体系

维吾尔族对节日的称谓和理解来自于该民族悠久的历史文化积淀。维吾尔族将传统的民俗节日称为“bayram”（维吾尔语，汉译为“民俗节日”），而与伊斯兰教有关的节日则被称为“eyiit”，即阿拉伯语的节日之意。说到维吾尔族的节日，在维吾尔语里用 eyiit - bayram 来表示，直观地表明维吾尔族的节日体系有两部分：一是传统的民俗节

---

① 参见任一飞、雅森·吾守尔：《维吾尔族》，159 页，北京，民族出版社，1997。

② 同上注。

③ 瓦克夫，也被译为“瓦各夫”或“卧各夫”，是阿拉伯文 Waqf 的音译，意为“宗教公产”或“宗教基金”。伊斯兰教指符合教法而建立的公共财物，如寺院、寺院土地、寺院房产、用具、经典等。一般来自穆斯林的捐献、遗产及寺院的有关收入。

④ 参见任一飞、雅森·吾守尔：《维吾尔族》，159 页，北京，民族出版社，1997。

日，二是伊斯兰教传播之后的传统宗教节日。

一、民俗节日

在维吾尔族的观念中，民俗节日常常与游艺、娱乐活动联系在一起的，并且与时令以及农业生产、民间生活有密切关系。

（一）诺茹孜节

诺茹孜节（neuruz bayrimi）是我国新疆及中亚、西亚等地区许多民族的共同节日。“neuruz”一词来自波斯语，“neu”意为“新”，“ruz”意为“天、日子”，这两个词合起来，即“新的一天”的意思，具体时间是波斯古太阳历的每年的三月二十一日。这一天白天和黑夜一样长，正值我国农历的“春分”。据说这个节日的来历和天上的星座有密切的关系。人们认为，白羊星是造福人类的主神，而双鱼星则是人畜的病源。“春分”这一天恰好是双鱼星降落，白羊星升起的时刻，人们选择这个时辰过节，将会带来幸福和吉祥。所以，诺茹孜也含有“送旧迎新”的含义。

在诺茹孜节这天，维吾尔人相互拜节，做“诺茹孜饭”（noruz eixi）（用多种谷物做得稠粥），举行各种传统的文娱活动，如野游、叼羊、摔跤、达瓦孜表演等。过节时，人们身着鲜艳的民族服装，走家串户，互相祝福。唱《纳吾热孜歌》。歌的曲调是固定的，歌词可即兴自编，内容多为祝愿乡亲们在新的一年里老幼平安、五谷丰登、六畜兴旺等吉祥话，如下面的歌词：“春天来临，人间有了繁荣；春雨飘洒，人间五谷丰登，穷汉也乐无穷。如今是母鸡孵出小鸡的日子，心头的忧郁也无影无踪。大家欢聚，尽情尽兴，把疲惫和忧伤，都遗忘干净。”①

（二）白雪节

维吾尔语将白雪节称作 karlik oyun，又叫白雪游戏节，因此这个

---

① 艾尼瓦尔·吐尔逊编：《维吾尔族民俗礼仪常识》（维吾尔文），89页，乌鲁木齐，新疆大学出版社，2007。

节日的娱乐目的很明显。白雪节是在每年第一次降雪时举行的娱乐活动。当下过初雪之后，几个朋友经过商量，联名写雪礼信，心中首先在初雪降临的时候祝贺收信人全家平安，然后按照白雪节的习惯，要求收信人举行娱乐晚会，并提出晚会活动的内容。送信人要悄悄把信放在主人不易发现的地方。在送信人离开之前，如主人没有发现，就要照信上的要求举行初雪晚会。如果送信人当场被抓住，初雪晚会就要在送信人的家中举行。晚会包括朗诵诗、唱歌、跳舞、音乐演奏等。[①] 白雪节是维吾尔族热爱大自然和崇尚白色等传统风俗的体现，也是维吾尔族古老的娱乐活动之一。

（三）青苗节[②]

农业是维吾尔族的主要生产、生活方式。维吾尔族在长期的生产、生活过程中，不仅十分注重季节的变化，而且积累了很多生产经验。他们将丰收的期望寄托于自然，祈福于自然，从而形成了根据自然变化的规律来安排人事的节日。其中，流传至今的一个重要节日就是“青苗节（maisa baiyrimi）”。这个节日一般在春播前举行，目的是为了表达人们对春天来临的喜悦和对春天播种的期盼之情。该节日的主要内容之一是要准备节日饭 kuje ixi（类似于百家饭）。做此饭，需要从各家索要一小碗为春播准备的小麦种，然后放在一口大锅中熬，之后制成节日饭即 kuje ixi。青苗节的另一个重要内容与孩子有关：孩子们来到初春刚刚解冻的河水边，在河边寻找各种植物的嫩芽作为礼物送给父母和亲戚，而父母收到孩子们带来的具有春天信息的“礼物”非常高兴，拿出日用品作为奖励。后来在节日传承的过程中，有些地方是老师带领学生到柳树成荫的风景区春游，让学生领略大自然的美好景色；还有人在这个季节吟诗，让大家分享节日的喜悦；也有人为孩子折下柳枝当马骑，孩子们“骑马”欢呼雀跃；有的孩子则卷起柳叶吹奏出美妙的乐曲。总之，人们用丰富多彩的活动表达自己对春天

---

① 参见任一飞、雅森·吾守尔：《维吾尔族》，170页，北京，民族出版社，1997。

② 此部分内容参见胡希塔尔等著的《维吾尔民俗礼仪大全》（乌鲁木齐，新疆人民出版社，1997）一书。

到来的喜悦之情。

除此之外，在维吾尔族的民俗活动中，还有播种仪式、绿色麦西来甫、三十小伙麦西来甫等民间传统节日及仪式。

二、宗教节日

随着伊斯兰教文化的传入，伊斯兰教的一些宗教节日也随之进入维吾尔族的生活中，古尔邦节和开斋节就是其中的两个重要节日。但是随着时间的推移，这两个节日不断地与民族传统文化相融合，其宗教色彩日渐减退并成为民族传统礼仪规范的主要内容。

（一）开斋节

开斋节与古尔邦节同为伊斯兰教的两大节日。开斋节是阿拉伯文Id al – Fitr的意译，维吾尔族又称其为“肉孜节”（源于波斯语roza）。伊斯兰教的斋戒，重在信念，是伊斯兰教的五功（心有念功、身有礼功、性有斋功、财有课功、命有朝功）之一。伊斯兰教规定，9岁以上的女性和12岁以上的男性穆斯林，每年斋月即希吉拉历的来麦丹月即九月，都要封斋（ruza tutux）一个月。在封斋期间每日两餐，大约在日出前1小时和日落后1小时进餐，白天禁止吃喝和行房事。“斋月”在阿拉伯语中为“来麦丹（ramizan）”，是“炎热”的意思，形容封斋的人，通过“炎热”的磨炼来控制食欲和色欲。据说，真主就是在这个月，将《古兰经》降于邻近的天上，以后23年中，真主派大天仙哲布拉伊把经文陆续从天上降给穆罕默德，因此，斋月是最尊贵的月份，备受穆斯林的重视。希吉拉历十月一日开斋，为开斋节。节日的凌晨，人们聚集在清真寺作盛大的礼拜，然后开始热闹的节日活动。家家户户都备有丰盛的节日食品，如馓子、糖果、点心等，人们身着民族服装，走亲访友，路途相逢要互相拜年祝贺。与我国其他信仰伊斯兰教民族相比，开斋节在维吾尔族中的一个民族化特征表现为在维吾尔族中“ramazan eyitix”（汉语意为“唱斋戒歌”）习俗的形成。“ramazan eyitix”的内容是关于封斋的故事，劝导人们施舍行善，听到孩子们的歌声大人们都会走出来给孩子们礼物。

(二) 古尔邦节

古尔邦节在维吾尔族中有着悠久的历史，按照伊斯兰教的规定，古尔邦节在开斋节后70天举行，即希吉拉历十二月十日。在古尔邦节节日活动中，维吾尔族形成了约定俗成的节日习俗，这些习俗起源于宗教，并与民众的生活融为一体，具有确定性、普遍性的特点。古尔邦节是由几个重要习俗组成的民俗节日系统，浓缩了维吾尔族文化的内容，因此，古尔邦节成为了解维吾尔族精神生活和民俗生活的重要窗口。古尔邦节由节前准备习俗、拜墓习俗、会礼习俗、宰牲献祭习俗和拜节习俗等五部分组成，包括了生者与死者、宗教与民间娱乐、神圣与世俗，每一礼仪的背后都有其深刻的文化内涵，是维吾尔族的精神文化和物质文化生活的浓缩。除上述两个宗教节日外，维吾尔族还有其他一些与《古兰经》有关的节日，但并不具有全民性和普遍性。

第三节　古尔邦节在维吾尔族节日体系中的地位

诺茹孜节等传统民俗节日表达了维吾尔族人民在民族发展进程中的智慧和集体记忆。维吾尔族的肉孜节（即开斋节）是在封斋30天后，为庆祝30天封斋圆满成功而举行的节日，其内容表现的是自我约束的考验的圆满完成，因此就有了较多的神圣性和严肃性，并没有太多的欢乐和喜庆的成分。

古尔邦节和开斋节同为维吾尔族重要的节日，但两者却有明显的不同。开斋节是伊斯兰教关于人的自我约束和自足的叙事，而古尔邦节则是伊斯兰教关于“奉献”的叙事。古尔邦节从产生到节日期间的各种仪式，都贯穿着一个共同的主题——牺牲、奉献、捐助。虽然根据伊斯兰教的教义，这些行为的目的是为了表达虔诚的宗教情感，可是在维吾尔民间生活中，则体现为善与爱的精神，追忆死者、捐助老弱病残、将宰牲的牛羊作为公益善举分给邻里和贫穷者等等一系列行为，都是关于奉献的内容。也正因为这个原因，古尔邦节在维吾尔民间逐渐本土化、全民化，成为人们共同遵守的礼仪规范，同时也是衡量一个人道德、品质的重要标准和民族精神文化生活的最重要的载体。

古尔邦节不仅承载着维吾尔族的宗教信仰，还成为集维吾尔族的服饰、饮食、娱乐为一体的复合性文化。在古尔邦节期间，维吾尔族要进行各种民间体育及娱乐活动，这些活动充分显示了古尔邦节的开放性、公共性和丰富性特征。

维吾尔族的古尔邦节随着历史在传承，其规模和所包含的丰富的文化内涵不仅被民众所认同，而且也越来越受到政府的关注和支持。如法定假日的长短上：新疆的穆斯林在古尔邦节享有三天假期，开斋节享有一天的法定假日，而在诺茹孜节则没有法定假日。

第三章

喀什噶尔古尔邦节的个案选择

新疆维吾尔自治区的古城喀什噶尔（以下简称喀什），不仅是伊斯兰教在新疆传播的第一个地域，而且还是历史上维吾尔族地方政权作为王权统治中心的一个城市，是古丝绸之路上连接中国传统文化与东西方文化的重要枢纽。喀什凭其特殊的地理位置，受到了多种文明的滋养，不仅成为天山以南著名的政治、经济、军事、文化的中心，而且也是中亚的经济、文化中心和维吾尔族文化的标志性城市。维吾尔族信仰伊斯兰教已有一千多年的历史，在漫长的历史进程中，“古尔邦节”已演变为了维吾尔族的传统节日，并形成了自己鲜明的特点。

正是由于喀什古尔邦节所具有的古老性、节日的规范性、模式的完整性以及内容的丰富性等诸多的特点，才使我们将喀什地区维吾尔族的古尔邦节作为个案来加以分析和研究。

第一节　喀什噶尔概况

一、喀什的生态环境及人文环境

喀什市位于新疆维吾尔自治区西南部，帕米尔高原北麓，塔里木盆地西缘，地理位置为北纬 39°25′18″ ~ 39°25′20″，东经 75°56′10″ ~

76°04′16″。东西部与喀什地区疏附县接壤；北倚古马塔格山与克孜勒苏柯尔克孜自治州的阿图什市毗邻；南与喀什地区的疏勒县隔克孜勒河相望。

喀什市地处中亚大陆中心地带的喀什噶尔三角洲中上部，地貌构造单元属喀什噶尔水系形成的洪积——冲积平原，是新疆古老的绿洲之一，地形地貌较复杂。流经市南的克孜勒河由冰川融雪及雨水、泉水汇聚而成，横贯市区的吐曼河主要由泉水汇流而成。喀什市城区中心位于吐曼河以南、克孜勒河以北的高埠之上，整个地势北高南低，海拔最高点为 1515 米，最低 1260 米，平均海拔 1289 米。

喀什市属温带大陆性干燥气候，四季分明，夏长冬短，年平均气温 11. 7°C，年无霜期 215 天，年日照总时数 2784 小时，年平均降水量 63. 8 毫米，年蒸发量 2487 毫米；多西北风，平均风速 2 米/秒，年平均沙暴日 10. 2 天。主要的灾害性天气有干旱、大风沙、沙尘暴、干热风等。

喀什市土地总面积 96. 3 平方千米（合 9630 公顷）。市区占地面积 3167. 3 公顷，农业区占地 6462. 7 公顷，其中耕地面积 2920 公顷。城区及郊区大部分区片的地质条件较好，土层允许承载力在 10 吨/平方米以上，适合于修建高层建筑。

喀什市农区灌溉水源完全依赖于高山冰川融雪、河水及地下水。地表水主要利用克孜勒河和吐曼河两条河水。地下水水质好，水源丰富，可用于灌溉和生活饮用，地下水可开采量 5000 万立方米以上。

二、历史文化与人口状况

早在公元前 2 世纪，张骞出使西域时，疏勒为西域三十六国之一。喀什是疏勒国国都。西汉神爵二年（公元前 60 年）汉朝在乌垒城（今轮台县野云沟附近）首设西域都护府，疏勒始归属西汉。东汉永平十七年（公元 74 年）后，班超以疏勒为大本营，经营西域 30 年。唐贞观二十二年（公元 648 年）和唐显庆三年（公元 658 年），唐朝曾两次在此设立疏勒都督府，成为历史上有名的“安西四镇”之一。

公元784—1218年，以维吾尔族为主体，以喀什噶尔为中心建立了一个东起敦煌，西达锡尔河，北抵巴尔喀什湖，南到昆仑山的强大政权——喀喇汗王朝，今市境属其辖地。①

现代喀什市容

北宋庆历元年（公元1041年）喀喇汗王朝分裂为东、西两部，喀什噶尔成为东喀喇汗王国的都城。南宋绍兴元年（公元1131年）后，耶律大石的西辽政权（哈拉契丹）攻占西部喀喇汗王朝。南宋嘉定十一年（公元1218年）成吉思汗征西域，喀什噶尔初归蒙古大汗直辖，后封作其次子察合台汗国领地。14世纪上半叶，喀什为东察合台汗国领地，之后长期为蒙古族帖木儿汗及其后裔所建立的政权所辖制。16世纪初，东察合台汗国的政治中心从伊犁转移到喀什，以赛依德汗为首建立了中亚历史上著名的喀什噶尔汗国（后因其首府移驻叶

① 参见阿不都热西提·阿吉、王时祥主编：《喀什市志》，3页，乌鲁木齐，新疆人民出版社，2002。

尔羌，故亦称叶尔羌汗国）。17 世纪中期之后，伊斯兰教白山派首领阿帕克和卓以喀什为中心，建立了天山以南政教合一的“和卓”（即自封为伊斯兰教圣人后裔）地方政权，延续两百多年。清光绪十年（公元 1884 年），新疆建省，在喀什设疏附县，隶属于喀什噶尔道疏勒直隶州（光绪二十八年升为疏勒府）。民国元年（1912 年），疏附县直属喀什噶尔道；民国十六年（1927 年），改属新疆省喀什行政长官公署；民国二十七年（1938 年），属新疆省第三行政长官公署；民国三十二年（1943 年），改属新疆省第三（喀什）督察专员公署。疏附县城（即今喀什市）均为历代道（公）专署治所。[①]

中华人民共和国成立后，于 1952 年设立喀什市，属国家一级对外开放城市。喀什市总面积 554.8 平方公里，辖 8 个乡、4 个街道办事处、3 个场、105 个村、51 个社区，总人口 42.68 万人，其中城市人口 26 万人，农村人口 16.68 万人。在喀什市区内驻有喀什地委、行署，中央和自治区的企事业单位以及新疆生产建设兵团农三师师部，是喀什地区政治、经济、文化、交通的中心。

喀什市地处交通要冲，交通发达，自古就是祖国西北门户的重要交通枢纽。这里既是中西方交通的咽喉，中西方文化交流的荟萃之地，又是南疆西部的中心城市，喀什与巴基斯坦、塔吉克斯坦、吉尔吉斯斯坦、阿富汗、印度、土库曼斯坦、乌兹别克斯坦、哈萨克斯坦 8 国接壤，战略地位十分重要。

改革开放以来，喀什的经济得到了空前的发展。喀什市拥有棉纺、印染、毛纺、电力、化工、制革、食品、服装加工、建筑建材、机械制造、汽车修理以及传统民族手工业等多种行业、三百多个中小型企业，主要产品达 150 多个品种。喀什噶尔作为古丝绸之路的重镇，自古以来就是繁华的商业城市，而今日的喀什市，商业经济更加繁荣，商业网点遍布全市。具有较大规模的、富有维吾尔族传统特点的各类贸易市场，构成了喀什市的主要商业区。如号称“亚洲第一大巴扎”

① 参见阿不都热西提·阿吉、王时祥主编：《喀什市志》，3 页，乌鲁木齐，新疆人民出版社，2002。

的图秀克代尔瓦扎农贸市场，占地近200亩。每逢星期日开市，上市人数达10万~15万，上市货物包括工业品、农副产品、牲畜、畜产品、手工产品、建材等上千个品种。喀什市的对外贸易逐年增加，从巴基斯坦入境的商人逐年增加，开拓了商品流通的新领域，促进了喀什商业的进一步繁荣。

三、喀什噶尔名称释义

（一）汉文史料中的喀什噶尔

根据汉文史料记载，今日的喀什地区自英吉沙县以北，包括今克孜勒苏柯尔克孜自治州的广大地域，两汉以来的汉文史籍中，都称之为西域“疏勒国”；从魏晋到宋代，“疏勒国”的地域又加上了今莎车县以南到皮山县这片地域。疏勒国的首府，在西汉时被称作“疏勒城”，也就是今日的喀什市。

“喀什噶尔”取代“疏勒”，一般认为是在宋元以后，这是以汉文正史引用的时间为标准的。用“喀什”代称“喀什噶尔”，是今天的一种简化使用。

（二）维吾尔文文献中的喀什

维吾尔族学者对喀什有过多种阐述，他们依据的是维吾尔文文本资料和民间口头传说。其中，伊布拉因·尼亚孜的《喀什历史文化简史》（喀什维吾尔文出版社，1989）就是本文撰写的参照之一。该书在论及喀什的历史时指出：

据民间传说，喀什的名称有过三次变迁：最初被称为喀什的地方是阿图什的麦谢提（mexet）。第二个叫喀什的地方是位于从阿图什到喀什之间的一个名叫汗奥伊（han oyi 意为汗室或汗王的居所）。王朝都城迁至这里后，这里出现了巨大变化。这里虽然是维吾尔族历史上著名的喀喇汗王朝（10—13世纪）最值得纪念的汗王萨图克·布格拉汗的都城，但由于后来发生的暴乱和水灾，这里不再作为都城而逐渐被废弃。公元1533（回历940）年，米尔咱·海达尔将都城迁至现喀什的老城部分，这里逐渐繁荣起来。当时喀什城的范围狭小，这个范围后来被称为“内城”而保留至今。民间口头流传中所称呼的托古萨克·戴尔瓦孜（tokusak derwaz，汉语意即疏附大门）、库木·戴尔瓦孜（kum derwaz，汉语意即沙门）以及卡尔克·戴尔瓦孜（karka derwaz）等就是当时（16世纪）喀什内城的几个大门的称谓。直到后来清廷驻喀什行政长官祖乎尔丁伯克时（19世纪），扩建喀什城，修建了喀什城墙，将原外城也纳入喀什城市范围。他在喀什在位20年，作了许多压迫百姓的事，特别是扩建城市过程中，死伤百姓无数，仅6个月就完成了城市扩建。虽然祖乎尔丁扩建了城市，但是新纳入的部分并没有迅速繁荣起来。后来随着艾提尕尔清真寺在喀什社会及人民生活中的地位日渐重要，所有古尔邦节的会礼都开始在这里进行。因此，入侵的阿古柏（Ykup beg）的都城就建在艾提尕尔一带，这一带就被称为“王宫前的地方”（Ourda - aldi），这一称谓一直沿用至今，该地段一直是喀什的繁华的商业中心。艾提尕尔广场和阿古柏王宫前的广场之间的地域成为外国人居住的地域，这里被称为“领事馆”，并成为城市的中心。1878年阿古柏政权被推翻，清廷驻喀什的行政长官李祝亚（音译——笔者）对城市稍作调整，但是艾提尕尔广场及其作用却没有发生变化。1898年罗仪济（音译——笔者）又对城市作了扩建。随着几次扩建，至1900年，原内城的范围呈现为圆形，因此当时的人们就将最早的喀什内城的部分称为圆城（yumulak xer），其西大门将城市与农村分开，成为农村与城市的关口。当时的民众就将该大门称为新大门（yengi derwaz）。至此，喀什的大门就变成了四个，农村通往城市的交通更为方便。1909年喀什长官陆（音译）协台在圆城内建成了一个衙门，1912—1923年，执掌喀什大权的军事长官马济武就住在这里。马济武在城墙上修建了一座四层高、用玻璃装饰的亭子，给这座城市增添了华贵、神秘的气氛（今喀什行署的位置就在这一带，而这里依然被一些城市居民称为“衙门前的地方”——笔者）。近一个世纪以来，喀什被分为新城和旧城，新城于1854年由童大人（音译——笔者）所建。新城建在喀什南郊的两条河之间，从这时期，该新城就成为喀什的军事驻地，如后来的阿古柏的副都、金树仁的新疆衙门、国民党警备司令部等。20世纪70年代前后，新城被称为汉城，20 世纪 80 年代以后，将汉城改为喀什地区下属的一个县，名为疏勒县，汉城一词逐渐被人们淡忘。但在今日的维吾尔语中，该县依然被称为新城。而被称为旧城的喀什则是今日之喀什市。[①]

四、喀什噶尔在维吾尔及中亚历史文化进程中的重要地位[②]

自信仰伊斯兰教之后，特别是喀喇汗王朝迁都到这里后，喀什噶尔作为王朝的政治经济中心之一，地位十分重要，自此后的数百年时间里喀什噶尔一直都是中亚著名的文化中心。在喀喇汗王朝时，喀什噶尔城内的主要建筑有皇宫、经学院、圣人陵墓和清真寺等。喀什噶尔的语言成为喀喇汗王朝的语言而被尊称为“哈卡尼亚语”（王朝语言）。这是喀喇汗王朝的主要书面语。察合台汗国时期，喀什噶尔作为察合台汗国的军政要地，当时又被封给一个称作“杜格拉特”（亦译作“朵豁剌惕”）的蒙古部族当作世袭领地。从 13 世纪中期到 16 世纪初期的近三百年间，杜格拉特部族一直居住在喀什噶尔和阿克苏一带。1514 年，杜格拉特部族所建立的政权又被察合台直系后裔赛义德汗消灭，建立了长达 164 年的叶尔羌汗国。早在 14 世纪，以喀什噶尔地方语言和文化为标志，曾在天山以南直至中亚河中地区开创过一个突厥语文学的“喀什噶尔时代”。由于喀什噶尔的特殊地位，从中亚各地到喀什的商人、学者来到这里定居。今喀什市内，有一条最繁华的工业品市场街，被称作“安江热斯特”。安江，即安集延的变音，是中亚乌孜别克斯坦的一座商业名城，历史上喀什噶尔人就称浩罕汗国的乌孜别克族为“安集延人”。18 世纪末期，他们集中在喀什噶尔的这条街上开店经商，因此这条街也就有了“安江热斯特”或“安江巴扎”之称。另外，在喀什市东北部还有一个乡，其名叫浩罕乡，是清代末期定居喀什噶尔改行务农或从事手工业的浩罕汗国乌孜别克人，

① 参见伊布拉因·尼亚孜：《喀什历史文化简史》（维吾尔文），46 页，喀什，喀什维吾尔文出版社，1989。

② 该部分内容是笔者受喀什民间学者阿不都热依木·肉孜的访谈启发而写成。——笔者。

大多集中居住在这里，当时的目的大概是为了便于管理，于是当地人就称这里为浩罕。现在浩罕乡的居民大部分已融入维吾尔族。

喀什噶尔是维吾尔族历史上的名人荟萃之地。由于伊斯兰教的影响，自 10 世纪以后，维吾尔文化逐渐伊斯兰化，其中喀什噶尔不仅是伊斯兰化的代表性城市，而且还将伊斯兰化与民族传统有机结合，造就了一代又一代维吾尔族诗人、学者。完成于公元 11 世纪的长篇诗作《福乐智慧》长达 13000 多行，是维吾尔族思想史和文学史上的代表著作。这部辉煌的作品不仅是维吾尔语言研究的典范之作，而且对维吾尔族文化史的研究有着不可估量的价值。这部作品对中亚各突厥民族文字语言的发展起过巨大作用。[①] 这部作品的作者玉素甫·哈斯·哈吉甫一直在当时的文化学术中心喀什噶尔求学，还曾一度在喀喇汗王朝宫廷内供职，他就是在喀什噶尔完成了自己的这部传世之作。玉素甫·哈斯·哈吉甫逝世于喀喇汗王都喀什噶尔，其墓于“阿勒吞鲁克”（皇族陵园），即今喀什市体育路南侧。《突厥语大辞典》的作者麻赫默德·喀什噶里也是喀什噶尔人，他于 11 世纪 20 年代在喀什噶尔受教育，后来在七河地区、伊犁河谷和锡尔河地区进行详细的考察，搜集语言、文学、历史、地理以及风土人情等方面的资料，于公元 1074 年用阿拉伯语写成《突厥语大辞典》这部巨著。《突厥语大辞典》是世界上第一部大型突厥语词典，它提供了有关新疆和中亚地区丰富的历史、地理知识和专业术语，堪称突厥语民族的简明百科全书。

除了上述两位举世瞩目的人物之外，喀什噶尔在此后的数百年间一直成为维吾尔文化，特别是维吾尔文学的中心，产生了一大批著名诗人、学者，并留下了不朽的作品。如 16 世纪时喀什噶尔史学家米尔扎·海达尔·库勒刚所著的《拉失德史》，由著名翻译家哈吉·吾守尔·海里帕于 1750 年将波斯文的原著译成维吾尔文，加大了这部名著在维吾尔人民间的传播范围和速度。出身于喀什噶尔贫寒之家的优秀诗人艾力比（1802—1862），创作于 1841 年的哲理长诗《爱苦相依》，是近代维吾尔文学的最佳范作。19 世纪中期杰出的喀什噶尔诗人古穆

---

① 参见任一飞、雅森·吾守尔：《维吾尔族》，44 页，北京，民族出版社，1997。

纳木的抒情长诗《喀什噶尔之歌》，以其优美的语言和高超的创作手法，在近代的维吾尔文诗坛上，占有很高的地位。19 世纪维吾尔文学史上的伟大诗人阿不都热依木·尼扎里，1770 年出生于喀什噶尔城，他 6 岁起就在一所经文小学就读，20 岁考入城中最著名的艾提尕买德力斯（即艾提尕尔清真寺的经文学校），除精通本民族文化外，还熟练地掌握波斯文和阿拉伯文。他以《爱情组诗》为总标题，写出了 25 部叙事诗，累计长达 48 000 多行。

新中国成立后，人民当家做主，喀什噶尔又重放光彩，其历史地位和价值受到党和政府的高度重视，许多历史文化遗址都受到了保护和修复。喀什噶尔较完整地的保留了维吾尔族古老文化，充分见证了维吾尔历史文化进程，在研究维吾尔族及其中亚历史文化中具有不可或缺的重要地位。

第二节　喀什地区伊斯兰教信仰与民众日常生活

一、喀什地区伊斯兰教的基本情况①

10 世纪中叶，喀喇汗王朝在喀什建都。据记载，汗王萨图克·布格拉汗在西邻萨曼王朝的影响下信仰伊斯兰教，自此以后，伊斯兰文化就一直流传下来，成为喀什地区重要的文化特征。今天，无论是在喀喇汗王朝和叶尔羌汗国经学院遗址上，还是在清真寺、普通民居的家居装饰上以及人们的民俗生活、民俗信仰中，我们依然能强烈地感受到伊斯兰文化的元素。喀什地区伊斯兰教已经有一千年的历史，是中国伊斯兰教存在时间长、影响大、信教人数多的伊斯兰教文化最为典型的地区之一。

---

① 该部分内容见 http：//www. Zh5000. com。

（一）清真寺多

喀什地区的清真寺有六百多座，约占全新疆清真寺总数的42%，主要分布在老城区。清真寺主要有三类：一是能够举行聚礼和会礼的大清真寺，以艾提尕尔清真寺最为典型；二是可以在每周五举行聚礼的主麻清真寺；三是遍布居民区的小型清真寺，这类清真寺虽然规模不大，但是却与穆斯林日常的礼拜和生活密切相连。

喀什地区的清真寺

（二）穆斯林人口多

喀什地区信教群众近300万人，是我国信教群众最为集中的地区之一。

（三）宗教职业者相对较多

按照伊斯兰教教义规定，每个清真寺至少有一名宗教职业者管理清真寺，在礼拜时领拜以及处理和婚丧有关的事宜，因此，喀什地区清真寺的数量决定了宗教职业者的人数。

（四）学经人员相对较多

人们选择学经，一方面是出于对宗教职业的热爱，另一方面也是因为学习时间短，学经一般需几个月，在经文学校是三年，毕业以后，能够在清真寺工作，还可以得到政府发放的津贴。当然，也有一些人学习宗教知识是为了了解自己的民族宗教文化。

（五）参加朝觐的人员相对较多

朝觐是伊斯兰教的天命，伊斯兰教教义规定，凡是身体健康、经济条件许可的穆斯林应该去麦加朝觐一次，对穆斯林来说，朝觐能够提升他们在后世的品级，对穆斯林的吸引力很大。近些年来，随着人们生活水平的提高，朝觐的人数逐渐增加。

二、喀什地区伊斯兰教文化特色

伊斯兰教是两世并重的宗教，宗教生活和社会生活融为一体。伊斯兰教既是宗教信仰，也是生活方式，既是伦理准则，也有教育功能。一千多年来，伊斯兰教融入维吾尔族生活的方方面面，特别是在以下方面影响突出。

（一）教育

清真寺和经文学校曾经是喀什地区最活跃的教育场所，培养出了许许多多的有高深的宗教学识和科学文化知识的有用人才，是喀什教育的主要方式。今天，这里的宗教教育虽然还沿袭传统，但是宗教教育和现代教育完全分离。宗教教育的培养方式，一是政府批准的经文学校，专门培养宗教职业者；二是爱国宗教人士①的培养。而普通的学校教育，包括中小学和大学的现代教育。

（二）婚姻丧葬

婚姻是人生的重要阶段，意味着一个人将担负起家庭的重任。在喀什，结婚前到政府部门领取结婚证，以获取合法的地位后，还要请阿訇念“尼卡”②，以真主的名义见证婚姻的有效性和神圣性。丧葬仪

---

① 爱国宗教人士，一般有较高的宗教学识，在信教群众中有一定的威望，或是在全国、自治区、地区以及县担任领导职务的人士。

② 尼卡，维吾尔语，在维吾尔族青年男女婚礼仪式上，必须由阿訇念诵专门的经文，称之为“尼卡（nika）”，否则婚姻被视为无效。

式完全照伊斯兰教的规定举行，人死速葬，净身后用几块“克凡”布裹体，墓地连成一片，墓和墓之间没有特别明显的界限，没有高低贵贱之别，也没有墓碑，人死埋入地下，没有华丽的衣服和棺椁，只是在地上用泥土砌成维吾尔族摇床状坟头，喻示人从摇床中来，又回到摇床中去。伊斯兰教认为，死是前定，是真主已经定好的，死亡只是一个过程的结束，在末日审判时，所有的人都将复活，接受真主的审判。因此，人们对于死的态度是豁达的、坦然的，他们认为结束一个过程即意味着一个新的开始。

（三）家庭生活

家庭是伊斯兰教文化传承的重要场所之一。按照教规，由于女性主要负责家务和养育子女而被允许在家里礼拜，不必去清真寺。因此，孩子从小耳濡目染伊斯兰教的礼拜、封斋等礼仪。到了一定的年龄，自然就加入到这一行列中，成为虔诚的穆斯林。

（四）建筑艺术

喀什悠久的伊斯兰文化历史造就了今天维吾尔族在建筑艺术的鲜明特征，这一特征主要体现在清真寺的建筑艺术上。清真寺的建筑多为砖木结构，圆拱形的门和顶并用砖拼成形状各异的图案，清真寺内以及家庭的装修非常漂亮，墙上和天花板上绘着各种色彩艳丽的图案，由于伊斯兰教坚决反对任何形式的偶像崇拜，墙上不允许出现人或动物的形象，所以维吾尔族就用精美的植物或花草图案装饰清真寺和居室。

第三节　艾提尕尔清真寺与维吾尔族的民众生活

艾提尕尔，维吾尔语，意为欢聚的场所。艾提尕尔清真寺位于喀什市中心广场，是喀什的象征，也是中国最大的一座清真寺，在喀什的民间口头语中，这里被称为“喀什的肚脐”，生活在艾提尕尔清真寺附近的人，则自豪的向别人宣称自己出生在“喀什的肚脐”。

一、艾提尕尔清真寺的历史

艾提尕尔清真寺修建的最初年代，是东察合台汗国的杜格拉特部族首领赛亦德·阿里统治喀什噶尔的时期（1435—1458年）。据《拉失德史》中说：“喀什噶尔的许多宗教建筑物和慈善事业都是这位艾米尔（即首领）创立的。”艾提尕尔清真寺可能就是其中之一。

相传1442年前后，赛亦德·阿里的长子桑尼斯·米尔扎（当地人称萨克斯孜·米尔扎，即后来建立喀什噶尔汗国的那位阿巴拜克日的生父），为了给自己的祖先做祈祷，在今寺礼拜殿的位置上，建起了一座不算很大的清真寺，这便是今日艾提尕尔清真寺的雏形。当时，寺址所在地是苇草丛生的一片坟地，表面上不大起眼，但却以安葬喀什噶尔历代王公贵族和著名宗教人士而闻名，号称“阿勒吞鲁克”——黄金墓地。1538年（回历944年），叶尔羌汗国时期的喀什噶尔总督吾布里哈德尔伯克，为了报答其叔父米尔扎·艾则孜外里生前对自己的恩德，就将原来仅能做日常礼拜的小清真寺，扩建为能在“居玛日”做礼拜的中等清真寺。

1787年（回历1201年），今疏勒县罕南力克乡的一名叫祖鲁裴叶海尼姆的维吾尔族妇女，是一个拥有200个女仆的女巴依（财主），她用女仆们日夜织布所卖的金钱作路费，打算前往阿拉伯麦加城朝圣，路经伊朗时，波斯人正在内战，无奈只好返回。为了补偿没有了结的心愿，她慷慨解囊取出没用尽的路费，再度扩建了该寺，并在喀什噶尔城南部的帕合太克里村，一下购置了3000亩地，捐献给寺院当“瓦克夫”地。自此寺院有了常年的管理人员和修缮经费。此时，这座清真寺已经很有名气了。

1798年，又有一个名叫古丽拉米娜的外地女穆斯林，前往巴基斯坦，途经喀什噶尔，后病故，其亲属遵照遗嘱用她所携资财，拓展旧寺与门前空场，规模已是大备，清真寺级别也够得上头等，于是正式定名为“艾提尕尔清真寺”。

1809 年（回历 1244 年），喀什噶尔阿奇木伯克郡王、清朝驻喀协办大臣伊斯坎德尔，又对艾提尕尔清真寺进行全面整修，还在庭园内开掘水池，栽植树木，做了一些内部美化的工作。

1838 年（回历 1225 年），清朝喀什噶尔阿奇木伯克郡王祖赫尔丁（清朝史料称其为“阿肯木早敦”）开拓回城（今喀什市）西区时，才把过去一直处在城外的艾提尕尔清真寺纳入新城区内，使之处在新城的中心地带。经过这位长官的努力，整治了苇草，美化了环境，装饰了寺内建筑，使礼拜殿大致有了现今的规模，寺门塔楼也已粗具形态。

1870 年，正是中亚浩罕入侵者阿古柏统治时期，为了加强宗教控制，阿古柏在各地广修麻札和清真寺，喀什噶尔的艾提尕尔清真寺是他最重视的宗教建筑之一。他曾调集大批民工和巧匠，在寺前改修成了我们今天所见到的寺门塔楼，同时还在庭园内的东、北、南三侧，修起了经文教堂，可供400 名“塔里甫”（talip，即宗教学员）居住学经；庭园东北角上，又建了一座可供百余人净身的浴室。此时艾提尕尔清真寺的现有规模已完全形成，寺院的宗教活动达到全盛时期。据史料记载，阿古柏扩建翻新艾提尕尔清真寺，前后用了整整 3 年时间，至 1872 年底才全部竣工，不知耗费了多少人力和财力。

1902 年 8 月 22 日上午，喀什发生了大地震，造成近万间房屋倒塌。艾提尕尔清真寺前的寺门塔楼严重损坏，左右两侧塔柱上的“邦克”也落地，墙体裂开大缝。余震连续两年方止。1904 年，喀什富商吐尔地巴依和克力木巴依外力兄弟俩带头捐资，各界穆斯林纷纷解囊相助，清朝驻喀什官府出面组织民工，重新修复了倒塌的寺门塔楼。以后数年间，局部不断得到修缮。①

二、喀什艾提尕尔清真寺建筑特征②

历史悠久、影响卓著、规模宏大，可以说是艾提尕尔清真寺的三

① 以上内容可参阅中国新疆喀什政府信息网，2007 年 5 月 15 日。

② 该部分内容参见喀什维吾尔族学者伊布拉音·尼亚孜的《喀什历史文化简史》（维吾尔文，喀什维吾尔维出版社，1989）一书。

大特征。但是，除了穆斯林群众之外，艾提尕尔清真寺对国内外的非穆斯林同样具有强烈的吸引力。当然，这不是基于宗教原因，而是由该寺的第四个显著特征促成——在伊斯兰教建筑的基础上，糅合了当地独有的地方和民族色彩而形成的建筑艺术。

艾提尕尔清真寺是一个有着浓郁民族风格和宗教特点的伊斯兰教古建筑群，整个建筑坐西朝东。该寺占地面积约1.7万平方米，由正门楼、侧门、教经堂、礼拜殿、池塘及庭院等组成。寺门塔楼巍然高耸，正门门厅平面呈八边形，砖木结构，穹隆顶。门扇用镀金圆钉镶嵌，天蓝色漆成，门上牌匾高悬，寺门两侧耸立着两座半镶嵌在门墙中的高达12.5米的米黄色砖砌圆形尖顶的“宣礼塔”；楼门内穿堂穹隆从地面至拱顶通高17.1米，上端也有一圆形尖顶小塔楼，此塔楼与两座宣礼塔上各竖一弯绿色月牙；寺门顶部是一条长8米的平台，为欢度节日乐队奏乐之用。远远望去，造型独特的寺门塔楼巍峨庄严，古朴肃穆。进入寺门，是一个八角形的穿厅，左右两边均有甬道可入寺内庭院。庭院面积约20亩，北半部有两个东西并列的水池，南北两侧各有36间教经堂，供主教阿訇讲经之用。院内白杨参天，桑榆繁茂，显得格外幽静。礼拜堂建在寺院西部的平台上。礼拜殿平面呈长方形，140根高达7米的绿色雕花木柱，支撑着白色的密肋天棚。天棚为木制藻井，彩绘各色图案。正殿为密闭式长方形建筑，其后墙有一深龛，名为“米赫拉卜”，此即穆斯林进行礼拜时的正式“朝向”①。龛旁置有一座木制雕花的宣讲台，台旁置一权杖。在节日和大礼拜时，大毛拉（“卡提卜”）即站在台上宣讲《古兰经》。在殿堂内外的地面上，铺有专供教民跪拜祈祷之用的地毯、布单或苇席。平时做礼拜时，寺内教民可达两三人，“居玛日”（jume）达7000人，开斋节和古尔邦节的会礼可多达三四万人，场面蔚为壮观。②

---

① 朝向，指伊斯兰教圣地麦加的方向。

② 参见管守新、梁俊燕、张文亚：《新疆·喀什风物志》，29～30页，昆明，云南人民出版社，2001。

三、清真寺与经文学校

经文学校在汉语里也被译为经学院或经学堂，在维吾尔语里则是同一词 Mederis。Mederis 为阿拉伯语，意为经堂。维吾尔族中的经学堂产生于10世纪初，是传习伊斯兰教各种经典和功课的场所。喀什的经学院最著名的是汗力克经学院（Hanlik Mederis），即皇家经学院。历史上，喀什的经学堂曾被分为两种：一种为初级，称为卡日哈那（Karhana），即初级学堂；另一种为中高级学堂，称作麦德热斯（Mederis）。[①] 从10世纪初至20世纪初，经学堂也经历了历史的变化，呈现出不同的时代特征。建于10世纪的皇家经学院和萨基亚经学院，相传为苏图克·布格拉汗所建，两座经学院的共同特点是拥有大型图书馆、数百间教室和学生宿舍，是当时喀什噶尔和中亚的文化中心，其院长均由著名学者担任，学院内教授的课程有经注、圣训、教法、数学、天文、医学、地理、哲学、文学、历史和伦理。到18世纪末19世纪初，喀什的许多经学堂接受了新式教育，不仅讲授宗教经典，同时也讲授文化科学知识。其中作为维吾尔文化启蒙先驱者之一的阿不都卡德尔·大毛拉在喀什汗力克经学院任职时对教材进行改革，自己编写教材，许多学堂纷纷效仿。维吾尔族现代诗人艾合买提·孜亚依在其叙事长诗《热比亚与赛丁》中对喀什的经学堂中的这些变化做了描述。据有关人士介绍，20世纪50年代喀什曾有过许多初级和高级经学院，1958年全部关闭。

艾提尕尔清真寺是宗教活动的一个重要场所，也是文化教育的重要空间。在伊斯兰文化为主要教育内容的古代，天山南北以至中亚地区许多伊斯兰教神职人员和学者都曾在这里学习，其中不乏著名的诗

---

① 明代陈诚等所著的《西域番国志》，对所到之地哈烈（今阿富汗赫拉特）的麦德热斯做了描绘和评价，可以帮助我们了解中、高级麦德热斯的情况和学生住宿情况：“都城中有大土屋一所，名默得儿塞，四面房廊宽广，天井中设一铜器，制如大锅；周围数丈，上刻文字，如鼎状；前后左右房屋犹伟丽，多储游学生徒诸色经义者，若中国之大学然。”（杨建新主编：《古西行记选注》，286页，银川，宁夏人民出版社，1996。）

人和翻译家，早年他们也在此受过严格的学业培训，如维吾尔族文坛著名的诗人海尔克提（1634—1724）与19世纪维吾尔族最伟大的诗人阿·纳扎里（1770—1848），就是在这里打下了坚实的文学基础。因此，艾提尕尔清真寺及其所有伊斯兰教清真寺的另一功能就是起到传播知识和教育的功能。

四、清真寺内的知识与传承①

在过去，喀什群众，包括附近的教徒生活的社区是以清真寺为中心形成的一个地域性的宗教组织单位和民众生活区。遍布居民区的小型清真寺就像社区的一个服务中心，时常为穆斯林的日常生活提供方便。每一座清真寺都将周围的维吾尔族群众自然地组织在一起，形成一个地区性的、独立的宗教和社区单位（现在由街道办事处下属的居民社区管理）。清真寺内设有为数不等的、有专门职务的宗教人员，这些神职人员的等级，根据清真寺的大小又有所区分。

（一）小清真寺

小型清真寺是指社区内居民可以随时去做五次礼拜的清真寺，其规模较小，人数也较少。神职人员的构成按照等级依次为伊玛目（Imam）、麦增（Mezin），这两个职务均由该清真寺社区的教民集体推选。

1. 伊玛目。可以胜任伊玛目职务者的必要条件是熟读30部经文（Ayet），并能够解读经文、答疑解惑。

2. 麦增。担任麦增这一职务者，就要较好的宗教知识，声音洪亮、悦耳，心地善良，并能长期自愿行善，捐助他人。

（二）大清真寺

大清真寺是指在每个周五举行聚礼、两个大节日（古尔邦节和开斋节）举行会礼的清真寺。大清真寺内的神职人员主要有伊玛目、麦增和哈提甫。伊玛目和麦增的推选办法与一般小清真寺相同，但是要

---

① 该部分内容根据对宗教人士塞弗拉卡热阿吉的访谈整理写成。——笔者。

比一般小清真寺的伊玛目和麦增有更高的学识。哈提甫是大清真寺特定时间（每周五的聚礼和两个节日的会礼）的专门主持人。其宗教学历等级应是大毛拉①，有较强的处理问题的能力，能够依据《圣训》协调各方面的事务。

清真寺内除了组织教民进行礼拜、宣讲教义、传承礼仪规范、处理民事纠纷等之外，还具有传承文化的作用。所以在人们以前的观念中，是否上过经文学校，也就等同于是否有知识，这种情况一直延续到19世纪末20世纪初新式学校出现之时。新式学校与经文学校最大的区别是，新式学校以传播文化知识为主，强调科学与民主。

① 在维吾尔族的宗教界，对寺院的神职人员的界定，其宗教学历很重要，在古代，在布哈拉等地学成归来的被称为大毛拉；在国内，如喀什噶尔的经学院学成的被称为毛拉，其地位和社会影响远不如大毛拉。而大毛拉与毛拉在很多时候不仅是宗教身份的象征，也是当时学识的象征。因为在经学院不仅要学习经文知识，还要学习大量的文学、历史、天文学、地理学等方面的知识。——笔者根据喀什已故学者艾合麦提·孜亚依的论文整理而成。

第四章

喀什噶尔古尔邦节的节日准备

喀什市及其所辖的4个乡约有815个清真寺，其中最大的清真寺是艾提尕尔清真寺。喀什市约有30余万穆斯林，其中绝大多数是维吾尔族，另有少数回族、柯尔克孜族和塔吉克族。古尔邦节从开始到结束，都与这些大大小小的清真寺密切相关。

第一节　喀什古尔邦节的文化时间和文化空间

一、古尔邦节的文化时间

喀什噶尔的民众生活在一个多维的文化时间里，他们以伊斯兰教五次礼拜的时间为根据，来安排一天的生活，由于新疆与内地有较大时差，因此，喀什的普通民众至今都较多地使用“新疆时间”（比北京时间晚两个小时）。加之喀什属于农业地区，喀什的农民还形成了本地特有的、既不同于公历也不同于农历的“农民时间”。

世界各地的穆斯林民众具有行动的一致性，如每年的封斋、开斋、朝觐和古尔邦节，都以伊斯兰教的宗教时间为准。古尔邦节的时间在伊斯兰教希吉拉历中是固定的，即在回历每年的12月10日。这是伊斯兰教节日文化的一个特点。因此，在公历的时间表上似乎每年的古尔邦节都在变化，而在每一个穆斯林心中，这个神圣时间是恒定的。这样，完整的喀什古尔邦节的时间就是被伊斯兰教所规定、以喀什艾提尕尔清真寺的礼拜时间为准、以社区清真寺为中心的时间。古尔邦节主要是指节日的前三天，一切活动都在这三天且主要是在第一天完成，井然有序，忙而不乱。①

1. 拜墓时间。在喀什，拜墓的时间一般在艾提尕尔清真寺的会礼之前（北京时间约 6 时开始），这个时间是穆斯林每天五次礼拜的第一次礼拜的时间，古尔邦节的这个时间不分男女，都要去亲人的墓地拜墓。

2. 会礼时间。这是古尔邦节的核心时间，是以男性为主在清真寺内度过的时间。许多在外生活和工作的人，辛苦一年也就为了这一天与家人（包括亡人）团聚。这一天成为维吾尔族人家人和谐团聚、幸福美满的象征，也成为在外者的自我约束力和勤奋的动力。

3. 宰牲献祭时间。这是会礼之后在家庭里的时间。宰牲献祭的时间在《古兰经》里严格定位在节日的头三天，三天后将失去献祭的神圣意义。

4. 艾提尕尔广场前萨玛舞时间。萨玛舞一般在前三天进行，会礼之后人们走出艾提尕尔清真寺，随着纳格拉鼓的敲响，萨玛舞开始，标志着喀什噶尔古尔邦节的世俗娱乐欢庆生活的开始。以会礼结束为切点，这样的娱乐欢庆生活是与神圣生活同时进行的。

5. 拜节时间。这是在会礼之后，以社区清真寺为单位的男性教民在伊玛目的率领下进行的集体性活动。

二、古尔邦节的文化空间

古尔邦节作为宗教节日，最主要的活动场所是清真寺。据喀什历史资料记载和口头调查结果表明，早期的古尔邦节带有更多的神圣性和严肃性，其主要活动空间在清真寺内。

---

① 古尔邦节的文化时间根据喀什老人伊敏姑丽苏木等老人的回忆口述记录整理写成。

1. 清真寺。清真寺是古尔邦节活动开始的主要场所，也是伊斯兰教文化包括古尔邦节知识传承的场所，这使古尔邦节带有更多的神圣性和严肃性。

2. 墓地。墓地在维吾尔族的观念里是生者与死者的相会地，由于伊斯兰教的两世观，人们都知道这里是自己将来的归宿，甚至有人在生前就为自己选好墓地、完成丧葬仪式，这是喀什噶尔人生活的特点之一。因此，墓地在喀什的维吾尔族人心目中具有特殊的地位。

3. 艾提尕尔广场。艾提尕尔广场是喀什文化、商贸、经济和旅游的中心。随着时间的推移，喀什噶尔的古尔邦节逐渐在向世俗化、娱乐化和民间节日化发展，这种发展变化的标志就是艾提尕尔广场萨玛舞的出现。

4. 家庭。喀什维吾尔族家庭内部的古尔邦节以家里的长者（男性长者或女性长者）为中心，家庭活动按照古尔邦节的程式进行，第三天后，根据各自家庭的实际情况进行各种活动。但是，在家庭欢度古尔邦节时，也有先后顺序，先要拜望长者，然后是家有丧葬或重病人的亲朋好友，之后是贫困的老弱伤病的邻里，最后是看望德高望重的学者和老师等，这些活动一般由家庭中的男性成年人从事。而妇女主要做待客的准备工作，如准备各种食物，客人到家后为其做各种各样的饭菜。在喀什，古尔邦节期间家中有亲戚、朋友来做客，一般都会被挽留吃饭。

第二节　节前的准备及风俗

一、清真寺的准备

因为古尔邦节与伊斯兰教的密切关系，所以古尔邦节即将到来的信息都从喀什的大小清真寺传出。

在节日到来之前，清真寺的主持开始宣讲古尔邦节的仪式过程、起因及其意义。虽然古尔邦节起源的传说故事已讲述过无数遍，但是因参加的人员在变化，尤其是对那些刚步入男性教民行列的小教民（现在小学、中学以及大学在校生不允许去清真寺参加礼拜），因此宣讲的内容是常新的。在古尔邦节到来之前，清真寺内的礼拜完成后，清真寺的主持会宣讲教民应尽的义务，如探望有丧葬的家庭和老幼孤寡，宣讲施舍和行善的诸多益处等，教民都自发地进行一系列对贫穷孤寡的施舍和对清真寺的捐献活动。

二、政府的准备

中国穆斯林的两大节日，即古尔邦节和开斋节的早晨会礼时间是由政府规定的，开斋节的会礼时间为上午 9 点，古尔邦节的会礼时间是上午 8 点。

在古尔邦节到来之前，政府将古尔邦节作为专项工作做周密的安排和部署。不仅做好节前的准备和安全工作，而且长辈在广播、电视和报纸上宣传古尔邦节的到来，报道各族人民欢庆古尔邦节的情况，组织开展各种有关古尔邦节的娱乐活动，新疆维吾尔自治区电视台、喀什地区电视台等媒体专门准备“古尔邦节文艺晚会”。政府组织丰富的节日市场，满足各族穆斯林民众的节日需求，各单位根据各自的情况，也会发放节日福利、慰问退休干部职工、捐助孤寡和贫困家庭。

三、民众的准备

由于古尔邦节的宗教渊源，最初大多数人对节日的期盼不是喜悦而是神圣。许多人会检点自己的言行是否向善，有些人为了能更贴近真主，很早就买好宰牲用的羊精心喂养，以体现自己的诚心，也有些人在过节前会去做一些扶幼济贫的善事。总之，古尔邦节前夕，人们都以各种心理祈盼节日的到来。

古尔邦节也成了传承民族节日文化及民俗传统文化的学校，通过年复一年的讲述，每一个穆斯林民众在开斋节完成之后，都知道70天之后就是古尔邦节，古尔邦节可能在哪一天几乎每一个人都能推算出来，因此很多家庭很早就开始做准备。特别是家庭主妇，要筹划当年的古尔邦节需要添置的东西，提前定做家庭所有成员的新衣服，估计可能要来的客人。“待客”对古尔邦节有着潜在的鼓动力，即使再贫穷的人，古尔邦节家里都会有客人到来，因此围绕着节日形成了很多维吾尔族古老的节日谚语，如“有客人的家像巴扎，没有客人的家像麻扎”，“赚大钱不如赢得好名声”等。因此，维吾尔族古尔邦节期间的待客就有丰富的内涵，这也是维吾尔族善良、好客的原因之一。如果家里没有客人，主人就会被周围的邻里耻笑。节日的准备直接体现每一个家庭的经济地位、社会关系等。但是，行善积德、善待宾客、祈求一年的生活幸福平安是人们对古尔邦节的共同心理。

（一）购羊祭献

在节日前必须购买的商品中，摆在首位的要属购羊。这是因为古尔邦节的来历与羊是密切相关的。在喀什，每年的古尔邦节到来之际，长辈都要向孩子们讲羊的传说故事，这样的传说以口头的方式在民间延续，因此，不论男女老幼、不论是否识文断字，关于古尔邦节神圣起源的故事和羊的传说故事连为一体，成为节日知识在群众中代代相传。

关于节日购羊献祭风俗，主要来源于《古兰经》。按伊斯兰教习俗，在古尔邦节宰牲，是为了祭献真主，因此，不允许宰未满两岁（也有不满六个月的说法）的羊羔和未满三岁的小牛犊、骆驼，不宰眼瞎、腿瘸、割耳、小尾的牲畜，而且规定在节日前三天献祭的羊才有效，过了三天再宰杀就没有任何意义了。

另外，在民间还有一些故事。根据喀什维吾尔族老人的讲述[①]，在真主的末日审判时，人们在有生之时选择的献祭羊要背着他们过末

① 资料来源于与玉素甫·凯克努斯、阿不都热依木·肉孜的访谈记录。

节日前的购羊

日审判桥。因此，他们能否安全走过这座审判桥完全取决于这只羊是否健壮和勇敢。这个传说后来成为节日习俗的一部分而显得十分重要，选购羊也就有了极其严格的禁忌和要求。购羊者的虔诚是首要的，因为这关系到他们选择献祭的羊是否被真主接受，还关系到在来世这只羊能否载着他们度过审判桥。基于这样的意愿，在农村，有经济能力的家庭在节前的较长的一段时间就在家里精心饲养要献祭的羊。而在城市，由于现代城市生活的限制，许多人需要在节日的前一两天到交易市场去买羊。

按照伊斯兰教风俗，古尔邦节前几天以至古尔邦节的第一天、第二天，买羊的人一直都特别多。由于羊在古尔邦节中的特殊地位和作用，因此，选购羊则成了一种专门的学问，并有专门的羊市。在喀什市，最主要的购羊市场是前文提到的号称“亚洲第一大巴扎”的东门巴扎附近一带，喀什的维吾尔族民众习惯将这里称作“星期天巴扎”①。

① 这里采用了喀什的民间口头用语。

羊市上的维吾尔族穆斯林

需要说明的是，喀什的巴扎不是现代意义上被翻译成汉语的“集市”或“农贸市场”。巴扎是喀什文化特征本身，如果想了解喀什的文化，就必须知道喀什的巴扎，它是民间市井生活的路标，生活是围绕着巴扎而组织起来的，喀什的教育场所乃至清真寺也是以巴扎为中心来命名和称呼的，如“衣服巴扎”、“玉米巴扎”是指一些从事专门职业的人的聚合。类似的还有坎土曼巴扎、土布巴扎、玉米巴扎、食用油巴扎等，所以学校的名称和清真寺的名称也就具有时代的特征，分别叫玉米巴扎经文学校、坎土曼巴扎经文学校、油巴扎清真寺等等。

在喀什的巴扎中，最能体现喀什的巴扎文化特征而成为喀什文化集中地的是喀什东门大巴扎。在喀什方言中更多的是沿袭很久的“星期天巴扎”或“农民巴扎”，而现在各种媒体经常提到的“中西亚大巴扎”则是媒体或官方的称谓。

由于大巴扎羊市位置的不确定性和政府管理部门的不断调整，一般羊市几乎每年都在移动。但近几年几乎都在吐曼河边和东大桥（维吾尔语称为吐曼桥）之间。2006 年的古尔邦节羊市从吐曼桥沿吐曼河延伸，节日前后这里成了羊与人的海洋，为喀什的古尔邦节增添了更多的节日气氛。

在羊市交易中，还有一些非常活跃的中介人，他们在买者与卖者之间积极撮合，成交后，他们可以获得“喝茶钱”（酬金）。这些人也渐渐变成了专门职业者，他们有自己的行规、行话和职业操守。

（二）采购年货

如果说买羊是男人们的事，那么采购其他年货就是女人们的任务。要采购的年货主要有服装鞋帽、糕点糖果、水果干果等。一般是家庭主妇带着孩子，或是与亲友结伴，这样做既有情趣，又可以相互帮助。过去人们购物时使用的传统交通工具是毛驴车，而现在乘坐的交通工具是公交车、出租车、摩托车（妇女骑摩托车在喀什非常普遍）及自行车，少部分人乘私家车，郊区农民中也有乘毛驴车的。

琳琅满目的节日食品

（三）抬房子①

抬房子是喀什噶尔市区内古尔邦节的专有名词，甚至在周围郊县

① 该习俗在新疆各地的维吾尔族中都有，但喀什的维吾尔族形象地将其称为“抬房子”。这部分内容根据笔者与阿不都热依木·沙比提的访谈整理而成。——笔者。

都没有，更不用说南疆、北疆各地。

伊斯兰教的清洁（即净礼）是礼拜的先决条件，而礼拜又是伊斯兰教五功之一，先知穆罕默德说："清洁是'伊玛尼'（信仰）的一部分。"大净、小净是一切功课的先决条件，穆罕默德说："没有沐浴的拜功，不蒙接受。"礼拜是建立在清洁的基础上，否则就不会为真主所允纳。大净、小净的直接作用虽在于清洁身体，然而其意义却与功修是一致的。穆斯林的大净、小净绝非只是单纯的洗净身体，而是与信士平时的言谈举止息息相关，富有节奏性地检束行为，它使穆斯林经常保持着内清外洁、省心正身的意念。这是穆斯林崇尚清洁的由来，也是维吾尔族古尔邦节"抬房子"习俗的本源。

抬房子是维吾尔语"oykuturux"的直译，意即打扫卫生，但又与汉语一般意义上的打扫卫生不同。在维吾尔语中，做家庭的清洁工作被称为"oytazilax"，是指除了日常的清洁之外的如每周进行的一次大的清洁工作。而"oykuturux"（抬房子）在维吾尔语中是专门指古尔邦节的各项清洁工作，不仅内容远远多于一般的家庭清洁，而且从节日心理来说，人们是带着古尔邦节的各种礼仪、规范和禁忌习俗，带着对该节日的虔诚心理以期做得最好。因此，古尔邦节的"oykuturux"（抬房子）就成为维吾尔族古尔邦节的文化集结点之一。由于伊斯兰教崇尚洁净，特别是礼拜者每日的小净和每周五到礼拜寺聚礼时的大净，都使教民将宗教的清洁礼仪规定带入每日生活中，因此，在民间就有了"要娶一个姑娘进门先看看她家的灶台"等谚语和"如果古尔邦节家里不干净，天国中的仙女就不会进家门"之说。抬房子也因此成为古尔邦节的节日程序而显得重要，并且与古尔邦节一样具有恒久性、固定性和全民性等特点。

古尔邦节的"抬房子"主要包括：(1) 在节日前几天（有的甚至是前十几天），家庭内的全部成员将家里的所有家具、物件全部搬出去清洗擦拭，对家里进行彻底打扫，如果是夏季，还会粉刷墙壁，有些人还专门为节日定制家具或窗帘台布；(2) 拆洗所有的被褥、枕垫等，即使是干净的，也要为了节日再洗一次；(3) 所有的家庭成员进行个人卫生的清洁。

这样的一个过程好似将整个房子抬起来彻底打扫了一遍，因此，喀什维吾尔民间就形象地称之为“抬房子”。

（四）节日食品①

1. 油馓子

油馓子是维吾尔人在开斋节和古尔邦节时每家餐桌上的必备的特色食品。油馓子的整体造型为多层的圆柱形，味美脆酥，是两个节日餐桌上技艺含量最高、最费时的食品。虽然它与为祭献而宰牲的羊不同，但是与伊斯兰教有直接的联系，因为做油馓子、扁油馓子、油饼等油炸面食的本意中隐含着祭献的痕迹，这与维吾尔民间起源古老的祭祀亡灵的习俗有关。在维吾尔语中有一个专称 yahg - burutux，这是一个合成词，即由表示“油”的名词 yahg 和表示传出味道的使动词 burutux 合成一个动词 yahg - burutux，汉语可直译为“使传出油香味”。而制作油炸食品的目的，是使亲人的亡灵能够闻到油炸面点的香味，以此来祭奠亡人。

油馓子的制作过程如下：第一步，兑清水和花椒将水烧开，捞出花椒，留花椒水待用；第二步，取白面，按一定的比例加清油、花椒水和好，反复搋揉，切成小块，分别揉成面团备用；第三步，锅中放多半锅油，烧至八成热，取面团一块，压成圆饼，从中捅一个洞，用双手掌将其搓成筷子粗细的圆长条，绕成均匀排列的数个相同的圆环，将两根长筷子穿入挂好撑开，一端入油稍炸，待起小泡后提出，将另一端入锅，如法炮制，之后再将中段入油，手持筷子来回摆动，稍炸，再全部入油，把两根长筷子错开合起来，抽出筷子，用筷子拢住，使其不分开；第四步，炸至金黄色时捞出，逐层摆置大圆盘中。

由于油馓子的制作难度大，炸馓子时至少需要两个人同时进行，所以亲戚或者邻居之间一般都要协作。那些炸馓子手艺高的人会被许多人请去帮忙，因此，她们在节前会忙得不可开交。通过一起炸馓子，

① 该部分内容根据笔者对伊敏姑丽苏木等多位维吾尔族妇女的访谈及艾尼瓦尔·吐尔逊编著的《维吾尔族民俗礼仪常识》（维吾尔文，乌鲁木齐，新疆大学出版社，2007）整理而成。

制作古尔邦节的节日食品——馓子

家庭主妇可进一步加强交往，交流技艺，增强亲戚及邻里间的关系。同时，家庭主妇为了让自己的女儿们获得学习做馓子的机会，会有意地让她们来一起做，并手把手地教她们。这也是这一风俗得以代代传承的重要原因。

由于城市化速度的加快，越来越多的城市妇女，尤其是上班族中的妇女更乐意去买现成的馓子。近年来，在城市，每逢过节，甚至在平时，出售油馓子等节日食品的商家和个人越来越多，不仅在工业化、城市化进程速度较快的乌鲁木齐，而且在相对较传统的喀什，到处都有卖馓子的。这意味着油馓子仅作为装点节日餐桌的食品，而渐渐远离祭奠亡灵之本意，其结果催生了某一类女性职业者的出现。

2. 馕

馕是维吾尔族具有悠久历史的传统主食之一，如哈密等地出土的文物中有约三千年前的馕；11 世纪中叶著名的维吾尔语言学家麻赫默德·喀什噶里所著的《突厥语大词典》中的词条 etmek 指的就是馕（nan）①；贾思勰的《齐民要术》中，摘录了“食经”关于做馕的技术资料。“馕”为波斯语，流行于阿拉伯、土耳其、中亚等地，伊斯兰教传入新疆后，维吾尔族将传统生活中特别烤制的食品“艾麦克”称为“馕”。而维吾尔族的“馕”与阿拉伯、中亚等地的“馕”相比又有所不同。

古尔邦节的节日食品——烤馕

维吾尔人常说：什么都可能吃腻，只有馕吃不腻；没菜可以，但没馕不行。馕不仅是最普通食品，而且和食盐一样同样重要。关于馕，有很多禁忌，如馕不能用一只手掰，必须面朝上摆放且摆放在桌子的

① 参见麻赫默德·喀什噶里：《突厥语大词典（第一卷）》（维于尔文），138 页，乌鲁木齐，新疆人民出版社，1983。

正中，馕不能放在地上，馕屑不能被践踏等。正因为馕的尊贵，所以，馕也是节日餐桌上的必备食品。

维吾尔族的馕，在长期的发展过程中形成了很多种类。《突厥语大词典》中描述的馕的种类主要有：馕坑里烤的“托卡西”（tokhaq）、“卡卡齐”（kakaq）、“格尔得”（girde，汉语称窝窝馕）等，蒸笼里蒸的“侨可米可”（qukhmikh）、“克协可”（kowxek），油煎的“卡特里麻”（khatlima）等。自《突厥语大词典》问世后至今，馕的种类又有所增加，如“果西馕”（gox nan，意为肉馕）、“果西格尔得”（gox girde，或称肉窝窝馕）、“西尔曼馕”（xirman nan）、“佳万”（jawan）等，大小种类有几十种。

馕的一般做法是：在面粉中加少许盐和酵面，和匀，揉透，稍发酵，即可烤制。馕的种类因添加成分及烤制方法的不同而有所区别，添加羊油的馕即为油馕；用羊肉丁、孜然粉、胡椒粉、洋葱等佐料拌馅烤制的馕为肉馕；将芝麻与葡萄汁拌和烤制的馕叫芝麻馕。馕含水分少，久储不坏，便于携带，适于新疆干燥的气候；加之烤馕制作精细，用料讲究，吃起来香酥可口，富有营养。

（五）节日餐桌的布置

维吾尔族是个非常好客的民族，为了尊重和招待好客人，对布置节日餐桌特别讲究，家家都会尽可能地把餐桌布置得既丰盛又好看。节日期间我们走访了喀什市及周边乡村的许多维吾尔族家庭，无论是城市的，还是乡村的维吾尔族人家，节日餐桌（可称作节日宴席或节日食品席，维吾尔语为 dastihan“达丝特罕”，直译为“桌布”）都是设在客厅里，如果在同一时间里来得客人太多的话，临时在另一间屋里布置一个餐桌是常有的事。

维吾尔族节日餐桌的布置方式有三种：第一种是把桌布直接铺在炕上或铺有地毯的地上，桌布四周铺上专供坐的特制长褥子（或称长坐垫）；第二种是把矮桌放在炕上或铺有地毯的地上，桌子上铺上桌布，桌子四周铺上特制的长坐垫；第三种是在客厅里摆放一张长方形的大桌子，桌子上铺上桌布，桌子周围是沙发或椅子。第一种和第二种的布置方式为传统方式，第三种则是现代方式。在乡村，节日餐桌的布置皆按照传统方式布置，在喀什市，党政机关及事业单位的干部职工、知识分子家庭多为现代方式，而宗教人士、工商业及手工业者等家庭多为传统方式。

清真寺的阿訇在节日期间来到穆斯林家

在古尔邦节的餐桌上，最主要的食品是羊肉、油馓子和馕，这三种食品是必有的。羊肉是宰牲分成三份后留给自己的那一份，也是为了招待客人。节日待客的羊肉为清炖，用的是维吾尔族传统的炖肉方法。在冷水里放肉，待水开后捞去碎沫，将洋葱等少许调料放进锅里，炖一个多小时后，在锅里放切碎的番茄、蒜和盐，稍后便可关火。油馓子和馕摆在桌子的中央，羊肉一般是给客人上过茶后，用大盘盛着放在靠近客人的桌面上，如果有人喝羊肉汤，主人会将准备好的香菜放进肉汤里端上来。各种糕点、糖果、水果、干果等食品摆放在油馓子和馕的周围。据统计，节日餐桌上的食品一般不少于 15 种，主要有羊肉、油馓子、馕、油香、油扁馓子、饼干、巴咖里（糕点名）、巴旦木、核桃、椰枣、红枣、葡萄干、杏干、无花果干、水果糖、奶糖、石榴、苹果、梨、橘子等，较大的桌子上的同一种食品，除了放在大盘里的油馓子和馕以外，其他的食品一般都会有 2 ~4 个碟子摆放在桌上的不同位置，以方便每个客人品尝。

（六）节日服饰①

由于伊斯兰教历与现行公历有近十一天的日差，所以开斋节与古尔邦节会分布在不同的四个季节。这就是说，过开斋节与古尔邦节时，要依季节穿衣服。正因为如此，维吾尔族的节日服饰是随每年节日到来的时间而定的，并且是穿新的衣服。人们把为节日专门准备的服装称为“耶特勒克科衣幕”（ytlik kiyim），意思是“节日服装”。一般来讲，过节时，人们会根据季节、家庭的经济情况及喜好来选购、定做或自己缝制服饰。20 世纪 50 年代，在新疆各地，尤其在南疆地区穿传统服装的人比较多。60 年代，尤其是在“文化大革命”期间，传统服装被视为“四旧”，人们都穿“革命服装”。改革开放以后，服饰的选择也日趋多元化、个性化，特别是年轻人的服饰更加时尚。但是在边疆，特别是喀什，传统服饰依然是中年以上，特别是 50 岁以上城市居民的主要选择。

1. 帽子

在维吾尔族的传统服饰中，最具特点、最受重视的是帽子。按照传统，维吾尔族男性戴帽子是经常性的。出门时，一年四季都要戴帽子，尤其是在做礼拜、出席葬礼或婚礼等重要仪式时，必须戴帽，否则被认为不礼貌或不尊重对方。在同样的情况下，女性则要戴上头巾（有些头巾也可以和帽子搭配），严格按照伊斯兰教教规行事的成年女性还会戴上面纱，在家里时，如果有陌生来客，也要回避。成年男子在家里一般也会戴上轻便的小花帽或“夏帕克帽”（白色瓜皮帽）。维吾尔族特别注重做礼拜和参加葬礼，这两个场合必须戴帽子。女人参加葬礼更有专门的服饰和白色围巾，以表示对死者的哀悼和尊重。现在，喀什的工薪阶层，特别是年轻人有了很大的变化，他们有时并不太在意参加葬礼时是否戴帽子，但是在老城区一带依然有严格的礼仪规范。

维吾尔族的帽子根据其制作和功能可分为三种，即冬季、早春戴

---

① 该部分内容根据笔者与阿不都热依木·沙比提的访谈以及蒋南桦的《喀什：从头到脚的维吾尔族服饰之美》（《喀什噶尔》2008 年第 2 期）一文整理而成。

节日期间购买维吾尔族花帽

的“图玛克”（皮帽），夏季、秋季戴的“朵帕”（花帽）和各种式样的单帽。在这三种帽子中，种类最多、最具维吾尔族特色、人们在节日里戴得最多的是“朵帕”（花帽）。

为了更好地了解花帽，我们走访了位于喀什著名高台民宅的“阿曼古丽家庭花帽作坊”。作坊的主人阿曼古丽阿吉和她的两个女儿向我们介绍了做花帽的主要工序：（1）备料；（2）剪裁；（3）填纸（为了使花帽显得挺拔，先在帽子的衬里缝上许多细细的布管，将纸条绕在细铁钎上，把铁钎插入布管，然后留下管状纸，拔出铁钎）；（4）入模造型；（5）剪好纸图案，并贴在帽面；（6）绣图案（现在也有现成的机绣图案）；（7）用石槌平整花帽。

维吾尔族花帽的种类繁多，主要有：

巴旦木花帽：是用巴旦木杏核变形和添加花纹的一种图案，其纹样丰富多彩，大多是黑底白花，庄重、古朴、大方，最早流行于喀什地区，后遍及全疆。

塔什干花帽：原是塔什干流行的花帽，现是对格刺绣几何形纹花帽的通称，一般色彩对比强烈。

曼波尔花帽：帽顶绣四组圆开纹样，边有四组长方形或圆形纹样，

过古尔邦节的维吾尔族老人

这是最常见的一种男女老幼皆可戴的绣花帽。

奇曼花帽：又称奇曼塔什干朵帕，帽以“米”字形为骨架，花、枝、叶交错，花纹为多个正反三角，菱形格局，帽面图案似地毯排列。

再尔花帽：即金银线盘绣花帽，是姑娘和妇女最喜爱的一种花帽，上面绣的花多是立体的，在阳光下熠熠生辉，有华贵、端庄之感。

玛丽江花帽：即串珠亮片花帽，是姑娘和小女孩最爱戴的花帽之一。

白西塔拉朵帕：此花帽为四瓣拼缝而成，而这种花帽有五瓣，是男孩、女孩戴的花帽，帽子较小，纹样简单。

夏帕克帽：即瓜皮帽，是男性大人、小孩夏季戴的一种便帽，冬季可作衬帽，多为素面，有些在帽口镶有水纹边。

赛里甫西图玛克：即高筒花帽，又称赛兰朵帕，多为宗教神职人员戴，上缠赛兰①。

---

① 赛兰是伊斯兰教高级神职人员用长布条缠绕在特制的帽子上的圆盘状头饰。逊尼派穆斯林用白色布条，什叶派穆斯林用黑色布条。因维吾尔族穆斯林属逊尼派，所以缠白色的赛兰。

阿克朵帕：即白色帽，帽上有白色线扎的花纹，是做礼拜时戴的一种帽子。

花帽是喀什古尔邦节节日服饰中最重要的服饰，许多妇女都会提前很多天到花帽市场（duopa baziri）为丈夫和孩子购买花帽。

2. 面纱

面纱或盖头在维吾尔语里为“romal”（茹玛勒）、“qumbel”（曲幕拜勒）或“qumbet”（曲幕拜特），为深褐色网状大盖头，一般可以遮住女人的上半身，是维吾尔妇女，特别是喀什妇女的服饰特点，蒙上面纱的人可以看见外面的一切，但是外面的人却看不到里面的人。在喀什市的街头巷尾到处都可以见到戴着面纱的维吾尔族妇女。退休教师阿提克姆女士介绍说：“戴面纱的妇女大多是虔诚的伊斯兰教教徒家庭的妇女。按照伊斯兰教教规，穆斯林妇女出门是要戴面纱的。”我们注意到，现在不仅在喀什，在全疆各地蒙面纱的女性多了起来，她们除了蒙传统的褐色面纱外，还有其他的样式，有完全盖住脸部的，也有露出眼睛的。但大多数妇女戴的是露出脸部的头巾。

过古尔邦节的维吾尔族妇女

3. 袷袢

袷袢为维吾尔族语“qiapan”（上衣）的统称，不论衣服的长短，只要是上衣都可以称为袷袢，但这里专指维吾尔族男子的对襟长衫。这种对襟长衫为棉的或夹层，也有夏季穿的浅色丝绸袷袢。棉的或夹层袷袢布料大多为民族手工织成，颜色较为庄重，也有隐约可见的竖条纹或典雅图案的，这些属于比较传统的袷袢，节日中穿的人很少。现在喀什的一些长者穿的袷袢颜色较多，大多是现代产品，传统的袷袢已不多见。

4. 绣花服装

维吾尔族具有悠久的手工刺绣传统，绣花服装是维吾尔族手工艺产品的一个部分。绣花包括各种家具饰品、床上用品、服装等的刺绣。绣花服装不仅有女式的，而且还有男式的，在绣花服装中最具特色的是绣花衬衣，绣花衬衣有长袖和短袖之分，布料主要为真丝，非常具有民族特点。由于绣花衬衣的做工考究、式样独特，穿起来显得典雅、高贵。这类绣花衬衣适宜在维吾尔族的重要场合穿着，而且孩子们也会经常在夏季穿。但因季节的缘故，一般逢夏季古尔邦节时才穿。

5. 腰巾

腰巾是维吾尔族男子的传统服饰，但在节日中使用者很少。由于维吾尔族男子的对襟长衫或短衫没有扣子，因此需要用一条腰带系住。在古尔邦节，特别是喀什市内的古尔邦节，由于时代的变迁，腰巾已不多见，但在现在的喀什农村，还有这类穿着者。

（七）梳妆打扮

过节前，人们不但要打扫房屋内外、院前院后，而且还要搞好个人卫生，人人都要洗澡，男的要理发、刮胡子或将胡子梳理好，女的要梳理头发，有些小姑娘还特意扎上许多小辫子。许多姑娘喜欢用“奥斯玛”① 画眉，用“海娜”② 花染指。准备好后，过节再穿上一身新服装，男女老少就都会神采奕奕，精神焕发。

---

① 奥斯玛，系维吾尔语 Osma 的音译，是一种柳叶状绿色植物，其汁可用来画眉毛。维吾尔族这一传统的化妆品具有悠久的历史，现在已被研发成了新疆乃至全国的名牌产品。

② 海娜，为维吾尔语 Hene 的音译，是一种柳叶状红色植物，维吾尔族女性常用该植物的花叶染指甲或头发。

第五章

古尔邦节节日仪式描述

古尔邦节的仪式过程是程式化的，这种内在的程式化过程在古尔邦节被确定时就自在地规定了。因此，凡穆斯林在过古尔邦节时，就要依照这一程式进行。

第一节　亡灵的节日——拜墓仪式

根据居住在喀什老城区的维吾尔族老人的讲述①，古尔邦节是从拜墓开始的。因此，古尔邦节自然也就是拜祭亡灵的节日。

一、墓地

在喀什的维吾尔语方言中，坟墓被称为tuprakbeixi，该词是一个复合名词，由表示“土壤、土地”的名词“tuprak”和表示“头部、顶部或源头”之意的名词“bax”的词格变化后的“beixi”组成。据当地人解释，人来自于黄土，最后也要归于黄土。人们来到埋葬亡人

① 资料来源于与阿希姆买买提老人（80余岁）的访谈记录。听说在访谈后不久，老人过世，聊以此文告慰这位目不识丁的民间知识老人。——笔者注。

的土地前，面对他的头所在的方向敬拜，即朝着麦加的神圣方向跪拜，tuprakbeixi（可直译为坟头）便由此而来。

维吾尔族的“麻扎”

“麻扎”、“开比来”等名称，均来自阿拉伯语，是伊斯兰教传入维吾尔族地区后常使用的词。但在喀什民间，更多地使用传统的、直观的说法，即 tuprakbeixi。

按照伊斯兰教风俗，每周四是祭拜亡灵的日子。据民间传说，周四是天堂休息日，墓葬者的灵魂在这一天要返回葬墓内，接受人们的祈祷和祈求。在这一天，亡人的灵魂非常期待亲人的探望，如果亲人不去探望，他们会很难过，古尔邦节时更是如此。因此，有亲人去世的家庭，除了在每周四早晨要去坟地祭拜外，还要制作油炸食品，以便让亲人的亡灵嗅到油炸面点的香味，或做亡人爱吃的饭菜等食物，因为亡人的灵魂也很想念自己家里的饭菜味，想念自己喜欢的食物，古尔邦节时更是如此。

二、阿帕克和卓麻扎

麻扎本意为“圣灵之地”或“圣人之墓”，现泛指坟墓。伊斯兰教的圣地是一种独特机构，对地方和社区居民凝聚力产生很大的影响。因此，阿帕克和卓麻扎在维吾尔族的古尔邦节中具有特殊的文化意义。从某种意义上说，阿帕克和卓麻扎是17世纪末以来喀什噶尔历史的一个缩影。麻扎内有经学院、果园、清真寺、饮水池、墓地、院落等一系列配套设施，构成了一个独立的社区。陵墓的形成是从安葬17世纪著名的伊斯兰教白山派首领阿帕克和卓的父亲阿吉穆罕默德·玉素甫霍加开始的，而后，名人家族的5代72人先后被安葬在这里，形成了庞大的墓葬群。阿帕克和卓麻扎坐落在喀什市东北约5公里的乃则尔巴格乡浩罕村，占地面积约30亩。因为这里是伊斯兰教在中亚的一个圣地而备受人们的崇敬。在很多年以前，来这里的人们不仅有探望亡人者，甚至还有一些不能生育或遭遇厄运的妇女及一些老弱病残者，他们到这里祈祷，祈求得到精神治疗和心灵慰藉。

三、古尔邦节的拜墓

古尔邦节的拜墓仪式一般在古尔邦节第一天的凌晨即第一次礼拜bomdat开始的时候进行，这也意味着古尔邦节的真正开始。

拜墓仪式以家庭为单位进行，有的是全家几代人一起来拜，也有各自来这里拜墓。其中，新近过世的人家来的家人较多，而过世十几年或几十年的家庭，来的人较少。有些人因为去世的亲人较多，他们一大早从家里出来后，走到所有坟头，看望所有亲人，用去一个上午的时间。人们来到亲友的墓前，在地上铺上“佳那玛孜”①，然后跪坐

① 佳那玛孜，阿拉伯文jeynamaz的音译，是穆斯林做礼拜时专门铺在地上的小长方形、具有伊斯兰风格图案的丝织地毯，此毯也可以用干净的布代替。在此次调查期间我们看到，有些男孩礼拜前在艾提尕尔清真寺外出售一种特制的一次性塑料“佳那玛孜”，五角钱一块。

节日期间的拜墓

在上面，或自己，或请会诵读《古兰经》（用阿拉伯语）的人诵读相关内容。如果是多人在一起拜墓，就要请其中会诵读的长者诵读《古兰经》的相关内容，诵读完毕，在场的人一起“接都阿”[①]。随后，一些拜墓者在坟头上撒一些麦粒，以示对已故亲友的缅怀，并希望鸟吃了这些麦粒后，能带走亡灵的部分罪过。在扫墓过程中，人人都会给乞丐进行施舍，每受到一次施舍后，乞丐就立即为施舍者“接都阿”，以示感激之意，并为施舍者祈祷和祝福：“愿真主保佑您在两世获得幸福，保佑您和您的家人平安，愿您的亲人的灵魂欢欣……”在阿帕克和卓麻扎有一些乞丐，他们只在这里行乞，可以说是墓地的职业乞丐，他们与一般的乞丐不同，他们会念诵经文，在节假日或每周四为拜墓者举行仪式，如果受到委托就经常为亡灵祈祷，甚至帮助打扫坟头。

在古尔邦节，阿帕克和卓麻扎墓地也成了人的海洋，这里的拜

① 阿拉伯文 Du‘a 的音译，意为“祈祷”。穆斯林在集体礼拜或祈祷后，由阿訇或领头祈祷者带领，举双手向真主祈祷，然后把手往脸上放一下。

拜　墓

墓活动有序而肃穆、神秘。在古尔邦节当天，一般情况下家庭成员都去拜墓，而在平时，主要是家庭中的女性成员结伴前来。那些戴着白头巾、穿着黑色长袍①，哭诉得最为悲痛的是新近去世的人的亲朋好友，她们会哭诉亡人的公德及其善行，哭诉自己对死去亲人的思念。我们在墓地遇见前来拜墓的一家人，去世的是他们家的一位年轻女性。死者的姐姐为她唱出的一段哀歌，这段哀歌不仅凄切，而且还很动听：

我的妹妹你走了吗？
你挺直的鼻梁要被黄土销蚀了吗？
你像月亮一样的脸庞要枯萎了吗？
这样的痛苦我怎么忍受？②

---

① 维吾尔族举办葬礼时，女性有固定的服饰，即戴白头巾，穿黑色长袍，这是维吾尔族的一种服饰禁忌。——笔者注。

② 笔者根据哭诉整理的这段挽歌虽为即兴口头之作，但富有诗意，且保留了维吾尔族古老的挽歌传统。

在古尔邦节和平时的每周四，这样的哀歌是阿帕克和卓麻扎墓地的主调。

另一个墓地的拜墓场面与上述稍有不同，拜墓者是一位中年母亲和两个女儿（从她们的哭诉判断），母亲身穿黑长袍，头戴白头巾，泪如泉涌，两个女儿也戴着白头巾，穿着素色的衣服，她们默默地打扫着坟墓四周，接下来洒水、撒大米（或麦子）。从哭诉的内容判断，死者是两个女孩的父亲。他的妻子这样唱道：

哎呀我的夫君[①]，伊玛目阿洪，
你就这样抛下我们走了吗？
我们像山一样的依靠倒了吗？
我们从此像麦草一样枯黄了吗？

哎呀我的孩子们，被父亲抛下的小羊羔，
你们就要成孤儿了吗？
像爱护眼珠一样疼爱你们的父亲去了哪里？
我该怎么办，我的孩子们？

伊玛目阿洪，今天不是古尔邦节吗？
你不是还要给女儿买新衣服吗？
因为有你我们什么都不惧怕，
现在我们变成无依无靠的弃儿了吗？[②]

维吾尔族的挽歌起源很早，在漠北草原时代的碑铭文学中就有唱挽歌的记载，这一风俗在喀什地区保存较好。每逢家有丧葬，各具特色的挽歌便即兴唱出。挽歌主要是对亡人美好品德的赞美，对失去亲人的痛苦哭诉，内容抒情而感人。在古尔邦节，由于首先唱出的是挽歌，是对亡人的追念，因此，古尔邦节也是亡灵的节日。

---

① 夫君是一个称谓禁忌，是维吾尔族妇女对亡夫的专称。——笔者注。
② 这段挽歌根据拜墓者的即兴哭唱记录整理而成。——笔者注。

第二节 清真寺内的神圣空间——会礼仪式

会礼是古尔邦节中最重要的仪式活动，地点在喀什噶尔的艾提尕尔清真寺，时间是伊斯兰教教历的十二月十日。这个节日的起因是纪念先知穆罕默德率众朝觐圆满完成。

古尔邦节是一个起源于宗教的节日，因此，宗教活动的重要场所——清真寺也就成了古尔邦节的重要仪式场所。按照《古兰经》的规定，年满12岁的男子都必须到清真寺做礼拜（现在党员、干部、教师、在校学生除外）。在喀什，维吾尔族女性是不能到清真寺参加礼拜的，这就决定了古尔邦节的一些重要仪式是以男性为主的。会礼仪式是古尔邦节重要的仪式群的总称，其中包括多个仪式，按照时间顺序依次为：

一、净礼

净礼为阿拉伯语Tahara的意译（维吾尔语为Teret），音译为“塔哈勒”，是穆斯林礼拜前的宗教仪式。净礼一般指净身，用水洗身体的一部分或全部，并在进行每一动作时默念一定内容的祷词或赞词。净身分为两种：一是大净，指在参加聚礼、会礼、祈祷之前或有大秽（如房事、遗精、月经、产后等）时履行，自上而下冲洗全身（包括漱口和洗鼻孔），称浴；二是小净，指参加一般礼拜前或有小秽（如流血、呕吐等）时履行，依次洗手、漱口和洗鼻孔、洗脸、洗前臂至肘、用湿手掌抹头并用拇指和食指抹耳、冲洗双足，称沐。

在喀什，清真寺内一般都有专门的净身室，里面有水壶或水龙头、水池，大的清真寺的净身室还设有厕所，附近还有浴室。净身可以在家或清真寺进行，小净可以在室内或室外进行。平时礼拜前经常看到一些人在室外进行小净的情景。因为在开斋节和古尔邦节的会礼前，按规定要进行大净，所以，参加会礼的人都要在起床后进行大净，然后带上“佳那玛孜”去清真寺。

二、诵读“太百尔”

“太百尔”是阿拉伯语 Tekbir 的音译，指赞颂真主伟大的专门用语“Allahu Akbar”（“真主伟大”）。按照伊斯兰教的传统，穆斯林不仅在宣礼①、礼拜及祈祷时要诵读“太百尔”，而且在集体去节日会礼的途中也要诵读“太百尔”。

在喀什市，按照传统或教规，教民要在自己所属的清真寺前与其他教民集结，然后在该清真寺的伊玛目（即教长）的带领下，去艾提尕尔清真寺或其他较大的清真寺参加会礼。在去清真寺的途中，队伍中的所有人要诵读七次“太百尔”，每次诵读时，队伍中的所有人都要停下来齐声诵读，诵读完毕后，继续行进，到会礼地后，第七次诵读“太百尔”，然后选好地方，在地上铺上“佳那玛孜”（如果去晚了，室内没有地方的话），坐下来等待会礼的开始。

现在，许多平时不去清真寺做礼拜的人，往往独自或结伴去清真寺参加会礼。另外，来自喀什市周围县、乡的人及其他外地人也是去艾提尕尔清真寺或其他较大的清真寺参加会礼。喀什市及其所辖的4个乡的815座清真寺和市区内的十座清真寺可以举行节日会礼。

三、会礼（节日礼拜）

2006年12月31日是古尔邦节的第一天。喀什市的穆斯林和世界各地的穆斯林一样，在早晨要举行古尔邦节会礼。按照《古兰经》的规定，会礼可在太阳升起后至中午前的任何时候进行。在节日的前一

---

① 宣礼，阿拉伯文 Adhan 或 Azan 的意译。清真寺宣礼员（穆安津）在宣礼楼召唤信徒前来举行集体礼拜，故称。

天，艾提尕尔清真寺的副“卡提卜”[1] 阿不都卡得尔·麦合素姆哈吉告诉我们，会礼将在上午 8 点 30 分开始。

喀什艾提尕尔清真寺前的维吾尔族民众

这次的古尔邦节前后，喀什市的气温大约在 3℃ ~11℃。一些人为了能在清真寺的正殿里参加会礼，早早的便等在大门口。早晨 5 点，人们开始陆续进入正殿。不久，大约可以容纳 400 人的正殿就坐满了。此后，来得人越来越多，到 7 点 30 分左右太阳升起时，整个清真寺内已座无虚席。随后的时间里，各个清真寺前集结的人，在阿訇的带领下，浩浩荡荡地来到艾提尕尔广场及清真寺东、南、北三侧的大街上。

大约 7 点 30 分，艾提尕尔清真寺的“卡提卜”居玛大毛拉[2]开始讲大课。安装在清真寺内外的高音喇叭足以使全体参加会礼的人听到他的演讲。他念诵了有关经文，赞颂了安拉，宣讲了先知的行为，告诫大家要积德行善、遵从教规。最后，按照惯例，他讲解了会礼的每一个程序及要领。此时已 8 点 30 分，太阳高高升起。广场及其周边的街道已站满了人，估计约有近十万人。

---

① 卡提卜，阿拉伯文 Khatib 的音译，伊斯兰教的教职。主麻日（每周五中午的集体礼拜）或节日会礼时，站在清真寺内讲坛上手持木杖主持念“呼图白”的人。“呼图白”，阿拉伯文 Khutbah 的音译，原意为“演讲”，是教长或阿訇在主麻日或节日礼拜时，对教徒讲道的讲词，其主要内容是有关经文，赞颂安拉，宣讲先知的行为，以此教育教徒。

② 居玛大毛拉，中国伊斯兰教协会委员、新疆伊斯兰教协会理事、喀什市政协副主席、喀什市伊斯兰教协会副会长。

在喀什艾提尕尔清真寺前过节的人群

当主持宣布马上就要进行礼拜后，人们有序地一排排地站好，并将各自的“佳那玛孜”铺在地上，然后，脱掉鞋子，站在上面，虔诚地、静静地等候礼拜的开始。在这寒冷的早晨，已受冻许久且脱鞋站在地上的近十万人鸦雀无声。在人们的期待中，高音喇叭里传出了九次洪亮的指令“撒拉特”①，会礼开始。

以下是礼拜者跟随居玛大毛拉所做礼拜的程序与内容。

(1) 举起张开的两手置于头的两侧，两个大拇指分别抵在两耳根，同时口诵“太百尔”——真主伟大！(共4次)

(2) 端立，置双手于肚脐部位，右手掌放在左手背上，口诵《古兰经》首章——“法谛海”及相关章节：

一切赞颂全归真主，全世界的主，

至仁至慈的真主，报应日的主。

我们只崇拜你，只求你佑助，

求你引导我们上正路。

你所佑助的路，

---

① 撒拉特，阿拉伯文 salat 的音译，意为“礼拜时分已到”，表示礼拜即将开始。

不是受谴怒者的路，
也不是迷误者的路。(《古兰经》第一章1—7节，即“法谛海”)
你当赞颂你至尊的主之名超绝万物。
他创造了万物并使各物均称。
他预定万物，而加以引导。
他生出草木，
然后使它变成黑色的枯草。
我将使你诵读，故你不会忘记。
除非真主所欲你忘记的。
他的确知道显著的和隐微的言行。
我将使你遵循平易的道路，
故你当教诲众人。
如果教诲有裨于他们的话。
畏主的人，将觉悟；薄命的人，将退避。
他将入于大火，然后在火里不死也不活。
有教养的人确已成功，
他纪念他的主的遵名，而谨守拜功。
不然你们选择今世的生活。
其实，后世是更好的，是更久长的。
这确实载在古经典中的，
载在伊卜拉欣和穆萨的经典中的。(古兰经 第87章1—19节)

(3) 以双手促双膝，行鞠躬礼，同时口“诵真主伟大”。

(4) 直立，同时口诵“赞颂主者，主必闻之”。

(5) 跪下，两手掌附地，叩首至鼻尖触地，同时口诵“真主伟大”。

(6) 跪坐，同时口诵“真主伟大”。

(7) 第二次叩首，同时口诵“真主伟大”。

第一拜结束，紧接着做第二拜，然后再重复第一拜的程序和内容，最后以念“呼图白”结束礼拜。

礼拜一结束，广场开始沸腾了，整个广场成了人的海洋，人们相互握手庆贺节日，一边谈笑，一边有序地离开清真寺、离开广场，散

艾提尕尔清真寺前做礼拜仪式

场时间持续约半个小时。

四、施舍

"施舍"一词是阿拉伯语 sadaka 的意译，指穆斯林自愿将自己财物的一部分捐助给贫穷和有需要的穆斯林，尤其在节日礼拜结束及扫墓后，要施舍钱物给遇到的乞丐或需要捐助的穷人。《古兰经》和伊斯兰教教法中规定，凡穆斯林必须施舍其财物的四十分之一给贫困者和老幼孤寡。施舍不限于古尔邦节，随时随地可以施舍，且以不张扬为最高境界。

在平时，特别是在每周四，会有人将家里做好的食物送到艾提尕尔广场前，食物主要有油饼或抓饭。施舍油饼起源于维吾尔民间关于亡灵的习俗，该习俗在前一节已有详细描述。在这里需要补充的是，为亡灵制作的食品一般都要施舍给穷人，这样才更有意义，因此有丧葬的家庭一般都这样做，即使没有丧葬，有时家里有人生病或大病初愈后，为了表达对真主的感激和对亲戚邻里的谢意，也要作抓饭或杀羊炖肉，一部分用来招待亲戚邻里，另一部分则施舍给穷人。这种施舍的意义与在古尔邦节施舍的意义是一致的，就是告慰亡人，以期表达爱主、近主之意。当然，在现代生活中，这些施舍行为已成为关爱老、弱、贫、穷的美德，在民间广为流传。

笔者在古尔邦节期间到家住喀什老城的一位维吾尔族家庭妇女[①]家拜访，并按照习俗给节日钱时，她感动地流下泪水，嘴里不停地说："非常感谢你，愿真主保佑你，珍爱你，愿真主不断将善和爱施予你……"

古尔邦节的会礼结束后，清真寺门前及广场上，有乞丐在行乞，而且数量比平时多得多。乞丐中以老人、妇女、儿童及残疾人居多。人们纷纷向他们施舍钱。施舍的钱的数量不等，每个人可根据各自的经济状况而定，这在《古兰经》中已有明示。所以，普通民众认为："在古尔邦节这样伟大的（ulugh kun）或吉祥的（kutluk kun）日子里进行施舍，具有更大的善意。"

另外，在喀什的维吾尔民间，每周五的聚礼也是一个神圣的日子，因此，周五就成了施舍的日子。[②] 这一习俗逐渐被人们所接受，无论大人、小孩，在这一天都要进行施舍。正是由于这个原因，在喀什的大街小巷，尤其是在繁华商业区，这一天的行乞者明显骤增。

第三节　喀什古尔邦节的狂欢——萨玛舞蹈

清真寺大殿内"哈提甫"的庄严的经文内容和教诲，随着抑扬顿挫的声音传遍整个清真寺，人们都沉浸在对真主的感激和喜悦中，对

---

① 资料来自笔者对喀什老城区维吾尔族妇女乌尔尼莎汗的拜访。乌尔尼莎汗，55岁左右，虽是文盲，却有非常丰富的本土文化知识，特别是关于亡灵和各种禁忌的知识。她没有生活来源，靠政府每月发放的低保维持生活。

② 资料来源于乌尔尼莎汗的讲述。

他人的爱和怜悯之情油然而生。会礼结束后，人们带着感激和爱之情涌向广场。所有的男性，无论是否相识，都会向自己周围的人问好，互祝平安。一些长年在外的游子也因为古尔邦节赶回团聚，很久未见的亲人和老友此时也会亲切拥抱，艾提尕尔广场成为爱和欢乐的海洋。就在这狂喜和热切的气氛中，艾提尕尔清真寺的纳格拉鼓和唢呐齐鸣。欢快的节日乐曲在艾提尕尔广场回响，民间的节日喜庆活动拉开序幕。因此，纳格拉鼓和唢呐是广场狂欢开始的标志，也是古尔邦节由神圣转入世俗的标志。

一、萨玛舞——喀什噶尔独有的民间广场文化

根据有关的文献资料及喀什的民俗学家穆罕默德·吾斯曼阿吉[①]等老人的介绍，过去，古尔邦节期间在喀什举行的游艺活动主要有跳萨玛舞、摔跤、斗鸡、斗羊、达瓦孜[②]等。但是在此次调查中，我们仅见到了跳萨玛舞和斗鸡这两种传统的游戏。

萨玛舞，维吾尔语为“sama”，跳萨玛舞则被称为“samasalmak”。喀什维吾尔族人在开斋节和古尔邦节期间在艾提尕尔清真寺前跳萨玛舞是其特有的庆祝和娱乐活动，可以说是喀什维吾尔族古尔邦节的最大特色。维吾尔族著名舞蹈家、新疆歌舞团国家一级编导库热西·热杰甫介绍，萨玛舞是维吾尔族十大舞蹈种类之一，分为大萨玛舞（qong sama usuli）、节日萨玛舞（bayram sama usuli）、木卡姆麦西莱甫萨玛舞（mukam mexrep sama usuli）和活泼萨玛舞（xoh sama usuli）。喀什艾提尕尔广场的萨玛舞和上述的萨玛舞的最大的区别为集体性和开放性。

---

① 穆罕默德·吾斯曼阿吉，维吾尔族，男，采访时已有85岁高龄，是一位民俗学家，著有《维尔传统道德教育》、《探索的汗水》、《麻赫默德·喀什噶里的故事》等作品。

② 达瓦孜，维吾尔语dawaz的音译，意思是“高空走绳”。达瓦孜表演一般是在空旷的场地中心竖一根20米左右的长竿，四周用绳索牵制，使之保持直立状态。将一根粗大的长绳从杆子的顶端斜拉到地面，使之与地面成45度的夹角。表演者手持起平衡作用的长竿，从地面走向高空，并在绳索上进行惊险动作的表演。

但是，应该强调的是，艾提尕尔广场的萨玛舞已失去了宗教的色彩，成为了一个纯民间的娱乐活动，是喀什维吾尔族独有的节日狂欢活动。在这个活动中，没有舞台和观众，每个人都是舞蹈者，参与者没有身份的区别。随着人们生活的变化，每年的广场萨玛舞活动的参加者也会有所变动，所以每次的舞蹈表演方式都不相同，因而人们对广场萨玛舞充满了期待。

艾提尕尔广场的萨玛舞作为维吾尔族民间最重要的广场狂欢活动，以舞蹈的方式表达了维吾尔族对世界的认知，对平等、自由、和谐的理想生活状态的追求。

二、萨玛舞的展示

古尔邦节的第一天，即在会礼结束后不久，艾提尕尔清真寺大门顶部平台上的一名唢呐手和两名纳格拉鼓手开始奏响了欢快的维吾尔乐曲。

纳格拉，汉语称铁鼓。穆罕默德·吾斯曼阿吉认为，喀喇汗王朝时期就已经有纳格拉了。纳格拉形似花盆，鼓面蒙骆驼皮或牛皮，六个纳格拉为一套，每套分大、中、小三组，每组两个，一个奏高音，一个奏低音，高音和低音相差四五度，用木棒敲击。艾提尕尔清真寺管委会主任阿不都拉·麦合素木介绍说，艾提尕尔清真寺有自己的纳格拉，他保管的一个纳格拉已有三百多年的历史。在开斋节和古尔邦节期间进行演奏的唢呐手和两名纳格拉鼓手是由艾提尕尔清真寺管委会专门邀请的，其中36岁的唢呐手艾山江（化名）已在艾提尕尔清真寺工作十余年了。

作为打击乐器，纳格拉鼓的鼓声传得很远，与唢呐相配，可以演奏出多种风格的维吾尔乐曲，尤其适合于节奏感强的维吾尔舞曲，富有感染力，使人闻声欲舞。因此，在新疆各地每逢节日或婚礼庆典，都能听到唢呐手和纳格拉鼓手演奏的嘹亮、动听的乐曲。在喀什跳萨玛舞更是如此。

下午1点，当鼓乐声再次在艾提尕尔广场响起时，聚集在艾提尕

敲打纳格拉鼓

尔清真寺广场上的男士们开始跳起了萨玛舞。开始时有数十人，一小时后达到了数百人，而且主要是年轻人。众多的围观者围成了一个巨大的圆形露天舞场，围观者大多数是女性，当然还是姑娘占多数。穆罕默德·吾斯曼阿吉回忆说，当艾提尕尔清真寺的鼓乐声响起时，在鼓乐声所及范围内，很多姑娘会在自家的屋顶上跳萨玛舞。在舞场里的人们，踩着节奏感极强的鼓点，伴着美妙的唢呐声，全体舞者按逆时针方向，边舞边行。他们先是左右胳膊平行朝左、朝右，然后双手举起，紧接着朝左右下方，双脚跳起，身体旋转 180 度，舞者步调一致地重复着整套粗犷、奔放的舞蹈动作。舞者的神情专注，动作飘逸而不拘。

按照艾提尕尔清真寺管委会的安排，跳萨玛舞的活动在下午 4 点结束。按照惯例，结束时有人在舞场的地上铺上了“达丝特罕”①，并高声提议人们为唢呐手和两名纳格拉鼓手付酬，随即便有许多人往

① 达丝特罕，招待客人或吃饭时用的桌布。

在艾提尕尔清真寺前跳萨玛舞

“达丝特罕”上放钱，这是长期以来人们为唢呐手和纳格拉鼓手付酬的方式，每天跳舞结束时都要进行。第二天、第三天跳萨玛舞的活动继续进行。第三天跳舞的人数超过了前两天，场面更加热烈、壮观，将跳萨玛舞的活动及节日气氛推向了高潮。

三、其他的节日游艺活动

维吾尔族娱乐活动的仪式过程与其他民族的不同之处就在于其具有不确定性。不论参加人数，还是娱乐内容，都没有预先的设定和估算，而完全取决于节日当天民众的兴趣。因此，除了萨玛舞外，还有一些自发的娱乐活动，如斗鸡、斗羊、摔跤等。

斗鸡、斗羊是维吾尔族古老的民间游戏。农闲时，人们经常以斗鸡、斗羊等游戏作乐。节日期间，喀什、阿克苏、伊犁、吐鲁番等地的维吾尔人也组织此类的活动。在喀什调研期间，我们虽然未能观赏到斗羊，但是却有幸看了一场斗鸡游戏。斗鸡场设在喀什市民间体育活动中心内，赛场是一块面积约100平方米的圆形黄土地，周围用1米高的金属管围起，约有三百个座位。我们进去时，里面已有大约有七八十人。此时，有两个人抱着自己的斗鸡，已做好了准备。不一会儿，在一位最活跃的权威人士的号令下，比赛平静地开始了。

两只斗鸡个头比一般的鸡大很多，高约60厘米，体重约五六公斤，腿高颈长，鸡冠不大，颈部的羽毛有点秃，好似身经百战。① 争斗开始后，两只鸡不断地用翅膀、双爪扑打，或用坚硬的嘴狠叼对方的羽毛，观众席里不时地有人喝彩。比赛进行了约5分钟后，一只鸡的主人开始不时地往自己的鸡的头上洒水，据在场的一位观众讲，这是在给斗鸡降温。大约15分钟后，个头略小一点儿的鸡开始往对方的翅膀下钻了，不久，占了上风的鸡，狠狠地叼住对方的颈部，并用双爪有力地蹬踹，致使对方夺路而逃，败下阵来。多数观众为其喝彩，一场比赛就此结束。

在维吾尔族，斗鸡是一项娱乐活动，甚至有一些人在买好鸡后，会拿自己刚买来的公鸡与他人的（不相识者，如买主或卖主）相斗。这种斗鸡也有一个不成文的约定习俗，如果输了，公鸡归赢家。据笔者的父亲回忆，以前在喀什市区及周边乡村，在过节或周末，有纯娱乐性质的斗鸡游戏，由买卖双方、两个或多个买主进行协商，无论输赢，只为娱乐。现在这种斗鸡娱乐活动已大大减少。

第四节　民众的群体认同——拜节

拜节，维吾尔语为“派特来西”（petelexi），在维吾尔族古尔邦节的资料中都译为汉语的“拜年”，实际上“派特来西”不同于春节的

① 由于吐鲁番地区的维吾尔人斗鸡的历史较长，许多人都在家里养这种被称为大骨鸡的鸡种，有人专门以养这种斗鸡为职业，总结了选配、饲养、调教等技术，而且历代相传。由于新疆各地的斗鸡多来自吐鲁番地区，因此，在维吾尔语里斗鸡一般都被称为“吐鲁番公鸡”。

拜年，因此笔者用拜节来加以区别。

拜节是节日中的重要内容之一，有其具体的仪式行为。拜节的对象有爷爷、奶奶、外祖父、外祖母、父母等长辈及亲朋好友。过节的前三天，主要是男性（指男主人）拜节，而女性（指女主人）则留在家里招待客人。拜节首先到长辈家、有丧事或有重病人的人家或生活贫困的人家，然后再到其他人家拜节。女性一般在节日的后期拜节。

在文献记载中，拜节首先被表述为“pete okux”，在这里，“pete”为一段经文（patighe），“okux”是动词，有“读、念、念诵”等意，这两个词合起来就是“完整地念一段名为 patighe 的经文”的意思。①可见，古尔邦节拜节最初的起源是众人聚在一起高声念诵一段完整的经文。至今在一些信教民众心中，节日期间不仅要吃、喝、娱乐，而且还要不断赞念真主的名字，念诵经文，以求得真主的喜悦。

现在的古尔邦节更多地表现为相互拜节、贺节，特别是在当代社会，拜节的意义更单纯，但这种单纯的意义是与古老的行为习俗联系在一起的，也是必须遵守的古老习俗。

“加玛艾提”（Jama’et），为阿拉伯语，指清真寺中以“伊玛目”为首的宗教集体。在一个以某一清真寺为中心的伊斯兰教社区，以“伊玛目”为中心的“加玛艾提”，会在会礼结束后在本社区里进行“加玛艾提”的“派特来西”。

古尔邦节的第一天的下午，当我们去艾提尕尔清真寺的副“卡提卜”阿不都卡得尔·麦合素姆哈吉家拜节时，正好赶上他和“加玛艾提”准备去给近期有丧事的人家、重病人及贫困户等拜节。在谈话中，当我们谈及拜节的意义时，他说：“人们通过拜节可以增进相互间的交往和了解，尤其是那些近期有丧事的人家、重病人及贫困户可以得到众人的关爱和帮助。另外，对那些相互间有矛盾的人来讲，拜节也是化解矛盾的有效方式，更是积德的好途径，因为按照伊斯兰教及维吾尔族的节日礼节，主人要热情接待每一位来拜节的客人。”

---

① 关于拜节，在《新疆艺术》（维吾尔文）中的《维吾尔族的古尔邦节》一文中，有较为全面的阐述。

第五节　家庭的聚会礼仪

2007年元旦，即古尔邦节的第二天，我们在煤炭零售商穆萨江的家里目睹了其亲戚的拜节情景。上午约11点，有客人敲院门，穆萨江开了门。客人是穆萨江的父母亲、岳父、弟弟及家人、两个小姨子及其家人，共有十几人。穆萨江与客人相互进行了节日的问候，并与男客人一一握手。客人的主要用语是："Yetingizgha mubarek bolsun!"（祝贺您的节日）主人回答："Birge bolsun!"（共贺）。穆萨江请客人们进屋，在房门口，穆萨江的妻子先与男客人进行了节日的问候，然后与女客人依次问候、拥抱，并互相亲切地贴了贴面颊。在客厅门口，穆萨江的儿子右手握着洗手壶，左手端着接水盆[①]，为男性客人倒水洗手，洗过手的男性客人按年龄的大小进入客厅，从上座到下座依次入座。同时，穆萨江的女儿为女性客人倒水洗手。洗过手的女性客人也按年龄的大小进入客厅，依次入座后，在穆萨江父亲的带领下，宾主一起做了"都阿"。做"都阿"之后，客人们起身，与站着的主人正式互致节日的问候。

客人坐下后，穆萨江的妻子及其妹妹将茶水倒入放在托盘[②]上的精致的小茶碗里，并将托盘递给穆萨江，穆萨江用双手端着托盘，从

---

① 洗手壶（维吾尔语为 aptuwa"阿朴突瓦"）和接水盆（维吾尔语为 qilapqa"齐拉朴洽"）是维吾尔族家庭必备的用品，主要在家里和清真寺使用。这种洗手壶无把手，使用时手握壶脖。接水盆肚小，但盆沿很大，盆子盖着有许多菱形小孔的盖子，倾斜30度，能把洗手水全部接下来并流入盆内，洗手的人既看不到已用的脏水，又不会使脏水溅出盆外，十分卫生。盆盖是带活页的，水满时可以揭盖倾倒，非常方便。洗手壶和接水盆有铜制和陶制的两种。洗手壶和接水盆的做工十分讲究，过去全部靠手工用铁锤、木锤将铜板敲打而成，并进行焊接、磨光、刻花等工艺。由于它们造型独特，做工精美，因而成为了维吾尔族传统的工艺品之一。

② 托盘（维吾尔语为 petnus"排提努司"）是维吾尔族家庭中必备的用品，主要用于端茶、端饭菜等。在端茶时用托盘，既表示对客人的尊敬，又省事省时。

家庭聚会做仪式

年龄最大的岳父开始，依次给男性成人上茶，然后由穆萨江的妻子从年龄最大的婆婆开始，依次给女性成人上茶，最后给孩子们上茶。上完茶后，主人端来两大盘刚煮熟的羊肉摆在桌子上，并请客人品尝肉、馓子等食品。穆萨江的弟弟用一把富有民族特色的刀子，为大家从大块的肉上切下了一些肉片，客人们一边相互谦让着，一边品尝着肉及其他食品，在此期间，男女主人不时地为男女客人添加茶水。他们在添加茶水时都是按照维吾尔族的习俗，把茶壶嘴靠近茶碗的边缘，小心翼翼地沿着碗边倒，以防茶水起泡，显得无礼。

喝过几碗茶后，时间已是中午 12 点 30 分。这时，穆萨江的妻子及其妹妹做的维吾尔族人的家常饭——拉面（维吾尔语为 leghmen，汉语又称“拉条子”、“拌面”，是维吾尔族人的家常饭）被端上了桌子，和上茶一样，上饭也是从年长者开始。上完饭后，穆萨江的妻子来到桌前客气地对大家说：“按照你们的提议，我们做了拉条子，家常便饭，但愿没有亏待你们，请慢用。”大家一边吃，一边你一言我一句地赞美了一番。

吃过饭后，为了让孩子们高兴，各家的家长都给孩子们压岁钱。钱数的多少视年龄的大小而定，从十元到几十元不等。有些孩子大大方方地接受了钱，有些孩子则不好意思接受，但在大人的执意下，还是接受了。拿到钱时，孩子们都向大人们表示了谢意。可以看得出，孩子们都是很开心的。

看到大家如此开心，穆萨江提议大家起来跳舞。穆萨江的弟媳积极响应，拿起挂在墙上的“都它尔”，坐在地毯上，一边弹，一边唱起了维吾尔族民歌。节奏感强、脍炙人口的民歌，激起了大家的舞兴。穆萨江首先跳起了维吾尔族舞蹈，并邀请妻子一起跳。在众人的掌声及喝彩声中，穆萨江的妻子欢快地与丈夫对跳起来，并邀请其妹妹跳，她的妹妹又拉自己的丈夫跳。这样一来，跳舞者越来越多，场面非常热闹。当然，大家是在互相邀请，轮着跳。

热闹一番后，大家又坐了下来。这时穆萨江的妻子又给客人们上了热茶，穆萨江端上了切好的哈密瓜。大家一边吃一边欢快地谈论着刚才跳舞的情景。谈笑声持续了约十分钟后，穆萨江的岳父提出是否可以考虑结束这次拜年活动了，大家表示同意。于是，在穆萨江父亲的带领下，宾、主一起做了“都阿”。在祝福词中，穆萨江父亲感谢真主所赐予的一切，祝穆萨江的家的餐桌天天丰盛，祝穆萨江家人及所有祈祷者平安。做“都阿”之后，客人们热情地向穆萨江家人再次表达了谢意，并起身告辞。穆萨江全家人一直把客人送到了大门外，客人与穆萨江的家人愉快地道别，穆萨江的家人目送客人们远去。

第六章

古尔邦节的文化内涵

古尔邦节作为全世界伊斯兰教民族的共同节日，其产生、发展过程与伊斯兰教有密切关系，有深厚的宗教文化内涵。同时，随着伊斯兰教在各地的传播和发展，被传播的民族并没有被动的全盘吸收伊斯兰教文化的所有内容，而是有选择地接受，使其民族化、本土化。维吾尔族在信仰伊斯兰教的过程中不断将自己的古老民族传统相融合，使这一宗教节日成为民族传统文化生活中的重要内容。这在喀什表现得尤为明显，值得我们作深入的分析和研究。

第一节　古尔邦节的文化内涵

自 10 世纪前后，维吾尔族开始信仰伊斯兰教，其文化便以伊斯兰教信仰为主要特征。伊斯兰教文化渗透于维吾尔族的思维方式、心理及日常生活的衣食住行，其中包括维吾尔族的重大节日——古尔邦节。古尔邦节中的重要宗教元素主要体现为节日过程，以《古兰经》的说教为依据，同时更为重要的是，古尔邦节的全过程是《古兰经》的程式化体现。

信仰伊斯兰教的民族都有共同的行为方式和准则，即《古兰经》的规定，如信仰善、捐助、施舍、诚实等等，这一切都体现在古尔邦节的全过程，因此，古尔邦节就是伊斯兰教文化的集中体现。

1. 古尔邦节源于《古兰经》，并有严格的宗教仪式程序，这使得所有的信仰者能够有一致的行为方式。

2. 清真寺在古尔邦节中的重要意义。清真寺是伊斯兰教的重要标志，是穆斯林教徒做礼拜的场所和空间。古尔邦节正是由“伊玛目”在清真寺的宣礼台上宣布开始的，这在全世界的穆斯林中是一致的。因此，清真寺在古尔邦节中的重要意义是不容忽视的。

3. 宰牲献祭。这是古尔邦节宗教程序中的一个重要内容。伊斯兰教规定，穆斯林要乐善好施，关注贫困，不分时间，不分地点，而且不加限制而靠自我约束。伊斯兰教还利用《古兰经》中的明文记载，将宰牲献祭作为穆斯林要完纳的天课之一，其目的是更加接近真主。因此，流传到今天，已经成为维吾尔族的风俗习惯和较好的民间传统，关注穷人，关注孤寡老弱，节日宰羊并分送给贫穷者。

宰羊献祭

4. 拜墓。我们之所以称其为拜墓而不称其为扫墓，是因为拜墓的文化内涵与我国汉族清明节时的扫墓是不同的。因为拜墓来自《古兰经》和民间的解释，并具有一整套独特的属于伊斯兰文化的礼仪规范。维吾尔民间有这样一个口头传说：在古尔邦节那天，亡灵都十分急切地等待着自己的亲人的到来，如果不能尽早见到自己的亲人，或者根本见不到自己的亲人，亡灵会很焦急、难过，因此，拜墓是节日的重要标志。

5. 拜节。拜节仪式最早源于伊斯兰教的诵经行为，是一项集体口头朗读活动。通过到家家户户念诵经文，不断加深人们对真主的感激以及对生活的满足等。而在现在的生活中，这一宗教行为已完全世俗化，这是古尔邦节的主要内容。但是，在世俗化中却又透露出喀什噶尔的维吾尔族独有的文化内涵，即伊斯兰教传统之外的维吾尔族尊老爱幼、注重邻里和睦、珍视友情、互相拜望等古老传统。

6. 萨玛舞。艾提尕尔广场上的萨玛舞是喀什噶尔古尔邦节的节日特征。关于萨玛舞的起源一般有如下两种说法：

第一，萨玛舞起源于维吾尔族的传统。民俗学家穆罕默德·吾斯曼阿吉先生认为，最初的萨玛舞可能与维吾尔族的祖先信仰萨满教有关。其缘由，一是维吾尔语中表示萨玛舞的“萨玛”（sama）一词，来自于维吾尔语“shaman”一词，意为“萨满教”。二是据史书记载，维吾尔族的祖先古时就有跳集体舞的习俗。因此，自喀喇汗王朝（10—13世纪）起，维吾尔族将士在打仗前，为了鼓舞士气，要讲述关于英雄的传说和故事，并跳萨玛舞，打胜仗后跳 xadiyane（欢乐舞），以示庆祝。因此艾提尕尔广场萨玛舞所吹奏的音乐名称为 xadiyane。xadiyane 节奏欢快悠扬，不同于木卡姆的忧郁低沉。

第二，萨玛舞起源于苏菲主义行为。持此观点的民间人士认为，“萨玛”（sama）一词，来自于阿拉伯语。舞蹈作为伊斯兰教苏菲派的修炼方式之一，与神秘主义的诗歌和音乐等都对后来的维吾尔族文学艺术产生了影响。喀什噶尔是伊斯兰教苏菲主义传播最早、影响也最持久的地区之一。苏菲主义在宗教、文学艺术及日常生活风俗方面都产生了较大的影响，包括苏菲主义的萨玛舞的维吾尔化和喀什本土化。喀什人开始在艾提尕尔清真寺前跳的萨玛舞可能就是这种宗教舞蹈的变异。

艾提尕尔清真寺广场前的人们

值得思考的是，世界各地的穆斯林在古尔邦节期间严格遵守的是赞念真主而不能有娱乐活动，在中国，信仰伊斯兰教的民族过古尔邦节也是如此。但是，只有在喀什噶尔的艾提尕尔清真寺前的广场，才有这样的大型娱乐活动，一连举行三天，这充分体现了维吾尔族古老传统的特殊性以及娱乐活动的全民性和开放性，这也是喀什古尔邦节的鲜明特征。

第二节　古尔邦节的传承方式和特点

古尔邦节是一个宗教节日，因此，无论节日的起源、节日的程序以及传承方式等，都以《古兰经》为依据，对该节日的研究也应以伊斯兰教为研究背景。近千年来，由于伊斯兰教的本土化，喀什古尔邦

节的世俗节日特征日趋明显，在对该节日的研究中，还应将其作为民俗节日，对其传承特点和方式做深入、细致地研究。

一、宗教承担者的传承

关于宗教承担者的传承，清真寺内的学者具有发言权。就此问题我们对此次主持节日会礼的主持人艾提尕尔清真寺的“卡提卜”居玛大毛拉进行了采访。他说：“维吾尔族信仰伊斯兰教已有一千多年的历史，长期以来，伊斯兰教在维吾尔族中代代相传，古尔邦节作为伊斯兰教的一部分也相传至今，成为我们文化、习俗及生活的组成部分。”在谈到主持人的传承时，居玛大毛拉说：“在古尔邦节节日仪式中，最重要的仪式是节日的第一天早晨举行的古尔邦节会礼。会礼仪式是由清真寺的‘伊玛目’或‘卡提卜’主持，‘伊玛目’或‘卡提卜’一般由教民推举产生。在我国，被推举的候选人要经过宗教局等主管部门的审批，也有主管部门直接任命的情况。”

二、民俗承担者的传承

在调查中我们得知，古尔邦节的民俗传承者都是一个家庭的男性长者。与其他民族的民俗节日不同的是，古尔邦节具有神圣性与世俗性两个正反同体的特征，而且这种传承不是刻意的，而是在每年古尔邦节的各项活动中自然传授的。这种传授包括两方面：一是实践的，二是口头的。口头传授主要是在每年的古尔邦节到来之际，向孩子们讲述古尔邦节的起源、羊的传说、末日审判的故事以及伊斯兰教中关于古尔邦节的一些规定，如行善、施舍，每个人对自己的前途及来世负责，因为真主是独一无二的，也是明察秋毫的，每个人的言行都逃不过真主的慧眼。因此，在古尔邦节向穷人施舍、对孤寡行善、看望老人等，是最大的善举，这样的人可以进入天堂。老人的讲述娓娓动听并略带神秘，对孩子们很有吸引力，关于古尔邦节的各种传说和故事，就在这样的节日气氛中被一遍又一遍地讲

述，而且每个人对这些故事和传说的讲述各有不同。这样，关于古尔邦节的民间口头描述就体现出多版本性和动态发展的特点。古尔邦节的民间传承的实践表现是，家庭的长者或家长在每年的古尔邦节中，会带着家里适龄的男孩子（9 岁）去清真寺参加会礼，挑选羊并宰羊，而且在节日第一天随加玛艾提到各家拜节。这些实践活动是维吾尔族男性很早就开始参与古尔邦节的重要活动，目的是从小习得关于古尔邦节的知识。

三、民众的自然传承

古尔邦节是一个起源于宗教的节日，主要作用于穆斯林民众的精神领域，因此，与古尔邦节有关的各个文化环节和文化空间都成了民众自然遵守、约定俗成的内容。特别是古尔邦节是世界穆斯林的节日，关于节日的记忆和穆斯林身份的记忆在每年的同一天都会在人们心头浮现。每个穆斯林都知道开斋节后 70 天是古尔邦节，是穆斯林到圣地麦加朝觐后向真主赞念的日子。一年一度的古尔邦节对伊斯兰教民族的身份认同起着十分重要的作用。另外，《古兰经》中不断提到的在古尔邦节中行善积德的要求，使得所有穆斯林民众对古尔邦节产生一种敬畏之心，这种敬畏来源于对真主的敬畏，这一心理使穆斯林对古尔邦节有某种心理上的期待。古尔邦节是最贴近真主的日子，可以通过宰牲献祭和乐善好施等行为求得真主的喜悦和个人内心的满足。

第三节　古尔邦节的社会功能

从前文的论述中我们可见，古尔邦节在维吾尔族的精神文化中占有重要的地位，起着十分重要的作用。概括来说突出表现为如下几点：

一、追求和谐社会的理想

伊斯兰教是一个主张和平和安宁的宗教，伊斯兰教徒则是表示顺从。从宗教文化意义上讲，古尔邦节从开始至结束，都在强调穆斯林身份和团结精神。在古尔邦节会礼开始时，穆斯林男性都要到清真寺参加节日会礼，所有的穆斯林都要集中在一起。当会礼结束后，清真寺内的穆斯林不管是否相识，都要握手问好，互道“祝贺您的节日！”以前曾有宿怨的人们在此时要相互和好，邻里有矛盾的在此时要化解，夫妻离异后要和好的也选择在此时，而青年男女更将此时作为举办婚礼的最佳时机。总之，由于古尔邦节起源于伊卜拉欣为了追求信仰，宁愿舍弃自己心爱的儿子这样一个高尚而又神圣的传说，因此，古尔邦节本身就成为伊斯兰教的团结和凝聚的象征，具有很大的号召力。

二、保护和传承文化传统，特别是口头文化传统

每年的古尔邦节是老人向孩子们讲述古尔邦节各种传统民俗知识的重要时机。在古尔邦节到来之前，老人开始向孩子们讲述关于伊卜拉欣虔诚献子的故事，在宰牲时，则讲述羊的故事和“末日审判桥”的故事。诸如此类的故事在当代已经渐渐远离宗教的内涵，而成为口头传说故事的重要内容并代代流传。

三、教育功能

无论是《古兰经》，还是《圣训》，都劝导人们行善，培养人们的爱心、同情心，同时培养孩子坚忍不拔的意志。《古兰经》或《圣训》都告诉人们，真主喜爱博学、博爱者，要想追求真主，必须追求知识。古尔邦节的教育功能源于《古兰经》中的施舍、宽容等内容。如关于施善，《古兰经》将那些同自己有亲属、邻里关系的人和孤苦无依的人，列为施恩的对象，并作为穆斯林的一种义务。

你们当崇拜真主，不要以任物配他（?），当孝敬父母，当优待亲戚，当怜恤孤儿，当救济贫民，当亲爱近邻、远邻和伴侣，当款待旅客，当宽待奴仆。真主的确不喜欢傲慢、矜夸的人。（4：36）再如：如果你们饶恕他们，原谅他们，赦宥他们，[真主就赦宥你们]，因为真主是至赦的，确是至慈的。（64：14）

古尔邦节非常注重培养人的善良和友爱的品德，特别注重通过古尔邦节施舍等实践活动教育子女和后代。古尔邦节提倡邻里和睦，互相宽容，团结友爱，而且认为在古尔邦节时宽恕他人、乐善好施等是最良善的行为，也是最能被真主所接受的行为。所以，古尔邦节传承了善良助人、宽容待人的传统。

四、保持艺术的传统及娱乐功能

古尔邦节不仅有上述许多宗教和教育的意义，而且在娱乐之中，传统的民间艺术活动和体育活动得以保存。维吾尔族的十二木卡姆，传统达瓦孜表演，斗鸡、斗羊娱乐活动，传统的说书艺术等，会在古尔邦节中表演。而古尔邦节的艺术表演又是纯娱乐、纯民间性活动，它有别于官方组织的古尔邦节文艺晚会。古尔邦节的群众表演活动有更多地自发性和民间性，但是，在现今的古尔邦节中表演的许多民间艺术都已边缘化或销声匿迹。

五、经济与消费功能

既然古尔邦节是民众生活中的节日，那么，就必然有消费。每个家庭在节日前都要做充分的准备，购买节日的商品，例如必须购买羊，购买食品、服装等，还有人们在互相拜访时送的礼物。在喀什，节日的大巴扎上物品应有尽有，买者人山人海。

我们通过问卷了解，家庭消费（不包括喀什周边地区和旅游人员）从500元到3000元不等。节日期间消费在500元以下的有49人，占被调查者总数的18.4%；消费在500元以上的有180人，占被调查者总数的67.7%；消费在3000元以上的有37人，占被调查者总数的13.9%。在节日支出方面，多数家庭的支出在500元以上3000元以下。知识分子家庭的支出最多，农民家庭的支出最少，农民家庭中没有支出在3000元以上的家庭。

由此可见，节日消费促进了商品经济的发展。随着经济的全球化，这一古老的民俗传统使穆斯林民众的观念发生了较大变化，人们在节日期间的消费（包括个人消费、家庭消费、群体消费）成为古尔邦节的重要活动之一，这也是商家的重要经济来源，所以古尔邦节具有经济功能。

附录一

2006年喀什古尔邦节随机问卷调查

为了分析人们节日意识（观念）的现状和变化，在喀什市，我们按同等比例，分别在知识分子（57人）、干部（79人）、农民（47人）、工商业者及其他人（89人）中进行了问卷调查，收回有效问卷272份。统计分析结果如下：

1. 您认为过古尔邦节重要吗?

a. 非常重要：192人，占被调查者总数的70.6%。其中，50名知识分子选择此项，占知识分子总数的87.7%；58名干部选择此项，占干部总数的73.4%；33名农民选择此项，占农民总人数的70.2%；51名工商业者及其他人选择此项，占工商业者及其他总人数的57.3%。

b. 重要：74人，占被调查者总数的27.2%。其中，7名知识分子选择此项，占知识分子总数12.3%；20名干部选择此项，占干部总数25.3%；14名农民选择此项，占农民总数的29.8%；33名工商业者及其他人选择此项，占工商业者及其他人总数的37.1%。

c. 不重要：没有人选择此项。

在这项调查中，没有一个人认为过古尔邦节不重要，说明古尔邦节在人们的心中占据重要的地位，在知识分子和干部当中尤其如此。

2. 您愿意过古尔邦节吗?

a. 非常愿意：187人，占被调查者总数的68.8%。其中，50名知识分子选择此项，占知识分子总数的87.7%；53名干部选择此项，占干部总数的67.1%；30名农民选择此项，占农民总数的63.8%；54名工商业者及其他人选择此项，占工商业者及其他人总数的60.7%。

b. 愿意：80 人，占被调查者总数的 29.4%。其中，7 名知识分子选择此项，占知识分子总数的 12.3%；27 名干部选择此项，占干部总数的 34.2%；17 名农民选择此项，占农民总数的 36.2%；29 名工商业者及其他人选择此项，占工商业者及其他人总数的 32.6%。

c. 不怎么愿意：在所有被调查者中只有 1 人选择了此项。

这项调查表明，几乎所有的人愿意过此节日，其中知识分子的意愿最强。尽管如此，人们的过节意愿相对于人们对节日重要性的认同度要略低一些。

3. 您的家庭这次过古尔邦节的开支是多少？

a. 500 元以下：49 人，占被调查者总数的 18.0%。其中，2 名知识分子选择此项，占知识分子总数的 3.5%；11 名干部选择此项，占干部总数的 13.9%；12 名农民选择此项，占农民总数的 25.5%；24 名工商业者及其他人选择此项，占工商业者及其他人总数的 27.0%。

b. 500 元以上：180 人，占被调查者总数的 66.2%。其中，36 名知识分子选择此项，占知识分子总数的 63.2%；60 名干部选择此项，占干部总数的 75.9%；35 名农民选择此项，占农民总数的 74.5%；49 名工商业者及其他人选择此项，占工商业者及其他人总数的 55.1%。

c. 3000 元以上：37 人，占被调查者总数的 13.6%。其中，18 名知识分子选择此项，占知识分子总数的 31.6%；8 名干部选择此项，占干部总数的 10.1%；农民中没有人选择此项；11 名工商业者及其他人选择此项，占工商业者及其他人总数的 12.4%。

在节日开支方面，多数家庭的开支在 500 ~ 3000 元。知识分子家庭开支最多，农民家庭开支最少，农民家庭中没有开支在 3000 元以上的家庭。

4. 来您家拜年的人多吗？

a. 一年比一年多：162 人，占被调查者总数的 59.6%。其中，41 名知识分子选择此项，占知识分子总数的 71.9%；47 名干部选择此项，占干部总数的 59.5%；22 名农民选择此项，占农民总数的 46.8%；52 名工商业者及其他人选择此项，占工商业者及其他人总数的 58.4%。

b. 一年比一年少：26 人，占被调查者总数的 9.6%。其中，7 名知识分子选择此项，占知识分子总数的 12.3%；12 名干部选择此项，占干部总数的 15.2%；1 名农民选择此项，占农民总数的 2.1%；6 名选择此项工商业者及其他人，占工商业者及其他人总数的 6.7%。

c. 没变化：77 人，占被调查者总数的 28.3%。其中，8 名知识分子选择此项，占知识分子总数的 14.0%；21 名干部选择此项，占干部总数的 26.6%；24 名农民选择此项，占农民总数的 51.1%；24 名工商业者及其他人选择此项，占工商业者及其他人总数的 27.0%。

此项调查说明，拜年依然是绝大多数人的习俗，尤其是农民。但在干部和知识分子中，到家里拜年的人数有减少的趋势，取而代之的是电话拜年和手机短信拜年。

5. 您在节日期间最主要的娱乐活动是什么？

a. 拜年：232 人，占被调查者总数的 85.3%。其中，52 名知识分子选择此项，占知识分子总数的 91.2%；75 名干部选择此项，占干部总数的 94.9%；46 名农民选择此项，占农民总数的 97.9%；59 名工商业者及其他人选择此项，占工商业者及其他人总数的 66.3%。

b. 看电视或电影：17 人，占被调查者总数的 6.3%。其中，1 名知识分子选择此项，占知识分子总数的 1.8%（附带选此项的有 1 人）；3 名干部选择此项，占干部总数的 3.8%（附带选此项的有 1 人）；农民中没有人选择此项（附带选此项的有 1 人）；13 名工商业者及其他人选择此项，占工商业者及其他人总数的 14.6%（附带选此项的有 6 人）。

c. 逛街：1 人，占被调查者总数的 0.4%。其中，知识分子中没有人选择此项（附带选此项的干部有 2 人，农民有 2 人）；1 名工商业者及其他人选择此项，占工商业者及其他人总数的 1.1%。

d. 跳或看萨玛舞：10 人，占被调查者总数的 3.8%。其中，3 名知识分子选择此项，占知识分子总数的 5.3%（附带选此项的有 2 人）；干部中有 12 名附带选择此项；农民中有 5 人附带选择此项；7 名工商业者及其他人选择此项，占工商业者及其他人总数的 7.9%（另有 11 人附带选此项）。

e. 其他：6 人，占被调查者总数的 2. 2%。其中，1 名知识分子选择此项，占知识分子总数的 1. 8%（附带选此项的有 1 人）；2 名干部选择此项，占干部总数的 2. 5%（附带选此项的有 1 人）；农民中没有人选择此项；3 名工商业者及其他人选择此项，占工商业者及其他人总数的 3. 4%。

在节日期间拜访亲友、邻里是头等要事，这是人们的共识。因此，绝大多数人都把时间花在了拜年上。

6. 您给别人拜年主要是通过什么方式？

a. 去家里拜年：141 人，占被调查者总数的 51. 8%。其中，26 名知识分子选择此项，占知识分子总数的 45. 6%；38 名干部选择此项，占干部总数的 48. 1%；36 名农民选择此项，占农民总数的 76. 6%；41 名工商业者及其他人选择此项，占工商业者及其他人总数的 46. 1%。

b. 电话拜年：13 人，占被调查者总数的 4. 8%。其中，5 名知识分子选择此项，占知识分子总数的 8. 8%；3 名干部选择此项，占干部总数的 3. 8%；农民中没有人选择此项；5 名工商业者及其他人选择此项，占工商业者及其他人总数的 5. 6%。

c. 手机短信拜年：3 人，占被调查者总数的 1. 1%。其中，知识分子中有 1 人附带选择此项；1 名干部选择此项，占干部总数的 1. 3%；农民中没有人选择此项；2 名工商业者及其他人选择此项，占工商业者及其他人总数的 2. 2%。

d. 前两种方式：69 人，占被调查者总数的 25. 4%。其中，5 名知识分子选择此项，占知识分子总数的 8. 8%；24 名干部选择此项，占干部总数的 30. 4%；11 名农民选择此项，占农民总数的 23. 4%；29 名工商业者及其他人选择此项，占工商业者及其他人总数的 32. 6%。

e. 前三种方式：43 人，占被调查者总数的 15. 8%。其中，22 名知识分子选择此项，占知识分子总数的 38. 6%；13 名干部选择此项，占干部总数的 16. 5%；农民中没有人选择此项；8 名工商业者及其他人选择此项，占工商业者及其他人总数的 9. 0%。

此项调查表明，大多数人，尤其是农民仍然以到家里拜年的传统方式拜年，与此同时，越来越多的市民则以电话、手机短信及网络的方式拜年。不过，正如居委会干部阿不里米提先生所说，以电话、手机短信及网络的方式拜年不可能完全代替到家里拜年的传统方式。因为在一般情况下，给爷爷、奶奶、父母等长辈拜年，必须到家里，否则，会被认为是对长辈的不敬。

7. 您过节期间穿得是什么样的服装？

a. 传统服装：151 人，占被调查者总数的 55.5%。其中，18 名知识分子选择此项，占知识分子总数的 31.6%；51 名干部选择此项，占干部总数的 64.6%；40 名农民选择此项，占农民总数的 85.1%；42 名工商业者及其他人选择此项，占工商业者及其他人 47.2%。

b. 现代服装：38 人，占被调查者总数的 14.0%。其中，19 名知识分子选择此项，占知识分子总数的 33.3%；4 名干部选择此项，占干部总数的 5.1%；4 名农民选择此项，占农民总数的 8.5%；11 名工商业者及其他人选择此项，占工商业者及其他人总数的 12.4%

c. 传统服装和现代服装相结合：78 人，占被调查者总数的 28.7%。其中，19 名知识分子选择此项，占知识分子 33.3%；25 名干部选择此项，占干部总数的 31.6%；3 名农民选择此项，占农民总数的 6.4%；31 名工商业者及其他人选择此项，占工商业者及其他人总数的 34.8%

此项调查表明，在穿传统服装方面，农民的比例最高，知识分子的最低；在穿现代服装方面，知识分子比例最高，干部最低；在传统服装和现代服装结合穿着方面，工商业者及其他人比例最高，农民比例最低。

8. 您家的油馓子是自己做的还是买的？

a. 自己做的：235 人，占被调查者总数的 86.4%。其中，45 名知识分子选择此项，占知识分子总数的 78.9%；71 名干部选择此项，占干部总数的 89.9%；47 名农民选择此项，占农民总数的 100%；72 名工商业者及其他人选择此项，占工商业者及其他人总数的 80.9%。

b. 买的：31 人，占被调查者总数的 11.4%。其中，12 名知识分子选择此项，占知识分子总数的 21.1%；9 名干部选择此项，占干部总数 11.4%；农民中没有人选择此项；10 名工商业者及其他人选择此

项，占工商业者及其他人总数的11.2%

调查表明，在喀什，绝大多数被调查者家庭的油馓子是自己做的，农民家庭比例最高，达到了100%，而买油馓子比例最高的是知识分子家庭。

9. 节日期间你们全家去饭店吃过饭吗？

a. 吃过：32人，占被调查者总数的11.8%。其中，2名知识分子选择此项，占知识分子总数的3.5%；11名干部选择此项，占干部总数的13.9%；9名农民选择此项，占农民总数的19.1%；10名工商业者及其他人选择此项，占工商业者及其他人总数的11.2%。

b. 没吃过：229人，占被调查者总数的84.2%。其中，55名知识分子选择此项，占知识分子总数的96.5%；66名干部选择此项，占干部总数的83.5%；36名农民选择此项，占农民总数的76.6%；72名工商业者及其他人选择此项，占工商业者及其他人总数的80.9%

在此项调查中，只有少部分被调查者说节日期间全家去饭店吃过饭，这说明，在节日期间全家去饭店吃饭还不是很普遍，其中知识分子的比例最低，农民的比例最高，这是因为农民进城游玩时，一部分农民会去饭店吃饭，在节日期间款待一下自己。

10. 节日期间你们全家去喀什市以外的地方旅游了吗？

a. 去了：64人，占被调查者总数的23.5%。其中，15名知识分子选择此项，占知识分子总数的26.3%；14名干部选择此项，占干部总数的17.7%；11名农民选择此项，占农民总数的23.4%；24名工商业者及其他人选择此项，占工商业者及其他人总数的27.0%。

b. 没去：199人，占被调查者总数的73.2%。其中，42名知识分子选择此项，占知识分子总数的73.7%；64名干部选择此项，占干部总数的81.0%；33名农民选择此项，占农民总数的70.2%；60名工商业者及其他人选择此项，占工商业者及其他人总数的67.4%

在这项调查中，各组的比例基本相等，节日期间全家去喀什市以外的地方旅游的家庭占少数。

附录二

主要访谈对象简介

1. 塞弗拉卡热阿吉，维吾尔族，70岁，喀什市人，艾提尕尔清真寺主持。

2. 祖依·卡里阿吉，维吾尔族，72岁，喀什市人。

3. 阿不都热依木·萨比提，维吾尔族，65岁，喀什市人，民间知识分子。

4. 阿不都热依木·肉孜，维吾尔族，53岁，喀什文管所所长。

5. 阿巴白克力，维吾尔族，65岁，喀什市郊乃则尔巴格乡农民。

6. 伊敏吐尔迪，维吾尔族，54岁，喀什疏附县栏杆乡农民。

7. 伊敏姑丽苏木，维吾尔族，78岁，女，喀什市民。

8. 乌尔尼沙汗，维吾尔族，54岁，女，喀什市民。

9. 阿希姆买买提，维吾尔族，80岁，喀什市民。

10. 玉素音·凯克努斯，维吾尔族，65岁，喀什地区文联退休干部。

11. 穆罕默德·吾斯曼阿吉，维吾尔族，85岁，喀什图书馆退休民俗学家。

12. 阿曼古丽阿吉，维吾尔族，50岁，女，喀什高台民居花帽作坊老板。

13. 祖依·卡里阿吉，维吾尔族，70岁，艾提尕尔清真寺的“卡提卜”。

14. 阿不都卡得尔·麦合素姆哈吉，维吾尔族，50岁，艾提尕尔清真寺的副“卡提卜”。

15. 阿不拉·艾合麦迪，维吾尔族，65 岁，喀什市人，作家。

16. 艾拉提·吾思曼，维吾尔族，51 岁，新疆大学人文学院教授。

17. 库热西·热杰甫，维吾尔族，新疆歌舞团国家一级编导、著名舞蹈家。

附录三

参考文献

一、维吾尔文资料

1. 艾尼瓦尔·吐尔逊编．维吾尔族传统民俗礼节常识．乌鲁木齐：新疆大学出版社，2007

2. 买卖提依明·库尔班．喀什名胜古迹拾零．喀什：喀什维吾尔文出版社，1990

3. 阿迪勒·穆罕默德土·土兰．古代喀什噶尔的历史地理（维吾尔文）．喀什：喀什维吾尔文出版社，2001

4. 阿不都热依穆·艾比不拉．维吾尔风俗志．乌鲁木齐：新疆人民出版社，1993

5. 穆纳瓦尔·百克里．维吾尔族传统节日——古尔邦节．新疆日报，1983 年 9 月 24 日

6. 穆纳瓦尔·百克里．维吾尔人民的民族传统节日．新疆文艺，1986（4）

7. 加帕尔·艾买提．我们的节日与仪式．新疆青年，1993（2 ~ 3）

8. 加帕尔·艾买提．古尔邦节．乌鲁木齐晚报，1994 年 5 月 18 日

9. 加帕尔·艾买提．古尔邦节探．乌鲁木齐晚报，1998 年 1 月 28 日

10. 阿不利米提·买买提．维吾尔族节日的民俗学视角．喀什师范学院学报，1998（2）

11. 玉素甫·玉赛因．古尔邦节研究．新疆社科论坛，1992（2）

12. A. 毛拉·T. 克力朋．古尔邦节习俗．美拉斯，2000（1）

13. 伊敏·吐尔逊．关于节日．乌鲁木齐晚报，2000年1月11日

14. 伊敏·吐尔逊．古尔邦节．乌鲁木齐晚报，2001年3月6日

15. 麦合素提·艾依提．我国部分少数民族的传统节日．民族团结，1998（2）

16. 热孜万·图尼亚孜等．新疆各少数民族及其特征．新疆社会科学，1999（2）

17. 亚勒坤肉孜．百年前的古尔邦节．美拉斯，2003（2）

二、汉文著作及译著

1. 任一飞，雅森·吾守尔．维吾尔族．北京：民族出版社，1996

2. 李进新．新疆伊斯兰汗朝史略．北京：宗教文化出版社，1999

3. ［英］菲奥纳·鲍伊著，金泽、何其敏译．宗教人类学导论．北京：中国人民大学出版社，2004

4. 水镜君，［英］玛利亚·雅绍克．中国清真女寺史．北京：三联书店，2002

5. 金宜久主编．伊斯兰教小辞典．上海：上海辞书出版社，2006

6. 金宜久主编．伊斯兰教史．南京：江苏人民出版社，2006

7. 优素甫·哈斯·哈吉甫著，郝关中等译．福乐智慧．北京：民族出版社，2000

8. 政协喀什地区工委问世资料编辑室．喀什文史资料（第四辑），1995

9. 喀什地区地方志编纂委员会编．喀什地区志．乌鲁木齐：新疆人民出版社，2004

10. 阿不都热西提阿吉、王时祥主编，喀什市地方志编纂委员会编．喀什市志．乌鲁木齐：新疆人民出版社，2002

对本调研报告的说明

一、2006 年 7 月，那木吉拉、张曙光和白丽丽（2005 级民俗学硕士生）共同参加了前期的田野调查。后因分工变动，调研报告由张曙光独立完成。该报告是在张曙光于 2006 年 7—8 月、2007 年 5 月、2007 年 7—8 月、2008 年 7—8 月连续四次在东乌珠穆沁旗所做的田野调查的基础上完成的，同时还引用了张曙光的博士论文《蒙古族那达慕的现代传承及阐释——以乌珠穆沁地区那达慕为主》的部分内容。

二、报告中所使用的图片均由张曙光拍摄。

蒙古族那达慕调研报告

——以2006年『东乌珠穆沁旗建旗50周年』那达慕大会为个案

调研报告负责人：张曙光
田野调查人员：张曙光　那木吉拉　白丽丽
完成单位：中央民族大学

11. 疏勒县地方志编纂委员会．疏勒县志．乌鲁木齐：新疆人民出版社，2001

12. 中国社会科学院边疆史地研究中心编．新疆乡土志稿．北京：全国图书馆缩微文献复制中心，1990

13. 邱季玉、李毅主编，疏附县地方志编纂委员会编．疏附县志．乌鲁木齐：新疆人民出版社，1999

14. 管守新等编著．新疆，喀什风物志．昆明：云南人民出版社，2001

15.《维吾尔族简史》编写组编．维吾尔族简史．乌鲁木齐：新疆人民出版社，1989

16. 卿希泰主编．中外宗教概论．北京：高等教育出版社，2002

第一章

那达慕的起源与演变

第一节　那达慕释义及起源

那达慕是在蒙古族游牧生产、生活中发生、发展、演变而来的一项传统的民俗活动。“那达慕”一词在蒙古语中有“娱乐”、“游戏”、“游艺”之意，也作“戏弄、玩笑”解。在蒙古族生活中，“那达慕”一词具体指某一项游戏、运动项目本身，如“额仁郭热本那达慕”，就是指“男儿三艺”，即摔跤（蒙古语称“搏克”，行文中均指蒙古式摔跤）、赛马、射箭三项竞技。无论是在蒙古语文献中，还是在内蒙古地区的田野调查中，我们发现，蒙古族生活语境中的“那达慕”一词一般并不单独使用，而是将其与“耐亦日”结合起来，构成“耐亦日·那达慕”复合词，泛指有“那达慕”的“耐亦日”。① 可以说，从活动内容、活动形式以及活动时空条件看，对那达慕的认知实际上存在两个层面的含义：一是仅指以摔跤、赛马、射箭三项技艺为主的具体竞技娱乐活动；二是从组织形态上而言，指包含有“那达慕”竞

---

① 历史上，喀尔喀地区曾出现过直接单独命名为“七旗那达慕”和“十札萨克那达慕”的盟旗聚会，这种聚会后来演变成为蒙古国国庆日的“国家那达慕”。与目前内蒙古地区各种“那达慕”不同的是，它已经成为每年一次在固定日期举办的具有固定议程的固定节日。

技项目的社会集会活动。

与现有文本中那达慕所指的各类节庆集会活动相对应，牧区蒙古族民间只有“耐亦日”、“巴亦日”等称谓，而所有这些名称下的聚会、集会、庆祝会、联欢会都可用“耐亦日”来统称。即便是对于官方举办的纯粹“那达慕大会”，其蒙古文对应的名称也是“阿日达音·伊和耐亦日”（人民的聚会），而很少说“那达慕因忽日拉”（那达慕大会）。

但是，“耐亦日”本身并不具有唯一固定的形式，它涵盖了蒙古族包括日常生活在内的所有聚会和庆祝形式，如世俗的“乌热本耐亦日”（周岁礼）、“纳森坦乃耐亦日”（老人寿辰会）、“呼训耐亦日”（旗那达慕）、“策根耐亦日”（马奶节）以及宗教的“敖包因耐亦日”（敖包会）、“苏勒德塔合拉嘎因耐亦日”（祭苏勒德）、“麦德日因耐亦日”（晒佛节）等。我们认为，现代意义上的那达慕实际上是可称为具有“那达慕”（游戏、竞技）内涵的“耐亦日”，具有较为固定化的形式和形制，模式化的叙事形式，标志性的象征符号。从现代意义上讲，那达慕即是“耐亦日”中以“男儿三艺”为核心，并不断派生出来的各种游戏、娱乐活动，是“耐亦日”的一种典型表达形式。而被外界所认知、并记录在文本文献中的那达慕，则同于具有“那达慕”内涵的“耐亦日”。

那达慕的历史久远，在蒙古族发展的各个历史时期，发挥了重要的作用。历史上，“那达慕不受时间限制，通常在祭祀山水、军队出征、凯旋、帝王登基、正月以及大型庆典等场合举行。随着时代的发展，逐渐演变成今天的包括多种文化娱乐内容的盛大庆典活动”①。大多数人认为，具有现代竞技娱乐和集会特征的那达慕起源于13世纪，至今已有七百多年的历史。其理由多以现藏于列宁格勒爱尔米塔什博物馆的“也孙格石（碑）”，亦称“成吉思汗石（碑铭）”为依据。公元1225年，成吉思汗西征花剌子模国，为庆祝胜利，在蒙古国西境的

---

① 铁木尔·达瓦买提主编：《中国少数民族文化大辞典（东北、内蒙古地区卷）》，284页，北京，民族出版社，1997。

不哈速只忽举行了一次由蒙古贵族参加的射箭比赛，也孙格在此次比赛中创下了射程 335 庹[①]的成绩，获得了成吉思汗降旨刻碑之殊荣，这就是现在的“也孙格石（碑）”，或“成吉思汗石（碑铭）”。[②]

然而，其他学者则认为，那达慕的起源应当追溯到更久远的年代。纳古单夫认为，“蒙古族‘那达慕’文化，说起它的发轫之初，至少在蒙古族人步入文明社会之后，在历史文献上即记述了。当然，蒙古人作为中国北方游牧民族的集大成者，他们所承袭的文化，尚需追溯到更古老的时代。仅从匈奴溯源，也要追溯到三千年以前。今天的考古发现足以证明‘那达慕’文化的渊（源）远流长”[③]。从民间记忆看，那达慕的历史与蒙古族的宗教信仰历史一样久远，“敖包祭祀后的搏克、赛马就是为了取悦山水及敖包众神，是献给敖包神的‘礼物’，这样敖包神就会高兴，能够保佑这方土地风调雨顺，人畜安康”[④]。事实上，在民间，那达慕是敖包祭祀必不可少的一项内容，而敖包祭祀也是那达慕历史发展的重要推动。在学术界，也有人认为“那达慕的起源与敖包祭祀有关”[⑤]。

就那达慕这种活动直接被冠以“那达慕”称谓而言，这种集会应该是现代社会的产物，“‘那达慕’一词是近代用语，是 1947 年内蒙古自治区成立后的术语，古代蒙古并非称作‘那达慕’会”[⑥]。不过，从 16、17 世纪开始，在喀尔喀地区，曾出现过直接命名为“七旗那达慕”和“十札萨克那达慕”的盟旗聚会，这种聚会后来演变成为蒙古国国庆日的“国家那达慕”。蒙古国现代文学的奠基人达・纳楚克道尔基在《国家那达慕》的诗中，赞美了 1935 年 7 月在博格达山脚下、

---

① 两臂左右平伸时两手之间的距离为一庹，约合五尺。335 庹约相当于一公里。

② 参见道布整理、转写、注释：《回鹘式蒙古文文献汇编》（蒙古文），5～7 页，北京，民族出版社，1983。

③ 纳古单夫：《蒙古族“那达慕”文化考》，载《内蒙古社会科学》，1992（6）。

④ 资料来源于张曙光与丹华的访谈记录。

⑤ 邢莉：《蒙古族“那达慕”的变迁》，载《中央民族大学学报》（哲学社会科学版），2007（5）。

⑥ 纳古单夫：《蒙古族“那达慕”文化考》，载《内蒙古社会科学》，1992（6）。

土喇河畔宝音图花举行的一次蒙古国国家那达慕。[①] 蒙古国自 1921 年独立以来，每年的 7 月 11 日至 13 日举行国家、爱玛格（省）和苏木三级那达慕，国家级的那达慕在首都乌兰巴托举行，省级那达慕在省府所在地、苏木那达慕在苏木所在地举行。蒙古国那达慕的内容主要以男子三项竞技为主，还增设其他体育项目和文艺表演以及物资交流等内容。[②]

中国境内的蒙古族，以男子三项竞技为主要内容的那达慕之名称的使用应该晚于蒙古国。内蒙古自治区成立之后，以庆祝为特点的那达慕在内蒙古地区兴盛起来，但初期没有全区统一的那达慕之称，只是一个地方性名称而已。

清乾隆六年（公元 1741 年），清廷将蒙古文的《甘珠尔经》赐予新巴尔虎旗，并于乾隆四十六年至四十九年（公元 1781—1784 年）在新巴尔虎左翼旗境内建庙，乾隆五十年（公元 1785 年），皇帝亲自赐名“寿宁寺”，俗称“甘珠尔庙”。“在大庙创建后的第一次庙会，约在 1785 年，住在海拉尔的汉族商人以在原籍赶庙会的经验参加庙会。他们同喇嘛及蒙古族伙伴一起拜佛，同时进行极原始的商业活动——物物交换。这被认为是甘珠尔庙集市的开端。后经二三十年的发展，有了固定的经营方式，形成了市场，并逐渐发展成为享名远近的甘珠尔庙会。”[③] 新中国成立后，甘珠尔庙会继续进行，但不再称作庙会或庙会集市，而称“那达慕”大会。1948 年 1 月 1 日，呼伦贝尔盟政府成立，在一次百余人参加的座谈会上，有人提出将甘珠尔庙会改名为呼伦贝尔那达慕。这一建议得到呼伦贝尔党政负责同志的赞同，并将当年 9 月 3 日（农历八月初一）的集会称为甘珠尔庙那达慕大会。甘珠尔庙那达慕属全盟的活动，自 1948 年至 1962 年共举行过 11 次。[④] 此后，“那达慕”或“那达慕大会”这一称谓在呼伦贝尔地区兴盛

---

① ［蒙古］达·纳楚克道尔基：《达·纳楚克道尔基》（蒙古文），37～40 页，赤峰，内蒙古科学技术出版社，2004。

② 资料来源于张曙光与德·特木尔陶高的访谈记录。

③ 李萍、李文秀：《甘珠尔庙外记》，114 页，海拉尔，内蒙古文化出版社，1998。

④ 参见李萍、李文秀：《甘珠尔庙外记》，114 页，海拉尔，内蒙古文化出版社，1998。

起来。

锡林郭勒盟那达慕之称的流行与呼伦贝尔地区相似，那达慕名称从1949年开始启用。“新中国成立前夕（1949年8月），苏尼特右旗举办了一次‘郭哨乃日’（旗耐亦日）。旗政府把‘乃日’大会的筹备工作任务交给我[①]和当时的秘书科长巴达玛嘎日布。就在研究这件事的时候，时任旗长兼党支部书记的厚和同志说，这个‘乃日’的名字能不能改一改？旧社会王公贵族叫‘乃日’，喇嘛庙也叫‘乃日’，咱们能不能不叫‘乃日’？大家一想也对，现在是新社会了，我们怎么能再沿用旧社会的称呼呢？这个提议得到了与会全体同志的一致同意。可当时谁也没有更好的主意。偏巧这时抓住几个从蒙古国那边所谓‘找牲畜’的人，提审这几个人时，我就问了蒙古国管‘乃日’叫什么。那几个人里大多数都说叫‘乃日’，其中有一个小个子的人想了想后说叫‘乃日那达慕’。在一次研究‘乃日’到底叫什么好的会议上，我就把这件事说了，大家推敲了半天以后，觉得还是叫‘那达慕’更准确、更合适，最主要是与过去王公贵族们的叫法区分开了。就这样，我们把那一届‘乃日’改成了‘那达慕’。”[②] 至此，“那达慕”这个称谓在锡林郭勒地区传播开来。至于整个内蒙古地区乃至其他蒙古族聚集区那达慕之称的流行，与内蒙古自治区第一届那达慕大会的召开有关。

据笔者调查，目前汉语文献较早明确使用“那达慕”一词对集会活动意义上的那达慕进行记录的，应该是《人民日报》。该报1948年10月21日发表了一篇报道，标题是“内蒙呼伦贝尔盟‘那达慕’大会：宣传我党对游牧区政策，强调人畜两旺繁荣草原贸易”。根据这篇报道，“具有一百六十三年历史的一向为封建集会的内蒙古呼伦贝尔盟甘珠尔庙‘那达慕’大会，今年在中共内蒙古呼盟党工委领导下，改变成为广泛宣传中共的各种政策，繁荣草原贸易的集会”。“大

---

① 巴图苏和，当时任苏尼特右旗保安科长。

② 孙海涛：《那达慕的起源》，见 http：//www. xlgl. gov. cn，2007年5月17日（访问时间2008年3月12日）。

会期间，通过各种集会形式，如青年会、群众座谈会、军民联欢会、奖励生育模范、打狼模范的大会及摔角（跤）、骑术（赛马）、射箭比赛等，宣传了游牧区人畜两旺、繁殖牲畜、奖励生育、医药卫生、军民关系等政策。”① 据此证明，这样的盛大集会在当时已经被明确冠以“那达慕”的称谓。

那达慕的起源到底如何推算呢？笔者认为，首先要明确在什么意义上理解那达慕，然后再来判断那达慕的起源。目前，由于受蒙古族历史文献及其他史料的限制，无论哪种意义上的溯源，我们都无法准确推断那达慕的起源年代，只能根据相同的活动及相似的组织形态进行推断。如果把那达慕的主要活动内容，即“男儿三艺”的摔跤、赛马、射箭作为那达慕的起源，并且从文化意义上看待那达慕的话，这种游牧文化的代表性活动显然可以追溯到游牧生活的最初阶段。如果把那达慕视作单纯的“男儿三艺”的竞技表演，那么，这种活动的存在时间至少有700年以上；如果把那达慕视作包含有“男儿三艺”竞技表演的某种社会集会活动，则这种集会形式的发生至少可追溯到16—17世纪。事实上，即使有明确的史料证据，由于对“那达慕”一词本身理解的差异，我们也很难对这一社会存在的历史起源进行十分精确的辨析。

因此，对于那达慕的起源，如果从其产生的根基和动力加以观察和分析，或许可以在更为广阔的视野下厘清其产生的背景和缘由，从而对那达慕的起源和发展有整体的把握。

那达慕是在游牧文化下产生、发展和变迁的一项民俗活动，游牧文化是其根基和动力，它是游牧文化的产物。逐水草而居、“生长于鞍马间”的蒙古族，由于适应草原环境，生产、生活的需要得到了满足，从而使以“男儿三艺”为主要内容的那达慕得到了完善和扩展，并逐渐向娱乐化过渡。游牧生活的自然环境、人文环境正是其发生、发展的推动力量所在。

---

① 《内蒙呼伦贝尔盟“那达慕”大会，宣传我党对游牧区政策，强调人畜两旺繁荣草原贸易》，见《人民日报》，1948-10-21。

广袤无垠的草原是蒙古族赖以繁衍生息的空间，草原生态的承载能力决定了游牧经济主体的移动性。而早期的游牧还伴随着原始的狩猎经济，作为牧业经济的一种补充，且牧且猎是古代蒙古族最基本的生产、生活方式。在生产工具不发达的原始初民社会，无论是驯服野兽、调教家畜，还是捕获猎物，人们必须具备强健的体魄、灵敏的格斗技巧和无所畏惧的挑战精神，这正是蒙古族摔跤艺术的灵魂所在。20世纪50年代，陕西客省庄第104号墓出土的角力铜牌被考证为匈奴之物，其上镌刻了匈奴角力比赛的情景。[①] 1931年，在辽东京遗址（今辽宁省辽阳市）出土了一个八角形的辽代白色陶罐，罐腹绘有八幅小儿角抵图。日本学者鸟居龙藏认为，罐上所画是契丹小孩摔跤的形象，属连环画性质。[②] 金启孮先生认为，契丹、女真的"跋里速"（摔跤）戏，上承自匈奴、柔然，而蒙古则沿自契丹。因此，可以说蒙古摔跤源出匈奴，具有漫长的历史。

摔跤在部落聚会中出现是在蒙古立国的年代。《蒙古秘史》详细记载了主儿乞部落选手不里孛阔和孛儿只斤部落选手别勒古台二人摔跤，"国之力士"不里孛阔被别勒古台杀死的经过。[③] 这里有两点值得注意：一是摔跤手已有封号，说明摔跤手在社会活动中有一定的影响力，并出现职业化倾向；二是摔跤不仅是部落间娱乐性的体育竞赛，更是部落或部落联盟宣示力量的一种手段，这种较量是以部落的政治力量作为背景和后盾的。《多桑蒙古史》记载窝阔台喜观角抵，厚赏摔跤手的情景。[④]《马可·波罗行纪》第196章描述，蒙古族女子上场摔跤，与男子一决高低的实例（该事件发生在1290年）。[⑤]《元史》记

---

① 参见金启孮：《中国式摔跤源出契丹蒙古考》，载《内蒙古大学学报》（人文社会科学版），1979（2）。

② 参见［日］鸟居龙藏：《契丹之角抵》，载《燕京学报》，1941（29）。

③ 参见额尔登泰、乌云达赉：《蒙古秘史校勘本（上）》，259～263页，呼和浩特，内蒙古人民出版社，2006。

④ 参见［瑞典］多桑著，冯承钧译：《多桑蒙古史（上册）》，231页，北京，中华书局，2004。

⑤ 参见［意］马可·波罗著，沙海昂注，冯承钧译：《马可·波罗行纪》，784～785页，北京，中华书局，2004。

载，在元代因摔跤出名而被升官晋级的不乏实例，“（大德十一年六月）以拱卫直都指挥使马谋沙角抵屡胜，遥授平章政事”[①]。武宗在成宗大德十一年（公元1307年）五月即位，还未改年号就提升角抵屡胜者马谋沙为“平章政事”一事，足以说明武宗是非常重视摔跤运动的。仁宗时期，元廷还专设“校署”管理摔跤运动。《元史·仁宗三》中说：“延佑（祐）六年六月戊申，置勇校署，以角抵者隶之。”[②] 到了清代，“定制选八旗勇士之精练者为角抵之戏，名善扑营。凡大燕享皆呈其伎。或与外藩部角抵者争较优劣，胜者赐茶增以族之。纯皇最喜其伎。其中最著名者，为大五格、海秀，皆上所能呼名氏。有自士卒拔至大员者，盖以其勇挚有素也。和相当轴时，令巡捕营将士亦选是伎”[③]。当时摔跤手还有了专门的称号，并由可汗、皇帝或王爷授予这些称号，其代表着荣誉、地位和神圣。据金梁《满文秘档》载：“（天聪六年正月）阿鲁部之特木德黑力士与土尔班克库克特之杜尔麻，于会兵处角力，杜尔麻胜，特木德黑负；们都与杜尔麻角力，们都胜，杜尔麻负。令们都、杜尔麻、特木德黑三力士跪于上前，听候命名，赐们都‘阿尔萨兰·土射图·布库’名号，并赏豹皮长袄一；赐杜尔麻‘扎·布库’名号，并赏虎皮长袄一；赐特木德黑‘巴尔·巴图鲁·布库’名号，并赏虎皮袄一。刀一、缎一、毛青八，并谕以后如有不呼所赐之名而仍呼原名者，罪。”[④] 清代著名文人赵翼，对于蒙古摔跤的描写可谓全面而细腻。他在观看木兰围场的摔跤比赛后，写下了《行围即景·相扑》一诗。[⑤]

马的驯服和生产是蒙古族生产力发展中的一个里程碑。马在生产中的应用，说明蒙古族的牧业活动不再局限于小畜饲养，大畜的圈养在逐步扩大。由于马的应用，狩猎活动的范围大大扩展、效率大大提

① （明）宋濂等：《元史（第二册）》，481页，北京，中华书局，1987。

② 同上书，589页。

③ （清）昭梿著，何英芳点校：《啸亭杂录》，395页，北京，中华书局，1980（2006）。

④ 纳古单夫：《蒙古族“那达慕”文化考》，载《内蒙古社会科学》，1992（6）。

⑤ 参见（清）赵翼：《瓯北集（上）》，97页，上海，上海古籍出版社，1997。

高，游牧民的食物源由此丰富起来，其广阔空间中的移动能力、在恶劣环境中的避险能力等都极大提高。蒙古族先民自青铜时代和早期铁器时代就留下养马的文化遗迹。据考古研究发现，从新石器时代的沙窝子遗址和转龙藏遗址中都发现有马的遗迹，但均未肯定是否为家马。在内蒙古中南部的战国时代的墓葬中发现，马常被用来殉葬，同时也发现马衔、马镰、马具饰件和车具及其饰件。① 9世纪后，蒙古人从额尔古纳河西迁至斡难、克鲁伦、土喇三河之源时，马已经在蒙古草原普及。元太祖成吉思汗的八世祖土敦蔑年的夫人，“莫争伦拥有巨额的收入和财富。——她的马和牲畜，多到无法计算，从她所坐的山头顶上直到山麓大河边满是牲畜”②。“仅札剌亦儿部，即有大牲畜七万头。”③ 可见蒙古人养马之多。正如宋人赵珙所云：“千马为群，寂无嘶鸣，下马不用控系，亦不走逸。”④ 蒙古人之所以养这么多马，主要是为了使其成为“种族经济之要源”⑤。

弓箭的使用大大提高了蒙古人同自然作斗争的能力。使用弓箭的原始动力来自狩猎生产。《汉书·匈奴传》记载，匈奴“儿能骑羊，引弓则射鸟鼠，少长则射狐兔”。南宋人彭大雅在《黑鞑事略》中对13世纪蒙古人自孩提时便乘马骑射的情形进行了记述。⑥

很显然，彭大雅在蒙古族地区所看到的是骑射从狩猎生产通过围猎向军备功能的过渡，在此过程中，骑术、射箭术已成为幼童的教育内容，其背后是孩童体力和胆略的训练。“鞑人生长鞍马间，人自习战，自春徂冬，旦旦逐猎，乃其生涯，故无步卒，悉是骑军。”在当时战乱的年代，人们为了抵御敌人的袭击，往往结成大的集团游牧，移场时像部队行军那样列队行进，屯营时结成环形的圈子，防备敌人

---

① 参见崔璇：《内蒙古先秦时期畜牧遗存述论》，载《内蒙古社会科学》，1988（1）。

② ［波斯］拉施特：《史集》，第一卷，第二分册，18页，北京，商务印书馆，1986。

③ 高文德：《蒙古奴隶制研究》，11页，呼和浩特，内蒙古人民出版社，1980。

④ （清）施国祁：《金源札记（及其他二种）》，5页，北京，中华书局，1985。

⑤ ［瑞典］多桑著，冯承钧译：《多桑蒙古史（上册）》，29页，北京，中华书局，2004。

⑥ 参见（南宋）彭大雅：《黑鞑事略（及其他四种）》，4页，北京，中华书局，1985。

突入。[1] 狩猎活动，特别是大型的围猎活动，逐渐演变成军事训练。《元史》记载："元起朔方，俗善骑射，因以弓马之力取天下。"[2] 这是蒙古族骑射生活最好的写照。源自游牧生活的骑射之术及掌握此技能的民族集团，在族群首领的整合下，形成巨大的力量，使军事扩张成为可能，而军事功能的增强又促进了骑射之术的发展。

从以上那达慕之"男儿三艺"的发展脉络看，摔跤、赛马、射箭已成为了蒙古人生产和生活的基本技能，在蒙古族古老的游牧生活中长期存在，不断发展，并始终占据重要位置，同时也成为了蒙古族游牧文化的重要体现。日常的游牧生活既是三项技艺产生的基础，又是三项技艺演练的天然"基地"。[3]

因此，蒙古族游牧生产、生活方式是那达慕产生的根基，同时也是那达慕从基本生产技能向游艺转化的基本条件。这种基本技能的展示、培养和应用，是实际生产所需向游艺化的转换过程，而其本身更体现了一种文化的传递。在这个转换过程中，蒙古族对那达慕之"男儿三艺"的态度其实已经超越了生产、生活、军事或者游艺表演本身，而是对一种基本生活方式的态度和认识。

第二节　敖包祭祀与那达慕

敖包，也作"鄂博"。敖包是蒙古族及相关民族自然崇拜的产物，它的产生"可追溯到原始社会"[4]。海西希在其《蒙古的宗教》一书中

---

① 参见任洪生：《游牧经济的机动性分析——以古代蒙古族的游牧经济为例》，载《西北民族研究》，2005（2）。

② （明）宋濂等：《元史（第九册）》，2553页，北京，中华书局，1987。

③ 内蒙古西乌珠穆沁旗著名摔跤手乌云巴图（男，30岁）说："我们搏克沁（摔跤手）平常无比赛时就在家里干牧活，拉水、除冻，与五畜厮打在一起。这些锻炼了我们的肌肉，增强了我们的体力。"张曙光采访于2006年7月14日。

④ 波·少布：《嫩江流域蒙古敖包考述》，载《黑龙江民族丛刊》，1990（4）。

写到："在固定地点堆起的土堆（即鄂博）一般都立于高地、山口、交叉路口等处。它们作为当地的守护神和地神的神祠，享受到了特别的崇拜。因此，在萨满教思想的范畴内，鄂博可以被当作是本地神灵的所在地和汇合处。"①

不同形制的敖包

至于敖包祭祀的究竟是什么神，学者们的意见有所不同。而其祭祀者，蒙古牧人对此的阐释却是"祭祀敖包就是为祭祀自然、山水之神。敖包祭祀其实就是我们祖先热爱山水、尊重山水的一种做法"②。"游牧必须依靠草原、牧场。这些从哪里来？必须依靠敖包洛斯（敖包龙）。没有敖包洛斯就没有雨水，没有雨水，草木就无法生长，没

① ［德］海西希：《西藏和蒙古的宗教》，498页，天津，天津古籍出版社，1989。
② 资料来源于张曙光与伊达姆的访谈记录。

有了草，牧人就无法生存。因此，就定期举行敖包祭祀，祈求敖包神来护佑自然，使之达到风调雨顺。”① 从牧人朴实的哲理中，我们可以洞见，敖包信仰伴随牧人生活而来，是游牧文化背景下产生的祭祀自然万物之神的原始崇拜和信仰。

在敖包祭祀产生、延续和发展的过程中，有一点是非常明确的：敖包祭祀始终伴随着“男儿三艺”的影子，那达慕始终与敖包祭祀相伴而行。民间认为，其实那达慕本身就是敖包祭祀后举行的一种娱神的仪式活动。那达慕和敖包祭祀是一体的，是一个完整祭祀过程的两个阶段。

敖包祭祀，由于每个敖包的由来和性质不同，也由于各地气候等自然条件的不同，其祭祀的日期、规模、形式和组织内容都有所不同。从乌珠穆沁地区的敖包祭祀来看，其种类繁多，可根据不同的标准划分出不同的类型。从其功能大致可分为将军敖包、儿童敖包、搏克敖包、疾病敖包、女人（尼姑）敖包、喇嘛敖包，甚至还有咒骂敖包、恶敖包（目前已消失）等。从其所属可分为个人敖包、家庭敖包、部族敖包、苏木敖包、旗敖包、寺庙敖包等。从其形制而言，数量从一个到十三个不等。从其规格、材质而言，有“原始态”的纯石头堆积而成的，无人工垒砌的敖包；有“发展态”的用水泥和琉璃砖砌成的装饰较为讲究的，完全人工垒砌的敖包。从其祭祀物品而言，主要有白祭（奶食）、红白祭（奶食与肉食）两种。

目前，西乌珠穆沁旗就有90余座敖包，其中78座都有和祭祀相伴而行的那达慕。当地牧民认为，蒙古族的摔跤、赛马、射箭三项竞技从祭祀自然之神、山水之神时就有了，那达慕是从敖包祭祀演化而来的。② 敖包祭祀就是为崇敬自然、祭拜养育自己的土地而进行的。祭祀后进行那达慕，目的在于取悦天地、山水之神。③

敖包祭祀有固定的日期，一年只祭祀一次。人们在春夏之交祭祀

① 资料来源于张曙光与森道的访谈记录。

② 资料来源于张曙光与乌尔图纳森的访谈记录。

③ 资料来源于张曙光与巴图孟和的访谈记录。

较为集中，冬祭非常少有。[①] 从参加的人员而言，一般每个家族、每个家庭、每个个人都有固定的敖包，具有唯一性和排他性。到了现代，这种规制较为松散，一个人可能参加多个敖包的祭祀。此外，祭祀人群中还出现了外族、外来者。在东乌珠穆沁旗，多数敖包的祭祀时间为5月、6月，偶有4月、7月和8月的。民间认为，农历五月为“敖包月”，从此开始了一年的祭祀活动。农历的五六月，草原进入夏季，也是大量奶食制作的时期，更是牧民一年中相对闲暇的季节。从这时起，人们开始祭祀敖包，娱悦敖包神灵，祈求风调雨顺、人畜兴旺。同时也要举行那达慕，进行聚会、社交、交易等活动，达到娱神、娱人的双重目的。

根据敖包的大小、影响力以及敖包的所属，那达慕的规模也有所不同。大型的敖包，如东乌珠穆沁旗的白音敖包有128名搏克赛，而小型的敖包，如西乌珠穆沁旗巴音·陶勒盖敖包则只有32名搏克赛。在过去，敖包祭祀仪式上的摔跤、赛马以及射箭比赛，更多的是一种娱神和酬神的表演，具有神圣性和特殊的寓意。有学者认为：“搏克的象征可以被理解为是它与古老萨满教的宇宙自然观以及游牧生活形态紧密相连。并与蒙古族信仰世界有着密切联系。”[②]

由此看来，那达慕的娱乐项目在敖包祭祀上具有神圣性，具有某种巫术的作用。通过表演，取悦众神，期望带来丰收和喜悦。最初的具有完全的娱神和酬神目的的那达慕，在其发展中不断扩展其功能，从单纯的、具有神圣意味的表演，向既要娱神，又要娱人过渡，发展和完善了那达慕的内涵，如同古代奥林匹克运动会的发展轨迹一样。[③] 那达慕具有同样的宗教功能，通过展示力与美，抒发对自然万物之神的情感，期望达到人神之间的“感应”，使得万物之神佑泽人畜安康、繁盛。因为敖

---

① 乌珠穆沁的“腾格尔敖包”祭祀在腊月，是新年祭祀中的一项内容。在腊月二十九或三十，每户人家在自家的西方50米处用雪堆起“敖包”，插上香、芦苇等，在新年第一天天亮前，由家长率全家人进行祭祀。

② Rikido Tomikawa (2006). Mongolian Wrestling (Bukh) and Ethnicity. International Journal of Sport and Health Science, 4: 103 ~ 109.

③ 参见［法］瓦诺耶克著，徐家顺译：《奥林匹克运动会的起源及古希腊罗马的体育运动》，天津，百花文艺出版社，2006。

包祭祀信仰，那达慕的产生、发展和延续便有了最为活跃的内在驱动力。

敖包那达慕是那达慕众多类型中最具民间性和持久性的一种。“1986 年正式恢复了‘伊和’敖包的祭祀。当时，我们聚集了十几户，我们各自带来了奶豆腐、哈达等。祭祀完敖包后大家觉得还是要进行‘那达慕’，并临时将钱汇集在一起，设立了比赛奖赏，用骑来的马进行比赛，到场的人凑成了 8 对，进行了摔跤。冠军奖励了 10 元，另加一块奶豆腐。比赛结束后我们商定了下一年的祭祀任务，确定了 3 个敖包长，开始了有组织的祭祀和那达慕。”①

下面以 2006 年的西乌珠穆沁旗王盖敖包那达慕田野调查为例，简述敖包那达慕的经过。

王盖敖包，意为王爷敖包，又名乌珠穆沁旗敖包，位于西乌珠穆沁旗阿拉坦河东边。它“始于清朝崇德年间。在康熙年间，由乌珠穆沁旗第四代和硕车臣亲王色登栋都布修建了旗敖包，每年的农历六月二十五日举行隆重的祭祀仪式。民国三十六年，到了第十三代亲王米吉德章其布宁布末期（公元 1947 年起）停止了祭祀活动。1986 年民间开始恢复祭祀仪式，1987 年开始举办敖包‘耐亦日’（那达慕）。2005 年，西乌珠穆沁旗政府出资 20 万元，在原敖包的位置重新修建了以金顶吉祥白塔为主的十三座敖包”②。

自 1986 年恢复祭祀到 2005 年，都由民间人士组织和管理祭祀活动。从 2005 年起，政府重新修缮王盖敖包后由政府出资组织祭祀，但仍保留了七位民间组织者作为协调者，负责具体祭祀事宜。在 1956 年乌珠穆沁旗行政建置变动前，现有部分东乌珠穆沁旗苏木、嘎查原属于西乌珠穆沁旗，因此，曾隶属于西乌珠穆沁旗辖域下的人们仍旧跨旗祭祀王盖敖包。因此，从 2005 年起，两旗政府商定轮流负责组织王盖敖包的祭祀及其后的那达慕。2006 年由东乌珠穆沁旗负责组织，但因地理优势所然，西乌珠穆沁旗在整个祭祀准备过程中，即便是非它轮值的年份，仍然处于主导地位。我们从祭祀喇嘛的组成就可看出这

---

① 资料来源于张曙光与阿·丹巴的访谈记录。

② 整理自王盖敖包碑文及民间采访。

一点：这次祭祀有 10 名喇嘛参加，其中来自东乌珠穆沁旗的只有两位，其余的全部来自西乌珠穆沁旗辖内的各个寺庙，包括因扎干寺的 3 名、乌兰哈拉嘎寺 1 名、好乐图寺 1 名、东胡日寺 3 名。

王盖敖包祭祀中的“三绕敖包”

2006 年 7 月 20 日（农历六月二十日），天色微亮，祭祀的人们或骑马、或乘车、或驾驶摩托车陆续来到敖包山下，等待祭祀。13 座敖包正中的主敖包上，前一天已由组织者插上新鲜的柳枝，换上新的风马①，重新装饰完毕，连接 13 座敖包的五色经幡随风舞动，似乎在向上苍传达祭拜者的心愿。阿拉坦河在敖包山的西面蜿蜒流过，据说初建王盖敖包之时，当时的乌珠穆沁亲王色登栋都布派人前往塔尔寺，询问敖包选址。塔尔寺的风水师认为现在王盖敖包所在的地形就像一头白色的母象领着七头小象朝西饮水，是一个吉祥之地，因此在此建立了王盖敖包。②

① 风马，蒙古语称“黑目力”，即运气之马，在五色的土布或绸布正中拓印一匹骏马，其四周印有驮着经文的虎、狮、龙、鸟等各种图案。

② 参见拉·阿尔门德：《乌珠穆沁敖包祭祀》（蒙古文），29 页，呼和浩特，内蒙古人民出版社，2004。

静静的阿拉坦河

在祭祀的前一天，敖包的组织者已备好了献给敖包神的主祭品，即煮好的整羊（蒙古语为“舒斯”），将奶豆腐、鲜奶、黄油、酒等摆放在主敖包祭祀台前。除此以外，还有喇嘛们准备的与之配套的其他祭品，有水、米、散布草的叶子等。传统的敖包祭祀有酒祭、火祭、玉祭、血祭。据巴图孟和（喇嘛）称，敖包有主黑龙、主白龙之分，黑龙敖包用红食，即肉食祭祀，白龙敖包用白食，即奶食祭祀。敖包也有层级之别，其祭祀也会不同。王盖敖包属于层级高的黑龙敖包，因此用整羊来祭祀。[①] 组织者在主敖包的石香炉里煨桑，插上香。

现在的祭祀虽然有了一些变化，但主体部分仍沿袭了历史上王盖敖包祭祀的规制。据文献记载，过去王盖敖包祭祀的仪程是：每年的农历六月二十四日举行敖包集会，商定处理本旗要务。二十五日晨太阳升起前，全旗21个苏木、6座大寺庙的喇嘛以及民众聚齐，王爷亲自带头穿戴全套礼服祭拜敖包。祭祀队伍的最前面，有一位手持经筒者开路，意在震慑地威。随后是王爷仪礼队队长穿戴官服，佩戴长剑

① 资料来源于张曙光与巴图孟和的访谈记录。

王盖敖包祭祀现场

引路前行。其后是两位高举苏勒德，18 个侍卫排成两排护卫。之后是骑马或乘车的王爷，并有 60 余位贴身侍卫随行。其后是活佛、大喇嘛、旗内的大小官员以及民众前往敖包山顶。王爷到达敖包后，由主持祭祀仪式的主喇嘛引诵经文，众喇嘛齐声诵经，吹海螺，敲打锣、钹、镲，召唤山水众神，并献祭酒、黄油、五谷等饮食之德吉（精华、珍品、酒之第一盅、物之第一件之意），祈求天地众神护佑人畜安康。祭品有整羊、奶食、点心以及用面、黄油做成的各式各样的巴灵（供品）。此时，王爷及众臣、百姓在主敖包前磕头祷告，并以顺时针三转敖包。随后，让印在四方草纸上的风马（印有骑马孩童或六字真言）随风飘洒，祈愿气运通达。之后，还要进行马匹放生。据说，乌珠穆沁王爷每年在王盖敖包祭祀时放生一匹白色儿马。最后，人们手持哈达或奶食，顺时针挥手召唤，口中念诵“呼来、呼来”，将福分招回家。至此，祭祀结束，人们按上山的队列来到敖包山下平坦处的帐幔下，分享敖包“贺希格”（祭祀的整羊、奶食等），等待那达慕的开始。王盖敖包那达慕有远程马赛和由 128 人参加的摔跤比赛。

赛马和摔跤都同样奖励前16名，冠军、亚军奖励马和牛。每隔三年，授予远近闻名的退役摔跤手“达尔汗”称号，并奖励以银嚼子白骆驼为首的九九八十一大礼。那达慕的最后，唱诵马赞词，除祝赞获得冠军、亚军的马匹外，还要祝赞最后一名赛马。①

现在的敖包祭祀是在主祭的人们到达后，喇嘛们②围坐在主敖包前，准备祭祀正式开始。旗县敖包的第一位祭祀者仍然是该旗的旗长和政府官员，随后是敖包长，最后是祭祀的民众。他们首先为敖包煨桑。煨桑是烟祭的一种，将柏枝、松香、艾草等研磨成粉状撒到敖包祭祀的煨桑台上，袅袅升起的青烟弥漫着整个敖包，有的人五体叩拜，表达对敖包神灵的虔诚。之后，围绕十三座敖包，按顺时针方向转三圈，口中念诵“呼来、呼来”，并向敖包撒奶食。

王盖敖包祭祀品

① 拉·阿尔门德：《乌珠穆沁敖包祭祀》（蒙古文），29～31页，呼和浩特，内蒙古人民出版社，2004。

② 敖包祭祀时喇嘛们穿着暗红色的蒙古袍，而不是平日的喇嘛服，这是乌珠穆沁地区的特色所在。

"所谓祭祀敖包就是走到敖包山顶，奉上祭品。敖包是建在山顶上的，只有上山祭祀才能称得上是祭祀敖包。现在，有些人直接在家门口祭祀。按传统，祭祀敖包时每个人都要穿着蒙古袍，戴上各种饰品，如此盛装打扮以示尊重和虔诚。"①

最后，敖包组织者和政府官员一行人，在主敖包前排成一排，由该年的组织者，念诵招福经，飘散纸马，祈愿水草丰美、人民安康。之后，祭祀结束，人们汇聚到山下帐篷内，分享敖包"贺希格"，准备参加或欣赏随后的那达慕。

王盖敖包祭祀后的享餐会

在王盖敖包祭祀及其后的那达慕组织中，政府是完全的主导者，但民间仍由敖包长来负责协调和管理。王盖敖包共有七位敖包长，一人为终身制。虽然敖包长也可通过申请的方式进行轮换，但旗敖包长的位置还是相对稳定和持久的。王盖敖包终身敖包长，由民间威望较

① 资料来源于张曙光与森道的访谈记录。

高的僧格老人担任，他曾任嘎查长一职长达17年。他的这种经历，对于他成为该敖包的主要负责人起到了关键性的作用。工盖敖包是由政府组织祭祀的敖包，因此，保证祭祀的合法性、把握其方向性是组织者必须关注的问题。

敖包长平日并无特别的事务，主要负责敖包的看护和简单的修葺。其最主要的职责还是在祭祀前一天到达敖包，进行祭祀前的修饰和清洁，更换经幡、柳枝等。此外，还要准备当日的祭祀主物，如红祭用的整羊、白祭用的奶食等。此后为那达慕做筹备，并确定那达慕的规模、活动内容以及发放的奖品等。

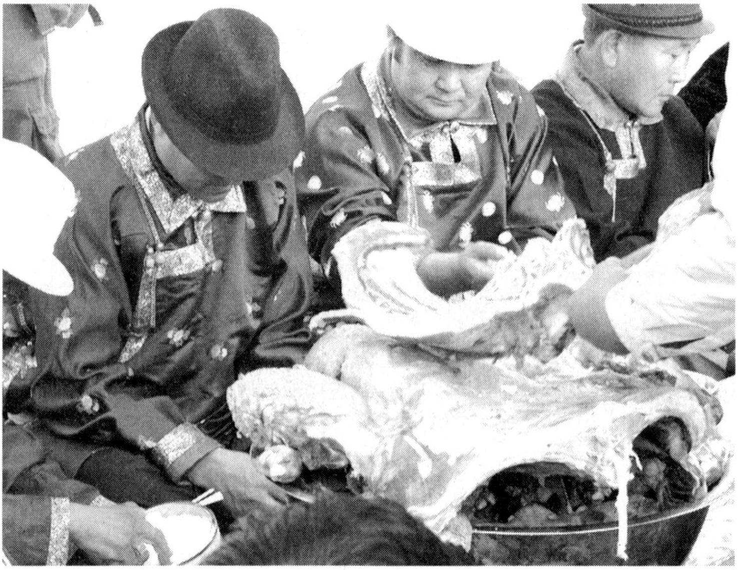

分食祭祀后的整羊

王盖敖包那达慕的组织由敖包长和政府方面的负责人共同承担。那达慕的组织相对程式化，主要内容仍是64名成人参加的摔跤和10公里远程马赛。参加比赛的赛马有30～40匹，而摔跤手的数目是固定的128名，参赛选手实行现场报名，名额满限，即开始比赛。选手多来自东、西乌珠穆沁旗。无论摔跤还是赛马都奖励前16名，奖品以现金为主，冠军可获最高奖金1000元。所有比赛当天下午结束，没有特别的闭幕式，也无赛马祝赞等仪式。有趣的是，敖包祭祀后，在摔跤比赛当中，即开始下雨。但比赛并未停止，而是继续在雨中角逐。人们认为只要祭祀敖包就会下雨，因此在我们的访谈中也有一些人认为敖包祭祀就是为求雨而进行的。从我们的调查中可以发现，随着敖包祭祀的恢复以及人们生活水平的提高，除了极少数祭祀人数少的小型的敖包外，其他的敖包祭祀都要举行随后的那达慕。可以说，那达慕是敖包祭祀有机的组成部分，它们相互依赖，互相促进。下表所列的西乌珠穆沁旗部分敖包祭祀的时间以及那达慕的规模，基本反映了乌珠穆沁地区敖包那达慕的状况。从农历四月到八月期间，各种类型的敖包那达慕交替进行，将人们带入神圣而欢乐的节日之中。

西乌珠穆沁旗部分敖包祭祀那达慕①

序号	敖包名称	敖包所在地	祭祀日期（农历）	摔跤（人）	赛马（匹）
1	阿都温敖包	巴其苏木达布希拉图	四月十六日	128	30
2	巴其敖包	巴其苏木阿鲁和硕嘎查	五月二十日	128	40
3	那哈楚里敖包	巴其苏木额仁诺尔嘎查	五月二十五日	64	30
4	黑目力图因敖包	巴其苏木巴音柴达木嘎查	五月二十六日	64	30
5	额日和图敖包	巴其苏木达布苏图嘎查	六月五日	64	30
6	阿玛因敖包	巴其苏木巴音诺尔嘎查	六月五日	128	30
7	布日格苏太敖包	巴其苏木巴音诺尔嘎查	六月二十日	32	20
8	白音额尔格图敖包	乌兰哈拉嘎苏木	五月二日	128	30
9	图萨拉格其因敖包	乌兰哈拉嘎苏木新郭勒嘎查	五月九日	128	30
10	阿特尔因敖包	乌兰哈拉嘎苏木	六月二十日	32	20
11	哈拉盖图因敖包	乌兰哈拉嘎苏木	五月十三日	64	20
12	恩格尔呼布尔因敖包	乌兰哈拉嘎苏木	五月二十日	64	20
13	白日因敖包	乌兰哈拉嘎苏木	五月二十日	64	20
14	哈布其尔的格根敖包	乌兰哈拉嘎苏木	七月九日	64	20

① 根据色布格、巴特尔《蒙古搏克圣地——西乌珠穆沁》（蒙古文，内蒙古教育出版社，2004）的记载制作本表格。

续表

序号	敖包名称	敖包所在地	祭祀日期（农历）	摔跤（人）	赛马（匹）
15	高日汗罕乌拉	高日罕牧场格日勒图	五月二十一日	128	30
16	阿巴来因敖包	高日罕牧场格日勒图	五月十八日	32	20
17	图拉嘎因敖包	高日罕牧场图勒嘎	五月二十二日	64	20
18	花和硕敖包	高日罕牧场宝如宝力格	五月二十二日	32	20
19	德勒因敖包	高日罕牧场巴音塔拉	五月二十二日	32	20
20	新白音敖包	高日罕牧场	六月六日	64	20
21	宝如胡硕敖包	高日罕牧场白音诺尔	八月二日	64	20
22	白音海拉苏泰敖包	高日罕牧场海拉苏泰	六月三日	128	30
23	白音都仁敖包	巴音花苏木白音都仁嘎查	五月十九日	128	30
24	其布希波尔干敖包	巴音花苏木兴安	五月十九日	128	30
25	格根敖包	巴音花苏木巴音都仁	六月二十日	64	20
26	道拉图罕乌拉敖包	布尔嘎苏太苏木巴音呼波嘎查	五月二十三日	128	30
27	哈达格日敖包	布尔嘎苏太苏木罕乌拉嘎查	五月二十二日	64	20
28	宝格达敖包	罕乌拉苏木	七月十四日	64	20
29	嘎扎尔敖包	罕乌拉苏木	六月二十五日	128	30
30	宝力格罕乌拉敖包	罕乌拉苏木	五月十一日	128	30
31	哈日根泰罕乌拉敖包	罕乌拉苏木	五月十一日	128	30
32	嘎木尔因敖包	哈尔干泰苏木哈尔干泰嘎查	六月二十三日	128	30
33	赛特因敖包	哈尔干泰苏木	六月二十五日	128	30
34	图萨拉格其因敖包	哈尔干泰苏木	六月二十五日	128	30
35	乌日图因敖包	阿拉坦郭勒苏木	五月十三日	64	20
36	好木郭勒图因敖包	阿拉坦郭勒苏木	五月二十五日	32	20
37	希纳嘎敖包	阿拉坦郭勒苏木乌日图因郭勒	七月二日	64	20
38	白音陶勒盖敖包	阿拉坦郭勒苏木	六月五日	32	20
39	阿拉塔因敖包	阿拉坦郭勒苏木	七月二日	64	20
40	查干朝鲁图因敖包	阿拉坦郭勒苏木	五月二十五日	32	20
41	希基尔代敖包	阿拉坦郭勒苏木	？	32	20
42	王盖敖包	阿拉坦郭勒苏木	六月二十五日	128	40

续表

序号	敖包名称	敖包所在地	祭祀日期（农历）	摔跤（人）	赛马（匹）
43	乌尔嘎图因敖包	巴拉格尔苏木	五月十六日	128	30
44	巴格西因敖包	巴拉格尔苏木	五月二十二日	128	30
45	伊玛图因敖包	巴拉格尔苏木	五月十三日	64	20
46	好力木图因敖包	巴拉格尔苏木	五月十二日	32	20
47	乌日嘎敖包	巴拉格尔苏木	五月十六日	32	20
48	希乌图因布都温敖包	巴拉格尔苏木	五月二十九日	128	40
49	呼必勒干格根敖包	巴拉格尔苏木	五月十六日	32	20
50	呼布图敖包	巴拉格尔苏木	五月三日	32	20
51	珠拉因敖包	巴拉格尔苏木	八月八日	64	30
52	都仁扎纳敖包	巴音乌拉镇	五月十六日	128	
53	乌力吉图敖包	好乐图苏木	六月三日	128	30
54	宝如陶勒盖敖包	好乐图苏木白音宝力格	五月十六日	128	30
55	嘎布珠敖包	好乐图苏木	六月二十日	64	20
56	查干温都尔敖包	布日嘎斯泰苏木	五月二十五日	128	30
57	呼额布力敖包	吉仁苏木	五月二十五日	64	20
58	阿格塔因敖包	吉仁苏木都日布勒吉	五月二十三日	128	40
59	太吉敖包	吉仁苏木都日布勒吉	五月二十日	64	20
60	乌兰五台敖包	吉尔河苏木呼格吉勒图	五月二十五日	32	20
61	苏泰敖包	吉尔河苏木额勒德特	五月二十五日	32	20
62	王爷庙敖包	吉尔河镇	六月十六日	64	20
63	尚都敖包	巴音郭勒苏木	八月三日	32	20
64	呼布敖包	巴音郭勒苏木	六月二十六日	32	20
65	巴音查干敖包	巴音郭勒苏木巴音乌拉嘎查	五月二十二日	128	40
67	格根洪古尔敖包	巴音郭勒苏木巴音洪古尔	五月十六日	128	30
68	查力格洪古尔敖包	巴音郭勒苏木巴音塔拉嘎查	五月十三日	64	20
69	巴音和硕敖包	巴音和硕苏木巴音查干嘎查	五月十九日	128	50
70	额尔德尼花敖包	巴音和硕苏木布日图	五月十三日	64	20
71	松根的郭勒敖包	巴音和硕苏木松根嘎查	七月十六日	128	30
72	孟其德洪古尔敖包	吉尔格苏木	五月二十日	32	20

第三节　那达慕是草原上蒙古族的节日

概括地讲，那达慕是以被誉为“男儿三艺”的摔跤、赛马和射箭为核心，从蒙古族游牧生产、生活中发生、发展、演变而来的具有悠久历史的民俗事象。它多在夏季，草原水草丰美、牧人闲暇时节举行。但其具体的日期、主题、规模、形式、举办者、参加者都没有特定的规制，因地域不同，内容也各异。而且，同一季节内，相邻地区那达慕举行的频次也不止一次。仅就东乌珠穆沁旗一个地区而言，其传统的敖包那达慕，从每年的农历四月到八月都在举行，而且大部分时间还与其他庆典活动紧密相连，具有很强的依附性，在内容、形式、作用和意义上都具有多样性和地方性特点。

那达慕作为一个民俗事象，在学术上应该如何界定呢？我们认同那达慕为蒙古族节日集会活动这一看法，但进一步认为，那达慕属于不同于一般岁时节日的草原游牧文化节庆类型。因游牧文化的时间概念、游牧生产的非定居性、草原空间的广袤性与社区的分散性等因素，使得那达慕具有了独特的草原游牧文化节庆特征。

北方以牧业为主的少数民族，创造了适应草原生态环境和畜牧生产生活方式的、有别于农耕文化的草原游牧文化，其时间概念并不完全以天文周期为依据，而更多的是以物候的轮换更替为参照。游牧生产对于时间并没有精确的要求，加之北方地区的气候特点，他们的游牧时间更多的是以季节为单位，而不是以时、日为单位。“我们那时最远都到阿巴嘎、阿巴嘎纳尔旗游牧，一走七百多里。春季、秋季几乎在路上度过，冬季、夏季游到自己的故乡，过新年，祭祀自己的敖包。”① “过去都是游牧的，十几天就得搬家。随着牲畜而游动。哪里

① 资料来源于张曙光与班达然奇的访谈记录。

水草好，就往哪里开始游动。一般一二十里才有一户人家。”①

历史上，蒙古人把草青一次看作是一年。宋人孟珙的《蒙鞑备录》中记载：“其俗每以草青为一岁。人有问其岁则曰几草矣，亦尝问彼生月日，笑而答曰，初不知之，亦不能记其春与秋也。”② 作为游牧民族而言，畜群是其生产、生活的根本，每日跟着畜群跑，一切以五畜的需要出发。他们对草原的依赖性非常强，注重水草的选择，并依季节特性，四季转场。正是在这种生活方式下产生了向夏季游牧地前进的时间、住在夏季游牧地的时间、离开夏季游牧驻地的时间等时间观念。在一年中，按照游牧生产、生活特性，分配了十二个月的生产和生活：“正月为白月，二月为水草月，三月为乳牛月，四月为青翠月，五月为打猎月，六月为日光月，七月为红色月，八月为完全月，九月为今羊月，十月为杀牲月，十一月为吃食月，十二月为蔚蓝月。从学者的研究而言，古代蒙古人的白月即正月，并非我们现在所知的一月，而是在夏季水草丰美、乳制品大量生产之际。”③

因此，和一般节日相比，那达慕时间的非确定性以及它所呈现的多样性与蒙古游牧民族的特性有很大关联，也与其生活、生产方式紧密相关。按季节来流动的生活方式，确定了游牧民族节日文化的时空边界。空间上，它是流动的、迁移的、离散的；时间上，它是笼统的、随机的、大刻度的。游牧生活使得那达慕的时间仍然以季节性来界定，如果强调时间特性的话，我们也只能说某些类型的那达慕强调的是季节性而非日期性。因此，在游牧文化中，像那达慕这样的节庆活动更重要的是其活动本身，而并非活动所发生的准确时间。

那达慕通常在水草丰美的夏、秋季举行，此时的牧业处于相对的闲暇期。这时，各种名目、大小不一的那达慕随着敖包祭祀而交替举行。这期间，人们从日常的、以个体家庭为单位的相对独立的生活状态中进入到公共的、集体的、狂欢的、非常态的“阈限”状态。人们

---

① 资料来源于张曙光与德姆其格的访谈记录。

② （宋）孟珙：《蒙鞑备录》。

③ 欧军：《古代蒙古族的时间观念》，载《黑龙江民族丛刊》，1995（2）。

节日里的乌珠穆沁人

从四面八方向那达慕举办的地点聚集，融入身心愉悦的节日过渡礼中。因此，在这个不同于日常生活的时间内，那达慕具有创造公共时间的功能。

因那达慕的多类型化，其节日的表现方式也略有不同。传统的敖包祭祀那达慕，是附着于蒙古族的古老民间信仰，与每个敖包祭祀的神圣时间相联系，将人们从世俗的日常生活带入神圣的节日时空中。敖包祭祀多在农历五六月举行，按照北方草原节气此时已进入夏季。敖包祭祀那达慕以年为周期，具有固定的日期、固定的内容和仪式化的表演。每到祭祀的日子，牧人们全家出动，带着祭品，盛装前往祭祀地，祭拜敖包神灵后，参加或观赏那达慕。以乌珠穆沁地区而言，那达慕期间一般只有赛马、摔跤两项活动内容。赛马通常在祭祀后开始，而摔跤比赛则占据主会场，几轮争夺决出冠军、亚军，之后整个祭祀活动即告结束，人们又回到日常的生活当中。

敖包祭祀那达慕围绕着社区公共神祇的祭祀，将社区成员从日常的生活中带到一个仪式化的非日常的场域中，在经过神圣的阈限期后，再转换到日常的常态中。敖包祭祀那达慕也是社区公共的神圣时间，社区的每个成员都以组织者或祭祀者的身份参与其间，共同来渡过这个时节，以凝聚和强化社区联结。随着现代生活方式的改变，敖包祭祀那达慕的神圣性有所减弱，其娱乐性得到扩展，节日化特征更加明显。虽然敖包祭祀只有一日，但每个嘎查、苏木，甚至每个家庭，他们的敖包祭祀日期也各有不同。“进入五月，就进入了敖包祭祀的时节，而敖包祭祀又伴随着那达慕”①，因而形成了一个节日簇，并贯穿整个夏季。

敖包祭祀那达慕创造了一个为本社区所拥有的公共时间，这一公共时间不同于私人时间，公共时间具有社会可进入性。在公共时间的场域内，人们产生出一种不同于日常生活的情感，并被所有成员所共有。② 对于草原那达慕而言，由于人们居住相对较远，平常都以家庭为单位进行游牧，家庭之间的联络并不十分紧密，因此各种各样的那达慕成了人们欢聚的时机。人们除了享受闲暇、欣赏传统比赛项目之外，还借此机会，以各种身份和角色进行聚会欢庆。朋友、同学、亲戚、同乡等各种名目的小型聚会和联欢是那达慕期间不可或缺的内容。人们进入到公共的社交场域，交流信息，寻求不同于日常的心灵慰藉。在现代那达慕中，这种公共性的节庆功能得到了更多的彰显。民间家庭那达慕的活跃和扩布就是一个很好的例证。因此，那达慕为社区成员共享公共时间、创造共同价值、增强凝聚力方面发挥着重要作用。

第四节　那达慕的历史传承及发展演变

从目前的研究来看，关于那达慕的历史发展进程，不同学者的观

① 资料来源于张曙光与布和哈达的访谈记录。

② 韩秀珍：《在寺庙博物馆重构公共时间：东岳庙节日活动的启示》，见中国民俗学会编：《节日文化论文集》，131 页，北京，学苑出版社，2006。

点差别不是很大，尤其是对 13 世纪蒙元之后那达慕发展进程的理解基本相同，所不同的是对蒙元之前那达慕活动中各项具体活动的起源的看法。在参考和借鉴前人研究的基础上，我们将那达慕的历史发展进程大体上划分为五个阶段。

一、酝酿形成期：十二世纪——蒙元时期

这一阶段，还可分为两个发展期：一是萌芽期，二是自由期。

萌芽期，可追溯到新石器时代，可考的文献是远古时代的岩画作品。这时的集会活动中，已有后来发展起来的摔跤、赛马、射箭三项技能的影子，这些活动主要服务于生产、生活，同时也服务于祭祀活动，是一种具有“巫术”性质的娱神表演，具有神圣的意味。这一阶段是那达慕的萌芽期，其中还未有娱乐和竞技的内容，即使有，也只是出于“取悦”天、地、山、水神灵，祈求丰收、人畜安康的巫术心理，具有神秘性和神圣性。从新石器时代进入到狩猎游猎阶段，生产、生活中越发地考验生存的技能，要求精于骑射，长于力量，以应对自然的挑战。而生活和生产的需求，不断要求人们改进基本的技能，以获取更多的生存资源。这样，在生产之余，进行“无意识”、非正规化的练习和比试是完全有可能的。但这一阶段，那达慕还没有程式化的内容，比赛、娱乐的项目和方式，完全由参与者即兴选定，是一种即兴、自发、随意的活动。以赛马为例，当初很可能是以自己日常使用的坐骑参赛，对参赛马匹的年龄、性别还没有严格的限制和要求。

据笔者推论，在自由期，祭祀活动很可能只有摔跤和赛马中的一项或者两项。因为，虽然布鲁棒、弓箭作为原始时代的狩猎工具早已应用于生产活动，但当时它是一种生产必备的工具。从一些民族学资料看，在真正的狩猎、采集活动中，狩猎工具是十分神秘和神圣的，对其有一系列的禁忌，平时要谨慎保管，出猎前要进行复杂的巫术仪式，之后才能使用。所以，在如此神秘的文化氛围中，狩猎工具具备

娱乐功能的可能性并不大。[①]

这一时期，随着蒙古民族历史地位的确立，军事力量的壮大，势力的扩张以及游牧经济的发展，作为那达慕主要内容的摔跤、赛马、射箭有了更为长足的发展。而那达慕也作为一种集合竞技、娱乐、集会、庆祝多种功能的民俗事象，逐步形成并朝着定型化和程式化方向发展。那达慕在这一时期的发展过程中，呈现出三大特点：

第一，那达慕的竞技化程度开始增强。雕刻于1225年的《也松歌碑文》[②] 表明，当时的庆典已采用那达慕形式，以摔跤、赛马、射箭三项活动中的一项或两项为比赛内容。[③]

第二，表演、观赏化色彩逐渐增强，部分项目的参加者开始职业化（如摔跤手）。元仁宗时期，成立了专门管理摔跤的“校署”，在宫廷中已出现了供皇帝消遣和娱乐的专门的职业化摔跤手。仁宗于“延佑（祐）七年六月庚申，赐角抵百二十人钞，各千贯”[④]。《元史·王约传》：“一日仁宗西园观角抵戏，有旨取缯帛赐之。”[⑤] 由此观之，当时的那达慕不但有百余人的一个职业队伍，而且还设置了专门的观赏摔跤的场所。

第三，出现了官方的“定制化”的那达慕。[⑥] 从元人笔记和清朝后期的记载中获知，元朝宫廷一度盛行诈马宴。“国家之制，乘舆北幸上京，岁以六月吉日，命宿卫大臣及近侍，服所赐只孙珠翠金宝衣冠、腰带，盛饰名马，清晨自城外，各持彩仗，列队驰入禁中。于是上盛服，御殿临观，乃大张宴为乐。唯宗王戚里宿卫大臣，前列行酒，余各以所职，叙坐合饮，诸坊奏大乐，陈百戏。如是者凡三日而罢。其佩服日一易。大官用羊二千，嗷马三匹，他费称是。名之曰只孙宴，

---

① 参见阿都沁：《那达慕之由来》，载《内蒙古文化》，1991（4）。

② 道布整理、转写、注释：《回鹘式蒙古文文献汇编》（蒙古文），5~7页，北京，民族出版社，1983。

③ 但该碑文同时也向我们暗示，当时的射箭比赛有可能只是射远比赛，而在后世程式化了的那达慕活动中，这种不规范的比赛项目已被取消。

④ （明）宋濂等：《元史》，第三册，603页，北京，中华书局，1987。

⑤ （明）宋濂等：《元史》，第十四册，4141页，北京，中华书局，1987。

⑥ 参见纳古单夫：《蒙古族“那达慕”文化考》，载《内蒙古社会科学》，1992（6）。

只孙华言一色衣也。”[①] 诈马宴是集合歌舞、宴飨、竞技为一体，并有严格的程式的宫廷较高层级的“耐亦日”（聚会）形式。“‘诈马宴’似是届期举行的官方‘定制’仪式化的那达慕。”[②]

这种集会活动包括娱乐活动、服饰展示、饮食聚餐、歌舞表演等，蕴含着那达慕传承的丰厚文化因子，也是集会意义上那达慕的开始。这种形式，一直延续到了清朝，甚至在一些地区，如16—17世纪的喀尔喀地区定期召开单独的、以娱乐和集会为目的的“七旗那达慕”、“十札萨克那达慕”。

二、发展成熟期：明清初期

这一时期，那达慕中的专项竞技娱乐活动“男儿三艺”得到了长足的发展，职业化、娱乐化程度加深。那达慕就娱乐、游艺和竞技活动内容而言，开始走向成熟，尤其是那达慕各项具体活动的职业化发展已经实现，那达慕的组织形式也已基本实现程式化、模式化的形态。从集合多种娱乐竞技活动，并形式化发展的意义上讲，那达慕开始趋于成熟。

明代蒙古族统治者退居故土以后，照例举行“那达慕”的“诈马宴”。据明初叶子奇的《草木子》载：“北方有诈马筵席，最其筵之盛也。谓王公贵戚子弟竞以衣马华侈相高也。”[③] 可见，明代蒙古汗国时代“诈马宴”仍在草原上盛行。可惜因为常年的内外战乱，所留下的那达慕资料非常少。清廷入主中原后，非常重视骑射、角力（摔跤）。皇太极曾下令，“子弟辈壮者当令以角弓羽箭习射，幼者当以木弓柳箭习射”[④]。重太极以身作则，亲率臣下至演武场较射，还令诸旗下的

---

① （元）周伯琦：《诈马行并序》，见（清）顾嗣立编：《元诗选（初集）》，1858～1859页，北京，中华书局，1987。

② 纳古单夫：《蒙古族“那达慕”文化考》，载《内蒙古社会科学》，1992（6）。

③ （明）叶子奇：《草木子》，68页，北京，中华书局，1959。

④ 《清实录》，第二册《太宗实录》，卷54，729页，北京，中华书局，1985。

王公、贝勒、贝子等“各率本旗护军较射”[①]。当时，蒙古八旗军是协助清军入关的主力军，自然非常重视骑射的训练。

这一时期，那达慕呈现以下三个特点：一是成立了专管“男儿三艺”的“善扑营”[②]，使之纳入国家的组织和管理内，促进了三项竞技的发展，这也是那达慕三项竞技发展的重要标志。二是那达慕中的三项活动仍是教战训练的基本技能，但作为竞技比赛而日益繁多，并出现了由官方赐予著名摔跤手名号进行奖励的做法。[③] 这说明当时摔跤非常普遍和盛行，摔跤手具有较高的地位，摔跤作为一种竞技在各方面都较为成熟。三是“男儿三艺”作为各种宴享和招待外藩使臣的重要竞技表演项目。“凡大燕享皆呈其伎。或与外藩部角抵者争较优劣，胜者赐茶增以族之”[④]，“外藩贡使朝贺毕，命喀尔喀玛哈撒嘛谛车臣汗下使臣、土谢图汗下使臣较射”[⑤]。由此可见，当时那达慕作为展示和宣扬藩部势力的一种手段，发挥着一定的政治功能。

三、转型期：清中期至民国

这一时期，那达慕的主要活动基本上脱离了实用性，尤其是摔跤，军事意义上的功能不复存在，而完全演变为娱乐活动。那达慕作为一种重要的，具有特定内容、程式和组织的竞技娱乐活动，进一步以相对独立的民俗形态出现在各类不同的集会活动当中。

清朝入关后，骑射与教战逐渐分离而向娱乐发展，大约始于乾隆年间。每年秋八月木兰围（今河北围场县）时，蒙古王公向乾隆皇帝敬献酒宴，表演蒙古乐歌、相扑及各样技艺。[⑥] 从诗文记载看，与元

① 《清实录》，第二册《太宗实录》，卷38，499页，北京，中华书局，1985。

② （清）昭梿撰，何英芳点校：《啸亭杂录》，395页，北京，中华书局，1980。

③ （清）蒋良骐撰，林树惠、傅贵九校点：《东华录》，卷二，32~33页，北京，中华书局，1980。

④ （清）昭梿撰，何英芳点校：《啸亭杂录》，395页，北京，中华书局，1980。

⑤ （清）阿桂等：《皇清开国方略（二）》，卷24，573页，台北，文海出版社，1967。

⑥ 参见（清）理藩院修，杨选第、金峰校注：《理藩院则例》，217~218页，海拉尔，内蒙古文化出版社，1998。

代皇帝巡幸上都一样，清代也有不少扈从皇帝至避暑山庄的官宦文人写过不少行围即事的诗篇，如纪昀、裘日修、赵翼等均有作品流传。其中赵翼曾亲眼目睹蒙古摔跤的表演，写下了《行围即景·相扑》的长诗。①

另外，盟旗制度的建立，使那达慕以自然地域为单位，出现了程度不同的地方特点。清代草原游牧区进入了国家行政体制中，清政府对蒙古族实行了盟旗制度。旗是蒙古族地区的基本军事、行政单位，同时也是皇帝赐给旗内各级蒙古族封建领主的世袭领地。由此各旗、县开始盛行名称不同、目的不同的那达慕。那达慕成为各旗、县内部与旗、县之间交往的重要集会和庆祝形式。

《巴林右旗志》② 记载，从雍正八年（公元1730年）起，旗内13座庙的千余名僧人集中到大板镇荟福寺举办一年一度的“六月庙会”。庙会期间，既举行隆重的法事典礼，也开展群体性的民族文化、体育和物资交流活动。届时，京、津及通辽、赤峰等地的商贩云集，赶会者络绎不绝。各旗选派快马、走马、摔跤手、射箭手、棋手参赛，为时一个月，热闹非凡。《阿拉善风俗志》③ 记载，乾隆年间，阿拉善第三代王爷罗布桑多尔济娶清朝的公主为福晋，成为显赫的亲王，为庆大喜，于乾隆三十年（公元1766年）举办了声势浩大的盛会，这次盛会根据成吉思汗常与子孙们聚会游乐的传统，亦沿袭古风，命名为“乌日森耐亦日”。盛会聚集牧人成千上万，搭毡包百顶，全旗8个苏木的百姓及衙门的协理、管旗、章京等官员全部出动，承担任务，以苏木为单位组织三项游艺训练，从中选出32名摔跤手、120名射手以及从几百匹公马中选出80匹快马参赛。这一时期，不仅各个旗、县举办那达慕，而且不同盟、旗为加强联络和交流也举行“联合”的那达慕。在喀尔喀地区，“七旗那达慕”、“十札萨克那达慕”即是相邻的

---

① 参见（清）赵翼：《瓯北集（上）》，97页，上海，上海古籍出版社，1997。

② 巴林右旗志编纂委员会编：《巴林右旗志》，324页，呼和浩特，内蒙古人民出版社，1990。

③ 松儒布、斯钦毕力格编著：《阿拉善风俗志》（蒙古文），269～309页，呼和浩特，内蒙古人民出版社，1989。

七个旗和十个盟之间定期举行的那达慕。此外，传统的敖包祭祀那达慕依然盛行，每年定期举办。《清稗类钞·技勇类》记载："蒙人尝于每岁四月祭'鄂博'，祭毕，年壮子弟，相与授跤弛马……驰马者，群年少子，各选善走名马，集于预定之处。近则三四十里，远或百余里，待命斗胜负……闻角声起，争以马鞭其后，疾驰趋鄂博，先至者，谓之夺彩。"①《内蒙古纪要》云："惟鄂博（敖包）祭日，必在马群中精选良马而乘之，是名走马，并以娴骑术者，控策以竞走，借以博得王公之名誉奖焉。"②

这个时期，以物资贸易为目的的那达慕也开始出现。据日本后藤十三雄的描述："此月举行甘珠尔庙会、查玛会，众多叩拜者云集于此。此刻因汉商赶来集市贸易，一夜之间庙宇周围好比出现城镇，非常繁华热闹。"③ "时间在每年阴历八月初至中旬，一般进行九天，是巴尔虎草原上八旗喇嘛隆重的庙会。在这九天里，除庙中法会之外，还有民族体育活动和繁华的商业集市。"④ 最初，甘珠尔庙会的商贩只来自呼伦贝尔各个游牧旗，后来内蒙古的昭乌达、哲里木、锡林郭勒等盟以及蒙古的喀尔喀、车臣汗部各旗的蒙古人也来参加。另外，光绪三十一年（公元1904年），《中日会议东三省事宜正约》（又称《满洲善后条约》）开放海拉尔、满洲里商埠，允许外国人来此经商，俄、日及欧美等国商人也来集市进行商业活动。当时甘珠尔庙会各地商贩都有自己固定的位置：门东向北是卜奎（齐齐哈尔）、多伦商铺，门西向北是北京、丰田商铺，北门外还有俄国商摊。⑤ 从而在巴尔虎草原上出现了独一无二的，也是世界闻名的甘珠尔庙庙会集市。⑥ 除呼伦贝尔盟之外，在现锡林郭勒盟多伦诺尔地区，清康熙起举行蒙古各

---

① （清）徐珂：《清稗类钞》，第六册，2989页，北京，中华书局，1986。

② 临川花楞：《内蒙古纪要》，43页，台北，文海出版社，1987。

③ ［日］后藤十三雄：《蒙古游牧社会》，237页，呼和浩特，内蒙古人民出版社，1990。

④ 李萍、李文秀：《甘珠尔庙外记》，94页，海拉尔，内蒙古文化出版社，1998。

⑤ 参见何金山：《那达慕与商品交易》，载《内蒙古文化》，1991（4）。

⑥ 参见李萍、李文秀：《甘珠尔庙外记》，112～113页，海拉尔，内蒙古文化出版社，1998。

盟盟会，成为以喇嘛寺庙为中心的、沟通漠南与漠北地区蒙古族集市贸易的枢纽。

“每年三月、七月，在多伦诺尔的汇宗寺和善因寺的庙会期间，同时举行规模宏大的物资交流集市贸易。届时，锡林郭勒、察哈尔、昭乌达盟各旗和漠北车臣汗、吐谢图汗部等蒙古部落周围数百里的蒙古牧民，扶老携幼，骑马乘车，赶着畜群，驮载毛皮、野兽裘毛前来参加庙会和贸易交换，来自东北和内地的汉、回、达斡尔族商民，亦从四面八方云集于斯，进行互市交易。”①

由此可见，这一时期的那达慕得到了实质性的扩展，即商业贸易成为那达慕的重要内容。不论是当时的“六月庙会”、甘珠尔庙会，还是多伦诺尔集会，都是蒙古族对外物资交流、进行商业贸易的重要渠道，成为旅蒙商贾的“掘金之所”。而那达慕也成为“中国南北物资交流的大商会”②。

四、传承及多元发展期：新中国成立至今

随着内蒙古自治区及新中国的成立，那达慕的发展也进入了一个新的阶段。这一时期的那达慕多以“那达慕大会”为名，开始被外界所认知，成为蒙古族民族文化表达和展演的最佳舞台。

从1948年呼伦贝尔盟甘珠尔庙那达慕大会为起点，乌兰察布、伊克昭、巴彦淖尔等各盟相继举行了那达慕大会，并于1954年举办了内蒙古自治区首届那达慕大会。从20世纪50年代中后期开始，敖包祭祀那达慕基本停止，由政府组织的，具有相对固定化模式的，服务于政治、经济目的的那达慕占据主导地位，成为宣传党的政策、表彰劳动模范、促进生产、发展经济的盛会。这一时期，那达慕传统的“男儿三艺”在得到传承和发展的同时，还有很多新符号被不断地介入和扩展。升国旗、唱国歌，领导作报告，表彰劳动模范，进行生产竞赛

① 卢明辉：《清代蒙古史》，140～141页，天津，天津古籍出版社，1990。
② 纳古单夫：《蒙古族“那达慕”文化考》，载《内蒙古社会科学》，1992（6）。

等成为那达慕重要仪式议程。此外，拔河比赛、篮球比赛等现代体育项目也进入了那达慕。这一时期，那达慕的商贸功能继续发挥着重要作用。1952 年的甘珠尔庙那达慕大会以满足牧民需要，促进城乡物资交流，改善牧民生活，促进畜牧业生产，响应自治区“人畜两旺”的号召为方针，举行了 7 天，这次那达慕总交易额达 130.3 万元。[①] 西乌珠穆沁旗于 1954 年 9 月、1959 年 10 月在旗府举办了物资交流那达慕[②]，东乌珠穆沁旗于 1983 年、1984 年连续两年举办了专门的物资交流那达慕等。可见，当时的那达慕仍是商品交易的重要场所。

20 世纪 80 年代中期以后，那达慕进入了一个全新的繁盛期和多元化发展期。

首先，那达慕向民间的扩布。那达慕开始成为民间也可“征用”的形式，其“民间主导性”越来越凸现。历史上，那达慕的组办者一直都是宫廷、各级政府或者达官贵人，民间很少承办那达慕。而到了 20 世纪 80 年代中后期，随着人们生活水平的提高、民间文化的繁荣以及民间力量的提升，那达慕的民间性得到了空前的显现，使那达慕这一蒙古族特有的娱乐庆祝方式真正为民间所“掌控”。这一时期，民间自主、自愿组织那达慕已成为普遍现象。无论是敖包祭祀那达慕，还是个人庆祝性那达慕，都由民间个人出资出力，全权负责，自行承办。就敖包祭祀那达慕而言，除了由政府资助的作为旗县标志文化的“旗敖包”外，其余大部分敖包祭祀那达慕采取自主的方式，轮流组织，自行管理，不论组织者还是参与者，全部以“民”的身份介入，几乎没有政府的行政干预，即使有，也只是辅助性的。

其次，那达慕作为重要的文化经济资源，其旅游功能大放异彩。尤其在当下，市场经济的发展引起了民族历史文化资源的重构，民族的传统文化遗产，正作为一种人文资源被重新模塑，并成为当地经济发展的重要资源和新的增长点。以 2004 年西乌珠穆沁旗“挑战吉尼斯

---

① 参见李萍、李文秀：《甘珠尔庙外记》，114 ~ 115 页，海拉尔，内蒙古文化出版社，1998。

② 西乌珠穆沁委员会文史资料工作委员会编印：《西乌珠穆沁旗文史资料汇编（四）》（蒙古文）（内部发行），1 ~ 33 页，1989。

世界纪录2048搏克大赛”那达慕来看，带动了该旗“经济大发展”。第二、第三产业实现增加值1448万元，拉动了GDP增长1.7个百分点。其中第三产业实现增加值792万元，从事运输、零售、餐饮、旅馆等行业的人员达4085人，人均收入1952元。[①] 可见，旅游那达慕带来的经济效益之可观，从而成为各旗、县拉动经济增长的文化资源。“许多传统的文化事象，或隐蔽其传统的、与现代性话语不相适应的民间、‘迷信’的‘落后’的象征意义，着力宣扬与民族—国家总体性叙事话语合拍的合理价值，以‘文化搭台，经济唱戏’这一绝妙的形式，在民间象征资本与国家权力资本、经济资本之间形成共谋。”[②] 那达慕正是在这样的热潮下，成为各地展现蒙古族民族文化的一个综合舞台，并作为可操作的文化“符号”应用于文化品牌的打造中。每年名目繁多的“草原那达慕节”层出不穷，其组织者多为旅游部门或者文化部门，而那达慕的举办时间也由夏季扩展到了冬季，出现了“银冬那达慕”、“冰雪那达慕”。其间，除了“男儿三艺”的表演外，还将蒙古族手工艺、传统游牧生活等予以展示，这不仅扩展了那达慕的外延，而且使那达慕成为地区旅游业可有效凭借的特色文化资源，增强了其本身的商业功能，发挥了其服务于旅游产业的作用。

再次，那达慕作为传统民俗活动在回归的同时也开始纳入新的时代元素，向大型化、专门化方向发展。这一时期，尤其从20世纪末期开始，传统文化全面复苏，人们开始重新审视传统文化，而传统也越来越成为“资源”，为人们所关注，所利用，所打造。传统不再是“落后”的代名词，追求文化的独特性成为主旋律。在这种思潮的驱动下，那达慕也呈现出了回归传统以及保持其“原生性”的趋势，敖包祭祀那达慕的复兴便是很好的例证。同时，这一时期的那达慕，越来越综合化，将民族地区的文化特色通过那达慕得以展现。如“挑战吉尼斯世界纪录西乌珠穆沁旗2048搏克大赛”那达慕、“800骏蒙古

---

① 参见西乌珠穆沁旗档案馆：《2004年“挑战吉尼斯世界纪录西乌珠穆沁旗2048搏克大赛”那达慕工作总结》。

② 刘晓春：《一个人的民间视野》，112页，武汉，湖北人民出版社，2006。

马那达慕”等，不仅将三项竞技向大型化发展，而且以一项为突出点，辐射其他内容。在传统的“男儿三艺”中，出现了三项竞技的扩展内容，如套马比赛、马具展示等，并将歌舞表演、服饰展示、贸易洽谈等纳入其中。

最后，都市那达慕、散居区那达慕的兴起，成为这一时期那达慕的一个重要特点。那达慕现代发展的一个重要特征是趋于符号化的发展，其外延更为扩大，开始脱离草原而走向都市。那达慕逐步被打造成了蒙古族文化的典型符号，其内容和形式较为灵活，可适用于各种目的、各种人群、各种场合、各种地域。都市以及蒙古族散居区那达慕的出现，是那达慕当代发展的一个重要衍生，这一衍生类型的扩展是随着蒙古族进入城市以及城市化的加速而发生的，也是随着民族意识、文化意识的回归和自我认同的需要不断被建构起来的。

第二章

个案的选择与调查地简况

第一节　选点缘由

那达慕分布广泛，类型多样，如何选定调查地是调研前期必需确定的问题。我们之所以确定以内蒙古锡林郭勒盟东乌珠穆沁旗旗庆50周年那达慕为调查个案，主要考虑了以下两个方面的因素。

第一，从地域的选择而言，东乌珠穆沁旗拥有2.9万平方公里的草原面积，不但是内蒙古自治区重要的畜牧业基地之一，而且还是世界四大草原之一，是唯一能够汇集内蒙古九大类型草原的地区。这里，草原风貌保存相对完整，也是内蒙古地区为数不多的保留较为单一的草原畜牧经济区之一，甚至有些苏木、嘎查仍保留着传统的四季迁徙游牧的方式。目前，乌珠穆沁草原是最完整地保存蒙古族传统文化的地区之一，蒙古族游牧文化中的诸多民俗事象，在这里保留得更完整，更具典型性，具有深厚的传统民俗文化积淀。传统的蒙古摔跤、古老的吊马及赛马风俗、悠扬的乌珠穆沁长调、色彩斑斓的乌珠穆沁服饰，无不展示着乌珠穆沁蒙古族无比丰富和灿烂的民俗文化底蕴。仅就服饰而言，无论是男女老幼、普通牧人，还是政府官员，每个人都有几套春夏秋冬不同季节、不同质地的蒙古袍，在重大日子或是节庆之时，穿着传统的乌珠穆沁服饰，以示正式和隆重。从这一地区的人口比例来看，蒙古族人口占68%以上，而且大部分为牧业人口。因此，蒙古

语言的使用占据绝对优势，不论是政府官员还是商贩，在日常的交往中都会使用蒙古语。此外，以锡林郭勒盟为代表申报的那达慕被列入了国家第一批非物质文化遗产名录，而乌珠穆沁地区那达慕不论在类型上还是在内容上都极具代表性。仅敖包祭祀那达慕，每年就会举行六七十场，并且都包含有摔跤、赛马、蒙古象棋、嘎拉哈等传统的那达慕项目。

第二，从类型的选择而言，2006 年正逢东乌珠穆沁旗旗庆 50 周年那达慕，作为政府主办的大型那达慕，不仅有传统符号的展演，还有现代符号的呈现，能够较完整地体现那达慕的复合性、包容性以及多样性。选择官方那达慕主要基于以下三方面的原因。

其一，从那达慕的历史发展脉络来看，官办那达慕一直以来都是那达慕的重要类型。在历史上，那达慕主要由官方组织，服务于官方祭祀、军事、朝会、结盟、交流、庆祝等各种目的。这与那达慕不是一个家庭内部的“内聚性”节日①，而是一个集体的、公共的、“外显性”的聚会活动有关。这种具有相当规模的集体性、公共性活动，显然需要具有公众影响力的特定权力的出现。更为重要的是，那达慕在蒙古族历史上处于重要地位并发挥着政治、军事功能，从而大型的那达慕始终由政府和官方组织举办。从氏族社会游猎时代敖包祭祀后的那达慕开始，即成为蒙古族氏族、部落首领祭祀一方山水、天地诸神后的娱神、媚神的仪式。进入游牧经济时代后，随着军事征战和蒙古族势力的扩张，那达慕成为训练兵力、选拔士兵以及出征前鼓舞士气、增强战斗力的演练活动。政权建立后，那达慕出现了宫廷化和政治化的趋向，成为王公贵族宴请、娱乐以及服务于外交、政治交往的一种媒介和手段。至清代，那达慕的主要内容“男儿三艺”被列为朝廷朝会和行围的必备项目，并随着盟旗制度的建立，那达慕成为地方政府构建相邻旗县联谊的平台。到了清末民初，那达慕的商贸经济作用得以发挥和伸展，成为盟旗物资交流和商贸往来的重要手段。新中国成立后，那达慕这一形式成为由政府主导，宣传党的政策、开展劳动比

① 参见萧放：《传统节日与和谐社会》，载《政工研究动态》，2007（5）。

赛、促进畜牧业发展的，具有蒙古民族特色的庆祝方式，并一直延续至今。我们可以从1956年东乌珠穆沁旗建旗以来举办的历次那达慕了解这一点：

东乌珠穆沁旗政府组织的那达慕选介①

时间	主题	地点	主要内容	备注
1963年7月 全旗第一届那达慕大会	为庆祝牲畜数量突破130万头（只），达130.91万头（只）	乌里雅斯太镇 历时7天	512名成人摔跤赛； 64名蒙古象棋赛； 180匹30公里远程马赛	
1973年 全旗第二届那达慕	畜牧业恢复生产，牲畜总量达162.74万头（只）	乌里雅斯太镇 历时7天	512名成人摔跤赛； 64名蒙古象棋赛； 170多匹30公里远程马赛	
1981年7月 全旗第三届那达慕大会	1977年，畜牧业遭受严重自然灾害，1981年牧业丰收，超过了1963年的记录，牲畜数量达到138.37万头（只）	乌里雅斯太镇 历时7天	512名成人摔跤赛； 128名蒙古象棋赛； 远程马赛、鞍马赛、二岁马赛，共有400多匹马参赛	举行了建旗以来的首次“将嘎”授予仪式，12名著名摔跤手获此殊荣
1983年 第一届物资交流会那达慕	促进物资交流	乌里雅斯太镇 历时3天	64名摔跤赛，奖励前16名；赛马、蒙古象棋比赛	

① 东乌珠穆沁旗档案资料，2006年8月2日至3日张曙光、白莉莉查检于东乌珠穆沁旗档案馆。

续表

时间	主题	地点	主要内容	备注
1984 年第二届物资交流会那达慕	促进物资交流	乌里雅斯太镇 历时 3 天	摔跤团体赛和个人赛；64 名成人摔跤赛，奖励 16 名；此外还有马赛	
1986 年 7 月 全旗第四届那达慕大会	庆祝东乌珠穆沁旗建旗 30 周年	乌里雅斯太镇 历时 7 天	512 名成人摔跤赛；128 名蒙古象棋赛；180 多匹马的 30 公里远程马赛；其他还有接力赛等，并举办了篝火晚会	
1989 年 8 月 庆祝牧业丰收那达慕	牲畜数量达到建旗以来的最高水平，184.66 万头（只）	乌里雅斯太镇 历时 7 天	256 名成人摔跤赛；64 女子摔跤赛	
1991 年 7 月 全旗第五届那达慕	庆祝东乌珠穆沁旗建旗 35 周年	乌里雅斯太镇	有男子、女子和儿童摔跤赛、远程赛、鞍马赛、接力赛，成人和儿童象棋赛，射箭、射击、拔河、篮球、门球等	那达慕期间奖励了 500 名劳模
1993 年 8 月 庆祝抗灾胜利那达慕大会	庆祝抗灾胜利		摔跤赛和蒙古象棋赛	

续表

时间	主题	地点	主要内容	备注
1994年8月15日17日全旗小康户命名大会，暨畜牧业丰收庆功那达慕大会	庆祝旗畜牧业生产再创历史最高水平	乌里雅斯太镇历时3天	成人256人摔跤赛，奖励前64人；女子64人摔跤赛，奖励前16人；儿童128人摔跤赛，奖励前32人；远程马比赛，奖励前32名；象棋赛，奖励前8名；老年门球赛，奖励前3名；乌兰牧骑文艺演出	命名达到小康标准的牧户；奖励优秀的苏木、嘎查
1996年7月建旗40周年那达慕大会	东乌珠穆沁旗建旗40周年	乌里雅斯太镇	1024名摔跤赛、128名女子摔跤赛；还有儿童摔跤赛、蒙古象棋、赛马、套马等	
1999年7月全民健身那达慕	全民健身	乌里雅斯太镇	摔跤、赛马、蒙古象棋、老年门球、男女篮球、乒乓球、广播体操、健美操	
2006年建旗50周年那达慕大会	庆祝东乌珠穆沁旗建旗50周年	乌里雅斯太镇那达慕会场	1024名成人摔跤赛；64名女子摔跤赛；128名儿童摔跤赛等。还有远程马赛、鞍马赛、两岁马赛、走马赛、蒙古象棋、嘎拉哈比赛等以及多场文艺演出	摔跤手退役和“将嘎”授予仪式；赛马祝赞仪式；奖励500名劳动模范

可以说，政府举办的那达慕在东乌珠穆沁旗一直处于主导地位，政府始终扮演着那达慕的重要角色。

其二，政府主办的那达慕相对于其他类型的那达慕而言，包含的文化符号更多，仪式更完整，内容更丰富，能够多角度地展示那达慕的全貌。东乌珠穆沁旗举行的旗庆 50 周年那达慕，持续 5 天，有开幕式，包括升降国旗、护卫国旗、入场式、领导致辞，还有大型歌舞表演、地方特色文化展示、多种类型的比赛、闭幕式等丰富的内容。这样大规模的那达慕在日常生活中并不常见，主要发生在特定的庆典场合。而民间举办的那达慕却不同，一般只举行一天，其包含和展示的文化符号也较少，比赛类型较为单一，一般只有成人摔跤比赛、远程马赛。以西乌珠穆沁旗王盖敖包祭祀那达慕来看，祭祀敖包仪式结束之后，远程马赛即已开始。人们聚集在敖包下的平地上，临时支起两个标志性的帐篷作为主会场，广播里通知欲参加摔跤的选手当场进行报名。64 名摔跤手，名额满限，即开始比赛。没有特别的开幕式，也没有正式的闭幕式。而东乌珠穆沁旗旗庆 50 周年那达慕，从开幕式的 5000 人长调合唱、会场附近的 500 座蒙古包、摔跤、赛马、射箭、蒙古象棋、嘎拉哈等多种类型的比赛项目，到大型晚会的组织以及各种商业活动的开展，都可体现那达慕丰富的文化内涵和意义。此外，还有一些仪式和仪礼只有在政府组织的那达慕上才得以展现，如摔跤手荣誉称号授予仪式、“将嘎”授予仪式等。因此，东乌珠穆沁旗建旗 50 周年那达慕，既将富有蒙古族和地方特色的文化符号集合在一起，又充分体现了那达慕综合性、复合性的内涵。

其三，一般民间组织的家庭那达慕或敖包祭祀那达慕，大多只有远程马赛和成人摔跤赛，其参与者数量有限，加之近年来草场承包到户以及遍布草原的网围栏，使得那达慕的核心符号之一——马赛受到诸多限制，例如远程马赛的距离只能限制在 30 ~40 里，有的比赛甚至只有 20 里。政府举办的那达慕因有专门的那达慕会场，马赛不仅安排了 60 里远程赛、30 里公马赛、30 里鞍马赛、15 里走马赛、20 里二岁马赛以及马上拾嘎拉哈比赛等，而且还有赛前绕桑玛日赛曲唱诵仪式、赛马称号祝赞辞仪式等，使我们能够较为完整地观察到传统那达慕的

全貌。可喜的是，因那达慕发展不均衡而在乌珠穆沁旗消失的射箭比赛，近年开始逐渐恢复，但它的普及率并不高。因此，只有在政府举办的大型那达慕上才可看到那达慕“男儿三艺”之一的射箭比赛。

基于以上考虑，我们选择了2006年东乌珠穆沁旗旗庆50周年那达慕为个案调查对象。需要强调的是，虽然该那达慕以政府举办为主，但是以“男儿三艺”为核心的传统游牧文化因子贯穿始终，而且还吸收了各个方面的民间行家参与那达慕的组织、管理和协调工作，民间性得到了充分的体现，这也是我们所关注的重点。

第二节　东乌珠穆沁旗简况

一、东乌珠穆沁旗自然及人文环境

东乌珠穆沁旗（简称东乌旗）地处内蒙古自治区锡林郭勒盟东北部，大兴安岭西麓，东邻兴安盟、通辽市，南邻锡林浩特市、西乌珠穆沁旗，西接阿巴嘎旗，北与蒙古国交界，国境线长527.6公里，土地总面积4.73万平方公里。

东乌珠穆沁旗地形东高西低，海拔830~1500米。主要山脉是大兴安岭，最高峰宝格达山是乌拉盖河、色也勒吉河、海拉思台河、乃林郭勒河的发源地。乌拉盖河途径9个苏木1个牧场，全长320公里。

东乌珠穆沁旗的气候属北温带大陆性气候，寒冷干旱，全年平均气温0.7℃，1月最低气温-40.7℃，降雪期从10月初到次年4月底。夏季7月最高气温39.7℃，年降雨量254毫米。东乌珠穆沁旗境内矿藏资源丰富，动植物种类繁多。地下资源有石油、烟炭、钨砂、芒硝、铜、铅、锌、铁矿等；地上有额吉淖尔盐池。野生动植物有黄羊、狐狸、旱獭、獾子、麋鹿、野猪、天鹅、鹰、鸨、大雁、鸿雁以及黄芪、党参等各种药用植物。

乌珠穆沁草原是我国目前保存完好的天然牧场之一，东乌珠穆沁旗位于乌珠穆沁草原腹地，天然草场总面积为6917万亩，其中，可利用草场面积为6534万亩，占天然草原面积的95%，是乌珠穆沁草原的主体部分。地带性植被由草甸草原和干草原组成，分布广泛，占全旗可利用草原面积的82%。非地带性植被由草甸、沼泽、沙地组成，仅占全旗可利用草原面积的18%。草食家畜拥有量位于内蒙古自治区首位，是全国重要的畜产品基地，也是乌珠穆沁羊、乌珠穆沁白绒山羊和乌珠穆沁牛、乌珠穆沁马的主要产地。

“乌珠穆沁”系蒙古语，直译为“摘葡萄的人们”，引申意为“葡萄山之人”。[①] 东乌珠穆沁旗历史悠久，据史料记载，春秋战国时期，匈奴和东胡等游牧部落的一些分支在这一地带活动。匈奴、东胡等民族之后，乌桓、鲜卑等游牧部族在这里分布居住，东晋十六国时为乌洛侯、契丹等部族占据。隋唐时代为东突厥之辖地，属关内道突厥都护府，辽代为上京道乌古迪烈统军司所辖。额吉淖尔盐池辽代时已被开发利用，称大盐泺（广齐湖）。金代设置临潢府路庆州大盐泺群牧司，北境则被弘吉剌部占据。元代是其兴盛时期，属岭北行省济南王所部管辖。明代鞑靼、奴儿干等部族相争，后被乌珠穆沁部落占据，从此称作乌珠穆沁。明朝时属蒙古左翼察哈尔万户，直属蒙古大汗。达延汗孙达赉逊库登汗命其三弟翁衮都喇尔领该部，始称“乌珠穆沁”。翁衮都喇尔积极协助图门札萨克图汗处理朝廷事务。林丹汗遭后金攻击时，该部曾一度移居喀尔喀地区，以避战乱。明崇祯十年（公元1637年），翁衮都喇尔之子多尔济、孙色楞等率部归顺清廷。清顺治三年（公元1646年），分乌珠穆沁部左翼和右翼两个旗，封色楞为札萨克多罗额尔德尼贝勒，驻额尔虎河（今乌拉盖河）之侧奎苏陀罗海。设九个佐领，诏世袭罔替，统治乌珠穆沁左翼旗，多尔济则统治乌珠穆沁右翼旗。民国时期，划归察哈尔部都统管辖，1934年，

---

① 对于“乌珠穆沁”一词的来历以及“乌珠穆沁”部落的形成，目前学界有新的研究和解释。有人认为“乌珠穆沁”意为“看守”、“守卫”的意思；又有人认为“乌珠穆”，并非指“葡萄”，而是泛指“野果”。这里采纳惯常的说法。

属锡林郭勒盟。1945 年，乌珠穆沁部道尔吉王与乌兰夫部发生冲突，兵败，率 6 个苏木迁至蒙古国克鲁伦河附近驻牧。1949 年，乌珠穆沁左翼旗 3 个苏木与乌珠穆沁右翼旗合并为东部联合旗。1956 年 7 月 3 日，在撤销东部联合旗建制的基础上，分设东、西乌珠穆沁两个旗建制，东乌珠穆沁旗驻地喇嘛库伦庙（今乌里雅斯太镇）。1956 年，西乌珠穆沁旗的道特淖尔、宝拉格、敦达高毕、呼布钦高毕、萨麦、阿拉坦合力、额和宝拉格等苏木划归东乌珠穆沁旗管辖。[①] 2006 年，撤苏木并镇后，东乌珠穆沁旗辖 5 个镇，即乌里雅斯太镇、道特淖尔镇、额吉淖尔镇、满都胡宝拉格镇、嘎达布其镇和 2 个苏木，即萨麦苏木、呼热图淖尔苏木以及 57 个牧业嘎查。

东乌珠穆沁旗是个以蒙古族为主体，多民族聚集的纯牧业旗。截止 2005 年，全旗总人口 7.09 万人，其中蒙古族人口 4.56 万人，占全旗总人口的 64.5%。另外还有汉族、回族、满族、达斡尔族和少量的朝鲜、羌、彝、佤、藏等民族。2005 年，全旗生产总值完成 16.5 亿元，居全盟第二位。城镇居民人均可支配收入 8301 元，牧民人均纯收入 6880 元，居内蒙古自治区旗、市、县之首。

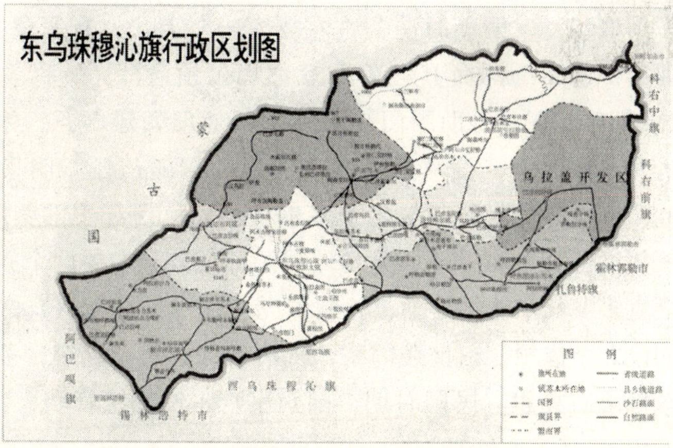

东乌珠穆沁旗行政区划图

① 笔者根据《东乌珠穆沁旗旗志》编写。

二、东乌珠穆沁旗的那达慕

关于东乌珠穆沁旗那达慕的源头，虽然没有明确的历史记载说明那达慕出自敖包祭祀，但是民间认为，那达慕就是敖包祭祀后进行的一种娱神、媚神的仪式活动。“敖包祭祀而有了耐亦日那达慕。敖包不是祭祀完就完了，还要进行赛马、摔跤等娱乐活动。”“敖包祭祀都有固定的时日，不能随便祭祀。按照农历月份祭祀，年年都如此。以前主要是敖包祭祀时才有耐亦日。”① “敖包祭祀之后进行三种马赛和成人搏克赛。”②

据了解，在新中国成立前，乌珠穆沁地区的那达慕主要还是以敖包祭祀后的耐亦日那达慕为主。此外，还包括王爷娶妻纳妾、做寿，旗府举行集会，商定要事以及寺庙举行庙会等机会举行的以“男儿三艺”为主的那达慕。“旧时的耐亦日不多，敖包耐亦日之外，还有招福耐亦日、喜庆耐亦日等。”③ “以前没有专人组织的那达慕和节日，都是由寺庙或王府组织的。”④ “现在社会发达了，老人一般也都会举办老人耐亦日。过去，老人的耐亦日很少，说是没有那福分，怕收受不起。”⑤

从古至今，乌珠穆沁草原一直享有“搏克摇篮”的美誉，自古英才辈出。康熙五年（公元1666年），在清廷举办的全国性的那达慕盛会上，乌珠穆沁摔跤手安召在1024名摔跤选手中独占鳌头，留下了盛名。⑥ 19世纪初，巴特尔朝克图参加清廷京师盛会，又以头名载誉而归。19世纪中叶的摔跤手都仁扎那，更是传说和民歌中的人物。⑦ 长

---

① 资料来源于张曙光与照力格图的访谈记录。

② 资料来源于张曙光与巴图孟和的访谈记录。

③ 同②。

④ 资料来源于张曙光与伊达姆的访谈记录。

⑤ 同②。

⑥ 在东乌珠穆沁旗有个古迹称为安召岩，据说是安召这位搏克手举过的岩石。

⑦ 富荣嘎、拉·阿木尔门德编著：《乌珠穆沁风俗志》（蒙古文），194页，呼和浩特，内蒙古人民出版社，1992。

调《都仁扎那》就是为他战胜当时著名的常胜摔跤手而创作的，并被后人传唱至今，因此“都仁扎那”便成为了蒙古族著名摔跤手的代名词。后来的僧格、劳来、其木德、额尔登巴雅尔、关其格扎布、查干扎纳、哈达、巴图苏和、巴雅尔巴特尔等都是乌珠穆沁草原养育的“都仁扎那”似的摔跤健儿。歌中唱到：

夜晚不见的启明星，
黎明时闪闪亮啊；
乌珠穆沁旗的都仁扎那，
最后的胜负就在眼前啊。
十两银子的金质泡钉，
缀在背后亮锃锃；
远旗来的都仁扎那，
扛起对手摔地上啊。
五两银子的牛皮靴，
摔跤场上嘚哒哒；
库锦纹的蟒缎裤，
摔跤衣下金闪闪。
结实的香牛皮靴，
能从脚下滑脱吗？
健壮的都仁扎那，
能败在别人手下吗？
光面的香牛皮靴，
能在鞋底开缝吗？
有名的都仁扎那，
能让别人摔倒吗？
……
金翅的海青鸟啊，
是长空中的大力士；
跤王的都仁扎那啊，
在民歌中万古流芳。

光芒四射的太阳啊，
是照亮苍穹的灯笼；
良家子弟的都仁扎那，
是照耀青史的灯笼啊！①

在东乌珠穆沁旗建旗50周年那达慕上，当代著名摔跤手被化装成了“都仁扎那”，出现在开幕式上，更加强化了人们对“都仁扎那”的认知，突出了摔跤手的非凡形象。

现代的“都仁扎纳”

20世纪50年代末60年代初，敖包祭祀基本停止。那达慕主要服务于生产活动，目的在于表彰和庆祝畜牧业发展，“新中国成立后进行了改革，改称那达慕大会。所谓‘那达慕’就是指‘男儿三艺’。那达慕大会的内容除了传统的三项比赛外，增加了很多与经济生活相

① 乌·那仁巴图、达·仁钦编：《蒙古民歌五百首》（蒙古文），上册，30页，呼和浩特，内蒙古人民出版社，1979。

关的内容。比如将自己的牲畜、特产拿到集市上买卖，进行交换等。当时，一有耐亦日，我们就为买东西而赶过去。当时还有汉族地区马戏团进行表演。从那达慕的内容而言，政府主要对畜牧业发展状况进行总结，还要对大小畜、种畜、犍牛等进行对比，看谁的牛羊肥壮、品种优良。优胜者还当场进行奖励”①。这种情况一直持续到了80年代中后期。从东乌珠穆沁旗档案资料来看，1983年、1984年举办了两届“东乌珠穆沁旗物资交流会那达慕”，进行了摔跤个人赛和团体赛。之后的1994年8月，在乌里雅斯太镇召开了为期三天的“全旗小康户命名大会暨畜牧业丰收庆功那达慕大会”。此次那达慕规模较大，旗政府成立了专门的“全旗小康户命名大会暨畜牧业丰收庆功那达慕大会筹备领导小组”，由时任旗委书记的苏德斯琴任组长，旗长东戈任副组长，由政府、人大、政协、两院以及政府所辖各个部门的领导，负责与大会相关的各项事宜。成立了大会组织委员会，并下设十个工作组，即宣传秘书组、小康户评审组、竞赛和文艺组、环境及食品卫生组、后勤接待及财务组、安全保卫组、大会主席台管理组、奖品制作组、市场管理组、礼品组，并要求在会议召开前的半个月到达指定岗位。另外，设有成人256人、女子64人、儿童128人的摔跤赛，还有远程马赛、蒙古象棋赛、老年门球赛以及乌兰牧骑文艺节目等。②

从20世纪80年代末至90年代初开始，不同类型、不同目的、不同组办者的那达慕多了起来。“很多时候是由盟、旗组织举办，后来由苏木举办。近几年，也有个人和不同的机构来举办。”③“现在有敖包耐亦日、老人耐亦日。老人在73岁或85岁时，富裕些的家庭都举办很不错的耐亦日。老人耐亦日原先是没有的，新产生的。”④“原先祝寿时拿着哈达去就可以了，现在一定要举行搏克比赛。现在比起以前耐亦日可多了。”⑤“以前的耐亦日和现在的耐亦日有所不同，主要

① 资料来源于张曙光与照力格图的访谈记录。
② 摘自东乌珠穆沁旗档案局政府档案资料。
③ 资料来源于张曙光与扎格尔的访谈记录。
④ 资料来源于白丽丽等与哈斯巴特尔的访谈记录。
⑤ 资料来源于张曙光与特木尔吉如和的访谈记录。

有四个方面：一是规模大，参加人数越来越多；二是举办的次数多，个人耐亦日多了，建校纪念都有搏克赛；三是奖励高；四是内容更丰富，儿童搏克、女搏克等都是新增的内容。还有文艺演出、各种商业买卖、手工展示等，白天、黑夜都有活动。”①

在乌珠穆沁，摔跤是那达慕的主要内容，处于核心地位，其次是赛马，因马匹数量锐减，有些那达慕不进行赛马比赛。在锡林郭勒盟，由于射箭已于二十世纪五六十年代消失，已经找不到一把传统的弓箭，只有在政府举办的大型那达慕上才能见到恢复后的射箭项目。相反，蒙古象棋却是这一地区日常生活中广泛流行的游戏。从实际情况看，在如今的乌珠穆沁草原，现代“男儿三艺”，更多时候是摔跤、赛马和蒙古象棋。此外，嘎拉哈（羊踝骨）也是该地区较为有特色的那达慕内容，其玩法多种多样，有弹、射、扔等上百种玩法，男女老幼皆可参加，是一种较为普及、受众面较广的娱乐项目。随着时代的发展，那达慕除了保持原有的传统项目外，也有新的内容增加进来，如现代体育项目拔河、篮球、排球和新的娱乐活动碰碰车、空中飞车等，正是这些项目，丰富了那达慕的内容，使那达慕作为一种综合的文化舞台，呈现在人们的面前。

---

① 资料来源于张曙光与乌尔图纳森的访谈记录。

第三章

那达慕的准备与仪式的展演

第一节　那达慕节日的准备

一、节日组织与运作

作为政府主办的为旗庆50周年而举行的那达慕，其筹备和前期运作过程比一般的、民间的小型那达慕要长许多。此次东乌珠穆沁旗那达慕，如果将其建旗50周年相关活动纳入的话，其筹备时间达半年以上。如果单纯就那达慕大会而言，其准备工作大致进行了一个半月的时间。那达慕的前期准备工作，除了组织者的各种部署外，更为重要的是参赛者的备战。

作为政府组织的那达慕，动员和部署是前期准备的重要环节。开幕仪式中的各种表演、那达慕所需人员、马匹、蒙古包等筹备工作都已以政府文件形式分派到了各镇、苏木、嘎查。而参加入场仪式表演的排练也在一个月前开始。那达慕比赛项目、比赛规则的通知，在那达慕召开前的两三周内制订并发放到了各镇、苏木、嘎查，以便选手作好参加比赛的准备。同时，那达慕的招商引资以及商贸洽谈等也通过媒体广而告之。

在管理方面，由于东乌珠穆沁旗建旗50周年那达慕是一个大型的那达慕，聚集了近十万名群众，政府为此组建了专门的“治安管理组”，由副旗长直接挂帅，公安局、武警以及食品监督等部门共同承担了节日期间各方面的安全工作。那达慕现场投入警力近三百人维持会场秩序以及大会的安全。此外，还设立了那达慕大会治安管理队，制定了治安相关条例。在主席台的北面，设置了治安管理办公室和医务室，以随时处理各种应急事件。由于此次那达慕为期时间较长，会场的基本设施建设也成为了重点，如将自来水免费引到搭建的500座蒙古包的门前，在会场东西两侧各盖了一座较大型的公共厕所等。

参加那达慕的萨麦苏木的两姐妹

东乌珠穆沁旗旗庆50周年庆典，是“政治、经济、文化生活中的一件大事”，是展示地方竞争力、为下一步的发展拓宽渠道的大好时机。为此，组织者专门成立了东乌珠穆沁旗那达慕筹备委员会，除旗长、书记直接领导外，各级政府也都参与到了整个那达慕的组织当中，并采取了分级、分层的组织和管理方式，明确了政府机构各层人员的分工和职责，成立了筹备委员会办公室及7个工作处，并在办公室和各处按照承办工作量，设立了若干个分工不同的职能工作组。这些机构包括筹备委员会办公室、对外联络处、文艺处、体育处、会务处、接待处、安全保卫与市场监管处、经贸洽谈与会展处等，关涉庆典活动的方方面面。除此之外，在赛场上，各项比赛活动都有各自不同的负责人，负责与比赛相关的各类事宜。因比赛项目、参加人数较多，所以每项比赛除了有一个总负责人之外，又安排了若干个辅助者。就赛马比赛和嘎拉哈比赛来说，裁判员共12人，工作人员3人，他们均来自政府相关部门。各镇、苏木也均指定了组织和联络人员。①

在大会筹备期间，旗政府向盟、自治区政府报告召开庆祝50周年那达慕的申请，并得到了中央以及自治区政府的高度重视，不论在资金上，还是在宣传上都给予了大力支持。大会期间共接待了政府方面的宾客近800人，他们分别来自国家有关部委和自治区盟、旗、市、县各部门，曾经在该旗插队的知青，各界新闻媒体人士以及蒙古国、法国、韩国等国家的外宾也参与了此次盛会。②

现代社会里，新闻媒体是最直接、最广泛获取信息的渠道。此次那达慕大会也利用了媒介的作用。一般民间传统那达慕，如敖包那达慕的举行无需更多的准备，也无需特别的通知以及宣传。对于小型的、传统的那达慕而言，更多时候仍沿袭口耳相传的方式来传递信息。到了敖包祭祀那达慕那天，人们自动聚集在一起，参加祭祀以及之后的那达慕。而对于政府主办的、特定主题的那达慕，宣传和前期推广成为了重要环节。

此次那达慕在召开前三个月就在旗政府网站上发布了消息，并通过《内蒙古日报》等报纸进行了反复报道。此外，通过不同网站，如

---

① 以上资料来自东乌珠穆沁旗建旗50周年庆典活动筹委会办公室所发2006年第17号文件“东乌珠穆沁旗建旗50周年那达慕大会赛马、嘎拉哈比赛相关事宜”。

② 参见贺喜格布仁：《在建旗五十周年庆典活动总结会上的讲话》，2006年8月17日。

"蒙古文化网"等网络传媒来进行更为广泛的宣传。在大会策划中，还与内蒙古电视台安排了"走进东乌大型开机仪式"，其六个栏目组进驻东乌珠穆沁旗进行了拍摄报道，并由内蒙古卫视对大会开幕式进行了直播。在大会期间，中央电视台四套、七套，中央人民广播电台，福建海峡卫视、锡林郭勒盟电视台、《内蒙古日报》、《锡林郭勒盟日报》等近五十家新闻媒体进行了跟踪报道。而所有这些宣传，一方面旨在吸引更多的旅游者，促进本旗第三产业的发展，达到"经济唱戏"的目的；另一方面，通过这样的活动宣传，以展示东乌珠穆沁旗在各方面取得的成绩，扩大影响，搭建更好的沟通和交往的平台。可以说，电视、广播、报纸以及网络等现代传媒已成为外界认知那达慕的重要工具。

二、节日时间与空间的选择

（一）那达慕的时间

新中国成立前，蒙古族那达慕的举办时间，一般由附近大寺庙的格根（活佛）或大喇嘛等推算、占卜来确定具体的日期。新中国成立后，随着那达慕性质的转变以及主办者的单一化，使得那达慕日期一般选择生产之余或节假日、喜庆日期，由政府确定举办时间。20 世纪 80 年代初，随着传统的复苏以及那达慕类型和组织者的多样化，人们在确定日期时为了求吉，仍要到寺庙求签或求高僧确定。即便是政府举办的大型那达慕，也遵循传统，尊重民意，也采取请活佛或寺庙大喇嘛择日，政府最终确定的形式。

据某位直接参与组织的政府官员所言，东乌珠穆沁旗建旗 50 周年那达慕大会的举办日期，是由东乌珠穆沁旗道特淖尔镇新宿莫寺的格根（活佛）选定日期，并由旗政府认可后确定的。此次那达慕的日期是农历六月二十九日，据藏传佛教的说法，这一天是青虎日，乃祥和之日。[①] 2006 年 7 月 24 日，东乌珠穆沁旗建旗 50 周年那达慕大会正

① 资料来源于张曙光与一位直接介入此次那达慕的官员的访谈记录。

式开幕，7 月 28 日闭幕，历时 5 天。实际上，小型的庆祝活动从 7 月 22 日便已开始。所以，整个那达慕活动为期一周，即 7 天。按照蒙古族奇数崇拜传统，那达慕的会期一般为 1 天、3 天、5 天、7 天、9 天不等，而很少有 2 天、4 天、6 天、8 天。由此看来，东乌珠穆沁旗旗庆 50 周年那达慕大会举办时间的选定以及天数的把握，完全遵循了蒙古族那达慕的传统习俗和信仰心理。

（二）那达慕的空间

东乌珠穆沁旗建旗 50 周年那达慕大会会场，在旗府乌里雅斯太镇东北 5 公里处的一片开阔的草场上。会场主席台和观礼台由内蒙古兴业集团股份有限公司①投资 526 万元建成，占地总面积 2500 平方米，其形状酷似牧人的勒勒车，象征蒙古民族的游牧生活。这是东乌珠穆沁旗“草原那达慕大会的永久性建筑”②。

那达慕主会场

① 该公司在东乌珠穆沁旗开掘天贺银矿、朝布楞多金属矿、融冠多金属矿，是东乌珠穆沁旗骨干工业企业，也是内蒙古有色金属采选龙头企业。

② 主席台功德牌上的文字。

那达慕会场搭建蒙古包

从那达慕空间来看，主席台和观礼台、主赛场、分赛场、生活区、商业区、娱乐区等相对分隔却又互为整体，圈连形成相互关联的那达慕节庆空间，并以主席台为中心，以那达慕活动核心内容向次生内容、再次生内容扩展，形成极富民族特色和时代特色的那达慕文化空间。主席台所在地为主会场，其东北侧为赛马比赛终点线和射箭比赛的分会场。赛马是传统的直线赛程比赛，根据比赛的距离，在那达慕会场之外的草场设立起点，终点设在会场东北侧。主会场的东南和西南侧为现代游艺、娱乐项目及商业活动场所。主会场的两侧，是按照旗政府统一部署临时搭建起来的500座蒙古包，这是为前来参加或观看那达慕的各个苏木、嘎查牧民准备的临时居室，也是为游客提供大会期间蒙古族特色食宿的地方。这500座蒙古包，分别以苏木、嘎查所处的地理方位被安置在主席台的东、西两侧，各250座。作为那达慕最重要的角色和参与者的民众，以苏木、嘎查为单位参与到那达慕所有活动当中。而蒙古包群落就成为“移动的城镇”，将分散于草原深处的苏木、嘎查的人们聚集到一起，形成了那达慕节日期间的联合体，再现“游牧王国”的盛况，建构起族群历史记忆中的“库列延”的想象。

蒙古包群落

靠近主席台东、西两侧的第一个大型蒙古包，除了是处理那达慕期间与本镇、苏木、嘎查相关事宜的临时办公地点外，它还是宴请各方人士的场所。

蒙古包的门一律朝南开，内部的摆设齐全，完全以节日的礼仪布置。中央放置炉灶，周围摆设木质的碗柜、板柜、板箱、方桌等。蒙古包的正北挂着成吉思汗像，西北侧供奉着佛龛，两边柜子上摆放着供品。西南主要摆放男人们的放牧用具，如马鞍、马鞭等。蒙古包中间的长条桌上摆满了各种点心、糖果、奶食品，任何人进入蒙古包，都会品尝到热情的主人端上的一碗热腾腾的奶茶。

那达慕主会场布局图

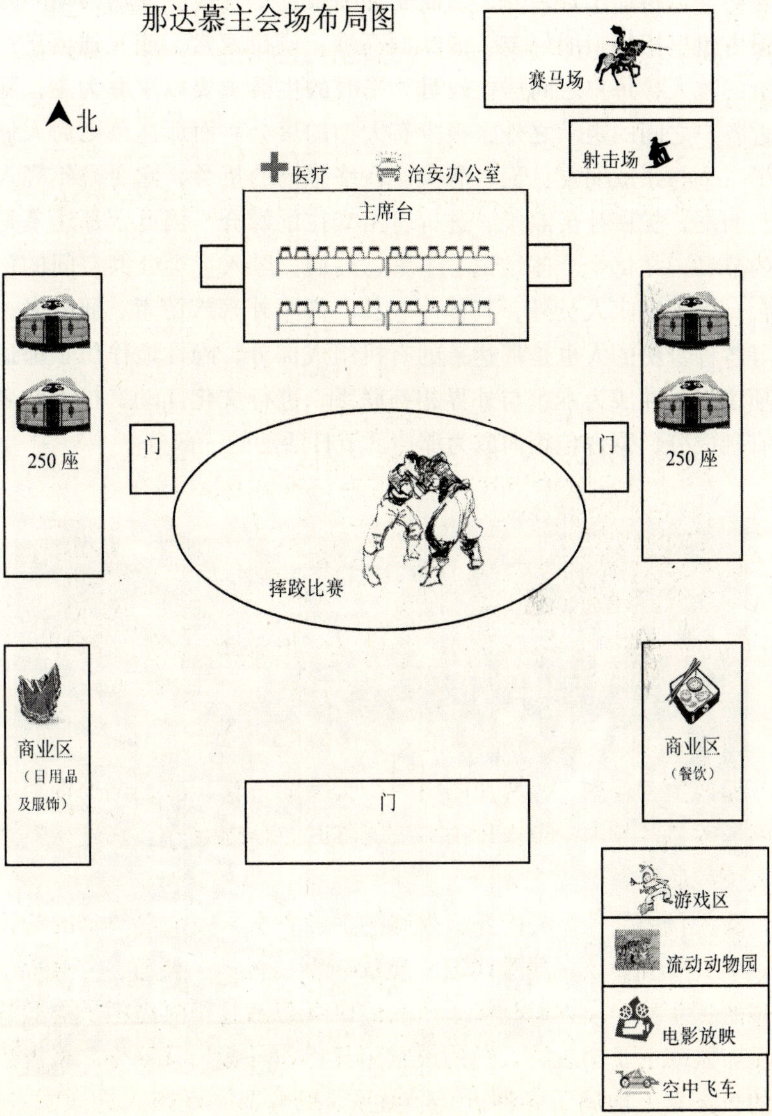
赛马场
北
射击场
医疗
治安办公室
主席台
250座
门
门
250座
摔跤比赛
商业区
（日用品
及服饰）
商业区
（餐饮）
门
游戏区
流动动物园
电影放映
空中飞车

蒙古包作为整个那达慕的节日生活空间，是牧人节日社区互动的重要场域。他们几乎是带着“家”来参加那达慕，甚至有的家庭在那达慕期间雇用外人看管畜群，以便举家参加那达慕。节日期间，除了观看比赛、参加比赛之外，亲戚朋友的聚会是其最重要的活动。人们在蒙古包里招待亲朋好友，或饮酒高歌，或拉家常，或互通信息。草原上的牧人，每户之间居住较远，平时的生活主要以家庭为主，除了附近各户之间的走动之外，很少有大型的聚会。而那达慕则为人们提供了一个与亲戚朋友见面、聊天，联络感情的机会，它更是年轻人结识新朋友、扩展社会圈子、进行自由交往的媒介。因此，那达慕是公共的节日，是每个个体结识、了解、沟通、融入社会公共空间的一个舞台。除了本旗人员外，其他旗、县，甚至外来旅游者、研究者、知青等各种身份的人也是那达慕的有机组成部分，隐性地作用于那达慕各项议程，并成为本旗与外界相互联系、进行文化互动、扩大知名度的有利成分，蒙古包因而成为那达慕节日活动的一部分。

蒙古包天窗

蒙古包里的欢乐

除主会场外，乌里雅斯太镇的蒙古族第一小学、镇中心广场也是比赛、演出以及表彰的那达慕“空间”。作为分会场，这里进行了蒙古象棋比赛、嘎拉哈比赛、晚间文艺演出以及正式大会前的劳模表彰、新生婴儿取名仪式等。

从空间安排上看，摔跤比赛占据了主要空间。因摔跤比赛的种类、人数较多，从而使不同种类的比赛在一个主赛场同时进行。其中，成人摔跤赛占据赛场中心位置，老年摔跤赛在赛场东南侧，女子摔跤赛在西南侧，儿童摔跤赛在西北侧轮替或同时举行。

整个那达慕期间，赛马比赛始终是一项重要的内容。除了马上拾嘎拉哈比赛在下午举行之外，其余的比赛都在清晨或午前进行。射箭比赛在赛马之后举行。因射箭比赛是新近恢复的项目，参加人数相对较少，所以只用两个半天的时间，赛场设置在主席台东北侧，相邻赛马比赛的终点。

蒙古象棋是本次那达慕唯一在室内进行的比赛项目，场地设置在东乌珠穆沁旗蒙古族第一小学。而嘎拉哈比赛则在乌里雅斯太镇中心广场举行。

除了那达慕比赛的空间之外，旅游者、出席会议的嘉宾等外来者，将住宿、餐饮、交通等商业带动起来，同时也将整个旗府所在地乌里雅斯太镇纳入了节日的空间当中，形成了更大范围的那达慕节日空间。

三、摔跤训练与吊马

摔跤集训是政府组织的那达慕召开前的重要的操演内容之一。很多民间的敖包祭祀那达慕或小型那达慕，摔跤手没有赛前的特殊训练和准备。举行那达慕时，凡是有兴趣者都可报名上场比赛。平日牧业生活的繁重和艰苦，练就了摔跤手强壮的体魄和坚毅的性格。“搏克与蒙古人的生活息息相关。平日里，牧民春天接羔、冬天清理牛粪都需要很强的体力。而这些体力劳动，也锻炼了蒙古人的肌体，为摔跤奠定了身体基础。”① 作为劳动的间歇，牧人们三五成群地进行摔跤是他们娱乐消遣的一种方式。“小时候，兄弟多，一有什么事情父亲就让我们摔跤，根据胜负分配食品、工作等等。那时候，为了能得到月饼、糖球使劲摔。我们兄弟五个，个个都能摔。”② 可见，摔跤与蒙古族日常生活的紧密相关。

如今，摔跤的训练则变得更加专业化、规模化和组织化。在赛前的一个月，各旗、县文体局便召集本旗较有潜质的摔跤手进行有组织的训练，并安排专门的教练或著名的摔跤手讲授摔跤技法。当然，因出现了职业化的运动员和摔跤手，摔跤赛前的训练和准备也趋于专业化和日常化。

历史上，尤其在清代，各旗县、寺庙都有自己的御用职业摔跤手，他们平日服役于王府寺庙，在那达慕前被召集起来进行有组织的训练，代表所属旗县、寺庙上场比赛。“解放前，每年春末至八月间，旗县府和寺庙都要统一集中所辖摔跤手，由专人负责进行赛前训练。庶民

---

① 资料来源于张曙光、白丽丽与乌云巴图的访谈记录。

② 同上注。

搏克的管理者叫作‘搏克因达嘎玛拉’，喇嘛搏克管理者称作‘希纳尔’。”[①] 训练的内容包括强健体魄的基本技法、摔跤技能、比赛规则及注意事项、比赛中以及社会交往中的礼仪等。此外，摔跤手还应注意自我调理，如早起、冷水洗脸、在阴凉地方睡觉、枕硬枕头、注意饮食卫生等。更为重要的是，处于训练期的摔跤手有非常严格的禁忌：不可打架斗殴，不可酗酒；在一定时期内不可行房事；没有特殊情况，不可请假离队等等。[②]

今天的东乌珠穆沁地区，摔跤训练在采用现代体育运动通用的训练方法的同时，仍保持着传统的方法和禁忌，如在室内进行体能训练的同时，仍按照传统的方法，在中午太阳最强烈的时段，顶着烈日，在平坦的草地上进行三四个小时的苦练，其目的就在于增强体能，训练摔跤手的耐力和毅力。“搏克赛都在草原无遮无挡的夏日旷野里举行，没有平日烈日下的训练就很难有耐力和能力获胜。”[③]“比赛时什么天气都有可能，不论暴晒还是暴雨，比赛照常进行。”[④]“搏克的训练一定要在烈日当头的时候，中间不能喝一口水。这个时段太阳最强烈，这有助于练就耐力。如果不能在烈日下炙烤，如何能摔跤？”[⑤]“最初训练时要顶着太阳站一两个小时，之后，就会流鼻涕、发烧。但经历几次后就结实、适应了。如果只在室内训练，真正在草原上比赛时，就无法抵挡烈日了。”[⑥] 由此可以看出，传统与现代两者并存并完美统一，成为那达慕现代传承中不可或缺的部分。

吊马也是那达慕赛马前的重要准备环节，在那达慕举行前一个月，牧人根据各自马匹的情况、参加比赛的项目类型进行调吊。马匹须经

---

① 纳·图布敦、瓦·纳木吉拉苏荣、昭·斯楞东日布等：《乌珠穆沁史话》（蒙古文），408页，呼和浩特，内蒙古人民出版社，1999。

② 同上书，408~409页。

③ 资料不源于张曙光、白丽丽与乌云巴图的访谈记录。

④ 资料来源于张曙光、白丽丽与米·苏约拉的访谈记录。

⑤ 资料来源于张曙光、白丽丽与乌云巴图的访谈记录。

⑥ 资料来源于张曙光、白丽丽与米·苏约拉的访谈记录。

那达慕前的摔跤训练

过训练和调养后方可参赛。因为赛马不仅要有好的马匹、优秀的骑手，更为重要的是精到的吊马技术，这三者有机结合才能取得比赛的胜利。由于吊马在家庭内部进行，所以具有隐秘性、独立性，但也有诸多的禁忌。

俗话说："好马骑乘才知道，好友长交才明白。"牧人认为，马的脾性、耐力的好坏只有骑乘才可知道。当然，也有专门的相马人士，根据马的毛色、体态、步伐等判定其"潜质"。如从马的形态来说，马头须细瘦，如飞鹿，眼睛大而有神，睫毛且长，脖子如麋鹿长而扁，胸宽体瘦，背长而细，胯宽而长等。就马的毛色来说，净白、肝棕、雪白、亮黑、赤红、铁青、竹黄等颜色的马匹为吉祥之骏。[①] 牧人根据这些特性加上平日的观察以及骑乘，从马群中挑选出有"潜质"的

① 参见纳森巴图：《乌珠穆沁相马与吊马技术》，载《乌珠穆沁》（蒙古文，内部资料），2005（1）。

马匹进行吊控。

吊马通常根据吊马手的时间、精力以及马匹的状况确定吊控数量。虽然每个家庭有所不同，但都有通用的原则。首先，拔汗、调控饮食。让马匹吃“温草”（即露水退去后的新鲜草），控制饮水次数和时间，以便调节其脾胃。其次，吊控中的马需要绑在阴凉通风处，防止过热或过凉，并隔天训跑一次。在训期内，一天只饮一次水，一般在训练完后，在下午时段让马匹饮水。根据赛程，训跑距离也有所不同。远程马一般不超过 20 里，鞍马 10 里等。赛后需要遛马至少半个小时，让马匹休息四五个小时后，才能让它饮水、吃草。此外，还要让它打滚，使全身放松，以此来保证马匹的健康。① 最后，在训练期内每日用牛奶水给马匹清洗全身，并用专门的马刷刮梳毛发，直到比赛前才停止。当然，临近比赛，就不能用牛奶水洗了，因为用牛奶水洗容易让马匹乏力，使马在比赛中无法恢复体力。每匹马都有各自的特性，所以需要采取不同的技法才能达到最佳效果。有的马需要掉膘，有的则需要上膘。有膘的马须用冷水梳洗，而瘦弱的马需要长膘就要用温水梳洗。此外，不同比赛类型的赛马，其吊法也不同。鞍马一般不予清洗，而远程马则需要每日梳洗，使其每个毛孔都出汗，减掉肥膘，以使它变得轻巧有力。②

除了以上的吊马方法外，吊马期间还有很多的禁忌，“主人不得喝酒，不得与人发生争执；所吊马匹不可绑在拉货物的车上，忌讳不洁之物；所吊之马要有专用的马鞭、毛刷、马鞍等用具，并将它们放置在高处，保证其‘清洁’，尤其不让女人碰触”③ 等。吊马如同照料婴儿一样，需要精心、细腻。因而，民间有“即便不洗自己的头，也得给赛马梳洗”的说法。

吊马完成后，在赛前三四日，将马拉到比赛场地附近，安营扎寨，让马熟悉周边的环境，做好参赛前的准备。

---

① 资料来源于张曙光与嘎拉巴达然其的访谈记录。

② 资料来源于张曙光与伊达姆扎布的访谈记录。

③ 资料来源于张曙光与班达然奇的访谈记录。

第二节 仪式的展演

据2006年“东乌珠穆沁旗建旗50周年那达慕大会”的日程安排，以“男儿三艺”为核心内容的比赛活动贯穿整个会期，7月24日上午，盛大的开幕仪式之后，从当日下午2时起，各种比赛就拉开了帷幕，一直持续到28日下午5时闭幕为止。那达慕虽然以“男儿三艺”为核心内容，并以竞技、比赛、聚会为表现形式，但是其中自始至终贯穿着各种仪式和象征性的表达。

一、开幕式入场

此次那达慕作为旗庆50周年的重要环节，重点突出了“庆祝建旗50周年”这一主题。而这一主题的突出，主要表现在大会的开幕式上，入场仪式则成为了整个那达慕的序幕。开幕式遵循通行的惯例和官方庆祝活动所依据的仪式议程，不仅有各行业50年来的发展回顾，而且也有本地传统文化的展示。整个开幕式用时3个小时，其中入场仪式占去40分钟。

入场仪式于7月24日上午9时开始。

首先，8名身着戎装的武警战士，护卫着五星红旗进入会场；接着8名身着乌珠穆沁服装的女青年，手托本届大会的会旗走入会场，会旗上，骏马奔驰，寓意“跨越50年历程的东乌珠穆沁旗”；随后，巨大的圆形会徽在56名男女青年的簇拥下进入了会场。会徽是一匹奔驰的、插着雄鹰翅膀的骏马，象征“草原朝气蓬勃，一日千里的大好景象”；之后，在七色彩绸的环绕下，庆祝东乌珠穆沁旗建旗50周年的巨型标语牌进入会场，上面用蒙古、汉、西利尔蒙古文（蒙古国文字）三种文字书写着“热烈庆祝东乌珠穆沁旗建旗50周年”；然后，250名儿童手举1000枚各色气球，呈现在大会会场；其后，在解放军进行曲中，解放军武警战士进入会场。

国旗队入场

会徽入场

生活场景展示——勒勒车

生活场景展示——水车

象征财富和吉祥的金色嘎拉哈入场

其次，入场的是摔跤健儿和牧民马队。马仪仗队是按照乌珠穆沁民间叙事诗所描述的风俗及蒙古族传统礼仪规则组成的。马队分9列，领头者骑乘白马，高举苏勒德①。护卫苏勒德的是象征成吉思汗八匹黄骠马的方队。之后是八列8种颜色的64匹马方队。骑手们手持马鞭、马刷、套马杆等与游牧生活相关的用具列队入场。它代表的是源自乌珠穆沁叙事民歌《吉祥八骏》中描述的8种毛色的神骏，即枣红、淡黄、枣骝、污白、斑毛、黑色、褐色、白色8种毛色的骏马。

① 苏勒德，蒙古语，汉语是旗帜的意思。苏勒德分为查干（白）苏勒德和哈日（黑）苏勒德。查干苏勒德代表的是成吉思汗蒙古帝国国旗，哈日苏勒德则是成吉思汗的战旗，是蒙古民族的守护神，是战无不胜的象征。

苏勒德队入场

摔跤手入场

最后，入场的是各苏木、各镇的代表队以及彩车队伍。彩车队伍包括光荣彩车，车上乘坐的是20名劳动模范，他们代表各行各业的先进工作者；长寿彩车，车上乘坐的是20名长寿老人；新婚夫妻的喜车，车上乘坐的是10对新婚夫妻；幸福彩车，车上乘坐的是20名母亲及其在她们怀抱中的婴儿；富裕彩车，车上乘坐的是20名勤劳致富的牧人、企业家和生产经营能手等。在象征“社会和谐、全民同庆”的“荣”、“寿”、“喜”、“福”、“富”彩车之后，是反映全旗各行各业事业兴旺、经济发达的彩车，它们依次是生态彩车、畜牧业彩车、工业彩车、旅游彩车、文体彩车、教育彩车、科技彩车等。入场仪式的最后是草原上的迎宾献礼队，走在最前面的是象征草原五畜兴旺的巨型的金色嘎拉哈，之后是一条长达20米的巨型哈达和由9匹马、9头骆驼、9头牛、9只绵羊、9只山羊以及奶酒、手扒肉、奶食组成的“九九八十一宗大礼”，象征着蒙古族人民敬献英雄和尊贵客人的盛大礼物。

幸福彩车

二、升旗及宣誓仪式

入场仪式之后，由锡林郭勒盟盟委副书记蔚小平宣布东乌珠穆沁旗旗庆50周年那达慕开幕，全体起立举行了奏国歌、升国旗以及唱会歌、升会旗仪式。那达慕以它的灵活性和适应性，成为政治表达和族群意识表达较为适合的媒介，而国家象征符号自然地成为政府举办的那达慕中所应有的仪式，成为少数族群融入国家体系的象征。由此，升国旗、唱国歌成为政府组办的现代那达慕的仪式性符号，通过这个仪式，表达了国家的在场和那达慕的合法性。那达慕中的国家符号是一种国家权力的表现，体现了蒙古族在国家中的地位。

东乌珠穆沁旗旗旗委书记乌力吉代表东乌珠穆沁旗讲话，总结了50年来东乌珠穆沁旗所取得的辉煌成就。在宣读各方贺电、贺信之后，赛马裁判希拉布、著名摔跤手巴图苏和分别代表全体裁判员和所运动员，用蒙古语进行了那达慕的宣誓。这是现代大型那达慕中必备的仪式过程，它将传统项目置于现代体育运动之中，采纳现代体育运动会应有的规则，想象并趋同那达慕“男儿三艺”的现代性，由此建构了那达慕传统和现代契合的仪式性表达。

三、歌舞表演

歌舞表演也是大会开幕式的一个主要内容。本次那达慕大型歌舞表演的主题为“永恒的大草原——美丽富饶的乌珠穆沁”。

歌舞表演，由序幕、第一场、第二场、第三场、第四场五个部分组成。其主要内容有：序幕，动人的名字——乌珠穆沁：寻觅生息地；萨满舞。第一场，天堂草原乌珠穆沁：乳乡；散满珍珠的草原：激情草原。第二场，神奇的乌珠穆沁：母亲湖；石油花。第三场，多彩的乌珠穆沁：五彩生活；跤魂；领导为考察归来的牧民献哈达。第四场，歌的海洋——乌珠穆沁（5000人组成的长调大合唱）。

歌舞由在校生、乌兰牧骑演员以及各苏木、嘎查的普通牧民表演。

舞蹈以古老的乌珠穆沁部历史发展为脉络，再现了乌珠穆沁草原的美丽富饶以及多彩斑斓的蒙古族文化特色。

歌舞表演

乌珠穆沁草原是蒙古长调民歌的宝藏，乌珠穆沁长调节奏舒缓、旋律优美、行腔自由、音域宽阔、高亢辽远。乌珠穆沁长调多用马头琴伴奏，歌词明晰简朴，且多为颂歌、情歌、宴歌和思乡歌，现已搜集整理的有《神山宝力根杭盖》、《金翅翠鸟》、《罕乌拉之影》、《小黄马》、《圣主成吉思汗》等两百多首。乌珠穆沁长调是乌珠穆沁人生活的重要组成部分。相传，乌珠穆沁部落从阿拉泰杭盖乌珠穆山，一路唱着《神山宝力根杭盖》来到了如今的锡林郭勒草原。[①] 乌珠穆沁上至老人，下至幼小孩童，无人不会吟唱长调，孩子在母亲轻吟的长调中入睡，老人在悠远的长调中回味过往，摔跤手在雄浑的长调中搏击。在除夕的毡房，人们伴着一夜不停的长调迎来新年的第一缕阳光，每当宾客来访，主人必将献上一曲长调以示欢迎，每逢喜庆丰收、婚嫁寿诞、耐亦日那达慕，长调都会伴随人们度过难忘的时光，就连母

5000人长调大合唱现场

① 吴常福：《乌珠穆沁长调：草原上飞出悠扬的歌》，载《内蒙古日报》，2007年12月24日。

畜遗弃幼仔时，那低回、深情的长调都能唤起它的母爱。乌珠穆沁不愧是名副其实的“长调之乡”。乌珠穆沁旗近年还在旗内各个蒙古族中小学校开设了长调兴趣班，聘请民间长调歌手为师教授学生长调，并将《乌珠穆沁长调民歌》正式编入了中小学校课程规划。正值蒙古族长调被列入联合国非物质文化遗产名录之时，作为长调之乡，旗庆50周年那达慕，借此组织了5000人长调大合唱，演唱者由牧民、学生、干部、职工组成，他们当中不仅有六七岁的孩童，还有八十岁的老额吉。人们穿着节日的盛装，聚集在那达慕主会场，合唱了《金翅翠鸟》、《北疆赞歌》两首长调民歌。

四、新老摔跤手的过渡仪式

“达尔汗·搏克”称号授予是大型那达慕上举行的一种仪式，蒙古语称为“搏克达尔合勒呼”，即授予摔跤手“达尔汗”称号。“达尔汗”，汉语是“终身的”、“荣誉的”意思。该仪式是为50岁以上，或即将结束摔跤生涯的摔跤手而举行的，那达慕的主办方代表政府或相关组织授予他“达尔汗·搏克”称号，被授予“达尔汗·搏克”称号后，摔跤手从此不再参加任何比赛。“达尔罕·搏克”的荣誉并不是所有的老摔跤都能获得的，而是授予那些在以往的重大比赛中荣获多种奖项，并在民众中有较高威望的老摔跤手。

“达尔汗·搏克”称号授予仪式，通常在那达慕开幕仪式结束之后，摔跤比赛正式开始之前举行。此次那达慕上荣获“达尔汗·搏克”称号的是斯仁东如布和德木布日勒，他们曾是东乌珠穆沁旗享有盛名的摔跤手。

仪式开始后，两位摔跤手，如同当年参赛一样身着摔跤服，准备登场，在三曲雄壮浑厚、节奏沉稳的《邀跤曲》之后，两位摔跤手肩并肩，如鹰展翅，跳跃入场，向主席台和观众施礼致意。然后，在主持人历数他们跤坛佳绩的赞词中，绕场一周，接受众人的注目礼。之后，两位摔跤手完全按照正式比赛程序，仪式性地进行摔跤表演，展示蒙古式摔跤的各种技巧，经过一段时间的“角逐”，胜负未决，平

新老摔跤手的过渡仪式

局而终。对两位摔跤手而言，这是他们退出跤坛的最后一战。

“达尔汗·搏克”称号授予仪式之后，举行青年摔跤手“将嘎”授予仪式。“将嘎”，又作“章嘎”、“景嘎”等，是一条佩戴在摔跤手脖颈上的彩带，这条彩带不仅代表了摔跤手的荣誉和身份，而且更是民族传统技艺传承的延续。

被授予“将嘎”的20名年轻摔跤手并排而立，在三唱《邀跤曲》后，跳跃入场，走到主席台前，向主席台和周围的观众行礼，由旗委、旗政府相关领导亲手将崭新的“将嘎”佩戴在他们的脖子上。至此，青年摔跤手“将嘎”授予仪式即告结束。

第四章

那达慕的“男儿三艺”展演

第一节 摔跤

一、服饰

摔跤的服饰是那达慕中最具代表性的游牧文化符号，从清代赵翼的诗歌中便可看到摔跤服饰的独特性。“数十白衣白于鹭，衣纔（才）及尻露两裆，千条线缝十层布。”① 现代的摔跤服饰，与历史上无二样，一直保持并传承下来。在乌珠穆沁地区，一般的摔跤手上身穿“召德格”，下身穿“班扎拉”，外套“陶秀”，即吊膝。著名的摔跤手则颈带“将嘎”。

（一）班扎拉

摔跤裤，也称摔跤裙子，用三四十尺左右的白色土布缝制而成，并折出多层皱褶，如同宽大的裙裤。班扎拉之所以宽大，是为了便于摔跤手自由活动腿脚。

---

① （清）赵翼：《瓯北集》（上），97页，上海，上海古籍出版社，1997。

摔跤服饰

（二）陶秀

陶秀，即套裤，它套在白色摔跤裙之外，作护腿之用。它是摔跤服饰中最漂亮的装饰之一。它以颜色鲜艳的缎子做料，用各色锦线、金银线绣出边，再用刺绣和粘贴工艺描出龙、凤、狮、虎四雄以及蝙蝠、“卐”字符、八宝等各种图案。双膝部位绣有圣火、祥云等吉祥纹样，这些图案表达了摔跤手求吉的心理，意味着像火一样旺盛，像四雄一样力大无比。

而这些装饰都是由女人一针一线缝制出来的，正如有位摔跤手所言：“男人会摔跤，女人不会缝制很遗憾；女人会缝制，男人不会摔跤不完美。”[1] 因而，摔跤赛场上展现的不仅是男人的威武雄壮，从中也可领略到蒙古族女性的贤淑与灵巧。

“好的陶秀值三四千元，一个月都缝不完。如果在一个月缝制完

① 资料来源于张曙光与乌云巴图的访谈记录。

成的绝不是好的。我的陶秀不下3千元，是我妻子给我缝制的，是双龙戏珠图案。这个图案中的龙叫做草龙，草龙图案是一个已故著名摔跤手的陶秀图案，我花1000元买回来的，是传统图案。我把它画出来，然后交给我的妻子缝制。我们判断陶秀的贵贱，主要由上面绣的图案来决定。慢工出细活，缝的越细致，越精美珍贵。”①

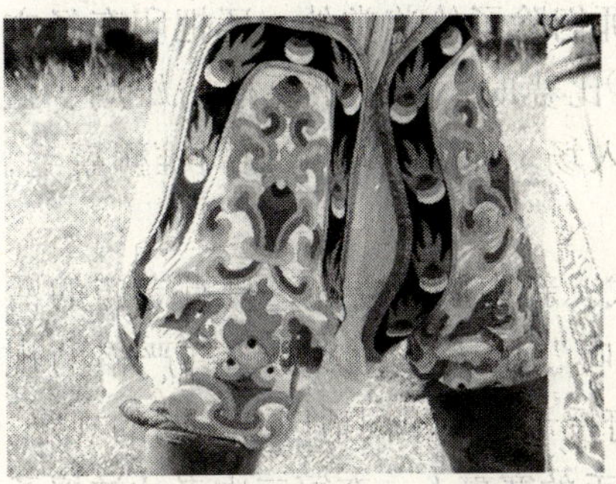

“陶秀”图案象征吉祥

（三）果特勒

果特勒，指摔跤手的靴子。乌珠穆沁摔跤比赛用的靴子与平时没有区别。一般为黑色，秃头，用香牛皮制作，靴身宽大，可衬皮或毡子，靴帮刺有各种吉祥纹饰。这种靴子既能保护腿脚，又能使搏克手稳健、有力。

（四）护勒苏

护勒苏，即摔跤靴子的绑带。该绑带用熟牛皮制作，长约六尺，宽约二厘米，一头拴铜环、铁环，或打个死扣，在靴子的前部、后中勒和靴底中间三岔部位，缠绑靴子三至五圈。护勒苏主要起到加固靴子的作用，保证脚部的有力和安全，便于摔跤手使用各种技巧。

（五）将嘎

“将嘎”是摔跤手的一种装饰，主“将嘎”用缎制哈达制作成项圈，并垂以黄、绿、红、白、蓝五色彩条。这五色代表了金黄的世界，

① 资料来源于张曙光、白丽丽与米·苏约拉的访谈记录。

碧绿的草原，红色的晚霞，白色的云彩，蓝色的天空。用这五种颜色装饰而成的“将嘎”被称作“彩虹将嘎”。“将嘎”是摔跤手荣誉、气魄、灵魂的象征，只有在大型的那达慕上获得冠军时，才有资格佩带，此后每获得一次冠军，“将嘎”上再增添一束五彩绸带。绸带越多，说明摔跤手获胜的次数越多。《十善福白史册》载：“‘将嘎’是蒙古人从远古时期传下来的祭祀仪式上用作立誓或宣誓的一种物品。”“过去进入名次的搏克手，那些高僧大师们除了给奖赏外，还把印有经文的‘将嘎’带到他们的脖子上。”[①]比赛时，摔跤手要模仿雄鹰、猛虎、凶狮的动作，舞动双臂，跳跃入场。而“将嘎”如同雄狮鬃毛，使摔跤手看上去更为英武、威猛。

“将嘎”的授予也是神圣的仪式，新中国成立前，只有寺庙的活佛或官方才有资格授予，而且“将嘎”的大小、多少都有严格的规制，不可任意添加。现在，虽由政府授予，但不同地区有不同的规定。东乌珠穆沁旗规定，“在128名搏克手的赛事上，夺冠三次者才被授予‘将嘎’”。在“文化大革命”期间，该仪式被停止，后于1981年举行的那达慕上，授予了十名摔跤手“将嘎”，并于1985年以政府的名义发文规范了“将嘎”授予资格。[②] 而西乌珠穆沁旗则在2004年“挑战吉尼斯世界纪录西乌珠穆沁旗2048搏克大赛”那达慕上，以《授予蒙古搏克将嘎条例》的形式，进一步规范和细化了授予条件。即在64名选手参加的个人赛中，前后获得过12次冠军者；在128名选手参加的个人赛中，前后获得过4次冠军者；在256名选手参加的个人赛中，获得过冠军者；在512名选手参加的个人赛中，获得冠亚军的选手；在1024名选手参加的个人赛中，获得前4名的选手；在2048名选手参加的个人赛中，获得前8名的选手；盟级以上团体比赛中获得冠军队的成员；以蒙古摔跤为基础的其他摔跤项目的全国冠军。[③]

---

① 特木尔吉如和、阿荣：《那达慕》（蒙古文），147页，呼和浩特，内蒙古教育出版社，1998。

② 资料来源于张曙光与伊达姆的访谈记录。

③ 西乌珠穆沁旗档案馆藏2004年“挑战吉尼斯世界纪录西乌珠穆沁旗2048搏克大赛”那达慕文件。

（六）召德格

召德格一般由香牛皮制作，少量用粗面革、毡子和布制作。式样可分为开放式和封闭式两种。开放式又叫蝴蝶“召德格”，因其形状类似蝴蝶翅而得名。“召德格”不论用什么材料制作，其领口、袖子、四周一定要用香牛皮或粗革层层镶边，用皮筋、丝线、麻筋等密缝起来，并在这些部位及后腰两侧镶嵌银泡钉或铜泡钉，以便于摔跤手抓牢。泡钉的数量根据其形状大小有512、256不等，这个数字是参赛人数的两倍。在“召德格”的后心处，有个五寸见方或圆月型的银镜或铜镜，镜上雕刻着龙、凤、狮、虎四雄及象、鹿等图案，象征摔跤手如同这些猛兽一般英勇、威武。也有的饰以各种吉祥纹样和蒙古文篆字，如“乌珠穆沁”、“苏尼特”等，来标志自己所属地域。著名摔跤手一般都亲自缝制自己专用的“召德格”，平日不比赛时，将它折叠，包裹好放置在高处，以远离不洁；比赛时，穿着自己的“召德格”，而不愿借给别人，以避免因“他人的失利”而影响自己的运气。“召德格”如同铠甲，具有古代军装的服饰特点，隐含着摔跤曾作为蒙古族一种军事技能在历史上存在，承载和传递着蒙古族对过去的记忆。

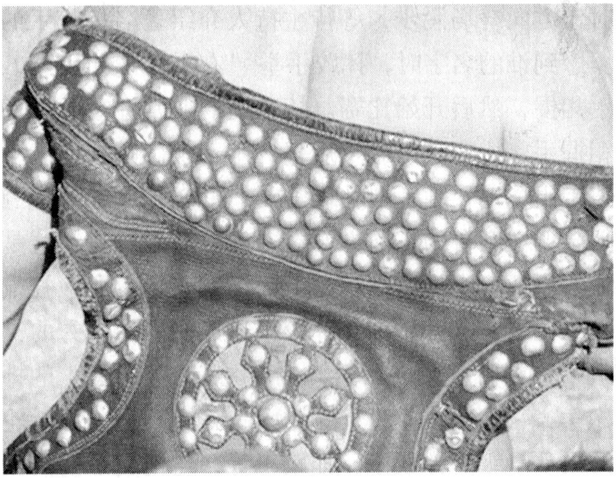

召德格

二、比赛

摔跤比赛在7月24日上午的开幕仪式之后，从下午2点开始，到7月28日下午5点结束，摔跤比赛的场地占据了那达慕的主会场，贯穿整个那达慕的始终。

摔跤比赛分成年、老年、女子、儿童、团体赛五种类型，分别由1024人、128人、64人、32人参加，最后以获奖者所属嘎查、苏木来评出团体名次。成人比赛是摔跤比赛的核心，参加的人数最多，也最为吸引人。

报名活动在比赛的前一天举行，因为是政府举办的具有特殊意义的大型那达慕，邻近的各旗、县也都有组织地参加了比赛。而小型那达慕，参加者无须提前报名，在比赛前至现场报名即可上场比赛，也无须专门机构来进行组织，完全是个人的参与。

那达慕的开幕式以蒙汉双语主持，之后的比赛全部以蒙古语解说。摔跤比赛以“搏克因斡里亚”——《邀跤曲》开始，在三唱《邀跤曲》后，摔跤手入场，跳着摔跤舞步到主席台前，自然分成左右两队，以顺时针方向绕场漫步，等待主持人介绍著名摔跤手的佳绩，并安排对手。念到谁的名字时，摔跤手举“右手”表示在场，并与对手点头、双手相握，然后开始比赛。摔跤手们非常注重比赛的礼节，交手前要互相握手，比赛决出胜负后仍握手示敬。败者向主席台和观众敬礼并快速走出场地，胜者则跳跃三次，并向主席台致敬后跑步离场。

那达慕会场主席台的正前方设立专门的摔跤帐幔，这是那达慕摔跤比赛场地的象征。帐幔为白色，上面绘有蓝色的佛教祥瑞图案，如鹿、经轮等，比赛正式开始前，摔跤手排成两队，优秀的、佩戴“将嘎”的摔跤手站在右手边（西边），新手或无“将嘎”的摔跤手站在左手边（东边），他们在这里等待上场。一般而言，第一轮、第一个安排上场的是重量级的摔跤手，如跤王等，与他交手的则是年轻的新手。在每队之前各有一位长者站立，形成如两扇门的入口通道。两组

对阵跤手的领头者将两臂搭在前方长者的肩上，俯身待发。每次出场，各有 16 名摔跤手。在三唱《邀跤曲》后，两边的摔跤手从两位长者中间跃入场地，作雄鹰飞翔状，跳入场内，并向主席台行礼。

摔跤手等待入场

摔跤手入场时跳的舞，蒙古语称“德波乎”或“玛格西拉特”，模仿的是飞禽走兽之姿，如雄鹰、麋鹿、雄狮等，这是摔跤古老的仪式，具有神圣性，蕴含特殊的寓意。通过模仿它们的动作，展示摔跤手的威武雄壮、生龙活虎以及旺盛的斗志和生命力，象征着超人的力量。此外，“搏克‘斡力亚’奏响第三次时，搏克手们开始跳跃，也有的一开始就跳跃，其目的就是使自己镇定，有的人还会翻两三个跟头。通过摆出飞鸟的样子来做赛前的准备活动，热热

身”①。可以说，入场舞是摔跤手展示自己、挑战自己的开始。

摔跤手入场时的舞蹈

摔跤最基本的动作可概括为站式（或跤架）和把（握）式两种，这两种基本动作是摔跤的基本功，因为好的站式和上佳的把（握）式是比赛获胜的关键。在站式和把式中又有多种技法。摔跤技法种类繁多，而且各地也略有不同。1988 年，由东乌珠穆沁旗文化历史学会出版的《乌珠穆沁搏克》（1）丛书中，将乌珠穆沁摔跤技巧总结为基本技能 10 部，技巧 345 种，包括缠、挑、挂、压、拽、踩拽、扭拽、躲拽、虚拽、挚拽、横打、单打、跑打、举打、外钩、楔钩、绕钩、混打、后压、钩踵、钩挑、俯冲、骑腿、抱身翻、搂腰后压等。握式主要有握腕、抓肘、抱抓、抓颈、反握腕、斜握腕、抓领、直握腕、钩手抓、靠身抓、抓后腰、单臂夹、交叉抓、抓小袖、抻拽跤衣、夹击握腕、抓侧腰带、平行交叉抓等。

参加比赛的双方一交手就互相抓握，并抢到最佳“把式”，因为

① 资料来源于张曙光与伊达姆的访谈记录。

儿童摔跤赛

这是决定比赛胜负的关键。摔跤比赛以巧取胜，一跤定胜负，身体任何部位着地都为败。“搏克手的胜败在于思想上，因为思想决定一切。在思想上一定要有必胜的决心。想着我的个子矮，可能会输掉，或者想着对手太强壮，我赢不了他，这不是真正的搏克手。蒙古搏克手是不惧对手的，就算是一百二三十斤的人也能把二百多斤的人摔倒。搏克比赛时首先眼睛一定要快，眼睛快身体才能灵活移动。”“必须要比对手抢先一步，要比对手先弯下腰。不管与什么人摔跤，如果总是拘束于友好情谊的话，就意味着败给对方。”①

此外，在摔跤比赛中规定，可以抓住对方的跤衣、腰带、裤带等，但不许抱腿，不准打脸，不准突然从后背拉倒对手，不得触及眼睛和耳朵，不许拽头发，不许踢肚子或膝部以上的任何部位等。这些都是摔跤手在平日训练中必须习得的技能和遵循的规则。

① 资料来源于张曙光与伊达姆的访谈记录。

东乌珠穆沁旗旗庆50周年那达慕摔跤比赛规则，主要从比赛服装、赛场纪律、纠纷解决等方面做了规定：凡参加比赛的摔跤手必须穿着全套的摔跤服；不可穿着封闭式的德格，必须穿着开放式的召德格；比赛中不得扯拽对手的“将嘎”、裤子，不得绊对方的腿；比赛期间不得趁对手整理衣着之时进攻，并将对方摔倒。如故意为之，视其为负；将对方摔到观众身上或平局时重新比赛；如两人不分胜负出现延长比赛时间之趋势时，由裁判组裁定选择“把式”的方式进行；不得醉酒上场；如发生输赢不明之事，须由裁判裁定，而不得自行解决等。①

摔跤手双方的安排是一门学问，也是主办方较为重视和认真对待的事情。一般由德高望重、熟谙摔跤比赛规则的人员来负责。“一般会遵循五种传统禁忌，即在比赛当中不能将父子俩、兄弟俩、舅甥俩、同为著名搏克手、同一个行政单位的搏克手安排成对手。因为忽略了任何一个都可能造成不必要的麻烦或出现不公平的现象。在比赛当中，只有到了‘赏门’，即‘赛点’，如在256个搏克手的比赛中，奖励前32名，而剩下的32名搏克手，决出奖赏名次的比赛时才可能将父子、兄弟俩安排在一起。”② 因此，摔跤比赛越到后面越为紧张、激烈，越是高手之间的较量。当然，也有新手一路闯关，而成为赛场的“黑马”的。

摔跤手代表的是其所在旗县、苏木、嘎查的荣誉，对于摔跤手，人们给予特别的尊重。摔跤比赛非常开放，无尊卑、老幼、里外之分，只要愿意参加，均可报名上场一决高低。但与此同时，对于主办方而言，也希望本旗、苏木、嘎查的摔跤手胜出。所以，摔跤对手的安排就显得非常关键。当然，在历史上，也有为了外交、政治、社会交往的目的，而“故意”制造“条件”，让外来的摔跤手胜出的例子，如此次东乌珠穆沁旗建旗50周年那达慕，从法国、意大利等国来了几位摔跤爱好者，他们也加入了比赛的行列。为了使比赛更有趣味，也为

---

① 《东乌珠穆沁旗建旗50周年那达慕大会摔跤比赛规则》（蒙古文）（2006年7月），藏于东乌珠穆沁旗政府档案室。

② 资料来源于张曙光与特木尔吉如和的访谈记录。

了表示友好，为他们安排的对手都是第一次上场的摔跤手。

因此，在很多的时候，那达慕不仅是娱乐、竞技，它更多的时候附着于政治、经济、外交以及内部的社会交往，具有不同的功能和目的。

三、奖励仪式

那达慕以竞技、游戏为核心内容，必然离不开比赛，离不开胜负，也离不开奖励和鼓励。鼓励和奖励，则成为了那达慕的重要内容。值得注意的是，那达慕中不但奖励胜者，而且还要以祝赞词“调侃”从赛场上败下阵来的最后一名选手，希望他总结经验，吸取教训，在以后的比赛中取得好成绩。

此次东乌珠穆沁旗建旗50周年那达慕的奖励采取两种形式：一种是每一轮赛事结束后当场发放奖品（根据摔跤比赛规则，比赛一次定输赢，所以，每轮比赛之后，即可为未能晋级选手颁发奖品）；另一种是举行隆重的颁奖仪式，为获得比赛前4名的摔跤手颁发奖品和奖牌。

此次摔跤赛准备了20多万元的奖品，从奖品本身而言，采取了传统与现代相结合的方式，既有现金奖励、日用电器等现代生活物品的奖励外，还保留了那达慕获胜者以五畜奖励的传统。如成人摔跤赛冠军奖励4万元，其中包括银嚼子白骆驼等“九九八十一宗大礼”；亚军奖励3万元，包括鞍马；季军奖励3万元，包括犍牛；第4名奖励1万元，包括二岁牛等。成人摔跤冠军是额吉诺尔苏木的巴图苏和，亚军是满都宝力格镇满都宝力格苏木的巴雅尔巴特尔。儿童摔跤赛冠军是乌里雅斯太镇蒙古小学四年级学生哈日呼，女子摔跤冠军是苏约拉其其格。

据罗布桑却丹的《蒙古风俗鉴》记载：“古时规定，最大的礼为‘九九八十一宗大礼’。根据自己不同情况，可以是一九、二九、五九等根据货物质量而定。不论是什么样的王公可汗，都不会超过‘九九八十一’这个数字。”一般情况下，小型的那达慕以3件、单个9件等

奖励仪式后，摔跤手与全家人的合影

奖励摔跤冠军的白骆驼

礼物来奖励，而只有大型的那达慕才有这样隆重的大礼出现。据民间说法，过去人们认为，一个人一辈子当中，不能举办超过三次以上的有“九九八十一宗大礼”的那达慕。他们认为自己收受不起如此规模和贵重的奖励。“九九八十一宗大礼”包括骆驼、牛、马、砖茶、毡子、银碗、哈达、靴子等家畜及日常物品。

那达慕优胜者的奖励仪式，是在那达慕的最后，即冠亚军产生之后举行。奖励仪式也是那达慕的尾声。从我们对几种类型的那达慕的观察来看，观众对于最后的奖励仪式或闭幕式并不很踊跃，而奖励仪式和闭幕式一般也显得简单、松散，甚至有些混乱。大部分观众在决出摔跤比赛的冠军、亚军之后都已散去，对于他们而言，注重的是比赛的过程，是在比赛过程中得到的享受，而比赛结果本身并不十分重要，无论谁成为冠军，都是人们心目中的英雄，输赢成败都是一时的，不是最后的定论，这次的冠军在下次的比赛中不一定是赢家。因此，在这种比赛规则和观众心理的促使下，就产生和形成了“男儿三艺”比赛的最后一名都要嘉奖以资鼓励的传统。

摔跤赛的最后一名蒙古语称为“少仁搏克”，意即“沾土搏克”，即“一上场就被摔倒在地的搏克”。人们以调侃的方式为其成为最后一名找各种客观理由进行辩解，如忙于牧活儿匆忙参加比赛等等，并鼓励他们养精蓄锐，在下次比赛中取得好成绩。

第二节　赛　马

一、骑手的服饰及赛马的装饰

赛马的装饰和骑手的服饰是赛马标志性符号之一。乌珠穆沁的赛马骑手有专门的服饰，但没有统一标准，根据各自的喜好自由制作，主要使骑手穿起来轻便、灵巧，显得活泼，有朝气，以吸引人们的目光。骑手的服饰主要包括裙袍和骑士帽子。裙袍的颜色以粉红、天蓝、白色等亮色为主，用柔软的绸料制作，前后开襟，保证轻巧、吸汗。在衣襟、袖口、裙边都绣有动物或吉祥图案。另外，为了尽可能降低赛马的负重，骑手一般不穿鞋子，只穿布袜；即便穿鞋，也选轻便的布鞋。骑手的头饰有尖顶圆帽、船形帽，也有人用彩绸包头。帽顶有流苏，帽子前段有小镜子或绣有吉祥图案，帽后有穗，在马背上飞奔起来如蝶飞燕舞。

骑手的服饰

对马匹一般也要做一些特别的装扮。在蒙古人看来，马鬃、马尾非常贵重，也有神力，蒙古族常用它来进行占卜。因为马鬃、马尾被视为马的“黑目力”（气运），象征着马的神运。在乌珠穆沁地区，为在比赛中防止马鬃挡住赛马的眼睛，将顶鬃高高梳起，并用彩色绸缎或绸线缠系，如同小辫儿一样让它翘立。为了减少奔跑中的阻力，用红绳或各色绸缎束裹马尾（九节下方三指左右的位置）。“这种装饰一方面能够‘提醒’赛马抖擞精神，挑战比赛；另一方面又使代表着马的神运的马鬃、马尾高高翘起，提升赛马的运气，获得神的福佑，取得优良的成绩。”① 对赛马进行装饰是一个非常古老的传统，可追溯到岩画时代。在乌珠穆沁，现代赛马中仍沿袭了这一古老的符号表征，传递着相同的追求和骑手的美好愿望。此外，有的赛马的脖子上还佩戴铜铃，有的则佩戴五色“将嘎”。也有的在马额头上戴上铜镜，祈愿为马匹照亮前途，避免坎坷，使它平安、顺利地到达终点。

赛马的装饰

二、比赛

乌珠穆沁地区的蒙古族赛马以直线距离的远程马比赛为主，比赛

① 资料来源于张曙光与班达然奇的访谈记录。

的起点，根据赛程的不同，设在远离主会场的平坦地方，但终点都在那达慕的主会场。赛马比赛，尤其是远程马比赛，通常在早上六七点，天气凉爽的时段进行。

东乌珠穆沁旗建旗50周年那达慕赛马比赛分为60里远程马赛、30里公马赛、30里鞍马赛、15里走马赛、20里二岁马赛以及马上拾嘎拉哈赛等。

赛马是那达慕"男儿三艺"的核心内容和重要项目之一。长期以来形成了独特的与赛马相关的习俗，而绕"桑"是赛马开始前的一个"祈福"性的仪式，蒙古语称作"桑额尔古勒呼"或"玛日赛拉乎"。"桑"指煨祭仪式，同时也指煨祭时在香炉里燃烧的松叶、柏枝及其火焰等。"额尔古勒呼"，蒙古语动词，有"转、绕"等意。"玛日赛拉乎"由绕"桑"时演唱的歌曲《玛日赛》而来，"拉乎"则是它的动词词缀。

此次那达慕的赛马绕"桑"仪式，在赛马的前一天傍晚举行。在主席台的东南侧，摆放了铜制大香炉，煨燃了艾草、檀香、柏枝等香草料。穿戴赛马服，整装待发的骑手们乘骑装饰好的赛马，在斡亚沁（吊马手）的牵引下，在悠扬的"玛日赛"歌声中，绕煨桑香炉顺时针方向转三圈，以祈愿赛马力挽险阻，奋力奔跑，成绩优异，平安而归。

绕"桑"仪式中的《玛日赛》曲目各地的称谓有所不同，有的称作"ginggao"歌，而且仪式本身的规程也略有相异。有的地方，要唱"万马之首"。据嘎拉登撰《宝贝念珠》记载："公元1696年，喀尔喀三汗、王、贝子、台吉从多伦诺尔各自回到自己的领地，按照旧俗举行会盟那达慕大会。一个名叫贡古尔的人精心调理自己仅有的一匹马，参赛获得第一，达尔罕亲王题写《万马之首》这首诗赞颂这匹马，并配以音乐在那达慕上演唱。"[①] 从此，人们开始传唱那达慕赛马绕"桑"仪式歌。而另外一些地方在敖包祭祀后的那达慕上，如锡林郭勒东苏尼特查干敖包的绕"桑"仪式上，一人骑乘白马，手持系有

① 荣·苏赫：《蒙古族男子三项那达慕歌》，载《内蒙古社会科学》，1991（6）。

“宝恩道好日勒”佛像的旗杆引领，其后是骑马吹海螺者以及比赛的马匹，并在海螺声和“玛日赛”曲的伴随下，以顺时针方向绕敖包三圈。

“玛日赛”是藏传佛教菩萨名，祭拜该菩萨，可保佑众生远离水、火、风、狮、兵器、偷盗、口舌（争吵）等灾祸。据说该佛“三头六臂，乘坐着由7头猪拉的金车”①。绕“桑”仪式就是向“玛日赛”佛祈愿，希望得到她的保佑。

《玛日赛》曲通常由儿童连续哼唱“唵嘛玛日赛，莫沁班拜，唵嘛所亥”（其大意为“唵嘛玛日赛，佛在你左右”）等几句唱词，直到绕“桑”仪式结束。本次那达慕上，没有现场演唱，而是播放了提前录制的“玛日赛”曲。从绕“桑”仪式的唱词以及仪式本身来看，都与佛教有着紧密的联系，它是佛教文化渗透到那达慕“男儿三艺”中的一种表现。在采访中发现，牧人们认为绕“桑”仪式，除了净化、驱除鬼魅和不洁的宗教心理之外，实际上让马闻到艾草的香味，听到祈愿的歌曲，不仅能使它舒缓气息，而且还能给它一种暗示，使它抖擞精神，迎接挑战。牧人认为，赛马有这种灵性，能感知主人的心愿。当然，除此之外，绕“桑”仪式，也有向众人展示那达慕参赛马匹、骑手以及吊马手，使人们提前品评和预测获胜者的目的。

参加比赛的马匹一般不限数量，按照报名数额来确定。参赛的马匹以本旗、苏木、嘎查为主，但也有来自西乌珠穆沁旗、苏尼特旗等兄弟旗县以及呼伦贝尔等其他盟市的马匹，而且呼伦贝尔的赛马还获得了远程马的冠军。外地的赛马早在比赛前7～10天就来到会场附近，以熟悉和适应比赛环境。

在远程马比赛现场，身穿鲜艳服装的骑手们从起点出发，经过60里的飞驰，在呼啸声和欢呼声中到达终点的时候，身跨坐骑、手持名次牌的32位（每人持4块名次牌）裁判看准名次，催马迎上去，将木质的名次牌交到骑手的手中，以此确定比赛名次。获奖的马匹数量根

---

① 阿拉坦敖其尔编著：《蒙古族传统那达慕》（蒙古文），231页，海拉尔，内蒙古文化出版社，1986。

据那达慕规模的大小、参赛马匹的多少而有所不同。此次参加远程赛的马匹马数量最多，有200多匹，奖励前128名；种公马60多匹，奖励前32名；鞍马80多匹，奖励前32名；二岁马70多匹，奖励前32名；走马20多匹，奖励前16名。远程马赛的冠军是西苏尼特旗的马匹，亚军来自呼伦贝尔。

鞍马比赛现场

赛马有一定的规则和程序，东乌珠穆沁旗建旗50周年那达慕主办方制定了较为详尽的比赛规则：各类赛马马主应在比赛前一日报名入册，拿到赛马编号。机构或个人均可报名，无名额限制；鞍马比赛的马匹须由18岁以上的女性骑乘。走马由成人骑乘；远程马、种公马、二岁马均由儿童骑乘；未发比赛号令前出发者视为无效，取消比赛资格；未佩带骑手编号、赛马编号或者骑手和赛马编号不相一致者以及跑出终点线插旗范围的赛马取消比赛成绩，不予以发放牌子；赛马到达终点后，根据前后顺序，依次发放牌子，不发放并列名次，如两匹马同时并列到达终点者视左手方的赛马为领先；无骑手骑乘而到达终点的赛马给予奖励；比赛期间任何人不得进入赛场干扰比赛，违者视其赛马无效，取消其比赛成绩；比赛期间，除了比赛专用车外，任何汽车、摩托车、马匹不得进入赛场，违者依据那达慕治安条例严加处理；远程马骑手全部于比赛当日凌晨4点30分集中到会场，由专车送往比赛起点，不允许因迟到等原因单独前往；骑手编号到达比赛起点后才可发放等等。①

等待发放名次牌

马上拾嘎拉哈比赛，参加人数为64人，每个嘎查一名，其余单位共7名。比赛以4人为一组，在300米的直线上隔段放置5枚嘎拉哈，选手从远处策马跑来，从马背上倾斜拾起嘎拉哈。比赛以选手在一次赛程中用时最短、拾得嘎拉哈数最多为标准确定名次。初赛分16组，每组选出一人，参加下一轮的比赛。第二轮分4组，每组选出2名；

① 参见东乌珠穆沁旗建旗五十周年庆典活动筹备工作委员会赛马筹备组办公室的东赛马筹备组发的［2006］1号文件。

第三轮分2组，分别选出前8名。比赛奖励前16名。

比赛后的遛马

三、奖励及祝赞仪式

那达慕是蒙古人的节日，不分贫富，不分官民，不分男女老少均可参与其中。数百年来，那达慕盛会的群众性、持久性，把蒙古人的诗情充分调动了起来，创作出各种题材的诗歌作品。其中，赛马赞辞便是极富特色的一种类型。马赞词基本以抄本问世，一般不署名，在不同的那达慕中，祝赞人以前人的创作为蓝本，根据此时此地获奖马匹的特点进行再创作。

各地蒙古族那达慕上，一般都有对参赛马匹进行祝赞并授予称号的仪式。但是因各地区，乃至各个历史阶段，那达慕的形式和目的不同，马赞词的体例和内容也略有不同。祝赞人一般在遵循本地区和所处时代马赞词韵律和体例的前提下，根据本次那达慕赛马的具体情况再自由创作，尽情发挥。

马赞词就是对赛马所获称号的祝赞，在那达慕上，祝赞者根据赛马比赛名次、外在特征、赛场上的表现等，用“八宝”、“七珍”、“十二生肖”等吉祥、如意、亲切可爱的动物形象来赞颂骏马，并授予它“喜庆之首”、“吉祥之骏”、“宝驹”、“万马之首”、“飞隽”等不同称号。

目前，那达慕上授予的赛马称号，没有统一名目以及相关规定，各地之间也有所差异，如“升空的太阳”这一称号，在有的地方是第二、第三名次的称号，而有的地方则是最后一名的称号。此外，各地那达慕，受祝赞的马匹数量不统一，所诵唱的祝赞词的长短也有所不同。从各地那达慕情况来看，祝赞对象多为获得冠军、亚军的马匹，也有祝赞第三名、第四名的，甚至第五名，最多祝赞到第九名，而第九名以下不再进行赞颂。当然，很多地方的那达慕也赞颂和奖励赛马的最后一名。从那达慕赛马的种类来看，远程马比赛最为普遍，因而，祝赞词一般以远程马为祝赞对象。此外，也有走马赞词。

那达慕赛马祝赞仪式

东乌珠穆沁旗建旗50周年那达慕大会闭幕式上，由三位祝赞人分别对远程马冠军、远程马亚军、走马以及所有获得第三名、第四名的赛马进行了祝赞。骑士们穿戴赛马服，骑上获奖马，由吊马手牵引，绕那达慕会场三周后到主席台前听候授予称号。首先，由祝赞人吟诵冠军马的祝赞辞。吟诵者介绍赛马的出身，将赛马所属旗、苏木、嘎查、主人等一一述说，吟唱赞辞，并宣布赛马所获称号。如乌珠穆沁冠军马赞有“吉祥如意、众生安康的如此美好的一日，超度之地邀请尊贵的喇嘛，祭拜山水之神的神圣的敖包，在这盛会上，要问跑到第一的这匹神骏是谁的？它是浩硕斯琴亲王旗的府的苏木的臣民的马群中之万马之首……奔跑如疾风，蹄声如雹点，嘶鸣如蛟龙……有月扇形的鬃毛，有鱼儿般的眼睛，有莲花般的耳朵……”① 等溢美之词来高声唱颂。另一首对冠军马的赞词中唱道：

它那飘飘欲舞的轻美长鬃，好像闪闪发光的金伞随风旋转；
它那炯炯发光的两只眼睛，好像一对金鱼在水中游玩；
它那宽阔无比的胸膛，好像滴满了甘露的宝壶；
它那精神抖擞的两只耳朵，好像山顶上盛开的莲花瓣；
它那宽敞而舒适的鼻孔，好像巧人编织的盘肠；
它那潇洒而秀气的尾巴，好像色调醒目的彩缎；
它那坚硬的四只圆蹄，好像风掣电闪的风火轮。
它全身聚集了八宝的形状，这神奇的骏马呀，确是光辉灿烂。
它向前奔跑的时候，如同欢乐的彩鸾在空中飞旋。
它纵身驰骋的步态，好像吃饱的兔子在原野上撒欢。
它高兴欢跳的时候，好似灵通的猴儿在天宫滚翻。
它那躯体的形状，犹如稳重而长寿的白象。
和睦福祥的四种征兆，在这匹马身上齐聚完满。②

东乌珠穆沁旗建旗50周年那达慕远程马亚军赞词中唱道：

扎……祝吉祥如意、太平安康！

今天在我们蔚蓝色的内蒙古美丽富饶的锡林郭勒盟东乌珠穆沁旗旗庆50周年那达慕大会上，

---

① 拉·道嘎尔苏仁编：《乌珠穆沁民间传统风俗》（内部发行）（蒙古文）231～232页，东乌珠穆沁旗政协文史办印制，1986。

② 色道尔吉编译评注：《蒙古族历代文学作品选》，48～50页，呼和浩特，内蒙古人民出版社，1980。

跑到亚军的这匹快马是：
呼伦贝尔盟广播局著名吊马手芒来万马群中优良骒马之驹，
万马之中如雄鹰般飞卷而至，勇拼第一的神速灵骏。
让我们对它的品相五官一一道来：
它有象牙般的四齿，
黄羊般的双耳，
钢铁般的四蹄，
水晶般的双眼；
它的尾巴就像旌旗飘，
嘴唇优美似雕画，
颈鬃恰似瀑布流，
皮毛如同绸缎亮……
它在每个盛会上都获名次，
每个那达慕上都被祝赞。
它就是呼伦贝尔盟广播局芒来的黄栗毛的神骏，
呼来，呼来，呼来。①

祝诵后，用酸奶涂抹赛马的额头，给它赏吃奶豆腐，祝福神骏下次比赛获得更好的成绩。

第三节 射 箭

一、服饰

就服饰而言，射箭比赛并无特别要求，但参赛者都穿着乌珠穆沁传统服饰。乌珠穆沁蒙古袍款式肥大，色彩绚丽，尤以领边、领座、

① 张曙光根据东乌珠穆沁旗建旗50周年那达慕闭幕式现场录音整理试译。

大襟、垂襟、开衩、马蹄袖的装饰和镶边为特色。青年妇女多用镂有金银图案的绯红色、粉红色、鲜绿色、深绿色锦缎，紫红色、褐色、深绿色漳缎，靛蓝色、石青色、鲜绿色团花缎，叶形图案的淡绿色绸缎，云纹图案的蓝缎子，粉红色、鲜绿色闪缎，深红、深绿、靛蓝色柞丝绸，蔚蓝色褡裢布等面料。青年男子多用靛蓝、宝蓝、浅棕、黄褐色漳缎，金银团花图案的蓝色、蔚蓝色缎子，靛蓝色柞丝绸，蓝色褡裢布，海蓝布等面料。中老年则多用靛蓝、深棕、深绿、紫褐、紫红色团花缎和褡裢布等为面料。少女、少妇所穿的袍子在领边、领座、大襟、垂襟和开衩之缘均镶有由三四种颜色库锦组成的约五指宽沿边；男子的则在领边、领座、大襟、垂襟和开衩之缘，镶有三指宽单色库锦沿边，无镂金彩条和金银曲线装饰。中老年人服饰在领边、领座、大襟、垂襟和开衩之缘，镶嵌一指宽青色或蓝色库锦沿边，也有的镶嵌一指宽青大绒沿边。马蹄袖，用深蓝、蔚蓝、深绿色绸缎和靛蓝、蔚蓝、青色丝绒或大绒制作，并以金丝或绒线绣有各色吉祥图案。此外，不论男女，都系与袍子相配的腰带，以蔚蓝、翠蓝、黄绿、橘红、紫红等绸缎为主，长约二十尺。其系法是：男子以宽而靠下，上提袍子，女子则以窄而靠上，不上提袍子，平紧贴身。①

二、比赛

射箭比赛是那达慕“男儿三艺”之一。蒙古族历来就有“不鞍而骑，大弓长箭尤善骑”之说，并以高超的善射技艺而著称。《元史》中称，蒙古族“用弓马之利取天下”。可见，当年骑射之技对元朝建立的重要作用。

蒙古语称弓箭为“诺木苏木”。在古代，弓箭曾是蒙古族的狩猎工具和征战武器，后来演变成为平安与力量的象征。历史上，蒙古族射箭使用的是牛角弓、皮筋弦、木制箭，距离一般为 15 ~ 20 米。箭靶

① 参见内蒙古自治区民族事务委员会编：《蒙古民族服饰》，125 ~ 129 页，赤峰，内蒙古科学技术出版社，1991。

是五种颜色的“毡牌靶”，靶心是活的，箭射中后就掉下来。还有一种比赛是不设箭靶，从几十米处，远射堆在地上的目标。该目标是堆砌起来的，呈塔形，射中后全部倒塌算获胜。

射箭比赛分静射和骑射两种，男女老少都可参加。通常规定，每个参赛者射击 4 箭，分 3 轮射完，以中靶次数多少评定胜负。比赛时，射手身穿彩袍，脚蹬马靴。静射比赛，裁判员下令后，众射手盘弓搭箭，一齐射向靶心，凡是射中的，靶心自行脱落。骑射就是骑在奔驰的马上射箭。参赛人数不限，需自备马匹、弓箭。参赛者既是射手，又是骑手，每人每轮射 3 支箭，共进行 3 轮，射 9 支箭。比赛跑道宽 4 米，长 85 ~ 100 米，设 3 个靶位，每个靶位之间相距 25 米。跑道中心线与靶位的距离是 2 ~ 3 米。第一个靶，在 2 米高的木架上挂一个直径 30 厘米的彩色布袋，第二个靶挂白布袋，第三个靶挂三角形的黄布袋，布袋里装棉花。第一、第二个靶在射手的左侧，第三个靶在射手的右侧，靶位相距约 25 米。比赛时，射手背上弓，把 3 支箭放在箭囊中，催马起跑后，在奔跑的马背上取弓、抽箭、搭箭、射击。一轮比赛中的 3 支箭要在规定的跑道上射出，三轮后以射中靶位的多少来排列名次。

20 世纪 50 年代，这种传统的射箭比赛已在锡林郭勒盟消失。据东乌珠穆沁旗道特淖尔镇德木其齐格老人回忆，1950 年其姐姐出嫁时，其姐夫佩戴了有五把箭的弓箭。由此可见，在 20 世纪 50 年代，乌珠穆沁地区民间还保留着传统的弓箭，但作为比赛项目，那达慕已经没有射箭比赛。

此次东乌珠穆沁旗建旗 50 周年那达慕中的射箭比赛，是一些民间射箭爱好者努力恢复的结果。他们于 2005 年初在锡林浩特市成立了“哈萨尔射箭学校”，在全盟范围内与锡林郭勒盟职业技术学校合作招收学员，目前已有二十多名学生。从 2005 年成立开始，各旗县大型那达慕上逐渐出现了射箭比赛。虽然规模不大，参加的人数也不甚多，但作为“男儿三艺”之一的射箭比赛，重新回到了锡林郭勒盟的那达慕上。“在锡盟的 5 个旗、苏木以及锡林浩特市举办的那达慕上都有了射箭比赛，以前没有。为此我们做了很大的努力，我们拜访老领导、

文体局的领导作宣传，只要有那达慕，他们就通知我们参加。2005年，我们在镶黄旗参加了三次那达慕，锡林浩特两次。2006年已经参加了4个旗的那达慕。”① 当然，其训练、比赛采用的是现代射箭比赛的规则，比赛用的弓箭也是奥林匹克标准的弓箭，而不是传统的蒙古族弓箭。

射箭比赛由哈萨尔射箭学校全权负责组织，比赛分为专业组和业余组，专业组都是受过专门训练的选手，他们主要来自哈萨尔射箭学校，共20多人。业余组包括牧民及各旗、苏木基层单位的工作人员，共有一百多人。

射箭器具完全采用了现代射箭比赛所使用的标准的弓、箭、箭靶、环靶、箭筒、指套、护臂套和护胸等，只是对比赛规则稍作了改动。

弓是射箭比赛的重要器材，包括弓身和弓弦两部分。由1个弓把和2个弓翼组合而成，可装卸，一般的弓长60~70英寸，儿童用的弓长40~60英寸，弓上装有瞄准器。箭，则由箭头、箭杆和箭尾组成，过去以竹、木作箭杆，铁作箭头，羽毛片作尾翼。现代箭杆是铝合金或碳素无缝圆管，钢作箭头，塑料片或羽毛片作尾翼，塑料作箭尾，长23~39英寸。箭靶有方形和圆形两种，直径为124~145厘米。箭靶应坚实，使箭容易射入，而又不易脱落或穿透，可用草料或其他适合的材料制作。箭靶上面挂一瓦楞纸板，纸板厚3~5厘米，靶环纸紧贴在瓦楞纸板上。靶架用木料或竹料制成，箭靶固定在靶架上。环靶由5个色圈组成，从外向内，分别为白色、黑色、蓝色、红色、金色。每圈中又有1条细线，把色圈分成两个环，共有10个环。靶心是金色，也叫“黄心”，是10分和9分，红色是8分和7分，蓝色是6分和5分，黑色是4分和3分，最外圈的白色是2分和1分。根据国际比赛规则，靶面规格有两种尺寸：30米和50米距离的靶面宽为80厘米；60米、70米和90米距离的靶面宽为122厘米。靶心直径为12.2厘米，靶心距离地面的高度为1.3米。奥运会的比赛中，靶面直径为122厘米，运动员与靶面的距离为70米，使用的弓为反曲弓。

---

① 资料来源于张曙光与宝音的访谈记录。

按照现代比赛规则，射箭比赛一般经历排名赛、淘汰赛和决赛三个阶段，射程均为70米。每人射6组箭，每组6支，共36支箭；休息10～15分钟后，按照上述程序再射一遍，共72支箭，然后以这72支箭的累积环数排出男、女选手的名次。淘汰赛按照第1名对最后1名，依此类推，进行配对。淘汰赛每名运动员射12支箭，分4组进行，每组3支箭，每箭30秒，采用一对一交替发射的方式，胜者进入下一阶段比赛，最后决出8名运动员进入决赛。决赛时，运动员的发射方法、箭数和淘汰赛相同，最后决出冠军、亚军。

射箭比赛业余组冠军

而东乌珠穆沁旗50周年那达慕大会，无论是专业组，还是业余组，都采取了较为灵活的比赛规则，采取单一赛制，射程为20米。比赛时，每名选手射5箭，没有严格的时间限定，以射中环数的多少来累计分数，并决出排名。如有相等环数者，进行再次角逐。最终哈萨尔学校的18岁的小伙子额日和穆以45分获得专业组冠军，额吉诺尔苏木的牧民以28分的成绩获得业余组冠军。虽然他们的成绩悬殊，但

是组织者很欣慰，她说："很高兴有这么多牧民来参加比赛，对于首次握箭参加比赛者来说，这个成绩非常好。我们的目的是让更多的人喜欢这项传统项目，并将它恢复到那达慕中来。明年我们计划在那达慕上用蒙古族传统弓箭、传统规则来进行比赛。"①

三、祝赞仪式

在蒙古族的射箭比赛中，有为夺冠射手授予"莫尔根"（神箭手）称号以及为连续三年夺冠者授予"达尔汗莫日根"（神圣/尊贵的射箭手）荣誉称号的习俗，并与摔跤、赛马祝赞一样，在那达慕的闭幕式上由祝赞人对获得名次的射手吟唱弓箭赞和射手祝词。

在一首《弓套箭囊祝词》② 中唱道：

用水牛角做你的弓背，再以檀香木装饰润色，
用花凤的筋做成弓心，用巨鳄的胃予以胶合，
用福象的大牙做弓码，用牤牛皮条做弓弦，
福祥的弓套箭囊哟，用脂油涂抹祝托。

对射箭手赞诵道：

左手握神弓，右手搭灵箭，
双臂似托起山峦，胸膛如草原阔宽，
把坚韧的弓弦拉圆。
当飞行的箭翎发出呼啸，
骏马为之嘶鸣，骗驼为之嗥叫，
山峰为之摇晃，大海翻起狂澜，
蓝天彩虹呈现，而我们只能惊愕和赞叹。
能射穿山峰的神箭手，
利箭搭弓疾如电闪，

---

① 资料来源于张曙光与图雅的访谈记录。

② 蒙古文化网站：http：//www. mgwhw. com/letters/08/2005092604. asp（访问时间2009年1月18日）。

无论在人海中，还是在颠簸的马背上，
左右开弓箭箭中的。
脱颖而出的神箭手，
他必定是——
家乡之主人，安宁之守护者，
众人的骄傲，民族之歌。
将原野暴躁的盘羊，在奔驰中射倒的，
将山巅上的雄鹰，在飞翔中击落的，
——哈撒尔的后代。①

又如：

你攀起了万钧弓啊，搭上了金色利箭。
引弓如满月，放箭如疾风。
你能射穿飞翔的大雁，你能射倒耸立的高山。②

射箭在东乌珠穆沁旗属于刚刚恢复的那达慕项目，因而在那达慕闭幕式上，对冠军、亚军只进行奖励，没有特别的祝赞仪式。

---

① 阿都沁译：《那达慕传统祝赞词》，载《内蒙古文化》，1991（4）。
② 萨仁高娃：《蒙古族“那达慕”及其文化意义》，载《内蒙古大学艺术学院学报》，2006（3）。

第五章

那达慕的其他活动

第一节　地方传统及现代娱乐项目

一、蒙古象棋和嘎拉哈

（一）蒙古象棋

蒙古语称象棋为“沙塔拉”，亦写“喜塔尔”，为了区别于中国象棋和国际象棋，故汉语称蒙古象棋。传说成吉思汗时，蒙古象棋已在蒙古族中盛行。

关于蒙古象棋的棋制和走法，据清代《桥西杂记》中载：“局纵横九线，六十四格。棋各十六枚：八卒、二车、二马、二象、一炮、一将，别以朱墨，将居中之右，炮居中之左，上于将一格，车、马、象左右列，卒横于前。……其棋形而不字，将刻塔，崇象教也。象刻驼或熊，迤北无象也。……满局可行，无河为界，所谓随水草以为畜牧也。”① 与中国象棋相比，蒙古象棋最大的不同是没有“士”这个棋子，这深刻反映了游牧民族的社会结构与中原宫廷结构的很大不同，

① （清）叶名沣：《桥西杂记（及其他一种）》，5页，北京，中华书局，1985。

也反映了在古代的蒙古族军事组织当中以及军事战斗中，最高将领必然与自己的士兵并肩作战，甚至是身先士卒。而没有中间的河界则是对蒙古族在广袤草原驰骋，一直到最后扬威于整个欧亚大陆的映射。

今天的乌珠穆沁旗牧民使用的象棋棋盘、棋子多涂以黑、白两种颜色，以区分双方阵容。棋盘黑白相间横竖排列着88个小方格，相同颜色的格子对角相连，共32个棋子，黑、白两方各有16个，有王爷（诺因）、王后（在乌珠穆沁解释为“总将帅”，berse“博日斯”，即狮子）各1个，骆驼（特莫）、马（茂日）、车（特日格）各2个，犬（诺亥）8个。其人物、兽类、车都是立体造型，形态逼真，栩栩如生，是精美的木雕艺术品。如雕刻的马，有奔马、跑马、走马、立马、母子马；骆驼有公驼，也有母子驼。这些木雕棋子是牧人长期观察生活的结果，也是他们对生活体验的生动展现，富有草原生活气息。有的棋子用木头精雕，也有的用兽骨细琢制成，还有的用石头刻制而成，棋盘大多用木料制作。

蒙古象棋

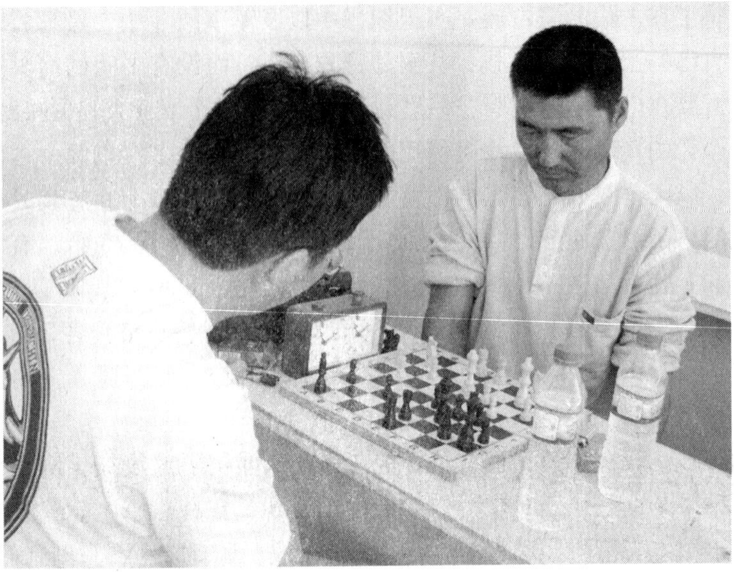

蒙古象棋比赛现场

此次东乌珠穆沁旗建旗50周年那达慕蒙古象棋比赛分成人组和儿童组，成人比赛有256名选手参加，奖励前64名。儿童比赛有128名选手参加，奖励前32名。参赛选手中年龄最大的72岁，最小的12岁。东乌珠穆沁旗56个嘎查，每个嘎查选派了3名棋手参加比赛。除了本旗选手外，还有其他旗、县的选手，如西乌珠穆沁旗、正蓝旗、镶黄旗等旗的选手，甚至还有外省选手也参加了比赛。因人数有限，外地选手每个单位不能超过4名。

在儿童象棋方面，为了此次那达慕，提前进行了预选赛。很多孩子以前没有参加过如此大规模的比赛，所以主办方提前与校方联系，在周末给学生们讲授蒙古象棋的知识，并进行了训练，为此次比赛做了充分的准备。东乌珠穆沁旗蒙古族中学、东乌珠穆沁旗试验小学、乌里雅斯太小学三个学校进行了比赛。其他苏木的小学在那达慕前也相继举行了两次选拔赛，一次由32名选手参加，另一次由64名选手参加。

蒙古象棋比赛规则

此次那达慕，因参加人数较多，为了保证比赛时间，在蒙古象棋传统规则上加入了一些国际象棋的内容。如按照传统，蒙古象棋没有时间的限定，而此次比赛不仅采用了统一的国际象棋，在时间上也作了限定。规则方面，蒙古象棋不是全吃，必须留下一枚棋子，而此次也采用了国际象棋把棋子全吃掉的规则。具体而言，在蒙古象棋的基础上，结合国际象棋的相关技法，以蒙古象棋规则为主，采取轮赛制；抓阄决定谁先走棋，抓到白色棋的先行；依据蒙古象棋的传统方法移动棋子，即开局第一步必须走“博日斯”（王后、将帅）的前犬，不得往回走，追“诺因”（王爷）或未按照规定方式起步走棋者，视为负。此外，将比赛时间限制在 2 个小时。① 不过，这种比赛规则也影响了参赛者的成绩。“平时，他们就坐在那里进行对弈，没有时间的

① 参见《东乌旗建旗50周年那达慕大会蒙古象棋比赛规则》（蒙古文），2006 年 7 月。

限制。现在，第一次参加有时间限制的比赛，有的选手由于全神贯注于比赛而忘记了时间，以致棋没有下完时间就到了。还有的选手因为总是惦记着时间而在心理上产生了负担，也输掉了比赛。”①

蒙古象棋是东乌珠穆沁旗富有特色的竞技娱乐活动，人们在茶余饭后摆上棋盘互相对弈，不论老少长幼，都可以参战展示自己的棋艺。一直以来，大型那达慕上都有蒙古象棋比赛，在民间，一般在老人寿辰那达慕上举行。近年来，各种比赛较为频繁，一年有三四十场，它是乌珠穆沁人除赛马、摔跤以外，最喜欢的游艺项目之一。

（二）嘎拉哈

嘎拉哈，蒙古语称为“沙嘎”，是乌珠穆沁蒙古人另一个重要的游艺项目。牧人吃了手扒肉后，踝骨不能随意扔掉，他们认为这些骨头具有某种魔力，它预示着财富，预示着牲畜兴旺。他们将这些踝骨收集起来，进行修整、装饰，单独或相互搭配创造出了独具畜牧特色的各种娱乐游戏。他们根据五畜（牛、马、驼、山羊、绵羊）以及牧人生活中不可缺少的狗、勒勒车等来为这些踝骨命名，并摆出各种形状来进行“叙事”，再现日常生活的场景。

嘎拉哈不仅是一种信物，而且还是友谊和信誉的象征。由于嘎拉哈具有占卜、预测之神功，牧民们非常珍视它，不论是羊踝、牛踝、驼踝以及狼踝、羚羊踝等，都是每家每户珍藏的“宝贝”。过去，人们收集羊踝骨到一千个之后，便装在袋子里将其封存，然后再重新收集。

在乌珠穆沁民间，嘎拉哈有上百种玩法，有的专属于儿童，作为启智游戏，有的老少皆宜。嘎拉哈比赛一般选在秋冬季老人寿辰那达慕时举行，较忌讳在春天接羔时节举行，认为此时举行嘎拉哈比赛对牲畜生长不利。

值得一提的是，在嘎拉哈玩法中还有专门的“男儿三艺”的内容，包括摔跤、赛马、射箭的不同玩法，可以说，嘎拉哈是蒙古族在长期的游牧生活中发生、发展、传承而来的，是一种较为远古的游戏

① 资料来源于张曙光与照日格图的访谈记录。

类型。

东乌珠穆沁旗建旗50周年那达慕嘎拉哈比赛在乌里雅斯太镇广场举行，是继摔跤比赛之外，比赛类型、参加人数最多的一项比赛。嘎拉哈比赛有扔四样、弹嘎拉哈、射嘎拉哈、球嘎拉哈四项比赛，分别由1024、128、256、128人参加。

1. 扔四样

扔四样比赛以各苏木、嘎查为单位报名参加，规定每个苏木、嘎查、旗属单位以及其他单位共计1024人参赛。比赛时，根据嘎拉哈的形状计分，在决出前128名前都是单独扔，从128人赛开始，两人便面对面地扔掷。每轮投掷3次，以累计积分的形式选拔。记分方法为：掷“大火”、“四马”为100分；掷四样为80分；掷“小火”、“三马”、“一羊”为75分。如有一枚嘎拉哈落在其他嘎拉哈上面，依据其他三面来决定分数。如果第一轮双方均未得分，则需再次扔掷，直到先得分者胜出。

嘎拉哈四样

2. 球嘎拉哈

球嘎拉哈比赛规定，各苏木、嘎查以及旗（区）各派16名选手报名参加，共计128人。选手以抓阄的形式确定比赛场地，数字相同者在同一个场地比赛，每个场地为4人，设裁判1名，有嘎拉哈100枚。选手抓阄确定座次，抛球抓嘎拉哈，轮抓4次，最终以得嘎拉哈最多者晋级到下一轮比赛。

3. 射嘎拉哈

射嘎拉哈，蒙古语称“哈拉吉哈日布呼”，由各苏木、嘎查和其他单位的256人参加比赛。在三米远的距离内，两个人以两根筷子作为支架，将嘎拉哈平放在上面，面对面地“射”击4枚嘎拉哈，打中多者胜出。首射者第一轮中必须射完4枚嘎拉哈（此处蒙古语称“哲格米”），在下一轮中，先射中者可不射剩下的嘎拉哈而将其收起。若两人都没能射中，继续将4枚嘎拉哈射三次，如果仍然没有射中，则由裁判采取其他办法决出胜负。如果双方平手，则再给一枚嘎拉哈双方轮流射，先射中者胜出。如果先射者射中，下一位仍有一次机会，以此类推，以射中嘎拉哈最多者为胜。

射嘎拉哈比赛

4. 弹嘎拉哈

弹嘎拉哈比赛，以苏木为单位，由128名弹手（蒙古语称“斡恩道沁”）参加比赛。每轮比赛由4名弹手参加，每人持25枚嘎拉哈，共100枚，组成大户，抓阄决定座次和顺序。下一轮时给出20枚嘎拉哈集中成立一户，如不足20枚，以拥有最少者为标准集中。第一轮的小户由最后的弹手承担，以顺时针方向每个人承担一次。承担者自愿立户，每个人轮流坐庄后数自己的嘎拉哈，拥有嘎拉哈最多的两名晋级，其余两名被淘汰。

二、现代娱乐项目

东乌珠穆沁旗建旗50周年那达慕引入了很多现代游戏项目，如碰碰车、空中飞船、空中大灌篮、套圈、射击等游艺活动，这些项目吸引了不少年轻人。此外，还有外来的流动动物园、流动影院和演艺团体等也出现在那达慕会场。这些现代娱乐、休闲项目，对于草原上的人们确实是难得的一次体验。我们观察到，虽然这些娱乐项目不断地用大喇叭招揽着生意，但顾客仍寥寥无几。在我们的问卷调查中，对引入这些娱乐项目，许多人表示了担忧与不满。

三、其他扩展项目

现代那达慕已经发展成为一个综合的舞台，是多重功能、多种符号集中表现的场合。东乌珠穆沁旗旗庆50周年那达慕作为一次由政府组办的盛大集会，除了核心内容，即“男儿三艺”的展示之外，还有商贸、物资交流、发布政府政令、表彰劳动模范、庆祝丰收等内容。举办文艺演出是政府组办的大型那达慕的特点之一，一般在白天的赛事之后的晚间举行，每台晚会演出一个半小时，内容以突出时代主旋律和地方特色为主题。此次，在那达慕会场和乌里雅斯太镇广场共举办了“草原传奇”文艺晚会，“弘扬婚育新风，关爱女童”文艺晚会，东乌珠穆沁旗乌兰牧骑专场文艺晚会，东乌珠穆沁旗新歌演唱会，东乌珠穆沁旗籍异地演员文艺晚会等晚会。此外，在开幕式和闭幕式的当日各举办了一场焰火晚会，历时半个小时。此次大会还紧紧围绕“50”这一主题，举办了“50对青年集体婚礼”、“50名新生婴儿赠名仪式”等。为继承蒙古族敬老、爱老的良好传统，特别为80岁以上的老人举办了“耄耋老人集体寿宴”。

东乌珠穆沁旗建旗50周年那达慕，同时也是一次展示和宣传本地区特色文化的良机，这一点可以从民族服饰、日常生活用品和手工艺品的展览中得到体现。人们积极参与其中，将乌珠穆沁服饰、马鞍、马刷、马镫以及微型蒙古包、勒勒车等牧业、生活用具、用品拿来参展评比，吸引了不少旅游者的目光。此外，大会仍沿用了政府组办那达慕的传统，表彰了各个行业的500名劳动模范，还进行了畜牧业优良品种的评比。

民族手工艺展览

第二节 那达慕的商业

现如今，商贸和物资交流活动始终是那达慕的重要内容和核心要素之一。如前所述，从农历四月至八月，草原上的各种类型的那达慕交替举行，而商业贯穿于期间，那达慕则成为了草原牧人交易的“流动”平台和渠道。

那达慕吸引了诸多的外来者，促进了当地各方面的消费。那达慕期间聚集近 10 万人，其中外籍宾客 5 万人次，全旗社会商品消费总额 8000 万元，其中旅游收入达到 1930 万元。① 旗内各类宾馆在一个月之前都被预订，价格是平时的三四倍。乘坐出租车至那达慕会场的费用也比平日上涨了两倍左右。可以说，那达慕促进了商业流通和商品交易，为东乌珠穆沁旗带来了更多的商机。

此次东乌珠穆沁旗建旗 50 周年那达慕的商业包括那达慕会场的商业、乌里雅斯太镇的商业和旗商贸洽谈会，其中，那达慕会场的商业由四个区域构成：

一是主会场外围卖饮料、食品以及各种日用小百货的流动商贩区。这些商贩约有 150 名，以汉族为主，大部分来自本旗、县，也有少量来自安徽、山东、河南等省和新疆维吾尔自治区。据调查，从河南平顶山来的十几位商贩，主要卖钥匙链、项链等小商品，他们整个夏季都在草原上，一个那达慕接着一个那达慕地流动游走。“我们 4 月份就出来了，一直到 9、10 月份才回去。哪里有那达慕，我们就去哪里。过几天我们就去东苏尼特旗，那里今年也是大庆。”② 更为特殊的是，从新疆和田来的卖清真切糕的几位维吾尔族小伙子，他们不会讲蒙古语，汉语只会说几句。在与他们简单的交流中获知，他们几乎走遍了

---

① 东乌珠穆沁旗政府建旗 50 周年那达慕总结稿，2007 年 8 月。

② 资料来源于张曙光对河南商贩的采访记录。

锡林郭勒盟的各个旗、县。还向我们打听近期那达慕的信息，以便继续“游动”。

流动商贩

二是主席台两侧的蒙古风味餐饮区。经营的饮食均在蒙古包内，包括奶食品、手扒肉、蒙古包子等。值得一提的是，在会场周围只有一名经营蒙古族特色饮食的流动商贩出售自制的酸奶，还有由几位年轻人经营的两个蒙古文图书书摊。

三是主席台东南侧的游乐和餐饮区。这里除经营烧烤、炒菜等南北风味餐饮外，还有碰碰车、套圈、射击等游戏以及流动动物园、马戏团的表演和文艺演出、电影放映等娱乐项目。

四是主席台西南侧的服装商贸区。这里主要经营服装、鞋帽等，经营者多为汉族。

此外，那达慕期间还就采掘有色金属、开掘煤矿、化学工厂、商业流通、畜牧产品加工、自然草场资源开发利用等项目与十多家企业进行了洽谈，有的还达成了初步的合作意向。这些合作项目是随着东乌珠穆沁旗为实现“工业（采选矿）强旗”[①] 的目标而开展的对外经济合作尝试。

蒙古风味餐饮

历史上，那达慕的商业功能在游牧生产方式下发挥着重大的作用，它是牧人进行商品交易的重要场所。随着定居和城镇化步伐的加快，牧人的商业和物资交易形式发生了根本的变化。因此，那达慕的商业功能也发生了巨大的转变，那达慕的商业被植入了新的内容。那达慕从过去较为直接的物资交流功能转变为当下以旅游和消费为主的较为间接的第三产业功能，并借助招商引资等手段吸引广告和企业赞助，从而发挥着更为重要的经济功能。下面一组数据很直观地表明了这种

① 2002 年，东乌珠穆沁旗在政府工作报告中确立了要将“东乌旗变成工业（采选矿）强旗”的目标。

蒙古文图书书摊

变迁：1952 年的甘珠尔庙那达慕大会从 9 月 21 日至 27 日，举行了 7 天。这次那达慕总交易额达人民币 130.3 万元，其中收购额 67.4 万元，销售额 62.9 万元。牲畜上市两万多头（只），成交 19 643 头（只）。皮毛交易总额为 67.5 万元，百货、粮食等实销额 75 228 元，大轮车销售 1400 辆。[①] 2004 年，西乌珠穆沁旗举行了“挑战吉尼斯世界纪录 2048 搏克大赛”那达慕，第二、第三产业实现增加值 1448 万元，拉动了 GDP 增长 1.7 个百分点。其中第三产业实现增加值 792 万元，从事第三产业的运输、零售、餐饮、旅馆等行业人员达 4085 人，人均收入 1952 元。[②] 2006 年，东乌珠穆沁旗建旗 50 周年那达慕吸引外来人员 5 万人次，全旗社会商品消费总额 8000 万元，其中旅游收入

---

① 参见李萍、李文秀：《甘珠尔庙外记》，114～115 页，海拉尔，内蒙古文化出版社，1998。

② 《2004 年“挑战吉尼斯世界纪录西乌珠穆沁旗 2048 搏克大赛”那达慕工作总结》，藏于西乌珠穆沁旗档案馆。

达到1930万元。[1] 可见，旅游对那达慕带来的经济收益之可观。

在现代大型那达慕当中，通过企业赞助或广告获取收益，渐次成为其重要的运作方式。广告包括冠名权、指定产品、气球空飘广告、过街横幅广告、街道广告、灯柱广告等。企业赞助包括资金赞助、产品赞助等。西乌珠穆沁旗800蒙古马“阿吉乃”大赛暨蒙古族马文化艺术节广告招商实施方案，预计广告数量与招商价格总额约150万元。具体而言，主会场冠名权底价40万元；气球空飘广告12个，每个1万元；过街横幅共8条，每条报价1万元等。[2] 东乌珠穆沁旗旗庆50周年那达慕主席台和观礼台由内蒙古兴业集团股份有限公司投资建设，那达慕的奖品和奖励由阿尔哈达矿业有限公司赞助等。这对于缓解举办那达慕的资金压力、提高那达慕的经济收益起到一定的作用。由此看来，现代那达慕的组织当中，商业符号的应用也将越来越突出。那达慕因它的多样性、依附性、复合性、广泛性特征而成为地方政府以及民间开展特色文化旅游的传统资源被加以利用，并成为地方旅游文化的重要内容，成为区域品牌和特色文化资源。

① 《东乌珠穆沁旗政府建旗50周年那达慕总结稿》，藏于东乌珠穆沁旗政府档案室。

② 《2005年西乌珠穆沁旗800蒙古马“阿吉乃”大赛暨蒙古族马文化艺术节广告招商实施方案》，藏于西乌珠穆沁旗档案馆。

第六章

个案的总结与思考

一、东乌珠穆沁旗建旗50周年那达慕是复合的文化载体

那达慕是复合的节庆形式，以它的包容性、广泛性吸纳和囊括了蒙古族多种文化符号于一身，成为文化集中展演和符号化表现的最佳舞台，这里既有传统核心符号的保持与传承，又有派生或衍化而生成的地方性特色符号的扩布，更有反映社会变迁的具有时代特色的新符号的介入。而且这些符号相互作用，互为补充，勾画出了现代那达慕的概貌，使那达慕成为了蒙古族文化表达的复合载体。

作为由政府组织和主导的，旨在通过蒙古族这一传统竞技和聚会形式，全面展现50年来各行各业所取得的伟大成就的那达慕，在活动安排、经费投入、参与人数、现场管理等方面都表现出了政府组织的那达慕才会有的规模及特征。东乌珠穆沁旗旗庆50周年那达慕，旗所辖各镇、苏木、嘎查的居民几乎都参与到各项活动和比赛之中。从开幕式的5000人长调合唱、会场附近的500座蒙古包以及摔跤、赛马、射箭、蒙古象棋、嘎拉哈等多种项目的比赛，到大型晚会的组织以及各种商业活动的开展，都体现了这次那达慕的复合性。

从表面看来，有很多政府的、主旋律的意愿表达以及主流话语和象征符号的征用，但从那达慕的主体部分和表达话语的方式来看，却是采用了蒙古族和乌珠穆沁地区特有的象征符号和传统文化元素，使得那达慕的族群特征和地域特色得以彰显。从那达慕入场仪式的符号

化展示、大型广场舞蹈中的乌珠穆沁历史的再现、那达慕音乐的选用、那达慕各种仪式中的乌珠穆沁元素等，都表明了这一点。参与仪式和比赛的所有人员都穿着乌珠穆沁传统的节日服饰，会场比赛间歇播放的全部是乌珠穆沁民歌或者蒙古国的歌曲。而且，除开幕式以蒙汉双语解说之外，其余议程、仪式、比赛全部用蒙古语解说，这些都是蒙古族以及乌珠穆沁地区那达慕在这一特定文化空间中表达出的特定的文化符号和文化内涵。

在调查个案中还看到，除了传统符号的继承和展现之外，还有一些新符号的介入，这些符号的进入完全映射出了当下社会的政治、经济特征，以及全球化背景文化交融的时代趋势。这主要表现在那达慕比赛项目规则以及那达慕奖励上。在遵循原有传统项目比赛规则的基础上，在比赛时间、比赛用具的选用等方面采用了国际惯例或新的规定。就比赛时间而言，摔跤比赛、象棋比赛都无时间限定，但为了在规定的时限内完成比赛，摔跤比赛的双方若是在9分钟内未能决出胜负，则以抓阄抢换“握式”的方式促使比赛双方加快速度；蒙古象棋的比赛时间也限定为两个小时。就比赛用具来看，在蒙古象棋比赛中，采用了国际象棋，并在比赛规则中结合了国际象棋和蒙古象棋的规则。这些都是以那达慕的比赛类型、参加人数而采取的变通方式。当然，这也是适应时代的发展，进行自我改进，寻求更大的生存和发展空间的一种自觉行为。

二、东乌珠穆沁旗那达慕核心象征符号的传承境况及前景

摔跤、赛马、射箭并称为蒙古族的“男儿三艺”，是那达慕的核心象征符号。在那达慕的历史发展中，这三项技艺互相补充，互为整体。不过，在现代那达慕中，这三项内容经常不能够同时展示。在乌珠穆沁地区，由于这三项技艺发展不均衡，所以面临着各自不同的传承境遇。

在乌珠穆沁地区，传统的射箭比赛从20世纪50年代就已消失，直到2005年开始组办射箭团体，招收学员，并在那达慕中开始推广射

恢复中的射箭比赛

箭比赛。但比赛所用的弓箭是现代娱乐用箭或奥林匹克比赛用箭，而不是传统的蒙古族弓箭。现在射箭的“恢复”，更多的是作为一种“新式”娱乐和体育比赛项目而进入到了那达慕当中。就现代射箭比赛而言，其投入较高，购买标准的弓箭需要几千元，甚至上万元，对于普通牧户而言，这是一笔不小的开支。虽然主办者以办学的方式系统地培养射箭传承人，但仍面临着办学条件、招生、学员出路等最为现实的困境。虽然他们也在期望并努力恢复传统的弓箭以及比赛仪礼，各级政府也给予了很多政策上的支持，但“消失的传统”的恢复绝对需要一个艰难的过程。另一方面，射箭需要特定的场地，因游牧和狩猎方式基本消失，射箭与日常生活发生了脱节，从而其如何发展、在民间能否得到普及都是一个值得深思的问题。

摔跤和赛马是这一地区那达慕中最主要的传统内容。在现代那达慕当中，这两项内容也出现了向专项化发展的趋势。如 2006 年 7 月 16

日，由西乌珠穆沁旗好乐图镇三位年轻牧民组办的第一届“额尔德尼巴雅尔杯”青年摔跤赛，即是专门的、以摔跤比赛为内容的小型那达慕。此次比赛设立了两种比赛形式，一为单位赛，以嘎查、苏木为单位进行角逐，每个单位派 10 名摔跤手进行比赛，最终以集体总分最高者获胜。另一个为“精英赛”，即佩戴“将嘎”的摔跤手之间的较量，共有 64 名摔跤手参加了比赛。

摔跤是东乌珠穆沁旗以及整个锡林郭勒盟最为蓬勃发展的项目，也是那达慕当中开展得最广泛、最具群众基础的一项内容。在很多小型那达慕中，只有远程马比赛和成人摔跤比赛两项。而摔跤比赛一直是那达慕的主要项目，占据重要的位置。目前，摔跤出现了职业化趋向，出现了专门的职业俱乐部，这样的俱乐部在锡林郭勒盟就有五六个，在大的职业俱乐部里，不仅有摔跤，还有拳击和自由式摔跤，职业选手达八九十名，其中职业摔跤手占到一半以上。令人欣喜的是，儿童摔跤运动也开展得有声有色，在小学和中学都设有专门的摔跤训练课，并不定期地开展比赛。近年来，在各种类型的那达慕上，儿童摔跤赛也逐渐多起来，为摔跤项目的传承打下了良好的基础。由此可见，摔跤项目的群众基础非常坚实，其现代发展较为稳定和繁荣。但也面临着一些如何传承以及如何进一步推广和发展的问题。

20 世纪 80 年代初，摔跤比赛引入了现代体育竞技的赛制，增加了比赛种类，在单淘汰制的模式外，还增加了团体赛、三人轮流赛、小组循环赛等。1986 年，摔跤被定为内蒙古自治区竞技体育项目，并在内蒙古自治区全区推广，1991 年被列入全国少数民族运动会比赛项目，1996 年被列入全国农民运动会正式比赛项目，2003 年，国家体育总局把蒙古式摔跤与中国式摔跤融为一体，正式纳入全国摔跤锦标赛。由此，摔跤项目的发展有了更为广阔的舞台，使它走出草原，走向全国，走向世界成为可能，也使摔跤手成为职业运动员成为可能。但同时，也引发了人们的思考及争论。一方面，摔跤对于蒙古族有着特殊的意义，改革后的摔跤是否还是蒙古摔跤？它是否还能承载蒙古人千百年来所赋予它的特殊的信仰？为了保持摔跤的文化价值，必须保持其传统特色，使之原汁原味地传承和发展。如果将最具特色的部分磨灭掉，也就失去了其最珍贵的内涵。另一方面，如果不改革，它所固有的一些人为的弊端如何逾越？在现代语境下，如何走出草原，获得更大的发展空间？摔跤一直没有合理而规范的竞赛规则，对手的安排，过去是由王爷决定，称为“王爷编排式”。

新中国成立后，改由东道主指定。这种古朴的赛制阻碍了摔跤项目的发展。因此，为了更好地发展此项运动，使其成为国际化的比赛项目，有必要对其进行改革，如将一跤定胜负的比赛规则变为循环淘汰制，将摔跤服装变成布料质地，以便更多的人能够参与其中等。[①] 当然，目前在那达慕比赛中并未引入这些规则和比赛类型，仍延续着传统的赛制，而在全国性的比赛或循环赛、团体赛等专项的比赛中则采用新的赛制。

摔跤是那达慕的核心符号，也是体现蒙古人勇敢和智慧的重要形式，更是蒙古族民族审美和精神追求的重要载体，它伴随蒙古人的历史一路走到现在，嵌入其里的文化表达与精神追求正是通过其一跤定输赢的酣畅淋漓，与极富特色的古老的服饰符号来外显和继承的。当然，竞赛规则的规范化和国际化，也是古老的民间传统竞技在当下全球化语境下走出本土的一种外在要求。但一些核心要素和象征符号必须得以保留，这样才能保有自己独有的文化特色，才能有持久的生命力。因此，核心传统的保持对于摔跤的传承与发展至关重要。

随着工业文明的进入，草原开始退化，牧民传统生活方式有所变迁，拥有数百匹马的马群已经消失不见。由于草场的围栏化、限制畜群头数的增长、马的商业价值没有得到充分认识以及马匹市场的薄弱化，使马的数量急剧下降。下面这一组数据就可说明目前马匹衰减的状况：

---

① 因为摔跤“召德格”较为坚硬紧绷，所以使很多人望而却步。

东乌珠穆沁旗道特诺尔镇白音图嘎嘎查畜群情况（头）①

年份	合计	羊	山羊	牛	马
2000	56 900	31 000	15 900	6200	3800
2001	50 168	26 100	15 068	5500	3500
2002	53 100	29 500	14 600	5700	3300
2003	54 850	31 000	19 450	3500	1900
2004	55 680	33 250	18 880	2500	1050
2005	53 850	35 250	1858	1900	800
2006	56 380	36 080	18 200	1500	600

从表中我们可以发现，马匹数量下降的最为明显，从2000年的3800匹锐减到2006年的600匹。该嘎查有176户，如果按照每户平均，也就3～4匹，纯粹为劳作之用，而无可供挑选、调吊、比赛的马匹。赛马的前提条件是精良的马匹，如果连马匹都没有了，赛马自然就会消失。此外，多数赛马的类型，如远程马、二岁马的比赛都由七八岁的孩童骑乘，为的是灵便和轻捷。现在大部分家庭都是一两个孩子，平时又在县城读书，远离了牧业生活，会骑马且技术娴熟的孩子越来越少。所以，正如牧民呼群特古斯所感叹的："现在即使有了马，也没有骑手了。"② 这位牧人，有家传的吊马技术，每年都调吊赛马参加各种类型的那达慕。从这位牧人的访谈中我们可以进一步了解目前赛马的状况：

家里有二十几匹马，今年吊控的就这一匹枣红色的马。这匹马已经获得了16次那达慕的冠军。今年已经参加了5次，在两个月前吊控，获得了三次冠军，一次亚军，这次是第5次。过去都有家传，一般都从父辈习得。我叔父是著名的吊马手，我们已经三辈都在吊马。现在我的儿子一个在蒙古国，一个在摔跤训练班，他们都没有学吊马技术，他们回不来。现在想吊马，但找不到孩子。骑手是从放假回家

① 据2007年5月东乌珠穆沁旗道特诺尔镇白音图嘎嘎查的统计数据。

② 资料来源于张曙光与东乌珠穆沁旗萨麦苏木牧民呼群特古斯的访谈记录。

的路上接过来的，他已经大了，16 岁了，身材也偏高。但没有办法，现在找不到合适的孩子。

不过，在东乌珠穆沁地区，很多嘎查也出现了养马专业户，如东乌珠穆沁旗乌里雅斯太镇敦达高毕苏木达布希腊图嘎查的布和额尔德尼有两百多匹马，从 2003 年起，每年都举行各种类型的马文化那达慕，成为名副其实的马文化传承者。但他也有很多的忧虑，因为马的特性是喜欢远走，而现在草场都已包产到户，每户都将草场围起来，马匹走动的范围越来越有限。他家分到的草场为六千多亩，但还需要租用一万多亩才能够使这些马匹“行走”。东乌珠穆沁旗采取了马不纳入载畜量、在禁牧期也无需圈养等措施，鼓励牧民多养马，而牧民们则认为，“牲畜越多越是穷，没有牲畜反而享清福”。这就是说，没有牲畜的人家，将草场租用给别人，光靠租金，一年的花费也足够。而越是五畜多的人家，不但每日劳作，而且花费更多，一年的收支基本持平，无太多剩余，对将来能否保住这些数量的马匹缺乏足够的信心和把握。

对蒙古民族来讲，没有马就等于失去了一种文化，失去了最为核心的精神象征。马可以称之为蒙古族的“文化图腾”，是矗立在蒙古人心目中的永远的丰碑。“世界上很少有一种动物能够比蒙古马更加广泛而深刻地嵌入到一种充盈着生态理念与实践的文化之中，它的命运牵动着一个文化的整个命运，它的存在就像对环境洁净程度很敏感的指示物种那样，对草原的生态与文化变迁有着明显的指示意义。”① 近年来，蒙古马的出路以及马文化的传承聚焦了多方的目光，不论是政府、学术界，还是普通牧人，都以各自的方式对蒙古马的保护、马文化的传承以及马产业的发展作出了积极的努力，并取得了一定的成效。

东乌珠穆沁旗确立马文化产业开发项目，制定了十年发展和建设规划。“预期将要达到：建设马文化新村（户）1000 个；蒙古马存栏 10 万匹左右，其中一级达到 50% 以上；每年举办国内、国际各级别赛

---

① 《人与生物圈·卷首语》，2007 年第 2 期《蒙古马》专号。

事38个赛马日；建成国内外知名的、具有民族特色的马文化主体广场、马文化博物馆和民族赛马场；将马文化产业打造成东乌珠穆沁旗主导产业之一……”① 为实现这一目标，东乌珠穆沁旗实施了以下各项具体措施：

第一，2007年举办了三级（旗、苏木、嘎查）蒙古马大赛那达慕，并在决赛中首次尝试了圈赛。启动了全旗“乘马一日游”主题活动，在三级蒙古马总决赛那达慕上，东乌珠穆沁旗党政四大班子领导、苏木镇领导、各科局领导与群众一同乘马环会场行进一周，以“重跨马背”的行动倡导传承和弘扬马文化。

第二，2007年成立了马文化协会，注册资金70多万元。目前已有四个分会：由满都宝力格十一户联合成立的“苏勒德”分会，有五百多匹马；由呼热图苏木十三户联合成立的“呼兰哈拉”分会，有四百余匹马；由萨麦苏木四户联合成立的“翁根萨日拉”分会，有一百多匹马；由乌里雅斯太镇敦达高毕苏木布和额尔德尼成立的“乌拉根洪格尔”分会，有两百多匹马。“旗政府计划大力发展马产业，开展马文化活动，计划投入1300多万元，在乌里雅斯太镇那达慕会场东边辟出3000亩草场，建立奶马场、赛马场等，牧民们也采取互助或联合的方式竭尽全力发展着马文化，这些分会每年自行出资，举办各种类型的马文化那达慕。比如满都宝力格马文化那达慕，除了有远程马、二岁马、走马的比赛外，还有套马比赛、马用具制作比赛等，已经小有名气，每年吸引很多人。”②

政府和民间这一系列有效的措施和有意义的活动，对于那达慕赛马以及更为广义上的马文化的传承和发展必将起到很好的作用。

三、那达慕保护和传承的思考

蒙古族的游牧生产方式催生了那达慕的出现，敖包信仰推动了那

① 资料来源于《东乌珠穆沁旗马文化产业工程项目建设规划书》。

② 资料来源于张曙光与东乌珠穆沁旗政协办公室主任、马文化协会秘书长通嘎拉的访谈记录。

达慕持续的发展，蒙古民族的英雄情结、“耐亦日”习性以及古老的历史记忆，强化了那达慕作为蒙古族族群记忆载体的地位，使那达慕具有了内在的文化基因和推动力。当下，那达慕呈现多元化发展的态势，它的包容性、可扩展性、适应性、开放性以及所承载的蒙古族丰富的文化因子和民族审美情趣，促使它成为被各种目的和需求所采纳的一种节庆类型。它集中体现着蒙古族生态文化、服饰文化、饮食文化、信仰文化、表演文化、游艺文化以及商贸文化，并体现着蒙古族民众深层文化性格和文化追求。那达慕具有记载和传递集体记忆的重要功能，在蒙古族民族文化的再建构上，它不仅是蒙古族民族文化再建构的重要空间，更是民族文化得以延续和保持的重要形式。

从东乌珠穆沁旗建旗50周年那达慕中我们可以了解到，那达慕的现代传承既有传统的保持和继承，又有传统的变异和式微。那达慕在形态上不断多元化发展，时间和空间上不断扩布，内容上不断综合、复合，功能上不断多样广泛。与此同时，那达慕生成、成长和发展的文化空间，随着草原生态环境的变化、草原社会生活的变迁处于激烈的变动之中。

草原是蒙古族的诞生地、家园和文化的生态基础，那达慕依存于草原特定的生态环境，它与整个草原文化相关联。因此，那达慕的保护和传承，离不开草原生态环境，离不开世代生活在那里的人们。如果那达慕离开了它所依存的草原以及草原文化大环境，它展演的将是一曲没有生命的乐章。“游牧传统之所以能够沿袭至今，既是由于草原自然环境的限制，也是对草原自然环境的适应。若把草原开垦成耕地，把牧民转变成农民，将会造成生态灾难。”① 由此可见，那达慕与牧民日常生活紧密相连。“牧民的生活富有了，那达慕举办的就多，场面更为热闹。如果收入不佳，连参加那达慕的钱财都没有，就很少能参加。除了祈求风调雨顺的敖包祭祀之外，其他那达慕就基本无法

① 韩影：《草原：蒙古马的天赐家园——专家透视蒙古马》，载《人与生物圈》，2007(2)。

参加。"[①] 而这些直接影响那达慕的开展和传承。在那达慕的保护和传承中，既要保护那达慕本身，也要保护它的生命之源；既要重视那达慕的"过去时"，即传统形态，也要关注其"现在时"的发展形态。

从非物质文化遗产的保护而言，归根结底就是对其存在、发展、传承与表现空间的保护。我们可以从两个方面理解那达慕的文化空间。一方面，那达慕发生、发展的传统文化空间是草原，那达慕基于草原文化空间，叙述和传承着群体的记忆；另一方面，从具体的那达慕发生的场域而言，每个那达慕都在构建属于自己的文化空间，它是流动的，甚至是心理的、想像的和构建的。但这个意义上的文化空间必须是基于第一个层面的空间，即作为那达慕传承根基的草原文化及生态环境为后方。因为草原文化生活的存在，才使得那达慕的核心符号得以保持，那达慕的人文精神才得以彰显。那达慕传承、发展的最根本力量来自草原游牧生活。因此，那达慕的保护与传承应首先保护草原生态环境及草原文化，唯有孕育和滋养的根基得以传承，才能使那达慕传统的保护和传承成为可能。正是那达慕的扩展和衍生，才有了想像和依据的"真实存在"，有了可以皈依的精神寄托。不然，那达慕将变成无源之水，失去了沿袭的生命力。

① 资料来源于张曙光与东乌珠穆沁旗道特镇乃日慕达拉嘎查牧民恩和的访谈记录。

附录一

东乌珠穆沁旗建旗50周年那达慕大会日程安排

日期	时间	内容	主持	地点
7月22日	上午	10：00 500名劳动模范表彰大会	政府办	广场
7月22日	下午	17：30 耋耄老人集体寿宴	民政部	乌里雅斯太宾馆
7月23日	上午	8：30 50名新生婴儿赠名仪式	计生局	库伦庙广场
7月24日	上午	7：30 50对青年集体婚礼	妇联、团委	广场
		8：30—12：30 开幕式（现场直播）	筹委会	会场
		8：30—9：00 会前词		
		9：00—9：40 入场仪式		
		9：40—9：50 盟领导宣布“庆祝东乌珠穆沁旗成立五十周年那达慕大会”开幕		
		9：50—10：00 全体起立，奏国歌、升国旗；奏会歌、升会旗		
		10：00—10：10 主持人介绍参加开幕式的领导和来宾		
		10：10—10：30 旗委书记乌力吉同志讲话		
		10：30—10：40 宣读贺电、贺信		
		10：40—10：50 裁判员代表、运动员代表宣誓		
		10：50—11：00 各代表队退场		
		11：00—11：30 大型舞蹈表演《永恒的大草原——美丽富饶的乌珠穆沁》		

日期	时间	内容	主持	地点
		著名老摔跤手退役仪式，授予蒙古摔跤“将嘎”	体育处	会场
		建旗50周年图片展	会展处	会场
		成人摔跤比赛第一轮	体育处	会场
		蒙古象棋比赛第一轮	体育处	第一小学
	下午	14：00—18：00 成人摔跤比赛第一轮	体育处	会场
	下午	14：00—18：00 蒙古象棋比赛第一轮	体育处	第一小学
	下午	20：00—21：30 “草原传奇”文艺晚会	文艺处	会场
	下午	21：30—22：00 焰火晚会	会务处	会场
7月25日	上午	7：00（30公里）远程马比赛	体育处	会场
7月25日	上午	8：00—12：00 成年摔跤比赛第一轮	体育处	会场
7月25日	上午	8：00 射箭比赛	体育处	会场
7月25日	上午	8：00—12：00 蒙古象棋比赛第二轮	体育处	会场
7月25日	上午	10：00（15公里）种公马比赛	体育处	会场
7月25日	下午	14：00—18：00 成年摔跤比赛第一轮	体育处	会场
7月25日	下午	14：00—18：00 蒙古象棋比赛第二轮	体育处	第一小学
7月25日	下午	20：00—21：30 “弘扬婚育新风，关爱女孩”文艺晚会	文艺处	会场
7月26日	上午	7：00（15公里）鞍马比赛	体育处	会场
7月26日	上午	8：00—12：00 成年摔跤比赛第二轮	体育处	会场
7月26日	上午	8：00—12：00 蒙古象棋比赛第三轮	体育处	第一小学
7月26日	上午	10：30（10公里）二岁马比赛	体育处	会场
7月26日	上午	民族服饰、用品、手工艺品比赛	文艺处	乌兰牧骑

日期	时间	内容	主持	地点
	下午	14：00—18：00 成年摔跤比赛第二轮	体育处	会场
		14：00—18：00 女子、儿童摔跤比赛		
		14：00—18：00 蒙古象棋比赛第四轮、第五轮		第一小学
		15：30 马上拾嘎拉哈比赛		会场
		14：30（7.5 公里）走马比赛		
		20：00—21：30 东乌珠穆沁旗乌兰牧骑专场文艺晚会	文艺处	
7 月 27 日	上午	8：00 射击比赛	体育处	三团靶场
		8：30—12：00 老年摔跤比赛		会场
		8：30—12：00 成年摔跤比赛第三轮		
		8：30—12：00 蒙古象棋比赛第六轮		第一小学
		8：30—12：00 嘎拉哈比赛（扔四样、弹嘎拉哈）		广场
		10：30 马上拾嘎拉哈比赛		会场
		优良品种评比	畜牧局	
	下午	14：00—18：00 成年摔跤比赛第三轮	体育处	会场
		14：00—18：00 女子、儿童摔跤比赛		
		14：00—18：00 蒙古象棋比赛第七轮		第一小学
		牧机展	农牧局	会场
		20：00—21：30 东乌珠穆沁旗新歌演唱会	文艺处	
7 月 28 日	上午	8：00—12：00 成年摔跤比赛第四轮、第五轮	体育处	会场
		8：00—12：00 蒙古象棋决赛		第一小学

日期	时间	内容	主持	地点
	下午	14：00—17：00 成年、老年、女子、儿童摔跤决赛	体育处	会场
		17：00—18：00 颁奖仪式、闭幕式		
		20：00—21：30 东乌珠穆沁旗籍异地演员文艺晚会	文艺处	
		21：30—22：00 焰火晚会		广场

附录二

搏克邀跤曲谱①

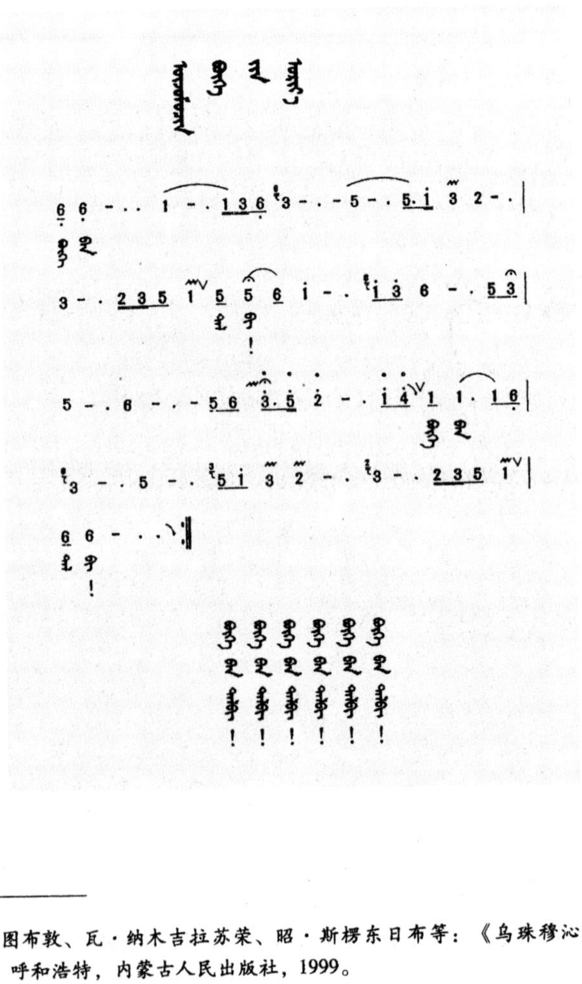

① 纳·图布敦、瓦·纳木吉拉苏荣、昭·斯楞东日布等：《乌珠穆沁史话》（蒙古文），441页，呼和浩特，内蒙古人民出版社，1999。

附录三

赛马绕“桑”仪式歌——玛日赛曲[1]

① 那布和哈达编著：《乌珠穆沁叙事民歌》，492页，呼和浩特，内蒙古人民出版社，2005。

附录四

东乌珠穆沁旗建旗50周年那达慕会场布局图[①]

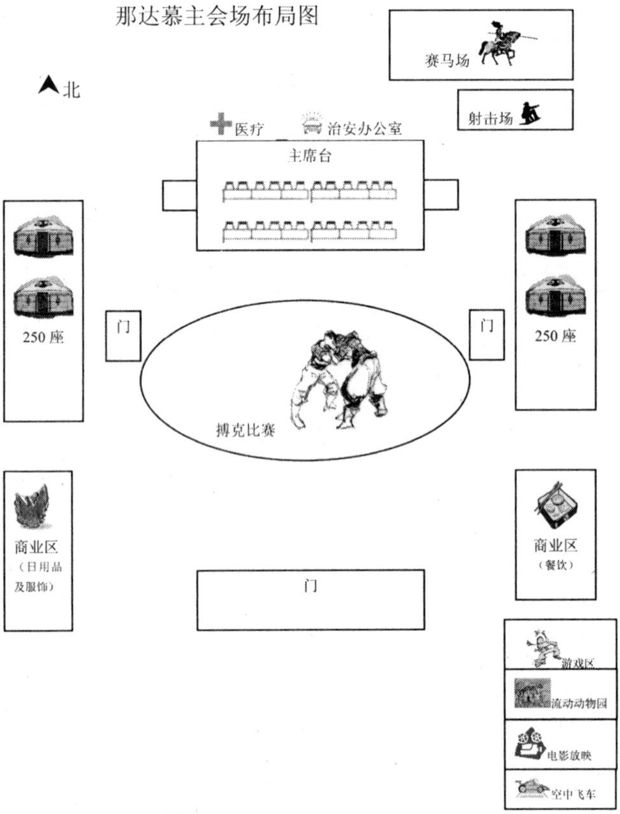

① 此图由张曙光根据东乌珠穆沁旗建旗50周年那达慕现场绘制。

附录五

乌珠穆沁摔跤技巧选录[①]

一、摔跤是一项不分等级、没有时间限制、一跤定胜负的具有很强竞争性的体育项目。由于没有体重等级的划分，所以摔跤手要充分考察自身和对手的身体重量、力气的大小、摔跤技巧等情况之后才能进行摔跤活动。例如：50 公斤重的人要与 100 公斤重的人进行比赛时，显然体重上会处于劣势，这看上去有些不公平，体重轻的很难摔倒体重相对重的一方，体重相对重的一方显然占优势。如果对手体重轻、个子小，可是动作敏捷、摔跤技术娴熟的话，体重也可能成为失败的原因之一。因此，双方都各有利弊。所以，摔跤手要充分了解这一情况，尽量避开自己的劣势，充分发挥出自己的优势，能够利用好对方的劣势。其实，这就是了解自己和了解对手的过程。常言道“知己知彼，百战百胜”。

二、摔跤手相互了解，需要一个过程，其关键在于观察思考。具体方案如下所示：

看：“看”是指在那达慕大会和摔跤比赛中不只是观看比赛，而在于进一步的观察和思考。要特别注意新人和不相识的运动员，详细了解对方的体态特征、技术特点、动作的快慢等。即使是非常熟悉的运动员也要多看、多观察，学习对方的长处。

听：“听”是指作为一名摔跤手必须要多听取一些有关摔跤的评

---

① 摘自乌·斯日古楞、额尔敦巴雅尔著的《搏克技巧》（呼和浩特，内蒙古人民出版社，1998）一书，由中央民族大学2008级硕士研究生赵月梅翻译。

述和讨论，特别是有关“跤步”的内容。摔跤运动在蒙古草原有着悠久的历史，草原传颂着众多与摔跤相关的故事。可以从百姓口中得知一些摔跤的技巧，或者了解到未曾相识的某些摔跤运动员的情况。所以，“听”对摔跤运动员来说也是非常关键的。

问：蒙古族群众当中有很多有关摔跤的评述家，也有很多摔跤经验丰富的牧民。和不相识的新对手进行摔跤比赛之前可以通过向当地百姓询问了解情况。即使是很熟悉的对手也应该多向他人询问，了解他的近况。对自己战胜过的对手也要多加关注，千万不能大意。摔跤手通常都不会败给同样的招数两次，所以摔跤时绝对不能因为自己赢过一次而沾沾自喜，因为当你再一次使用该招数时，对方可能早已找到了破解的办法。所以，作为一名优秀的摔跤手要时刻保持谦虚谨慎的态度，不能得意忘形。

从比赛中了解对方：即通过实战了解对手的情况。在进行摔跤比赛时，要仔细观察对方的体态特征、搏击特点、腿的动作特点等。选择适当的对应技巧，即使在比赛中失败，也要很好地积累经验，以便在以后的比赛中再遇到同样类型的对手时能够有充分的心理准备，避免二次失败。

交流经验：众所周知，摔跤是一项全民性的体育活动。所以喜欢摔跤运动的人很多。这项运动并不是通过一两个人的胜负来决定的，因此，经验的相互交流成了传播摔跤技巧的重要途径，交流经验也是摔跤手提高摔跤技能的重要方式。因为摔跤变化迅速，常会出现一些出乎人们意料的事项的一项体育运动。即使是非常优秀的摔跤手也不可能娴熟地使用所有的摔跤招数。所以，摔跤手之间的经验交流对提高摔跤技能是非常重要的环节。摔跤并不是以摔倒对方为目的，而是以发扬摔跤体育运动为最终目的。当然一对一的摔法，与整个摔跤的发展是密不可分的。经验的交流对一名摔跤手的技能提高是非常有帮助的，同时也对整个摔跤运动的发展提供了养分。特别是摔跤作为一项国际性的优秀体育项目，其经验的交流，不断的自我完善，有着非常深远的意义。

三、摔跤比赛没有时间的限制，一跤定胜负的比赛规则为不分体重等级而进行的比赛提供了条件，由于个人在身体条件、技巧上存在着差异性，因此，选手们所使用的方法也有所不同，主要可以归纳为四类，即猛攻摔法、防守摔法、进攻与防守相结合摔法、持久战摔法。

1. 猛攻摔法

猛攻摔法是指不畏惧对方而勇猛进攻的一种摔跤方法。使用这种摔跤方式的摔跤手称为急速摔跤手、迅猛摔跤手、猛攻摔跤手、疯狂摔跤手。这种猛攻摔法在心理上会给对方形成很大的压力，摔得过程快，败得过程也很快。遇到这样的对手时，有些技能高超的摔跤手还没来得及施展技能就已经被摔倒了。但是，如果在用力过猛、扑空的情况下，使用这种摔跤方法的摔跤手反而更容易被对方摔倒。因此，这种摔跤方法的风险性很大。在比赛中基本不会存在犯规动作，不会被扣分，是广大摔跤运动爱好者喜欢看的一种摔跤方式。

常言道“摔得精彩，输了也有看头”，体现了现代人的审美观点。猛攻摔法是一种注重主观性，而忽视客观性的一种积极的摔跤方法。

2. 防守摔法

防守摔法是一种以破解对手所使用的摔跤技巧来力求获胜的摔跤方法。破解能力高、动作灵活、力量较弱的选手多选用这种摔跤方法。这是一种以柔克刚的摔跤方法，使用防守摔法的选手要对自己的破解能力有自信，手脚必须灵活，关键在于能够把握好机会。优秀的摔跤运动员是不会在同一场比赛中使用两次相同的技巧的，所以，把握机会在这种比赛中显得尤为重要。防守摔法同猛攻摔法相比较，显得有些被动，防守一方多处于劣势地位。但是，其技巧高超，深受广大摔跤爱好者的青睐。

3. 进攻与防守相结合的摔法

进攻与防守相结合的摔法是一种主观优势与客观条件相结合，将攻、防、回攻紧密结合在一起的摔跤方法。此方法要求进攻巧妙，防守高超。一名优秀的摔跤手往往同时具备这两点。人们常用“攻势如虎，腿如尖刀”来形容能够将进攻与防守完美结合的摔跤手。

4. 持久战摔法

持久战摔法是一种被动的摔跤方法，这种方法虽然与现代体育项目的发展趋势相背离，但是摔跤手不分体重等级，遵循一跤定胜负的摔跤规则，比赛没有时间限制等特点，仍然吸引着许多喜爱摔跤运动的人们。利用这样的摔跤法，在比赛中有的摔跤手要持续一天甚至几天。原因如下：

（1）对自己选用的摔跤技巧缺乏肯定，对自己没有信心。

（2）过分担心回攻环节，过于敏感，多疑。

（3）过分谨慎。

（4）以蛮力较量为主，想用耗尽对方体能来定夺输赢。

（5）某些运动员旨在稳定情绪，热身。

概括地说，持久战摔法是指技巧低下、以体力抗衡为主的、把握性不大的一种摔跤方法。两个非常优秀的摔跤手也会消耗很长时间，这是因为彼此体重、技巧相当，各自都在寻找对方的破绽。无论是谁先采取行动，都要倍加小心。其实，这是一场心理素质的较量。这种长时间的心理和体力上的较量是残酷的。摔跤是一项一跤定胜负的体育项目，所以大家都会非常谨慎对待。因此，持久战摔法又可分为盲目的和自发的持久战摔法。这种摔法虽然是在特殊情况下形成的，但是对摔跤运动员来说也是一种难得的身心锻炼。

四、抓/握法

灵活型抓法是指摔跤运动员在比赛中抢抓对方的指尖、手腕、臂肘、上衣袖口、森其格①、衣领、希力布格（即围巾）中的任何一个部位的抓法。在比赛中大多数摔跤手都会选择灵活型的抓法。灵活型抓法也分很多种，详述如下：

1. 指尖抓法

两名摔跤手在比赛的最初阶段手指先相互接触，然后开始抢抓对方的手指，力求将对方的拇指与其他四个指头握在一起。

这种抓的技巧可以单独使用，也可以与其他技巧相结合使用。指尖抓法的使用最终是为了抓住对方的上衣，指尖抓法主要有：

（1）一只手抓对方一只手。

---

① 森其格，指跤衣袖窿腋下部分。——张曙光注。

（2）两只手抓对方一只手的指尖。

（3）两只手抓对方两只手的指尖。

另外，指尖抓法与其他抓法相结合的情况如下：

（1）指尖抓法与手腕抓法相结合。用手抓握对方的一只手，或者用一只手抓住对方一只手的指尖，另一只手再抓握对手另一只手的手腕处。

（2）指尖抓法与臂肘抓法相结合。具体抓法如上所述，只是使用这种抓法的摔跤手的抢抓位置要更靠近对方上衣处。

（3）指尖抓法与袖口抓法相结合。可以抓握对方的任意手的袖口处。

（4）指尖抓法与拉肩抓法相结合。抓握位置逐步向内伸进，要将已经抓握住的对方指尖的手臂向下拉压，用另一只手拉拽对方另一只手臂的肩膀处。

（5）指尖抓法与森其格抓法相结合。同时握紧对手的左、右森其格处。

（6）指尖抓法与衣领抓法相结合。用力握紧对手的衣领。

（7）指尖抓法与腋下抓法相结合。可以抓握对手的任意手臂的下腋处。

（8）指尖抓法与抱腰摔法相结合。

（9）指尖抓法与抱颈摔法相结合。

2. 手腕抓法

手腕抓法可分为一只手抓握一只手的手腕、两只手抓握一只手的手腕、两只手抓握两只手的手腕三种类型。手腕抓法与其他抓法的结合形式与指尖抓法的情况类似，只是抓握位置向内侧有所伸进，所以稳定性较高。具体抓法如下：

（1）先抓握对手的手腕，然后抱住对手的手臂。

（2）先抓握对手的手腕，然后下压对手的手臂。

（3）抓握对手的手腕，然后下压对手的手臂或头部。

（4）手腕抓法与抱颈摔法相结合。

3. 臂肘抓法

臂肘抓法最大的用途在于防守，可分为一只手抓握一只手的臂肘、两只手抓握一只手的臂肘、两只手抓握两只手的臂肘三种类型。将臂肘抓法与其他抓法相结合使用的话，可以控制对方被抓握住的手臂，使双方身体距离拉近。臂肘抓法与其他抓法的结合形式类似指尖抓法、手腕抓法的情况。

4. 抱臂

在比赛过程中经常会看到选手会用头部和手臂夹抱对方手臂的情况。可以用双臂抱紧对方手臂，也有单臂抱紧对方手臂的情况。这时多会结合指尖抓法和手腕抓法。

5. 拉拽袖口

拉拽袖口是指将四指（也有三指的情况）挤进对方上衣的袖口里，用拇指从外面拉拽的抓法。可以拉拽对方的两个袖口，也可以拉拽其中的一个袖口。拉拽一个袖口时要与其他抓法相结合，具体结合方式与臂肘抓法的结合情况相同。

6. 拉拽抓法

拉拽抓法是从对方袖口处伸进四指，再从袖口上方的肩膀处伸进四指，八指相碰后两个拇指从外面用力拉拽。这种拉拽法往往会控制住对方的一只手，使其不能用力，导致身体失去平衡，容易被摔倒。拉拽抓法也是一种很好的防守攻略。

7. 后面拉拽抓法

后面拉拽抓法从后面进攻，把四指伸进对方坎肩的腋下用力钩住坎肩，另一只手从肩膀上方用力拉拽。双方可以自由选择抓握的招数，多数情况下双方往往使用同样的招数。

8. 森其格抓法

森其格抓法是指抓握对方上衣的森其格处的一种抓法。该抓法可以一只手抓握对手的一个森其格，也可以两只手分别抓握对手的两个森其格。如果被对手抓握到森其格的部位的话，很容易败北，因此在比赛中大家都会极力保护森其格，所以很难抓握到。在比赛中，森其格抓法非常关键，所以也经常会结合其他抓法共同使用：

（1）森其格抓法与指尖抓法的结合。可以是任意手的结合，但多数情况下力求森其格抓法与指尖抓法同臂使用。

（2）森其格抓法与手腕抓法的结合。可以是任意手的结合，也可以同臂使用森其格抓法与手腕抓法，将对手的手臂向内侧弯压，贴向胸口。

（3）使用森其格抓法并抱紧对手的手臂，用一只手拉拽对手的臂肘，将其手臂贴在自己胸口处，牢牢控制对手。

（4）森其格抓法可以与臂肘抓法相结合使用，也可以与拉拽袖口的抓法结合在一起使用。

（5）森其格抓法可以与拉肩抓法相结合使用，可以同臂使用，也可以交叉使用。

9. 拉肩抓法

拉肩抓法是指直接拉拽对手上衣的肩膀处。使用该方法时，四指先从外向里扣入，然后手掌在上衣外面用力。这种抓法可分为两只手拉拽两个肩膀、一只手拉拽一个肩膀、两只手拉拽一个肩膀等多种类型。

10. 压肩抓法

压肩抓法是一种向下用力压对手的另一只肩膀的抓法。有的选手会钻入对手腋下，把对手手臂扛在自己肩上，然后双臂用力下压对手的肩膀。

压肩抓法可以分为以下几种：

（1）用一只手臂抓压对方的一个肩膀。可同臂抓压，也可以交叉抓压。

（2）用两只手臂抓压对方的一个肩膀。可任选一个肩膀，也可以结合头部的力量。

（3）可以用两只手臂抓压对方的两个肩膀。

11. 拉拽衣领抓法

拉拽衣领抓法是指直接拉拽对手衣领的一种抓法。可分为用一只手拉拽对手衣领的抓法、两只手同时从对方头部两侧用力拉拽衣领的抓法、与其他抓法相结合拉拽衣领的抓法。

12. 撕扯衣领的抓法

撕扯衣领的抓法与拉拽衣领的区别在于，撕扯衣领的抓法要绕过对手，从后面进攻。撕扯衣领的抓法可以与其他抓法相结合使用。

（1）由于这种抓法是绕过对手从后面进攻的，所以可以从后面抱紧对方后撕扯对方的衣领。

（2）绕过对手后，可先拉拽其上衣袖口的上方，然后撕扯对手的衣领。

（3）先从侧面采取腰部的进攻攻略，然后再撕扯对手衣领。

（4）从正面抱紧对手用力撕扯其衣领。

13. 腋下拉拽抓法

这是一种从对手腋下进攻拉拽的抓法。可分为一只手从对手一个腋下拉拽的抓法、两只手从对手双腋下拉拽的抓法、与其他抓法相结合的腋下拉拽抓法。

（1）从侧面发起进攻，腋下拉拽对手，控制住对手的指尖和手腕，抱紧对手。

（2）可拉拽对手的袖口、肩膀、森其格。

（3）如果是正面对峙，可直接抓握对方的腰胯、衣领、颈部。

14. 颈部的抓法

颈部的抓法可分为一只手抓抱颈部和两只手抓抱颈部两种。颈部、臂肘是很难抓抱的部位，所以一般会将颈部的抓抱方法与其他的摔跤方法结合在一起使用。颈部的抓法一般只在比赛中起辅助作用，当两只手都用于抓抱对手颈部的情况下，要同时控制住对手的双肘，并发挥自己头部的作用，获取最终的胜利。

15. 腰胯的抓法

腰胯的抓法在比赛中是至关重要的，根据“抓”的具体特点，可分为以下几种：

（1）提拉抓法。这是指从腰胯的外侧拉紧对手的腰带的抓法。

（2）挤抓法。是指先把手挤进对方的腰带内侧，手掌向外拉拽的方法。可以向上提拉，也可以向内推挤。

（3）扣抓法。该方法是指直接拉拽对手的后脊梁的抓法，从外向内用力。

（4）用对手的腰绳缠绕住自己的手，进行拉拽。可以一只手进行缠绕，也可以两只手进行缠绕。一只手使用的抓法和两只手使用的抓法是有区别的，抓法的次序不同，所发挥的效用也不同。

另外，在比赛中选手通常将腰胯的抓法与其他抓法结合使用。腰胯的抓法比较灵活，使用腰胯抓法的同时抱紧对手身体的话就形成了环扣型的抓法；使用腰胯抓法的同时使用其他抓法的话，就形成了灵活型抓法，具体如下：

（1）使用腰胯抓法的同时可以使用指尖抓法。可以抓握对手的任意手。要抓握被使用腰胯抓法一侧的手指的话必须合掌相握，如果不是腰胯抓法一侧的手的话必须抓握对手的手背。

（2）使用腰胯抓法的同时可以使用手腕抓法。可以抓握对手的任意手腕。抓握被使用腰胯抓法一侧的手腕时双手应成交叉状。

（3）使用腰胯抓法的同时可以使用臂肘抓法。腰胯抓法与臂肘抓法同侧使用时双方身体会抱在一起。

（4）使用腰胯抓法的同时可以使用拉拽袖口的方法。

（5）使用腰胯抓法与森其格抓法相结合的方法与拉拽袖口的抓法相同，这种方法可以同时使用，也可以交叉使用。使用腰胯抓法并结合腿的一些动作的话，使用规则同上所述。

附录六

乌珠穆沁传说选译[①]

摔跤安召

安召是乌珠穆沁贝勒旗阿格苏木达西玛戈雅的长子，安召在庆祝雍正帝登基那达慕大会上拿了冠军，另外还在一次全国性的那达慕上得了冠军。

有一年冬天，安召在寻马的路上天已经很晚了，就借宿到了一户人家，主人是位老太太，还带着一个小女儿。老太太问了安召的姓名、家乡之后，知道他是远近闻名的摔跤手。然后母女俩就给安召做了一顿丰盛的晚餐，吃过饭、喂过马后就休息了。

第二天，安召要走的时候，女孩说想和安召较量一下。结果女孩输了，但不服气，还想摔。但安召不想再耽误时间，就说："行了，就算你赢我了！"说完就走了。从那以后，安召输给女孩的事就传开了，并传说安召就此退出了跤坛；还传说，因为安召失了手，所以乌珠穆沁旗"气运"受到了影响，从此以后再也没有出现过如此优秀的摔跤手等。

实际上，在安召之后，他的直系里连续出现了七代优秀摔跤手，一直到了嘎利亚这一代。他的父亲赢过 81 个人，嘎利亚在他 18 岁的

---

① 该文摘自那·布和哈达等整理的《乌珠穆沁神话》（蒙文古，内蒙古文化出版社，1992）一书，由中央民族大学 2007 级硕士研究生闫萨日娜翻译，张曙光修订。

那一年获得过三连冠，赢得了三匹二岁马。

（古那巴拉口述，吉·巴图记述）

朝格森

朝格森是乌珠穆沁贝勒旗嘎黑拉庙刚建成时的喇嘛，他自幼擅长摔跤，所以人们都叫“摔跤手朝格森”。

朝格森四十岁出头的时候患了重病，正好这时嘎黑拉庙要举行盛大的庆典。在这次庆典上，西乌珠穆沁旗的西拉台吉也来了，西拉台吉想在这次大会上拿到摔跤、赛马的冠军。他听说朝格森生病后，扬言：“朝格森病了就没有人可以抵挡我，赛马我也是冠军。”听到这话后，朝格森暗下决心：“一定要赢了他，否则我死不瞑目。”就这样，朝格森强忍着病痛穿戴整齐，迎战了西拉台吉，并在首轮中就将他摔倒在地。赢了他之后，朝格森自己也瘫倒在地，几个人把他抬到了蒙古包，没多久就去世了。而西拉台吉的赛马也只得了亚军。

（瓦·那木吉勒苏荣整理）

贝勒旗的苏和

从前，乌珠穆沁贝勒旗的呼布德苏木，有位名叫苏和的摔跤手。他在18岁的时候，有一天出去游玩，走到路况复杂的山坡处遇见了方圆百里有名的强盗都日波特喇嘛。此人身材高大，肥头大耳，向他索要好烟五包、好酒十斤。跟随苏和的两个老随从很害怕，打算给强盗东西，苏和却不愿意，就与强盗打了起来，并把强盗手里的刀打掉在地。强盗说：“哼，掉了一个刀没啥，我还有别的家伙呢。”两个老随从以为他回去取枪，就央求道：“求你了，我们这孩子不懂事……”没多久，强盗握着鞭子就过来了，苏和也不认输，两个人又打了起来。两个随从很害怕，就说：“别打了，咱把刀还给他吧。”但是苏和丝毫不让，扭打了半天，终于把强盗打趴下了，捆绑后扔到了河里，并把他的马牵走了。后来这件事在方圆百里都传开了，人们把那匹马上缴了衙门。据说那匹马，后来在几次的那达慕上都拿了冠军呢。

苏和 19 岁的时候，海力古特（地名）要举行大型那达慕。他虽然很想去，但是那个时候还没有出名，就央求苏木大（乡长）带他去。苏木大就让他以会场管理人员的名义参加了那达慕。那达慕刚开始，昭乌达盟（现赤峰市）的一位叫浩日鲁特的摔跤手摔了一轮就对王爷说："看来没有人能赢我了，这次冠军非我莫属了。"王爷听了非常气愤，命令属下一定要找到赢浩日鲁特的人，就这样找到了苏和，结果大胜了浩日鲁特。

那次那达慕有 1024 名摔跤手参赛，名叫乌兰的摔跤手得了冠军，苏和进了前八名。

（乌力吉口述，包·伊德母扎布记述，那·布和哈达、巴·奥特根、乌·达木林整理）

浩奇特的达雅

浩奇特东旗有一位名叫达雅的摔跤手，他的真名叫关其格，因为是名扬四海的摔跤手，所以大家都叫他"达央"[①]，后来慢慢叫成了达雅。

达雅曾至喀尔喀参加了那达慕并取得了冠军，那达慕结束后，他怕发生意外，就把所得奖品给了同行的人，自己只把大赛得到的哈达收起来，装扮成乞丐的样子独自走了。因此，后人就把那个地方叫做达雅坡。

达雅生活窘困，家里几乎没有可用的坐骑，因此他经常是拆卸蒙古包后让老母亲坐在蒙古包卷上一起背上，游走到下一个营地。他去世之后，人们将他葬在了一座山上，后来此山也因此得名。这座山现在位于西乌珠穆沁旗白音高勒苏木。

（格日乐整理）

① 达央，这里是达央阿布日古，即"蝉联冠军的摔跤手、举世无双的摔跤手"的意思。

聋子巴达日夫

从前在宝日斯西苏木有一个聋摔跤手叫巴达日夫。有一年，有一个乌兰的常胜摔跤手正好转悠到巴达日夫的家乡，碰见了正在制作勒勒车的巴达日夫。相互问候之后，乌兰问到："你们这附近敖包那达慕的奖赏都归谁呢?"巴达日夫回答："归我。"两个人说着话，乌兰就把车身用单手举了起来。巴达日夫看到后，竟然用单手把带轱辘的车举了起来。之后，他们俩较量起来，摔了两次，两个人不相上下。乌兰特别喜欢巴达日夫，就买了一只羊送给了他。

巴达日夫赢了乌兰的消息很快就传到了乌珠穆沁王爷那里。王爷把他找来问："你父亲叫什么?"他说："请王爷饶恕，我从来不叫父亲的名字。"王爷的属下就指责他不回王爷的问话。王爷赞赏到："这才是真正实在的人。"就这样，巴达日夫作为王爷御用跤手摔了几年。后来王爷可怜他是个残疾人就让他回去了，并且说如果他的子孙里能出优秀的摔跤手就接过来。果然，王爷的吉言灵验了，他的后代出了很多摔跤手。

巴达日夫的儿子然巴也在王爷府待了几年，后来然巴的儿子敖苏尔不是摔跤，但其子乌日图纳斯图 17 岁那年，在 128 人的摔跤赛中得了冠军。

（云顿整理）

额尔德尼敖包

现在的道特诺尔苏木的吉萨敖包也叫额尔德尼敖包，关于这个敖包有这样的故事。从前，清朝康熙皇帝微服私访，骑着驴来到这个地方借宿了一夜。第二天早晨，雾很大，于是就找了一个喇嘛给自己带路，结果两个人走着走着竟然迷路了。等雾散开之后发现，他们根本没走多远，还在那个后山坡上，康熙皇帝就自己骑着驴走了。后来那里的人听说那天骑驴来的人是康熙皇帝，认为那个山坡是给迷路的皇帝指点迷津的圣地，就此建立了敖包。还认为康熙皇帝的生日是8月15日，因此，从那以后每年这一天祭祀该敖包。

（巴·奥特根整理）

萨仁巴敖包

满都宝力格苏木有个小山包叫萨仁巴敖包，这个小山包是由从前贝勒旗的台吉萨仁巴建立的。他认为这个小山坡像朝北趴着的狮子，利于五畜生长，所以就在此建立敖包开始了祭祀。

萨仁巴台吉的子孙家境殷实，牛羊繁多，而这一带至今也水草丰美。因此，牧人们认为是得益于祖先“风水”的庇护。

（希·巴达日夫整理）

关于柴达木额吉敖包的来源

柴达木有个敖包叫“额吉敖包”，关于它的来源有这样的传说。

从前，在某年的春天，一个牧主的牧马人在放马时把马弄丢了，傍晚的时候不小心连人带马陷进了沼泽地里，越陷越深，无法挣脱。正绝望无救时，突然发现眼前闪了一道绿光。牧马人朝着闪光的方向喊：“有人的话救命啊！”随即就看见前方出现了一个女子，右手提着一面镜子，左手拿着带钩子的绳子。女子走过来把绳子甩给了牧马人，不一会儿就把人和马救了上来。牧马人非常感激她，问了姓名，并且央求他：“能算算我的马在哪里吗？”她回答说：“就在山的东边。”说完就不见了踪影。

牧马人果然在她所指的地方找到了马，认为是当地的保护神现身指点了他，从此就用奶食品祭拜此地，渐渐地立了敖包。

从那以后，据说又出现了手里拿着镜子的人身蛇尾的女人，当地人认为那是柴达木的保护神“龙”王。在库伦庙还供奉着额吉敖包神——一个头上缠着七条蛇，手里拿着镜子和钩子的女人的画像。

（色波格扎布口述，日瓦、布和哈达整理）

柴达木额吉敖包的另一则传说

从前，乌珠穆沁一个年轻的喇嘛去西藏的一个庙里进修。这个庙里每年都有一次以强调庙会纪律为主题的集会，在会上要杀掉一个徒弟祭祀。

这次集会轮到了这位乌珠穆沁的小喇嘛。这位喇嘛非常沮丧，心事重重地去找自己的师父。他的师父告诉他，如果你的父母祭拜“洛斯”王，用心祈祷就会得到保佑。年轻的喇嘛听了之后，一整夜都往柴达木敖包的方向祈祷。早晨，到了该进行祭奠的时候，寺庙的主持大喊：“住手！”并且让众人向前看。

众人一看，在寺庙大门那里站着一位骑黄骠马、手里拿着盔甲的将军。大家认为是白音敖包的保护神救了乌珠穆沁小喇嘛，从此杀人祭奠的习俗就被废除了，西藏的喇嘛也开始祭拜白音敖包了。

（呼那巴拉口述，吉·巴图整理）

附录七

主要访谈对象简介

1. 阿丹巴，男，54岁，东乌旗道特镇奈日暮达拉嘎查牧民，2007年7月25日张曙光访谈于其家中。

2. 巴图阿尔斯楞，男，蒙古族，26岁，东乌珠穆沁旗建旗50周年那达慕赛马祝赞人，2006年8月2日张曙光访谈于东乌珠穆沁旗九望兴茶馆。

3. 巴图孟和，男，70岁，西乌珠穆沁旗东戈尔庙喇嘛，2006年7月15日张曙光访谈于巴拉格尔镇。

4. 巴图孟和，男，蒙古族，50岁，东乌珠穆沁旗史志办主任，2006年7月18日张曙光访谈于东乌珠穆沁旗史志办。

5. 巴图苏和，男，蒙古族，34岁，东乌珠穆沁旗著名搏克手，2006年7月21日张曙光访谈于东乌珠穆沁旗体育馆。

6. 巴雅尔巴特尔，男，蒙古族，28岁，东乌珠穆沁旗著名搏克手，2006年7月21日张曙光访谈于东乌珠穆沁旗体育馆。

7. 巴伊斯古楞，男，蒙古族，26岁，搏克网站管理者，2006年7月11日张曙光访谈于西乌珠穆沁旗乌云巴图家中。

8. 班达然奇，男，65岁，东乌珠穆沁旗敦达高毕苏木达布希拉图嘎查牧民，2007年5月5日张曙光访谈于其家中。

9. 包·朝克图，男，蒙古族，41岁，东乌珠穆沁旗乃林郭勒度假村董事长，2006年8月1日张曙光访谈于东乌珠穆沁旗乃林郭勒度假村。

10. 宝音，男，40岁，哈萨尔射箭学校负责人，2007年7月26

日，张曙光访谈于东乌珠穆沁旗建旗50周年那达慕射箭比赛现场。

11. 布和额尔德尼，男，蒙古族，44岁，东乌珠穆沁旗乌里雅斯太镇敦达高毕苏木达布希拉图嘎查牧民。

12. 布和哈达，男，56岁，东乌珠穆沁旗文史委员会主任，2007年7月24日张曙光访谈于乌里雅斯太镇。

13. 布仁特古斯，男，蒙古族，34岁，东乌珠穆沁旗呼热图苏木牧民，2006年7月23日张曙光访谈于东乌珠穆沁旗建旗50周年那达慕会场蒙古包。

14. 丹毕，男，60岁，2007年白音敖包总长，2007年7月14日张曙光访谈于白音敖包祭祀地。

15. 德·特木尔陶高，男，蒙古国科学院院士，2007年4月26日访谈于北京中央民族大学。

16. 德姆齐格，70岁，东乌珠穆沁旗道特诺尔镇牧民，张曙光访谈于2007年5月4日其家中。

17. 额尔德尼巴雅尔，男，蒙古族，65岁，西乌珠穆沁旗老一辈著名搏克，2006年7月16日张曙光访谈于西乌珠穆沁旗好乐图镇青年搏克赛现场。

18. 鄂讷日乐图，男，蒙古族，25岁，西乌珠穆沁旗好乐图镇青年搏克赛组织，2006年7月16日张曙光访谈于西乌珠穆沁旗好乐图镇青年搏克赛现场。

19. 恩和，男，30岁，东乌珠穆沁旗道特镇乃日暮达拉嘎查牧民，2007年5月2日张曙光访谈于其家中。

20. 嘎拉巴达然其，男，30岁，东乌珠穆沁旗道特诺尔镇奈日暮达拉嘎查牧民，2007年5月4日张曙光访谈于其家中。

21. 哈斯巴特尔，男，东乌珠穆沁旗呼热图诺尔苏木阿尔斯楞图嘎查书记，2006年7月23日白丽丽等访谈于东乌珠穆沁旗建旗50周年那达慕会场蒙古包。

22. 呼群特古斯，男，49岁，东乌珠穆沁旗萨麦苏木牧民，2007年7月1 5日张曙光访谈于白音敖包那达慕。

23. 米·苏约拉，男，35岁，乌珠穆沁著名搏克手，2006年7月

14 日张曙光、白丽丽访谈于西乌珠穆沁旗搏克训练广场。

24. 齐木德道尔吉，男，蒙古族，内蒙古大学蒙古学中心主任，蒙古历史教授，2006 年 9 月 5 日张曙光访谈于内蒙古大学蒙古学中心办公室。

25. 萨仁苏和，男，蒙古族，东乌珠穆沁旗文体局局长，2006 年 7 月 18 日张曙光访谈于东乌珠穆沁旗文体局办公室。

26. 散其尔，男，蒙古族，51 岁，东乌珠穆沁旗人大主任，2006 年 7 月 22 日张曙光访谈于东乌珠穆沁旗建旗 50 周年那达慕驯马场。

27. 森道，男，30 岁，西乌珠穆沁旗因扎甘庙喇嘛，2006 年 7 月 20 日张曙光访谈于王盖敖包祭祀地。

28. 斯仁东日布，男，蒙古族，58 岁，东乌珠穆沁旗政协副主席，2006 年 7 月 31 日张曙光访谈于东乌珠穆沁旗政协办公室。

29. 特木尔吉如和，男，85 岁，著名搏克手，曾任内蒙古自治区体委摔跤教练，2006 年 9 月 4 日张曙光访谈于呼和浩特内蒙古体委大院其家中。

30. 图雅，女，38 岁，哈萨尔射箭学校教练、负责人之一，曾是射箭运动员，2006 年 7 月 26 日张曙光访谈于东乌珠穆沁旗建旗 50 周年那达慕射箭比赛现场。

31. 乌尔图纳森，男，73 岁，西乌珠穆沁旗退休教师，2006 年 7 月 15 日张曙光访谈于巴拉格尔镇。

32. 乌云巴图，男，31 岁，乌珠穆沁著名搏克手，2006 年 7 月 14 日张曙光、白丽丽访谈于西乌珠穆沁旗搏克训练广场。

33. 吴部长，女，蒙古族，40 岁，西乌珠穆沁旗宣传部长，2006 年 7 月 11 日张曙光、白丽丽访谈于西乌珠穆沁旗宣传部办公室。

34. 伊达姆，男，70 岁，东乌珠穆沁旗萨麦苏木牧民，2006 年 7 月 27 日张曙光访谈于东乌珠穆沁旗建旗 50 周年那达慕会场。

35. 伊达姆扎布，男，32 岁，牧民，2006 年 7 月 26 日张曙光访谈于东乌珠穆沁旗建旗 50 周年那达慕会场。

36. 曾格，男，蒙古族，54 岁，西乌珠穆沁旗王盖敖包终身敖包长，2006 年 7 月 20 日张曙光访谈于西乌珠穆沁旗王盖敖包那达慕现场。

37. 扎格尔，男，内蒙古师范大学教授，2006 年 9 月 5 日张曙光访谈于内蒙古师范大学民俗学博物馆。

38. 照力格图，男，60，西乌珠穆沁旗退休教师，2006 年 7 月 14 日张曙光访谈于西乌珠穆沁旗巴拉格尔镇。

39. 照日格图，男，40 岁左右，东乌珠穆沁旗人大办公室主任，2006 年东乌珠穆沁旗建旗 50 周年那达慕蒙古象棋比赛裁判，2006 年 7 月 26 日张曙光访谈于东乌珠穆沁旗第一小学蒙古象棋比赛现场。

附录八

参考文献

一、古籍文献和地方史志

1.（明）宋濂等．元史·第二、三、九、十四册．北京：中华书局，1987

2.（清）赵翼．瓯北集（上）．上海：上海古籍出版社，1997

3.（清）叶名沣．桥西杂记（及其他一种）．北京：中华书局，1985

4.（清）徐珂．清稗类钞·第六册．北京：中华书局，1986

5.（清）昭梿撰，何英芳点校．啸亭杂录．北京：中华书局，1980

6.（清）阿桂等著．皇清开国方略（二）（卷24）．台北：文海出版社，1967

7.（清）理藩院修，杨选第、金峰校注．理藩院则例．海拉尔：内蒙古文化出版社，1998

8.（清）蒋良骐撰，林树惠、傅贵九校点．东华录（卷二）．北京：中华书局，1980

9. 蒙鞑备录．金源札记（及其他二种）．北京：中华书局，1985

10.（元）周伯琦．诈马行并序．（清）顾嗣立编．元诗选（初集）．北京：中华书局，1987

11.（明）叶子奇．草木子．北京：中华书局，1959

12. 清实录（第二册·太宗实录，卷38、54）. 北京：中华书局，1985

13. 临川花楞. 内蒙古纪要. 台北：文海出版社，1987

14. 额尔登泰，乌云达赉. 蒙古秘史校勘本（上）. 呼和浩特：内蒙古人民出版社，2006

15. 巴林右旗志编纂委员会. 巴林右旗志. 呼和浩特：内蒙古人民出版社，1990

16. 西乌珠穆沁旗文史资料汇编（四）（内部发行）（蒙古文）. 西乌珠穆沁委员会文史资料工作委员会编印，1989

17. 拉·道嘎尔苏仁编. 乌珠穆沁民间传统风俗（内部发行）（蒙古文）. 东乌珠穆沁旗政协文史办印制，1986

18. 东乌珠穆沁旗志（蒙古文）. 呼和浩特：内蒙古人民出版社，2001

二、专著和研究论文

1. [波斯] 拉施特. 史集（第一卷第二分册）. 北京：商务印书馆，1986

2. [法] 瓦诺耶克著，徐家顺译. 奥林匹克运动会的起源及古希腊罗马的体育运动. 天津：百花文艺出版社，2006

3. [德] 海西希. 西藏和蒙古的宗教. 天津：天津古籍出版社，1989

4. [蒙古] 达·纳楚克道尔基. 达·纳楚克道尔基（蒙古文）. 赤峰：内蒙古科学技术出版社，2004

5. [日] 后藤十三雄. 蒙古游牧社会. 呼和浩特：内蒙古人民出版社，1990

6. [瑞典] 多桑著，冯承钧译. 多桑蒙古史（上册）. 北京：中华书局，2004

7. [意] 马可·波罗著，沙海昂注，冯承钧译. 马可·波罗行纪. 北京：中华书局，2004

8. 道布整理、转写、注释．回鹘式蒙古文文献汇编（蒙古文）．北京：民族出版社，1983

9. 阿拉坦敖其尔编著．蒙古族传统那达慕（蒙古文）．海拉尔：内蒙古文化出版社，1986

10. 色道尔吉，梁一孺，赵永铣编译评注．蒙古族历代文学作品选．呼和浩特：内蒙古人民出版社，1980

11. 内蒙古自治区民族事务委员会编．蒙古民族服饰．赤峰：内蒙古科学技术出版社，1991

12. 纳·图布敦，瓦·纳木吉拉苏荣，昭·斯楞东日布等．乌珠穆沁史话（蒙古文）．呼和浩特：内蒙古人民出版社，1999

13. 那·布和哈达编著．乌珠穆沁民间艺术集锦（上）——乌珠穆沁叙事民歌．呼和浩特：内蒙古人民出版社，2005

14. 拉·阿尔门德．乌珠穆沁敖包祭祀（蒙古文）．呼和浩特：内蒙古人民出版社，2004

15. 色布格，巴特尔．蒙古搏克圣地——西乌珠穆沁（蒙古文）．呼和浩特：内蒙古教育出版社，2004

16. 富荣嘎，拉·阿木尔门德编著．乌珠穆沁风俗志（蒙古文）．呼和浩特：内蒙古人民出版社，1992

17. 那·布和哈达等整理．乌珠穆沁神话（蒙古文）．海拉尔：内蒙古文化出版社，1992

18. 乌·那仁巴图，达·仁钦编．蒙古民歌五百首（上册）（蒙古文）．呼和浩特：内蒙古人民出版社，1979

19. 乌·斯日古楞，额尔敦巴雅尔．摔跤技巧（蒙古文）．呼和浩特：内蒙古人民出版社，1998

20. 松儒布，斯钦毕力格编著．阿拉善风俗志（蒙古文）．呼和浩特：内蒙古人民出版社，1989

21. 铁木尔·达瓦买提主编．中国少数民族文化大辞典（东北、内蒙古地区卷）．北京：民族出版社，1997

22. 高文德．蒙古奴隶制研究．呼和浩特：内蒙古人民出版社，1980

23. 李萍，李文秀．甘珠尔庙外记．海拉尔：内蒙古文化出版社，1998

24. 刘晓春．一个人的民间视野．武汉：湖北人民出版社，2006

25. 韩秀珍．在寺庙博物馆重构公共时间：东岳庙节日活动的启示．中国民俗学会主编．节日文化论文集．北京：学苑出版社，2006

26. 卢明辉．清代蒙古史．天津：天津古籍出版社，1990

27. 波·少布．嫩江流域蒙古敖包考述．黑龙江民族丛刊，1990（4）

28. 纳古单夫．蒙古族“那达慕”文化考．内蒙古社会科学，1992（6）

29. 欧军．古代蒙古族的时间观念．黑龙江民族丛刊，1995（2）

30. 任洪生．游牧经济的机动性分析——以古代蒙古族的游牧经济为例．西北民族研究，2005（2）

31. 邢莉．蒙古族“那达慕”的变迁．中央民族大学学报（哲学社会科学版），2007（5）

32. 金启孮．中国式摔跤源出契丹蒙古考．内蒙古大学学报（人文社会科学版），1979（2）

33. ［日］鸟居龙藏．契丹之角抵．燕京学报，1941（29）

34. 崔璇．内蒙古先秦时期畜牧遗存述论．内蒙古社会科学，1988（1）

35. 阿都沁．那达慕之由来．内蒙古文化，1991（4）

36. 何金山．那达慕与商品交易．内蒙古文化，1991（4）

37. 萧放．传统节日与和谐社会．政工研究动态，2007（5）

38. 荣·苏赫．蒙古族男子三项那达慕歌．内蒙古会科学，1991（6）

39. 阿都沁译．那达慕传统祝赞词．内蒙古文化，1991（4）

40. 萨仁高娃．蒙古族“那达慕”及其文化意义．内蒙古大学艺术学院学报，2006（3）

41. 韩影．草原：蒙古马的天赐家园——专家透视蒙古马．人与生物圈，2007（2）

42. 内蒙呼伦贝尔盟“那达慕”大会，宣传我党对游牧区政策，强调人畜两旺繁荣草原贸易. 人民日报，1948 年 10 月 21 日第 2 版

43. 吴常福. 乌珠穆沁长调：草原上飞出悠扬的歌. 内蒙古日报，2007 – 12 – 24

44. 国家民委网站：www. seac. gov. cn/gjmw/xwzx/2005 – 02 – 22/1165209398890072. htm（访问时间 2008 年 2 月 20 日）

45. 孙海涛. 那达慕的起源. http：//www. xlgl. gov. cn，2007 年 5 月 17 日（访问时间 2008 年 3 月 12 日）

46. Rikido Tomikawa. *Mongolian Wrestling* （*Bukh*） *and Ethnicity*. International Journal of Sport and Health Science，2006（4）

湘西苗族“四月八”节日调研报告

——以凤凰县山江镇2007年“四月八”节日为个案

课题负责人：邢　莉
课题组成员：田茂军　王　雪　刘兴禄　向延桃
完 成 单 位：中央民族大学　吉首大学

第一章

苗族节日的生成与苗族的“四月八”

一个民族的节日生成总是离不开该民族独特的自然人文背景。自然人文背景是指节日产生、发展、传承的文化空间，也是节日不断变化的外在因素和条件的总和。湘西历史上独特的自然人文背景对于苗族“四月八”的产生和发展具有重要的影响。相应地，自然地理背景是苗族人民生产生活的重要物质基础，同时，历史沿革和民族人口分布，也是构成苗族人民维系和传承文化的重要环境和主体。正是这些背景和环境，才产生出苗族丰富多彩的“四月八”节日文化。本调研报告以湘西苗族为调查对象，以凤凰县山江镇2007年的“四月八”节日为研究个案，以期对苗族的“四月八”节日有一个较为完整和立体的认识。

第一节 苗族节日的自然生态与文化生态状况

湘西土家族苗族自治州（以下简称湘西州）地处湖南省西北部，东北与省内张家界市桑植县、永定区交界；东南与省内怀化市沅陵县、辰溪县、麻阳苗族自治县相邻；西南与贵州省铜仁地区松桃苗族自治县相连；西与重庆秀山土家族苗族自治县相接；西北与湖北省恩施土家族苗族自治州来凤县、宣恩县毗邻。地理坐标为东经109°10′～110°

22.5′，北纬27°44.5′~29°38′。面积15 468平方公里，占湖南省总面积的7.3%。

武陵山脉

湘西州地处云贵高原北东侧与鄂西山地南西端之结合部，由西南至东北走向的武陵山脉斜贯全境，地势南东低、北西高，属中国由西向东逐步降低第二阶梯之东缘。西部与云贵高原相连，北部与鄂西山地交颈，东南以雪峰山为天然屏障。地势由西北向东南倾斜，平均海拔800~1200米。州内溪河纵横其间，酉水、沅水、澧水以及支流，纵横交错，密布其间。酉水之流有猛洞河、花垣河、洗车河，沅水之流有万溶江、沱江、武水、峒河、古丈河，澧水之流有两家源、绿水河、上洞河。著名的大龙洞、小龙洞瀑布是州内较大的水利资源。[①] 地貌形态总体轮廓是一个以山原山地为主，兼有丘陵和小平原，并向北西突出的弧形山区地貌。全州气候属亚热带季风湿润气候。

① 参见《湘西土家族苗族自治州概况》编辑委员会编：《湘西土家族苗族自治州概况》（初稿，内部材料），1~3页。

湘西州境域，据《尚书》、《禹贡》记载，夏商时为荆州域，秦属黔中郡，汉代属武陵郡。三国时初属蜀，后属吴。西晋、东晋时属荆州武陵郡。隋唐五代时期属黔中道。宋代为荆湖北路的辰州、澧州。元朝为湖广行省恩州宣慰司、辰州路、澧州路和四川行省永顺宣慰司，以及新添葛蛮安抚司地。明朝置永顺宣慰司、保靖州宣慰司，其余为岳、辰两州地。清代曾分属辰沅永靖道的辰州府、永顺府，另有乾州（今吉首）、永绥（今花垣）、凤凰三个直隶厅。民国初年（20世纪20年代），撤府设县。20世纪30年代，湖南省划分为10个行政督查区，州域分属第八、第九行政督察区。

中华人民共和国成立初期，州域分属永顺专署、沅陵专署。1952年8月1日，成立湘西苗族自治区，辖乾城、凤凰、花垣、泸溪、古丈、保靖。1955年4月28日，改为湘西苗族自治州。1957年9月20日，成立湘西土家族苗族自治州。州府设吉首，下辖吉首、泸溪、凤凰、花垣、保靖、古丈、永顺、龙山、桑植、大庸10县。1988年12月31日，所属桑植、大庸县被划入张家界市，湘西土家族苗族自治州由原辖8县2市减为7县1市，即吉首市、泸溪、凤凰、花垣、保靖、古丈、永顺、龙山县。①

湘西蕴藏着丰富的矿产资源，主要有铁、铅、锌、汞和硫磺等黑色金属，有色金属、稀有金属以及非金属矿物的储藏量也极为丰富。湘西州现已发现矿藏品种五十多种，探明或基本探明的有34种。已探明的汞金属远景储量居湖南省第一位，居全国第四位。锰矿石工业储量约2969.81万吨，居全省首位，全国第二位。花垣矿区属特大型矿床，工业储量2262万吨，平均品位19.7%，系我国南方最大的锰矿床，有“东方锰都”之称。铝土矿工业储量为全省之冠，占全省储量的72.8%。锌矿储量1100万吨。非金属矿有磷、陶土矿等，其中磷矿储量达1亿吨。② 湘西地区土地肥沃，雨量充沛，气候温和，常年平

---

① 参见湘西土家族苗族自治州地方志编纂委员会编：《湘西州志》，1页，长沙，湖南人民出版社，1999。

② 同上注。

均温度在15℃左右，最高温度达35℃，最低温度在0℃～8℃，降雪期短，无霜期长，每年大约240天，降雨量达到1300毫米，适合农作物的生长。湘西州农作物主要有稻谷、小麦、玉米、土豆、大豆、油菜籽、烟叶等。工业主产原煤、电、水泥、木材、卷烟、化肥、纱、布等。土特产品以桐油、生漆、茶油、茶叶、烟叶、柑橘、板栗、蜂蜜、药材等最为著名。湘西州是全国桐油重点产区之一，所产桐油品质优良，色泽金黄，誉满中外。湘西又是“生漆之乡”，龙山县被列为全国生漆基地。这里的“红壳大木”漆树被定为全国优良漆树品种之一。另外，古丈毛尖、保靖黄金茶、秦简茶为全国名茶，泸溪、吉首被誉为“椪柑之乡”，湘西椪柑是湖南名橘之一。2002年，里耶出土了大批秦代简牍，被誉为21世纪重大考古发现之一。这里还有历史文化名城凤凰，有千年古镇里耶、王村、茶峒、浦市。这里拥有丰富多彩的民族文化资源，被誉为歌舞之乡，神秘土地。

湘西州境内很早就有人类活动，随着经济和社会的发展，人类繁衍生息，人口不断增多。据统计，湘西州现有民族43个。2006年末，全州总人口268.34万人，其中少数民族人口200.86万人，占总人口的74.85%。在少数民族人口中，土家族110.59万人，占总人口的41.21%，占少数民族人口的55.06%；苗族88.61万人，占总人口的33.02%，占少数民族人口的44.12%。总体来说，湘西州各民族处于大杂居、小聚居的状态，土家族、苗族主要分布在交通闭塞的乡村，汉族及其他少数民族主要分布在平原和城镇。土家族主要集中在北半部及中部的龙山、永顺、保靖、古丈等县，苗族主要集中在南半部及中部的花垣、凤凰、古丈、泸溪、吉首、保靖。回族主要集中在龙山、凤凰、永顺县和吉首市。瑶族主要集中在保靖、永顺县和吉首市，侗族主要集中在吉首市、花垣和凤凰县，白族主要集中在吉首市、永顺和龙山县。

第二节　苗族的历史与节日体系

苗族的形成经历了一个漫长的历史发展过程，且在此过程中伴随着无数次大的迁徙，历经千年，其内部逐渐分化、融合，最终形成今日的状况。在千百年的发展过程中，苗族积极地吸收其他民族和地区的文化要素，最终形成了本民族独具特色的宗教信仰体系，而这些都构成苗族“四月八”节日文化的重要内容。同时苗族青年男女的交往方式和内容也体现在节日当中，成为节日文化的重要组成部分，最终形成了丰富多彩的苗族节日文化体系。

一、苗族的族源

苗族主要分布在贵州、湖南、云南、四川、广西、湖北、广东、重庆等省市。据统计，贵州省苗族人口最多，约有 4 299 951 人，几乎占全国苗族一半；湖南省 1 921 495 人，居第二位；云南省 1 043 535 人，居第三位；重庆市 502 421 人，居第四位；广西壮族自治区 462 956人，居第五位；湖北省 214 266 人，居第六位；四川省 147 526 人，居第七位；海南省 61 264 人，居第八位；浙江省 53 418 人，居第九位；江苏省 22 246 人，居第十位。其他有关省（市）的苗族人口都在 1 万人以下。

据有关资料记载，国外苗族主要居住在越南、老挝、缅甸、泰国以及美国、加拿大、阿根廷、法属圭亚那、法国、澳大利亚等国家，估计约有 300 多万人。

国内的苗族主要居住在山区，如湘黔川边的武陵山，黔东南的苗岭、月亮山，黔南的大小麻山，广西的大苗山，滇黔川边的乌蒙山等。

苗族的族源与远古时代的“九黎”、“三苗”、“南蛮”有着密切的关系。在长江中下游地区，很早的时候就生活着很多原始人类，他们经过世世代代的繁衍生息，在距今五千多年前，逐渐形成了部落联盟。这个以蚩尤为部落首领的联盟叫“九黎”，即《国语·楚语》注中所说的“九黎，蚩尤之徒也”。《尚书·吕刑释文》、《吕氏春秋·荡兵》、《战国策·秦》都认为蚩尤是九黎之君。他们借助优越的地理条件，不断辛勤耕耘，提高了部落的生产力，社会经济也得到相应提高与持续发展，并成为华夏大地的强大部落。与此同时，黄帝和炎帝各率一个部落集团在黄河流域发展，与九黎部落发生冲突，最后在涿鹿打败九黎，九黎部落有一部分参加黄帝的釜山会合，融合于华夏，另一部分则被迫南迁。

涿鹿之战后，九黎部落势力大减，但他们还是在长江中下游地区一带不断发展。分布于洞庭（今湖南省洞庭湖）、彭蠡（今江西省鄱阳湖）以及安徽、福建、广东等地，聚集部众，仍然与中原部族对抗。史称“三苗”，或者“有苗”、“苗民”。商周时期，三苗的主要部众和其他民族一起，被称为“荆楚”，也被称为“南蛮”。“南蛮”的社会经济不断发展，逐渐发展成为春秋战国时期的“五霸”、“七雄”之一的楚国居民。《史记·吴起列传》载：吴起对魏武日：“昔三苗氏，左洞庭而右彭蠡。”受秦楚战争的影响，南蛮主体再次向南、向西迁徙，来到云贵高原东端的武陵山区一带繁衍生息。

九黎、三苗、南蛮、荆蛮之间有着渊源关系，其中都包括苗族的先民。《周书·吕刑》的“蚩尤对苗民制以刑”，《国语·楚辞》中的“三苗复九黎之德”，“三苗，九黎之后也”，这些都显示出“九黎”与“三苗”的亲缘关系。《礼记》中说，“有苗，九黎之后。颛顼代少昊，诛九黎，分流其子孙，为居御西裔者三苗”，也认为三苗与九黎之间有着不可分割的渊源关系。

湘西和黔东南苗族的传说中，称“蚩尤”为“剖尤”。传说“剖尤”是远古一位英勇善战的英雄人物。湘西和黔东北苗族祭祖的时候，必须杀猪供奉“剖尤”。

在苗族的聚居区，苗族人民较为普遍地将蚩尤视为自己的先祖。湖南城步县的苗族有祭“枫神”为病人驱鬼的习俗，与《山海经·大荒南经》里记载“蚩尤所弃其桎梏；是谓枫木”的传说有关。

《苗族古歌·砍伐古枫》中云：“砍倒了枫树，变成千万物。锯末变鱼子，木屑变蜜蜂，树心孕蝴蝶。”① 《苗族古歌·蝴蝶歌》中载：“砍倒了枫树，变成千万物，蝴蝶孕育在枫树心里头……榜略和泡沫游方，他们后来配成双。榜略嫁去多少年？嫁去十二年，生了十二个蛋。”②《苗族古歌·十二个蛋》里说：“子时生尕哈，丑时生姜央，寅时生老虎，卯时生雷公。辰时生水龙，巳时生长虫。”③ 从中可以看出，苗族将与蚩尤有关系的枫木作为始祖看待。因此，一部分学者认为应该把苗族的族源追溯到蚩尤。

因此，可以说苗族来源于黄帝时代的“九黎”、尧、舜、禹时期的“三苗”。商周时期的“荆蛮”则是三苗的后裔，与苗族在民族关系上有同源关系。④

从以上关于苗族的族源发展来看，苗族确实经过漫长的历史演变，才有了今天的分布状况与文化特色。

二、苗族的迁徙

从苗族的迁徙路线上可以看出苗族的发展线索，不同版本的《苗族古歌》中都有对苗族迁徙的记载和描述。《苗族古歌·溯河西迁》中载：“他们住在这样的地方：大地连水两茫茫，波光潋滟接蓝天；处处平得像席子，像盖粮仓的坝子。”⑤ 这说明，他们是由平原地带逐渐向高山峻岭迁徙而来，即“原来住于交通繁盛之黄河流域，自从被黄帝征服后，始由黄河流域而窜居于江汉流域，继由江汉流域窜居湘、桂、黔、蜀、滇、康等地”。⑥

还可以从不同历史时期的分布与沿革来看苗族的迁徙。秦汉时期，

① 马学良、今旦译注：《苗族史诗》，126 页，北京，中国民间文艺出版社，1983。
② 同上书，165～168 页。
③ 同上书，176 页。
④ 参见《苗族简史》编写组编写：《苗族简史》，贵阳，贵州民族出版社，1985。
⑤ 马学良、今旦译注：《苗族史诗》，257 页，北京，中国民间文艺出版社，1983。
⑥ 石启贵：《湘西苗族实地调查报告》，34～35 页，长沙，湖南人民出版社，1986。

居住在武陵山脉的苗族先民被称作“武陵蛮”、“五溪蛮”、“黔中蛮”。两汉时的武陵郡主要包括湖南的常德地区、湘西州和怀化地区各县市，还包括黔东、川东和湖北鄂西土家族苗族自治州的部分县市。由于封建统治者对苗族的军事镇压，苗族被迫从武陵、五溪地区继续由东而西，由北而南迁徙。一部分从武陵山脉的北端而西，进入今天的贵州北部、中部、西北部和四川的南部，还有一部分经湖南西南部，进入了贵州的东南、西南和广西境内。

唐末“安史之乱”后，各地军阀割据，民不聊生，苗族历史上出现了一个新的迁徙浪潮。武陵、五溪地区的苗族又有一部分迁入贵州各地，有的经由贵州、四川南部和广西北部继续向各地迁徙，有的到达云南地区。唐代樊绰的《蛮书》、宋代朱辅的《溪蛮丛笑》和《宋史》等文献中多次出现了“苗”的称谓。由于苗族的不断迁徙，唐宋数百年间，武陵五溪及其邻近地区，也就是现在的湘西、黔东、川东、鄂西等地，逐步形成苗族的主要聚居区。同时，苗族的分布范围向四周扩大到贵州各地和川南、桂北以及云南的部分地区。

元明和清初，苗族仍然主要聚居在武陵、五溪等地区，但是向西迁徙的脚步并未停止。由于兵祸、战乱以及朝廷对苗兵的频繁征调，促使苗族不断向外迁徙。特别是清代“雍乾”、“乾嘉”、“咸同”年间的苗民起义，加速了苗族的流动和迁徙，因此苗族的分布格局为：贵州省成为苗族的主要聚居区；湖南（原武陵、五溪的主要地区）居第二位；云南苗族增多，至清初已经与湖南持平；余下的分布在广西、四川等地。此时有少量苗族开始移居到越南、老挝等国。①

第三节　苗族青年的社会交往与节日

苗族青年男女以对歌的形式结交异性朋友，并通过对歌选择自己

① 参见伍新福、龙伯亚：《苗族史》，76～172页，成都，四川民族出版社，1992。

的配偶，这是他们传统的社交活动。对歌择偶的习俗，在不同的地区有不同的称呼，湘西叫做“会姑娘”或“跳月”；贵州西北部和云南地区叫做“踩月亮”（也叫跳月）；贵阳地区叫做“跳花”；贵州福泉地区叫做“跳场”，贵州惠水一带叫做“坐月”，广西大苗山叫做“坐寨”。这种活动可以在许多节日中进行，如黔西北、滇东北在春节过后的“吃平伙饭”和“花山节”举行，黔东南的“爬坡”，湘西的“赶秋”等。此外，逢年过节或者平时赶场时节，都是青年男女社会交往的重要场合。[①]

苗族的春节期间，要举行传统的娱乐活动。这种活动，在贵州中西部地区以及四川的南部、云南被称作“踩花山”、“跳场”、“跳年”、“跳月”，在黔东南地区被称作“跳芦笙、踩秧堂”，在广西融县被称为“踩堂”。[②] 这些活动的主体是年轻人。

苗族青年男女之间的自由婚恋，以踏歌为戏。如《老学庵笔记》记载：“辰沅靖州蛮……嫁娶先密约，乃伺女于路，劫缚以归，亦忿争叫号求救，其实皆伪也，生子乃持牛酒拜女家父母，初亦佯怒却之，邻里共劝，乃受饮酒以鼻，一饮至数升，名钓籐酒，不知何物，醉则男女聚而踏歌。农隙时，至一二百人为曹，手相握而歌，数人吹笙在前导之，贮缸酒于树阴，饥不复食，唯就缸取酒恣饮，已而复歌，夜疲则夜宿，至三日未厌，则五日，或七日方散归。”[③] 在宋朱辅《溪蛮丛笑》中也记载，黄苗头蛮……拳曲照日金色，故名。岁节数日，野外男女分两朋，各以五色彩囊豆粟，往来抛接，名飞紽。[④]

据《皇清职贡图》卷八记载：“花苗本西南夷，亦苗之一种。向无土司，自明时隶之贵阳、大定、遵义等府。民苗杂居，与编户一体输粮……俗以六月为岁首，每岁孟春，择平地为月场，男吹芦笙，女

① 参见王慧琴：《苗族女性文化》，86～87页，北京，北京大学出版社，1995。

② 参见《苗族简史》编写组编写：《苗族简史》，327页，贵阳，贵州民族出版社，1985。

③ 陆游：《老学庵笔记》，32～33页，上海，商务印书馆，1936。

④ 参见胡朴安编：《中华全国风俗志（上编）》，卷六，30页，上海，上海书店，1986。

摇铃，盘旋歌舞，谓之跳月。相悦则相处，生子乃归夫家……白苗亦西南夷之一种……跳月之习与花苗同……贵筑、龙里等处东苗，元时设贵筑等长官司辖之。明初改土归流，置贵筑、清平等县……跳月与花苗同……”

陆次云的《洞溪纤志》对苗族青年男女之间的跳月记载得比较详细：“苗童之未娶者，曰罗汉，苗女之未嫁者，曰观音。皆髻插鸡翎于首，月群聚歌舞，自由择配，心许自成。即谐和好余，有跳月以详其事。”他甚至认为：“苗人之婚礼，曰跳月。跳月者，及春月而跳舞求偶也……其父母各率子女择佳地，而相为跳月之会。父母群处于平原之上，子与子，女左与女右分列于原隰之下，原之上相譃乐，烧生兽而啖之……原之下，男则椎髻当前，缠以苗悦……植芦笙，女亦植鸡羽于髻如男……目许心成，于是妍者负妍者，媸者负媸者……彼负而去者，渡涧越溪，选幽而合，解锦带而互系焉，相携以还，于跳月之所。各随父母以返，而后议聘，聘以牛，牛比双，以羊，羊比偶，先野合而后俪皮……”①

严如煜的《苗疆风俗考》载：“苗之介居三厅及松桃、铜仁间者，往史谓之腊耳山。……耳山苗寨落，分隶铜仁、松桃者为黔苗，分隶乾凤三厅及用保县者为楚苗，其性情风俗，无甚区别然……或有以能歌斗胜负者，男子出细绢，女子出簪环，以为彩结队。对歌彻夜不休，以争胜负者，收取其彩。不善歌者不入队，所歌皆本其土风或淫亵语，已杂坐牛饮欢饱谑浪，甚至乘夜相悦，而为桑中濮上之行，虽知亦不禁，名曰放野。盖乐甚则流无礼以节之也。”② “女子十三四构竹野外处之，苗童聚歌其上，情稔则合。黑苗谓之马郎房，僚人谓之麻栏，僮仆谓之杆栏。”“孟春，会男女于野以择偶，名曰跳月。即马郎房、麻栏、杆栏，而合成一会。此俗大礼，归化苗家，恒以教场坝为月场，其南有峻岭，名跳花坡。自正月初三至十三皆跳月之期。两男对跳四

---

① 《民族问题五种丛书》云南省编辑委员会编：《云南苗族瑶族社会历史调查》，15页，昆明，云南民族出版社，1982。

② 同上书，16页。

五女，联臂围之，满场凡数百围，男跳易乏，须互换也。笙声漫天，两相谐，则自成心许矣。十三日跳毕，男吹芦笙于前，女牵带从之，绕场三匝，相携入从箐间，先为野合，名曰拉阳。必有娠而后得嫁，否则越岁，复游牝于牧关。”

云南昭通“苗族男女选偶多半自主，常利用节日，如五月端午‘耍花山’”，在花场进行社交。此外，还有“逛花房”和“踩月亮”等类似活动形式。①

从以上材料可以看出，苗族青年男女借助跳花、跳月、踩花山等节日活动进行社会交往，他们是节日活动的主要参与者，也是各种歌舞和游艺活动的表演者。节日活动为苗族青年男女的交往搭建了平台，提供了机会，因此男女青年谈情说爱，寻找配偶，也是“四月八”节日的重要内容之一。

第四节　湘西苗族的节日文化体系

湘西苗族节日与本民族长期劳动生产形态相适应，同湘西苗族所处的地理环境、气象、水源、作物等自然条件有着非常密切的关系。苗族的节日，不仅反映了苗族的物质生产现象，而且也反映了苗族的经济、政治、宗教、道德、禁忌等各种文化现象。

苗族的节日纷繁多样。据不完全统计，贵州省的苗族就有88个节日，其中黔东南地区有74个。这些节日，按其功能和活动内容，可以分为农时季节性节日、纪念性节日、娱乐性节日、祭祀性节日等。②节日的分类，主要是根据节日的功能和来源来划分的。同时，这些节日的功能和内涵也在发生相应的变化，各个节日性质及内容也会相互

---

① 参见《民族问题五种丛书》云南省编辑委员会编：《云南苗族瑶族社会历史调查》，7页，昆明，云南民族出版社，1982。

② 参见何积全：《苗族文化研究》，193页，贵阳，贵州人民出版社，1999。

叠加。从分类意义看，湘西苗族节日主要有如下一些代表类型：

农事节日。该类节日与苗族的生产劳动、经济生活有密切关系，多是在劳动生产过程中产生的节日，其名称来源、节日内容也与农事相关。如“开秧节”、“敬秧节”、“牛节”等。这些节日对于农业生产活动的顺利进行具有重要意义，其中也包含了苗族人民祈求风调雨顺、五谷丰登的心理。

祭祀节日。在漫长的发展过程中，苗族逐渐形成了祭祀节日。如一些地方的苗族在农历六月初六要敬祭“田公”和“地母”，以祈求庄稼丰收。有些地方的苗族在农历六月初六祭祀“五谷大神”，也是祈求风调雨顺。

纪念性的节日。这是为了追念民族英雄以及地方上的历史事件或人物的节日。这类节日有祭祀的仪式，多与人物有关。湘西苗族的“四月八”节，据说是为了纪念英雄。

庆贺性节日。这类多是苗族喜庆丰收、人畜兴旺、阖家幸福的节日。春节是此类节日中最隆重、最普遍的节日。还有在每年的六月和七月新谷登场时举行的庆贺丰收的“吃新节”。

社交、游乐节日。苗族是一个能歌善舞的民族，因此上述众多节日都与游乐社交有关。这类节日最大的就是“四月八”节日，节日里人们舞狮子、打苗鼓、上刀梯、舞龙，同时青年男女唱歌、跳舞、谈情说爱，借此结识并加深彼此的交往，很多青年男女都是在这个节日中结识自己的伴侣。

以上所说的节日在其他苗族地区也有，表现出一定的普遍性和共同性。具体到湘西地区，因为独特的自然地理状况，这里的节日又有自己的内容与特色，按照岁时节日顺序，依序介绍如下①：

三月三。这是湘西苗族的传统歌舞节。这一天，苗族人民自动集中到约定的歌场上，参加对歌、听歌、跳舞等活动。该节主要流传在泸溪、吉首一带。

---

① 湘西土家族苗族自治州地方志编纂委员会编：《湘西州志（下册）》，1214～1216页，长沙，湖南人民出版社，1999。

赶清明。这是湘西苗族特有的大型歌节，又称“清明歌会”。相传，因为苗族人民多散居在偏僻的崇山峻岭之中，苗族人民就相约在清明节这一天作为自己的场期，相互交换物资，同时也会见亲友。这样天长日久就形成了“清明歌会”。清明歌会一般都有传统的中心会场。吉首市东部的苗族人民赶清明，中心会场每年都设在丹青的清明场。届时，苗族歌手以手托腮，引吭高歌，你唱我和，欢乐融融。有的唱到夜幕降临也不肯散会，一直持续到第二天的凌晨时分。

看龙场。每年从农历三月谷雨那天算起，逢辰便是看龙日，习惯上称看龙头。后十二天又轮到了辰日，再逢看龙之日，男女老少都要休息一天，踊跃参与。谁要是在这一天干农活就属于犯忌。苗族同胞对于“看龙”之事非常重视。主要流传在保靖、花垣一带。

四月八。四月八是湘西苗族地区最为隆重、最为盛大的节日。参加者有数千人，甚至上万人，一般都是爱唱歌的人，在此处相约，比赛唱歌。还有打苗鼓、舞狮子、吹喇叭以决胜负的。参与人数最多，遇到表演精彩时，观众无不鼓掌欢腾。男女老少相聚一起，随意不拘。青年男女身着节日盛装，借此机会相互寻找伴侣。主要流传在凤凰、吉首、泸溪、古丈、花垣等地。

端午节，也叫龙船节。过节的时间，有的在农历五月初五或十五，也有的在五月二十四至二十七日之间。节日中有赛龙舟、吃粽子、挂艾蒿等内容，和汉族基本一致。湘西各地均有流传。

樱桃会。苗族多居住在山林中，山中多樱桃，每当春季樱桃成熟的季节，苗族青年男女就聚会在樱桃林中唱和山歌，进行社交活动。此种活动，苗语叫做“柳比娃”，译成汉语叫做“摘樱桃”，以花垣县和保靖县一带的苗族村寨最为盛行。

六月六。这是远古习俗，是苗族人民为纪念六个男女祖先而举行的祭祖活动，并希望自己也能生下六男六女，繁衍后代。每年农历的六月初六这一天，凤凰县落潮井一带的苗族群众都要到勾良山上举行盛大歌会。附近的花垣、吉首以及邻近的贵州省松桃、铜仁等地的苗族群众也来参加。聚会人数有时多达万人。

赶秋。每年“立秋”这一天，苗族群众就要停止劳作，身穿节日盛装，呼朋引伴地从四面八方聚集到赶秋场，参加或者观看八人秋、打苗鼓、接龙舞等表演活动。传统的秋场有吉首的矮寨场、花垣县的麻栗场、凤凰县的勾良山、泸溪县的潭溪和梁家潭等地方。

跳香会。跳香会主要流传在吉首、古丈、泸溪等地，举行此会，主要是祭祀五谷神，群众唱歌跳舞，还有打鼓等其他一些游艺活动。

赶年场。时间不固定，有腊月举行的，也有正月举行的，其日期由各地根据情况自行约定。赶年场那天，无论男女老幼都身着节日盛装，相互邀约，三五成群地去赶年场。年场上，人潮如织，热闹异常。人们除了进行物资交换之外，还可以观看各种文娱活动。如打秋千、舞狮子、玩龙灯、上刀梯等，青年男女则利用这个时机相互物色自己中意的伴侣，谈情说爱。歌郎、歌娘更是大显身手，三五结伴，吟古唱今，相互比试，或盘根，或祝贺，或叙述传统故事，或即兴演唱新词。唱者越唱兴致越高，听者越听越精神。

从节日数量看，湘西苗族的节日有十余个（不完全包括汉族所有的节日），从节日的影响看，“四月八”影响最大；从参与人数看，“四月八”参与的人数最多。因此，在苗族的节日文化体系中，“四月八”占据着十分重要的意义，它最能全面展现苗族民族文化的特色，可作为湘西苗族的代表节日。

第二章

山江镇苗族“四月八”在节日体系中的地位

不同类型的节日传说承载着历史变迁潮流之下的节日核心因素，同时也承载了民众对节日所赋予的诸多文化意义与内涵。了解不同地域“四月八”节日的分布与存在状态及不同民族和地区的“四月八”节日状况，对于从整体上把握该节日起源、变化以及节日的文化意义具有十分重要的作用。

第一节　关于节日起源传说

节日起源的传说是节日文化传承的重要载体，更集中体现了民众对于节日性质和所承载内容的认识与理解。在贵州、湖南、云南等地流传的关于“四月八”的节日传说中，有诸多类型和版本，归纳起来主要有农业生产类，农业生产兼社交类，纪念英雄、先祖类，纪念英雄、先祖兼农业生产类。

一、农业生产类

传说一：远古的时候，人们打猎不够吃，种地又没有收成。人间闹饥荒，灾难重重，哭声传到了天庭，感动了天王。天王怜悯人们的疾苦，派太子下凡传旨，要人们一天洗三次脸，吃一餐饭，即可求温饱，粮食有剩余。太子奉命急速下凡到人间，却传错了旨意。天王一怒之下，惩罚太子变成牛下凡，为人间耕地耙田。太子在落地的时候，头上的宝石头饰变成了星星，身上的蓝袍变成了蓝天。太子飘落在凡间的水塘边，变成了水牛。而他穿的黄背心被风刮掉了，失落于凡间，变成了黄牛。这样，人间就有了水牛和黄牛。人间有了牛的帮助，粮食丰收了。为了感谢牛，人们将太子下凡的这一天，即农历四月初八定为牛的生日。这一天，人们让牛休息一天，并给牛做一顿稀饭，以表示对牛的敬意和谢意。苗家"四月八"吃牛稀饭就是这样来的，至今在黄平一带还有"飞云崖唧嘎讲略哩"，即苗语的"吃牛稀饭"这样的说法。[①]

传说二：相传很久以前，人们不会种庄稼，人人饿得面黄肌瘦。掌管人间的天王体恤人间，让他的神牛给人间带去天上的一种仙果，人吃一果可饱三天，身体健壮。神牛下落人间之后，却传错了旨意。于是，天王罚神牛下凡界，神牛变成凡牛，背着五谷下凡给人服役，为人耕田犁地，将功补过，为人间造福。后来，神牛过度劳累而死，人们怀念它的功劳，就封它为"牛王"。有的地方还建立起"牛王庙"，供奉它。据说牛王下凡那天时值四月初八。所以每年的四月初八这一天，人们就祭祀牛王，还给它的子孙放假一天，喂好吃的以示报答。天长日久，就成了四月八祭牛王的习俗了。[②]

传说三：从前有一个年轻人，他每天都要到田里去耕地，很辛苦。有一头神牛每天都回来看他。神牛看到他很辛苦，就对年轻人说："你太累了，我帮你吧。我做一天，顶你做十天。"那时候还没有犁，牛就用角翻土，人很感谢牛。于是，就在四月初八那天给牛青草吃，还给牛放假一天，就是现在的四月八。[③] 与此相似的传说还有，据说远古没有人，后来才有了人，那个时候有野牛。人们在四月初八那天把野牛驯养成了家牛，并由人来管它，所以，把那天定为它的生日。

---

① 参见贵州市民族事务委员会编：《苗族四月八》，54～56页，贵阳，贵州民族出版社，1989。

② 参见上书，57～58页。

③ 资料来源于2007年5月27日与吴海生的访谈记录。

这一天人们专门给牛煮饭或打粑粑吃，还给牛喂青饲料。①

传说四：“四月八”是牛的生日。传说有一个支系的老祖先迁来的时候，养了一头小牛，那头小牛每天都跟着主人上山，小牛慢慢地长大了。有一次主人出门了，牛找不到主人，就外出寻找，牛走到矮寨，因为有德夯瀑布，牛上不去，到了四月初八那天，牛死了，人们很悲痛。于是，在每年的四月初八这一天纪念牛的离去，就给牛喂好料，给牛洗身体，这一天不让牛犁田。②

以上四则传说的情节大同小异，其基本线索多为人类疾苦交加之际于“四月八”得到神牛的帮助，开始了农业生产劳动，摆脱穷苦状态。人们出于对神牛的感激，将四月初八定为牛的纪念日，以显示牛在生产、生活中的重要地位。因此，节日内容也就以感谢牛为主，给牛喂好吃的等。在调查过程中，很多民众对“四月八”节日是牛生日这一看法比较一致。牛作为南方众多稻作农耕民族的主要生产畜力，与人们的关系密切，民众普遍对牛有一种尊重和爱护的心态。苗族家庭重要的畜力也是牛，牛在生产中占有重要的地位，发挥着不可替代的作用。因此，这个也是此类农业起源传说的农业背景和基础所在，正是在年复一年的辛勤劳作之中，关于四月八为牛王生日的传说才得以不断深化。

二、农业生产兼社交类

在贵州苗族中，传说四月初八是大列牛的生日，称“金牛节”。据说金牛星犯了天条，在四月初八那天被佐大（天帝）打下凡尘变成牛，牛投生到濮郎大列家，牛跟大列的感情很好。有一年，佐大的七个女儿，偷偷下凡到大巴山瑶池洗澡，恰巧那天也是四月初八。大列牛告诉大列说：“今天是我的生日，你让我休息一天。你到大巴山瑶池去找佐大的第七个女儿雅觉唱歌。她很羡慕人间的欢乐，你把她的

① 资料来源于2007年5月31日与石山东的访谈记录。

② 资料来源于2007年6月2日与石寿贵的访谈记录。

绿衣裳拿来给我，她就会留下来与你做夫妻。”大列听了金牛的话，去大巴山找雅觉，果然看到仡大的七个女儿正在瑶池洗澡。大列拿了雅觉的那件绿衣裳，六姊妹变成了六只打鱼郎（翠鸟）回天宫去了。只有雅觉留在了凡尘，和大列唱了一天的情歌，结果两人就结为恩爱夫妻。天长日久，“四月八”就成了金牛节，也成了贵州苗族的踩花山节，苗族青年男女在花场上选择情侣。①

以上这一则农业生产兼社交类传说，与汉族《牛郎织女》故事中的若干情节发生了粘连，在洗澡、偷衣等一些情节上非常相似。但是，它又加入了苗族自身文化的元素，如男女主角虽然是在牛的安排之下见面，但是其相爱的方式却是以苗族对歌的习俗为背景，《牛郎织女》故事中就没有这样的情节。这也正是民间传说在传播的过程中，不断融入地方性因素的结果。

传说二：在湘西吉首一带，民国十四年（1925年）以前，居住在吉首市附近的矮寨和大兴寨等地的苗族，每年都要欢度“四月八”。活动地点设在矮寨镇家庭坡附近的一个大坳上，原地名叫做“达花”，后来人们统称“四月八”，代代相传，从古到今。

家庭坡，海拔七百多米，巍峨挺拔，雄奇壮丽。这里的老年村民每谈起当年举行“四月八”活动的盛况时，精神格外振奋，人人讲得有板有眼，个个眉飞色舞。有的甚至情不自禁地唱道：“阿柔相木闹热达，‘四月八’出召冬搭勒。”（苗译汉：“那时热闹不得了，‘四月八’举办在家庭坡。”）

传说很久以前，家庭坡上古树葱茏，荒无人烟。以后，花垣县子耳寨有一后生，名叫秧巴朴。因为生得英俊聪明，勤劳勇敢，被附近一个寨主的女儿相中。他俩以鼓传情，以歌为媒，自由恋爱结成终身伴侣。但秧巴朴家境贫寒，遭到了老寨主的坚决反对。在无计可施的情况下，寨主女儿决意逃婚。临走之前，她要秧巴朴将她家里的一头黄牯牛一同牵走。他俩离家来到现在己略乡的“补友溪”。因发觉老

① 参见贵州市民族事务委员会编：《苗族四月八》，20~21页，贵阳，贵州民族出版社，1989。

寨主派人尾追在后，立即转到卡比村岩壳寨附近的一个山洞里。来到这里，他俩没住上半个月，又得知老寨主查出了他们的踪迹，于是，又马上转去德夯冲的“日柔”。不久，又被寨主发现了，怎么办？他俩急中生智，决定躲到云缠雾绕、耸入云端的家庭坡的深山老林里去。爬到家庭坡山顶上，他俩先到叫“棒能”的地方伐木搭架，盖草为室，定居下来。自此，寨主无法得知他们的下落，这样，他俩开始了安宁的生活。可是，被牵来的黄牯牛，每天只要一放出牛栏，它就昂头翘尾“嗯芒、嗯芒”地朝着现今家庭寨的住址奔去，日日不肯归栏。秧巴朴前往查看，才发现这地方比“棒能”好。于是，他俩又搬到了新的地方——今家庭寨定居。自此，他们两人每天披星而出，踏月而归，男耕女织，年年五谷丰登。时过八年九载，他俩接连生了两男两女，过着艰苦而快乐的日子。有一天晚上，秧巴朴正在屋前的草地上和孩子们一起捉“亮火巴巴”的时候，其妻倚着门，目光低垂，突然叹了一口长气：“哎，住在这高山上好寂寞呀！”这话触及了秧巴朴的心思。秧巴朴从草地上站起来安慰妻子，说道：“寂寞有什么办法呢？”妻子说：“要不我们也像太公、太婆他们那样‘建眠建垴’（鼓舞盛会），到山下去邀请各个寨子的男男女女一起到山顶上来热闹一场吧？”秧巴朴想了想，认为妻子说的是，又想到他们当初上山那天是四月初八，于是脸上露出笑容，对妻子说道：“要得，就在四月初八这天做一场热闹。”他俩决定于四月初八这天在家庭坡顶上，按照苗族“建眠建垴”的形式举行一次苗鼓、苗歌盛会。他们扎好“八人秋”，平好跳舞场，搭好对歌台，到山坡下去串村走寨，邀请各个寨子的男女老少，到家庭坡参加活动。

到了四月初八这一天，身着节日盛装的苗家男女，从各条弯曲的山道上向家庭坡涌来。不时，“达花”这个绿茵如毯的山坳坳上即变成了人山人海。有的打秋千，有的吹木叶，有的吹唢呐，有的跳鼓舞，有的耍拳，有的耍棍，多数人是自由组合，自找对手，相互对歌，场面热闹非常。如此年复一年，活动项目一年比一年增多，内容一年比一年丰富，来参加活动的人也越来越多。古丈县的龙鼻嘴，保靖县的葫芦、夯沙，花垣县的排料、排碧、补抽，凤凰县的米良、禾库和竿子坪等地的人们成群结队来参加。后因官府怕苗民聚众造反，下令强行禁止。这种一年一度，情趣浓烈的“四月八”传统节日，一直延续到民国十四年才被迫停止。[①]

从这里也可以看出，“四月八”节日里面有着浓厚的凝聚功能和文化维系作用及情感需求功能，民众在此节日中，以社交娱乐为主，这就为厘清“四月八”节日的发展脉络及文化内涵提供了相关线索。

三、纪念英雄、先祖类

传说一：很早很早以前，贵阳叫“黑洋大箐”，苗家称“格洛格桑”。最早住在格洛格桑的，是一个叫格波绿的苗族老人，他腰圆臂粗，力气很大，为人耿直。一天晚上，他打死了祸害庄稼的母猪龙，还得到了“龙心”，日子过得很好。但这一切引起了河都雾头人胡丈郎的嫉妒，一天，胡丈郎带着人马，扛着梭镖、弓箭来攻打格洛格桑。格波绿得到消息后，急忙把“龙心”丢在水缸里，天上立刻下起了大雪，而且一下就是七天七夜，冻死了胡丈郎的许多人马，保住了格洛格桑。

后来，胡丈郎探听到格波绿有颗“龙心”宝贝，就假装成货郎，挑着绣花针和各色丝线，到格洛格桑做生意，他用计把“龙心”换走了。胡丈郎骗得了“龙心”，带着人马，扛着梭镖，拿着弓箭，又来攻打格洛格桑。格波绿抵挡不住，叫儿孙们带着男女老少，先退到坡坝沟去，自己边打边退。走到嘉坝西地方，中了一箭，滚下马死了。这天正是四月初八，跟随他的几个后生匆匆忙忙把他就地埋葬以后，冲出重围，也退到坡坝沟去了。从此，胡丈郎就侵占了格洛格桑。

苗家人逃到坡坝沟以后，又在那里开田种地，建立家园。过了九年，苗家又出了个能干的后生，名叫祖德龙，他个头大，力气过人，祖德龙还学了一身好武艺。祖德龙和寨老们商量收复格洛格桑的办法，

① 参见吉首市民族事务委员会编：《苗族风情》（内部资料），1987。

决定在四月初七这天半夜攻打格洛格桑。由于祖德龙带领的队伍寡不敌众，祖德龙战死在嘉坝西，那天也正是四月初八。

从此以后，天长日久，由于苗家想念故乡格洛格桑，想念祖先格波绿和祖德龙，每年的四月初八这一天，后生、姑娘们就穿着盛装，背着芦笙，拿着箫笛，带着各色糯米饭和其他食品，成群结队，到埋葬两位英雄、祖先的嘉坝西，唱歌跳舞，以示景仰和凭吊。此传说流传于贵阳一带。①

传说二：前朝，官家看见跳花场上的苗族姑娘，个个美得赛天仙，就经常派打手来“选美进贡”，拆散了不少亲骨肉，糟蹋了很多良家女。凤凰山下的苗族后生亚宜痛恨极了，就在东门寨对面的山坳上，组织有血性的苗族后生喝血酒，发誓同官家血战到底。有一年，农历四月八，大家像往常那样，吹木叶，抬花鼓，带花柴刀，拿长木棍，从四面八方涌进了跳花沟。太阳当顶的时候，官家的打手们挤到跳花沟来了。亚宜跳到花台上，吹响了清脆的牛角号，大家拔刀舞棍，扑向官家的打手，很快就就把那些如狼似虎的坏家伙打得半死，扔到龙塘河喂鱼去了。官家马上增援，千军万马连夜向跳花沟杀来，杀死了无数的苗家兄弟姐妹。因此，现在跳花沟附近，还留下了一些纪念性的地名，如喝血酒的“喝血坳”、埋死者的“苗坟”、打仗的“果得几打”——战斗的地方。这场战斗在打了三天三夜后，亚宜才带领大家向贵州撤退。他们在贵州得到了苗族同胞的大力支持，同官家周旋了一年多。第二年的四月八，正当苗族同胞要欢庆一年一度的跳花节时，亚宜等人战死贵阳城。从那时起，凤凰山下的苗族同胞就把龙塘河的跳花沟改名为“四月八”，而且跳花节也增加了新的内容，它既是青年男女的联欢节，又成为祭祀英雄的纪念日。尽管历代统治阶级严禁举行，但是苗族是富于反抗的民族，他们只改变了栽花树的形式，仍然保留了聚众对歌等内容，一年一度相会，一代代相传

---

① 参见贵州市民族事务委员会编：《苗族四月八》，3~7页，贵阳，贵州民族出版社，1989。

至今。①

传说三：相传，北宋时，在今湘、桂、黔三省边区的城步、绥宁、龙胜、靖州等地，杨文广奉旨“平蛮”，兵败后被朝廷囚禁，在狱中过着悲惨的生活。每次亲人探监，送去的食品都被狱卒抢吃一空。后来杨文广的妹妹用一种树叶将米饭染成黑色，给哥哥送去。狱卒怀疑乌米饭有毒，不敢抢食，杨文广得以饱餐。杨文广的体力逐渐恢复，于是就在农历四月初八的晚上，同妹妹里应外合，越狱逃走。为铭记杨文广脱险的日子，缅怀其妹救兄之功，每年的四月初八，城步、绥宁、龙胜、靖州一带的杨姓苗族，都要蒸乌米饭，并将出嫁的姑娘接回娘家团聚，代代相袭，成为传统节日。②

以上三则传说流传于贵阳和湘西一带，虽然故事发生的地点、故事中的主人公以及故事的起因不同，但是其基本内容与故事线索都比较类似：外族（外人）入侵——英雄不堪忍受，奋起反抗——辗转战斗，寡不敌众于四月初八牺牲——后世民众于四月初八相聚，纪念英雄，以示不忘历史。从三个纪念英雄的故事版本中也可以看出，其反抗外来入侵的主体逐渐由部落将领向普通民众过渡；传说中的神秘色彩渐趋淡化，从为宝物、地盘而战，到对现时压迫的反抗。在前面苗族的历史中我们看到，古代以来，苗族一直处于民族压迫和战乱的外部环境之下，无论贵阳，抑或湘西的传说都有遭受外来压迫、民族英雄反抗外来压迫的相关社会背景，特别是晚清的“乾嘉”、“咸同”苗民起义，更是为此类传说的产生和流传提供了现实依据。

四、纪念英雄、先祖兼农业生产类

“四月八”是贵州苗族人民的传统节日，也称“祭牛王”节。关

① 参见《湘西土家族苗族自治州故事集成》编委会编：《湘西土家族苗族自治州故事集成（下册）》，20～21页，1989。

② 参见伍新福：《中国苗族通史（下册）》，1054～1055页，贵阳，贵州民族出版社，1999。

于这个节日的传说是：相传在元朝至正年间，戛伦戛桑（今贵阳市附近）有一个苗王叫祖狄弄。他出生在一个贫苦的苗民家庭，祖祖辈辈靠耕田为生。他十七八岁的时候，当地流行瘟疫，他的父母染疾身亡，他依靠自己的勤劳双手过日子。有一年，到处兵荒马乱，他在播州宣抚司（今遵义市）杨完者的选婿的跳花场上，因出类拔萃被选为婿。他跟随杨完者镇守边疆，屡建战功。但在一次激战中，由于寡不敌众，他于四月八日被敌军俘获，在嘉粑许（今喷水池）被斩首。苗民为了纪念这位英雄，在每年的四月八日，都汇集到贵阳喷水池一带缅怀他。那时因为路途遥远，交通不便，老人、小孩无力前往凭吊。他们就把勤勤恳恳为民服役的“牛”比喻为苗王的灵魂返世而加以崇拜。这天，每家每户都要用染饭叶（一种灌木枝叶），把糍粑染成紫色，供奉在神龛上给牛王作寿，称“祭牛王”，并由老年人在牛的两角挂上紫糍粑，用染饭叶擦洗牛的全身，以祛邪除病。这天农事再忙都不许拉牛劳役，而且要倍加珍爱，不许乱打牛。一到中午时分，各家各户都要吩咐孩子提着饭篮子，把牛牵到青草茂密的高山上放牧。天长日久，这一天就演变为苗族人民的传统节日，世世代代流传下来。①

如果把前面的生产类传说联合起来看，这则节日传说属于英雄祭祀与农业生产的粘连异文，从中可以看出“四月八”节日变化的一些基本线索，“四月八”作为苗族一个综合性的节日，其文化内涵不断地增加与丰富，无论是生产生活、祖先崇拜、英雄崇拜，还是社会交往等各个方面，都反映出该节日在苗族节日文化体系中的重要地位与影响。

---

① 贵州市民族事务委员会编：《苗族四月八》，59～60页，贵阳，贵州民族出版社，1989。

第二节　各地的“四月八”节日

一、贵州苗族“四月八”

（一）贵阳市中心的“四月八”

该节日以贵阳市为中心，辐射周围的清镇、平坝、息峰、开阳、修文、龙里、惠水等县，是贵阳市苗族最盛大的传统社交节日。在明朝中叶以前，节日完全按照苗族传统方式举行。日期定在苗历马月的第一个马场天，集会地点在明代贵阳老城北门外（今贵阳市中心喷水池一带）。据明代中期的汉文文献《弘治贵州图经新志》、嘉靖《贵州通志》记载：在跳唱中心，竖一个木制的马模型，集会开始，由苗族年老长辈祭祀木马偶像，然后进行青年男女的芦笙舞会。会后相互钟情的男女要将对方介绍给自己的父母。男方家长通过占卜，认为吉利的话，两人就可以正式确定双方的婚事。

（二）紫云县城关苗族“四月八”

节日当天，家中主人要用糯米饭捏成团，戴在牛角上，用大米饭喂牛，以示慰劳，并让牛休息一天。

紫云县四大寨苗族“四月八”。该节日流行于紫云县西南及毗邻的镇宁、望谟的部分地区。原来在苗历马月第一个马场天举行，清代雍正改土归流之后，才逐步改到汉族的农历四月初八举行。有的家族杀鸡，煮红鸡蛋，做糯米饭；有的家族则叫“牛王节”，这一天不用牛犁地，不打骂牛，喂牛吃米饭，用枫香木叶点水洗涮牛身，在牛角上包一团白米饭。建立了感情的青年男女要互赠礼物，并到对方家里串门走亲，家里均盛情款待。

（三）长顺县苗族“四月八”

该节日流行于紫云县东部和长顺西南部的苗族中。原来在苗历马月第一个马场天举行或者蛇场天举行，后来改在了汉族农历的四月初八。各家要用树叶染三色糯米饭、杀鸡、打豆腐，举行祭祀先祖的活动，要将柜子里的衣服、被子拿出来晾晒；孩子要带着三色糯米饭和煮鸡蛋上山放牛；青年男女要去赶场，与自己的意中人对歌，互诉衷肠，交换定情礼物。

（四）龙江“四月八”

该节日流行于贵州安顺、镇宁、紫云的部分地区。以家族为单位进行集体聚会宴饮，特别款待相互交换信物定过情的青年男女。青年男女还要通宵达旦地谈情说爱、对歌玩乐。此外，还有晒衣服、晒被子、祭祖、老人摆古讲故事、精心喂养牛等习俗。

（五）黔东南黄平飞云崖“四月八”

该节日流行于黄平、台江、凯里、镇远等苗族中。飞云崖位于黄平县东坡乡，佛教传入苗族地区后，修建了飞云崖寺庙，因为潘姓苗族捐资有功，并因此而成为主持之一。在佛教传入之前，“四月八”活动地点分散，以家庭为单位进行吹芦笙、踩芦笙、对歌、宴饮等活动。活动期间，青年男女相互物色对象，并且交换定情信物，对歌欢乐，时间为三天。佛教传入后，“四月八”的时间才改用汉族农历的“四月八”，并将佛教“四月八”浴佛节的内容加进去，地点统一到飞云崖寺院，参加者不分家族、性别；集会内容则是祭奠牛神：祭祀队伍集中在大雄宝殿院坝中，由祭师率队，祭祀队伍穿戴盛装银饰，面对牛神塑像，焚香烧纸，将1.2尺的红布系于牛角之上，祭师助手将酒倒于12个碗内，作为供奉，牛神塑像为完好的牛头骨架，祭师诵读祭词，祭奠者三跪九叩，以求牛神保佑平安，风调雨顺，六畜兴旺。祭牛完毕，端上已煮好的稀粥，按10人一组围地而吃。粥饭多少不等，凡参会者都有份。吃牛稀饭，意在牛的生日这天，让牛休息一天。这天，苗族各家各户均要用稀饭喂牛一次，以表示人类对牛的酬谢。节日当天的活动还有吹笙、踩笙、赛马、斗雀、对歌、祭祖、敬神等。飞云崖集会须由潘姓苗家长辈在大佛前吹响第一声芦笙，各地芦笙队、对歌手、赛马手才能入场。集会下午达到高潮，芦笙手上下翻舞，各显神通。男女青年成对成排，唱歌比赛，唱酒歌，节日活动通宵达旦。

（六）摆金、鸭寨“四月八”

该节日的主要活动地点在雅水糯米坡，活动内容有跳芦笙、对歌等。据传，“四月八”是为了纪念苗族英雄祖德龙。祖德龙为了反抗清代土官欺压苗民，在斗争中连中三箭身亡，死亡的时间是四月初八这一天。这天晚上，苗族各乡备丰盛的酒菜供祭，表示对苗族英雄的敬佩和怀念。饭后，老年人向晚辈讲述苗族历史、神话及英雄人物的故事，并将蒸煮的糯米饭染成黄、绿、紫三种颜色，与来过“四月八”的亲朋好友分享。

（七）黔东南麻江东家的“四月八”

该节日流行于麻江县境的基东、黄英、计秧以及都匀的翁桃等地和邻近的惠水东部地区，集会地点在麻江县的隆昌雷打坡。在古代，这一个节日定在龙年马月的龙场天举行，清代中期以后改在四月初八。东家“四月八”当天，老年人要带上猎枪上山打猎，因为“四月八”是苗族传统中允许打猎的最后一天，该节日以后就要进行农业生产，所以要禁猎。东家“四月八”要祭祀“米王神”和“牛王神”，这与“四月八”后进入繁忙的农业生产周期有关。

（八）花溪高坡的“四月八”

该节日流行于贵阳市高坡乡以及惠水、龙里两县交界的惠水北部地区，于苗历马月猪日（相当于农历四月），同时也可以在苗历马月蛇日举行，前后共举行六次，其中马月的第二个猪场日尤为盛大，如果举行“射背牌”，也多在这天举行。集会地点在高坡乡政府所在地和拉利村的场坝。节日开场顺序是，参加集会的各家成员分别在集场四周固定的集合地点集中，然后高坡场集地最早落寨的蓬姓、王姓带头吹笙绕场，其余家族依次绕场，接下来正式开始芦笙歌舞的集会。歌舞集会持续到下午三点，钟情男女成双成对，谈情说爱，交换信物，直至晚上。中老年男性则借机进行传统的斗雀活动。中老年女性则参加集市商贸，购买日用品。入夜以后，参加节日的人们分别投宿于邻近的亲朋好友家。主人盛情款待。青年男女则吹笙唱歌，通宵达旦。

（九）铜仁地区松桃县的“四月八”

该节日流行于贵州松桃、湘西、川东南交界的苗族中，是苗族青年男女跳花跳月、联欢赛歌的娱乐节日，地点一般选在山清水秀的空旷地方。每年到了这天，苗族村寨的青年男女都会穿上新装，自发前去参加“四月八”，联欢娱乐，击鼓、跳舞、玩龙、舞狮和对歌。过去松桃地区的苗族“四月八”不在同一地点集中举行，而是以苗历马月马日为时间，以家族为单位，以就近的村寨聚集在一起自由选择地点举行。因此，在松桃苗族聚居的地方，叫“四月八”的地方随处可见。松桃“四月八”的节日内容有打苗鼓、对歌、打秋千、上刀梯、舞龙、耍狮、表演武术等活动，同时还有商品交易活动。

二、湖南苗族“四月八”

（一）湖南城步苗族的“四月八”

湖南城步苗族的“四月八”也叫“乌饭节”。城步苗乡，每逢农历四月初八这一天，家家户户都要做香喷喷的乌饭和乌饭粑粑。乌饭是用糯米与从山中采来的乌泡草（又名过江龙）、南天竺、夏粑藤等五至七种草木的叶子浸成乌汁加工而成，色呈乌红，乌饭粑粑则是将乌饭舂成粑粑。

相传，宋代杨家将杨文广南征广西时被敌俘捉，关在柳州内罗城里，其妹杨金花多次给兄长送饭，却被守狱的门卒抢去吃了。聪明的杨金花想了一个好法子，到山中采摘了乌泡草、南天竺等草木叶子，熬出乌黑的汁液，和入糯米煮成了一锅乌饭，还将一部分乌饭做成几个大粑粑，把乌饭和粑粑装进篮子里，并将一把短剑和一张写有密信的字条暗藏在饭篮子底下，密约哥哥里应外合歼灭敌人。杨金花将乌饭和粑粑送进监狱，狱卒们见此乌黑的饭和粑粑，不敢抢吃，便送给了杨文广。杨文广在狱中饿极了，见了又糯又香的乌饭和粑粑，就大口大口地吃起来，在乌饭和粑粑快吃完时，发现了短剑和字条，得知妹妹杨金花已带兵埋伏在柳州内罗城的四周，便果敢地从牢里杀了出来，一路勇猛歼敌。杨金花带伏兵闻风而动，相互策应，终于将敌军打败，占领了柳州内罗城。此日正是农历四月初八，恰巧又是杨文广的生日。杨姓苗族为纪念这个难忘的日子，便兴起了吃乌饭粑粑的习俗。并将此日定为“乌饭节”。这天晚上，山寨点燃篝火，苗家男女老少围住火堆，伴随着芦笙、长鼓、锣、钹等民间音乐，唱着苗歌，翩翩起舞，欢庆这个传统的节日。①

城步一带也在这一天祭祀祖先、祭祀牛王。② 这一天要给牛喂烧酒、酒糟和精饲料，让牛休息一天，叫“歇气”。这一天人也“歇气”，人牛同休，共享美食（鲜鱼、鸭肉、糯米饭等）。人们敬奉牛，尊重牛，一不说牛的坏话，二让牛吃好，三让牛休息好，如果谁用牛耕地，则被认为对牛不恭敬，会遭公众的谴责。③

（二）湘西凤凰苗族的“四月八”

在湘西凤凰县，“四月八”还是一个特殊的地名，它在凤凰县落潮井乡龙塘河。古代，附近的苗族人民，年年在“四月八”这天，都汇集到这条山沟的草坪上“旦本旦腊”（即跳花跳月），青年男女吹木叶，打花鼓，跳舞唱歌，十分热闹。从 1983 年至 1986 年，先后在凤凰县落潮井、花垣县吉卫、吉首市举行过大型的“四月八”系列活动。

（三）湘西花垣的“四月八”

该节日主要是纪念和庆贺牛的生日，这天不会让牛犁田，会给牛吃粑粑、米饭和青饲料。历史上的“四月八”一般都要打鼓，唱苗歌，搞民间小祭祀——上刀梯、绺巾舞，也有相应的娱乐活动。在“四月八”当天，男女青年比较自由，也是青年男女相会谈恋爱的节日。④“四月八”以年轻人为主，娱乐、谈情说爱。在“四月八”之前，青年男女都要去“赶边边场”，相互之间有了了解或者爱慕之情。彼此有情有义的可以在“四月八”之时将姑娘带回家中，住上三天后，由男方的家长到女方家去提亲，之后就可以谈婚论嫁。⑤

在花垣大洞冲一带，“四月八”这一天，要以家庭为单位来祭祖。

---

① 参见尹建生：《苗乡乌饭节》，见中国城步网，2006－09－12。

② 参见《苗族简史》编写组编写：《苗族简史》，329～340 页，贵阳，贵州民族出版社，1985。

③ 参见贾晔、邵志忠：《苗族传统节日文化》，载《广西民族研究》，1994（4）。

④ 资料来源于 2007 年 5 月 29 日与吴海生的访谈记录。

⑤ 资料来源于 2007 年 5 月 30 日与石成稳的访谈记录 。

一般的家庭准备一碗饭、一碗肉和一碗清水，稍微富裕一些的家庭要备九碗饭、九碗肉和三碗酒，也可以将一块煮过的肉盖在碗上，或用十五六斤的糯米打成的大糍粑、煮熟的猪肉进行祭祀。①

（四）湘西凤凰山江镇的“四月八”

在湘西凤凰山江镇，“四月八”这天又称为跳花节，青年男女在花场上唱歌、跳舞，尽情娱乐。《湘西歌谣大观》中的苗族叙事长诗《翠鸟》中就有《四月八跳花》的篇章：“四月八日好风光，牛过生日人不忙，条条山路洒满笑，人流滚滚进花场。花场设在龙河畔，椿木树下山沟上。花台筑仔沟中间，花树栽在台中央。青布鞋，绣花鞋，凤冠苏山响丁当。五彩花边青丝帕，逗来几多好儿郎。花步越跳劲越足，山歌越唱胆越壮。柳妹拿出花带来，系在松哥腰带上，退出花场手牵手，牵上山坡膀挨膀。柳林深处声细细，山歌声中情长长。”

在“四月八”这一天，青年男女通过“跳花”来寻找配偶，跳花只是一种形式，主要目的还是男女青年谈情说爱。据《永绥厅志·苗峒》和《保靖概要》记载：“铜仁红苗，跳花跳月，通宵达旦。”红苗是清末民初对铜仁、松桃、凤凰和花垣等地苗族（也就是苗语东部方言区）的统称。“在铜仁府属，多龙、吴、麻、白等姓，喜跳花跳月。”清末民初，落潮井乡龙塘河村的“四月八”山坡和千工坪乡的千工坪大田坝是两个参与人数最多、持续时间最长的跳花跳月坡和跳花跳月坪，火炉坪乡的火炉坪、腊尔山的乌巢河也有跳花跳月的传说和遗址。在石启贵的《湘西苗族实地调查报告》中记载，“四月八”“是日毫无其他设备，仅是爱唱歌的人，相约该处，比赛唱歌优劣，有吹喇叭以角胜负者。在旁观听之人亦多，赞声掌声较为欢腾。老少踏青游乐，或坐或立，或蹲或卧，任其自便。凡有新装异服，均穿示众。有男女青年，每藉此日，约为假期”②。新中国成立前夕，由于时局动荡，苗族人民中断了这个节日，以自然村寨为单位过“四月八”节日。

---

① 资料来源于2007年6月2日与石寿贵的访谈记录。

② 石启贵：《湘西苗族实地调查报告》，155页，长沙，湖南人民出版社，1986。

（五）其他的“四月八”

党的十一届三中全会以后，根据苗族人民的要求，经国家民族事务委员会批准，把“四月八”定为苗族人民的传统节日。1982 年 5 月 1 日，在中央民族大学举行了在京苗族“四月八”联欢会，同时，贵阳市也举办了“四月八”联欢活动，湘西州的民族中学也举办了“四月八”的联欢会。1983 年，在湘西凤凰县落潮井的“四月八”跳花沟，恢复了中断达 48 年之久的传统节日“四月八”。[①] 1984 年，在湘西凤凰的桃花冲举办了“四月八”节日活动；1985 年，湘、鄂、川、黔等苗族在贵州松桃苗族自治县蓼皋镇城外的山头举办“四月八”；1986 年的“四月八”节日中心，设在湘西州的花垣县吉卫镇；1987 年，在吉首市沙子坳即现在的吉首大学校区举办；1988 年，湘西、松桃苗族的“四月八”在贵州松桃县的盘信镇举行。[②]

除此之外，汉族也有“四月八”，在汉族地区，人们于四月初八这一天到寺中乞子。据《中华全国风俗志》(上编）卷六引《太平御览》条：“四月八日长沙市肆之人无子者，供寺阁下，羊肉薄饼结愿，以乞儿，往往有验。”[③] 四月初八，传说是娘娘神的生日，很多妇女要到娘娘庙敬香烧纸，乞灵生子。明人沈榜在《宛署杂记》中记载，北京宛平县西有一处娘娘庙，供奉一妇人育婴塑像，凡不生育的妇女来到庙中拜祭，磕头烧香，许愿还愿，摆设酒果供品，乞求生子，俗称“拴娃娃”。[④] 四月初八还是人们祈求灭绝虫灾的日子。据《中华全国风俗志》（下编）卷六记载，湖南“四月初八日忌毛虫，用方寸黄纸，上书‘四月八日节，洞宾来借歇，仙风吹一口，毛虫尽皆灭’等字样，念贴壁上，云可使毛虫绝迹”[⑤]。土家族的“四月八”是嫁毛虫、敬婆婆神的日子，旨在祈求上天不要降下病虫灾害，保获五谷丰登，

---

① 参见贵州市民族事务委员会编：《苗族四月八》，161～165 页，贵阳，贵州民族出版社，1989。

② 参见上书，140～143 页。

③ 胡朴安编：《中华全国风俗志（上编）》，卷六，9 页，上海，上海书店，1986。

④ 参见辛夷：《说四月八——节日风俗钩沉》，载《中州统战》，1998（5）。

⑤ 胡朴安编：《中华全国风俗志（下编）》，卷六，29 页，上海，上海书店，1986。

还有一说是牛的生日，这天耕牛要休息，吃好的，除了喂它青饲料和稀饭之外，还要灌白酒和鸡蛋，以作慰劳。①

佛教中也有“四月八”。四月初八这一天，佛教信徒有“放生”的活动，他们把捉到的鸟、龟、鱼、螺、蚌等放回大自然，表示慈善之习。在饮食上，僧尼和信徒要吃“青粳饭”。据《清嘉录》记载，苏州一带“居人买以供佛，名曰‘阿弥饭’，亦名乌米糕”。

各地苗族“四月八”节日略表

节日地点	节日别名	节日传说概要	节日活动要素
贵阳市喷水池附近		外人入侵——战争——英雄战死于今喷水池附近——民众纪念英雄。	纪念英雄。
贵阳市	祭牛王节	祖狄弄反抗官府欺压被斩首于贵阳喷水池附近——民众于四月八缅怀英雄——将牛视为苗王灵魂，加以崇拜。	牛角上挂紫糍粑——用染饭叶擦牛的全身为牛驱邪去病——让牛休息——中午让孩子提着饭篮子到青草茂密的高山上放牛。
贵州	金牛节 踩花山节	金牛星犯天条于四月八日下凡到大列家——仙女于四月八日到凡间洗浴——牛促成大列与仙女的婚姻。	青年男女在花场上唱歌跳舞玩乐。 赶边边场。 走亲访友。
湘西凤凰落潮井“四月八”	跳花节	咸同时期，凤凰落潮井的亚宜约定于四月八日领导起义——与次年四月八日在贵阳战死——民众纪念英雄。	打花鼓、上刀梯、耍狮子、唱山歌。
贵州摆金、鸭寨雅水糯米坡		英雄祖德龙反抗清代土官的欺压于四月八日身亡。	跳芦笙、对歌、备酒饭老人讲苗族历史神话、煮黄、绿、紫三色糯米饭送给亲友。

① 参见《湘西土家族苗族自治州故事集成》编委会编：《湘西土家族苗族自治州故事集成（下册）》，20～21页，1989。

其他民族和地区"四月八"节日略表

民族	节日别名	节日传说概要	节日活动要素
土家族	嫁毛虫 敬婆婆神	牛王的生日	祈求上天不要降下病虫灾害； 让牛休息一天； 喂青饲料和稀饭以作慰劳。
布依族	牛王节	大牛帮助布依族人们战争敌人	给牛放假，为牛洗澡，五色糯米饭喂牛。青年男女爬山比赛，对唱情歌，吃五花饭，饮酒，跳舞。
广西孟江侗族	祭牛神 牛王生日 洗牛身		做乌米饭煮熟喂牛，妇女回娘家要带"乌饭糍粑"。
壮族	牛魂节 拜秧节		让牛休息。清扫牛栏，带上食物到牛栏中祭牛魂，用艾叶水加少许米酒洗牛身，把糯米饭拌上甜酒、鸡蛋汤或绿豆汤，灌在竹桶里喂牛，再饲以"五谷香糍粑"还要由长者唱牛歌，颂扬牛功，劝诫世人爱护耕牛。
仡佬族	牛生日		唱歌跳舞系列娱乐活动。
康定藏族			转山会。
土族			为期三天的花儿会。
北京的汉族	娘娘生日 庙会		凡不生育的妇女来到庙中拜祭，磕头烧香，许愿还愿，摆设酒果供品，祈求生子。
苏州的汉族	庙会		吃乌米饭 、放生。

第三章

2007年湘西凤凰县山江镇苗族“四月八”描述

第一节　凤凰县及山江镇概况

凤凰县地处湖南省西部边缘，湘西州的西南角。位于东经109°18′~109°48′，北纬27°44′~28°19′。东与泸溪县接界，南邻麻阳县，西接贵州省的铜仁及松桃，北与吉首市、花垣县毗邻，南北长66公里，东西宽50公里，凤凰县总面积1751平方公里。总人口37万人（2003年）。2004年年末，全县总人口37.41万人，其中，少数民族人口27.69万人，占总人口的74.02%，少数民族人口中，苗族20.21万人，土家族7.01万人。凤凰县下辖9个镇、15个乡，县城在沱江镇。

凤凰县历史悠久。据《凤凰厅志》记载，夏、商、殷、周以前，这里即为“武山苗蛮”之地。春秋时属楚疆域。秦昭王三十年（公元前277年），建黔中郡。两汉直至三国均属武陵郡辰阳县辖，西晋属镡成县，东晋改归舞阳县，但一直属武陵郡管辖。《元和郡县志》记载，唐垂拱二年（公元686年），“在坡山西址设渭阳县”，并载“山甚高，百姓食坡山溪水”。坡山即指凤凰山，宋属麻阳县。南宋嘉泰三年（公元1203年），设五寨司，属思州军民安抚使，元朝沿袭此制。明洪武七年（公元1374年），置五寨长官司；明永乐三年（公元1405年），将竿子坪元帅府改置竿子坪长官司，分管苗寨，均属保靖州军

沱江

民宣慰使司。清康熙三十九年（公元 1700 年），开始独立设厅（散厅）；康熙四十三年（公元 1704 年），设置通判（流官），土流并存；康熙四十六年（公元 1707 年），废除土司制度；嘉庆二年（公元 1797 年），升散厅为直隶厅。民国二年（公元 1913 年），改厅为县，称凤凰县，相沿至今。①

山江镇位于凤凰县西北部，距县城 22 公里。2005 年行政区划调整，将原板畔乡并入山江镇。合并后，全镇面积 104.2 平方公里，共辖 21 个行政村和 1 个居委会，全镇总人口 18 676 万人，其中农业人口 18 316 人。山江镇辖黄毛坪、新光、早岗、大马、凉灯、老家寨、毛都塘、雄龙、千潭、大门山、马鞍山、好友、古塘、东就、板建业 15 个村委会。群众主要以从事农业生产为主，人均年收入约两千元。

山江镇境内有凤腊、凤麻公路。森林面积占总面积的 26%，有水杉、杜仲、银杏等 30 多种名木，林产品主要有桐油、油茶、核桃、板栗。水资源丰富，水资源蕴藏量达 87 万立方米。优势经济项目为烟叶

① 参见凤凰县志编纂委员会编：《凤凰县志》，29 页，长沙，湖南人民出版社，1988。

和旅游业。2005年，全镇共种植烟叶3379亩，实现收入467.78万元。近年来，山江镇的旅游业发展较快，旅游业以山江苗族博物馆、苗人谷等民俗风情为主，景区景点年内共接待游客3万多人次，门票收入120多万元，旅游收入600多万元。

山江苗族博物馆位于凤凰县山江镇叭咕苗寨，原为“苗王”龙云飞的故居，现占地面积2600平方米，建筑面积1864平方米，馆藏苗族各类藏品一万余件，其中苗族服饰尤为丰富和珍贵，被誉为中国苗族第一馆，馆长为苗族学者龙文玉先生。

苗寨入口

第二节 山江镇的节日体系

山江镇位于腊尔山台地周边，历来就是苗族聚居区，随着各兄弟民族之间的不断交往和融合，这里的民众在保持自己本民族历史文化的同时，也吸收了汉族节日，如春节、清明节、中秋节、重阳节等节日的文化内容，汉族节日与苗族节日并行不悖。

祭土地神：当地民众在大年三十下午，吃过晚饭后，由家中户主提着香、纸、肉、酒、糖果等祭品去村中的土地庙。人们平时不会去土地庙，只在家里有事情才去祭拜。一般两三年或者四五年，由村中的德高望重的长辈选好日子，组织集体祭祀活动。

祭祖先：除了过年家家户户都祭祀之外，一般都是在家里不定时祭。不同姓氏，其祖先牌位在家中放置的位置也不同。吴姓祖先的位置在房屋内部的右边，石姓和龙姓在房屋内部的左边。大年三十晚上送祖宗回去，初三晚上接回来。祖宗在当地百姓之中占十分重要的地位。认为祖宗伴随着自己平时的活动。例如，上山、下田等遇到不好或紧急的事情时，就会喊他们（苗语称祖宗为“向普向蔑”，也就是“祖公祖母”的意思）。过年祭祖的时候，不用像清明上坟祭祖那样挂清（白纸剪成的纸钱，挂在一个树枝上面，也称挂钱），不给坟加土，只烧纸拿祭品就可以了。从时间上来说，大年三十吃过早饭后去墓地祭祖，吃完晚饭后再去土地庙。

土地神

过年：时间与汉族一致。腊月三十这一天，吃完年夜饭，人们围坐在屋内火塘四周，听老人们讲过年的古根，还可以唱歌、跳舞、打

鼓。凌晨两三点钟的时候，困了的 话就打个盹，中老年人可以坐一个晚上。初一、初二、初三也不出门。这三天里不见血、不杀生、不拿刀子等凶器。三十晚上的饭菜要多做，不能少。要是家境比较好的给老年人送钱也可以。初三以后才出门拜年，过年之后第一次出门要选吉日。拜年的时候，首先要去外婆家拜大舅，其次是其他亲戚，带的礼品主要是腊猪腿，上面要连着猪尾巴。此外，还要带一些点心或水果，一般连去三年。拜过大舅家之后，才可以随意去拜访其他亲戚家。苗族谚语云：“天上雷公大，地上舅爷大。”

清明节：清明的前三天或后四天（称“前三后四”）可以扫墓上坟，清明节当天不上坟（传说当天野鬼和魔鬼会将给祖先的财物抢光）。清明节祭祖的时候要跪在坟前，表示对祖先的怀念。挂清（挂青）苗语叫做 qia de，即烧纸、送纸钱的意思，也可以叫做上坟。挂清一定要买一串纸钱吊挂在坟上，以示给亡人送钱。祭祖的时候可以拿酒、水果、糖果、肉、粑粑，一般来说都用单数。

端午节：和汉族的端午节基本一致。节日主要吃粽子，插艾蒿，喝一点雄黄酒，有的家庭在门上插菖蒲和艾蒿，以示驱邪。在凤凰县城举行赛龙舟，其中有“水上抢鸭”项目，数十只活鸭扔入水中，由青年男子在水中自由抢夺，得者归己。

吃新节：农历六月六日用旧米做饭，饭熟后，拿三穗稻谷放到饭上面焖一会儿，然后再盛饭，把稻谷拨到一起代表吃新饭。吃新代表新米收获，也给牲畜吃一些，以示人和牲畜共享劳动成果。以前，社会生产力比较低，每年有青黄不接的季节，高海拔的苗族要到海拔低的苗族那里去借粮食。有些地方搞些娱乐活动，如唱歌、打苗鼓等。

赶秋节：赶，有“快去”、“快跑”的意思，赶秋意为秋天快要结束。湘西苗族地区都流行正秋和立秋那一天过赶秋节。这是庆祝丰收的节日，也是社交娱乐节日。节日举办的地方叫秋场，一般选择比较宽阔的地方。参与者一般以寨子为单位，活动内容有八人秋、十二人秋、跳接龙舞、鼓舞、唱苗歌、耍狮等。

八月十五：没有吃月饼的习俗，主要吃鸭子。

九月重阳：吃鸭子，吃糯米粑。

就苗族的一些娱乐性的节日看，如吃新节、赶秋节，几乎没有明显的人群划分，凡是走得动的老年人都要去观看。对于苗族民众而言，由于生活在山区，平常很难见面，只有到了节日，人们才相互见面，因此，节日成为走亲访友、见面的最佳时机。

苗族青年男女

我们在访谈中发现，现在大多数苗族民众都认为，“四月八”以年轻人娱乐为主，是年轻人谈情说爱的节日。在举行“四月八”之前，青年男女一般都要去赶“边边场”。所谓“边边场”是相对于赶场的集市中心而言，青年男女在离商品买卖的墟场比较远的地方，比如树林、小溪旁边相会，互唱情歌，使彼此之间有个大致了解或者表达爱慕之情。

在凤凰县山江镇，四月初八这一天，赶集的时间与节日合二为一。这一天，有的年轻人也是将赶集与寻找配偶作为参加节日的直接目的。他们成群结队，在节日的场所里寻找，也在市场里巡游。如果发现一个目标，男方就主动接近，以讨糖、讨花带为名，试探姑娘的芳心。如果姑娘同意了，就可以双双离开市场，到附近树林里去唱歌。随着

交往的加深，再由男方的家长请媒人到女方家去提亲，然后就可以谈婚论嫁了。

“四月八”的内容大致以娱乐活动为主，例如上刀梯、玩狮子、舞龙、打苗鼓、唱苗歌等。在访谈中我们发现，民众心中对于“四月八”是否有椎牛的看法不一。不过他们皆认为此时正是用牛之时，而椎牛大多在农历八九月祭祖的时候才有。

关于苗族“四月八”是否有椎牛，民间流传的古老话与学者各持不同的观点（古老话为湘西苗族的民间文学代表，韵文类的属于史诗，散文类的属于神话）。

在苗族的古老话中有民众椎牛祭祖的记载。苗族吃牛相传是为了祭奠苗族饲养水牛的祖先——柳庆和柳斗。远古渔猎时代，勇敢的柳庆、柳斗用竹签、石块椎死了凶悍的野公水牛，他们把初生的小牛犊抱回部落饲养。从此，苗族便有了耕田的得力助手——水牛。为了纪念祖先的壮举，苗人模拟柳庆、柳斗当年椎杀野公牛的场景，发明了“椎牛”活动。①

椎牛

① 参见刘黎光主编：《中国民间故事集成·湖南卷湘西自治州分卷》（内部资料），114～117页，1989。

另外一则古老话将椎牛与苗族的民族祖先蚩尤联系在一起，主要流传在花垣地区。相传三皇五帝之后，轩辕黄帝带领500蛮人，一直打到河南新野县，与蚩尤争夺天下。轩辕打败了蚩尤，且在农历四月初八这一天将蚩尤斩首。蚩尤阴魂不散，夜里给苗族人民托梦，让苗族人民永世供奉他。苗族人民向仙娘问供奉的方法，蚩尤借仙娘的口说：“按照我打仗时的祭典，杀猪椎牛，布置坛头，用芭蕉叶架阴桥，敲响竹筒，我就会为你们消灾消难。”从此，每逢农历四月初八，苗家人就椎牛祭祖，门首贴出对联，上联是“椎牛祭祖自古典章尤在”，下联是“念咒摇铃至今法度不忘”。①

蚩尤像

湘西苗族学者张应和先生在其《苗族椎牛若干特点》一文中指出，湘西地区的椎牛传说有二十余种，大多数是围绕苗族人民历经艰难，打败来自外敌的入侵，用椎牛这种方式来庆贺自己的胜利，延伸到后来，就有了用椎牛来纪念祖先，纪念来之不易的生活。苗族椎牛，客观上成为苗族人民“合舟共济的一种特殊方式”②。不管过程如何，椎牛之风一经在苗族形成之后，便世代流传因袭，经久不衰。据方志和民国年间的部分调查报告记载，在新中国成立前夕，居住在祖国各地的苗族几乎都有椎牛的习俗。此外，清廷开辟苗疆，继

① 参见刘黎光主编：《中国民间故事集成·湖南卷湘西自治州分卷》（内部资料），118页，1989。

② 张应和：《苗族椎牛的若干特点》，载《中南民族学院学报》，1988（2）。

而引发了“乾嘉”苗民起义，清廷为了防止苗族人民借椎牛之机发动新的起义，曾一度禁止苗族举行椎牛活动。这是从国家官方意识形态上对椎牛这一民间祭祀予以干涉。

另外，苗族椎牛的又一个显著的特点是在形式上因地而异，有的在“四月八”节日里举行，也有的在其他特殊时间进行。

凌纯声、芮逸夫在20世纪30年代所著的《湘西苗族调查报告》一书中认为，椎牛为苗中最大的祀典。如果苗人病重，如卜得其病为牛鬼作祟，或中年以后没有孩子，如卜得牛鬼在南天门阻止女阎王送子前来，都要请苗巫来家里烧黄蜡、打锣鼓，许椎牛之愿。许椎牛愿之后，如果疾病痊愈或者求子得子，就要准备椎牛还愿。① 虽然椎牛的具体情节在该书中记载得比较详细，但是未提及在“四月八”节日当中是否有椎牛这样的细节。

随着访谈的深入，尤其是对于长者以及苗老司的访谈，我们了解到，多数民众认为，像椎牛这一类节日活动都是视财力而定，要么是公家做，要么是有财力的个人做，一般人家搞不起，所谓“财尽于鬼神，产匮于祭祀”即指此。当地还有“牛神不找穷人家，牛神都找富人家”的说法，这种说法也印证了苗族椎牛集体性和个体性并存的特性。1982年，在花垣县的吉卫镇举行了第一次椎牛活动，这也是湖南省民族地区改革开放以后第一次搞椎牛活动，引发不少争论，有的认为是恢复民族传统文化活动，给予肯定；有的说屠杀耕牛是破坏农业生产，给予否定。此后，随着民族文化开发和节日活动的举办，苗族的一些地方也会在其他节日活动中增加椎牛的仪式，使之成为节日活动中的一个看点。2007年山江镇的“四月八”节日活动中没有椎牛的内容，因此不在此介绍。

---

① 参见凌纯声、芮逸夫：《湘西苗族调查报告》，99～101页，北京，民族出版社，2003。

第三节 2007年山江镇“四月八”节日的布置与主持

一、节日的准备：空间的布置

因为参与节日的人数较多，所以场地一般要选择宽敞的空地，山江镇“四月八”节日这天选择在镇粮站仓库的空地场院举行。场院内拉起了“苗族不跳花，谷子不扬花”，“大家来跳花，子孙万代发”，“风调雨顺，国泰民安”等若干条横幅。

做刀梯：据龙文玉先生介绍，做刀梯首先是选树，多选那些树根已经长出小树的枫树，小树多代表子孙多。其次把树砍倒后，要在树桩上系红绳或者红布条，旁边放一两块银元或十几块钱，代表“子孙后代都有钱花”。做刀梯时，根据树的大小、粗细来做碗——刀梯中间较为凸出的疙瘩，下面做7个“碗”，向上；上面做9个“碗”，向下，故有“下七上九”的说法。刀梯做好之后要刷两层桐油，一层是色油，一层是透油。以前刀梯柱没有颜色和图案，但现在大多经过艺术加工，画了几何图案和鸟兽纹样。等油干了之后，树头、树尾各烧香一炷三根，并烧纸钱，再由木匠小声念咒语后，就可以抬走装刀。木匠所念的咒语如下：

有事烧起文香发香，二炷正香发香。烧起三炷正香发香，专门奉请鲁班先师。各位仙官，奉请动前动后，随左随右，奉其师兄师弟跟前跟后，跟左跟右，行至东宫管主，小米一升，刀头①压盘交在手中，拿在手内，人会发财，火会发烟。

装刀：刀梯上的刀一般是24、36把不等，刀与刀之间的距离从8

① 刀头，指煮熟的猪肉，约半斤，连皮装入碗中，上插竹筷一双。

寸到1尺不等。刀不可随便装上去，半夜的时候，法师要为每把刀打筶，问祖师占卜是否能用，打到顺筶的刀才能用。如果第二天做法事，则在前一天把插好刀的刀梯立起来。

布置花场：挑选一棵树，树种不论，只要枝叶繁茂即可。然后把树立在场地的中央并加固好，树的四周再各放一棵小树，这五棵树一起代表东、西、南、北、中五个方向。

花场正中，苗族巴岱掌坛师吴贤坤正专心布置花树，此次的花树和花场都由他布置，他是此次活动的掌坛师。吴贤坤的师傅是清宣统二年（公元1910 年）在凤凰千工坪主持了六天六夜跳花节的掌坛师——廖法旺，吴贤坤是廖法旺的第五代传人。在场地中间空地上已经有一棵预先从山上砍来的一棵青㭎树。花树上，依照苗族的民间信仰以及自己的祖先观念，分别布置神灵牌位。花树上的神灵牌位顺序如下：中间为始祖蚩尤大帝之位，左面分别为天地虚空无映列神之位、火神之位、三清大帝之位、证盟上司之位；后面为女娲之位、盘古之位、教祖师之位；右侧分别为月神之位、日神之位、伏羲之位、天神之位、东山老人之位和土地神之位。

接下来，在花树上挂上12 个香包和稻谷穗、玉米、高粱、小米以及塑料花束。祭台上面置牛头骨一个，正中间放置香炉一个，上插线香。祭台桌上有红、黄、蓝、白、黑各色令旗5 面，酒碗2 个，铁质秤砣型蜡台2 个。花树四周的地上还插有红、黄、绿、蓝、粉色令旗24 面，铁质秤砣型蜡台2 个，花树前面有大香炉1 个。桌子正面有古色古香的桌围一幅，桌围从左至右文字为“行兵掌印弟子廖法旺十方应用”，围桌两边文字为“凤凰厅中营总兵营锡敬吴老同缘龙氏敬谢围棹张十方兴”，“天运宣统庚戌年腊月良旦吉日诚心敬献”。据龙文玉先生介绍，此条幅是他几年前从乡下一位掌坛师家中征集得来，有近百年历史，具有重要的文物价值。

布置工作有条不紊地进行，约在中午12 点21 分时，祭祀仪式正式开始。6 个苗老司和6 个姑娘手中持香烛等物依序走出，前后相续，按顺时针方向入场。掌坛师吴贤坤头戴凤冠，身穿红色法衣，左肩上披绺巾，左手持铃铛，右手持牛角号，绕花树两周，其他五

祭台

位法师震动司刀紧随其后。到了花树前，分别祭酒、燃香、点烛，然后退场。

剪纸吊挂：装饰在树上的神符剪纸和代表神位的纸条，上写土地、傩公、傩母等神名。花树上还挂有很多彩色的剪纸吊挂。

二、节日敬神仪式主持人

节日敬神仪式的主持人是苗老司。苗老司在苗语里称“巴岱”。可分为两种：一是苗语的巴岱，称“巴岱雄”；二是汉语的巴岱，称“巴岱喳”。巴岱在“四月八”节日中担任祭祀主持的角色，在民间拥有较高的地位。

根据苗族巴岱石寿贵介绍，作为主持人的巴岱，需要具备以下一些功法：

1. 写功。苗族没有文字，写功除了书写正宗的原始符箓之外，还需要写出具有特色的祭祀文字，比如汉字注音的苗语神联、会意汉字神联、组合文字、意象文字等，还有常用的 102 道符咒，巴岱都需要掌握。

苗老司

2. 雕功。主要雕刻傩公、傩母等神像面具，还要雕刻功曹神马、印版图章、法器道具等等，名目多达五十余种。

3. 画功。巴岱常用的神图多达几十种，牌位图像也很多。作为巴岱，除了要会画，而且要画得好，不脱谱，着色艳丽，还要对其历史和功用了如指掌。神图、神轴有剪纸、绘画两种，一般情况下作为装饰道具在请神做法事时悬挂在神堂。20 世纪 60 年代以来，以立轴的形式悬挂，图案有祖师、右鬼、右将、右黄龙、康王、太清、玉清、上清、天师、左青龙、左护、左判、虚空、管天管地管水管功曹。这是还愿时悬挂于神堂的全套排列神图。在湘西，不仅苗老司使用神图，土老司也用。

神像

4. 扎功。主要是纸扎，用于设置祭祀坛场，不仅要扎亭台楼阁和各种花鸟走兽，而且要求扎得栩栩如生。

5. 剪功。在祭祀中，巴岱要剪制纸马长钱、吊图吊挂、花卉图案、飞禽走兽、各种人物、器皿装饰花边、旗号等，多达百种，名目繁多，花样复杂。

剪纸

6. 诵功。即念诵祭词。巴岱祭词有上百种。一般要学习的苗祀祭词有640节，客祀的祭词有1902节，共2542节，咒语300宗。

7. 唱功。祭祀中的腔和调多达五十余种，有独唱、合唱、对唱、重唱、轻唱等多种形式。

8. 舞功。舞蹈、舞步有上百种。椎牛中的鼓舞、播谷舞，吃猪中的除怪舞、扫邪舞，祭中的绺巾舞、罡步舞、九州舞等，还有傩戏中的各种舞蹈。

9. 打功。乐器有鼓、锣、钹、铛、包、铃、柝、筶等十余种。其曲牌有长声锣、九锤锣、两节瓜、凤朝阳、狮滚球、鬼挑担、路长引、蜻蜓点水、阳雀洗澡等六十多种。

10. 医功。巴岱还要懂得一些基本的医方，了解和熟悉一些常用

的苗药植物。

11. 算功。会算账，数学不能太差。

12. 自然功。这是一些巫傩绝技，是武功和气功的表现，即按照自然法则作用的一种功，又称为“世间法”，如上刀梯、摸油锅、卧钢叉、滚刺床、吃火、踩铧口、咬碗、吞竹签等。

13. 超自然功。超自然功是超出自然法则的一种功能，又称“出世间法”，如神话中所提到的一些奇怪物象和特异功能。据说当今巴岱已经失传此功。

在学习阶段，因为徒弟的情况不同，有的没有基础，有的是半路出家，有的天资聪慧，所以学习时间从 5 年到 10 年不等，甚至 20 年。

巴岱的传承也有诸多禁忌，主要包括“不立文字”、“六耳不传”、“外姓不传”、“女儿不传”、“为人不正不传”等。

在学习期间也有很多的忌讳，如神名、咒语和重要手诀，只有在正月初一至十五可以学习，因为此期间属祭祀方面的特赦日，此时法台大旗升到屋面，属于封台期间，正月十五到腊月是开坛时间。另外，在七月十三、十四、十五这三天也可以学些神名、咒语手诀等。

此外，对巴岱而言，还有如下一些禁忌：

1. 忌五爪，忌吃狗肉。如因为兔子、蛙、老鼠的五爪与人的五指相似，所以认为食用五爪之物是对神灵的亵渎。据说狗舌头是一味药，所以不吃狗肉。

2. 忌用左手抓脏东西。因为做手诀要保持干净，不能抓粪土、烂布片等。左手象征为男，为贵，所以特别讲究。

3. 在举办法事活动时不宜出现病人或死亡的状况，否则就意味着断桥，户主和老司一方就会出现灾星。

4. 女性来请巴岱不能马上去。因为巴岱为男性，如果是女人来请，不能一起出门，宜稍后再去。

5. 不能有偷盗的行为。

学徒学完所有功法就要出师，出师时要举行度法仪式，该仪式在

师傅家里举行。祭品有鸡、粑粑、酒、纸和香。仪式举行时由师傅念咒语、讨筶，问祖师该弟子是否可以出师。如果讨筶好就代表祖师满意，他就可以离开师傅单独做法事。度法里面最隆重的要数度掌门法，其内容是：

1. 问祖先要旗号。有黄、红、白、黑、蓝五色旗，每一种颜色的旗号都只能管一个方向的兵马。黄色能管五方的旗，因为师傅是掌门人，所以师傅的令旗是黄色。

2. 祭掌门祖师。在祭已经过世的掌门祖师时，要以爷爷的名义替他祭祀。

3. 传诀法、道具。诀是各种口诀，要求烂记于心。道具是举行法事时所用器具，如令牌、印章、牛角、绺巾、祖师棍、法衣、法冠、红巾（也叫法巾）、香炉、水碗、神灯、印版、筶子、马尾帽、蚩尤帽、连骨筶、神像、神衣（有多套）、紫袍、烂布条衣、蚩尤衣、烂布条法帽、牌位（24 块）、帅旗旗杆、千兵布（也叫兵马布）、符箓簿、围桌、神轴。另外，还要传一些特殊的法器，如竹柝、铜铃、锣鼓、铜钹、长号、唢呐、芦笙、海螺、司刀等。

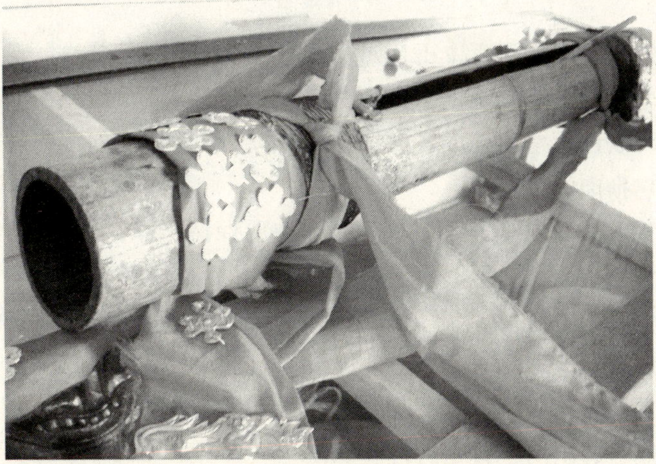

道具

传道具时，师傅唱道：

老君赐你总合天地印，呼风唤雨鬼神钦。

赐你竹头筶一付，定吉定凶定阳阴。

赐你师刀斩鬼妖，先斩后奏威信传。

赐你三十六节赶鬼鞭，化为乌龙缠住身。

赐你令牌为敕令，又为天桥度天兵。

赐你红法衣一件，穿来红火掩其身。

赐你统兵旗一面，招起千兵万马神。

赐你领旗红绿布，四方门下扫妖精。

赐你五雷冠一顶，五雷霹雳威邪神。

赐你一根红布带，化为南蛇吞鬼神。

赐你冠扎为入鼎，头戴冠扎见老君。

赐你犀牛角一把，一声角号入天庭。

4. 点舌。把一根烧旺的香点在弟子的舌头上，直到香熄灭为止，依次点三根香。因为所有祭词都要通过舌头发出去，所以要点舌。

在弟子正式出师做法事时，还要举行穿街。为了祈求穿街当天天气晴好，还要由师傅写一道求晴表疏，其内容如下：

《三清玉皇门下拜授天星正法求晴具表》：

大清国湖南　某厅管辖　某里　某寨土地祠下居住　奉师修供酧恩谢天谢地迁街过法度贺迎祥集福保安信士　法名迁街过法求晴黄道吉日天晴照应差动四值功曹传表使者奉上

三清玉皇老君门下　王母法主殿前大令仰差六丁六甲功曹走敬龙王雷神风雨莫淋弟子过法沾恩上叩　择正　日天晴祈保佑迁街过法弟子　名某某拜上

在石启贵的《湘西苗族实地调查报告》一书中，关于穿街度法有详细记载，觋师数十人，穿红衣，包红帕，戴冠叉，插马鞭，披柳旗，持牛角司刀，每人锣鼓一套，红旗一面，排列先后，依次而行，演乐行发，由室内出发，达到刀场，牛角齐吹，兵分两股，左右齐行，俗谓穿街，有头街、二街、三街之名。穿过头街和二街之后，老君传法。台下扎阴桥一座，新拜法人跪桥头，身披包袱、雨伞、草鞋等。桥上

摆水碗一个，碗内放银镯一只。桥边设有接法人，如传度师、接度师、引度师、唱度师、东王公、西王母等人。在度法过程中，师傅和徒弟酬唱问答，内容多涉及天地日月以及本教由来。起先由掌坛师父坐殿，吹角三声，然后引度师答三声，唱度师在内阁问。

问法：

门外吹角是何人？三元引度师吹角因何事？你要投坛拜法，问你天时地利可以知道不知道？又是某人来制天？又是某人来制地？某人开大天门？某人开大路行？某年立乾坤地坤几代阴阳分？哪岁生日月？什么年间草木生？几分八卦世界成？什么无极掌造化成？上有几重天？下有几重地狱门？天有几千几万丈高？地有几十几斗坪？某人开立四天门？分天地？某朝无日月？亲自才治天？亲自几年才治地？亲自几年置月门？又是几年身上空？哪年高上养老君？某月某日某时生？东有几天？南有几天？西有几天？北有几天？中有几天 ？上有几个天门？下有几个地府？某人开天门？某人塞地府？某人分离万国九州？何人作年月？上元法主坐在何处？又是贵姓？上元法主埋在何处？上元法主带有几千几万兵？中元法主坐在何处？又是贵姓？中元法主埋在何处？中元法主带有几千几万兵？下元法主坐在何处？又是贵姓？下元法主埋在何处？下元法主带有几千几万兵？上桥王母坐在何处？有好多兵？中桥王母坐在何处？有好多兵？下桥王母坐在何处？有好多兵？罡从何处生？雨从何处发？风从何处起？火从何处发？某人化敕令？某人行雨淋？某人分水上？哪教为先？某人传正法有好多子弟来学法？某人得真法？老君台前承祖教。玉皇殿内受先传？太上老君传正法，传教凡间子弟人。

答法：

门外吹角是三元引度师，三元引度师吹角时新臣弟子某某名投坛拜法。启知老师傅，天时地利可以知道。启知老师傅，是张罗王来制天，是李罗王来制地，制地治天洽到如今。启知老师傅，是张罗王开大天门，是李罗王开大路行，开天立路到如今。启知老师傅，混沌初开乾坤六暇阴阳分。启知老师傅，天有三才生日月，地有三才草木生。启知老师傅，六根七正分八卦九宫十方世界成。启知老师傅，乾坤无

极掌无量无边造化成。启知老师傅，上有三十二重天，下有一十八重地狱门，启知老师傅，天高三万八千里，离地八百起风云，地有九十九斗坪。启知老师傅，盘古开立天门分天地，地王世界无日月。启知老师傅，亲自一年才治天，亲自二年才治地。启知老师傅，亲自三年治月门，亲自思念身上空。启知老师傅，亲自五年养老君八月初三寅午时生。东有八天，南有八天，西有八天，北有八天，中有八天，中是一天。启知老师傅，上有一十八个天门，下有四十八重地府门。启知老师傅，柳四年王开天门，黑脸将军塞地府。启知老师傅，人王分立万国九州。启知老师傅，结纯为龙作年月。上元法主坐在雍州雍县原是姓唐，上元法主埋在五龙头上，五龙头上五龙来朝大如一品官。上元法主代有六千六万兵降下凡间救儿民，救男成对，救女成双，人上去交钱得过，下来度纸得明。中元法主坐在巻州巻县原是姓葛，中元法主埋在七龙头上七龙来朝大如一品官，中元法主代有七万七千并降下凡间救凡民，救男成对，救女成双，人上去交钱得过，下来度纸得明。下元法主埋在九龙头上，九龙头上九龙来朝大如一品官，下元法主代有九千九万兵降下凡间救凡民，救男成对，救女成双，人上去交钱得过，下来度纸得明。启知老师傅，上桥王母坐在天仙桥，有十万天仙兵，天车娘降下凡间救万民凡间人民得安宁。中桥王母坐在地仙桥，有十万地仙兵。土车娘降下凡间救万民凡间人民得安宁。下桥王母坐在水仙桥，有十万水仙兵。和车娘降下凡间救万民凡间人民得安宁。启知老师傅，罡从乾上起，雨从坤上发。启知老师傅，风从巽上起，火从离上发。启知老师傅，四门天师化敕令，五雷九应行雨霖，黄龙坐海分水上。三清玉皇老君正教为先。启知老师傅，太上老君传正法，有七十二徒来学法。启知老师傅，唯有张召二郎得真法。（至此吹角。）

问法：

来到第一重门为何不敢进来？老君赐你黄斑恶虎诀一道，大胆进来。来到第二重门为何不敢进来？老君赐你麒麟狮子诀一道，大胆进来。来到第三重门为何不敢进来？老君赐你南蛇诀一道，大胆进来。来到老君玉皇殿前下跪。

答法：

来到第一重门，有黄斑恶虎不敢进来。吹角来到第二重门，有麒麟狮子不敢进来。来到第三重门，有南蛇万丈开口一丈二不敢进来。（吹牛角）

问法：

你有多大年纪？爷娘父母在不在？你要投坛拜法难得禁忌。舍得金银落水碗，子弟要法又来传。鼓锣洋洋接进去，交典投坛拜法人。你可牢牢记在心，四方门下受香灯。吾将鼓锣相谢你，十方门下救凡人，十方门下行香火，千兵千将护你身。

答法：

年有几十岁（父母在的请答应，不在答不在）。弟子忌得颈，五色潭鱼不吃，狗肉不吃，我修得心。十二个□□①我舍得。叔伯兄弟舍得，亲戚六眷舍得，朋友兄弟舍得，爷娘父母舍不得，婆娘儿女舍不得，师娘师爷师兄师弟舍不得。一碗凉水请我也去，隔河隔海请我也去。男人请我也去，女人请我也去，仇人请我不去，坛头香火请我也去，二十四拜我拜。

度法结束后，要上刀梯。掌坛师傅用一只大雄鸡放煞、封刀。封刀词如下：

封刀张四姐，闭刀李四娘，石上牵牛无脚印，水上拖刀永无踪。痛在风波里痛，疼在风波里疼。云刀三十六把，锋口化为岩板大路。吾辈大小师郎，手脚化为铜板仙师、铁板仙人。吾奉太上老君，急急如律令敕。

到了刀梯顶上之后，度法的弟子要念咒语：

日头出来在高高，脚踏阳州铁板桥。师父代我阴中走，玉帝街前走一朝。有法者当日老君传教，无法者依教奉行。一拜玉皇当厅坐，二拜南斗七仙星，三拜三元同弟子，四拜四元枷栲神，五拜五营多兵马，六拜六丁六甲神，七拜王母仙宫坐，八拜投坛宝殿人，九拜门外两排毕，十拜满堂众神尊。借动本坛三阵鼓，鸣角三声转凡尘。牛角

---

① 此处脱字。

吹到玉皇转。领兵带马转凡间。①

念完之后下梯。在度法的过程中，还要立阴合同、阳合同，并且要把它们烧在圣水碗中喝掉。

阴合同内容如下：

三清玉皇门下拜受天星正法普教行营几万几千几百几十龙凤金阶金蹬骑虎大坛掌印新臣弟子某启诚惶诚恐顿首百拜俯伏上奉

中华民国湖南直隶永绥管辖某里某寨土地祠下居住奉　师修供迁街过法度贺迎祥集福保安　信女　同要　某男女　某等佑暨合家眷等即日上千俯伏授师

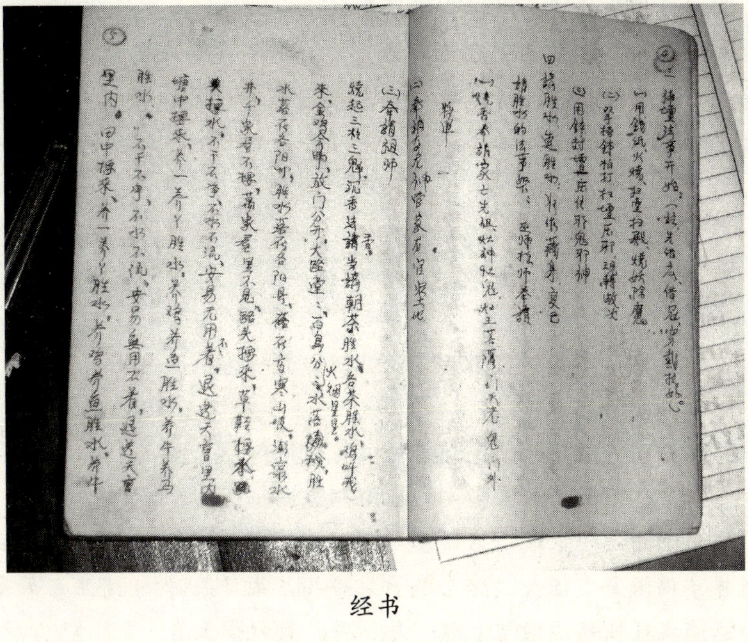

经书

天曾光明老君传教法诀慈山殿上起根源七十二人同拜法唯有张召

① 不同师传有不同咒语，在调查中还搜集到类似咒语如下：反眼看天，天是我父，俯眼看地，地是我母，自幼以来，命带官煞，身背鬼令。选择黄道吉日，上刀梯，下火海过后行香走火，令救万民。

二郎得正法真诀传授新臣弟子某某申文呈奏

金銮殿前伏乞发达兴旺上刀全法

东方有请

南方有用

早灵早灵

夜请夜顺

救男成对

救女成双

上去交钱得过

下来度纸得命　伏维

判官案下收状百年限满告终得登仙

老君台前尚言弟子　名某年某月某日迁衔过法所有阴合同一道过肚为凭　此有阳合同一道随身一并玉皇老君相验恭维合同对真弟子阶做官员蒙委衙门到金州银库登仙威灵行香走火下界此正

传度师

引度师

唱度师

领保师

天运　某年某月某日弟子　验具阴合同一道永远为处

阳合同内容如下：

立阳合同一道让此随身到老登仙焚化送终

三清玉皇门下出给宝玺本坛出给阳合同一道　今据

中华湖南治理永绥　里　寨　土地祠下居住奉师修供迁衔过法度贺迎祥集福保安　信女　香火弟子某年某月某日某时　建生　天高命贵合家谪议投坛拜法由是卜取　年　月　日拜受天真

玉皇老君门下元皇神众祈保弟子五营兵马随身左右救男成对救女成双家门清吉人口平安早不停兵夜不歇马东方有请南方有用

右具阴阳合同二道为据

公正用印画押合同当坛直明随钱焚化投呈三清玉皇老君门下掌法某某院内案下收状

百年限满奉文注司公对分明

天运某年某月某日　人写有阳合同随身为据顿首上进

经过以上一系列的仪式，弟子才算出师，才真正具有外出独立主持法事活动的资格。但是在实际过程中，弟子还要不断回到师傅家中学习法事。因此，法师的传承时间比较长，也更需要投入大量的精力，才能成为一名合格的法师。

苗老司的传承状况，以板栗村为例，从数量上看，二十世纪五六十年代时，寨中约有三十多名法师，现在寨子中只有十余名，在这十几名法师中，60 岁以上的老年人占到一半，余下的为年轻人。苗老司都是家传，并且在本村做法事时不收钱，仅收一些祭品。苗老司在一些大型场合或被请到外面做法事就会收费，每场收 300 元至 500 元不等。由此可以看出，苗族“四月八”节日活动中的主持者，即苗法师群体的传承状况正处于青黄不接、后继无人的状态。可以预料，若干年之后，其群体传承会出现断代危机。相应地，苗族节日文化中的祭祀因素也将逐渐淡化，从而影响到苗族文化的传承与发展。

“四月八”活动中少不了苗老司主持的一系列祭祀活动，敬神是其中的主要内容。敬神仪式完成以后，开始进行文艺表演，此阶段的主持人多为苗族的青年男女。主持词类似一般文艺表演的报幕词，并用普通话报幕。

第四节　“四月八”节日过程描述

前奏：为确保节日活动顺利进行，巴岱在早饭前做了一个收煞的法事，并念了咒语。其咒语如下：

收巧脚

弄手

巧手

弄将

抬匠
勾匠
剃头道士
尖头和尚
游傩打卦老司
讨米过法老司
红衣老司
黑衣道士
苗师客师十二五等邪师
邪师邪教邪诀
邪法邪鬼神白眼仙人
弟子带兵交钱带马度纸栏前左担后右
东收二十五里
祖师收得请下五阴到地
收押在天牢地井铜铁绞绞在天牢地井铜铁
锁锁在天牢地井铜铁叉叉在天牢地井
铜铁钩钩在天牢地井
铜铁村村在天牢地井
下铜盖铁盖高上金车银宝
盖下三十六道成铁脉
钉在天牢压在地井
钉在千丈深潭万丈空井莫惊莫动莫走莫行
五方如此　收五阴筶

一、拦门礼

按照传统，对第一次到苗家的客人，苗家人要在寨门口举行拦门礼，客人要喝拦门酒。这是给客人的见面礼。在苗乡，酒的种类繁多，分为甜酒和五谷杂粮酿成的各种烈性白酒，而最为出名的是甜酒。客人到来时，夏天是一碗清凉的甜酒汁，冬天是一勺滚烫的甜酒汤，来做客的人不但能喝到糯米甜酒，而且还能喝到高粱甜酒、小米甜酒、樱桃甜酒、红薯甜酒、“救命粮”甜酒等。甜酒用土坛装置，密封。旧时，用细竹管插入酒坛，众人轮流吸引，名之曰“咂酒”。旧志载：“咂酒，糟用高粱，夏月浸以山泉，置竹管瓮中吸之，最能解渴，又成筒酒，土人喜饮之。”现在咂酒已少见，更多的时候是大碗豪饮，一醉方休。酒能解毒，苗族在治病或治疗跌打损伤时，也用酒泡药。苗药之中，尤其是跌打损伤药酒，功效奇特。当客人来到村寨门前时，主人将酒准备好，用杯子或小碗盛着，寨门要用一段红布或帐檐拦着。宾主见面，主人一般唱迎客歌：苗山清泉流不尽，苗家美酒喝不完；喝在肚里甜透心，心心相印宾主欢。客人也要对歌一首，然后将酒一饮而尽。唱完歌，喝了酒，才让客人进村。

拦门酒

中午12点10分左右，八位盛装的苗族姑娘并排站在场院门口，两个姑娘手牵红绸将门拦住，其余的姑娘手捧酒碗，唱起了婉转动听的苗歌，歌词大意为："贵客来到苗家寨，一路辛苦远道来，进寨先行风俗礼，对歌对鼓竞短长。输者要罚拦门酒，拦门拦路不拦心。"

歌声停住，一位苗家姑娘上前致辞："女士们，先生们，欢迎大家来到山江苗寨，苗族的风俗是，来的客人必须要过三道卡，分别是卡鼓、卡歌和卡酒。现在设置的就是拦门卡，如果要想过这道卡，就必须要先对歌，如果对输得话，就罚酒三碗，如果对赢了，就敬酒一碗。"

话音刚落，来宾们就开口唱道："唱歌好呀山花开呀，唱得桃花朵朵开。桃花十朵开九朵，还有一朵等你来。呦……嘿!"

苗家姑娘也不示弱，也唱了一首苗歌："苗风苗俗源流长，拦门拦路非寻常，姑娘不放绊脚绳，后生不设挡路障。无形歌声有情义，聪明卡前细较量。"

来宾多为年轻人，众人商议一会儿，唱了一首现代流行歌曲：《妹妹你大胆地往前走》，赢来一片笑声。歌罢，苗家姑娘又唱一曲："这杯酒来黄又黄，欢迎大家来苗乡。十年难逢金满斗，百年难逢岁交春。穿衣不分新和旧，朋友莫分远和疏，各位宾朋一个样，同把金樽举过头。"在一片欢笑声中，苗家姑娘放下拦门红绸，手持酒碗走向来宾，请大家品尝苗家自酿的糯米甜酒。拦门酒过后，大家一拥而进。与此同时，从山江各个苗寨赶来的盛装队伍也进入到场内，在四周就座。

二、祭祖祭神

众人坐定，一阵锣鼓响，穿着红色法衣的苗族巴岱登场。他们先绕场一周，再绕花树两周，掌坛师执法器又绕花树一周，接下来在花树前的桌前斟酒，打绺巾、念咒语，向挂在花树上的蚩尤像、五谷神、土地、女娲、伏羲等神祇烧纸、收煞（在一天的法事结束之后还要有一个收煞的过程，就是把水碗中的水倒掉，这也就预示着将收在里面的各种邪魔鬼怪都放回原来的位置）。法师在桌前摇铃讨筶，法师所持的筶子是用牛角的尖端或竹蔸制成，呈月牙形。筶子是做法事的时候问卜用的。卜问所得筶象有三种，即阳筶、阴筶、顺筶。阳筶是把两片筶子抛到地上时都翻着，即剖面都朝上；阴筶是指两片筶子抛到地上时都覆着，即剖面朝下；顺筶是指两片抛到地上时一翻一覆。做法事时，法师把筶子抛到地上，如果出现他所要的筶象，那就表示鬼神同意了诉求；否则，法师就要继续作法，以求得鬼神的同意。

祭祀场面

法师头上戴的，称凤冠，又称五佛冠，是用硬壳纸制作而成，下端平整，上部呈锯齿状，有三页、五页、七页锯齿合成之分，页面彩绘有神像。神像之间用立体剪纸凤凰隔开，故名凤冠。在整个法事活动中，法师将其戴于头上。法师右手所持牛角号，系水牛角制成，吹口安有用杂木制成的哨子，能吹奏出“呜哩呜哩”的声音，可分激越高昂与尖细悠长的声调。在还愿、求子、祈福消灾、送亡、节庆等活动时，法师均用此开道。在还傩愿的时候，表示对天兵的号召。在法师游乡走寨时，沿途不时吹奏牛角，以表示其行踪。牛角除了具有宗教功能外，还有其他社会功能，如村寨遇有急事时，吹奏牛角，召集乡人聚集，或于战场上吹奏牛角，用来鼓舞士气，激励壮士勇猛向前。

法师身穿的法衣系大红布制成，前襟用黄布或黑布镶边，对胸开衩，袖口宽大，下摆也开衩。法衣胸前用黄布绣上太极八卦、云钩。有的法衣胸肩上，左写“千千天兵”，右写“万万神将”。后背与前胸都绣有太极八卦，左右背肩分别绣有“日”、“月”二字或狮子等动物图案。

法师左肩上所披的绺巾是行法事时配合司刀舞动的道具之一，其外形为一节长约40厘米的杂木棒，上扎五色花带，花带的数目不等，少则30绺，多则近百绺。花带为巴岱开坛时和举行法事后，由求道者和主人赠送，送得越多，表明法师的法术高、名气大。绺巾上有的绣有或绘有石榴、梅花、凤、牡丹等植物图案，有的写有主人的名字和赠送时间。

法师司刀，一般用铁打制，刀柄前端连着一个直径约30厘米的铁圈，铁圈上套有9枚、13枚或24枚的小铁环或铜钱。刀柄如烟杆，有的无纹饰，有的饰有凸起的傩公铜像。器身饰一圈乳丁纹和刀币纹。

法师所持的铜铃系铜所制，铃身部分的最下端饰一圈短竖条纹，铃柄饰有人物头像，最上端有花纹装饰。一条由各色布条纽结而成的带子系在柄身，并用扯破的衣服条作系铜铃的带子。

中午12点20分左右，法师们按顺时针方向绕至花树后面拜三次，拜完之后，按逆时针方向退场。在此中间，一对青年男女主持登场，先致一段欢迎词，然后再念《跳月跳日》词[1]：

天昏地暗，漆黑无光；
草不发芽，花不开放。
牛叫凄凄，狗吠惶惶；
日在山后躲，月在岭后藏。

---

① 来自山江镇中国苗族博物馆收集翻译整理资料，龙文玉先生提供。

母鸡起舞，公鸡高歌；
请出了太阳，迎回了月亮。
吹响了木叶，穿好了盛装；
百鸟来评判，鸡王得大奖。
光明使者，万物希望；
美公鸡称凤，花母鸡名凰。
跳日跳月，祭天祭地；
风调雨顺心，国泰民安康。
公鸡，凤凰，凤凰，太阳；
太阳，人类，幸福，吉祥。

12点27分，苗法师表演吃火炭。苗法师出场，先拜花树和祭台上的众神，再绕场，之后，接过助手递来的燃烧着的木条，张口将木条上烧红的火炭吃下一部分，再从神位前端一碗水喝下，最后拜花树和祭台，吹牛角下场。

做法事

12点30分，舞龙。十一名盛装苗族女性从场地的左后方出场，舞龙身的有10人，舞龙珠的有1人，她们翻滚跳跃，时而行云流水，时而劈波斩浪，赢得观众阵阵掌声。

三、跳鼓跳笙

下午1点，好友村代表表演苗族迎宾鼓，共有8人，男女各4人，两面鼓，每场4人，一边敲击，一边舞蹈。苗族鼓舞又称跳鼓，苗语叫“lia 傩”。苗鼓反映的是苗族人民的劳作、生活状态以及模仿动物的动作，边击鼓，边跳跃，边表演。鼓舞在形式上分为花鼓舞、猴儿鼓、团圆舞；形式上有单人舞、双人舞、四人舞、跳年舞等。在“四月八”节日里，鼓舞是节日游艺的主要项目。对于跳鼓渊源的探讨，历来众说纷纭，综观起来，大致可分三种：

苗族鼓舞

一是传说苗家跳鼓起源于轩辕时代。鼓最早用于军事。远古时，黄帝与蚩尤大战于涿鹿，黄帝九战九败。后来，黄帝用一种特殊的材料制作了一面军鼓，上阵时，一擂九通，鼓声震天动地，蚩尤被吓得失魂落魄，黄帝反败为胜，灭掉了蚩尤。通过这场酣战，苗族人认识到了鼓的神威，鼓也因此传入了苗疆。

二是研究苗族文化的龙文玉先生搜集的民间传说中说：古时候，苗族先民栖身在古代的森林和岩洞中，他们常与猿猴为伍，以狩猎为生，以黍稷为业。有一个口如血盆、牙如耙齿的魔王常出来毁坏庄稼，残害人命。有一次，魔王碰上一对武艺高超的苗族年轻夫妇，男的使棒，女的使剑，一场搏斗发生了。只见这对年轻夫妇，神棒出手，顽石崩裂，宝剑出鞘，寒光闪闪，大战三天三夜后，终于刺死了魔王，除了大害。先民们就将魔王的皮剥下，蒙在一截空心的树蔸上敲打，并应和着一片“咚咚”的鼓声，做种种象征除魔制胜的搏击动作，跳跃狂欢，从而出现了苗家跳鼓的雏形。

三是有的学者认为苗家跳鼓源于汉代。凌纯声先生和芮逸夫先生在《湘西苗族调查报告》一书中说：“山左金石志、南阳汉画像录存诸书，均载有汉代鼓舞图像，着图读赋，则汉代鼓舞，宛然在目。与今日红苗鼓舞极为相似。可见，鼓舞由汉代传入苗中之说，十九可信。”

以上苗鼓起源说，无论哪一种说法都无可非议。苗族鼓舞的渊源，根据凌纯声先生和芮逸夫先生的见解，至今也有两千多年。

随着苗族文化的发展，苗鼓已发展成独具民族风格的舞蹈艺术，流行范围较广，贵州的铜仁，四川的秀山、酉阳，湖南的吉首、凤凰、花垣、保靖、古丈等地都很盛行。凡是苗族的传统节日，如“三月三”、“六月六”、“赶秋”、“百狮会”等，都少不了跳鼓活动。每年的农历正月，苗家山寨更是鼓舞阵阵。较大的村寨，还专门设有“鼓堂”，过路的人，不管是男女老少、本地或外地的，都可参加鼓舞，并同样受到热情款待。男女青年走亲设有“摆鼓”，结亲有“卡鼓”，哪个后生若不会跳鼓，将是不光彩的事。有的青年男女，还可通过跳鼓，产生爱慕之情，缔结良缘。

苗家爱好跳鼓，对鼓的制作也很讲究。《苗防备览·风俗考》中有“刳长木空其中，冒皮其端以为鼓”的记载，这是古代的鼓。现如今，制作一面鼓，首先要选择一种生长在向阳坡的山梧桐，因为这种乔木具有木质细、韧、轻、防潮、防蛀、防腐和音色好等特点。然后由手艺高超的工匠根据鼓的大小（常见的猴儿鼓高约九十厘米，直径五六十厘米），将放过三伏的山梧桐板锯成若干小块，用存放多年的、熏过火烟的老竹梢，将其小木块镶成一个切端的、结构匀称的椭圆形圆桶。鼓皮要选黄牛脊背上的皮张，不能用软肚的，切忌用其他兽皮。同时，钉皮也只能用老竹梢，不用铁钉和其他金属钉子。用山梧桐制成的鼓，音色圆润、清越，余音悠长，而且从鼓心到鼓边，敲其不同的部位，就像歌谱的音阶一样，可发出不同的音质。

一面好鼓，除木料、皮革和音色外，其鼓身还绘有龙、凤、花、鸟、虫、鱼等图案。因此，好鼓又是一件极有观赏价值的工艺品。苗家用于舞鼓的鼓槌分两种：一是敲边鼓槌，一是击鼓鼓槌。敲边鼓槌用杂木制成，长尺许；击鼓鼓槌的木料与鼓的木质差不多，或者稍次一些，长五六寸左右，击鼓槌的一端要用火烧，刮去焦炭，削成焦黄色的半椭圆形的鼓槌，以免影响鼓的音色和刮伤鼓面。跳鼓至少要有两人进行，一人敲边，一人表演。敲边的节奏与表演的鼓点要完全协调，否则无法表演。

苗鼓具有鼓点激越、节奏欢快、步伐矫健、动作优美的特点。传统打法有单人鼓舞、双人鼓舞等；传统动作有种地、梳头、煮饭、纺纱、织布、割谷、挑担、推磨、背剑等，这些打法和动作可以组合成各种不同类型的套路。苗鼓表演的内容和形式有“猴儿鼓”、“调年鼓”、“团圆鼓”、“四人鼓”、“男女混合鼓”；表演内容的取材，从传统的生产、生活范畴扩大到其他方面，又吸收了体操、京剧的精华，从“插身种棉”、“挖耳扯须”、“收割打谷”等一般生产、生活动作的模仿，发展到“劈叉翻腰”、“弹腿腾飞”、“猛虎下山”、“双龙破洞”、“狮子滚球”、“雪花盖顶”、“流星赶月”等高难度的武术动作。一套完美的跳鼓套路，如手的摆动、步伐的行进、舞姿的变幻和感情的抒发，无不伴随着鼓点的节奏，时而体旋劈叉，时而腾踏欲飞，给人一种刚健、柔美、恬静的享受。

2006年国家公布的第一批非物质文化遗产保护名录里，就有苗族鼓舞。20世纪60年代以来，苗族鼓舞曾多次搬上北京的舞台，搬上世界青年联欢会华沙的舞台，并以其圆润清越的鼓点、矫健敏捷的舞姿、生动优美的造型，博得中外电影和新闻界的好评。2006年，第一代苗鼓王——龙英棠被中国文联和中国民间文艺家协会评为“中国民间文化杰出传承人”；2007年，第二代鼓王——石顺明被文化部评为“第二批民族民间文化优秀传承人”。

鼓舞

此次山江镇“四月八”节日活动，花树两侧各有老年男性吹唢呐为苗鼓表演伴奏。现场共有三面鼓，中间的一面是大鼓，鼓面直径约一米，左右两边是小鼓。一名男性手持鼓槌打鼓边，另两对男女打鼓面，同时做出纺纱、织布、收割等劳动动作，还穿插着一些体操的动作。他们矫健敏捷，个个身手不凡。

集体鼓舞表演完毕后，接下来由来自山江镇好友村的75岁的龙国安老人单独表演猴儿鼓。他首先表演了猴儿鼓的各个套路和章节，充分表现猴子的生态特征，如逃脱、单立察看、左右察看、猴亮相、猴抓痒、猴扭身、后擦痒、攀藤戏秋、猴打秋千、丢石吓人、猴儿欢鼓等。通过这些单体动作的不同组合，形成不同的猴儿鼓套路。以《金猴嬉鼓》为例，单体动作对应的鼓谱如下（用手敲）：

试鼓：咚咚 咚

听鼓：咚 咚 | 咚 咚 | 咚咚 咚咚 | 咚咚 咚 |

东张西望：咚咚 咚 | 咚咚 咚 | 咚咚 咚 | 咚咚 咚 |

爱不释手：咚咚 0 咚 | 0 咚 0 咚 | 0 咚 咚 |

八哥洗澡：咚咚 咚咚 | 咚咚 咚 | 咚咚 咚咚 | 咚咚 咚

（用鼓棒）

试鼓棒：咚打 0 咚 | 0 咚 咚 | 咚打 0 咚 | 0 咚 咚

猴儿望月：咚咚 0 咚 | 0 咚 0 咚 | 咚

0 咚 咚咚 | 咚咚 咚 |

找东西：0 咚 0 咚 | 0 咚 咚 |

3/4 咚咚 0 咚 咚 |

咚咚 0 咚 | 0 咚 0 咚 | 0 咚 咚 |

挠痒：咚咚 0 咚 | 0 咚 0 咚 | 0 咚 咚 |

0 咚 咚咚 | 咚咚 咚 |

猴儿嬉鼓：打打 打打 | 咚咚 咚咚 | （反复一次）

咚咚 0 咚 | 0 咚 0 咚 | 0 咚 咚 |

猴儿偷桃：0 咚咚 0 咚咚 | 0 咚咚咚 0 咚咚 | （反复一次）

咚咚 0 咚 | 0 咚 咚 | （自由反复）

回头望月：咚咚 0 咚 | 0 咚 咚 | （自由反复）①

表演猴儿鼓的龙安国老人动作娴熟、形象，只见他模仿猴子的调皮动作，时而击鼓，时而东张西望，抓耳挠腮。生动、幽默的表演，使观众忘记了他已是年过七旬的老人。

猴儿鼓有悠久的历史，据《保靖县志》云：“其始也，人言可畏

① 唐志明：《湘西苗族猴儿鼓的生态生成及其艺术特征》，载《中国音乐》，2007（3）。

国女于庭，伐鼓鸣锣，通宵达旦，名曰打猴儿鼓。”可见，猴儿鼓传承之久远。从其产生根源来说，湘西苗族长期生活在深山密林中，猴子近似人类的形态和神态被苗族民众所关注，民众从猴子活泼、好动和可爱的习性当中获得创作灵感，结合苗族鼓舞就产生了猴儿鼓。著名猴儿鼓鼓王石成业老人说：“我就是跟猴子学的，通过看它们的动作，受到了启发。”[①] 湘西苗族的猴儿鼓，除了具有苗族花鼓鼓点的特点外，还包含着如绕花击鼓、交替击鼓、转身击鼓、穿裆击鼓、下叉、翻跟斗、跳跃等击鼓动作。但是，猴儿鼓的生态艺术特色主要表现在猴儿鼓的表演内容上，即对猴子的典型个体或群体在特定场域下的特殊事件中的神态与形体的模仿。

下午1点30分左右，表演苗族芦笙舞，中间伴随着《跳鼓跳笙》调。

《跳鼓跳笙调》[②]

跳鼓要把鼓根找，跳笙要把笙源讲；
古代恶魔叫“枷嘎”，吃猪咬牛把人伤。
苗家祖先做神箭，除魔降妖办法强；
木桶蒙上枷嘎皮，庆功狂欢驱虎狼。
苗家祖先主意多，割草削竹调音量；
芦笙奏响欢乐曲，念友联谊情意长。
跳鼓跳笙跳苗舞，拜祖拜师拜花场；
驱邪驱瘟驱穷鬼，大吉大利大兴旺。

1点33分，众法师绝技表演：5名法师来到刀梯底下吹牛角，讨筶，拜刀神，然后念诵阴师的生辰八字，请祖师，同时打请祖师手诀，默念封刀口诀（大致意思为将变成木头之类）。最后对着天空写一个“封”字，然后上刀梯。

---

① 资料来源于与石成业的访谈记录。
② 来自山江中国苗族博物馆的收集翻译整理资料，龙文玉先生提供。

表演上刀梯的法师的动作主要为龙蛙跳树，即沿刀梯双手攀刀，呈跳跃状向上腾跃，下面的法师帮助旋转刀梯，上面的法师施展绝技，中间穿插表演单手吊刀、双脚同跳的高难度动作，最后法师上至刀梯顶。

1 点 40 分左右，两个姑娘表演交叉上刀梯，她们摆了一个大鹏展翅的造型之后，顶上的男子下降，一名女了继续向上，另一名女子下降，当三个人在刀梯上各处于三分之一的位置时，同时表演倒挂金钟，即刀梯旋转的同时，三人膝盖弯曲，悬挂刀上，身体后仰下垂。表演完毕，三人给观众亮脚掌，以示无损伤。5 名法师围绕刀梯吹牛角庆贺，摇司刀，打绺巾，1 点 52 分表演结束。

上刀梯

接着是踩大刀，场院内架起一把四米多长的大刀，刀刃朝上。在表演开始之际，表演者光脚从刀刃上走过。3 名法师吹牛角，讨筶，拜刀神，然后念阴师的生辰八字来请祖师，同时打请祖师手诀，默念封刀词，最后对着天空写一个“封”字，将表演者的鞋反复交叠且念咒语。表演者表演的是“孔雀开屏”，单脚站立在刀刃之上，另一只脚则向后平伸，几乎与身体呈“十”字型，十分惊险。成功表演完毕之后，周围护法的法师吹牛角，打绺巾，以示庆贺。

踩大刀

然后是踩犁口。先由苗法师吹牛角，讨筶，拜刀神，然后念阴师的生辰八字来请祖师，同时打请祖师手诀，默念封刀词，最后对着天空写一个“封”字。巫师将表演者的鞋交叠且念咒语，然后准备踩烧红的犁口。只见三张铁犁口从烧得火红的炉中取出，法师在红色的铁犁上喷一口酒，火苗轰然作响，蹿起一缕白烟，法师则迅速地从铁犁上走过，然后给观众亮脚掌，安然无事。成功之后，法师吹牛角，打绺巾。之后又表演踩刀山绝技。所谓刀山是在两条木凳上竖立四把刀，刀刃朝上，表演者光脚站在上面表演各种动作。同样是要经过吹牛角，讨筶，拜刀神，请祖师，打手诀，念封刀词。最后对着天空写一个“封”字。表演者龙梅尼虽然只有22岁，但是她已经有7年的踩刀经历，表演动作为锦鸡出山、雄鹰展翅等，场面惊险动人。

四、跳花跳月

下午2点15分左右开始集体自由跳花活动。场地中间一盛装女性手持鼓槌击鼓，有男女各六人围成圈跳舞，均二人一对。绕鼓边唱边跳，欢呼雀跃，观众受到感染，纷纷离开座位一起随鼓声翩翩起舞，场面十分热闹。在跳花时，广播里播放了《跳花跳月歌》。

跳花

《跳花跳月歌》①

花季“黛帕”最爱花，花鞋花衣花头帕；
五彩身段花花银，亮彩闭月又羞花。

① 来自中国苗族博物馆收集、翻译、整理的资料，龙文玉先生提供。

手打花伞舞花带，成群结队来跳花；
脸堆红云眼放电，招蝶引蜂寻找他。
玛汝“黛催”也爱花，花弓花箭花刀匣；
脚踩花步多花样，日以继夜忙跳花；
鼓助热闹笙助兴，歌带真心贴紧她。
你跳唱来我跳花，清晨跳到日西斜；
对歌比鼓找伙伴，深夜跳到出朝霞。
跳得心花齐怒放，跳得情窦开了闸；
跳得五谷六畜旺，跳得子孙万代发。

跳花是最后一个节目，跳完就散场了，这时约两点半了，天空下起了小雨。

跳花

与此同时，在进山江苗寨不远的苗歌台上，有众多从附近村寨盛装而来的苗族民众集聚而歌。苗歌台是 20 世纪 70 年代由政府用空地修建的一个小广场，并建有一个小亭子。亭里有上百人在唱歌，一般是一名男歌手与一名女歌手对唱，听众中有忍不住的，就随时对唱几首。他们用苗语演唱，唱的主要是生活歌，也有情歌。曲调悠长婉转，在低沉的拖腔里，鼻音的使用比较明显，几乎每句都有语气衬词。据当地人讲，他们的腔调是“叭固腔”，是湘西最好听的山歌腔。在那些悠长的曲调里，让人感受到了忧郁和苍凉的气息。

这天苗歌的演唱内容多为时政歌，即唱时事政治和现行法律政策。镇政府工作人员把音箱搬了过来，有几个中年歌手在唱有关森林法、计划生育法和土地管理法内容的新山歌。一般是一问一答，两个歌手一组。现选一组歌如下：

1. 中央颁布新政策，造林专款拨农村。
   树林经营归自家，利国利家又利民。
2. 我们国家好多人，就像蚂蚁牵线行。
   田土年年不下崽，这样下去怎么行？
3. 新法用地大变革，依法管地要坚决。
   占一补一不能缺，保护耕地都有责。

唱苗歌

到苗歌台唱歌和听歌的人越来越多，而歌亭旁集聚的人最多。亭外细雨霏霏，亭内歌声不绝，听歌的人打着伞，兴味盎然。

我们发现，唱苗歌的人的年龄大多在40～50岁，而且以女性歌手居多，几乎没有见到年轻人。

五、商贸、社交

山江镇是进入腊尔山的门户，附近有五六个乡镇，属于苗族聚居区。山江镇赶集的时间为农历逢三、逢八的日子。“四月八”这天也正是赶集的日子。节日当天，有众多临时搭建起来的摊床，有卖米粉、米豆腐的饮食摊位，还有卖水果、蔬菜、肉类、五金制品、家居用品、银饰、服装的临时摊位，还有很多卖苗族服饰和刺绣的摊位，中间夹杂不少卖化肥、种子、农药的摊位。站在街中放眼望去，只见满街人头攒动，所有的摊位紧紧挤在一起。街边是一排露天的理发店，挂着2元理发的招牌。满街都是喧嚣的人声、猪叫声和汽车喇叭声。

赶集

在山江集市上，还有几个摊位在播放和出售录有当地苗族歌手演唱歌曲的光碟。这些都是本地人自己拍摄的苗语 DV 光碟，主要内容是婚嫁时所唱的仪式歌、赞美歌等。

墟场历来是物资交换的重要场所，据《永绥厅·志物产》卷十一记载："苗工所需农具，有犁耙、锄镰、长柄、刀斧、箩筐、背篓、背枷、桔槔；织具有机梭、苗筐；食具有鼎锅、釜铛、碗箸、盂；服具有项圈、手钏、网巾、衣服；器具有开斗、戥称、剪刀、针、锥、尺、梳篦、碓、磨；杂器械具有火枪、杆子、环刀、弓弩、兜鍪、皮甲；乐具有锣鼓、号头、芦笙、画角、腰鼓、铙钹之属。"可见，在历史上，墟场的物资交流很兴盛。

集市

只要是去赶集，苗民无论老幼，都会精心装扮，穿上盛装去赶集。对于未婚青年男女来说，这是爱情交流的最佳时机。他们到了集市，互相寻找意中人，一旦发现目标或双方有意，便眉目传情，相约到集市之外的小溪边，树林里对歌，湘西苗区称此为赶“边边场”。四月初八这一天，我们看到年轻人三五成群地在墟场路边和“四月八”歌台里对歌传情，不时地发出一阵阵笑声。

光绪《永绥厅志》记载了一首苗歌：“（女）妹相思，姊妹相思到几时？蜘蛛结网三缄口，水推不断是真丝。（男）妹相思，妹相思来哥也知；只见花落水上去，不见花落水上枝。”此歌情深意长。山江是著名的赶“边边场”的地方，当地人说，山江的“边边场”一年四季都进行。乾隆《乾州厅志·红苗风土志》卷四对此情景如此描绘：“红苗亦入市，与民人交易，柳子厚诗云：‘青箬裹盐归峒客，绿荷包饭趁墟人。’千古情景如画……”光绪《乾州厅志·艺文·苗疆竹枝词》卷十六有诗描绘：“银窠高耸项圈圈，花帕红绳正斗妍。八尺布裙遮不住，一双赤脚似飞仙。”

苗族青年男女通过赶集，在市场上认识，然后互相交往，总体上说是自由恋爱。以前当男青年看上了女青年后，就约好时间，到对方的寨子去唱歌。双方男男女女很多人，找一片开阔的地方对歌，相互挑选自己的意中人，之后再单独约会。如果感情好，经过一段时间就可以谈婚论嫁了。在“四月八”里，男女青年的交往比较自由，比如他说去赶场，可能是为了寻找意中人。有的人要赶场多次才能找到对象，很少有人一次就找到的，就算真的找到了，也不会一下定下来，还要请媒人去打听对方的家庭情况，或给女方家父母传话，借此了解情况。

还有的人借赶场这个机会到镇上的亲戚家里去探望、走访，借机联络感情。因为平时人们都在家里耕种或者劳作，只有逢赶场或节日时，才会出来相会和叙旧。

第五节　节日服饰

如前所述，在“四月八”节日里，苗族人民总是穿着盛装，其中以银饰为主要特色。

银饰是苗族同胞最喜爱的传统民间工艺品，装饰系统、全面，充分体现了苗族银饰的文化价值和美学意蕴。

银饰

一、湘西苗族银饰的分布

在山江及周边的腊尔山、禾库，花垣的吉卫、雅西一带的“四月八”活动中，苗家妇女总少不了戴上一两根长长的银饰胸链，苗语称为“习卡”。“卡”为阻拦，“习卡”意为战胜鬼神和敌人，椎牛就少不了这根银饰胸链。又如银饰中的银项圈，就是由苗族尊祖信鬼这一民俗法事需要而制成的。苗族人害怕丑鬼、恶鬼夺去他们的灵魂和生命，为求得祖宗的护佑，通过苗法师的测算，所以要在苗族人的颈上套上银圈，套得越多就越牢实，这样才不会被丑鬼、恶鬼轻易地夺去生命，后来就形成了苗族人戴项圈的习俗。苗族银匠师把项圈设计得精密细致，既适应苗族民间信仰习俗的需要，又体现苗族妇女的美丽和家庭的富有，一举两得。

在苗族地区，戴银项圈并非苗族女性的专利，过去男性也戴银项圈。在凤凰、花垣苗族地区，都有男性戴银项圈的习俗，只不过不如妇女那样普遍。由此我们不难了解，苗族银饰的形成是根据生产、生活习俗的需要而产生和逐步发展的。湘西苗族银饰，以凤凰县的腊尔山台地和花垣县的雅酉、吉卫等地最具特色。

二、湘西苗族银饰的分类

苗族银饰种类繁多，造型精美，形成了一种独特的极具审美的银饰文化。从佩戴部位来看，大体可分为头饰、颈饰、胸背饰、腰饰、手饰、脚饰等。主要部位的饰品又按支系、片区分为不同的类型。苗族银饰大多保留着原始的韵味，许多造型反映了苗族人民的信仰和生活习俗。湘西学者周明阜将苗族银饰分为如下几类：

（一）头饰

1. 银帽

银帽又名接龙帽，俗称“雀儿窠”，苗语叫“纠”。一顶银帽需雪银一千五百克左右，需工十多个，非富有人家不能制。一寨甚至几寨才有一顶，接龙活动需用时，可借用。

2. 银花大平帽

银花大平帽为苗族姑娘戴于头上的装饰品，“四月八”节日时多戴用。民国初期打制的银帽，呈圆形，直径一般 60 厘米，重约 470

克。戴时短须在前，长须在后。其构造由三大件组成：前后为两块半圆形银皮合成圆形，中空用细丝螺旋构成圆顶形。三大部件可以拆开。帽顶焊有花、鸟、鱼、虾、龙、凤、蝴蝶等图案，并饰有湖绿和桃红丝线花束，如繁花绿叶铺满其冠，与银色辉映相衬，显得既美观又富有诗情画意。

3. 插头银花

插头银花，苗语称为“疏山”，是单件银饰品。苗族人除了在“四月八”节日使用外，一般在婚嫁、节庆等场合也喜欢插戴。一般重 40 克，造型有大刀、菊花、梅花、桃子、棋盘花、蝴蝶、寿字等，有的配扎湖绿桃红丝线花束。

4. 插头银椿花

插头银椿花，苗语称“木比咬”，是苗族妇女插在首帕上的银饰，花垣、雅西等地苗族妇女喜插戴，相邻的贵州松桃苗区也盛行。椿花下端为插杆，中间是螺旋弹簧，上为蝴蝶、白鹤、虾子、梅花、螃蟹等物样，缀有红绿丝线花束。当人走动时，插头银椿花就随之摇动，并伴有银饰的“丁当”之声。苗族妇女逢年过节、赶集、做客，都喜欢将椿花系于头巾之上。

银饰

5. 银凤冠

银凤冠是苗族 17 岁以下未出嫁苗族姑娘戴在前额的大件装饰品。

一般重180余克，长37厘米。凤冠戴在头上呈半弧形，其构造为银皮一块，宽约4厘米，长约37厘米。上有镂空的多枝方孔古钱、莲花纹、梅花点、梅花朵等。两端为对称的蝴蝶和一半圆圈。银皮上悬有造型生动的二龙抢宝、双凤对菊和各种花草。银皮下端有九只展翅欲飞的凤凰，每只凤凰的嘴里含吊一根银细链，三条须，长3厘米。人动凤飞，别致有趣。

6. 儿童帽饰

苗族儿童的银饰主要是帽饰、手镯和胸饰，而帽饰最为丰富多彩，尤以菩萨像为代表，工艺精湛，造型逼真。如一件银饰狮子造型，重135克，银饰下为花瓣组成的八角圆形，瓣上钻星点和梅花，上有鲜活如生的蝴蝶、虾、螃蟹、鱼、花草等银饰物，且花、草、虫、鱼上缀有红绿丝线花束。中间为一圆银片，上为一银狮，其狮造型逼真，周身钻满纹饰，口、耳、身、尾饰满银须，稍抖动，其毛须颤动，活灵活现。

苗族儿童

（二）颈饰

1. 轮圈

轮圈，苗语称为“果公根”，因其根细，又名“扭根”项圈，苗语叫“靠莪根”。可单独佩戴，亦有加匾圈、盘圈佩戴的，是颈部的主要银饰品。小的轮圈需银300克，大的轮圈约需银700余克，中段呈弯扭之形状的围圈，两端做一公母套钩，钩柄上缠纹一二十道凸状银瓣，使其更为美观。节日中，一般妇女戴得较多，男人戴得较少。

2. 扁圈

扁圈，为数五匝，是项圈中的中层饰品。外圆最大的一根一般重约130克，依次是120克、110克、104克、95克。圈心成筋脉状，有菊花纹饰，两端为公母套钩。扁圈是苗族妇女节庆之日喜佩戴的装饰品之一，均由五根组成一套，花垣的苗族妇女将扁圈戴在胸前，两头大而中间小，谓之“哈高”，即吊勾之意。湘西苗族妇女，扁圈扣戴在颈后，刻花部位戴在胸前，两头小而中央大，其特点分外鲜明，与外地不同。

3. 盘圈

盘圈，又名“叠板项圈”，苗语叫“靠莪著”。有五匝一盘和七匝一盘之分，为项圈中的三层饰品。其形如罗盘，故名盘圈。因每匝互相叠压，即大在下，次在其上，故又名叠板项圈。每匝钻花添草，甚为美观。两头有公母套钩。盘圈是苗族妇女在清代以前的饰品，现已不多见，故十分珍贵。

盘圈

4. 披肩

披肩，又称云肩，是苗族妇女披在衣领上的银饰与刺绣的组合服饰。披肩一般需银1公斤打制。一般以刺绣缎面做底，银饰缝缀其上，做工精细，为苗族银饰中的精品。一般用七块或九块薄银片为主件，各钻花纹。花纹中以双龙戏珠为主，龙身周围为钻花云片，镂空。作为主体的大块薄银片之间，以银丝作圈衔接成为披肩的整体。佩戴时，披肩能随肩、胸的高低，凸凹而紧贴于肩胸。披肩胸前焊接七组或九组银串。每组银串多为两层，每层都是钻花镂空的薄银片，两层都系银串，上层为两串，下层为五串，每串的下端都系有银铃、小银片等。其中以龙的造型最为生动，做工也最为精湛。龙鳞以银丝勾画焊接于龙身而成，眼、鼻、须、爪、绣、尾皆备，形态生动活泼。大薄银片上另镂几片浮云护绕龙身，有如云中二龙翻腾，戏夺珠宝。

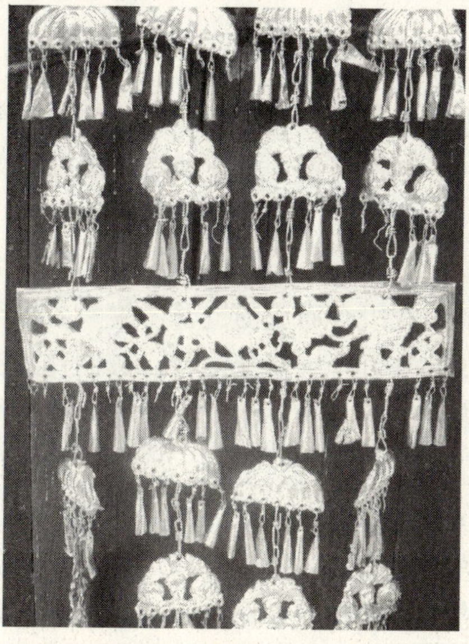

银饰

5. 童项圈

童项圈，需银百余克，粗细如筷子，刻有简单花纹。儿童佩戴时，项圈上多挂有一条银链垂至前胸，链子下端吊有一腰子形的银锁，以示驱邪之意。

（三）身前身后银饰

1. 牙扦

牙扦挂于胸前右方，为苗族妇女节日喜爱佩戴的银饰兼适用之物，为数件组合而成。一般重200克，长68厘米。牙扦上安有小银圈一个，便于套挂在胸口上，中央为打制的虫、鱼、鸟、兽并有植物藤草连缀其间，下端吊有耳挖、牙扦、马刀、叉、剑、针夹、铲等小器物。

2. 银针筒

银针筒，苗语称“针就莪”，是苗族妇女佩挂于衣襟的装饰兼适用之物。银针筒链上除必吊一针筒外，还有一至三层的其他缀饰。如石榴、铃、棋盘、叶子、灯笼。最下端还有五条银链、吊瓜子、宝剑、牙扦、耳挖、小刀等器物。

3. 围裙链子

围裙链子是苗族妇女重要装饰之一，共有两种：一种是两端勾于裙上，链子的中央挂在颈上或项圈上；另一种是系围裙之用。一般喜欢绘上梅花图案，且制作精细，想象丰富，造型精美。围裙若用银链系，则免用花带。

4. 挂扣

挂扣是用银质梅花组合而成的链子，故又名梅花大链子，苗语叫“拉比过”。佩戴时挂于扣上，悬于右襟。其制作方法是，先用银薄片编成少则数十，多则两百余朵小梅花，再将一朵朵梅花和小环四面立体组合连成链子。

5. 银纽

银纽是苗族妇女所喜佩之物。有珠形和盘形两种式样。一般安单纽，有个别好奇者，将五颗纽扣结为一束，安在应扣部位。银扣一般重十余克，两面凸起，有荷花、梅花纹，银光灿烁，赏心悦目。

6. 银花银蝶

银花银蝶系零星饰品，多组合或散钉于衣裤、围裙、胸兜上，图案有八宝、花卉、麒麟、虫、鸟、龙、宝莲灯花等。

7. 银牌

银牌为苗族妇女饰品之一。多悬挂于胸前，也有的挂在背上。其形状有长方形、正方形和斗笠状，表面有平有凸等，钻有花草、八宝、鹿、狮子、飞蝶、人物等。

银饰

8. 后尾

后尾，苗语称“写兔”，是苗族妇女在节日里才佩挂的银饰。它由花草、藤叶、银牌等装饰连缀而成。银牌上有二龙戏珠、百鸟朝凤等图案。有的从后衣领挂过臀部，有如银纱垂背。

（四）镯环

1. 手镯

手镯，又称臂环，苗语谓“禾抱”。镯子种类很多，按其形状可分为二十余种。有的能开合，有的则整体连接，不能开合。最重的可达370克，最轻的38克。平时一般只戴一只，节日里戴三四只不等，且两手所戴需要对称。手镯，既是苗族男女的装饰品，又具有吉祥如意的含义。

银手镯

2. 儿童银手镯

儿童银手镯，又称手圈，重 30 ~ 40 克，直径 4 ~ 5 厘米。儿童佩戴，意在吉祥如意，岁岁平安。儿童手镯还常吊挂官印和铜锤等小件饰物，取文武官员的道具，寄予孩子无限的期望。

3. 指环

指环，俗称戒指，苗语叫“旷达”。指环种类很多，其中最具民族特色，又充分体现银匠聪明才智的是“呆四连环梅花套戒指”。它如同现代的小魔方，由四个连环组成，每个连环上有“〈”形状，平折成 90 度，其上饰有数朵梅花。每环交错套在一起，能分能合。此戒指若分开后，不熟悉之人难以复原，故名“呆四连环戒指”。人们少则戴一副，多则戴四副，戴的部位必须在手的中指上。

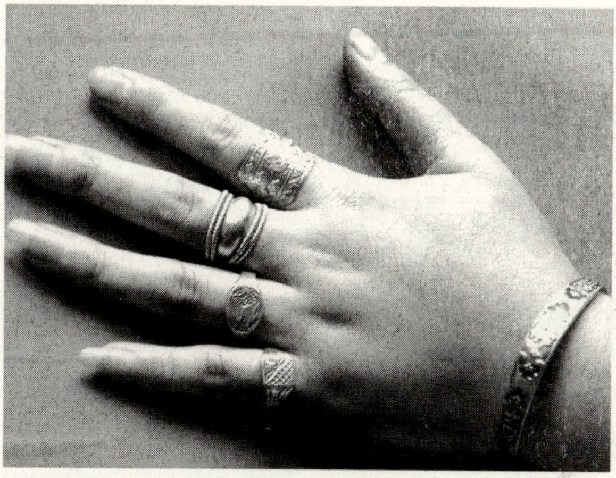

指环手镯

4. 耳环

耳环为苗族妇女银器装饰物之一，主要有银环一个，下制虫鱼、花卉、叶片缀配。民国时期的耳环，有龙头环、虾环、梅花吊须环、水虫环、荷花环、蝴蝶环、单丝环、吊船一只，船上首尾各有一人，下垂九链，链缀叶片。因耳环需银不多，苗乡妇女一般皆有，日常生活中也戴。

节日里的苗族妇女银饰，可谓丰富多彩，极富特色，源远流长。但随着社会的发展，当前银饰作为苗族妇女的装饰品，其盛行之风大不如前，特别有的大件装饰品逐渐趋于消失。加工材料还出现白铜、铁、钢、铝等替代物。

第六节 节日饮食

苗族节日里的饮食除年节比较讲究外，一般节日里的饮食与平时没有大的区别，“四月八”也没有特别的固有食品，并不见得每家必做。另外，随着时代的发展和生活的演变，目前很多传统的节日食品在平时也可以看到和吃到。“四月八”这天，因与赶集时间相同，因此节日饮食也就变成最普通、最大众化的小吃或商品，有的还与节日仪式中的礼仪习俗相结合。

一、节日里的主要饮料

苗族的饮料主要是酒和茶。酒类较多，分为甜酒和五谷杂粮酿成的各种烈性白酒。除酒外，还有茶。比较有特色的茶有炒米蜂糖茶、油茶汤、糊米茶、姜茶、绿茶等。此类饮料，除苗族食用外，湘西地区的土家族也普遍食用。

炒米蜂糖茶的制作过程较复杂。首先将上好糯米用冷水浸一两天，洗净、蒸熟，阴干收性后的熟米称阴米，炒时杂以河沙，一般用铁锅火炒。锅内放少量桐油锻锅，后加沙炒热，再放进少许茶油。当温度升到一定程度时，用铁勺把沙拨开，将阴米放沙中央，用沙盖上，再搅拌。等阴米膨胀，由灰黄色变为粉白色后，出锅筛去沙，则得成品炒米。炒米要放入坛内密封保存。需用时从坛内取出炒米放入碗内，放入蜂糖或红糖、白糖，用开水一冲即成炒米茶。

油茶汤，是将茶叶拌玉米在铁锅内炒，再加上少许芝麻、花生、豆干，放油、盐，最后撒上生姜、香葱、大蒜，再用开水煮沸即成。清香可口的油茶汤一般作为待客的饮料，配一些糖果、点心，有时候用于餐前，作开胃汤。

二、苗家酸汤

苗家人喜欢吃酸汤。俗谚云：“三天不吃酸，走路打倒窜。”关于苗家人喜欢吃酸汤还有一个传说。相传在清康熙年间，朝廷对苗族人民实行残酷统治。鸡公寨有个姓吴的英雄带领苗兵造反，杀千户把总，开仓济民。消息传到京城，康熙震怒，下旨派两广总督率兵征剿。大兵压境，血火横飞，义军失败了。鸡公寨男女老幼远逃他乡谋生。两广总督班师回朝，又向康熙奏本：“苗族人十分刁顽，其仍以崇尚精武，力大如牛，是以不能长久征服，如不给盐食之，则人人精疲力衰，再也无力抗争矣！”康熙龙颜大悦，立即颁旨，禁止民商官贾供给苗族人食盐，违者诛灭九族。从此，苗族人民没有食盐，吃饭不香，吃肉不浓，就是山珍海味也难以下咽。由于身体缺盐，个个精疲力竭，行走困难，很多人手脚肿胀，几乎陷入绝境。有一位从鸡公寨逃出来的苗家姑娘叫吴妹秀，她聪明能干，看到全家人不愿吃那无盐乏味的菜，便找来一只大土钵，装上米汤，把洗净的菜叶子放在土钵里沤闷。几天以后，白色米汤发酵变成淡黄色，并发出一股酸味，她一品尝，觉得味道很浓，酸美可口，她高兴极了，把一大钵酸汤让全家人品尝，全家人都觉得好吃。父亲高兴地说：有了土钵闷酸汤，不吃盐巴也可过日子了。吴妹秀用土钵煨酸汤的消息传开了，全寨子的人都学着做，于是大家就用酸汤、酸菜下饭，吃得津津有味，并恢复了健康。吴妹秀巧煨酸菜，代替了食盐的消息，一传十，十传百，各寨的苗民都学会了土钵煨酸菜汤。

酸汤的做法很简单，把青菜、白菜、韭菜、豆芽菜、辣椒、黄瓜、萝卜煮到快熟时，取出冷却。然后放进酸坛内，加进一些米汤和香料，密封好放在阴凉处，大约七八天左右就成酸汤了。

这种炮制酸汤的方法，经过世代相传，有了新的发展，不仅能制作酸菜，而且能制作酸鱼、酸肉、酸辣椒等各种各样大众化的酸食，其味无穷，致使苗家的酸食具有特殊的风味。在“四月八”节日里，每个苗族家庭一般都可以看到或吃到，普通餐馆的菜谱里也有，随时可以吃到。

三、苗家酸鱼

苗家人有稻田养鱼的生产传统，每年清明节后将梯田注满水，放养鲤鱼。到秋收时，稻谷熟了，鱼儿也肥了，于是主人就把田水放干捉鱼，除了部分鲜鱼到集市上出售外，其余的留下自制酸鱼。酸鱼是苗族待客的特色佳肴。“四月八”也是走亲访友的好时节，主人在招待宾客时，常常拿出隔年腌制好的酸鱼，招待远方的客人。湘西酸鱼

苗家酸鱼

色泽明亮，味道鲜美，酸味醇正，香气怡人，吃起来开胃，深受人们的喜欢。山江镇苗族妇女隆香梅擅长自制酸鱼。根据她的做法，酸鱼制作要点如下：

1. 备原料。主料是活鲤鱼，一般在 400 ~ 500 克，辅料是小米、鲜红辣椒、食用盐、生姜。

2. 蒸熟小米。先将去壳的小米筛选干净，然后将小米蒸熟。蒸熟后要摊在簸箕里晾干，用手捏成团，落地能散为度。然后加入少许食盐，拌匀后备用。

3. 腌渍辣椒。选取成熟、紫色或紫红色、无虫口、无病斑的鲜辣椒数斤，洗干净，不去蒂，然后在每个辣椒中间用小刀纵割 1 厘米左右的刀口，再将精洗过的辣椒放入盐水缸内浸泡一夜后，取出备用。

4. 腌渍姜片。选取饱满、肥大的姜块数公斤，刮皮洗净，将其切成薄片，盛于盆内，再拌入少许食盐，调匀后备用。

5. 剖鱼。先用清水将鱼放养三四个小时，然后取出，洗净外表、内鳃，从腹部或背部开刀取出内脏。鱼开剖后不能再用清水清洗，让其满身带血，故称为血鲤鱼。然后将鱼的肚内抹上一层细盐，用盐量不要太大。

6. 装坛。一般选土陶坛，先将坛子底部放上一层浸泡过盐水的辣椒，将剖开抹盐的鲤鱼翻开，在其肚内外均匀抹上一层小米饭，然后再闭合成鱼的原状，一层一层装坛。各种原料置入坛内的程序为：盐渍辣椒——姜片——鲤鱼——盐渍辣椒——姜片——鲤鱼。按上述程序，以一层一层装至坛容量的95%为止。坛子封口前，再在上面撒一层小米饭和盐，用手夯实压紧。以上整个工序应一次性完成。

7. 封坛。小口、大肚坛可用几层食品袋薄膜（无毒的那种）包扎坛口，外层再用布裹紧，用麻绳捆牢。如用腌水坛，加盖后应经常保持坛沿口满水。封坛后将坛子放在角落处，不宜搬动。

花垣板栗村的龙艳梅也会做酸鱼，她说，做酸鱼是一项技术活，一般要注意如下事项：

第一，所制的酸鱼如果存放较长时间，配置的原料中用盐量可适当增加；反之，可适当减少。

第二，鲜辣椒（也可以用辣椒粉）和小米饭的量可视家庭需求或口味，适当增加或减少。

第三，整个过程不需要加入香精、色素、酒或醋等其他配料。

第四，酸鱼用完后，所剩酸汁可继续用来腌泡鲜辣椒、姜片，其色、香、味不变。

第五，食用时间与用盐量有一定的关系，一般两个月后即可开坛食用。每次开坛后，一定要将坛口立即封实，以防酸鱼变味。

第六，没有小米时，也可用生米粉或玉米粉代替，口味略有不同。

在山江镇“四月八”节日的集市上有做好的酸鱼可买，一般每斤6~8元。

四、苗家社饭

苗家社饭原先是在清明节前后吃的一种具有纪念性质的特殊米饭，后来在平时也做，逐渐演变成了一种家常米饭。它和平常的白米饭不同，是在米饭里加腊肉和社蒿制作而成。

立春以后，草长花开，苗家人为了祭祖祀神，从田野采来鲜嫩的社蒿用石碓舂碎，用清水洗净其苦味，再放到锅里慢慢烘干，制成类似干茶叶的蒿绒，再拌上野葱，用茶油回炒，制成“社菜”。在凤凰，因方言里把“社”读为“傻”，外人以为是“傻菜”、“傻饭”。社菜做好后，将本地产的香糯米与切成颗粒的过冬腊肉拌和同煮；饭半熟时拌上“傻”菜，再焖烹片刻，社饭就做成了。社饭既有糯米的甜香，又有腊肉的浓香，还有社菜的清香，饭一开锅，翠绿可爱，红色腊肉点缀其间，香味四溢，令人垂涎欲滴，食欲大振。现在凤凰县城及山江赶集均可买到社饭，卖者以碗为计量单位，每碗卖1～2元，配以酸萝卜及干豆腐，口味更佳。

五、饮食礼节与禁忌

苗族在接待群体客人方面，有一种举寨协作待客的礼仪习俗。当村寨中某一家来了较多客人，第一顿饭菜由主人家承担，后面则由全寨同宗族的人家分别邀请。客人住宿问题也由同宗族的人家分别邀请回家住宿，还会请一些村寨中的歌手与客人对歌，气氛热烈，情谊深长。在“四月八”节日里，如果是在某一个村寨里举行，客人来到后，同样也有同宗族的人家邀请客人到家吃饭，而且一家接一家地邀请，每一顿饭都事先安排妥当，来宾几乎要将所有亲族家的饭菜吃遍。

请客人吃饭，要让客人坐于“上席位”，一般是堂屋正中靠神龛方向的位置，面向大门。

主人及家属均为陪坐，坐左右两侧和下首，背对大门。而客人也要礼让一番，将上座让位于老人，最后往往是客人与老人同坐于上席。吃饭时，主人喜欢将桌上的腊肉、鸡肉等好菜夹到客人的碗里，直到客人的碗里放不下为止。如果主人给你夹一个鸡头，你就要将鸡头敬给长辈；夹一个鸡腿，就要让给小孩。总之，主人给客人夹菜，客人要谦让，否则被视为无礼。一般苗族主妇不上桌，她忙着端菜、盛饭，做服务工作，往往是客人吃完饭以后，主妇才上桌吃饭。

酒是必须要喝的，不管客人能不能喝酒，都得端起酒碗。而且主人也不顾自己的酒量，一味地劝客人喝酒。俗话说“无酒不成席”、“怪酒不怪菜”，意思是说，客人来了饭桌上不能少酒，客人也必须喝酒，菜不好是因为主人家贫穷，但要是客人不喝酒，则是对主人的不敬。所以，每次喝酒，总是一醉方休。

在吃饭中途，要给客人添饭。主妇早就事先看好，当客人碗中的饭不多时，她就会迅速的用双手夺过客人的饭碗，客人虽然一再地要自己去盛饭，但最后还是在众人的劝告中，不再坚持，但口中一定要嘱咐：“少装点、少装点。”主妇依然盛上一大碗饭，再双手递过去。客人一般也要用双手去接，口中要说：“纳为！纳为！”意即感谢。

总之，在苗家人看来，客人的饭要吃饱，酒要喝足，宁愿让客人的饭菜和酒都剩下，也不能让客人离席时饭碗和酒杯空着。

另外，在过去苗族的饮食中，有不吃狗肉的禁忌，这一禁忌来自两则传说。

一是盘瓠传说。

传说盘瓠是一只神犬，后来杀敌立功，娶公主为妻，隐匿大山，生儿育女，繁衍子孙，成为苗族某个支系的祖先。在侗族、瑶族等民族中也有类似的传说，这些民族都禁忌吃狗肉。

二是湘西苗族龙姓氏族中有“狗救人”的传说。

盘瓠庙

传说很久以前，在山江一带有个苗寨坐落在云雾缭绕的坡头，有一天，寨里有位姓龙的老人带着自己养的狗上山开荒种地，时近中午，他感到又饥又渴，浑身无力，就倒在一棵桐油树下休息，不知不觉地睡着了。不知过了多久，一阵“劈里啪啦”的响声把他惊醒，他翻身坐起来一看，原来放火烧荒时留下的火星经风一吹，烧了起来，火趁着风势很快把他围住，他想今天必死无疑了。

就在他绝望的时候，突然看见从火海里窜出一条浑身湿透了的狗，仔细一看，那条狗正是伴随自己多年的伙伴。狗跑到挨近老人的地方，使劲抖落身上的水珠，又冲出火海，到水沟里把全身浸湿，再跑到老人身边，把水珠抖落在草地上。这样反复多次，老人身边的草丛被全部浇湿了，火烧到老人身边时，就慢慢熄灭了。老人得救了，而狗却累死在老人的身边。老人看着这只救了自己性命的生灵，十分感动，他把狗抱回了山寨，向寨子里的人们讲述了狗奋不顾身救自己的经过。最后老人说：“是狗给了我一条命。从今以后，我们姓龙的人家不能再吃狗肉了，我们还要告诉我们的子孙后代，让他们知道狗曾经救过他们的祖辈，永远不能吃它们。”

在这则传说中，狗用自己身上的水珠救了老人一命，这是对生命的答谢。狗与老人生活在一起，早已建立了深厚的感情，当看见自己生命中十分重要的人受到威胁时，自然会挺身而出，不顾一切。苗家人不吃狗肉，在这里不仅有对狗的感恩，更有一种对美好品德的赞美，苗家人不吃狗肉的习俗则具有教育作用。

第七节　节日游艺

一、舞狮

在苗家人的心目中，狮子是吉祥兴旺的象征。除过年舞狮、抢狮之外，“四月八”节日里也举行舞狮活动。

狮子一般由集体购置，狮子头用纸扎制，狮身用花布做成。一支狮子队中，有两人舞狮、一人舞狮头、一人舞狮尾、一人装笑罗汉、一名引导人、一名逗狮人，另外有两人打钹、两人敲锣打鼓。

年节里，苗族地区以村为单位，组成狮子队去拜年，在路上就会遇到抢狮，有时候几个村子争相把狮子队接到自己村。狮子进村后，各家各户就主动把自家最可口的食品，如甜酒、团馓、阴米、糍粑等物拿出来，用以招待兄弟村寨的狮子队。抢来狮子的年轻人回到寨上，就忙着去做接待客人的事宜，有的忙着打扫住宿的房子，有的忙着劈柴、刷锅、烧水准备洗脸、洗脚的水，有的忙着杀猪、宰羊准备饭菜，有的忙着安排当晚的娱乐节目。狮子队进寨来了，好客的主人首先在堂屋里把火烧旺给客人取暖，接着请客人吃阴米茶、糯米甜酒、油煎糍粑。晚餐用大碗酒、大块肉进行招待。客主喜笑颜开，以歌助兴，相互敬酒，气氛极为热烈、团结、友好。

狮子进村的当天晚上，整个寨子异常热闹。掌灯时刻，狮子队开始挨家挨户进行拜年。为相互交流舞狮技艺，主人常常根据苗家舞狮的规矩，安排多种迎狮、盘狮和考狮的活动项目。有的人家在大门前摆一张小四方桌，桌上放一个洗脸盆，盆上横搭一条白毛巾，用以考察狮子是否通情达理。在激越的锣钹声和“嘟嘟嘟”的海螺声中，狮子若遇上这种情况，应该知道这是主人贤惠，以礼待客，认为狮子沿途风尘仆仆，辛苦疲劳，先洗洗脸再进行拜年。狮子队中的笑罗汉，就先走上前，拿起白毛巾，在狮子的脸上做一下洗脸的动作。若没有笑罗汉，即由舞狮头的人自己做。做完后，主人主动上前将小四方桌和洗脸盆搬开，让狮子连蹦带跳地舞进堂屋，给主人家拜年。有的则另玩一套板眼，将其三个大门同时打开，堂屋地面上画一只大乌龟，祖先牌位下的大木桌上点燃三根蜡烛，摆上三碗玉米烧酒、一个红包，堂屋正中的天花板处悬挂一匹“红”（一段三米左右长的红绸布），其意就是要试试狮子队是否已学会了进屋拜年的舞狮礼节。狮子如果遇到如此情况，必须先从左门舞进屋内，然后从右门舞出来，再从中门舞进堂屋，用四只脚踩在乌龟背上，按照东、南、西、北的顺序舞四个屋角，再舞乌龟头，喝下三碗玉米烧酒的中间一碗，留下一碗敬天，一碗敬地，领了红包，退至堂屋中间，狮子人立，取下悬挂在天花板上的“红”，连呼三声“恭喜发财”，最后退出大门，又向另外一家舞去。

主人看到狮子到来，把中门打开，堂屋桌上点燃蜡烛，摆着红包，挂上“红”，自己腰缠布帕，把衣袖裤管高高扎起，精神抖擞，目光炯炯地立在中门中间来拦门。待狮子蹦蹦跳跳，昂头摆尾要舞进门时，他“呼”地一手把狮子的胡须抓住，将狮头高高举起，猛蹬门槛一脚，大声喝问道：“狮子你从哪里来?”狮子遇着拦门盘狮的情况要灵活机动地进行回答：“狮子我从东方来!”问：“东方你是从陆路来，还是从水路来?”此时，舞狮头的人既不要回答从陆路来，也不要回答从水路来。因为这样回答，主人就会继续追问沿途经过哪些地方，那就要问的没完没了了。所以干脆回答：“狮子我腾云驾雾来!”这样回答可以省去许多麻烦。又问：“你来你带什么来?”回答：“我来我带大吉大利来!”问：“你往哪里去?”回答：“我往西方去!”问：“你去你带什么去?”回答：“我去我带灾星八难去!”狮子回答的都是吉祥如意话，主人喜得眉飞色舞，连呼“玛汝！玛汝!”(好的，好的)，这时，狮子趁主人高兴，立即舞进堂屋，给主人家拜年，取了红包和“红”，连呼“贺喜，贺喜”，退出门外。狮子又向其他人家舞去。

为了难住狮子，有的人家在堂屋里摆“八卦图”，有的摆“七姊妹”，有的为了考核狮子队的武功水平，就在大门口里拦上一张大四方桌，桌上安一个点燃的火环。待狮子舞到大门的时候，主人按照舞狮“先有主后有客”的规矩，自己从大门前起跑，纵身鱼跃，“呼”地穿过火环，在堂屋内稳稳站定。而后，笑嘻嘻地走到大门边请客人也表演一次。这时，狮子队里若有人能仿照表演，那就受到热烈鼓掌称赞；若力不从心的话，也不勉强。

有的人家与此不同，而是在大门口处横拦一架风车。风车上摆着一盏点燃的油灯。主人先用双手抓住风车的顶处，高抬双脚，“呼”地从油灯上跃过去，保证油灯不熄。有的户主另将一张大四方桌置于大门前，桌的四角竖起四把白闪闪的大钢刀。主人待狮子舞至门前，一个纵步跳到四方桌上，接着就势翻一个空心筋斗，腾过大钢刀，若无其事地落到堂屋正中，站好。主人安排如此种种考验狮子的活动项目，绝大部分主人拿得下，客人也跟着做得到。若客人暂时做不得，主人也不会为难。

狮子队挨家挨户拜完年后，主客一起汇集在客人住宿的主人家，借着烛光和篝火，相互表演和切磋刀、棍、叉、拳等各种苗族武术。主一套，客一套，轮流表演。第二天，主人给客人赠猪腿，放鞭炮，吹唢呐，唱送客歌，欢送狮子队回家或到另一个村寨去拜年。

百狮会是在苗族狮子拜年的基础上发展起来的狮子竞赛活动。主要场地在矮寨镇，活动一般在正月初三以后举行，活动举行一至三天，除了地上表演外，还要在高桌子上表演各种高难度动作和惊险动作。主办方多由镇政府出资担任，选择一个大坪场，像叠宝塔一样重叠起29张大四方桌。最上面两张，一张四脚朝天，以下按顺序为2张、3张、4张、5张、6张、7张方桌，或者按另一种办法，将9张大四方桌层层上重，叠成香柱的形状，顶处照样倒放一张小四方桌。

狮子舞

布置完毕，各村的狮子队先后表演爬桌子。在下面几层，可以有三四个队伍表演，但是到最顶端只能是一个狮子队或两个狮子队表演。为防桌子移动，每张桌子都有四个人负责掌桌腿，远远望去，八九十个人和桌子共同叠成一个宝塔。狮子伴随着锣鼓的节奏，一层一层地往上爬，边爬边表演腾越闪跳的动作，爬到最高的一层时，两个舞狮的人脚踩在朝天的四个桌腿上，转圈舞动，拜天拜地。有的还做“雄鹰展翅”、“金鸡独立”等高难度动作，有的做倒立，有的是两个狮子在上面表演打架，四只桌腿，八只人脚，互相踩点旋转，惊险万分，但是均安然无恙，最后都能从桌顶顺利下来。

苗族舞狮有鲜明的民族特色，主要伴奏乐器是锣和钹，锣、钹的伴奏极有讲究，还有很多套路，下面是狮舞中的《屋檐滴水》：

哺哺哺哺　呛　嘁哺呛
哺哺哺哺　呛　嘁哺呛
呛嘁哺　呛　呛嘁哺　呛
呛嘁哺　呛呛　嘁　呛呛
嘁呛　嘁哺呛　嘁哺呛
呛嘁哺　呛呛　嘁　呛呛
嘁呛　嘁哺呛　嘁哺呛

天地间的雨丝、雨声、雨帘通过锣、钹的击打，反映出春耕的热闹和狮子的顽皮。

《阳雀洗澡》的套路是：

叮哺呛　叮哺呛　叮哺叮哺　呛嘁哺　呛
叮哺呛　叮哺呛　叮哺叮哺　呛嘁哺　呛
叮叮叮叮哺　呛　哺哺　呛　哺哺　呛　嘁哺　呛
叮叮叮叮哺　呛　哺哺　呛　哺哺　呛　嘁哺　呛
嘁哺嘁哺　呛　嘁哺呛
嘁哺嘁哺　呛　嘁哺呛
呛嘁哺　呛
呛嘁哺　呛
呛嘁哺　呛呛　嘁　呛呛

嘁呛　嘁呛哺　嘁呛哺

嘁呛哺　呛呛　嘁　呛呛

嘁呛　嘁呛哺　嘁呛哺

以上同样展现的是春耕的一幕。

秋天，五谷丰收了，满月下，父老们坐在木房前的岩板坪场上乘凉，老爷爷抽着大烟斗，老婆婆带着孙子，丈夫在打草鞋，妻子在纺车，他们闲谈着一年来的阳春，闹谈着对未来的憧憬，有说有笑。这是《闲言会》中的农家场景：

嘁哺　嘁哺　呛　嘁哺呛

嘁哺　嘁哺　呛　嘁哺呛

呛嘁哺　呛

呛嘁哺　呛

呛嘁哺　呛呛　嘁　呛呛

嘁呛　嘁哺呛　嘁哺呛

呛嘁哺　呛呛　嘁　呛呛

嘁呛　嘁哺呛　嘁哺呛

……

苗族舞狮中就是这样将自然界的美和恬静的生活情趣创作并体现在锣、钹的打击套路中。这一传统的打击乐器，在内容、形式、节拍等方面形成了固定的艺术特色。其他的套路还有《蛤蟆夹蛇》、《牛摆尾》、《老鹰煽翅》、《喜鹊啄木》、《老猪娘吃浮荞草》、《鸡公啄米》、《小防撤》，《拦防撤》、《大防撤》、《罗汉拜灯》、《一条龙》等六十多个套路，每一个套路都勾勒出一幅生动的劳动生活画面。在形式和击技上，苗族锣、钹以三人为一组，即头钹、二钹和填锣手。这三个人一定要对锣、钹套路十分熟练，并配合严谨，不能出丝毫差错，表演时，若其中一人打错一下，表演就无法进行。

苗族锣、钹一般是2/4拍的节奏，表现形式为单句重复和隔句重复。这些节奏简洁明快，表现形式形成了固定的套路。表演时，一套连一套，一环扣一环，你追我赶，扣人心弦。

二、唱苗歌

苗歌，苗语叫做“莎”，唱苗歌的人叫“巴江莎”。“四月八”节日里唱苗歌是最常见的场景。

唱苗歌

苗歌分“阿仲”和“阿重”两种。凡是同一主题，按章节编成数首以上的历史叙事歌，如“乾嘉”苗民起义歌就叫“阿仲”；凡以现代日常生活为内容编成数首的短歌叫做“阿重”。所以“阿仲莎”、“阿重莎”是包括数首或数十首苗歌在内的章节长歌。一首歌，苗语叫做“阿然”，组成“阿然”苗歌，最少要有四句歌词，多则不限，有数十句或上百句。

苗歌的句子，一般是以七言一句为标准，传统古歌和儿童歌谣，出现五言一句的较多。到了现代，唱歌时为了加重语气，词头上有时加词，这样就又有了九言、十一言一句的句式。六、八、十字一句的，念不顺口，极少出现。苗歌句子分上句和下句，往往属承上启下的关系。

苗歌起句时，一般都要用衬词衬腔，如“嗷——嗨嗷”，主要分为高腔和平腔两种。歌词讲究韵脚，这是明显的特点之一。上下句自始至终要押韵，一般押尾韵，但有时押头韵，即开始的词句同韵，一般上句的韵较严格，要同韵同音，下句可同韵不同音。

苗歌还有叫做“三角转”、“三点水”的。所谓“三角转”是指在一首苗歌中，有两处或数处，上下句之间加上一句，即有三句，这就叫做“三角转”，多的那句不押韵。与“三角转”不同的另一种三句式，叫“三点水”，即中间一句一律要押相同的韵，但又不能与上下句的韵脚相同。

凡是苗歌，都唱两遍，即这首歌唱完一遍后，还要从头至尾重唱一遍。不过，重唱时，上句韵脚不变，下句要变韵脚。

据龙文玉先生、吴善淙先生介绍，从内容来看，传统苗歌主要有反抗歌、诉苦歌、民俗礼节歌、情歌、历史故事歌、歌颂新社会的时政歌等等。

（一）反抗歌

苗族是深受封建压迫的一个民族，这类歌以反抗压迫为主，具有浓厚的时代特征。统治阶级历代对苗族采取政治压迫、军事征剿的压迫手段，逼得广大苗族进行反抗。清末“乾嘉”苗民起义失败后，苗家人民就编了许多反抗歌，激励民众不忘历史。至今尚传有歌颂起义领袖吴八月的歌。

八月仲斗冬吉卡，本当丕宜告能峰。
吉五丕弩达戎大，己戎本娘麻林中。
吉白斗能腊己恰，达瓜巴能腊祖本。
长梅己抬受求八，阵阵催骚本冲锋。

译文：

八月家住坪垄寨，本当是个好英雄，
下海能将恶龙斩，上山可把猛虎擒。
天塌下来他敢顶，不怕山摇和地崩。
骑马飞檐又走壁，指挥义军朝前冲。

《抗丁歌》:

保长不炮弄拿哪，好生卡罡召能拿。

吉冲夯吹出阿甲，拿国吉堂同本狗。

译文:

保长背枪抓壮丁，大家小心莫被擒。

团结把他围起来，重槌砸破他狗头。

（二）诉苦歌

苗族人民与各族人民一样，遭受了无数次的灾难，在苗歌中不胜枚举。如《卖儿歌》:

腊召祖斗告求农，内骂无法仲想甲。

虚己杀娘纳卖林，难西己娘没得帕。

少苟钱当卡克林，没得内骂纳吉家。

译文:

六月没有粮食吃，米桶空空无办法。

东求西借吃不饱，卖儿卖女送人家。

无吃才把钱看重，卖掉骨肉心苦辣。

（三）民俗礼节歌

这是在民间民俗活动中演唱的仪式歌和生活歌，具有代表性的是婚礼歌。据苗族著名歌手吴腊保介绍，苗家在儿子结婚的当天晚上，要在堂屋内烧旺火，由主家和娘家请来的男女“巴江莎”相互对歌，通宵达旦。听歌的人座无虚席，热闹异常，称坐歌堂，苗语称“莎堂炯”。

歌手们首先唱礼节式的《谦虚歌》:

多日不到唱歌场，喉咙起锈怕开腔。

试试嗓子哑不哑，理理歌词忘不忘。

如果我唱不押韵，另请高师唱歌郎。

接着唱《感谢媒人歌》:

媒人他到哪里去，用歌感谢他一回。

奉请他来堂屋坐，大家让他坐上席。

郎在东边女在西，是他浇水花并蒂。

又唱《夸奖引亲娘歌》：

我家坐在小山冲，蜜蜂采糖菜花丛。

遇见殷勤养蜂人，将蜂引进我家中。

据吴腊保讲，这类歌还有《给新娘父母歌》、《感谢新娘兄弟歌》、《感谢陪嫁姑娘歌》、《感谢新娘舅辈歌》、《夸赞嫁妆歌》、《新郎新娘恩爱和睦歌》等。一到冬天，吴腊保就忙不过来，很多办喜事的人家都要请她去唱歌，她唱歌的报酬是每晚200元，一般只唱一晚。

苗家椎牛祭祖，或修建新房，或来人来客，都要唱礼节歌，如《祭祖歌》、《拦门歌》、《敬茶歌》、《送客歌》等。修建新房主要唱《感谢岩匠歌》、《感谢木匠歌》、《感谢砍梁人歌》、《感谢锯匠歌》、《感谢帮忙人歌》等。

此外，还有《庆贺接龙歌》、《庆贺生小孩歌》等。

（四）情歌

苗家青年男女一般是自由恋爱，以歌传情，情歌的内容以双方爱情的发展进度来决定。最初是唱《试探歌》、《羡慕歌》。例如：

男唱：

一朵花儿红艳艳，可惜开在悬崖间。

双手高举攀不到，望得痴痴又颠颠。

女唱：

花儿就栽在门前，无人赏来淡淡开。

若是有人登门望，任他看来任他采。

青年男女初次约会时唱《初相会歌》。

女唱：

你的嗓门飞过山，此山传到那山间。

隔山讲话话不浓，有情请到身边边。

男唱：

大河涨水漂白沙，情姐爱我我爱她。

情姐爱我劳动好，我爱情姐会当家。

有的是在劳动场合之中，情歌的编唱以劳动场面为表现内容，有的是问名问姓或借讨东西来试探。如《问姓歌》、《讨葱歌》、《讨信物歌》歌等。

情歌从演唱主体来看，除了年轻人唱之外，也有成年人或老年人唱，他们演唱情歌，带有明显的教育和劝诫意义。如：

有钱难买真心爱，千两黄金买不来。

白头到老一辈子，凉水当作美酒筛。

（五）历史故事歌

传统苗歌，有很大一部分是历史故事歌，有的是传统的古歌，称“古老话”，有的是民间歌手创作的长篇叙事歌，如苗族歌手石板塘就创作了很多，如《祖先歌》、《苗歌祖师张八姐》、《吕洞山古歌》等，民间还有集体创作和歌手不断加工完善的，如《谎江山歌》、《青蛙歌》、《虎王歌》、《阿公山与阿婆山》等。还有的取材于《封神演义》、《三国演义》、《水浒传》、《西游记》以及《说岳》、《说唐》等汉族小说，通过翻译编成苗歌，既丰富了本民族的文化生活，同时又促进了苗汉之间的文化交流。这类歌，通常是结亲时，每每唱到半夜三更以后，男女歌手相互盘问时唱的古典歌。通过这类歌的演唱，来体现一个歌手的实力和水平，所以歌手之间也带有一定的比赛性质。

（六）时政歌

主要是配合时事政策形势演唱的宣传歌和歌颂歌。这类歌大多是政府部门将歌手请到一些会场，或组织山歌宣传队，利用赶场，在集市上搭台演唱，宣传国家政策和某一个时期的政府行动计划，如《计划生育是国策》、《歌唱土地管理法》、《十唱全民防火好》、《歌唱边城八大景》等，这些歌大多即兴创作。苗歌为民众喜爱，因此宣传效果显著。

第四章

湘西苗族“四月八”的民俗分析

苗族“四月八”与农业生产习俗密切相关，农事活动以及与人的民俗关系成为其不断发展传承的一个文化背景，也是其不断传承的经济基础和内在推动力。与此同时，以跳花跳月、赶边边场等形式出现的青年男女之间的交往，是该节日得以不断发展的深层内容。此外，历史上在“四月八”内发生的民族斗争，赋予了“四月八”英雄主义的色彩，成为农业生产、青年交往等因素之外又一推动因素。从功能上说，“四月八”处于春季农事工作重要关节点上，该节日以祭祀牛王为主，有利于农事活动的顺利进行，对于积极安排农业生产活动具有重要的作用；同时节日文化活动中的男女相会，促进了青年群体之间的交往，对于家族兴旺和民族发展壮大具有重要的作用。基于此，“四月八”成为民族文化传承的重要场合和媒介，对苗族人民的文化遗产的保护和传承具有重要的意义。

第一节　“四月八”的民俗表现

一、农耕生活的反映

农历四月初八之时，苗族地区先后进入农忙季节。苗族人民一般都居于山地，耕牛是农耕生产的主要畜力。在这个时节尊敬牛，强化了对牛的尊崇意识，也成为一年当中获取好的收成的重要保证。这也是南方土家族、侗族、瑶族、壮族等众多稻作民族，在长期的相互接触过程中所共有的一个特点。例如：土家族这天为牛王生日，要给牛放假，给牛喂鸡蛋，煮牛饭；广西孟江一带的侗族，这一天要祭牛神，又称祭“牛王生日”或“洗牛身”，要煮黑米饭喂牛；壮族称这天为“牛魂节”或“拜秧节”；仡佬族的“四月八”也是牛王生日。农业生产的稳定性以及牛在农业生产中的重要作用是“四月八”得以不断传承、发展的生产背景。在神话传说中，玉皇大帝罚太子变牛下凡，背着五谷给人服役，为人间耕地耙田。人间有了牛的帮助，粮食丰收了。为了感谢太子牛，人们将太子下凡的这一天，即农历的四月初八，定为牛的生日。到那一天，人们让牛休息一天。更为直接的故事要素就是牛看到人耕作辛苦，主动要求帮人类耕田，人感谢牛，于是就在四月初八那天给牛吃好吃的，并放假一天，这些就是现在很多民族“四月八”的来历。

再进一步解释，四月初八那天，把野牛开始养成家牛，所以把那天定为它的生日。在这天，专门为牛煮饭，打粑粑，喂青饲料。无论什么传说，都围绕着感谢牛这一中心，这是最直接的逻辑线索。此逻辑线索依托的是农耕生活的背号。“四月八”正是农忙季节，农民对牛有一种爱惜、敬重之情，而这种淳朴的感情最终指向农业的丰收。另外，从“四月八”仪式的过程中我们看出了农业丰收的指向，如在跳花场中心的花树上悬挂五谷，向神灵和祖先祈求保佑风调雨顺，五谷丰登，这些都是节日的内在驱动力。在调查中我们发现，苗民对湘西“四月八”中“椎牛”事项反映基本一致，他们普遍认为，“四月八”不杀牛，吃牛、杀牛都要到秋后，“四月八”正是用牛的时候。深厚的农耕生活背景中，民众对于牛的感情深厚，认为“四月八”是牛的生日，是对牛的感恩日，是报答牛的日子，体现了民众和能给他们带来丰收希望的重要畜力之间的亲密感情。同时他们认为，“杀牛必须是在椎牛的时候，椎牛一般都在八、九月举行”。正如有些学者研究的那样，“四月八”其初始的文化内涵是对耕牛的赞颂，是对耕牛的崇拜。“四月八”起源于何年何代，很难断定，但可以推测，它产生于由锄耕农业向牛耕农业过渡时期。[1] 深厚的农耕生活背景是“四月八”产生的最初动力，也是其不断发展的深层原因所在。

二、社交民俗的载体

如前所述，苗族青年男女传统的社交活动，是以对歌的形式结交异性朋友，相互通过歌声来选择伴侣。在不同的地区有不同的称呼，湘西叫做“会姑娘”或“跳月”，贵州西北部和云南地区叫做“踩月亮”（也叫跳月），贵阳地区叫做“跳花”，贵州福泉地区叫做“跳场”，贵州惠水一带叫做“坐月”。广西大苗山叫做“坐寨”。这种活动可以在许多节日中进行，如黔西北、滇东北在春节过后的“吃平伙饭”和“花山节”，黔东南的“爬坡”，湘西的“赶秋”等。此外，逢年过节或者平时赶场，也都是青年男女社交的重要时节。[2]

全国苗区约定俗成的有“正月场”、“二月场”、“三月场”、“四月场”、“七月场”、“十月场”，它们大多数是在农忙之前、赶秋和过苗年之时。明清时期的凤凰苗族，最热闹的跳花活动是“正月场”，也就是“赶年场”和“四月场”（即“四月八”）。新中国成立前，落潮井乡的“四月八”跳花曾跳了三天三夜，千工坪的“正月场”跳花持续过六天六夜，而多数苗族地区的活动时间是一天一夜。

据明代《弘治贵州图经新志》及嘉靖《贵州通志》中记载：在跳花场中心，竖一个木制的马模型，集会开始，由苗族长辈祭祀木马偶像，然后进行青年男女的芦笙舞会。会后相互钟情的男女要将异性介绍给自己的父母，男方家长通过占卜，认为吉利，两人就可以正式确定双方的婚事。此处可以看出，在明代的“四月八”节日当中，青年男女之间的交往是节日的主线及核心因素。在经过深入调查后发现，

---

① 参见潘定智：《“四月八”节日的起源、演变及文化功能》，见贵州市民族事务委员会编：《苗族四月八》，188～189页，贵阳，贵州民族出版社，1989。

② 参见王慧琴：《苗族女性文化》，86～87页，北京，北京大学出版社，1995。

在民众的记忆当中，“四月八”是青年男女社交的重要载体。历史上的“四月八”都要打鼓，唱苗歌，搞民间小祭祀，即上刀梯、绺巾舞。在“四月八”节日里，男女青年比较自由，是青年男女相会的节日。[①]“四月八”以年轻人为主，娱乐，谈情说爱。其实在“四月八”之前，青年男女都要去“赶边边场”，相互之间有了了解或者爱慕之情。如果双方有情义，苗族小伙可以在“四月八”的时候将姑娘带回去。[②] 因此，在苗族叙事长诗《翠鸟》中的《四月八跳花》才有这样的歌谣：“四月八日好风光，牛过生日人不忙，条条山路洒满笑，人流滚滚进花场。花场设在龙河畔，椿木树下山沟上。花台筑在沟中间，花树栽在台中央。青布鞋，绣花鞋，凤冠苏山响丁当。五彩花边青丝帕，逗来几多好儿郎……花步越跳劲越足，山歌越唱胆越壮。柳妹拿出花带来，系在松哥腰带上，退出花场手牵手，牵上山坡膀挨膀。柳林深处声细细，山歌声中情长长……”从歌谣中可以看出，“四月八”节日当天青年男女交往、相互之间的了解和爱慕是节日的核心因素，也是其主要内容。在节日传说中，牛为人间服役的同时，还促成了人间青年男女之间的婚姻，让两人结为恩爱夫妻。“年长日久，‘四月八’就成了金牛节，也就成了湘西苗族的踩花山节，苗族青年男女在花场上选择情侣。”[③] 这个传说准确地反映出“四月八”的农事背景与青年男女社交活动的结合，也是民间叙事的诗意表达。

从农时上讲，“四月八”以后进入了农忙时节，很多青年男女都在这个时候选择自己的伴侣，同时，对于家庭中的长辈而言，“四月八”当天，族内青年男女在其他家族选择伴侣，对于家族和民族的繁衍也有重要的作用。那些经过春节以来的赶场和跳花活动，相互之间建立起比较深厚的感情的情侣们，可以在“四月八”节日的时候获得双方家长的同意，为以后的恋爱、婚姻生活打下基础。因此可以说，“四月八”是社会交往的平台，其核心作用是促进青年之间社会交往，

---

① 资料来源于与吴海生的访谈记录。

② 资料来源于与石成稳的访谈记录。

③ 贵州市民族事务委员会编：《苗族四月八》，20～21页，贵阳，贵州民族出版社，1989。

这是“四月八”得以不断传承发展的核心因素。

三、民间叙事的表达

在有关“四月八”的民间叙事中，英雄祖先类传说是民族色彩最为浓郁、现代媒体中广为流传的传说类型。在贵州的传说主要是格绿波和祖狄龙都是为了维护苗族的利益不受外人侵犯，于四月八日英勇抵抗外族入侵者而壮烈牺牲。苗族人民在每年的四月初八日，小伙子和姑娘们穿着盛装，背着芦笙，拿着箫笛，带着各色糯米饭和其他食品，成群结队来到埋葬这两位英雄祖先的嘉坝西（贵阳市中心的喷水池）地方，唱歌跳舞，以示景仰和凭吊。在湘西的传说则叙述前朝的官家看见跳花场上的苗族姑娘，个个漂亮，经常派打手来“选美进贡”，拆散了不少亲骨肉，糟蹋了很多良家女。凤凰山下的苗族后生亚宜对此痛恨至极，于是组织有血性苗族后生喝血酒，发誓同官家血战到底，并在当年的四月初八起义。第二年四月初八，正当苗族同胞准备欢庆一年一度的跳花节时，亚宜等人战死贵阳城。从那时候起，凤凰山下的苗族同胞就把龙塘河的跳花沟改名为“四月八”了，跳花节也增加了新的内容。它既是青年男女的联欢节，又是祭祀英雄的纪念日。①

如前所述，苗族一直处于民族压迫和战乱之中。历史上，苗族是否有文字虽然还处在争议之中，但是苗族的历史文化却通过史诗、古老话以口述的形式代代相传，这是毋庸置疑的。因此，在对民族英雄的崇拜和景仰之情的作用下，民族英雄的战斗故事就成为古老话和民族史诗的重要内容。在近千年的历史进程中，来自封建集权政府对苗族人民居住区的各种统治和压迫，更是民族英雄辈出的重要外因。特别是清末的“乾嘉”、“咸同”苗民起义，则更为此类传说提供了厚重的历史人文背景，同时也为民族主义背景之下民族记忆传承提供了叙

---

① 参见《湘西土家族苗族自治州故事集成》编委会编：《湘西土家族苗族自治州故事集成（下册）》（内部资料），20～21 页，1989。

事的对象和内容。

因此，苗族“四月八”不仅是苗族群众相互交往的盛会，而且也是苗族长辈为青年人传承本民族文化和历史文化的盛会，即在传承本民族民间文化习俗的同时，苗族历史文化也构成了节日的重要组成部分。英雄事迹的民族叙事作为历史叙事的有机组成部分，对于增强民族凝聚力和向心力具有积极的作用。

第二节 “四月八”的社会功能

一、传承维系民族文化

“四月八”具有明显的文化维系功能。在“四月八”里，成年人穿上节日盛装，走亲访友，青年人以歌传情，相互物色中意的伴侣，老人摆古讲古事，给孩子和青年群体讲述苗族的历史和传说，因此“四月八”也是传承民族文化的盛会。同时，节日当天也是苗族服饰盛大的展示会，在苗族的传说中，苗族的头帕在躲避战乱的时候，既能防止被砍到头，也能在面对悬崖峭壁走投无路之时作为绳索来使用。据苗族巴岱石寿贵、石山东介绍，苗老司所穿着的烂布条法衣是对苗族在迁徙过程中被刮破衣服的纪念。而那些不能到场的苗族人就如同故事中所讲的那样，他们把勤勤恳恳为民服役的“牛”比喻为苗王的灵魂返世，并加以崇拜。在这样的节日氛围中，民族文化得到了有效的传承。

诚然，日常生活也是民族文化传承的重要空间，但是在聚会期间，特别是全民族的盛会期间，民族文化的传承最为集中、最为全面，也最为生动，因此，“四月八”对于苗族文化的发展与传承具有重要的作用。

欢腾的苗寨

二、增强民族认同和凝聚力

国内的苗族主要居住在山区，如湘黔川边的武陵山，黔东南的苗岭、月亮山，黔南的大小麻山，广西的大苗山，滇黔川边的乌蒙山。自然地理上的天然阻碍，使得苗族之间的往来受到一定的限制，加之农事繁忙，也为民众之间的交往带来障碍。因此，每隔五天的赶场对于苗族民众来说，不仅是他们采购生产、生活物资的时机，同时也是增强彼此之间联系的重要渠道和场合。赶场尚且如此，每次达成千上万人的“四月八”更是民族娱乐和团结的盛会。在“四月八”的聚会当中，除了青年社交活动之外，更多的民众还将这个节日视为娱乐的节日，在这天举行各种娱乐活动，有吹笙、踩笙、赛马、斗雀、对歌、祭祖、敬神等。男女青年成双成对，唱歌跳舞。老年人向晚辈讲述苗族历史、神话及英雄人物的故事，用苗家酸鱼、酸汤招待参加“四月八”的亲朋好友，以表示节日的隆重。入夜之后，参加节口的民众则分别投宿于邻近的亲朋好友家。青年男女则坐夜唱歌，通宵达旦。各个年龄段的人在找到属于自己的娱乐方式的同时，也增进了彼此之间的了解和认识。这些都极大地增强了民族内部的凝聚力，特别是现代化潮流影响之下的少数民族地区的民众，彼此之间的交流和联系就显得更加重要。在调查中，苗族同胞普遍反映“平常大家不怎么来往，‘四月八’节日里大家才增强了解”，“大家趁着这个机会，到附近的亲戚家里去探望，借机联络感情。因为平时人们都在家里劳作，只有逢赶场或节日的时候才会出来相会。”可见，“四月八”节日对于民众社会交往有重要作用。

民族文化的盛会

彼此之间除了增强了解、促进相互的合作之外，“四月八”节日本身也是民族文化展演的舞台，人们在这里传承民族文化的同时，也增强了苗族人民的民族认同感，加强了民族自豪感和向心力。这些对民族的发展，对构建和谐社会、和谐文化与和谐民族关系具有重要的意义。同时，苗族又是一个跨界民族，在其他国家和地区还有三百多万苗族人民，在全球化背景之下的，节日中的民族认同，对于构建和谐、稳定的国际环境也具有不可忽视的现实意义。

三、促进文化交流和经济发展

全球化背景之下，任何一个民族和地区都生活在与其他民族和地区的紧密联系之中。在文化交往之中，民族节日以其最具生命力、影响力的民族文化，直观地展现该民族文化核心要素的部分。苗族的“四月八”是苗族民族文化的集中展示会，其中包含着苗族服饰、饮食、游艺、歌舞、说唱等诸多民族民俗文化要素；同时，也包含苗族的世界观、人生观、哲学、宗教等方面的内容，这对于苗族而言是珍贵的财富，也是重要的对外交流的内容。目前，湘西地区政府意识到了民间节日的文化宣传意义，每年都投入大量的经费和人力举办节日活动，一些企业和商家也借助节日进行企业宣传和产品推销。旅游部门借节日搭建旅游平台，这些都取得了积极的社会效应和经济效益。

2007 年 5 月 24 日，山江“四月八”当天，下午下起了小雨，但是活动依然平稳有序地进行。从节日的风情表演，到苗歌台上的苗歌演唱，政府在其中担当了重要的组织角色。当天山江镇管辖的 15 寨子全部派员参加，每一个村子都由妇女主任统一带队来到山江镇，以确保此次盛会参加人员的数量。那些盛装而来的苗族妇女，情绪高涨，在众多游客的赞叹声中和注视之下显得格外兴奋与自豪。我们一连采访了三位苗族妇女，问她们是否很高兴参加节日活动，她们回答说：“非常高兴，还有钱发，更高兴！如果不发钱，我们也要来参加活动。”

通过调查发现，“四月八”节日的组织主体已经从原来村寨一级的寨老会首等有名望的人物，转变为地方政府。地方政府和村寨组织者及民众共同推动了节日的传承和发展，但还是需要以村寨一级的组织为基础，才能调动民众的积极性。从参与活动的民众来看，从过去到现在，没有多少变化，男女老少都有，而且年轻人居多，几乎在家的年轻人都参加了。

此外，随着市场经济的发展，民族地区经济已纳入市场体系当中，原来存在的民间报偿机制已经不能给部分娱乐组织带来相应的有形或无形的报偿。我们在调查中得知，节日里的狮子、舞龙等游艺活动，在1980之前不需要钱，主要是自发组织，或者由有威望的人主持。但是1980年之后，特别是近年来，一般需要政府出面才能举办起来，而且组织者开始索要报酬，只有付了报酬，他们才参加表演。原来处于自发自为、自娱自乐状态下的民间游艺活动，在商品经济大潮的冲击之下，已经与经济利益紧密相连。这些来自民间，同时又回馈民间的民俗活动，原来在一些“有声望的人”和“有威望的人”的组织之下，通过各种有形和无形的回馈，履行着民间自身的报偿机制，但是伴随民间报偿机制与商品经济之间博弈的失利，那些民间游艺活动已经开始寻求新的发展空间，这也是以前所没有遇到的问题。有关这方面存在的问题以及解决的办法，将是我们今后需要关注的问题。

附录一

湘西苗族“四月八”区域分布图

附录二

主要访谈对象简介

1. 吴文斌，男，苗族，71 岁，小学，苗老司，务农。

2. 石长寿，男，苗族，69 岁，小学，苗老司，务农。

3. 石寿贵，男，苗族，57 岁，高中，湘西州苗老司传承人，湘西文化研究会理事。

4. 石山东，男，苗族，53 岁，小学，苗老司，务农。

5. 吴三兴，男，苗族，32 岁，初中，苗老司，务农兼客运。

6. 吴贤坤，男，苗族，21 岁，小学，苗老司，“四月八”跳花场掌坛师。

7. 龙文玉，男，苗族，68 岁，大学，原湘西州副州长，山江苗族博物馆馆长。

8. 吴善淙，男，苗族，62 岁，大学，原凤凰县民族事务委员会主任。

9. 李德煌，男，汉族，37 岁，大学，凤凰县文化局民保中心主任。

10. 吴海生，男，苗族，63 岁，初中，前任村主任，务农。

11. 石成稳，男，苗族，57 岁，小学，前任村长，木匠。

12. 吴某某，女，苗族，24 岁，初中，在张家界旅游区打工，现在家帮忙。

13. 吴腊保，女，苗族，46 岁，初中，吉首市寨阳乡排乃村村民，苗族著名歌手。

14. 吴某某，女，苗族，30 岁，初中，务农，在家待孕。

15. 隆香梅，女，苗族，62 岁，小学，以前务农，现在凤凰县城经营苗族服装和银饰。

16. 吴六爱，女，苗族，66 岁，文盲，以前务农，现在凤凰县城摆摊卖苗族锉花（剪纸）。

17. 龙艳梅，女，苗族，63 岁，文盲，务农，花垣县排碧乡板栗村村民。

18. 石顺民，女，苗族，61 岁，小学，苗族第二代鼓王，吉首市文化馆苗族鼓舞教师。

19. 石花玉，女，苗族，63 岁，文盲，务农，凤凰县禾库乡科甲村村民。

20. 吴花红，女，苗族，74 岁，文盲，务农，凤凰县山江镇马鞍山村村民。

附录三

参考文献

1. （清）阮元校刻．十三经注疏
2. （清）郝懿行．山海经笺注
3. （秦）吕不韦．吕氏春秋
4. （南朝梁）宗懔．荆楚岁时记
5. （晋）罗含．湘中山水记
6. （宋）朱辅．溪蛮丛笑
7. （宋）周去非．岭外代答
8. （宋）史官乐史．太平寰宇记
9. （宋）范成大．桂海虞衡志
10. （清）严如煜．苗防备览
11. （清）严如煜．苗疆风俗考
12. （清）陆次云．峒溪纤志
13. （清）但湘良．湖南苗防屯政考
14. （清）田雯．苗俗记
15. （清）徐家幹辑：苗疆闻见录
16. 苗疆屯防实录
17. （清）韩超．苗变记事
18. （清）蔡锡龄．红苗纪略
19. （清）李瀚章等修，（清）曾国荃等纂．（光绪）湖南通志
20. （清）潘曙、（清）杨盛芳修，（清）凌标、（清）潘祖望纂．（乾隆）凤凰厅志

21. （清）黄应培修，（清）孙钧铨、（清）黄元复纂．（道光）凤凰厅志

22. （清）侯晟、（清）耿维中修，（清）黄河清等纂．（光绪）凤凰厅续志

23. （清）陈辉璧修，（清）田长盛纂．（康熙）麻阳县志

24. （清）赵弘仪纂修，（清）周谨续修，（清）施敬续纂．（乾隆）续麻阳县志

25. 苗族文学史编写组编．民间文学资料（第二十一集）（黔东南、湘西苗族情歌）．中国作家协会贵阳分会筹委会印

26. 湘西土家族苗族自治州概况编辑委员会编．湘西土家族苗族自治州概况（初稿）

27. 苗族文学史编写组编．民间文学资料（第八集）（黔东南、湘西苗族情歌）．中国作家协会贵阳分会筹委会印

28. ［日］鸟居龙藏著，国立编译馆译．苗族调查报告．贵阳：贵州大学出版社，2009

29. 闻一多．闻一多全集．北京：生活·读书·新知三联书店，1982

30. 《民族问题五种丛书》云南省编辑委员会编．云南苗族瑶族社会历史调查．昆明：云南民族出版社，1982

31. 湘西苗族编写组．湘西苗族．吉首大学学报民族问题增刊，1982（3）

32. 马学良，今旦译注．苗族史诗．北京：中国民间文艺出版社，1983

33. 《苗族简史》编写组编写．苗族简史．贵阳：贵州民族出版社，1985

34. 张紫晨．中国民俗与民俗学．杭州：浙江人民出版社，1985

35. 乌丙安．中国民俗学．沈阳：辽宁大学出版社，1985

36. 胡朴安编．中华全国风俗志．上海：上海书店，1986

37. 贵州省编辑组编．黔西北苗族彝族社会历史综合调查．贵阳：贵州民族出版社，1986

38. 石启贵．湘西苗族实地调查报告．长沙：湖南人民出版社，1986

39. 国家民委《民族问题五种丛书》云南省编辑组编．云南少数民族社会历史调查资料汇编（一）．昆明：云南人民出版社，1986

40. 吴荣臻主编．苗族武功．长沙：湖南科学出版社，1987

41. 中国第一历史档案馆，中国人民大学清史研究所，贵州省档案馆编．清代前期苗民起义档案史料．北京：光明日报出版社，1987

42. 吕思勉．中国民族史．上海：中国大百科全书出版社上海分社，1987

43. 庄锡昌，孙志民编著．文化人类学的理论构架．杭州：浙江人民出版社，1988

44. 白寿彝主编．中国通史（第一卷，导论）．上海：上海人民出版社，1989

45. 贵州市民族事务委员会编．苗族四月八．贵阳：贵州民族出版社，1989

46. 伍新福主编．苗族历史文化论丛．长沙：湖南大学出版社，1989

47. 刘黎光主编．中国民间故事集成·湖南卷湘西自治州分卷（内部资料），1989

48. 湖南省少数民族古籍办公室主编，龙炳文、龙秀祥等整理译注．古老话．长沙：岳麓书社，1990

49. 刘黎光主编．《湘西歌谣大观》编委会编．湘西歌谣大观．长沙：湖南文艺出版社，1990

50. 吴文藻．吴文藻人类学社会学研究文集．北京：民族出版社，1990

51. 石宗仁翻译整理．中国苗族古歌．天津：天津古籍出版社，1991

52. 张紫晨主编．中外民俗学词典．杭州：浙江人民出版社，1991

53. 吴永章．中国南方民族文化源流史．南宁：广西教育出版社，1991

54. 伍新福，龙伯亚．苗族史．成都：四川民族出版社，1992

55. 吴荣臻等．古苗疆绥宁．成都：四川民族出版社，1993

56. 石邦彦．明清时期湘西苗族史论集．北京：中央民族大学出版社，1994

57. 麻勇斌．苗族巫辞．北京：台海出版社，1999

58. 过竹．中国苗族文化．桂林：广西民族出版社，1999

59. 伍新福主编．湖南通史（古代卷）．长沙：湖南人民出版社，2008

60. 吴肃民．中国少数民族古籍概论．天津：天津古籍出版社，1994

61. 王慧琴．苗族女性文化．北京：北京大学出版社，1995

62. 田玉隆编注．蚩尤研究资料选．贵阳：贵州民族出版社，1996

63. 李廷贵等主编．苗族历史与文化．北京：中央民族大学出版社，1996

64. 仲富兰．中国民俗文化学导论．杭州：浙江人民出版社，1998

65. 钟敬文主编．民俗学概论．上海：上海文艺出版社，1998

66. 杨正文．苗族服饰文化．贵阳：贵州民族出版社，1998

67. 湘西土家族苗族自治州地方志编纂委员会编．湘西州志．长沙：湖南人民出版社，1999

68. 李秀英主编，贵阳市志编纂委员会编．贵阳市志（民族志）．贵阳：贵州人民出版社，1999

69. 高丙中．居住在文化空间里．广州：中山大学出版社，1999

70. 王文光编著．中国南方民族史．北京：民族出版社，1999

71. 田兵选编．苗族古歌．贵阳：贵州人民出版社，1999

72. 石朝江．中国苗学．贵阳：贵州人民出版社，1999

73. 何积全主编．苗族文化研究．贵阳：贵州人民出版社，1999

74. 伍新福．中国苗族通史．贵阳：贵州民族出版社，1999

75. 田茂军．锉刀下的风景：湘西苗族剪纸的文化探寻．贵阳：贵州民族出版社，2002

76. 吴永章．民族研究文集．北京：民族出版社，2002

77. 凌纯声，芮逸夫．湘西苗族调查报告．北京：民族出版社，2003

78. 龙生庭等．中国苗族民间制度文化．长沙：湖南人民出版社，2004

79. 向云驹．人类口头和非物质遗产．银川：宁夏人民教育出版社，2004

80. 潘鲁生主编．民间文化生态调查．济南：山东美术出版社，2005

81. 顾军，苑利．文化遗产报告：世界文化遗产保护运动的理论与实践．北京：社会科学文献出版社，2005

82. 陶立璠，樱井龙彦主编．非物质文化遗产学论集．北京：学苑出版社，2006

83. 吴荣臻总主编．苗族通史．北京：民族出版社，2007

84. 祁庆富．论非物质文化遗产保护中的传承及传承人．西北民族研究，2006（3）

85. 黄涛．论非物质文化遗产的情境保护．中国人民大学学报，2006（5）

86. 董晓萍．非物质文化遗产与民俗评估．北京师范大学学报，2005（5）

87. 尹晓华．论“民间艺人”的保护与传承．东南文化，2006（3）

88. 贾晔，邵志忠．苗族传统节日文化．广西民族研究，1994（4）

89. 周文中，邓启耀．民族文化的自我传习、保护与发展．思想战线，1999（1）

90. 方李莉．文化生态失衡问题的提出．北京大学学报，2001（3）

91. 李竹青．少数民族传统节日的发展及其功能．青海民族学院学报，2004（3）

92. 康丽，关昕．民俗文化的地方性表现．民俗研究，2005（4）

93. 唐志明．湘西苗族猴儿鼓的生态生成及其艺术特征．中国音乐，2007（3）

附录四

苗族“四月八”解说词

山江苗族“四月八”

自古以来，湖南湘西被誉为一块神奇的土地。在这块神奇的土地上生活着一个勤劳、勇敢而又聪慧的民族——苗族，他们在长期的社会实践中，创造了丰富独特的民族文化。湘西面积1.5万平方公里，近280万人口，其中苗族近九十万，占总人口的近三分之一，主要分布于吉首、凤凰、花垣、古丈、泸溪等市县。苗族节日众多，如苗年、四月八、六月六、赶秋节、挑葱会、百狮会等等，其中“四月八”是苗族节日中最隆重的节日之一。

2008年的农历四月初八，凤凰县的山江镇，到处洋溢着节日的气氛。

山江镇位于凤凰县西北部，距离凤凰县城24公里。这里海拔600～800米，是湘西苗族聚居相对比较集中的区域。

苗家的姑娘们身着盛装，精心打扮，欢度自己的民族节日。

在四月初八这一天，大家都汇集到山沟的草坪上跳花跳月，苗语称“旦本旦腊”。青年男女唱苗歌，吹木叶，打花鼓，十分热闹，所以“四月八”又称为“跳花节”。据《永绥厅志·苗峒》和《保靖概要》记载，过去湘西一带，苗族“跳花跳月，通宵达旦”。

关于“四月八”的来历，有多种传说。

有的与农业生产有关。传说远古的时候，人间闹饥荒，天王派太子下凡传旨，要人们一天洗三次脸，吃一餐饭，太子奉命急速下凡到人间，却传错了旨意。天王一怒之下，惩罚太子变牛下凡，为人间耕地耙田。人间有了牛的帮助，粮食丰收了。人们为了感谢牛，将太子下凡的这一天，即农历四月初八定为牛的生日。

有的与爱情有关。过去在湘西吉首一带，居住在矮寨和大兴寨等地的苗族，每年都要欢度“四月八”，地点在矮寨镇家庭坡附近的一个山坳上，原地名叫做“达花”。传说很久以前，花垣县子耳寨有一后生，名叫秧巴朴，因为他英俊、勤劳，被附近一个寨主的女儿相中，他俩以歌为媒，结成终身伴侣。因遭到老寨主的坚决反对，他们只好逃婚，来到一个僻远的地方定居。自此，两人每天披星而出，踏月而归，男耕女织，生儿育女。后来他们感到生活寂寞，决定开“建眠建埮”，就是鼓舞盛会，四月初八这天，人们应邀在家庭坡顶上举行盛会，他们扎好“八人秋”，平好跳鼓场，搭好对歌台。从此在四月初八这一天形成了节日。

还有的与纪念英雄有关。相传很久以前，苗族英雄亚宜组织有血性的苗族青年喝血酒，在农历四月初八这天率众起义，后来终因寡不敌众，英勇牺牲。为了纪念这位英雄，乡亲们把每年的农历四月初八作为纪念英雄的节日。

伴随着热闹欢快的苗家锣鼓、长号、唢呐声和神秘的牛角号声，成群结队的苗家人赶往节日活动的现场。

节日活动现场的入口，苗家人以拦门酒这种独特的方式迎接远道而来的客人。苗族是一个非常热情好客的民族，无论你来自何方，走进苗家就是朋友。朋友来了就有好酒。苗家有许多敬酒的礼节和习俗，拦门酒就是其中的一种。拦门酒又称迎客酒，客人来了，主人唱着迎客歌，沿路设桌，客人每过一桌，必须饮酒，这真心实意的拦门酒，客人不喝上一大碗，姑娘们通常是不会放你进门的。

贵客来到苗家寨，一路辛苦远道来。

进寨先行风俗礼，喝酒对歌才进来。

“四月八”的节日场地响起了浑厚的苗族长号，在节日那天，苗家人总要击鼓起舞，苗族鼓舞亦称跳鼓。据史料和民间传说记载，跳鼓源于远古时代，是苗族的先民在征战和民族迁徙中创造的一种迎接祖先神、龙神和土地神，驱赶各路邪魔野鬼的仪式。在求神的仪式中，击鼓是向神灵传达凡人的祈求，擂鼓可以振奋士气，跳鼓可以娱乐身心。苗家人几乎人人会跳鼓。苗鼓反映了苗族人民的劳动、生活状态及对动物的模仿，表演时边击鼓，边跳跃，边表演。鼓舞在形式上可分为单人鼓、双人鼓、四人鼓、男女混合鼓等多种形式。内容上还分猴儿鼓、跳年鼓、团圆鼓等，猴儿鼓主要是模仿猴子的各种顽皮动作，多是单人跳；跳年鼓是单人跳或男女对跳，是过年时跳的喜庆鼓舞；团圆鼓是集体鼓舞，是民间喜庆活动中的大型鼓舞。在“四月八”节日中，团圆鼓舞最为多见。

每逢重大的节日，苗族人都会祭祖敬神，“四月八”节日的祭祖敬神是伴随着跳鼓活动进行的，这些口吹牛角、身穿法衣、头戴凤冠的苗老司们一手拿着绺巾，一手拿着司刀，围绕跳花场中心的神坛边歌边舞，举行着祭祖敬神的仪式。神坛的搭建，繁简不一，较复杂的神坛，中间设有花树，神坛中的花树要求主干适中、枝繁叶茂。花树上要挂有稻谷、玉米、高粱、小米及各色纸条和色彩鲜艳的花。神坛正中间摆放着苗族祖先蚩尤的塑像，然后再围绕蚩尤摆放日神、月神、伏羲、盘古、女娲等众神，显示了苗族的多神崇拜。一个系红布的大牛头为隆重的祭品，以示对自然神和祖先神的尊重。过去村落设有较简单的神坛，中间没有花树，但是神祇的位置是不可缺少的。苗族相信通过这种仪式可以协调人与自然、人与祖先的关系，以期望祖先和众神保佑他们风调雨顺、五谷丰登、人丁兴旺。

这些口吹牛角、身穿法衣、头戴凤冠的苗老司就是祭祖敬神仪式的主持者。在苗家人的眼里，苗老司是人神合一的化身，苗家人相信，通过他们的手舞足蹈和口中咒语就能战胜鬼邪，避免各种各样的灾难。在祭祖敬神仪式结束后，通常还有傩舞、傩技的表演，这些都是驱鬼求吉的仪式，人们认为，通过这样的仪式，可以化解灾害，增加生活的勇气和信心。随着时间的推移，其民间信仰的意识不断淡化，表演的成分不断增加，传承到现在，已经成为苗家儿女展示绝技神功的民俗舞台。

苗老司是为了证明自己有超乎常人的本领，一般都身怀绝技，这些苗老司集法功、气功、药功、武功于一身。上刀山，下火海，对苗老司来说，这是必经的职业考验，否则在民众的心目中，就不能称为一个真正的苗老司。刀梯用一根独木做成，36 把锋利的长刀横插其中。苗老司上刀梯如履平地，他们手足并用，毫发无损。

以前苗老司上刀梯者多为普通人家还愿或为死者解罪，上刀梯也是度法的宗教仪式。现在有些民众也可以上刀梯，但是需要很长时间的锻炼和摸索。苗家年轻的姑娘们也在刀梯上一展巾帼风采，她们分别表演了倒挂金钟、白鹤亮翅等高难度动作。苗族在长期的历史发展过程中，形成了勇于向自我极限挑战的精神与个性，这些勇敢的苗家姑娘就是证明。

“四月八”节日里，通常也会增加椎牛祭祖的活动。椎牛祭祖是苗族众多祭祀活动之一，传统的椎牛祭祖不像今天这样把牛拴在柱上，而是真刀、真枪地与牛直接交锋，在人与牛的搏击中，可以看到苗家祭祖的虔诚，同时，它也显示着人的强悍和力量。

椎牛的来历也有众多的传说，有的说是祭祀苗族最早开始驯养水牛的祖先“柳庆”与“柳斗”；有的说是纪念苗族的祖先蚩尤；还有的说是为庆贺苗族祖先带领民众历尽艰难，进行迁徙所取得的胜利。

椎牛在苗语里称为“斗农”。一般分为系牛、刺牛、分牛三个步骤。一般要选择一头成年大水牛，要求膘肥体壮。选好后将水牛系在椎牛柱上，然后由苗老司念诵椎牛词。

主人测得吉日，主人算得良辰。

今日举行椎牛，四方亲朋光临。

女客如花朵朵，男客如叶蓁蓁。

念完以后，由十余个青年男子手持长矛，分别刺牛。刺牛要选择靠近心脏的部位。在群众的欢呼声中，牛被刺死，倒地向东为大吉大利。苗老司还要负责分牛，前腿分给大舅、二舅，后腿分给三舅、四舅，其他的留给本村人集体分享。

透过苗族椎牛的古老话和祭祀仪式我们发现，若干原始社会的遗迹，对舅方的至上尊崇，就是母权制在人们心灵上留下的烙印。椎牛仪式的存在，学术界认为是苗族先民用“血祭”的方式祭祀祖先的记忆。

在苗族人们心目中，龙是吉祥幸福的象征。凡庆祝节日、大兴土木、添子添孙、增福增寿都要接龙祭龙，这里没有具象的龙，而是一条绿色的长绸带，它象征的就是一条龙。接龙舞表现了苗家人对龙的信仰与崇拜。苗家的龙文化与中华民族的龙文化结成了一体，又具有独特的内涵。

龙的到来，必须用白鸡祭之，白意味着圣洁，鸡象征凤凰，这只具有特殊意味的白鸡，经公认的龙师点化便腾空而飞，龙凤呈祥，大吉大利；这四处飞散的糍粑称为龙粑，它是龙带来的礼物，据说如果谁有幸得到龙粑，食之便可驱病避邪，万事如意。

在苗家人的心目中，狮子既是吉祥兴旺的象征，也是驱鬼辟邪的吉祥物。狮子的造型保持着苗家对雄狮最原始的印象，灵活、调皮，杂有几分憨态与写意。苗族狮子头的制作比较独特，先用竹器制成框架，然后用纸裱糊彩绘而成，色彩多用浅蓝和深绿作基调，有的用碎花布做狮身，稍加黑白点染，显得生动活泼，亲切有趣。

狮子的表演分为多种，一般是一对狮子互相比赛，成绩的好坏取决于各种翻滚动作的难度与惊险度。节日现场，叠宝塔一样重叠起 29 张大四方桌，狮子就在这些桌子上面表演。

随着锣鼓点的节奏，狮子表演的动作有雄鹰展翅、金鸡独立，有时候还在桌子顶端转圈起舞。苗族狮子的悬空表演不同于一般的地上表演，尤其是妇女也经常参加表演，难度很高，也有一定的危险系数，体现了苗族勇敢顽强的民族个性。

“四月八”其实也是各村各寨的赛狮会，争强好胜的天性驱使每支舞狮队暗中较劲，各显其能。经过一番比试，功夫最好的捷足先登，在重叠的 29 张高腿方桌上独占鳌头，狮子在顶层倒置的桌腿上转身绕圈，如履平地。狮子表演都有伴奏，其中打鼓的一般由德高望重的老年人承担，狮子表演节奏的快慢由他指挥，狮舞在村里的组织和传承都是集体性的，这位老人就是这个项目的组织者和传承人。

节日里还有八人秋，苗家节日的八人秋与其他民族的秋千不同：

一是八个人一起荡秋千；二是秋千上是一个空中的赛歌台。一年四季与泥土和针线打交道的苗家姑娘，此刻腾空飞翔。不会唱歌的人一般不会上去，因为秋千停止时，被悬在最上端的人就必须唱歌，不会唱或者唱不好就被视为丢人、现丑，苗家女性一般都是歌手，所以她们都争着上秋千架，年轻的姑娘会凭动听的歌声打动众多小伙子的心，说不定其中的一位就是她未来的爱人。

“四月八”也是男女谈情说爱的好日子。在山林僻静的地方，通常会看到一些青年男女聚在一块赶边边场，这一天，他们一旦发现了自己的意中人，便用对歌的方式向对方真诚、大胆地表白自己的爱意。

“摸黑”也是苗族青年男女传递爱情信息的习俗之一，它是在对歌的基础上产生的。相传很久以前，一位苗家后生在一次对歌中爱上了一位唱歌唱得最好的姑娘，但是苦于黑夜不见人面，于是摸了一手黑灰，找准机会往这位姑娘脸上一摸，等到天亮时，他一眼便认出了昨夜自己心中的姑娘。从此，“摸黑”示爱延续至今。

节日里可以看到山歌台。众多的苗族歌手聚集在这里一展歌喉。湘西苗歌种类繁多，从曲调上可分为高腔、平腔等多种形式，唱歌不仅是求偶，而且还是苗族人民生活的伴侣，心意的载体，生命的强音。

节日里又是苗族银饰展示的重要场所。“四月八”这一天也是赶集的日子，苗族妇女穿着银饰盛装去参加节日活动，同时，她们也要采购一些日常生活用品。银饰是苗族人民最喜欢的传统工艺品和装饰品。在山江镇的市场上，可以看到很多的银饰摊位，生意不错。

凤凰山江镇“四月八”节日自古传承至今，是苗族世世代代创造的非物质文化遗产，目前正处于保护之中，也处于急剧的变化之中。

附录五

苗族“四月八”影视纪录片30分钟

（另见专题片DVD）

后　记

本书是中国非物质文化遗产研究的一项成果。多年来，对于民族民间节日的调查和录像制作是我的一个梦想。帮助我实现梦想的是中心主任文日焕教授，加之刘锡诚、宋兆麟、郎樱等教授对选题论证的认可。《中国少数民族重大节日的调查研究》是中央民族大学“985 工程”的一个项目。这是一个与兄弟院校集体合作的工程。我们项目的成果包括五部调研报告、五部录像和照片。但是，做项目的过程中所遇到的困难比预想的大得多，如队伍的庞大、地点的分散、时间的紧迫、语言的障碍、经费的不充足、设备的简陋和经验的缺乏等。更何况“民族学若不是处于一种悲剧的位置上，便是处于一个荒诞的境况中。当我们开始把这门学科的车间安排就绪，当我们去为它炼造合适的工具，当我们开始为约定的任务做好准备工作，其研究的材料就已经令人无望地迅速地融化了”。（马林诺夫斯基语）由于现代化的迅速发展，农耕文化的解体，寻找节日文化的传统已成为一件困难的事情，节日文化正在我们的眼皮下消失。

克服了选点的困难，调查也是困难重重，在云南省宁蒗彝族自治县沙力平村调研火把节的时候，下起了大雨，我们在泥泞中跋涉，在新疆维吾尔自治区喀什市调研维吾尔族古尔邦节的时候，与阿訇的访谈时，遇到了困难，但是我们都一一地克服了。在调研中，除了蒙古族的那达慕由于时间不允许，我没有亲临现场外，其他四部调查报告和拍摄我都亲临参与，我们的报告经过多次的修改，录像也经过多次的修改，那达慕的录像我参与了整个剪辑。期间，教授之间的切磋、磨合是我们的学术志向，反复的探索和争辩是我们对真理的追求。旧民俗志对于节日的记载笼统而不详尽，而近现代也少有对于节日民俗专项的调查研究。今天，呈现在读者面前的成果尽管尚不完美，但是这毕竟是当代呈现的较早的节日民俗志的撰写，其意义是不言而喻的。通过节日的调查研究，我更加地理解民俗学科对于当代的价值，同时也收获了幸福和财富——民众的文化精神给了我们丰富的文化滋养和思想启迪，那是一个充满青春和美的世界。

感谢赵宗福、田茂军、那木吉拉、姑丽娜尔、阿瓦尔、杨洪林、唐仲山、文忠祥、向延桃等教授的积极参与，感谢塔亦尔、张辉、张曙光、黄龙光、王雪、刘兴禄、周加、贺喜炎、胡芳、多智合等学者的积极合作，特别感谢新疆维吾尔族自治区党委宣传部艾力提·沙也夫对与古尔邦节有关的调查工作的帮助。感谢张宏宏编辑和安平平编审付出的辛勤劳动。我们之间的合作将成为人生的美好记忆，随着时间的流逝而清晰，而升华。

民俗学科的发展在希望的田野上……

邢　莉

2011 年 5 月 16 日

图书在版编目（CIP）数据

中国少数民族重大节日调查研究／邢莉编著．—北京：民族出版社，2011.2

（中央民族大学“985”工程中国少数民族语言文化教育与边疆史地研究创新基地文库．中国少数民族非物质文化遗产研究系列）

ISBN 978-7-105-11370-5

Ⅰ.①中… Ⅱ.①邢… Ⅲ.①少数民族—民族节日—调查研究—中国 Ⅳ.①K892.1

中国版本图书馆 CIP 数据核字（2011）第 026089 号

中国少数民族重大节日调查研究

策划编辑：欧光明

责任编辑：张宏宏　冯　光

封面设计：晓玉工作室

出版发行：民族出版社

社　　址：北京市和平里北街 14 号　邮编：100013

电　　话：010-64228001（编辑室）

　　　　　010-64224782（发行部）

网　　址：http://www.mzcbs.com

印　　刷：文阁印刷厂

经　　销：各地新华书店

版　　次：2011 年 5 月第 1 版　2011 年 5 月北京第 1 次印刷

开　　本：787 毫米×1092 毫米　1/16

字　　数：600 千字

印　　张：40.25

定　　价：105.00 元

ISBN 978-7-105-11370-5／K·2019（汉 1117）